主　编　袁行霈　陈进玉

本卷主编　杨继国　胡迅雷

中國地域文化通覽

宁夏卷

中华书局

图书在版编目(CIP)数据

中国地域文化通览. 宁夏卷/袁行霈,陈进玉主编;杨继国,
胡迅雷本卷主编. —北京:中华书局,2014.6
ISBN 978 - 7 - 101 - 09483 - 1

Ⅰ. 中… Ⅱ.①袁…②陈…③杨…④胡… Ⅲ. 文化史 - 宁
夏 Ⅳ. K203

中国版本图书馆 CIP 数据核字(2013)第 149132 号

题　签　袁行霈
篆　刻　刘绍刚

书　　名　中国地域文化通览·宁夏卷
主　　编　袁行霈　陈进玉
本卷主编　杨继国　胡迅雷
责任编辑　许旭虹
美术编辑　毛　淳　许丽娟
出版发行　中华书局
　　　　　(北京市丰台区太平桥西里 38 号　100073)
　　　　　http://www.zhbc.com.cn
　　　　　E-mail:zhbc@zhbc.com.cn
印　　刷　北京瑞古冠中印刷厂
版　　次　2014 年 6 月北京第 1 版
　　　　　2014 年 6 月北京第 1 次印刷
规　　格　开本/700×1000 毫米　1/16
　　　　　印张 36¾　插页 10　字数 540 千字
国际书号　ISBN 978 - 7 - 101 - 09483 - 1
定　　价　162.00 元

《中国地域文化通览》组委会、编委会

组织工作委员会

主　　任：陈进玉　袁行霈

副主任：陈鹤良

委　　员：（以姓氏笔画为序）

丁绍祥　于来山　王　君　王立安　王宪魁　王晓东

王祥喜　孔玉芳　石憓巍　布小林　卢美松　尼玛次仁

多　托　刘　智　阳盛海　杨继国　李　康　李少恒

李明远　李联军　李福春　肖志恒　吴　刚　邱江辉

何天谷　宋彦忱　沈祖炜　张　庆　张正锋　张作哈

张杰辉　张建民　张建华　张建国　张俊芳　张炳学

张晓宁　陈　桦　林　声　范晓军　周　羲　郑继伟

屈冬玉　赵　雯　赵安东　胡安平　柳盛权　咸　辉

娄勤俭　贾帕尔·阿比布拉　　　　顾　久　徐振宏

曹　萍　曹卫星　韩先聪　程　红　谢　茹　谢庆生

詹文宏　谭　力　滕卫平　魏新民

编撰工作委员会

主　　　编：袁行霈　陈进玉

执行副主编：陈鹤良　陈祖武

副　主　编：（以姓氏笔画为序）

王　尧　王　蒙　方立天　白少帆　杨天石　陈高华

赵仁珪　程大利　程毅中　傅璇琮　樊锦诗　薛永年

《中国地域文化通览·宁夏卷》组委会、编委会

组织工作委员会

主　任：屈冬玉

副主任：李文华　杨继国

委　员：岳志明　胡迅雷　鲍焕军　吴忠礼　贺吉德　刘长青

　　　　马海涛　李宪亮　韩　东

编撰工作委员会

主　任：杨继国

副主任：岳志明　胡迅雷　鲍焕军

委　员：李范文　杨怀中　吴忠礼　牛达生　陈永中　杨森翔

　　　　贺吉德　鲁人勇　卢德明　孙振玉　刘天明　薛正昌

　　　　杜建录　李宪亮　韩　东

主　编：杨继国　胡迅雷

隋唐　固原须弥山石窟寺　董宏征摄

西夏王陵　董宏征摄

明　青铜峡沿贺兰山边长城　董宏征摄

明　永宁纳家户清真寺门楼与邦克楼　董宏征摄

汉　朝那铭文鼎　1982年彭阳县古城乡出土　董宏征摄

汉　瓦当　泾源县出土　董宏征摄

汉　彩绘陶院落模型　宁夏吴忠关马湖农场出土　董宏征摄

北周　鎏金银壶　1983年10月宁夏固
原原州区南郊乡深沟村李贤夫妇合葬
墓出土　董宏征摄

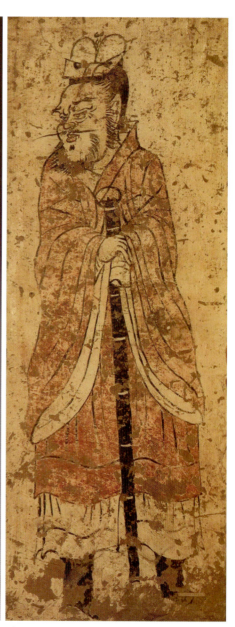

北周　彩绘武士俑　董宏征摄

隋　壁画持刀武士俑　1987年固原市
原州区南郊乡小马庄隋墓出土
董宏征摄

隋　狩猎图金"方奇"　2006年盐池县青山乡古峰庄出土，镂雕，图案清晰，线条流畅，该牌饰为其中图案最精美最丰富的一块。其正面为狩猎图案和连续蔓草纹花边，背面刻有82个铭文，弥足珍惜。
董宏征摄

固原原州区东郊乡雷祖庙村北魏墓出土漆棺画，漆棺两侧绘有连续的孝子故事，
是迄今为止最早的连环画雏形，在中国美术发展史有重大的意义。　董宏征摄

贺兰山拜寺口沟方塔出土的西夏文木活字版《吉祥遍至口和本续》 董宏征摄

阿文古兰经 董宏征摄

婚礼前阿訇诵读《古兰经》首章　董宏征摄

炸油香　董宏征摄

开斋节聚礼　董宏征摄

南关清真寺欢度古尔邦节　董宏征摄

总绪论

袁行霈

　　早在《尚书·禹贡》和《山海经》中已有关于中国地域的描述，包括九州的划分，各地的土地、山川、动物、植物、农产、矿产，还记载了一些神话，这两部书可以视为地域文化的发轫之作。此后出现了许多地理书籍，其中以东汉班固的《汉书·地理志》和北魏郦道元的《水经注》影响最为深远。前者记载了西汉的区划、户口、物产、风俗等，后者通过对《水经》的注解，记录了许多河流及沿岸的风物，保存了丰富的地理和人文信息。

　　本书对中国地域文化的研究，重视古代的传统，但就观念、方法、论述的范围、传世文献和考古资料的运用诸方面而言，都跟古代的舆地之学有很大区别。本书注重中国文化的空间分布和地域差异，将历时性的考察置于地域之中，而重点在于各地文化的特点和亮点，以及各地文化资源的开发利用。

　　近二十年来国内学术界出现了不少新的学术生长点和热点，地域研究便是其中之一。本书仅从"地域"这个特定的角度切入，至于中国文化的一般问题则不在本书探讨的范围之内。本书限于传统文化的范围，然而希望以古鉴今，面向未来，有助于当前和今后的文化建设。

第一节　多源同归与多元互补

中国文化的多个发源地　多源同归　以汉族为主体的各民族文化
多元互补

中国文化明显地呈现出地域的差异，这些差异乃是统一的中国内部的地域差异①，是中国文化多样性的表现。

中国文化具有多个发源地：

黄河流域。黄河发源于青海巴颜喀拉山脉西端卡日扎穷山的北麓，其干流流经四川、甘肃、宁夏、内蒙古、陕西、山西、河南、山东，全长 5464 公里，流域面积 75.24 万平方公里②。黄河有众多的支流，这些支流为中华民族的先民提供了优越的生存环境，特别重要的有渭河、汾河、伊洛河、湟水、无定河，在这些支流的两侧分布着数量众多的古文化遗址，例如黄河上游的马家窑文化，黄河中游的仰韶文化—中原龙山文化，黄河下游的大汶口—龙山文化，证明黄河是中国文化最重要的发祥地③。标志着中国文化肇始的夏代④，文化已相当发达的商代和周代，这三个王朝的疆域均位于黄河流域，可见黄河在中国文化史上的重要地位。

长江流域。长江发源于青海唐古拉山脉最高峰各拉丹东峰的西南麓，其干流流经四川、西藏、云南、重庆、湖北、湖南、江西、安徽、江苏、上海，全长 6397 余公里，流域面积达 180.85 万平方公里⑤。其间分布着许许多多古文化遗址。20 世纪以来新的考古资料证明，长江上游的三星堆文化，长江中游的屈家岭文化，长江下游的河姆渡文化和良渚文化，在陶器、青铜器、玉器的制作，以及城市的建筑等方面都已达到相当发达的程度⑥。老子、庄子、屈原的出现，以及近年来在湖北、湖南出土的大量秦汉简帛和其他文物，证明了当时的楚文化已达到可以与黄河流域的文化并驾齐驱的辉煌程度。毫无疑问，长江跟黄河一样，是中国文化的摇篮。

此外，辽河流域文化、珠江流域文化，都可以追溯到很早，而且特点鲜明，对中国文化的发展起了重要的作用，这两大流域也应视为中国文化的发祥地。

总之，黄河、长江是中国文化的主要发祥地，在历史长河中，又广泛地吸取了其他地区的文化因素，逐渐交融，深度汇合，就像"江汉朝宗于海"一样，随着中国大一统局面的建立、巩固和发展，发源于不同地区的文化先后汇为中国文化的大海，我们称之为多源同归⑦。

中国文化又是多元互补的文化，以汉族为主体，自周、秦到明、清，在各个历史阶段随着民族间的交往、融合，吸取了少数民族的文化因素，56 个民族共同创造出中华民族灿烂辉煌的文化。中国的疆域是各族共同开拓的，少数民族对东北、北部、西北、西南边疆的开发做出了重要的贡献⑧。

汉族的先民主要生活在黄河中下游地区，一般说来仰韶文化和龙山文化是汉族先民的文化遗存。传说黄帝之后的尧禅让于舜，舜或出自东夷⑨；舜禅让于禹，禹或出自西羌⑩，这表明了上古时期民族融合的趋势。汉朝以后，"汉"遂成为民族的名称，汉族的文化也成为中华民族文化的主体。

汉族在发展过程中，吸取了各少数民族的文化成分以丰富自己。赵武灵王推行胡服骑射，唐代吸取今新疆一带少数民族的音乐歌舞，都是很好的例证。中国古代的政治家、作家、书法家、画家中，出身少数民族的可以举出不少。例如唐代的宰相长孙无忌其先出自鲜卑拓跋部，元代著名作家萨都剌是回回人，元代著名书法家康里巎巎是色目康里部人，清代的著名词人纳兰成德是满族人，他们为中国文化的发展做出重要贡献。另一方面汉族又对各少数民族文化产生重大的影响，有的少数民族入主中原时托黄帝以明正朔，如鲜卑拓跋部建立北魏，自称是黄帝之子昌意之后⑪。北魏孝文帝推行的改革，促进了鲜卑人与汉人的融合⑫。一些曾经入主中原的少数民族，如蒙古人在很大的程度上自觉学习汉人的文化。元朝至元四年（1267）正月，世祖下令修建曲阜孔庙，五月又在上都（今属内蒙古自治区）新建孔子庙⑬。元朝开国功臣耶律楚材，为保存汉族典章制度与农耕文化做出卓越的贡献⑭。满人入主中原前，努尔哈赤、皇太极在政权建设、社会发展等方面就已注意吸收汉文化，学习儒家典籍⑮，入关以后对汉族文化的吸取就更多、更自觉了，《全唐诗》和《四库全书》的编纂就是最好的证明。

各民族的文化互补，是中华文化不断发展的重要动力，也是形成中华民族凝聚力的重要因素。例如，内蒙古等北方草原的游牧文化雄浑粗犷，与汉族的农耕文化可以互补⑯。新疆各族的文化，以及新疆在丝绸之路上对中外文化交流所起的作用十分重要。藏传佛教影响广泛，藏族文化丰富多彩，在中华民族文化中的地位值得充分重视。壮族在少数民族中人数最多，其文化品格和文化成就同样值得充分重视。

总之，各地的文化交融，以及汉族与少数民族的文化交融，使中国文化既具有多样性又具有统一性。多元互补，乃是中国文化的一大特点，也是中国文化进一步发展繁荣的坚实基础。

第二节　文化中心的形成与转移

地域文化发展的不平衡　中心形成与转移的若干条件：经济的水平　社会的安定　教育、藏书与科技　文化贤哲的引领作用

某一地区在某一时期内文化发展较快，甚至居于中心地位，对全国起着辐射作用。而在另一时期，则发展迟缓，其中心地位被其他地区所取代。地域文化发展的不平衡，文化中心的转移，是常见的现象。下面举例加以说明：

陕西西安及其附近本是周、秦、汉、唐的政治文化中心，这几个统一王朝的辉煌，在不胜枚举的文化遗址和出土文物中都得到证实，周原出土的青铜器，秦始皇陵的兵马俑，众多的汉家陵阙和唐代宫阙、墓葬遗址，都是中国的骄傲。包括正史在内的各种文献资料，如诗歌、文章、书法、绘画，也都向世人诉说着曾经有过的辉煌。司马迁、班固等则是这片土地哺育出的文化巨人。但到了元代以后，特别是明清以来，这里的文化已经难以延续昔日的光彩。

河南原是商代都城所在，殷墟出土的甲骨文，证明了那时文化的

兴盛。东周、东汉、曹魏、西晋等朝定都洛阳，河南成为全国文化的中心。到了唐代，河南则是文学家集中涌现的地方，唐代著名诗人几乎一半出自河南，杜甫、韩愈、岑参、元稹、李贺、李商隐等人，为唐诗的繁荣发展做出了重大贡献。北宋定都开封，更巩固了其文化中心的地位，张择端的《清明上河图》反映了汴梁的繁华。但在南宋以后，河南的文化中心地位显然转移了。

由上述陕西与河南的变化，可以看出政治中心与文化中心之间的关系。政治中心的迁移，特别是那些维持时间较长的政治中心的迁移，往往造成文化中心的迁移。

山东在先秦是中国文化的中心。曲阜是孔子的故乡，邹城是孟子的故乡，对中国文化影响至深至巨的儒家即植根于此。虽然经过秦始皇焚书坑儒，山东在两汉仍然是儒家思想文化的中心之一，伏生、郑玄这两位经学家都是山东人。但魏晋以后，山东的文化影响力逐渐衰落，儒学的中心也逐渐转移到别的地方。唐代高倡儒学复兴建立儒家道统的韩愈，北宋五位著名的理学家周敦颐、张载、邵雍、程颢、程颐，南宋将理学推向高峰的朱熹、心学家陆九渊，以及明代的心学家王阳明，均非出自山东。

北京一带在春秋战国时期是燕国都城所在，汉唐时称幽州，是边防重镇，与陕西、河南相比，文化显然落后。后来成为辽、金、元、明、清的首都，马可波罗记载元大都之繁华，令人赞叹。元杂剧前期便是以元大都为中心的，元杂剧的杰出代表关汉卿、王实甫，以及其他著名剧作家马致远、杨显之、纪君祥、秦简夫都是大都人。明清两代建都北京，美轮美奂的紫禁城、天坛、圆明园、颐和园，标志着中国古代建筑的辉煌成就。朝廷通过科举、授官等途径，一方面吸纳各地人才进京，另一方面又促使精英文化向全国各地辐射，北京毫无争议地成为全国文化的中心。

上海原是一个渔村，元代开始建城，到了近代才得到迅猛的发展，19世纪中叶已经成为国际和国内贸易的中心，随后又一跃而成为现代国际大都会。各种新兴的文化门类和文化产业日新月异地建立起来，并带动了全国文化的发展。

广东文化的发达程度原来远不及黄河与长江流域其他地方，但到了唐代，广州已成为一个大都会，到了近代，广东在思想文化方面呈现明显的优势，黄遵宪、康有为、梁启超、孙中山等人都出自广东。

文化中心形成和转移的原因十分复杂，需要从多方面探讨。

首先，是由经济发展的水平所决定的。

经济的发达虽然不一定直接带来文化的繁荣，但经济发达的地区文化水平往往比较高。最突出的例证便是江苏和浙江。这两个地区在南朝已经开发，宋代以后以太湖为中心的地区，乃至浙江东部的宁波、绍兴，成为重要的粮食产区。到明清两代，随着精耕细作的农业技术广泛应用，粮食产量大幅增加。在松江、太仓、嘉定、嘉兴等地，棉花耕种面积扩大，棉纺织业迅速发展；植桑养蚕缫丝成为新兴的副业，湖州成为丝织品最发达的地区[17]。农副业的发展带动了商业和市镇的繁荣，以及新兴市民的壮大。经济的发展与经济中新因素的成长，促成了江苏和浙江文化的繁荣，以及文化中新气象的出现。明代王阳明后学中的泰州学派开启了早期启蒙思想的潮流，明末以"公""正"为诉求的东林党具有代表江南地区士人和民众利益的倾向，其领袖顾宪成、高攀龙都是江苏无锡人。明中叶文人结社之风颇盛，如翟纯仁等人在苏州的拂水山房社，汪道昆、屠隆等人在杭州的西泠社，以及张溥在常熟、南京的复社，都在政治文化领域开启了新的风气，社会影响很大。至于文学方面，明清两代江苏和浙江文风之盛更是人所熟知的。著名的文人，明代有文徵明、徐渭、冯梦龙、施耐庵、吴承恩，清代有钱谦益、顾炎武、朱彝尊、沈德潜、郑燮、袁枚、龚自珍、李渔、洪昇等。江浙也是明清以来出状元最多的地方。

然而，文化的发展与经济的发展不一定同步，文化的发展除了受经济的制约外，还有其自身的规律。例如，在清代，晋商特别活跃，金融业发展迅猛。但是在这期间山西文化的发展却相对迟缓，如果与唐代的辉煌相比，已大为逊色。又如，北宋时期，关中的经济已经远不如唐代，但张载却在这里教授生徒，传播儒学，"为关中士人宗师"[18]，关中成为儒学的中心之一。

其次，与社会稳定的程度有很大关系。

东汉首都洛阳，经过一百六十多年的经营，是当时的文化中心。中平六年（189），东汉灵帝病死，并州牧董卓借机率军进入洛阳，废黜少帝刘辩，立九岁的陈留王刘协为帝，是为汉献帝。献帝初平元年（190），在东方诸侯的军事压力下，董卓迁天子于西都。迁都之时，图书文献遭到了极大破坏⑲，东汉王朝在首都积累的文化成果毁于一旦⑳。

南朝齐梁二代文学本来相当繁荣，分别以齐竟陵王萧子良、梁武帝萧衍和昭明太子萧统、梁简文帝萧纲为首的三个文学集团，对文化的发展起了很大的推动作用。齐永明年间周颙发现汉语有平上去入四种声调，"竟陵八友"中的沈约等人根据四声以及双声叠韵，研究诗句中声、韵、调的配合，创制了"永明体"，进而为近体诗的建立打下基础。成书于齐代末年的刘勰所著《文心雕龙》则是中国文学批评史上最系统的著作。由于萧衍、萧统、萧纲父子召聚文学之士，创作诗歌，研究学术，遂使建康成为文化中心。萧统所编《文选》影响尤为深远。可是经过侯景之乱，建康沦陷，士人凋零，江左承平五十年所带来的文化繁荣局面遂亦消失㉑。

与此类似的还有唐朝末年中原一带的战乱对文化的破坏。唐代的首都长安是当时最大的国际都会，居住着许多外国的留学生、商贾、艺术家。在宗教方面，除了道教和佛教，祆教、景教和摩尼教也都得以传播，长安显然是当时的文化中心。到了五代，长安的文化中心地位消失了，而四川因为相对安定，士人们相携入蜀，文化也随之发达起来，俨然成为一个新的文化中心。后蜀主孟昶时镌刻石经㉒，后蜀宰相毋昭裔在成都刻印《九经》《文选》《初学记》《白氏六帖》，对四川文化的发展影响很大㉓。尤其值得注意的是词的繁荣，后蜀赵崇祚所编《花间集》，选录18家"诗客曲子词"，凡500首，其中14位作者皆仕于蜀。《花间集》是最早的文人词总集，奠定了以后词体发展的基础㉔。

我们也要看到，社会变革期往往伴随着社会的不稳定，以及各种思想和主张的激荡，这反而会促进文化的发展，并形成若干文化的中心，如在春秋战国时期，鲁国是儒家的中心，楚国是道家的中心。这从另一个方面提醒我们文化发展的复杂性。

复次，文化中心的形成与教育水平、藏书状况、科技推动有很大关系。

　　书院较多的地区，私人讲学之风兴盛的地区，蒙学发达的地区，往往也成为文化中心，突出的例子是明代的江西、浙江。据统计，明代江西有书院51所，浙江有书院36所，这些地方也就成为文化中心㉕。

　　文化的发达离不开书籍，书籍印刷和图书收藏较多的地区，往往会形成文化中心。例如四川成都是雕版印刷最早流行的地区之一，唐代大中年间已有雕版书籍和书肆㉖。唐末成都印书铺有西川过家、龙池坊卞家等㉗。此后，一直到五代、宋代，成都都是印刷业的中心之一，这对成都文化的发展起了重要作用。又如浙江、福建也是印刷业的中心，到了五代、宋，达到繁盛的地步。这两个地区在宋代人才辈出，显然与此有关。明清两代私家藏书以江浙一带为最盛，诸如范钦天一阁、毛晋汲古阁、黄虞稷千顷堂、钱谦益绛云楼、徐乾学传是楼、朱彝尊曝书亭、瞿绍基铁琴铜剑楼、陆心源皕宋楼、丁丙八千卷楼都在江浙，这对明清时期江浙文化的发展无疑起了巨大作用。

　　科技带动地域文化发展的例子，可以举李冰父子在四川修建都江堰为例。这项工程创造性地运用了治水的技术，将蜀地造就为"天府之国"，文化也随之发达起来㉘。

　　最后，要提到文化贤哲或学术大师的引领作用。

　　山东曲阜一带，如果没有孔子就难以形成文化中心，这是显而易见的。北宋思想家邵雍之于洛中，也是一个显著的例子，《宋史·邵雍传》曰："人无贵贱少长，一接以诚，故贤者悦其德，不贤者服其化。一时洛中人才特盛，而忠厚之风闻天下。"㉙南宋思想家朱熹长期在福建、江西讲学，"诸生之自远而至者，豆饭藜羹，率与之共"㉚。此外，宗教史上如慧能之于广东；思想史上如王阳明之于贵州，王艮之于泰州，都有重大的影响。文学史上也是如此，黄庭坚之于江西，杨慎之于云南，也都有重大影响。明代吴中出现了文徵明等一批兼通诗文、书画的著名文人，形成文化中心㉛。

第三节　地域文化的差异、交流与融合

南北之间的差异　东西之间的差异　沿海与内地之间的差异　文化交流融合的途径：移民、交通与商贸、科举与仕宦

《诗经》与《楚辞》代表了先秦北方与南方两种不同的文化风格，《诗经》质朴淳厚，《楚辞》浪漫热烈。关于先秦南北思想文化的差异，王国维的论述具有启发性："我国春秋以前，道德政治上之思想，可分之为二派：……前者大成于孔子、墨子，而后者大成于老子。故前者北方派，后者南方派也。"㉜关于南北朝文风的差异，《隋书·文学传序》已经给我们重要的提示："江左宫商发越，贵于清绮；河朔词义贞刚，重乎气质。"㉝这种差异在南朝民歌和北朝民歌之间表现得十分清楚。唐代禅宗有"北渐"、"南顿"二派。中唐时期第一批学习民间词的作家，他们的作品往往有一种南方的情调。晚唐五代，词的两个中心都在南方。宋代理学的四个主要学派：以周敦颐为首的濂学，以程颢、程颐为首的洛学，以张载为首的关学，以朱熹为首的闽学，都带有地域性。在元代盛行的戏曲，无论就音乐而论还是就文学风格而论，都显然存在着地域的差异。四折一楔子的杂剧是在北方兴起的一种文艺形式，杂剧创作与演出的中心在大都。稍晚，南方有一新的剧种兴盛起来，这就是南戏。它在两宋之际产生于浙江温州一带，先流传到杭州，并在这里发展为成熟的戏曲艺术，至元末大为兴盛。由宋元南戏发展出来的明代传奇，有所谓四大腔：海盐腔、余姚腔、弋阳腔、昆山腔，都是南方的唱腔。由苏州地区兴起的昆曲，在明末清初达到成熟阶段，成为全国最大的剧种。清中叶至鸦片战争前后，形成五大声腔，除原有的昆腔外，还有高腔（由弋阳腔演变而成，湘剧、川剧、赣剧、潮剧中都有此腔）、梆子腔（即秦腔，源于陕西和山西交界处，流行于北方各地）、弦索腔（源于河南、山东）、皮黄腔（西皮、二黄的合流，西皮是秦腔传入湖北后与当地民间曲调结合而成，二黄是由吹腔、高拨子在徽班中演变而成），这些声腔都具有明显的地方特色。乾隆年间四大徽班入京，与来自湖北的汉调艺人合作，同时吸收昆曲、秦腔的因素，又部分地吸取京白，遂孕育出风靡全

国的京剧㉞，这是地域文化交融的绝佳例证。

东北三省与关内相比，也有自己的特色：粗犷、雄健、富于开拓性。内蒙古的草原文化自然、粗犷，在狩猎、畜牧中形成的与马有关的种种文化很有特色。宁夏回族的宗教、建筑、瓷器等等，都具有独特的民族风情。

东西之间文化的差异首先表现为民族的差异，西部多有少数民族聚居，这些民族的文化各有自己的特色，为中华民族文化增添了亮丽的色彩。其质朴、自然的风格，其文化与大自然的融合，都令人向往。在歌曲和舞蹈方面，更是多姿多彩，显示出少数民族独特的天赋。一些大型的民族史诗，如藏族的《格萨尔王传》、蒙古族的《江格尔》、壮族的《布罗陀经诗》、柯尔克孜族的《玛纳斯》等；还有一些创世纪神话叙事诗，如彝族的《阿细的先基》、瑶族的《密洛陀》、侗族的《侗族祖先从哪里来》、苗族的《苗族史诗》、拉祜族的《牡帕密帕》、阿昌族的《遮帕麻与遮米麻》、哈尼族的《奥色密色》、佤族的《西冈里》等等㉟，都是非常珍贵的文化遗产。

沿海与内地的文化差异也值得注意。早在秦汉时期，齐地多方士，他们讲神仙方术、海外三山，徐福被秦始皇派遣，率领童男童女数千人出海求仙，是颇有象征性的事件。东南沿海与国外的交往较早，南朝、隋唐时期这一地区与印度洋的商旅往来已相当频繁。宋元时期，江苏、浙江、福建、广东都有对外口岸，经这一带出口的瓷器，远销南亚、西亚，直到东非。而明代以后成为中国重要粮食的玉米、马铃薯、番薯等美洲作物，以及在中国广泛种植的烟草，一般认为都是经由东南沿海传入的。明万历年间意大利的耶稣会传教士利玛窦首先到达澳门，再进入内地传教，同时带来西方的科学技术。近代以来，广州、上海、天津等对外口岸在中外文化交流中发挥了重要作用。和内地相比，沿海地区的文化更具开放性和创新性。

文化交流融合有几种途径。

首先是移民，特别是大规模的移民潮。西晋末年、唐末五代以及北宋末年，大批中原的汉族迁徙到江南，对江南经济、文化产生了巨大的作用，移民所带来的文化与当地原有的文化交流融合，使当地文化出现新的特色。闽西和广东梅州客家人聚族而居的土楼（围龙屋），成为当地文化的独特景观。河北、山东一带人民闯关东，推动了东北原住民文化的发展。清代初年"湖广填四川"，促进了西南文化的发展，巴渝会馆的发达，川剧的形成都与移民有关。广西的文化与来自外地的移民和文化名人如柳宗元有关。台湾的文化与闽、粤的移民有极其密切的关系，这表现在民间信仰、建筑风格、生活习惯等许多方面。明末清初是移民台湾的高潮。香港的文化与广东移民有密切的关系，考古发掘证明了香港、澳门与珠江下游地区古代居民之间的关系和交往[36]。

交通与商贸也是各地文化交流融合的重要渠道。汉代以后丝绸之路的开通，对于所经中国内地之间的文化往来，以及中国与中亚、南亚、西亚，乃至欧洲、北非的文化往来，所起的作用显而易见。仅就甘肃河西走廊而言，那是丝绸之路上十分繁忙的一段，在汉唐时的地位类似近代的珠江三角洲和长江三角洲。隋代开通了纵贯南北的大运河，对沟通南北经济、文化起到巨大的作用。唐朝的政治中心在长安，但其经济却在很大程度上依赖江南，运河就成为其经济命脉。沿着运河出现了诸如杭州、苏州、扬州等经济与文化的中心。至于长江航道在交通运输上的作用，及其在文化传播方面的作用更是明显。李白离开家乡四川，沿长江而下，在一生中几乎走遍大江上下，留下许多诗篇。长江沿岸的重庆、武汉、九江、南京、扬州之所以文化发达，得益于这条大江者实在不少。长江流域的洞庭湖与鄱阳湖，以及湖边的黄鹤楼、岳阳楼，还有长江支流赣江边上的滕王阁，成为凝聚着浓厚诗意的地方。明清时期，随着徽商、晋商、粤商、宁波帮等几个活跃的商帮的足迹，文化也得以交流、传播。

科举与仕宦是文化融合的另一条重要渠道。各地的举子进京赶考，考中的或留京任官，或外放任职，考不中的则返回家乡，大批的举子往来于京城和各地之间，成为传播文化的使者。清代钱塘人洪昇，在北京做了约二十年太学生，与京中名流王士禛、朱彝尊、赵执信等人互相唱和。康熙二十七年（1688），其《长生殿》在京城盛演，轰动一时。清代北京的宣南成为进京举子汇聚之地，举子的来来往往，形成文化凝聚与辐射的局面，造就了独特的宣南文化。官员的升迁和贬黜也是文化交流融合的渠道，最突出的例子便是韩愈和王阳明。韩愈贬官潮阳，给当时文化尚不发达的潮州带来了中原文化。王阳明贬官贵州龙场驿，创办龙冈书院，开创了贵州一代学风，他的"知行合一"学说便是在贵州提出来的。此外，李德裕、苏轼等人贬官海南，对当地的文化教育影响巨大。再如清代黑龙江、新疆有许多被流放的官员，其中不乏高级文化人士，他们对当地文化的发展起了重要作用。

第四节　研究地域文化的意义与本书的宗旨

保护地域文化的多样性　地域文化与区域经济　按行政区划分卷
文献考订与田野调查　与地方志的区别　学术性、现实性与可读性
的统一　本书的宗旨与体例

地域文化是按地域区分的中国文化的若干分支。研究地域文化，实际上就是研究文化的空间分布及其特征。研究中国文化如果忽视对其地域性的研究，就难以全面和深入。地域性是中国这个幅员辽阔的大国的特点，是中国文化丰富多彩的重要表现。热爱祖国不是空泛的，首先要热爱生于斯长于斯的家乡。如果对自己家乡的历史文化都不清楚，那么热爱祖国就会落空。有些地区的传统文化正在逐渐削弱甚至濒临消亡，亟待政府采取切实措施加以保护。在文化建设的过程中切忌抹杀地域的特点，避免千城一面、万村一形。如果不论走到哪里看到的是同一种建筑，听到的是同一种戏曲，品尝的是同一种口味，体验的是同一种民俗，既没有关西大汉的铜琶铁板，也没有江南水乡的晓风残月，我们的生活将多么单调，中国展现给世界的形象将多么苍白！在坚定维护国家政治上统一的同时，必须保护各地文化的多样性，保护地域文化的特点，尊重人民群众多种多样的文化需求。这可以视为中国文化发展的战略性举措。地域文化又是港、澳、台人民以及海外华侨、华人寻根的热点，弘扬传统的地域文化有助于祖国的和平统一。从全球的眼光看来，中国这样幅员广阔的大国，如果失去了文化多样性，必然会减弱中国对世界的吸引力。

我们提倡文化的大局观，要站在全国看各地。只有将各地文化放到全国之中，才能更清楚地认识各地文化的特点；只有清楚地看到各地文化的特点，才能更深刻地认识中国文化的面貌。在弘扬地域文化特点的同时，要促进地域之间的文化交流，以推动各地文化共同繁荣。各地文化是互相联系互相渗透的，是在互动中发展的。如果画一幅中国地域文化地图，其中每一板块的变化都会造成整幅地图的变化。没有孤立的安徽文化，没有孤立的河北文化，没有孤立的云南文化，也没有孤立的西藏文化。某一地域文化的发展，都要依靠其他地域，并牵动其他地域。政府在致力于地域经济均衡发展的同时，也要致力于地域文化的均衡发展。再放大一点，在经济全球化的趋势下，国内某一地域文化的发展，也会受到国际因素的影响，上海、天津、福建、广东等沿海地区文化的发展，足以证明这一点。

地域文化的发展对地域经济的依赖和促进是十分明显的，但文化与经济不是搭台与唱戏的关系，应当互相搭台，一起唱戏。发展文化不仅是发展经济的手段，其本身就是目的，因为人民群众的需求以及社会的进步，不仅表现为经济的发展，也表现为文化的繁荣。文化长期滞后于经济快速发展的现状必须改变。发展经济与推动文化，要双管齐下，相互促进。小康社会的指标不仅是经济的，也是文化的。保护地域文化不可追求形式，不可急功近利，要吸取精华剔除糟粕。那种不管好坏，盲目炒作地方名人（包括小说中的人物），简单地打文化牌以拉动经济的风气不可助长。

区域经济的发展已经引起各级领导和全社会的注意，地域文化的发展也应提到日程上来。各地还存在大量文化资源有待开发、研究、利用。《中国地域文化通览》的编撰，就是对我国文化资源的一次普查。我们考察的重点在于各地文化的历史进程、特点、亮点及其形成的原因，各地文化发展的有利条件和制约因素，并力图说明各地文化在整个中国文化发展中的地位、作用，其与邻近地区相互交流相互影响的关系，并着重描述那些对本地和整个中华民族的进步产生过重大影响的标志性成果，彰显那些对本地和中国文化的发展做出重大贡献的人物。我们希望本书能为各地文化建设确立更明确、更自觉的目标提供一点帮助。

　　关于地域文化，目前已有许多研究成果，但大多是将全国分为几个区域，以先秦的诸侯国名或古代的地名来命名，如河洛文化、燕赵文化、吴越文化、齐鲁文化、荆楚文化、关陇文化、岭南文化等等。也有从考古学的角度，将中国文化分为几个大文化区系的㉛。以上的研究都有学术的根据，也都取得了可观的成就，是我们重要的参考。

　　本书拟从另一个角度切入，即立足于当前的行政区划，每一个省、自治区、直辖市各立一卷，港、澳、台也各立一卷。本书可以说是中国分省的文化地图。按照行政区划来写《中国地域文化通览》，也是有学理根据的。中国从秦代开始实行郡县制，大致确立了此后两千多年行政建置的基本框架。这既有利于维护大一统的局面，也因为一个行政区划内部的交流比较频繁，从而强化了各行政区划的文化特点。按行政区划分卷，对各地更清楚地认识本地的文化更为方便。其实，今日的行政区划是历史沿革的结果，这种分卷的体例与上述体例可以相互补充，相得益彰。大体说来，所谓齐鲁文化就是山东文化，燕赵文化就是河北文化，三秦文化就是陕西文化，蜀文化就是四川文化，徽文化就是安徽文化，晋文化就是山西文化，吴文化就是江苏文化，越文化就是浙江文化，仍然是与行政区划吻合的，只不过用了一个古代的称呼而已。如果从考古学的角度，研究文化的起源，当然不必顾及目前的行政区划；然而要对包括全国各地的文化分别加以描述，并且从古代一直讲下来，则按照当前的行政区划更为便利。何况，内蒙古、新疆、西藏是中国领土不可分割的一部分，研究中国的地域文化必须包括在内，按照当前的行政区划就不会将这些地区忽略了。

　　按行政区划编纂当地的文献早已有之，这属于乡邦文献。有的文献所包括的区域比省还小，如汉晋时期的《陈留耆旧传》、《汝南先贤传》、《襄阳耆旧传》等，记录了一郡之内的耆旧先贤。唐人殷璠所编《丹阳集》只收丹阳人的作品，属于地域文学集的编纂。宋人董棻所编《严陵集》，是他任严州（今浙江建德、淳安一带）知州时所编与当地有关的文集。宋人孔延之所编《会稽掇英总集》也属于这一类。近人金毓黻所编《辽海丛书》，张寿镛所编《四明丛书》都是如此。

　　研究地域文化，必须重视文献资料，特别是乡邦文献，包括各地的方志、族谱、舆图等。文献的搜集、考订和分析，是必不可少的基础性工作。编撰地域文化通览的过程，也就是搜集和整理有关文献的过程。然而文化绝不仅仅体现在文献中，还体现在人们的日常生活中，那是活生生的、每日每时都显现着的。文化除了思想、学术、文学、艺术等内容之外，还包括风俗习惯、衣食住行的方式等等，这乃是社会的各个阶层，尤其是广大民众所创造的。研究地域文化不仅要重视宫廷文化、士大夫文化、精英文化，还要重视平民文化、民间文化、民俗文化。研究地域文化在重视文献的同时，必须注重实地考察，从日常生活中寻找资料。只有将文献资料和实地考察结合起来，并利用新的考古资料，才能见其全貌。

本书跟地方志不同，地方志虽有历史的回顾，但详今略古，偏重于现状的介绍，包括本地当前的自然环境、资源、物产、社会、政治、经济、文化等方面的情况和数据，是资料性的著述。《中国地域文化通览》则是专就传统文化进行论述，下限在1911年辛亥革命，个别卷延伸到1919年"五四运动"。地方志偏重于情况的介绍，注重资料性、实用性、检索性，《中国地域文化通览》则是研究性著作，强调在大量可信资料的基础上，纵横交错地展开论述，要体现历史观、文化观，总结文化发展的历史经验和规律，史论结合。

《中国地域文化通览》以学术性、现实性、可读性三者的统一为目标。

所谓学术性，简单地说就是符合学术规范，立足学术前沿，注重多学科的交叉融合。本书是一部学术著作，而不是通俗读物，更不是旅游手册。要以实事求是的态度，在认真钻研资料的基础上，力求对事实做出准确的描述、分析与概括。概括就体现为理论。

所谓现实性，就是立足现实，回顾历史，面向未来，希望能对本地文化的发展提供启发。立足现实，是从实际出发，关注当前经济社会文化的发展；回顾历史，是总结经验，以史为鉴；面向未来，是注意文化的发展方向，促进文化建设，促使中国文化以丰富多彩的姿态走向世界。地域文化是国情的重要部分，希望这套书能够成为中央和地方各级政府了解各地历史文化、风土人情的参考，成为因地制宜发展文化的参考。文化的主体是人，以人为本离不开对文化的深入理解。为政一方，既要了解当地的经济资源，也要了解当地的文化资源；既要了解现状，也要了解历史，这样才能最大限度地发挥地域的优势。

所谓可读性，就是要吸引广大读者，让一般读者看了长知识，专家学者看了有收获，行政领导看了受启发。在文字表达上，力求准确、鲜明、生动。

本书各卷都分为上下两编，上编对本地文化作纵向的考察，下编则对本地文化分门别类重点地作横向的论述，纵横结合，以期更深入细致地阐明各地文化的状况。各卷还有绪论，对本地文化从理论上加以探讨。本书随文附有大量插图，图文并茂，以增加直观的感受。

本书的编撰带有开拓性和探索性，我们自知远未达到成熟的地步，倘能对中国地域文化的研究，对中国文化的健康发展，起一点促进作用，参加编撰的大约 500 位学者将会深感欣慰。

2010 年 6 月 2 日初稿
2010 年 9 月 10 日第 7 次修改
2010 年 12 月 12 日第 11 次修改
2011 年 12 月 26 日第 12 次修改

【注释】

① 参见《世界地图集》中华人民共和国概况，中国地图出版社 2004 年版，第 228 页。

② 《中国自然地理图集》，中国地图出版社 2010 年版，第 221 页。

③ 参见侯仁之主编《黄河文化》第一编第一章第四节，华艺出版社 1994 年版，第 29 页。袁行霈、严文明、张传玺、楼宇烈主编《中华文明史》第一卷第一章《中华文明的曙光》，北京大学出版社 2006 年版，第 67—73 页。

④ 20 世纪的考古发现，特别是二里头文化的发现，证实了夏朝的存在。参见袁行霈、严文明、张传玺、楼宇烈主编《中华文明史》第一卷第二章《中华文明的肇始》，北京大学出版社 2006 年版，第 95—127 页。

⑤ 《中国自然地理图集》，中国地图出版社 2010 年版，第 222 页。

⑥ 关于长江流域旧石器和新石器时期的遗址，考古学界有许多发掘报告和研究成果。季羡林主编《长江文化研究文库》中《长江文化议论集》收有陈连开、潘守永《长江流域是中华文明的重要发源地》一文，对此有简明的综合介绍，湖北教育出版社 2005 年版，第 21—41 页。另外，此文库中严文明《长江文明的曙光》，李天元、冯小波《长江古人类》，赵殿增、李明斌《长江上游的巴蜀文化》，张之恒《长江下游新石器时代文化》均有综合性的介绍，本文均有参考。关于这些文化的年代，考古界的说法不尽一致，大致距今都在三千年以上，早的可达五六千年以上或更早。

⑦ 苏秉琦有"多源一统"的说法，见其《关于重建中国史前史的思考》，《考古》1991 年第 12 期。此所谓"多源同归"的提出受其启发，又与之不尽相同，更强调各个源头的文化之间动态的交融、汇合。

⑧ 参见《中国大百科全书·民族》"中华民族"条，中国大百科全书出版社 1986 年版，第 573—574 页。

⑨《孟子·离娄下》："孟子曰：舜生于诸冯，迁于负夏，卒于鸣条，东夷之人也。"杨伯峻《孟子译注》，中华书局 1960 年版，第 184 页。

⑩ 汉陆贾《新语·术事第二》："大禹出于西羌。"中华书局《诸子集成》本，1954 年版，第 4 页。《史记·六国年表》："禹兴于西羌。"中华书局点校本，1962 年版，第 686 页。

⑪《魏书》卷一《帝纪第一·序纪》："昔黄帝有子二十五人，或内列诸华，或外分荒服。昌意少子，受封北土，国有大鲜卑山，因以为号。……黄帝以土德王，北俗谓土为托，谓后为跋，故以为氏。"中华书局点校本，1974 年版，第 1 页。

⑫ 参见田余庆《北魏孝文帝》，《中华文明之光》上，北京大学出版社 2004 年第 2 版，第 338—344 页。

⑬《元史》卷六《世祖本纪》：至元四年正月"癸卯，敕修曲阜宣圣庙"，"五月丁亥朔，日有食之，敕上都重建孔子庙"。中华书局点校本，1976 年版，第 113、114 页。

⑭ 见《元史》卷一百四十六《耶律楚材传》，中华书局点校本，1976 年版，第 3455—3464 页。

⑮ 参见史革新《略论清朝入关前对汉文化的吸收》，《炎黄文化研究》第 2 辑，大象出版社 2005 年版，第 158—169 页。

⑯ 参见苏秉琦《苏秉琦考古学论述选集》，文物出版社 1984 年版。

⑰ 参见袁行霈、严文明、张传玺、楼宇烈主编《中华文明史》第四卷，北京大学出版社 2006 年版，第 26—33 页。

⑱《宋史》卷四百二十七《张载传》，中华书局点校本，1977 年版，第 12724 页。

⑲《后汉书》卷七十二《董卓传》云：董卓"尽徙洛阳人数百万口于长安，步骑驱蹙，更相蹈藉，饥饿寇掠，积尸盈路。卓自屯留毕圭苑中，悉烧宫庙、官府、居家，二百里内无复孑遗。又使吕布发诸帝陵及公卿已下冢墓，收其珍宝"。中华书局点校本，1965 年版，第 2327—2328 页。

⑳《后汉书》卷七十九上《儒林列传》云："初，光武迁还洛阳，其经牒秘书载之二千余两，自此以后，参倍于前。及董卓移都之际，吏民扰乱，自辟雍、东观、兰台、石室、宣明、鸿都诸藏典策文章，竞共剖散，其缣帛图书，大则连为帷盖，小乃制为縢囊。及王允所收而西者，裁七十余乘，道路艰远，复弃其半矣。后长安之乱，一时焚荡，莫不泯尽焉。"中华书局点校本，1965 年版，第 2548 页。

㉑ 关于侯景之乱，参见《梁书》卷五十六《侯景传》，中华书局点校本，1973 年版，第 841—861 页。

㉒ 宋范成大《石经始末记》引《石经考异序》云："按赵清献公《成都记》：伪蜀相毋昭裔捐俸金，取九经琢石于学官……依太和旧本，令张德钊书。国朝皇祐中田元均补刻公羊高穀梁赤二传，然后十二经始全。至宣和间，席文献又刻孟轲书参焉。"见孔凡礼辑《范成大佚著辑存》，中华书局 1983 年版，第 159—160 页。

㉓ 参见张秀民著、韩琦增订《中国印刷史》上，浙江古籍出版社 2006 年版，第 32 页。

㉔ 参见袁行霈主编《中国文学史》第二卷，高等教育出版社 1999 年版，第 450 页。"诗客曲子词"之说见于欧阳炯《花间集叙》。又，《四部丛刊》影宋抄本《禅月集》昙域《后序》曰："众请昙域编集前后所制歌诗文赞，日有见问，不暇枝梧。遂寻检稿草及暗记忆者约一千首，乃雕刻成部，题号《禅月集》。"《四库全书总目提要》卷一百五十一《禅月集》曰："昙域《后序》作于王衍乾德五年，称'检寻稿草及暗记忆者约一千首，雕刻成部'。则自刻专集自是集始。"（中华书局影印本，1965 年，第 1304 页）亦可见蜀地文化的发展状况。

㉕ 参见曹松叶《宋元明清书院概况》（续），《国立中山大学语言历史学研究所周刊》第 10 集第 113 期，1930 年版，第 7 页。

㉖ 柳玭《柳氏家训序》："中和三年癸卯夏，銮舆在蜀之三年也。余为中书舍人，旬

休，阅书于重城之东南，其书多阴阳杂记、占梦、相宅、九宫、五纬之流，又有字书、小学，率雕板印纸，浸染不可尽晓。"见《旧五代史》卷四十三《唐书》十九《明宗纪》附《旧五代史考异》引，中华书局点校本，1976 年版，第 589 页。

㉗ 参见张秀民著、韩琦增订《中国印刷史》上，浙江古籍出版社 2006 年版，第22 页。

㉘《史记》卷二十九《河渠书》曰："蜀守冰凿离碓，辟沫水之害，穿二江成都之中。……至于所过，往往引其水益用溉田畴之渠，以万亿计，然莫足数也。"中华书局点校本，1962 年版，第 1407 页。

㉙《宋史》卷四百二十七《邵雍传》，中华书局点校本，1977 年版，第 12727 页。

㉚《宋史》卷四百二十九《朱熹传》，中华书局点校本，1977 年版，第 12767 页。

㉛《明史》卷二百八十七《文徵明传》云："吴中自吴宽、王鏊以文章领袖馆阁，一时名士沈周、祝允明辈，与并驰骋，文风极盛。徵明及蔡羽、黄省曾、袁袠、皇甫冲兄弟稍后出。而徵明主风雅数十年，与之游者王宠、陆师道、陈道复、王穀祥、彭年、周天球、钱穀之属，亦皆以词翰名于世。"中华书局点校本，1974 年版，第 7363 页。

㉜《屈子文学之精神》，见《王国维遗书》第五册《静安文集续编》，商务印书馆，1940 年版，第 31—32 页。

㉝《隋书》卷七十六，中华书局点校本，1973 年版，第 1730 页。

㉞ 参见袁行霈主编《中国文学史》第四卷，高等教育出版社 1999 年版，第 342—343 页。

㉟ 参见《中国大百科全书·中国文学》，中国大百科全书出版社 1986 年版，第 697 页。

㊱ 香港特别行政区民政事务局与中国社会科学院考古研究所联合，在新界与大屿山岛之间的马湾岛东湾仔北，发现新石器时代中晚期至青铜时代早期的居址、墓葬和大批文物。被评为 1997 年全国十大考古新发现之一。见邹兴华、吴耀利、李浪林《香港马湾东湾仔北史前遗址发掘简报》，《考古》1997 年第 6 期。关于澳门的考古发现，参见邓聪、郑炜明《澳门黑沙》，香港中文大学出版社 1996 年版。

㊲ 苏秉琦把现今人口分布密集地区的考古学文化分为六大区系：以燕山南北长城地带为重心的北方，以山东为中心的东方，以关中（陕西）、晋南、豫西为中心的中原，以环太湖为中心的东南部，以环洞庭湖与四川盆地为中心的西南部，以鄱阳湖—珠江三角洲一线为中轴的南方。见《中国文明起源新探》，三联书店 1999 年版，第 35—36 页。

目 录

上 编

第一章 宁夏的史前文化

工程布设及其作用　渠道岁修　封表轮灌　农田灌溉　水费征收　水闸作法　草土埽工　盐碱土防治　宁夏河套灌区经久不衰

图片目录

彩　页

插　图

绪　论

　　宁夏回族自治区是我国五大省级民族自治区之一，地处祖国的西北内陆，位居黄河流域中上游和黄土高原、蒙古高原、青藏高原的交汇地带，是腾格里沙漠、乌兰布和沙漠与毛乌素（沙地）三大沙漠包围中的一片绿洲。北部有贺兰山屏障，南部有六盘山雄峙，黄河穿流中北部。在两山一河之间的宁夏平原、六盘山区和中部旱塬的广袤土地上，发现了大批石器时代的文化遗存；同时，六盘山古称陇山，陇山即龙山的转音，亦即最早以龙为图腾的人文始祖之一、"三皇五帝"之首的伏羲和女娲的故里（六盘山文化圈）。因此，这里不仅是黄河文化和华夏根文化——龙文化的源头之一，也是多元一体的中华民族大文化的主要发祥地之一。

第一节　宁夏文化的地理环境与政区历史沿革

宁夏文化的地理环境　宁夏的政区历史沿革

　　俗话说"一方水土养育一方人"，而正是"一方人"创造了一方文化——地域文化。

　　人类无一例外都要生活在一定的地理环境之中，也就是说，地理条件、自然环境是地域文化赖以生成、生长的土壤。所以，研究宁夏的地域文化，首先要了解宁夏的山水形胜和区位特点。

宁夏全区可划分为三个地理单元，即南部山地与黄土丘陵、北部引黄灌区宁夏平原和中部干旱带台地与山间草原。南部有号称为黄土高原绿岛的六盘山，这里产生了灿烂的龙文化与传统的畜牧文化；北部由黄河冲积和贺兰山前洪积形成，是世界著名的"河套灌区"和塞上优良牧场的组成部分，史称"新秦中"，即再造一个八百里秦川新天府的意思。

黄河从今中卫市入宁夏境，与贺兰山平行，流经中卫、中宁、青铜峡、吴忠、灵武、永宁、银川、贺兰、平罗、石嘴山 10 市县，流长 397 公里。黄河水如乳汁般滋养了宁夏北部，自古就有"天下黄河富宁夏"、"黄河百害唯富一套"的民谚，被正史赞为"塞北江南"，从而形成了宁夏主流文化——塞上江南黄河文化。

从历史上看，宁夏大地的开拓者，应是以采集、狩猎和游牧为生活方式的氏族部落，即游牧民族或少数民族。夏、商、周三代，宁夏南北部基本上被各戎部"筑城数十，皆自称王"①的邦国所控制。最后，于战国秦昭襄王三十五年（前 272），秦国才彻底扫平了戎人在西北的诸邦国，将戎地改设为郡县，这正是宁夏地区有行政建置、并正式纳入中原王朝版图的开始。但是，牧业经济，逐水草而居的游牧式生产与生活方式仍居主要地位，主导文化还是草原文化。

秦始皇三十二年（前 215），"始皇乃使将军蒙恬发兵三十万人北击胡，略取河南地"。次年，"自榆中并河以东，属之阴山，以为四十四县，城河上为塞……徙谪，实之初县"②。在宁夏北部引黄灌区农业开发设立的第一个县级政权——富平县应运而生，从而揭开了宁夏地区农业开发的序幕。

汉朝建立后，特别是汉武帝即位后，对匈奴用兵长达 45 年之久，终于迫使匈奴人完全退出河南地，汉家再次移民实边，"汉度河自朔方以西至令居，往往通渠置田，官吏卒五六万人"③，形成大规模建设黄河中上游的热潮。

从此，宁夏平原河东和河西地区得到了同步开发和均衡发展，黄河两岸一些著名的古干渠，基本上创修于汉季。又因为汉廷执行优惠的移民垦殖政策，加上边关无战事，移民能够安居乐业，"数世不见烟火之警，人民炽盛，牛马布野"④，原"河南地"被誉为"新秦中"，是当时"新富贵"的代名词。宁夏北部黄灌区，从原黄河东岸的 1 个县（富平县），发展到黄河两岸的 4 个县（富平、灵武、灵州、廉），成为历史上宁夏农业经济大发展、大繁荣的时期，中原农耕文化在塞上深深地扎下了根。

唐代是继汉朝以后，宁夏农业经济和畜牧经济得到全面大发展的黄金时期，黄灌区的旧渠得到疏浚，新渠不断增加，灌溉良田达 5 万多顷，是国家北方的大粮仓。正如主管灵州营田大将娄师德的传中所写："往还灵、夏，检校屯田，收率既多，京坻遽积。不烦和籴之费，无复转输之艰，两军及北镇兵数年咸得支给。"⑤就连南部六盘山地区，也是"独耕一县，可以足食"⑥。

汉唐以后，宁夏地区的农业文化与草原文化进一步融合，区域特色文化——塞上江南黄河文化确立。宁夏黄河文化是农业文化与草原文化的结合体及两者的升华，植根于"龙文化"之中，与中华民族大文化的多元一体性一样，也与龙文化同根共脉，血肉相连。

宁夏地域文化的形成，不仅渊源于自身的地理环境，同时其多元的个性特点，也得益于自己区位的特殊性。

宁夏南部六盘山地区，与宋朝以前十三朝京畿毗邻，境内有秦长城萧关，是中原王朝的北大门。当时的战略家们曾有一个共识，谓"得关中者得天下"。所谓关中，是指秦、汉朝国都所在地的渭河中游"秦川"，因其地理形胜东有函谷关，南有武关，西有散关，北有萧关，秦川地区居四关之中，故谓"关中"。而萧关居北，是防御北方劲敌匈奴的战略要冲，应是四关之首，所以称为京都的"北门锁钥"。

宁夏北部，更是孤悬塞外，"左黄河，右贺兰，山川形胜，鱼盐水利，在在有之。人生其间，豪杰挺出，后先相望者济济……诚今昔胜概之地"⑦，北国一巨防也。

这种特殊的区位，决定了宁夏成为历代的移民屯垦区、兵家必争区，从而形成了草原文化与农耕文化的大融合地区。

文化与历史是相伴而生的，文化又往往是附着于历史之中，即历史成为文化的载体，并对文化产生深刻的影响。

宁夏地区历史悠久，早在 3 万年以前的旧石器时代中晚期，古人类就曾在今贺兰山下、黄河之滨，直到六盘山麓的这片土地上劳动、生息、繁衍。今灵武市水洞沟、青铜峡市鸽子山和彭阳县岭儿、刘河等处所发现的旧石器、中石器文化遗物，以及海原县菜园子、隆德县页河子等处发现的大批新石器文化遗存就是明证，其中以水洞沟旧石器文化遗址为代表。

水洞沟是"宁夏人"最早生活的家园，是我国最早发现并经过科学发掘的旧石器文化遗址。水洞沟出土的许多石制品可以同欧洲、西亚、北非的石制品相提并论，并由此终结了长期以来国外学者认为"中国没有旧石器时代文化的论断"，证明水洞沟文化是"中国旧石器时代调查、发掘及研究的滥觞"⑧，也是"华北旧石器文化'周口店第一点'—峙峪系列中的重要一环"⑨，当为宁夏区域文化的源头和第一道光芒。

另外，对于有关六盘山文化圈的文字史料、考古发掘物证和民间许多创世传说进行综合辩证分析研究，同样不难发现，今六盘山及周边地区应该是中国龙——最早以龙为图腾的部落首领、华夏人文共同始祖伏羲、女娲等古圣贤们的活动范围和故里。因此，可以说宁夏是多元一体的华夏文明的摇篮与主要源头地区之一。

图绪-1　六盘山　拍自王俭主编《宁夏回族》，中国民族摄影艺术出版社 2008 年版

有关宁夏地方历史的文字记录，最早出现在《诗经》之中。《诗经》中首次提到了宁夏的第一个域名"朔方"和第一个地名"大原"。《诗经·出车》有"王命南仲，往城于方。出车彭彭，旂旐央央。天子命我，城彼朔方"的诗句；另一首《六月》又有"猃狁匪茹，整居焦穫，侵镐及方……薄伐猃狁，至于大原"⑩。

在这两首记录周戎之间战争的诗篇中，出现了"朔方"、"大原"等地理概念。朔方既指方位（北方），又是一个域名；大原显然是一个城名（地名），在朔方地域范围之内，它们都在今宁夏行政区域内。因为《诗经》所谓"猃狁"，是羌戎在周代的称呼，其势力范围在周京的北方，故周军要在"朔方"筑"大原"城，以防猃狁南犯。再从周朝的疆域来看，戎人位居其西部，所以史书又称其为"西羌"、"西戎"，与其发生的战争叫"西征"。

文学作品《诗经》中关于周、戎在朔方和大原的战争，从史书中同样能找到印证。《后汉书·西羌传》云："（周穆）王乃西征犬戎……遂迁戎于太原。"⑪太原即大原（古太、大互代），地在周西，故有"西征"之举。《史记》则写得更清楚，说周武王时，曾"放逐戎夷泾、洛之北"。又说周幽王时，戎人曾"攻杀周幽王于骊山之下，遂取周之焦穫，而居于泾渭之间，侵暴中国……故诗人歌之曰……'薄伐猃狁，至于大原'，'出舆彭彭，城彼朔方'。"⑫文中所提到的泾、洛、泾渭、大原和焦穫都在今六盘山区域范围内。

泾，指泾水，发源于六盘山，所以，泾北当指泾水和六盘山之北。也正因为周室经常受到西戎的威胁，才有平王东迁洛阳以"避戎"的战略转移，如果戎在晋地，周的迁都不是更加靠近戎人了吗？所以，朔方、大原当在周都之北、周疆西部，即今宁夏固原及周边地区。古今史学家如顾炎武和郭沫若，以及古文献如《嘉靖固原州志》和《大清一统志》等，均持此论。

宁夏的文字历史与文化，是从南部六盘山地区开篇的。夏、商、周三代，包括宁夏在内的西北地区大部，是北方众多游牧部落的天然牧场和活动大舞台，他们率先对塞上和宁夏进行初步开发。中原人对他们代有异称，春秋战国间，多以戎、犬戎、西戎、翟戎呼之。

到春秋战国后期，宁夏境内仍被一些戎族部落占领着，其较大者，南部有乌氏戎国、义渠戎国，北部有昫衍戎国。秦昭襄王三十五年（前272）时，秦国灭西北诸戎方国，在原戎地分设陇西、北地、上郡，并"筑长城以拒胡"⑬。北地郡治所在六盘山之东（陇左），今宁夏南部的乌氏戎国改为乌氏县，北部的昫衍戎国改为昫衍县，均为北地郡的属县。从此，宁夏地区纳入秦国的版图，实行郡县管理，这是具有划时代意义的大事。

公元前221年，秦始皇统一六国，建立中国历史上第一个中央集权的封建王朝，建都咸阳（今陕西咸阳境内），史称秦朝。秦政权设立郡、县两级行政管理体制，在全国36个郡中，北地郡是一个大郡，宁夏南部的乌氏、朝那、泾阳，北部的富平、昫衍等5县，均为北地郡属县。秦朝第一次移民开发塞上，把河套以南地区（史称"河南地"），从单纯的牧业经济，改变为农牧经济都比较发达的新垦区。因为河南地的成功开发，等于再造了一个新关中，故有"新秦中"之誉。这说明宁夏引黄农业开发的历史应该始于秦朝。当然，与之伴生的宁夏主流文化之黄河文化和农耕文化、移民文化，也当渊源于秦朝。

公元前206年，秦亡汉兴，汉朝京都设在长安（今陕西西安境内）。宁夏地区分属北地郡（治马岭，在今甘肃庆阳境北）和安定郡（治高平，即今宁夏固原）管理。北地郡辖19县，其中在今宁夏境内可考的属县有：富平、昫衍、灵武、灵州、廉5县；安定郡辖21县，其中在宁夏属县可考者有：乌氏、朝那、泾阳、高平、参峦、昫卷、三水7县。

西汉时期，经过"文景之治"和汉武帝打败匈奴以后，再次收复了"河南地"，宁夏地区经济得到快速发展，从而也给文化的繁荣创造了条件。其间，对宁夏历史文化产生巨大影响的有三件大事：

第一件是移民。从文帝起开始向边地移民，武帝时达到高潮，前后移民"河南地"总人数达到百余万人，分配在宁夏的移民约占总人数的1/3，约30万人。由于北边安定，移民政策优惠，加上推行新的耕作方式（代田法）和新式农具（耧车），移民屯垦大获成功，黄灌区新县不断增加，使"河南地"的引黄灌溉农业得到大规模开发，为形成"塞北江南"打下了基础，从而揭开了宁夏历史的新篇章，也带来了中原文化的新内涵。从此以后，向宁夏等黄灌区移民屯垦，成为历代中央政府的基本国策，它所形成的移民文化，也就成为宁夏区域特色文化之一。

第二件是建立属国。汉廷征服匈奴后，执行积极的民族政策，把愿意归汉的匈奴人迎入内地，择水草丰美地区，为他们重建新家园，让其自行管理。各部原政治结构、生产与生活习惯都保留不变，这种体制称为"属国"，朝廷派都尉进行监管，官名为"属国都尉"。其中的"安定属国"设在今宁夏同心县境内。这是我国中央政府解决民族问题的智慧和历史文化遗产，对于后世的各民族大团结、治国安邦都有积极的借鉴意义，也是宁夏农业文化大融合的一次历史见证。

第三件是汉武帝巡边。武帝文韬武略，重视北边的国防建设，他一生 7 次（一说 11 次）巡狩北国，大多选择出萧关，经回中，达北河的路线。往往动辄率步骑数万乃至十数万之众，耀武塞上，大张军威和国威，给后人留下许多动人的故事。汉乐府中的《上之回》，正是反映武帝巡幸北地的一首史诗。其他如《陇头吟》、《饮马长城窟行》等名篇，都属于汉代与宁夏地区有关的军旅诗作。宁夏军旅文化中的军旅诗作品，秦汉时期已非常丰富。

东汉末至三国、魏晋、十六国和南北朝的四五百年间，中原板荡，国家分裂，偏处西北一隅之地的宁夏也先后成为魏、晋和"十六国"等割据政权的属地，地方行政建置亦时有变更或内迁，一直到南北朝时才日趋稳定。当时的宁夏，南有高平镇（原州），分领高平郡（平高郡）和若干属县；北有薄骨律镇（灵州），分领普乐郡、怀远郡、历城郡和若干属县。总体上来看，这个时期对于"河南地"来说，属于一个历史大倒退的时代，农业文化被强势的草原文化所排挤。

北周时，统一北方的周武帝宇文邕，于宣政元年（578）出兵打败南朝的陈国，并把败将吴明彻部属（包括家属子女）数万人，集体迁徙到灵州屯垦。这批从长江下游地区迁移来的移民，带来了江左之地先进的农业生产工具、生产经验和江南文化及习俗，从而大大改变了宁夏地区"原杂胡俗"和落后的文化现状。正如宋代地理总志《太平寰宇记》所记："后周宣政二年（应为元年），破陈将吴明彻，迁其人于灵州。其江左之人尚礼好学，习俗相化，因谓之塞北江南。"⑩宁夏被称为"塞上江南"

源于此，说明宁夏地域文化整体水平有了一次大的提高，甚至是一次质的嬗变。

唐朝的行政建置分道、州（郡）、县三级。宁夏全境属关内道，既是国家重要的营田区和国家级军马场所在地，也是全国最大的朔方军节度使驻地，并位处京城通往西域丝路交通干线上，同时又是安置内附各少数民族的羁縻州分布的主要地区，政治、经济、军事地位相当重要，文化也空前繁荣。唐太宗曾在灵州会"百王"，书写了各民族大团结的历史篇章。"安史之乱"后，太子李亨在灵武登基，完成恢复"两京"、反攻复国的宏伟大业，灵州成为中兴唐室的发祥之地。

当时，灵州境内的羁縻州内，还生活着唐室的两位公主。一位是嫁给归唐的东突厥都布可汗阿史那社尔为妻的衡阳公主（唐开国皇帝高祖李渊之女），另一位是嫁给吐谷浑王诺曷钵为妻的弘化公主（唐宗室淮阳王李道明之女）。可见盛唐的宁夏，是一个多民族和睦共居的大家庭。

有唐一代，宁夏地区的边塞文化、丝路文化、军旅文化等都有鲜明的特色，其中以边塞诗影响最大，许多著名的诗人，如杜甫、王维、高适、王昌龄、岑参、李益、卢伦、张籍、贾岛、韦蟾等，先后创作过许多吟诵宁夏的诗篇，在宁夏的历史上留下了光辉的一页。

北宋时，党项族崛起，以宁夏为中心建立地方割据政权西夏国。在生产活动的实践中，党项族和其他民族的劳动人民也创造出一些属于自己的民族文化。

蒙古汗国和元朝时期，宁夏北部位于元朝的中心地带，中统二年（1261），在原西夏疆域设立西夏中兴等路行省。几经变迁后，于至元二十四年（1287），废西夏中兴行省，改立甘州行省。次年（1288），改中兴路为宁夏府路，"宁夏"域名首次出现。

由于元朝的疆域延伸到西域、中亚、西亚一带，这些地区的大批信仰伊斯兰教的军人、工匠、商人和学人等纷纷东来，其中还有许多人在东方定居，地处丝绸之路沿线的宁夏地区当然是他们最早定居的地方。史书称这些信奉伊斯兰教的人为"回回人"。这些"回回人"在与当地其他民族通婚以后，人口越来越多，大约在元末明初形成了以信仰伊斯兰教为纽带的中华民族大家庭中的新成员——回族。所以，宁夏成为中国回族最早、最大的聚居区，也是回族文化的重要发源地。

明朝建立，定都应天府（今江苏南京，后迁都顺天府，即北京），改行省为布政使司，下辖府、州、县三级政区，宁夏属陕西布政使司。但是，由于退入大漠的残元势力不断南犯，宁夏北部成为双方交战的重要战区，明廷在北方从鸭绿江至嘉峪关沿边一线设立九大军镇，称"九边重镇"。时宁夏北部不设府、州、县而改设镇、卫、所，实行军政合一的管理体制。南部又实行二元体制，既设州、县，又设镇、卫、所。州、县隶陕西布政使司管理，镇、卫、所归陕西都指挥使司指挥，所以明朝宁夏的军旅文化是一大亮点。

清朝以顺天府（今北京）为京都，全国分省、府、州（厅）、县四级行政管理体制。宁夏南北均归甘肃省管辖。由于满蒙贵族联合执政，所以宁夏地区失去了因历代中央政府在北方设防而具有的战略地位，从战区变为开发区。守边将士转业为建设者，前明的军卫组织改组为州县地方政府，军屯官兵变身为自耕农民和中小地主农户，从而大大调动了人们建设自己新家园的积极性，宁夏进入到历史上少有的和平年代，经济、文化得到大发展、大繁荣。

清代，宁夏回族社会已经形成，回族聚居的社区和村堡散布各地，回商活跃于城乡，回族文化大放光彩。

第二节　宁夏地域文化的多元性

移民文化　回族文化　军旅文化　丝路文化　西夏党项文化

宁夏地域文化绚丽多姿，丰富多彩，具有多元性，除了主流文化的塞上江南黄河文化之外，还表现为：移民文化、回族文化、军旅文化、丝路文化和西夏党项文化五种或五大内涵。

宁夏的移民文化是由黄河文化派生出来的。首先，因为有"天下黄河富宁夏"和"黄河百害唯富一套"的前提条件，才会有历代向宁夏的移民之举。其次，由于宁夏地区的自然条件优越、区位扼要，系国之巨防、都之门户，因此，自秦汉以来，宁夏一直是中央王朝重要的移民安置区，实行兵农结合开发、守卫边疆，以保证国家的安全。

宁夏地区有文字可考的移民历史始于秦朝，秦将蒙恬占领"河南地"以后，开始向塞上移民，与北征军人共同屯垦戍边。这批移民有以"山东"籍为主的军人，也有中原等地的民众。因为秦朝短命，这次移民开发为时较短，历时不超过 10 年，就因秦始皇死，中原大乱，移民逃散，匈奴南返而告结束，农耕文化在"河南地"只是昙花一现。

西汉重新向"河南地"移民。这次移民规模大、时间长、政策优、成绩显。移民主要来自于"关东"（约今潼关以东地区）。从元朔三年（前 126），至元鼎六年（前 111）止，多次移民达百余万人。

因为移民人口大量迁入，所以西汉时期，宁夏段黄河两岸就已出现了一个沿河城镇群，朝廷还在宁夏河西灌区的上河城设立农都尉，专门负责管理屯田。从此，内地文化乃至江南水乡文化先后在宁夏扎下了根，所谓"塞北江南"，正是这种移民文化的反映。

进入盛唐时代，宁夏是朔方军节度使驻地，又是北方主要营田区，驻军和营田民计有十数万之众。另外，境内还有"六胡州"，安置各少数民族归降部众，农业文化与草原文化都非常繁荣。尤其是中原文化与边塞文化交相辉映，异彩纷呈，大量颂咏宁夏的边塞诗的出现就是一个证明。

唐中期以后，国运下降，加之后来宋朝又改在东部汴梁（今河南开封）建都，全国的政治、经济、文化中心都向东南地区转移了，宁夏在国家的战略地位相应下降，盛唐时代高度繁荣的汉文化地位亦日渐衰落，代之而起的是民族文化的上升。如宋代，党项部在宁夏建立一个地方割据政权，党项人曾创造了自己的民族文化。蒙元时，信仰伊斯兰教的回回人大批东来，并于元末明初诞生了回族，回族文化也在宁夏迅速传播。清代又有满洲八旗军驻防，满族人第一次踏上宁夏的土地，满族文化成为一种新元素。

至此，宁夏地区以黄河文化为主要特色的多元文化基本定型，它们都有移民文化的背景与色彩。

中国的回族是在特定的历史条件下，以伊斯兰教为纽带，逐渐融合而形成的中华民族大家庭中的新成员。所以，回族文化与伊斯兰文化有着千丝万缕的联系，而伊斯兰文化又与伊斯兰教密不可分，因此，回族文化又离不开伊斯兰教和伊斯兰文化。

史学界一般认为，伊斯兰教于 7 世纪中叶开始传入我国。唐季东来的信仰伊斯兰教的阿拉伯人多为商人，被称为"番客"，中西水陆两路交通线一带都常有他们的身影。天宝十四载（755），发生"安史之乱"，唐廷借大食、回纥兵帮助平乱。战后，这支军队中有许多人留居中土，与当地女子结婚生子，繁衍后代。由于他们坚持伊斯兰教的信仰和风俗习惯，并以穆斯林互称，于是伊斯兰教和伊斯兰文化便首先在丝路沿线和他们的聚居区内开始传播。陕西的渭南、宁夏的灵州等地区，一开始就是最大的穆斯林聚居地。因为当时还没有形成民族共同体的条件，所以仅称他们为穆斯林集合体。

蒙元时期，蒙古大军西征中，把大批中亚穆斯林带回东方，让他们为蒙古统一战争服务。元朝建立后，他们作为功臣的群体，与蒙古人一起成为统治民族，统称"色目人"，也称"回回人"。因为种种原因，也有一些汉族和其他少数民族成员，或信奉伊斯兰教（元朝宗室亲王阿难答在 15 万蒙古大军中强力推行伊斯兰教就是突出的例子），或与回回通婚，从而进一步壮大了穆斯林群体。到元末明初，民族共同体基本形成，便以回回族称呼，简称回族。

清代回族经济、文化有了一次大的发展，并在全国形成大分散小聚居的格局，而西北各地，尤其是宁夏地区，是最大的集中连片回族社会的聚落地。

伊斯兰文化本身是一个"开放的体系"，"阿拉伯人在本土文化的基础上又广泛吸收域外文化"[15]，才创造了光辉灿烂的伊斯兰文化。中国回族文化不仅仅继承了这种优秀的传统，还因为它又是扎根在中华大文化的土壤中，所以也具有外来和本土的二元性，即具有伊斯兰文化和汉儒文化的双重特色，是"具有中国民族特色的伊斯兰文化"[16]，是中华文明的一个组成部分。

回族文化，是中国伊斯兰文化的组成部分。其文化体系与宗教信仰和生活方式基本上是统一的，并且两者互相渗透，彼此难以分开，即共同的民族感情、宗教规定、民族习尚交融于一体。这种特殊的现象，都源于宗教经典《古兰经》。纵观穆斯林社会的政治、经济、法律制度，人们的价值观念、道德规范、心理结构和文学艺术等，无不受《古兰经》的强烈影响。就连日常生活中民风民俗、婚姻家庭、丧葬礼仪、饮食服饰等等，也是从《古兰经》所规定的教律中演变出来的。

宁夏是全国最大的回族聚居区，宁夏的回族文化也最为丰富多彩，主要表现在宗教文化、民俗文化和艺术以及体育文化等领域中。

宗教文化。回族宗教文化在回族文化中有着特殊的地位。回族宗教文化的重要载体是清真寺、道堂、拱北。清真寺亦称礼拜寺，意思是"叩拜之处"。穆斯林群众一般围寺聚居，所以，清真寺是回族社区的社会细胞，全体教民的神圣之地，教民从事宗教活动乃至礼仪和民俗活动的场所，当然也是集中展现回族文化（包括宗教、民俗和艺术领域）的大舞台。

民俗文化。回族风俗习惯深受宗教信仰的影响，并把教内许多程式转化到风俗习惯之中，使宗教教义与习俗结合在一起，这是回族民俗文化的一大特点。受回族大分散小聚居现状的影响，各地回族的风俗习惯也在大同中出现小异。

回族的民俗文化最直观表现在服饰上，随着时代的变化，青年男女的服饰也在发生变化，各种时装深受他们的喜爱，传统服装多为城乡老人穿着。

表现在语言方面，回族人民虽然现在普遍使用汉语，但是由于回族的先民主要是来自于阿拉伯和西域地区信仰伊斯兰教的回回人，他们的部族不同，语言也很庞杂，分别使用阿拉伯语、波斯语和突厥语。来到中国之初，往往不得不使用阿拉伯语、波斯语、蒙古语和汉语，内部则仍然使用母语。直至明朝，由于统治阶级强迫推行民族同化政策，明令禁止胡语、胡姓和胡服，还不允许散居在内地的少数民族自相嫁娶等，从而加速了回回人等原有语言和风俗习惯的改变，汉语便成为回族的共同语言。

《古兰经》始终对回族社会影响深刻，而传习《古兰经》是信仰中最重要的基本功课，所以，母语中（阿拉伯语、波斯语）的一些词汇通过阿訇讲经和经堂教育等渠道得到部分保留和使用，人们称之为"经堂语"。但是，回族人的大方言是随聚居地区而异，与当地汉族人操同一语言。宁夏六盘山地区的回族一般讲陇东方言，部分地区讲陕西方言，引黄灌区的回族则讲银川方言。

回族民俗文化还有一个重要特点，就是饮食与禁忌的不同。凡不善、不洁之物，绝对不可食用。凡自死的动物、动物的血液、猪肉以及未诵真主之名而宰杀的可食动物（包括勒死、捶死、跌死、触死和野兽吃剩下的肉）和酒类均为禁食之列。

回族有三大民族节日，即开斋节、古尔邦节、圣纪节。开斋节，在每年伊斯兰历的9月，称"斋月"。古尔邦节，在伊斯兰历的12月10日，又称"宰牲节"。圣纪节，因为伊斯兰教圣人穆罕默德的生辰和忌日同为教历的3月12日，故称"圣纪"。由于回族基本上是全民信仰伊斯兰教，所以三大宗教节日，也是回族群众的民族节日。

回族文化的核心是伊斯兰文化，并对于伊斯兰文化在中国的传播与发展，起到了积极的推动作用，使伊斯兰文化与中国传统文化进一步结合，诞生了具有中国特色的回族伊斯兰文化。它既是中华民族文化的组成部分，同时也大大丰富了世界伊斯兰文化。

军旅文化，与军事、与战争有关。军事和战争是阶级分化以后出现

图绪 -2 回族开斋节
会礼场面 马啸摄

的一种社会现象，与社会的各个方面相关联，涉及政治、经济、科学和文化等领域。如长城和长城文化，烽燧、关隘、堡寨与边塞文化，研究军事理论的军事学、军事运筹学和兵法文化，反映战争的军事文学和军旅诗词等，都可以称之为军事文化或军旅文化。

宁夏军旅文化的内容之所以非常丰富，是由宁夏的自然地理特征和特殊的战略区位所决定的。宁夏自古以来都是北方游牧民族（草原文化）与内地农业民族（农耕文化）碰撞、交融的地带，即战区，这就是宁夏地区必然会诞生丰富的军旅文化、军事文化的原因和土壤。宁夏军旅文化包括长城文化、边塞文化和军旅诗词以及著名军事人物等，其中长城文化在宁夏表现尤为突出，宁夏今有"长城博物馆"之誉。

丝路，亦称丝绸之路，是指古代以中国为始发地，向西至于中亚、非洲、欧洲一带，以丝绸为主要商品的商贸交通运输线路。"丝绸之路"这一概念，是19世纪德国地理学家李希霍芬最初使用，并受到广泛认可的。广义的"丝路"是古代东方与西方之间经济与文化交流的代名词。丝路沿线，出现了许多东方与亚欧文化的遗迹，从而进一步产生了各种具有中西文化相互渗透现象的地域特色文化新表现。

"丝路"的起点一般是中国中央王朝的首都所在地，其道路包括陆路、水路和草原三种。陆上丝路的开凿始于西汉，起点就是长安（今陕西西安）。这条传统的交通路线途经宁夏，固原、灵州是历代丝路线上的重镇，所以留下来许多丰富多彩的"丝路"文化遗产。如固原北周大将军墓，出土有鎏金银壶等波斯萨珊王朝时代的工艺品；固原北朝大臣田弘墓，出土有东罗马金币和玉钗、玉环、玉璜等珍贵文物；固原"昭武九姓"中的史姓家族墓葬中，出土的罗马金币、萨珊王朝银币、玻璃器、蓝宝石印章等，都兼有中西文化的内涵。在固原开城出土的隋唐史姓墓志铭中，记载了其祖上从西域来到中原传播琐罗亚斯德教（俗呼拜火教）的经历，说明拜火教这一来自于古波斯的中亚地区的宗教文化，在隋唐时就已在宁夏丝路沿线传播，甚至早于伊斯兰教文化进入中国和宁夏地区。

西夏是由党项族奴隶主贵族集团建立的一个地方割据政权。党项族人民在劳动、生活中，甚至在战争中以及与汉民族的友好交往中，所创造的精神产品，可称之为党项文化。它是一朵民族之花，丰富了中华民族文化的内容。

西夏存在不到 200 年就灭亡了，党项文化在一些历史遗存中有所保留。比如其中的建筑文化，从一些建筑残件中，可以发现当时工程之宏伟，造型风格之新颖，体现出一种游牧民族粗犷、朴拙、简捷和原生态美的特色。还有在金属铸造工艺文化方面所表现出的水平，有些可以与中原地区媲美。

西夏佛经的印刷，品种多，数量大，史所罕见。据不完全统计，仅从元昊至乾顺的五六十年间，译印的西夏文《大藏经》就达到 3500 多卷、800 多部、300 多帙，堪称佛教文化史上的一大奇迹。其中，于 1990 年在贺兰山拜寺沟西夏方塔发现的西夏文木活字印刷本《吉祥遍至口和本续》佛经，计 9 册，约 10 万字。经国家权威部门鉴定，确认是目前世界上最早的木活字印刷品。这个结论，将中国人发明和使用木活字印刷术的历史至少提前了一个世纪。

另外，西夏党项文化在文学艺术方面的成就也表现不俗，有《西夏诗集》、《西夏宫廷诗》、《圣立义海》（诗本格言）、《忍教搜（寻）颂》（宗教诗）、《贤智集》（诗文集）、《三世属明言集文》和《新集锦合辞》（谚语集），以及大量的民间诗歌等。党项民族的艺术天赋很高，其绘画精品在敦煌莫高窟、安西榆林窟的壁画中仍有保存。党项人也喜爱音乐，在朝廷设有蕃、汉乐人院，官府也有大型乐队，民间则"万里羌人尽汉歌"[17]。

西夏文字的创制，是其文化成就的重要表现。西夏文实际上是模仿汉字而闭门造车式"创造"出来的一种方块字的变种，笔划繁琐，既不易识读，又很难书写，使它作为传播思想和文化的工具的作用大受影响。

党项贵族所统治的地区，自古以来就是中央王朝的版图，汉儒文化与其他少数民族文化早已在西北大地上扎下了根，所以西夏文化中的文学与艺术，既有党项民族的特色，但更主要还是受到汉文化影响而形成的一种边塞地域文化。

第三节 宁夏回族文化的主要特点

回族文化特点 回族文化对中华文化的贡献 宁夏回族文化的主要
特点

回族是由外来的阿拉伯、波斯及中亚穆斯林移民中国后与中国当地
汉族、蒙古族、维吾尔族等民族长期通婚而形成的新的民族共同体，其
族源成分复杂多元。

回族发端于唐宋时期，形成于元末明初，因形成于中国封建社会
的鼎盛时期，所以文化起点相对较高，并吸收了多民族文化的内涵，形
成了中国儒家文化和伊斯兰文化的二元一体的格局。回族由于历史的原
因在中国不断迁移流动，形成了"大分散、小集中"的聚居模式。加上
回族善于经商的传统，使之与汉族等民族交往频繁，与中华文化的关联
性、随同性强。

回族在中国没有被同化，与伊斯兰教信仰有直接的关系。一般认
为，伊斯兰教在回族中起着纽带作用。伊斯兰教的教义、教规固化于回
族风俗习惯的方方面面，因而回族文化有着较强的宗教性质。回族文化
复合多元，加上"大分散、小集中"而形成的地域特点，从而显得多姿
多彩，十分丰富，形成自己特有的饮食文化、建筑文化、婚俗文化、丧
葬文化、语言文化、宗教文化、歌舞文化、体育文化，等等。

回族文化具有明显的复合性。

回族文化，是诞生于华夏大地上的一种民族文化，植根于中华民族
传统文明的土壤之中，是伊斯兰文化与中国本土文化相互交融的产物，
与汉族文化及中华其他民族文化关系十分密切。回族的饮食，既吸收汉
族等民族的加工方法，又以伊斯兰教的禁忌来约束；回族的建筑，既采
用中国传统的宫殿式建筑式样，又设置望月楼、新月装饰、阿拉伯文字
的伊斯兰教经文；回族的婚丧习俗，在遵循伊斯兰教的基本规范的同
时，也有着明显的中国特色。回族讲汉语，但其语言也保留了大量以阿
拉伯语、波斯语表现的伊斯兰教内容。回族的姓氏、衣着等，也都呈现
出这种特点。回族文化，既有明显的伊斯兰文化特色，又有明显的中国

传统文化特色，这是回族同我国各民族尤其是汉族和睦相处，在政治、经济、文化等方面紧密交往的结果。

回族文化与华夏文化的发展关联性比较强。

回族族源中有大量的汉族因素，文化上有大量的汉族因素，政治、经济生活也与汉族休戚相关。回族使用汉语，与其他使用汉语的民族交往频繁，容易取其所长，为己所用。回族乐于经商，善于经商，与汉族等各民族互利互惠，文化上也必然相互影响。从明清时期的"以儒诠经"到民国时期的普遍办学办报，再到新中国的"解经"讲"新瓦尔兹"，可以看出其关联性。回族清真饮食，在遵循伊斯兰教规的前提下，不断吸收汉族等民族餐饮文化，推陈出新，独树一帜，获得了各民族的赞誉。

回族文化具有突出的宗教特性。

伊斯兰教在回族的形成和发展中起到纽带作用，在回族文化中也具有重要地位。回族的婚丧嫁娶、饮食禁忌、日常礼仪等风俗习惯，以及思维方式，都主要依据伊斯兰教。无论是历史上还是现实生活中，回族生活的很多方面都与清真寺和伊斯兰教人士紧密相连。"念、礼、斋、课、朝"五项伊斯兰教功课是回族穆斯林生活的重要组成部分。回族建筑的尖拱、新月等伊斯兰教特色，回族衣着的遮盖性、严密性，清真食品中的宗教禁忌，回族语言中大量使用的阿拉伯、波斯语的宗教用语，回族婚丧嫁娶中普遍采用的宗教仪式，等等，无不体现出回族文化的宗教特性。由于宗教的排他性，也导致回族文化在某些方面具有排异性。例如回族歌舞，过去由于宗教的约束，其发展举步维艰。汉族等其他民族的文化特点和风俗习惯，只要与伊斯兰教教规不一致，往往就会受到排斥。

回族文化的丰富性。

回族文化的多元复合性、回族居住地域的分散性和回族与汉族等民族的密切交往，导致回族文化的丰富性。伊斯兰文化本身是非常丰富的，华夏文化也是非常丰富的，回族文化复合了这两种文化，并吸收了其他民族文化内涵。中华大地幅员辽阔，地域文化丰富多彩，各地回族在与其他民族交往中博采众长，融入伊斯兰内容，恪守伊斯兰规范，丰富了本民族的文化，包括吸收自汉族及其他民族的医药、烹饪、声乐、器乐、琢玉、剪纸、香料、砖雕、饮茶、武术等，都形成具有回族特色的文化形式。甚至回族宗教文化本身，在有的地方也敷上了汉族文化的色彩。回族文学艺术，包括回族创作的带有回族特色的"花儿"、神话传说等，包括回族作家、创作家所体现的以儒家思想为主要内容的诗歌、散文、书画等，包括宗教人士、学者用汉语写作的传播伊斯兰教的诗歌、歌诀等。此外，还有阿拉伯文书法艺术。这些都丰富了中华文化宝库。

回族先民引进境外文明成果，在天文学、医学、数学、地理学等学科领域和制炮、乐器、建筑和纺织等技术领域丰富了中华文化。

回族在中华文化的传播中起到了很大作用，将丝绸、瓷器、铜钱、纸币等物品及其工艺，以及造船、航海等技术传播到西亚、中亚、东南亚及北非等地，并翻译和介绍中国儒家的经典《论语》等。按照明朝皇帝的安排，回族人郑和率队七下西洋，大大提高了中华文明在世界上的知名度。

回族将伊斯兰教教义与中华文化中自强不息、爱国爱家、注重人伦、中庸之道等思想结合起来，丰富了中华文化的内涵，从宋元至于当代，涌现出众多政治精英、御侮英烈、名家学者、革命先驱、社会贤达等杰出人物，成为中华历史中不可或缺的亮点。同时，回族文化也对中国传统的重农轻商、重义轻利、重公轻私等偏向起到一定的矫正作用。

此外，回族在学习中华先进文化后，一部分回民从沿海、内地走向边疆偏远的傣、彝、佤、藏、苗、纳西、维吾尔、哈萨克、蒙古等民族居住的地区，通过通商的形式将先进的生产工具和生活必需品带过去，促进了各地区各民族之间的经济和文化交流，将中原先进文化带入这些地区，起到了一定的传播作用。（注：此部分主要采用了《回族与中华文明》中的观点）。

宁夏回族人口220多万，约占全国回族总数的1/5。宁夏地处西北东部，承东启西；宁夏回族来自全国各地，历史久远，其文化也是全国回族文化的缩影，回族文化的所有特征在宁夏都有体现。近代宁夏曾是中国回族及中国伊斯兰教派政治、经济、文化的晴雨表。

　　宁夏历史上地处中国东西、南北地理分界的前沿地带，是多民族交往、交流、交融频繁发生的地区，各民族在宁夏这块热土上，演绎了一幕幕悲欢离合的历史。回族先民在唐代、宋代、西夏时期就涉足宁夏，经商、传教、做工、求学、旅行。元代统一中国后，宁夏成为重要的屯垦区和各民族交往频繁的地带，回族先民也因为驻屯、经商等生存活动而大量落居此地，他们是宁夏回族最直接的人口来源。

　　后来，随着交往的扩大，因通婚、改奉伊斯兰教等机缘，部分汉、蒙古、维吾尔等民族成分加入到回族中，壮大了宁夏回族人口的队伍，丰富了宁夏地区的文化形态。自从宁夏有了回族，在城镇和乡村就出现了一座座风格迥异的清真寺，大地传出了诵经的邦克声，街道上增添了靓丽的回族服饰，山谷里、平川上回荡着"花儿"的歌声，集镇里挂起了清真招牌，市场上增加了清真饮食，田间地头和打谷场出现了打木球、踏脚的热闹场面……

　　宁夏回族有全民信仰伊斯兰教的传统，伊斯兰教在回族文化中占据了核心地位，回族的思维方式、风俗习惯、日常礼仪等都与伊斯兰教有密切的关系，无论是历史上还是现实社会中，回族生活的很多方面都与清真寺密不可分，宗教生活是回族群众日常生活的重要组成部分。特别是宁夏回族对经堂教育的重视、对宗教经典的传承、对圣贤忌日的纪念等等都体现了很强烈的宗教色彩。

　　宁夏回族具有自觉认同的团结精神，千百年来，伊斯兰教促进了回族共同心理的形成，重视团结，讲究联合，逐渐形成了"天下回回是一家"的民族意识。

　　在宁夏地区，关于这方面有三句话：一句是"回回见面三分亲"，指不相识的回民相遇，也一见如故；一句是"回回齐心"，回族一旦遇到外部因素的威胁，能立即放弃内部的争执，做出快速反应，一致对外。这前两句讲的是回族内部的团结；第三句话是"回汉姑舅亲"，这是对回汉民族在历代通婚基础上延伸出的民族团结方面的形象概括，反映了历史上宁夏回汉民族和睦相处的生动事实。

　　宁夏作为一个省级回族自治区，中央对宁夏的政治、经济、文化、教育各项事业的发展给予了极大关怀和支持，其文化在国内外都有重要的代表性和很高的关注度，中国其他省区的回族都把宁夏看做故乡，国外也称之为穆斯林省。不论是世俗文化还是宗教文化，宁夏回族文化在全国回族中都具有典型性。

【注释】

① 《后汉书·西羌传》，中华书局1965年版，第2873页。

② 《史记·秦始皇本纪》，中华书局1959年版，第252、253页。

③ 《史记·匈奴列传》，中华书局1959年版，第2911页。

④ 《汉书·匈奴传》，中华书局1962年版，第3826页。

⑤ 《旧唐书·娄师德传》，中华书局1975年版，第2975页。

⑥ 《旧唐书·元载传》，中华书局1975年版，第3412页。

⑦ [明]王珣：《宁夏新志序》，见吴忠礼主编：《宁夏历代方志萃编》（影印本）第二函《弘治宁夏新志·王珣序》，天津古籍出版社1988年版。

⑧ 汤惠生：《水洞沟与莫斯特——谈〈水洞沟1980年发掘报告〉》，载《旧石器时代论集》，文物出版2006年版，第69页。

⑨ 吴忠礼主编：《宁夏历史图经》，宁夏人民出版社2009年版，第29页。

⑩ 程俊英：《诗经译注·小雅》，上海古籍出版社1985年版，第307、326页。

⑪ 《后汉书·西羌传》，中华书局1965年版，第2871页。

⑫ 《史记·匈奴列传》，中华书局1959年版，第2881、2882页。

⑬ 《汉书·匈奴传》，中华书局1962年版，第3747页。

⑭ [宋]乐史撰，王文楚点校：《太平寰宇记·关西道十三·灵州》，中华书局2008年版。

⑮⑯ 杨怀中、余振贵主编：《伊斯兰与中国文化》，宁夏人民出版社1995年版，第1、547页。

⑰ [宋]沈括：《梦溪笔谈》卷五。

上编

第一章

宁夏的史前文化

　　宁夏地区历史悠久，文明之光早现。据考古发掘，已知早在距今二三万年之前的旧石器时代晚期，先民们就曾在贺兰山东麓、黄河两岸和六盘山周边一带劳动、生息、繁衍。境内水洞沟、鸽子山、菜园子等众多新、旧石器文化遗址的存在，充分证明宁夏大地也是中华民族远古文明的发祥地之一。

　　另外，六盘山古称陇山，陇山又是龙山的转音，即我国历史上最早以龙为图腾的伏羲、女娲部落联盟的故里。关于陇山有许多创世传说，如"湫渊出龙"、"葫芦救伏羲和女娲兄妹"、"女娲葫芦河畔造人"等，显示中华祖龙是从龙山升腾的，进而说明，大六盘山文化圈乃是黄河文化的源头和祖国多元一体华夏文明的摇篮地之一。

第一节　宁夏远古人类文化开端

水洞沟旧石器文化　　六盘山旧石器文化　　鸽子山旧石器晚期文化

　　宁夏灵武市水洞沟古人类文化遗址，是我国最早发掘和研究的旧石器时代遗址，1988 年被国务院公布为"全国重点文物保护单位"，被誉为"中国史前考古的发祥地"。由于它蕴藏着丰富而珍贵的史前资料，被国家列为"十一五"期间全国文物保护的100处大遗址之一。它向人们展示了距今3至4万年前古人类的生存画卷，是迄今为止，我国在黄河流域唯一经过正式发掘的旧石器时代遗址。

宁夏的历史文化是从水洞沟开始的。远古时代，原始先民们在这里生活居住，使用着当时世界上最先进的石器，创造了宁夏历史上最古老的旧石器文化。

1920年，比利时传教士肯特，由今宁夏银川去往陕西，于横城古渡过黄河，在水洞沟东边的黄土状岩石断崖上，发现了一具披毛犀的头骨和一件很好的石英岩石器。

1923年5月13日，法国古生物学家德日进和桑志华根据肯特的提议，从巴黎抵达天津。6月11日，他们从北京出发，经内蒙古鄂尔多斯高原，沿黄河左岸西行，到达水洞沟，住进"张三小店"。在张三的热情帮助下，德日进和桑志华发现并发掘了5个旧石器地点，出土了300公斤以上的刮削器、尖状器等旧石器时代的石制品和古脊椎动物化石，还发现了古人类用火的灰烬。

德日进和桑志华回国后，用了5年时间，对水洞沟出土的石制品进行了潜心研究，最后形成了水洞沟考古发掘报告，于1928年在西方正式发表，推翻了当时西方学者认为"中国没有旧石器时代"的错误论断，引起了世界古人类研究学界的高度关注，代表宁夏最古老文化的灵武水洞沟文化遗址从此闻名海内外。

图上 1-1　水洞沟旧石器文化遗址　贺吉德提供

1960 年，中国和前苏联组建的中苏古生物考察队，对水洞沟遗址进行了一次发掘，出土了约 2000 件石制品。

1963 年，中国科学院古脊椎动物与古人类研究所裴文中先生率领的考察队，再次对水洞沟遗址进行了系统发掘。第一次明确了，水洞沟遗址包含了旧石器时代和新石器时代两个不同时代的遗存。

1980 年，宁夏博物馆和原宁夏地质局区域地质调查队组成联合发掘队，再一次对水洞沟遗址进行了系统发掘，出土了 63 件动物化石、6700 余件石制品，其中，仅旧石器时代晚期层位出土的石器就有 5500 余件。

2003—2007 年，中国科学院古脊椎动物与古人类研究所和宁夏文物考古研究所联合考古队，对水洞沟遗址进行了第五次考古发掘，共出土各类标本 14759 件。在多个地点和地层中发现大量烧灰、烧土、炭屑等用火的遗迹和与之相关的生活遗迹，为研究当时水洞沟人的生存状况和行为方式提供了重要证据。出土的环状装饰品，是迄今发现年代最早的磨制工艺品，其精美程度为我国旧石器文化中所仅见，极大地丰富了水洞沟的文化内涵，为研究当时人类生产力发展水平、技术演化、艺术品加工使用情况及其行为模式和审美能力提供了重要资料。

经过上述五次系统的发掘和研究，国内外学者公认，水洞沟遗址在中国旧石器时代，特别是旧石器时代晚期文化中占有特殊地位，对本地区乃至周围地区以后文化的发展都产生了巨大的影响，水洞沟文化是东亚旧石器文化中为数不多可以和欧洲旧石器文化进行对比的一种文化形态。水洞沟石器中发现有大量的、罕见的、极为明显的欧洲莫斯特文化和奥瑞纳文化技术风格的勒瓦娄哇石核。

水洞沟出土的刮削器、尖状器及钻头等工具，"令人吃惊的是同相当古老的奥瑞纳文化的形状接近"。水洞沟文化"好像处在很发达的莫斯特文化和正在成长的奥瑞纳文化之间的半路上，或者是这两个文化的混合体"①。

水洞沟遗址，不仅标志着我国旧石器时代文化研究的开端，是我国旧石器时代最有代表性的遗址之一，而且在东西方旧石器文化对比研究中占有极其重要的地位，是东西文化交流中不断迸发出明亮火花的闪光点。

水洞沟遗址出土的石制品有 5 万多件，其原料以硅质灰岩为主，其次为石英岩，再次为砂岩、燧石、玛瑙等。全部石器分为大型石器和小型石器两部分，以大型石器占绝大多数。这些石器大部分用石片或长石片加工而成，以背向加工为主，也有向破裂面加工和错向、对向或交互加工的石器。石器类型以刮削器为多，另外有端刮器、尖状器和凹缺刮器，而砍砸器很少。其骨器有用动物骨片磨制而成的骨锥。装饰品系用鸵鸟蛋壳穿孔而成，边缘略加打磨。此外，在遗址里还发现了用火的痕迹，以及大量用火烧过的砾石。

在水洞沟出土的石制品中，用长石片（石叶）加工成的石制品约占 50%，因此，水洞沟文化是长石片传统文化的代表。其打片方法以锤击法为主，也有少量的砸击法，但碰砧法只发现在个别形状较大的石制品中。常见的石核类型，有用来打出长石叶的石叶型石核和生产一般石片的普通石核，其中的石叶石核多见长方形、棱形。另外，还有占石核总数约 1/5 的勒瓦娄哇石核，以盘状和长方形居多。

其制作工具的加工方法仍以锤击为主，并且无论器型大小均以直接打击法为主，在所制作的少部分精细工具中还使用了指垫法，中小石器中存在压制技术。工具中的尖状器、半圆形刮削器使用了勒瓦娄哇技术生产的石片作毛坯；长石片（石叶）则多为有使用痕迹的截断石片，它们大多数应该是为制造复合工具而特意加工的，另外一部分用于端刃刮器和直刃边刮器的毛坯。

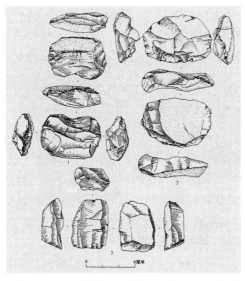

图上 1-2　水洞沟旧石器文化遗址出土的石器　贺吉德提供

在水洞沟遗址出土的大量石制品中，构成水洞沟文化基础的一些石制品、工具以及石器制作修理技术，都可以和欧洲、西亚或北非的莫斯特、奥瑞纳时期人类栖居地的石器相媲美。这种现象，为我国已发现的旧石器时代晚期文化所仅有。

正如地质学家刘东生院士说：水洞沟不同于一般的考古遗址，"它是旧石器时代以来东西方文化交流的连接点"，"它与欧洲旧石器时代技术传统有许多相似之处"。因此他认为，对水洞沟文化的研究具有特殊的意义，堪称"中国旧石器时代考古学的文艺复兴"②。

总之，水洞沟文化，是我国最早的旧石器时代文化之一，是"华北旧石器文化系统的重要一环"③，而且从水洞沟至清水营 25 公里的范围内，又先后发现新遗址 13 处之多，这在世界考古史上都是极为罕见的。更为难得的是，水洞沟文化不仅迄今为止是在黄河上游地区经过正式发掘的唯一旧石器时代遗址，也是宁夏境内目前发现的最早的古人类活动遗址，对研究中华民族古老文化的起源有着重要的科学价值。

在宁夏南部六盘山东麓的彭阳县境内，发掘出岭儿、刘河旧石器文化遗址共 4 处。

岭儿遗址：位于彭阳县城南 3 公里处。其中有 3 处在白阳镇姚河村岭儿村旁的名为"小河"的北岸。

一处位于岭儿村西南 100 米河道东侧岸壁，断崖剖面地层分为四层：（1）全新世古土壤；（2）马兰黄土；（3）冲积黄土；（4）砾石层。遗物发现于第三层的冲积黄土层中，文化层厚度约 1 米。出土有尖状器、刮削器、石片、石核等，石质为燧石、白石英岩、辉石岩类。此外，还出土有动物化石、牙齿等。

一处位于岭儿村南 30 米河道北边的断崖上，剖面地层分三层：（1）全新世古土壤；（2）马兰黄土；（3）冲积黄土。遗物发现于第二层的马兰黄土层中，距地表深 8.8 米，文化层厚约 2—3 米，出土有尖状器、雕刻器、刮削器等，石质为白石英石、辉石岩类。

一处位于岭儿村西 150 米河道北岸，断崖剖面地层分三层：（1）全新世古土壤；（2）马兰黄土；（3）滑坡地层。遗物发现于马兰黄土与滑坡土层之间。出土有刮削器、雕刻器、石核、动物化石等，石质为辉石岩、白石英岩。

刘河遗址：位于岭儿遗址东南彭阳乡任湾行政村刘河自然村南 1000

米台地，断崖剖面地层分为五层：（1）全新世黄土与耕土层；（2）全新世土壤；（3）马兰黄土；（4）冲积黄土；（5）砾石层。遗物发现于第三层马兰黄土层中，距地表深6米。出土有刮削器、雕刻器、石核、石片等，石质为辉石岩、石英岩。

彭阳岭儿、刘河旧石器文化遗址，是宁夏文物考古研究所于2002年4月，在田野调查中发现的。次年4月，中国科学院古脊椎动物与古人类研究所、宁夏文物考古研究所、固原博物馆的专家联手，沿茹河流域重新进行了详细的考古调查，以断崖地层中暴露出的石制品、动物化石、地质地层作为判断相对年代的重要依据，再次确定了岭儿、刘河遗址为旧石器时代晚期遗址，与宁夏最早发现的灵武水洞沟旧石器时代晚期遗址，大致属同一地质年代，距今约2.7万年至3.2万年。

调查中采集到古人类石制品80余件，主要有尖状器、刮削器、雕刻器、石片、石核等类型，表明古人类用这些工具采集和狩猎来维持生计。同时，还采集到古脊椎动物化石2件、牙齿1枚。根据地理环境和采集到的诸多遗物分析，当时这里是一片气候温暖、水源充足、草木丛生、禽兽出没、适宜于人类生存的沃野。

宁夏的旧石器文化遗址，除灵武水洞沟和彭阳岭儿、刘河等处已经过正式发掘论证之外，还有石嘴山市惠农区西河桥、灵武市横城堡、海原县关桥镇等16处遗址和地点，尚未进行有计划的考古调查和系统发掘。仅从目前已发现的遗物与人类用火的痕迹等情况进行分析，它们很可能也属于旧石器时代的文化遗址。

鸽子山为贺兰山东麓的一条支脉，位于宁夏青铜峡市西北20公里的蒋顶乡蒋西村西北。1984年，青铜峡市文管所在文物普查时，在鸽子山一带发现有两面磨光的石斧及一些夹砂红陶和灰陶片。

1990年6月，宁夏文物考古研究所对该地区做了进一步的调查，发现并采集到了近400件打制石器和细石器。

1993、1995、1996年，宁夏文物考古研究所与美国内华达山地研究所等组成联合考古队，对该遗址进行了大范围调查和小规模发掘，经放射性同位素测定，主要文化层的年代为距今12710±70—11620±70年[④]。前

图上 1-3 鸽子山旧石器
文化遗址 贺吉德提供

后几次的调查发掘，共采集和出土标本 2500 余件。其中有 1989 件普通的打制石器，516 件细石器，另外还有 40 余件磨制石器的成品或半成品。

青铜峡鸽子山遗址，是"中国中石器时代的新年代"，属于旧石器晚期末段沙漠与草原过渡带的文化范畴，是我国少有的几处属于转型期的石器时代重要遗址之一。

在鸽子山遗址发现的石制品，可分为普通石制品和细石器制品两大类。石器以打制石器为主，细石器占了相当的比例。磨制石器也有一定数量，某些磨制石器的器型相对稳定，成为固定的类别。

鸽子山遗址的石制品类型趋向多样化，许多类器物又呈现出不同的形态。石制品的多样化不仅表现在石器的种类上，而且也表现在石器制作技术上，制作方法有锤击法和压剥法、直接和间接打法、硬锤和软锤制作并存的多种方法，砸击法则少有所见。同时，器物表面的修琢工艺与磨制工艺并存，表现出转型期的石器时代特点。

鸽子山遗址的石制品，以普通石片石器占绝大多数，且多为小型石器，并以刮削器为大宗，其次为尖状器。刮削器有单直刃边刮器、双凸刃边刮器；单凸刃刮削器、双凸刃刮削器；多边刃刮削器、石刀、锯齿刃器、多刃刮削器等。

尖状器是贺兰山石器中最具有特点的典型器物。有单尖尖状器、双尖尖状器；双面单偏尖尖状器、双面单正尖尖状器；单面单尖尖状器、单面双尖尖状器、单面单尖刃器、双面尖状器、双面双尖尖状器等。其

图上 1-4　鸽子山旧石器文化遗址出土的"贺兰山尖状器"　贺吉德提供

中的单面或两面通体修斫的尖状器很有特色，被考古界称之为"贺兰山尖状器"。

在制作过程中，大多数尖状器选择了比较细致的石英岩，选材相对比较认真，许多石器的外形与其所用的毛坯非常接近。从很多标本器物底端背面留下来的石皮可以看出，原料是两端粗细差别较大的卵形砾石，第一个剥片的毛坯轮廓就已经接近成品，然后在这个剥片上进行修琢和刃部二次加工。

一件标本，在制作时将一块片状石料的三棱尖刻意保留下来，石料两面的大部分进行了通体加工，在三棱尖的另一面作了小心翼翼的修理，保留了石皮的刃尖，非常规整，很适于使用，且有长期使用的痕迹，显示出制造者的高明之处。

另一件标本，其毛坯是一个横宽的蚌状大石片，制作者充分利用了石片近端的弧边和远端的直边制成双刃石刀。从标本保留的大面积石皮以及带石皮的类似刀把状的部分看来，为生产这件石刀进行选料时，目的性非常明确，因此选料也十分严格。

鸽子山遗址石器制作的原材料主要有石英岩、石英砂岩、绿灰岩、燧石、玛瑙等。制作石器的石英岩，其硬度多为摩氏 6.5—7 度左右，但韧性相对较差，易于断裂或破损，一般不适合用来制作砍砸、抛射或突刺工具。但贺兰山石器的石英岩与普通脉石英不同，相对比较柔韧，硬度适中，不具层理或层理结构不强，打片相对容易，破裂面的方向和大小容易掌控。再加之白色半透明的原料居多，在掌握了软锤技术后，用这类原料可以制作出非常美观而且适用的石器，其作为刮削分离动物的皮毛和骨肉的工具是非常适用的。

值得注意的是，从鸽子山石器遗址全貌特征中，可以看出其与中亚、西亚同类文化内涵有着某种相互渗透的表现，说明这里在史前时代曾出现过中亚文化过渡的情况，可能为人们研究远古人类的迁徙与不同原始文明的文化传播，找到一些线索。

第二节　宁夏新石器文化的代表

菜园子新石器文化　暖泉新石器文化　贺兰山新石器文化　其他新石器文化分布

宁夏境内的新石器文化遗址，从北部的贺兰山下、黄河两岸，到南部的六盘山一带普遍存在，总体分布是南部多于北部。从现已发掘的遗址来看，菜园村文化是宁夏新石器文化的典型代表，位于今中卫市海原县南华山北麓，是由瓦罐嘴、寨子梁、切刀把、三林子湾墓地、林子梁、马缨子梁等多处遗址组成的。

菜园子遗址是 1985—1989 年，由宁夏文物考古研究所与中国历史博物馆考古部合作完成发掘工作的。清理出墓葬 120 多座、房屋基址 13 座、灰坑 67 处、陶窑 1 座，出土文物 4000 余件。墓葬主要形制，有竖穴土坑墓、横穴土洞墓、土洞侧龛墓、竖穴土洞墓、竖穴侧龛墓等。其中，竖穴侧龛和土洞侧龛是目前已发现的新石器时代墓葬的首例。它的窑洞式房屋和无葬具的屈肢葬俗，也具有鲜明的地方特征。

从发掘出土的生产工具、日用陶器和装饰品来看，材质以玉、石、骨、陶器类为主。石器一般分为打制和磨制两类，以打制为主。出土物

图上 1-5　菜园子新石器文化遗址　贺吉德提供

中有玉器斧和锛各一件，器形规整，磨制精细，晶莹圆润。还有几片石叶的一侧被加工出锯齿状刃，并镶有骨柄。在诸多的骨器中，骨针尤为引人注意。它纤细光滑、尖锐鼻小，似能与现代钢针相媲美，显示出当时人们已具有高超的加工工艺技术。在日用器皿中，以陶器为主，种类有炊器、水器、食器和储藏器，造型和胎质依用途而有所不同。居屋遗址大多位于面向东南的坡地上，分为生土筑成的半地穴式和窑洞式，门道东向，门前有人工铺垫成的场院，说明菜园村人过着相对稳定的定居生活。农牧并重、崇尚俭朴应该是菜园子文化的特点。

考古学界认定，菜园村文化遗存的时代应该晚于马家窑文化"石岭下"类型，早于齐家文化，属于新石器时代晚期，距今 3980 年左右，可能是陕甘宁交界地区齐家文化的主要源头，这对于探讨齐家文化的渊源和深入研究宁夏新石器时代文化的具体内涵是有积极意义的。

暖泉新石器文化遗址，位于贺兰县暖泉村南约 3 公里的贺兰山洪积扇坡地东缘。1960 年，宁夏考古工作者在这里发现了新石器时代的多座房屋居室遗址。

这处四五千年以前的民居遗址，均为一个个单间结构的居室，聚集在一起形成一个小小的村落，每间房屋都略呈圆角正方形，边长 3 米左右，约相当现代住房的半间。房屋遗址距地表甚浅，门向东开，门前有一条狭长的门道，供居民出入。说明古代人类在最初建房时已考虑到了朝阳的问题，这样可以使室内有充足的阳光，更宜于人类生活。

在正对门道的房址中心，有一座圆形的火塘，火塘的后壁，还安放着一口红色夹砂圆底陶罐，罐口沿装饰为锯齿纹，腹部为绳纹。从罐内残存的灰烬看，这个陶罐主要用于保存火种。火塘设在房址中央，除了用以炊煮食物

图上 1-6　暖泉新石器文化遗址　贺吉德提供

外，更可供室内取暖散热均匀和居中照明之用。在火塘旁边，有一副石质磨盘和磨棒，是用来碾磨充作食物的粮食或植物籽实的用具。室内除有少量细石器外，别无其他遗存。

暖泉新石器时期民居遗址，与西安半坡"仰韶文化"房址近似，为我们了解今银川地区四五千年前的社会组织形态及先民的经济生活，提供了非常重要的资料，对研究原始社会新石器文化居民住房和生活习俗具有重要意义。从这些居室的结构及面积看，其只能适用于对偶婚姻的小家庭使用，说明当时以对偶婚姻为主要婚姻形态的家庭已经出现。室内文化层堆积甚薄，没有发现大型农业工具，表明当时的居民虽有定居，但只是短暂的，其基本经济形态仍然是以采集和狩猎为主的游牧生活。

近些年，在贺兰口岩画保护区先后发现了多处古人类文化遗址，其中还有史前人类居住过的房址和洞穴。

在贺兰山贺兰口沟内上距谷底 19 米的山坡上，有一块高 6.5 米，宽 7 米的巨石，巨石下面是一个山洞，农民叫"高窑子"。山洞高约 1.6 米，面积约 5 平方米左右，洞顶有用烟熏过的痕迹。

2001 年 6 月，贺兰山岩画管理处的工作人员在山洞内南侧发现了两件石器，一件是砍砸器，一件是小型磨棒，另外还发现了 5 片有细绳纹、方格纹的陶片，其中有 3 片是红陶陶片，2 片是灰陶陶片。在山洞周围的山石上发现有 15 组、40 多幅岩画，可能与短暂居住在"高窑子"洞

图上 1-7　贺兰口岩画保护区发现的史前人类居住遗址　贺吉德提供

穴中的史前人类活动有关。

2005 年 10 月，贺兰山岩画管理处对于贺兰口沟口约 100 米的南岸一片有明显房屋基址痕迹的遗址进行了抢救性发掘，并对附近一处灰坑进行了清理。

房屋遗址距地表甚浅，东西排列为两间结构的居室，墙基用当地随处可见的卵石砌筑，宽约 60 厘米。每间房屋都略呈圆角正方形，边长 3 米左右，东向留有门道。在西边居室内的东南角，有一处用几块大卵石围砌的灶坑，石面呈黑色，有明显的用火痕迹。在灶坑前偏西处，有一块嵌入地表的平面卵石，其上凿刻有一个直径约 3 厘米的圆形图案，凿点密集，粗细不匀，显系用石器通体垂直凿击成圆。这幅在居室内灶坑前的岩画，从平面构图分析，似为太阳图案，其文化涵义尚待研究。在这块岩画石的南边，还发现有一块小型青灰砂岩磨石，约 30 厘米见方，石面中部略有凹陷，使用痕迹明显。

在遗址地表浅层，发现了泥质红陶片改制而成的纺轮、泥质灰陶片改制而成的陶饼，以及百余片 1.5—4 厘米的外表饰细绳纹、平行条纹、交叉绳纹、方格网纹、凹钉纹、附加堆纹、篮纹等泥质红陶、灰陶的盛器残片。另外，还发现了一件拇指盖大小的彩陶残片。

从陶器残片的器形、陶质及纹饰看，与在沟内"高窑子"洞穴中发现的陶器残片同属一个类型，与我国黄河流域新石器时代齐家文化遗址上发现的陶器极为相似，是新石器时代晚期的遗物，距今 4100 至 3900 年左右。

在距房屋遗址东北 18 米的一个灰坑里，经局部清理，出土了 1 件长 3.2 厘米的骨锥和 1 件长 2.2 厘米、宽 1.8 厘米、厚 0.3 厘米的骨片，并伴有泥质红陶、灰陶的盛器残片，与遗址地表浅层出土的陶器残片属同一类型。骨锥

图上 1-8　贺兰口岩画保护区发现的陶器残片　贺吉德提供

锥尖有残断痕迹，由骨片磨制而成，制作精细。

在遗址以东约 300 平方米的范围内，发现并采集到了 2 件砍斫器、5 件刮削器、7 件大中型石磨、2 件石棒、1 件两面剥片开刃的石刀等石器。

由于这一地区为第四纪冲洪积砾石与风成沙堆积，黄土沉积层较薄，缺乏确切的地层关系，且标本数量较少，所以对其石器文化的面貌和特征还不能作全面描述。但从这些石器样品的制作技术上看，刮削器，尤其是两面剥片开刃的石刀，同宁夏灵武水洞沟、青铜峡鸽子山出土的同类型石器有着明显的承继关系，器物表面的修琢工艺，表现出从旧石器到新石器转型期的石器时代特点，其文化内涵和渊源也较为明确。联系灵武水洞沟、青铜峡鸽子山等旧石器时代遗址出土的同类型石器的产生年代，贺兰口的石器，其绝对年代当在距今 1 万年前左右。

在贺兰山东麓发现的古人类居址以及采集、出土的石器和数量较大的陶器残片，使我们有理由相信，在距今 10000—4000 年前后，贺兰口地区就有了人类栖息、聚居活动。

宁夏境内的新石器文化遗址，分散于全自治区的市县境内，星罗棋布。除海原县菜园子遗址外，还有贺兰县金山林场遗址，平罗县高仁镇遗址，同心县红梁、铁庄子和上流水等遗址，中卫市一碗泉、长流水、沙坡头和荒草湖等遗址，固原市原州区孙家庄、店河、石河堡和墩顶山柴梁墓地等遗址，隆德县周家嘴头、页和子、胜利、上齐和堡沟等遗址，西吉县兴隆、白城乡、沙沟乡、火石寨乡、白崖乡和夏寨乡等遗址，泾源县什字乡遗址，彭阳县打石沟、海子、古城、刘庄、上蔡等遗址，海原县曹洼水冲寺、南华山、贺堡和杨坊等遗址。

第三节 六盘山传说

六盘山文化圈 六盘山地区是中国人文初祖伏羲、女娲的故里

六盘山，古称陇山，而陇山即是"龙"山的转音。传说中国远古时期，有一个部落联盟是由伏羲和女娲两个血缘氏族集团组成的，又传

二人为兄妹关系，实际上应该是有比较固定通婚关系的两个婚姻集团而已。其中，一个以男性伏羲为酋长，另一个以女性女娲为酋长，故称为"兄妹"。

据说，伏羲、女娲部落联盟原尊蛇为神，将蛇作为族徽，即图腾。后来，因为联盟日益强大，周边有许多小的部落加入，发展成为一个特大的部落联盟，这时，原来"蛇"的图腾形象就不能代表联盟内各部落的地位和利益了。经商议，以原蛇形为主体，再在蛇的躯干上添加陆续加入的各部落族徽图形的某一部分，如爬行类动物（蛇、蜥蜴、鳄等）、哺乳类动物（马、牛、狗、猪等）和飞翔类动物（鸟、鹰、鸡等），甚至把一些自然天象（云雾、雨水、海潮等），统统添加到大联盟的图腾形象中去，结果就出现了一个不伦不类、模模糊糊的集合体——动物类怪物——龙。

因为这个部落联盟的各个分支，主要游猎在古六盘山脉乃至周边一带，所以人们才称以龙为图腾的这部分古人类生活、劳动、繁衍的大山为龙山和龙山地区，即后人所称的陇山和陇山文化圈。

也就是说，六盘山地区是华夏人文初祖伏羲、女娲的故里和发祥地，包括今宁夏南部、甘肃东部和陕西西部的一些市县。六盘山便成为古人心目中的圣山，流传有许多华夏创世的神话传说。

神话传说虽然能折射出古史的影子，但还要通过历史文献记录、考古发掘和实地考察来进行相互印证，综合分析以求得到一个科学的结论。

首先，从文献史料方面来看，中国人自古以来就把"三皇五帝"作为民族历史的开端。最早提及三皇的史籍是《吕氏春秋·贵公》等篇，但各史说法也不竟一致，大致有六组排名法：（1）天皇、地皇、泰皇；（2）天皇、地皇、人皇；（3）伏羲、女娲、神农；（4）伏羲、神农、祝融；（5）伏羲、神农、黄帝；（6）燧人、伏羲、神农。

以上编组排名，基本上推伏羲（代表女娲）为首。虽然在司马迁的《史记》中没有记录"三皇"时代的具体内容，成为中国史学的一大憾事，但是中国人追寻自己始祖的努力一直没有停止过。除《史记》等权威史书之外，还有汉朝的《诗神雾》、西晋皇甫谧的《帝王世纪》、东晋王嘉的《拾遗记》、北魏郦道元的《水经注·渭水》、唐朝司马贞的《补三皇纪》等。近人也有闻一多的《伏羲考》和何光岳的《炎黄源流史》等许多文著相继问世。人们的研究越来越深入，认识越来越统一，比较一致地认为伏羲是推动一个时代文明的代表人物，或确有其人。

伏羲、女娲部落联盟所活动的地域在今六盘山脉，古成纪（包括今固原、秦安、静宁、甘谷和天水等市县）地区是他们的主要落脚点。天水市内的伏羲庙是伏羲氏部族家园的一个标志性建筑物。

其次，再从考古方面来印证。六盘山下大地湾考古发现，对伏羲故里在成纪又是一个有力的支持。位于六盘山脉西麓的秦安县陇城乡邵店村大地湾古人类文化遗址的发现，证明距今5000至8000年前，有一支先民已在这里创造了辉煌的文明。它早于仰韶、庙底沟和半坡村文化时代，而且前后又有类型上的相似性，这可能就是活动于陇山地区伏羲时代的文化遗存。后来随着气候的变化、人口和支系的繁衍，这支部族逐渐向东迁徙，并把六盘山大地湾文化传播到内地、中原和全国各地。

既然学术界和广大人民多承认中国的文明史是从"三皇五帝"开始的，而伏羲又是公认的"三皇"之首，伏羲与其妻女娲的故里又在陇右，陇右属于六盘山文化圈，那么六盘山脉（古陇山）是华夏文明的发祥地之一，也就顺理成章了。对现有文献资料、考古发掘和丰富的民间传说资料进行一下综合分析，就不难发现，六盘山地区不仅是"羲里娲乡"，还应该是黄河文明乃至中华民族大文明的主流所在。

宁夏南部的固原市和所属各县（区），都位于六盘山的中心地区，六盘山脉的主峰米缸山（古称美高山）也完全处于泾源县境内，固原地区的历史文化应属于六盘山文化圈的核心范围，所以，固原地区留存了大量华夏人文先祖创世的故事。

其二，湫渊祭祀原由。六盘山是中国龙的故乡，而龙出生的具体地点在哪里呢？对此，不仅六盘山广大地区有许多民间传说，就连国家正史也有一些直接或间接的记载。司马迁在《史记·封禅书》中记录，至少在战国时代，湫渊就被列入国家级的祭祀点，这不能不令人们深思。

《史记·封禅书》写道："自华以西，[祭]名山七，名川四……湫渊，祠朝那……"司马贞《史记索引》称湫渊"即龙之所处也"。俗话道：

"水不在深，有龙则灵。"湫渊之所以能列为中央政权帝王级的祭祀点，就是因为这里是"龙之所处"的圣地。这个"灵水"在什么地方呢？裴骃《史记集解》称"湫渊在安定朝那县"。张守节《史记正义》引《括地志》称"朝那湫渊在原州平高县东南二十里"的地方。

我们从以上所提到的地方行政建置（安定郡、朝那县）和方位（东南）、里程（20里），当然就很容易找到湫渊位于今固原市彭阳县境内，具体地点就是彭阳县川口乡甘海村的甘海子（亦称东海子）。这是一处四面环山的高山湖泊，湖岸有祭祀的祠庙，今已毁，仍有遗迹。

湫渊享有这么高的地位，从《史记》所记"龙之所处"四个字来分析，上古能有资格尊为龙的化身，唯有伏羲，所以伏羲很有可能就是在湫渊湖畔出生的。那么"湫渊"就是伏羲的诞生地，其母华胥就是在这里驻牧期间生下了伏羲的。由于这层关系，伏羲的后世子孙们才把湫渊视为"圣湖"，每年春秋二祭时节都要到这里举行大型纪念活动，以追思先祖。

然而，湫渊在六盘山地区又不止一处，仅固原市就有彭阳县的"东海子"、原州区的"西海子"、隆德县的"北联池"，甘肃省陇西地区也有几处"湫渊"，都自认为是古湫渊。当然有史书为证，学术界目前还是比较一致地公认彭阳县的东海子是正史所指的湫渊。2007年，在彭阳湫渊岸东疑为"湫渊祠"遗址瓦砾堆中，发现有"……那之湫"断碑残片，为此处即古湫渊提供了一件物证。

对于其他各处的"湫渊"又应如何看待呢？在原始农牧经济时代，古人要生存，就得在大围范之内定期迁移。再从采集、狩猎或原始的"刀耕火种"生产方式看，在有固定水源的地方"安营扎寨"，相对定居下来的时间虽然不会太长，但毕竟也会有在一个地方住下来的必要，这几处"湫渊"是不是伏羲部落选择的几处临时定居点呢？而且这些"湫渊"多出现在六盘山脉固原市境，说明固原地区就在伏羲部落的活动范围之内。

其三，有关"葫芦"的故事。在中国各地区，民间流传着许多关于葫芦崇拜的古风遗俗，认为是葫芦繁衍了人类，所以把葫芦视为"灵物"，当作先祖的象征，这已成为不少民族一致认同的文化传统。

　　实际上，有关葫芦创世与伏羲、女娲造人，只不过是一脉相承的一个故事的两种版本而已。古文献资料中说，伏羲姓风，又称瓠戏、匏戏，他与槃瓠（盘古）是同一时代两个部落联盟的首领，或是那个时代的一种人格化的杰出人神与标志性符号。按照古文字同声相假的原则，伏、风、瓠、葫与槃瓠（双声）等字词，都是声训相通的，属于同一音、词。两种神话，实同出于一源，换句话说，伏羲、女娲也就是葫芦的化身和人格化。

　　六盘山地区自古以来就盛产葫芦。雕刻葫芦是甘肃陇右地区的传统工艺品，享誉国内外。在六盘山西麓的黄河水系中，又有一条名叫葫芦河的黄河、渭河的二级支流（一级支流渭河的支流），穿越在"羲里娲乡"的大地上，发源于六盘山北段、西吉县的月亮山，在西吉县境内流过100多公里后，才又流入甘肃省静宁县，再经秦安县、天水市流入渭河，最终汇入黄河。

　　当然，传说不算信史，但也绝非无史。因为在文字出现以前，处于原始社会的人们，是依靠口耳相传的方法来保存和传递自己部落历史的。我国古代文献中记载有大量的古史传说内容，被称为神话传说故事。故事中塑造了许多上古圣贤君王和英雄人物，他们或是确有其人，或是对一个时代的人格化，然后又将这些伟大的人物再进行神格化，于是神话、传说便产生了。神话是人类反映历史存在的一种表达方式，如果剥去神话的外衣，就可以发现古史的许多信息元素。从这个意义上来看，古史传说不过是有待印证的古史系统，透过它可以探索到我国原始社会时代社会状况的隐约面貌。

【注释】

① 钟侃、王惠民：《水洞沟文化中的欧洲旧石器技术风格》，载《旧石器时代论集——纪念水洞沟遗址发现八十周年》，文物出版社2006年版，第59页。

② 刘东生：《中国旧石器考古学的"文艺复兴"》，载《旧石器时代论集——纪念水洞沟遗址发现八十周年》，文物出版社2006年版，第1、2、3页。

③ 陈伟：《水洞沟遗址在旧石器时期文化交流研究中的重要地位》，载《旧石器时代论集——纪念水洞沟遗址发现八十周年》，文物出版社 2006 年版，第 80 页。

④ 中美联合考察队：《宁夏鸽子山盆地考古报告》，载《旧石器时代论集——纪念水洞沟遗址发现八十周年》，文物出版社 2006 年版，第 121 页。

第二章

从游牧文化到农耕文化
——夏商周至东汉

在中原建立夏朝国家时，宁夏地区居住、活动着多种以射猎、畜牧为生的部族，这些部族史称戎狄或猃狁，射猎、畜牧的游牧文化是戎狄与猃狁诸部族的共有特征。

至于秦汉时期，中原地区的农耕文化陆续传入宁夏地区，并经由宁夏地区传入西域地区；西域地区的地域文化也传入宁夏地区，并经由宁夏地区传入中原地区。宁夏地区是东西方两种古代文明来往交流的交通孔道——丝绸之路经过的重要地区。

两汉时期，"募民实边"政策的施行，汉武帝多次出巡宁夏地区，使中原的先进农耕文化与儒家文化广泛地传播到了宁夏地区，宁夏地区的射猎、畜牧文化中增添了中原农耕文化与儒家文化的重要因素，揭开了宁夏大开发的序幕。宁夏地区的地域文化呈现出了多元而又丰富的色彩。

第一节　夏商周时期的宁夏族属与文化

夏商周时期宁夏的族属与文化　　大原（固原）地区孕育产生的光辉诗篇

公元前 21 世纪，我国中原地区正式建立了夏朝国家。夏朝的西北边地——今宁夏、甘肃与陕北的黄土高原与泾水流域，居住活动着一些氏族部落或部落联盟。他们有的单纯从事射猎、畜牧之业，过着逐水草而居的生活方式；有的从事原始农耕与畜牧射猎之业，过着定居（穴居）的生活方式；还有的虽然从事射猎、畜牧，但主要过着以驯养鸟兽、饲养马匹为主的生活方式。

定居而从事原始农业耕作的部落或部落联盟，为姬姓部落，原来居住在适宜农耕的地方，因迁于周原，称周人或周族。以驯养马兽为主的部落或部落联盟，因居于秦地，称为秦族或秦人。与周人、秦人杂居相处的称为猃狁或西戎。

夏朝时期（前21—前16世纪），姬姓部落与秦族部落是西北地区比较强大的两个部落或部落联盟，他们都与夏朝王室有着亲情关系。姬姓部落的首领名"弃"，从事农耕很有成绩，被夏朝国王封为"后稷"，让其专门负责农业耕作。秦族部落的首领名"大费"，因协助大禹治水有功，被夏朝国王封为"柏翳"（伯益），让其专门负责驯养马兽。

夏朝末期，不再重视农耕，废除了农官。在朝中任职的后稷子孙不窋，丢掉了官职，带领族人举行了大规模的迁徙，逃往"戎狄之间"——今甘肃庆阳及周边地区，与这一地区的戎狄杂居相处。商朝建立后，秦族首领费昌投奔商王汤，被封为"汤御"，为汤王驾驭车马，成为汤的近臣诸侯。商王汤让费昌带领秦人"保西垂"，守卫商的西北边地——今甘肃与宁夏等地。

商朝时期（前16—前11世纪），迁居于今甘肃庆阳地区及周边地区的后稷的子孙不窋、鞠，三传至公刘，"公刘虽在戎狄之间，复修后稷之业，务农种，行地宜"[①]。公刘以今甘肃庆阳地区为中心，重新重视农耕，考查寻找适合农耕的地区，发展农耕生产，扩大了周族的族群与势力范围。为了更好地开展农耕，改善族人的生存条件，公刘带领族人离开今甘肃庆阳等地，自漆水、沮水渡过渭水，"取材用，行者有资，居者有畜积，民赖其庆，百姓怀之，多徙而保归焉"[②]。

公刘带领族人寻找适合农耕之地的过程中，一边从事农业耕作，一边砍伐木材，用木材进行物物交换，增加了部族人的收入。族人有了资财，有了积蓄，百姓因公刘而过上了富裕的生活，很感激他，周边的部族也归附公刘，周人的势力与范围得到了进一步扩大，"周道之兴自此始"。

公刘带领族人的活动，扩大了周人族群的势力范围与影响，周族的范围与影响扩大到了今宁夏固原等适宜农耕的地区。商周时期，宁夏地区虽然存在着原始的农耕文化，但射猎、畜牧的游牧文化仍然占据着重要地位。

公刘十一传到古公亶父。古公亶父重视农业耕作，爱护族人，"积德行义"，使周人富裕了起来，国人皆拥戴他。古公亶父带领部分族人渡过漆水、沮水，翻过梁山，定居在岐山脚下的周原（今陕西岐山县），姬姓部落称为周。周人定居在岐山地区后，营建城郭，规划土地，建造房舍，整顿部落，"贬戎狄之俗"，学习商朝的先进文化，设置五种官职管理部族内部的事务，以岐山为中心建成了一个强大的诸侯方国。

周人由今甘肃庆阳及周边的宁夏固原等地兴起，经过公刘、古公亶父、季历、文王姬昌等的数次迁徙，由小到大，走向关中，定都丰邑，至武王时期，灭亡商朝，建立周朝，史称西周。

周族发展的过程中，以先进的原始农耕文化影响了周边部族的射猎、畜牧文化。周人迁往适合农业耕作的渭水流域后，灭了商朝，建了周朝，又接受了中原先进的商文化的影响，西部地域文化与中原商文化相互结合，形成了中华民族文化的主流——商周文化。商周文化虽然发端于中原地区，但是因为周族曾经长期生存活动于甘肃庆阳及其周边的宁夏固原等地区，所以商周文化的影响也波及宁夏的固原等地。

1981年4月，宁夏固原地区的文物考古工作者在固原县孙家庄发掘清理了西周早期墓葬与车马坑各一座，出土了1000多件文物[3]。主要的实物有铜鼎、簋、戈、戟、马具、马车饰件、车軎、车轴、车辖、銮铃，另有陶鬲、玉器、骨器、贝壳等。铜鼎直耳，圆足，鼎上腹有一周饕餮纹饰，器形和纹饰与北京房山琉璃河西周早期墓葬、陕西张家坡西周早期墓葬出土的铜鼎极为相似。出土的双耳铜簋无盖，也与陕西张家坡西周早期墓葬出土的铜簋相似。出土的带有兽面纹饰的车軎与琉璃河西周墓出土的车軎也极为相似。

孙家庄墓葬出土的陶鬲，是典型的西周陶器。出土的马具、车马部

图上 2-1 西周青铜簋 选自许成、董宏征《宁夏历史文物》，宁夏人民出版社 2006 年版

件也与其他西周早期墓葬出土的相同。由出土铜鼎之纹饰、铜簋之造型与陶鬲等实物判断，专家认为孙家庄墓葬与车马坑是西周早期成王、康王时期的墓葬，墓的主人应是贵族身份。

固原孙家庄发现西周早期墓葬，出土大批西周早期珍贵实物，说明宁夏固原地区早在西周初期已与中原（关中）有了密切的关系，当时的固原地区已经有了可以通行车马的道路，带有农耕特色的商周文化已经传播到了宁夏固原地区。《周本纪》记载，周的先祖不窋离开邰地，迁往今甘肃庆阳及周边地区，甘肃庆阳及其周边宁夏固原的广大地区曾经是周人与戎狄长期居住活动的地方。固原地区发现西周早期墓葬与车马坑，证实了史籍的这一记载。

西周建立后，周武王封分诸侯，让诸侯分管各地。秦族首领恶来因为跟随纣王被武王杀死，没有得到封赏。其支属分散各地，其中的一支居住于陇山（今甘肃平凉、庆阳与宁夏固原）地带。

周成王即位后，秦族首领孟增"幸于周成王"——主动改善与周王室的关系。周穆王时，孟增的孙子造父为穆王驾驭车马，跟随穆王"西巡狩"，"乐而忘归"④。留驻在京师的徐偃王，以穆王不在朝中，乘机作乱，发动叛变。造父为穆王驾驭车马，长驱归周，一日千里，平定了叛乱。之后，穆王因功将赵城赐予造父。

周宣王在位期间，北方强大起来的猃狁、西戎诸部族常常南下侵扰周之边地，宣王曾多次出兵征伐猃狁。双方战事，互有胜负，宣王曾因战事失利"料民太原"——在今固原地区统计人口。

为了对付日益强大起来的猃狁势力，共和三年（前839）周宣王封秦族首领秦仲为大夫，让其率领秦国军队攻打西戎。共和五年（前837）春，宣王命"尹吉甫帅师伐猃狁"，尹吉甫率领大军打到"太原"（今固原）

之地，取得了胜利。

秦仲二十三年（前822），周宣王再次让秦仲统帅秦军攻打西戎，秦仲在西戎的太原之地营建了朔方城郭，秦仲战死在了西戎之地。宣王召秦仲之子庄公兄弟5人，给他们7000军队，再征西戎，取得了胜利后，宣王奖给秦仲子孙犬丘一带的土地，封庄公为"西垂大夫"，守卫西部边地⑤。

宣王时期，猃狁对太原——即宁夏固原地区的频繁袭扰，周宣王对太原的频繁出兵，是宁夏历史上的重大事件。这些重大事件被记录在史册中，也孕育产生了《出车》、《六月》等诗篇。这些诗篇记叙了当时太原的严峻形势，记叙了周朝大军出征的宏大场面与悲壮声势，记叙了大军回归后的欢乐情形。当时的史官，将这两首诗篇收载在我国第一部诗歌总集——《诗经》之中。伟大的思想家、教育家孔子，把这些诗篇作为教材教授学生，使这些光辉诗篇名播后世。这两首诗篇是固原地区西周历史的史诗，是反映固原地区历史文化的华章。

《六月》一诗以"六月"时间为诗名，诗的第二段中有"继此六月"的时间记载。《六月》诗中的时间与《竹书纪年》卷六记载的共和五年夏"六月"、"尹吉甫帅师伐猃狁"之时间完全一致。《竹书纪年》记载伐猃狁的负责人是尹吉甫，《六月》诗中有"文武吉甫"、"吉甫燕喜"之记载。《竹书纪年》与《诗经·六月》记载的是同一个人物（尹吉甫）。

《出车》有"王命南仲，往城于方"，"天子命我，城彼朔方"的诗句。《六月》有"薄伐猃狁，至于太原"的诗句。这两首诗篇，不但记载了发生在固原地区的重大历史事件的时间、人物，还记载了"太原"——今宁夏固原的这一重要历史地名。

《诗经》的《六月》与《出车》诗篇，记叙了2800年前发生在宁夏固原地区的轰轰烈烈的历史事件。2800年前，固原地区名"太原"。周王朝的大军曾在这里与猃狁进行过激烈的战斗，周王朝曾在这里营建了朔方城郭。诗与史相互补充，相互印证，说明了固原地区在西周时期的重要地位，揭示了固原地区丰厚的历史文化内涵。

第二节　春秋战国时期的宁夏西戎与文化

春秋战国时期宁夏的西戎诸族　秦对西戎的用兵　战国秦筑长城
西戎部族的习俗与游牧文化

西戎，是西周至春秋战国时期西北边地诸部族的统称。他们"各分散居谿谷，自有君长，往往而聚者百有余戎，然莫能相一"。《史记》或记载西戎为"十二国"，或记载西戎为"二十国"，或记载西戎为"十四国"。《史记·匈奴列传》记载秦穆公"臣服西戎八国"，并记载了西戎八国的具体名称与分布的地域范围，"陇以西有緜诸、绲戎、翟、獂之戎；岐、梁山、泾、漆之北有义渠、大荔、乌氏、朐衍之戎"。

根据《匈奴列传》的这一记载，陇山以西的緜诸、绲戎、翟、獂之戎在秦国的陇西郡（今甘肃）等地。岐山、梁山、泾水、漆水以北的义渠、乌氏、朐衍在秦国的北地郡。秦代的北地郡主要指今宁夏地区、甘肃庆阳、陕北等地。在今宁夏境内的西戎部族主要是：

义渠。义渠是西戎部族中历史最为特殊、最为辉煌的一支，其族人死后施行火葬[⑥]。商末武乙三十年（前1118），周族首领季历曾出兵攻打义渠，义渠王曾被周人俘获[⑦]。春秋战国时期，义渠人修筑了数十座城池，建立了自己的国家，与秦国争战了数百年，创造了灿烂的射猎、畜牧地区文化。义渠最初居于甘肃庆阳、宁夏固原等地，强盛时期的义渠占据了北地郡的大部地区，还有上郡的部分地区。

乌氏。乌氏是西戎的一支古老民族。《汉书·地理志·安定郡》："乌氏，乌水出西，北入河。都庐山在西，莽曰乌亭。"《史记·匈奴列传》《正义》引《括地志》云："乌氏故城在泾州安定县东三十里。周之故地，后入戎，秦惠王取之，置乌氏县也。"

1977年，在今宁夏固原彭阳县古朝那县址出土了一尊汉初青铜鼎，鼎的腹部有三段阴刻铭文，共36字。第一段是"第廿九，五年，朝那，容二斗二升，重十二斤四两"；第二段是"今二斗一升，乌氏"；第三段是"今二斗一升，十一斤十五两"。铜鼎通高23厘米，耳高7厘米，足高9.2厘米，腹径23.5厘米，重2900克，容升4200毫升。这尊铜鼎的出土，为研究固原地区的历史地理文化提供了宝贵的实物证据。这尊铜鼎现藏于宁夏固原博物馆，被定为了国家一级文物⑧。

昫衍。《史记·匈奴列传》《正义》引《括地志》云：“盐州，故戎狄居之，即昫衍戎之地，秦北地郡也。”唐代的盐州是昫衍戎地。唐代的盐州城在今陕北定边县城之南，故昫衍古城址亦应在今陕北定边县之南，但昫衍辖地则包括了今陕北定边与宁夏盐池县的部分地区。

秦穆公臣服西戎八国，并没有完全占领与控制西戎地区。秦穆公成为春秋五霸之一的过程中，不但对东方用兵，扩大自己的势力；也向西戎用兵，扩大自己的领地。秦对西戎的用兵主要是对义渠。

秦惠文王即位后的第七年（前331），义渠国内发生了内乱，秦国乘机派庶长操领兵进攻，平定了义渠的内乱。

平定义渠内乱后的第四年（前327），秦在占领的义渠地方设置义渠县级政区（治在今甘肃庆阳）管理义渠之地。迫于秦国的强大压力，义渠王向秦国称臣，表示服从秦国的统治。但秦国并不满足义渠的称臣，又占领了义渠的郁郅。

秦国取得了对义渠的重大胜利后，秦惠文王于后元五年（前320）开始北游戎地。他经过义渠戎地到达昫衍戎地（今陕北定边与宁夏盐池县地），游历时，接受了昫衍王献给的珍贵礼物——五足牛⑨。惠文王游历了昫衍之地后，又由昫衍之地向北到达黄河岸边，观看了黄河的景色。

秦国的扩张与进攻，使义渠遭到了重大损失，但义渠并不甘心失败。义渠王得知中原五国“合纵”起来对付秦的消息后，也想与合纵的东方五国联合起来对付秦国。公元前318年，义渠国王暗中潜往魏国，想与赵、韩、燕、楚、魏五国结为同盟对付秦国。义渠国王到了魏国，主张合纵的公孙衍对义渠国王说：因为道路太遥远，我不可能再见到你们，但我告诉你们，中原诸侯如果与秦国没有战事，秦国会攻打你们，灭亡你们；中原诸国如果与秦国有战事，秦国会送重礼给你们，拉拢你们。

没过多久，东方五国合纵军队进攻秦国，秦国为了集中力量对付东方的“合纵”军队，于是给义渠国王送来了“文绣千匹，好女百人”，以期稳住义渠戎人。义渠国王见到秦国送来的重礼，知道东方五国正与秦国作战，于是乘其不备，出动大军，进攻秦国。结果在李伯一带，大败秦军。

义渠国的突然进攻，使秦国受到了惨重的损失。为了报复义渠，惠文王战胜了东方五国之后，于公元前314年大举进攻义渠，占领义渠、徒泾等25座城邑，义渠势力大为削弱。秦武王即位后的元年（前310），秦国再一次进攻义渠，占领义渠、丹、犁之地。

秦昭王即位后，"义渠国王朝秦"。义渠王在秦国居住期间，与昭王的母亲宣太后私通，生下二子。昭王三十五年（前272），宣太后将义渠王诱骗到甘泉宫杀死，即派大军攻灭了义渠国，占有了陇西、北地、上郡三郡，并"筑长城以拒胡"，所筑之长城即是战国秦筑长城。

这道防御胡人（主要是义渠人）进犯的战国秦筑长城，《水经注》记载在北魏高平（今固原）"县北十五里"，唐代的《元和郡县图志》记载在高平县北十里。明代《固原州志》记载"在州西十里，有遗址"。

现在调查，战国秦筑长城，西起甘肃岷县，经过宁夏南部固原地区，再入甘肃环县至陕北吴起，直到内蒙古托克托县南之黄河岸边，全长1000余里。在宁夏固原地区内，经过的是西吉、固原、彭阳三县。其走向：由甘肃静宁进入宁夏西吉，沿葫芦河东岸北行，经将台、马莲红庄、孙家庄，绕过固原州城北部，经过河川，进入彭阳县，又经过白岔，向东北进入甘肃镇原县境，全长300多公里。

图上2-2 战国秦长城 选自许成、董宏征《宁夏历史文物》，宁夏人民出版社2006年版

由于年代久远，战国秦长

城宁夏段毁损严重，部分遗迹很难看清，保存最好的是西吉将台、固原长城渠、彭阳长城塬等处。长城墙体残高 2—15 米，基宽 6—8 米，系黄土夯筑而成，夯层 0.6—0.8 米。长城经过的地段，建有烽燧、城障，一些长城地段散落着绳纹、弦纹、云纹板瓦、瓦筒残件，还曾发现有夯筑长城墙体的石杵。

战国晚期，秦国开疆拓土，东亡六国，西灭义渠，义渠戎人散落各地。其王失去国王的身份，"反旧为酋豪"⑩，恢复到了原来首领的地位。

秦昭王所筑长城，堑山煙谷，产削成墙，因地就势，起到了保卫陇西、北地、上郡三郡城郭的作用。但并没有将三郡所有辖地包在长城之内，也没有能阻止草原游牧民族与河谷农耕民族的来往。随着秦、汉统一国家的出现，北方草原文化与关中农耕文化的交流，跨越了这道长城，使之逐渐失去军事价值。在失去军事价值的同时，它衍生出了"塞上"、"塞下"、"紫塞"、"长城塬"、"上城梁"等地名。这些因长城而衍生出的地名成为了"长城文化"的要素之一。

秦秋战国时期，宁夏地区分布着西戎的义渠等多种部族。这些部族"各分散溪谷"，居住在自然条件较好的地方，以射猎、畜牧为主要生产、生活方式，处在氏族社会向奴隶社会过渡的阶段。不同的是，有的部族处在氏族社会的较低阶段，过着完全"逐水草而居"的不定居的射猎、畜牧生活；有的部族处在氏族社会解体向阶级社会过渡的阶段，生活方式虽然仍以畜牧、射猎为主，但已有了原始的农业，会种植粟等谷物，过的是定居的畜牧、射猎生活。

宁夏考古工作者在固原地区以及中宁、中卫、同心等地的考古发掘中，发现了多处春秋战国时期的墓葬与实物。这些墓葬的出土文物、墓葬的形制等，补充了史书的记载，丰富了宁夏南部地区历史的内容，反映了该地域早期的文化现象。

据不完全的统计，固原清水河流域、汝河流域的 40 多个地点的百余座墓葬中，都有陪葬马头、牛头、羊头以及蹄趾骨的习俗⑪。这些出土之物，契合了西戎部族以畜牧牛、马、羊为生的事实。有的墓葬中出土了数量较多的马头、羊头，这种现象表明西戎部族已有了贫富分化，也表明西戎人对其先祖的尊敬。

百余座墓葬中，除了陪葬大量的牛、马、羊头骨之外，还陪葬有用牲畜骨骼加工做成的车马用具、骨镞、骨针等物。车马用具，有节约、马镳、当卢、磨、带扣、环等。骨镞为三棱形，尾部有装箭杆的小孔。骨针末端有孔，可以穿绳。这些加工的畜骨使用器，需要经过选料、锯、削、钻孔、打磨等多道工序，才能成形使用。固原彭堡余家庄墓葬中出土的骨针，长仅4厘米，磨得非常精细，装在铜管中，可与现在的钢针相媲美⑫。用牲畜骨骼加工成的使用器物，原料方便、充足，容易制作，又比较坚实，可代替部分石器工具与金属工具，这是西戎部族聪明才智的表现。

百余座墓葬中，最重要的出土物是青铜器物。青铜器物主要有三类：一类是兵器，一类是牌饰，一类是劳动工具。

兵器类的青铜器主要有矛、短剑、削（鞘）、长胡三穿戈、中胡三穿戈、镞等。这些兵器之形制与其上部的纹饰，有的与北方匈奴使用的兵器相似，有的与中原地区或秦国使用的兵器相似。长胡三穿戈、中胡三穿戈，在中原地区的墓葬中多有发现。固原地区出现这种兵器，反映了中原地区与固原地区青铜文化的交流与影响。春秋战国时期，我国已经使用了铁制兵器，固原地区出土的兵器中发现有铜柄铁刃剑、铁剑、铁刀，这与中原出土的实物已无差别。西戎人"以力为雄"，勇于战斗，他们使用了与中原相似的兵器以及铁制兵器，是其多次战胜秦国大军的原因之一。

出土的青铜牌饰与带饰多为透雕，最典型的是虎噬驴、虎噬鹿、虎噬羊牌饰⑬。虎噬驴的牌饰中，老虎咬住驴的颈部，獠牙外露，形象十分威猛；被咬的驴痛苦挣扎，双足腾空，倒立搭于虎背之上，生动的造型，反映了自然界中动物的生存状况。青铜牌饰中虎的形象最多，除了

图上 2-3　战国铜柄铁剑　选自许成、董宏征《宁夏历史文物》，宁夏人民出版社 2006 年版

虎，还有驴、鹿、羊、豹、骆驼、怪兽等。猛虎多次出现在牌饰中，说明当时的西戎地区，必然生存着较多的猛虎。青铜牌饰与带钩具有相似功能——带扣的作用，以猛虎的形象透雕在带扣之上，有装饰美化生活的作用，同时也反映出对猛虎的敬畏崇拜心理。众多动物形象的青铜牌饰，揭示了西戎人的生存环境、生活情趣和生活状况。

图上 2-4　虎噬鹿透雕青铜牌饰　选自许成、董宏征《宁夏历史文物》，宁夏人民出版社 2006 年版

　　生产劳动工具是人类赖以生存的利器，劳动工具之先进与否，决定着人类改造自然之能力。固原地区发现的铜锛、铜斧、铜凿是中原地区常见的工具，但数量较多却引人注意。一座墓葬中出土铜锛十多件，这是少有的现象。这种现象表明了墓主人的特殊身份，表明生产工具也是一种财富，同时也说明西戎部族已有了较高的生产水平。

　　固原地区出土的三方战国时期的铜镜，分别为云雷纹地蟠螭纹镜、羽状纹地禽兽纹镜、云雷纹地连弧纹镜⑪。其图案繁密而清晰，精美的动植物变形体，巧妙的构思布局，神秘的图案引发人们的想象。类似的铜镜，中原也有出土。史书记载，西戎部族与中原的关系比匈奴族密切。固原地区出土的中原地区铜镜，也

图上 2-5　云雷纹地蟠螭纹镜　选自《固原铜镜》，宁夏人民出版社 2008 年版

证明了这一事实。近 20 年间，宁夏固原地区，甘肃庆阳地区，盐池与陕北定边县地常有先秦半两钱币发现，反映了战国时期西戎部族与秦国的经济社会交流状况。

1980 年以来，宁夏贺兰山东侧发现了 20 余处古代岩画地点。之后，又在大武口、大麦地、黑山峁、灵武三道沟等处发现数十处岩画地点，统计总数约在万幅以上。这些岩画或凿刻于石壁之上，或凿刻于巨石之上，有阴刻，有阳刻，以线组成的图案多是阴刻（阴划）。岩画图案大小不一，有单体，有群体。岩画的动物有羊、马、牛、鹿、虎、豹、狗等。岩画中有人物的头像，面部表情多种多样，有的人物表情充满着神秘感，个别的岩画图案旁边有西夏文、蒙古文、汉文的刻划文字，有的岩画旁边有题记。

岩画的题材广泛，内容丰富，表达了人们的宗教信仰、精神追求和生活方式，表达了动物的活动情趣，表达了人与动物的放牧、狩猎场景。这些岩画时间跨度长，既有春秋战国时期的内容，又有西夏、元时的内容，有些问题，有待进一步研究。其中的人面怪兽图、交媾图、祈祷图、车辆图、部分狩猎图与动物图，多认为是春秋战国时期西戎部族的艺术作品。它们表现了西戎人的生活情趣，揭示了游牧民族的生存状况，是草原文化的杰出作品，成为了宁夏春秋战国历史研究的珍贵资料。

第三节　秦代宁夏——中原农耕文化的进入时期

始皇出巡修驰道　蒙恬拓疆筑长城、修直道　移民实边兴农耕　乌氏倮经商成富翁

战国晚期，秦国灭亡了西北边地的义渠国家，占有了陇西、北地、上郡的大片土地，给了义渠戎人沉重的打击，但是义渠戎人的威胁并没有完全消除。与此同时，北方强大起来的匈奴部族，统一各部，入据黄河之南，正以逼人的气势向秦国边地推进，威胁着秦国边地的安全。

为了西北边地的安全，秦始皇二十七年（前 220），第一次开始出巡，首选了西北地区的陇西、北地二郡。他先向西北到达鸡头山（陇山，今六盘山），之后又到了北地郡的回中地区（今宁夏固原泾原县），建造了回中宫，又前往渭南修建了信宫，又将信宫更名为极庙⑮，然后返回京城。

秦始皇返回京城后，根据这次出行的感受，做出了修筑京师至北地郡“回中”之间“驰道”的决定。“驰道，天子道也”。《汉书·贾山传》：“秦为驰道于天下，东穷燕齐，南极吴楚，江湖之上、滨海之观毕至。道广五十步，三丈而树，厚筑其外，隐以金椎，树以青松。”这段驰道——“回中道路”，沟通了京师与今宁夏地区之间的联系，便利了二者之间的经济、文化交流，把中原与北部边郡的宁夏地区更紧密地联系了起来。

北地郡境内的鸡头山（陇山、六盘山），山势奇诡，树木茂密，兴云作雨，变幻莫测，是帝王与百姓心目中的圣山，其山附近又有帝王祭祀的“湫渊”（又名湫泉）圣水⑯。战国时期，秦国的惠文王曾在湫渊举行祭祀活动，投文于渊，祈求巫咸诸神护佑秦兵战胜楚兵，并刻三石，记载其事。

先秦至秦汉时期，湫渊一直是帝王祭祀的北方四大名水之一，黄帝问道广成子的故事发生在这里，“秦人诅楚”投文于渊的事件也发生在这里⑰。

秦始皇第一次出巡，选择北地郡的回中之地，并在这里修筑驰道，建造回中宫，表明回中是秦朝西北边地特别重要的地区。秦始皇的举措既有军事方面的意义，也有祭祀陇山与湫渊圣水，祈求神灵护佑的目的。

回中是地名，《史记》、《汉书》注家有三种见解，一说回中在今宁夏

图上 2-6　朝那湫渊　李宪亮摄

固原地区，一说在陕西陇县西北或甘肃张家川地。宁夏固原泾源县香水镇果家山遗址出土的巨型夔纹瓦当等文物，支持了回中宫与回中之地在宁夏固原的观点⑱。巨型夔纹瓦当，只有陕西秦始皇二号建筑遗址、陕西兴平县秦宫殿遗址、河北省秦皇岛有发现。全国发现巨型夔纹瓦当的地方仅此三处，都是在秦始皇宫殿或行宫之地。泾源县香水镇出土巨型的夔纹瓦当，说明秦始皇二十七年出巡的回中之地、建造回中宫之地，是在宁夏固原泾源县境之内。

图上 2-7　朝那古城（彭阳古城址）　选自《中国文物地图集·宁夏分册》，文物出版社 2010年版

秦始皇二十七年，第一次出巡了甘肃西部与宁夏南部的固原地区后，又于三十二年（前 215）第四次出巡。这次出巡向东至碣石（今辽东东部）。返回时，始皇又巡视了北部边地，由上郡而归。返回后的秦始皇，根据观察到的北部边地形势，做出了一项重大的决定——命大将蒙恬统率 30 万大军攻取黄河南部地区，然后筑长城，修直道，营城障，阻止匈奴的进攻。

秦始皇于三十三年（前 214），命蒙恬率领 30 万大军进入黄河南部地区，"西北斥逐匈奴，自榆中并河以东，属之阴山，以为四十四县，城河上为塞"⑲。蒙恬沿黄河一线设置政区，营建 44 县的同时，又奉命渡过黄河，占领高阙要塞、阳山与北假地区（今包头以西的河套平原），并在这一地区修筑亭障，逐去戎人，迁来中原的犯罪人口，安置在所设的县治之地⑳。

在今宁夏及附近地区，蒙恬设置了富平县（今吴忠南）、浑怀障（今银川东部的陶乐县）、神泉障（今陕北定边县南）。蒙恬完成这些任务之同时，还进行着修筑直道、建造长城的艰苦工程。

直道，"自九原至云阳，因边山险堑谿谷可缮者治之"㉑，"始皇欲游天下，道九原，直抵甘泉，乃使蒙恬通道，自九原抵甘泉，堑山堙谷，千八百里"㉒。九原，秦时所置，在今内蒙古包头市东北。云阳，在今陕西淳化县西北。由包头东北至南部淳化县北，中间经过的路线，唐代《括地志》记载："秦直道，在庆州华西四十五里子午山上。自九原至云阳千八百里。"直道的修建，密切了关中京师与北部边地的联系，方便了所经之地的人员往来，具有极高的军事、政治、经济、文化价值。西汉时期，汉武帝出巡北地，曾由直道经过。

蒙恬修筑了浩大的直道工程，又修筑了规模更大的长城工程。

长城工程"因地形用险制塞，起临洮，至辽东，延袤万余里"。"始皇令太子扶苏与蒙恬筑长城，起自临洮，至于碣石"。临洮在今甘肃岷县。这道长城一万余里，可分为东、中、西三部分。其西段部分的起点是临洮，记载清楚；但起点之后长城经过的郡县，《史记》与《汉书》没有记载。对于这段西部长城，现今有三种见解，一种见解认为蒙恬所筑

图上 2-8　萧关城
址　李宪亮摄

西段长城，由今甘肃临洮起始，向东北进入固原，再向北经贺兰山而至内蒙古狼山地区；第二种见解认为蒙恬所筑西段长城"城河上为塞"，在黄河岸边修筑城障，加上黄河天险形成了一道长城；第三种见解认为蒙恬所筑西段长城，利用了战国秦长城旧迹。

实地考察，贺兰山北至内蒙古狼山，没有秦筑长城，第一种见解不能成立。蒙恬攻占"河南地"，"以河为境"。黄河天险与沿岸修筑的城障形成了一道长城。《水经注·卷三》以黄河流向为坐标，顺着黄河"几"字形路线，由西北向北至内蒙古，又折向东，又折向南，依次记叙了安定、北地、朔方、九原、云中、定襄、西河、上郡地区的黄河及其支流与诸郡内城堡的关系。其中九原、云中、西河、上郡内均记有蒙恬修筑的长城，将这些长城连接起来，即是蒙恬所筑长城的西段部分。《水经注》的记载说明蒙恬所筑长城是利用了战国秦长城旧迹。

秦帝国建立后，蒙恬奉命率大军进入黄河河套地区，将秦之疆域推进到了原来赵国所据的阴山地区。蒙恬沿黄河置县份，修直道，筑长城，工程量之浩大，前世所无。

为了应对大规模的工程需要及新拓之地的驻防与开发，始皇决定向蒙恬新拓之地实行迁徙移民的政策。始皇三十四年（前213），第一次移民"徙谪、实之初县"㉓，向黄河沿岸所设诸县迁徙了一大批触犯了秦朝法律的中原人口。

这次迁徙的人口，还不能满足需要，于是又于三十六年（前211）向北河、榆中等地迁徙3万户㉔。秦始皇"发天下丁男以守北河"，使北方地区增加了大批人口。这些新增的人口，来源于中原农耕地区，擅长农耕。宁夏地处内陆，地貌多元而复杂，植物生长条件不一，黄河与泾水流经的地方，水利资源丰富，灌溉便利，适宜农耕。中原农耕人口的迁入，给宁夏的这些地区带来了中原的农业耕作方式方法与技术，宁夏平原地区出现了水利渠道，出现了与中原农耕地区同样的农业耕作方式方法，原来单一的射猎、畜牧生产方式转变为了畜牧、农耕、射猎三者并重的生产方式。生产方式的转变，促进了宁夏地区的发展，使宁夏地区的射猎、畜牧文化中增添了农耕文化的因素。

今宁夏黄河东部有一条名为"秦渠"的古老渠道，流经吴忠、灵武地区，灌溉着百万亩良田，民间认为是秦时所建，故名秦渠。但征诸史籍，并无秦时修筑渠道之记载，如果根据秦时四川修建都江堰、关中修建郑国渠之记载，结合秦时"移民实边"的政策考虑，秦时在宁夏平原修建渠道则是完全可能的。

秦朝时期，黄河流经的宁夏平原有了农业耕作，宁夏平原的农业经济有了发展。其他丘陵山地，虽然仍以射猎、畜牧生产方式为主，但是受宁夏平原农耕的影响，受大批迁徙人口的影响，其生产方式、生活方式也在发生着变化。当时的畜牧，已由逐水草而牧、逐水草而居为主，转向了以定居放牧为主的方式。定居的放牧方式，有了固定的居所，增强了抵抗自然灾害的能力，减轻了劳动强度，增加了畜牧的规模。"西有羌中之利，北有戎翟之畜，畜牧为天下饶"㉕之记载，反映了秦时宁夏地区畜牧业繁盛的状况。

地处通往关中驰道附近——今固原地区的乌氏部族，战国时期已与秦国有了交往，秦统一中国后的交往更加紧密。繁盛的畜牧业、便利的交通，为畜牧业的商贸交易活动创造了条件。乌氏部族中的一位名"倮"的人——乌氏倮，成为了畜牧商贸活动中的佼佼者。他饲养放牧的牛、马、羊，多得无法计算，只能用山谷进行估计。他把大批牛、马、羊卖出，再从中原购回珍贵的缯丝（缯：帛的总称）织物，将之奉献给西部的戎王，从西部戎王处得到 10 倍的利润，成为了富甲一方的富豪。

乌氏倮以其善于畜牧，又善于经商的本领和巨大的财富，受到了秦始皇的青睐。秦始皇以封君的规格对待乌氏倮，让他参加朝廷的一些重要会议㉖。乌氏倮利用产于北地郡的牛、马、羊换回钱币，再用钱币购回关中出产的珍贵丝绸织物，再用丝绸织物换回戎王的大批牛、马、羊。这种商贸交易活动，为关中农耕人民与边地畜牧人民提供了各自所需的生活物资，沟通了关中农耕地区与边郡畜牧地区的经济往来交流，促进了地方经济的发展。

秦时的宁夏，有了水利，有了农业耕作，也有了畜牧产品的商贸交易活动。秦时盐业的生产也很出名，今内蒙古、陕西定边、宁夏盐池县三省区相交之地分布着一些盐湖，这些盐湖因在戎地，所产之盐被称为

"戎盐"。《本草纲目·石部·戎盐》引《北户录》:"今宁夏近凉州地,盐井所出青盐……即戎盐之青、赤二色者。"《本草经》记载:"戎盐能明目、大盐、亦名胡盐。"《周礼·天官·盐人》记载:"王之膳馐,共饴盐。注:饴盐之恬者戎盐焉。"《名医别录》记载:"戎盐生胡盐山及西羌北地,酒泉禄福城东南。"西羌北地,即指北地郡——今蒙宁陕交界处产盐之地。

盐是重要的食物佐料,又是重要的药物,北地郡出产的戎盐质量好,被称之为饴盐,是王者所用之物,且能治人眼疾。"山东食海盐,山西食盐卤,岭南、沙北固往往出盐"[27]。沙北之盐,即是北地郡出的戎盐。秦时北地郡——宁夏地区出产的戎盐(即今宁夏、陕西与内蒙古交界处出产的食盐)与山东、山西出产的食盐可以相提并论。

第四节　西汉——宁夏农耕文化的发展

西汉初年的宁夏　募民实边:宁夏地区的开发时期　汉武帝出巡宁夏　西汉时期宁夏地区的族属　西汉的宁夏马业

秦亡后,楚汉相争之际,边地松弛,秦时迁往边地的移民戍卒逃离边地,返回故乡。

西汉初年,北方强大起来的匈奴部族,在其首领冒顿单于的带领下"攻灭东胡,击走月氏",乘着中原争战不休"罢于兵革"之机,进入黄河以南地区,灭亡楼烦、白羊,秦时蒙恬所占之地,此时多为匈奴所有。匈奴势力"与汉关故河南塞、朝那、肤施"[28]相接,达到了北地郡之边地,宁夏地区成为了西汉初年防御匈奴的边防前线。

为了巩固北地郡的边防,汉惠帝四年(前191),在今宁夏平原上设置了灵州县(今吴忠市),管理宁夏平原政事。汉文帝前元三年(前177)"匈奴入居北地,居河南为寇"[29]。汉文帝前元十四年冬(前166),匈奴老上单于率领14万骑,由河南地南下,经过北地郡北部(今宁夏)"入朝那、萧关,杀北地都尉(孙)卬"[30],抢去大批人口与牲畜。又至彭阳(今固原泾源县),并派骑兵烧毁秦始皇建造的回中宫,前锋侯骑到达了距长安很近的甘泉宫一带，威胁到了京师的安全。

汉文帝急调 10 万骑卒布防在长安周围，任命魏遫为北地将军、卢卿为上郡将军、周灶为陇西将军，驻防边地。又命张相为大将军率领大军进攻匈奴，匈奴单于大军在北地郡内月余方始退去。匈奴的这次南下袭扰，给西汉朝廷造成了极大的人员伤亡与经济损失。

匈奴的袭扰，成为了汉朝的心腹之患。文帝至景帝时期，汉朝对匈奴一方面施行"和亲"政策，一方面积极休养生息，发展经济，加强国家的实力。同时，为了解除匈奴对汉朝京师的威胁，加强了关中屏障——北地郡的军事设防。萧关是北地郡内最为重要的驻军要地，是通往关中道路上的门户，汉文帝把北地郡内负责军事的最高官员——北地都尉设置在了萧关。又先后任命将军张武、韩安国等重要官员为北地都尉，驻防在萧关。西汉初年，宁夏地区是匈奴与汉朝的交战之地，是汉朝防御匈奴进攻的边防前线。

为了应对匈奴的不断袭扰，保障边地的安全，汉文帝在北地郡布防重兵的同时，发布了"举贤良能直言敢谏者"的诏书，招募治理国家的人才。太子（汉景帝）家令晁错上书应诏，向汉文帝上了《言兵事疏》，后又上了《募民实边疏》。他在上书中，分析了汉朝边地的形势，指出秦时移民实边政策的弊病，陈述了移民实边的具体内容与主张。他建议用奖励、鼓励、招募的办法实行移民实边。这种用奖励招募的办法将中原农耕人口迁往北部边地的办法，实为"募民实边"。

汉文帝看了晁错的建议，"从其言"，用招募的方式向边地——今宁夏等地区（北地郡）迁徙了大批中原农耕人口。这些迁徙的移民，充实了北地郡（今宁夏地区）的军事实力，促进了当地农业生产的发展。

晁错还向汉文帝提出重视粮食生产，鼓励民众向边地输送粮食的建议。汉文帝采纳了他的建议，给宁夏等地区调来了中原地区的大批粮食。

文帝、景帝时期，黄河河套及今宁夏北部地区还在匈奴控制之下，汉朝北方的边地主要是宁夏北部地区、陕北地区、山西北部。晁错"募民实边"安置移民的地区，主要是宁夏等边地（北地郡），输粮于边也主要指宁夏等地。

汉武帝元朔二年（前127），卫青收复"河南地"，在河南地设置朔方郡、五原郡，并先后营建了朔方郡郡城等多座城郭。朔方郡城的设置与营建，彻底解除了匈奴对京师的威胁，汉朝北边的防线，由北地郡（今宁夏地区）推进到了黄河河套地区。为了巩固边防，朔方郡郡城建成后，又募民10万，迁徙于朔方，促进了朔方郡地区的发展。

汉元狩四年（前119），将关东遭受水灾的72.5万口贫民迁往关西，安置在陇西、北地、西河、上郡、会稽、新秦中地区，宁夏地区迁来了大批中原农耕人口。这次迁徙的大批贫民之衣服、食粮、生产工具等费用，均由官府承担。为了做好这次移民事务，朝廷派员让"使者分部护之"，使者"冠盖相望"，开支"费以亿计，不可胜数"，"县官大空"㉚。

新秦中是秦时蒙恬拓疆后始有的一个政区性的地名，主要指今宁夏北部、中部及陕北定边、靖边、甘肃环县等地。元狩四年向新秦中迁徙大批移民，使新秦中——今宁夏地区增添了更多的农耕文化因素，促进了宁夏地区的农业发展。由于西汉朝廷向边郡地区移民，实行的是"募民实边"的政策，施行的过程中，又解决了移民的衣、食、生产农具等问题，所以所徙之民能够长住于边地，真正发挥了移民实边的作用。

元狩四年（前119），向北地郡、新秦中、陇西、西河、上郡安置大批关东贫民之时，卫青、霍去病发动的漠北战役也取得了重大胜利。漠北战役的胜利，使北地等边郡的大批移民有了更安全的保障，"自朔方以西至令居，往往通渠置田"，适宜水利灌溉的宁夏平原，农耕文化有了进一步发展，农业生产的水平有了进一步提高。

当时，在今宁夏平原黄河东岸，又修筑了汉伯渠，全长约44公里，流经今青铜峡市、吴忠市、灵武市，灌溉着百十万亩良田。在今宁夏黄河西岸修建了汉延渠，全长约88公里，流经今青铜峡市、永宁县、银川市、贺兰县，灌溉着百十万亩良田。另有唐徕渠，亦建于汉代，经唐代扩修，招徕民户垦种，故名唐徕渠，全渠长约154公里，流经今青铜峡市、永宁县、银川市、贺兰县、平罗县，是宁夏平原上灌溉规模最大的一条渠道。水利渠道的修建，提高了宁夏平原的农业生产规模与水平，促进了宁夏地区的经济、社会发展。

募民实边，给宁夏平原迁来大批中原的农耕人口，这些人带来了中原农业耕作的先进方法与技术，使宁夏平原畜牧、射猎、农耕生产方式中的农耕成分有了更多的增加，宁夏平原上的生产方式转变为了农业耕作、畜牧、射猎三者并重。

为了发展边地的农业生产，汉武帝在即位之初，即在边郡之内设置了农都尉官员，专门管理屯田殖谷的农业生产事务。元封四年（前107）夏四月，汉武帝"还祠泰山"。返回时，到黄河决口的瓠子地方（今河南濮阳），亲率群臣、将军，负薪担土，堵塞瓠子决口，并在黄河北岸修渠二道，"复禹旧迹"③。汉武帝的这次行动，影响了全国水利事业的发展，"自是之后，用事者争言水利。朔方、西河（指今宁夏平原）、河西、酒泉皆引河及川谷以溉田……佗小渠披山通道者，不可胜言"③。宁夏平原的水利渠道、农业耕作，又有了进一步发展。

宁夏南部隆德县联财乡高平村出土的汉代铁制犁铧、盐池县张家场汉城发现的汉代铁制犁铧、吴忠市关马湖汉墓中出土的陶牛、平罗县平吉堡汉墓中出土的耕牛造型的木牛模型③等，表明西汉时期的宁夏地区已经广泛使用了牛耕和铁制犁铧。铁制农具和牛耕的使用，再加上耦耕、耧车等先进农具的推广，使宁夏地区的农业生产水平有了很大提高。

到了汉宣帝时期，宁夏平原上出现了农都尉驻守管理的胡城、汉城、吕城三座城郭③。这些农业城郭的出现，说明宁夏地区的农业生产水平已有了较大的规模。《汉书》记载，班彪的祖父班况在汉宣帝时期为上河农都尉，驻守于宁夏平原，负责着宁夏平原的农业粮食生产。《汉书》又记载，汉成帝阳朔间（前23），冯奉世之第五子冯参为上河农都尉，负责宁夏平原的农业生产。西汉朝廷专门让这些重要官员在宁夏地区负责粮食生产，说明宁夏平原是西汉时期边郡地区生产粮食的主要基地。

水利资源丰富，灌溉便利的宁夏平原，经过西汉初期、中期"募民实边"的大规模开发，到了西汉昭宣时期，农业生产的水平与规模已与中原地区无甚差别。

1972年，在银川市平吉堡的西汉早期墓葬中出土有数件木制耕牛模型，还在出土的陶仓中发现有粟。出土的陶器有釉陶、灰陶，还有红底黑彩的漆器、铺首、边弧纹铜镜等等。固原地区出土的百数十枚汉代铜镜，盐池县张家场汉城发现的大批西汉钱币，还有"大富昌、子宜孙、

图上 2-9　泥质汉代王莽契刀五百钱
范　选自《中国文物地图集·宁夏分
册》，文物出版社 2010 年版

图上 2-10　"大富昌、子宜孙、乐未央"汉代方
砖　选自《中国文物地图集·宁夏分册》，文物出
版社 2010 年版

乐未央"九字铭文方砖，以及征集到的"大泉五十"钱范等等实物，表
明西汉时期宁夏地区的农业、水利、经济商贸活动与手工业制作技术已
经有了较高的水平与规模®。张家场古城发现的陶制钱范，表明这座古城
在西汉时期已有了制作钱币的手工业作坊。

西汉自建立至文、景二帝的 70 年间，匈奴部族进入黄河河南地区，
经常由河南地南下袭扰汉之边地，因此，宁夏地区是汉朝阻挡匈奴南下
的边防重地。

汉武帝即位后，开始大规模的反击匈奴的战争。经过多次战争，汉
朝的北部边地恢复到了秦时的河套地区，并在河套地区设置政区，营建
城市，迁来居民，布防戍卒，宁夏不再是面对匈奴的军事前线。元狩二
年（前 121），4 万多匈奴人降汉，汉朝廷在今宁夏境内的同心县地（北
地郡三水县）设置了"属国"，安置了约万名归降的匈奴民众。

元鼎三年（前 114），鉴于居民增多，辖境较大的现状，将北地郡一
分为二，南部置安定郡，辖 21 县，郡治高平（今固原），属于今宁夏地

区的县分有：高平、乌氏（今固原县南）、朝那（今固原南）、三水（今同心县东）、眴卷（今中宁北）、月氏道（今固原南）、参峦（今同心县西）7县。北部仍为北地郡，辖19县，郡治马岭（今甘肃环县），属于今宁夏地区的有：富平（今吴忠市南）、灵州（今灵武市南）、灵武（今永宁南）、廉县（今银川市北）、眴衍等县。

元鼎五年（前112）冬十月，汉武帝开始出巡北部边地。巡幸到安定郡（今固原），登临崆峒山，举行了祭拜活动后，又北出萧关，到达北地郡（今宁夏中部地区）。在北地郡，汉武帝率领数万随从的骑兵"猎新秦中"，在新秦中举行了大规模的军事训练。在狩猎的过程中，发现千里之广的新秦中没有修筑亭障等军事设施，于是诛杀了北地郡太守以下的一批失职官员。

北地郡是西汉饲养官马的重要基地，这里草原广阔，植被繁茂，饲养着数万匹军用马匹。汉武帝巡视北地郡与其北部的新秦中，根据了解到的情况，做出了调整饲养马匹的重要决定。他下令，允许边地牧民饲养马匹；不但如此，还让官府给牧民提供母马，母马养三年归还官府，所生小马归牧民所有，计1/10的息税，收入供新秦中使用。汉武帝鼓励边地牧民饲养马匹的做法，极大地调动了牧民饲养马匹的积极性，促进了边地畜牧业的发展。

汉武帝第一次出巡宁夏及周边地区，整顿了吏治，加强了边防，训练了军队，调整了养马等政策。这是宁夏历史上影响深远的重要事件，对当时宁夏的各个方面产生重要的影响。

汉武帝于元封四年（前107）冬十月第二次出巡宁夏地区，他"行幸雍，祠五畤，通回中道，遂北出萧关，历独鹿、鸣泽，自代而还"。回中、萧关，均在安定郡内。萧关原是重要的驻军要地，是关中的北方门户。汉武帝这次出行的路线与第一次出行北地郡（宁夏地区）的路线大致相同，北出萧关所到的地方正是今宁夏中部地区。汉武帝这次出巡，在安定郡（今固原）"通回中道"，修通了回中至萧关以北的道路，加强了关中京师与宁夏地区的联系。

之后，汉武帝又分别于元封六年（前105）、太初元年（前104）、太初四年（前101）、天汉二年（前99）、天汉三年（前98）、太始二年

（前 95）、太始四年（前 93）、征和三年（前 90）、后元元年（前 88）出巡到宁夏地区，加上前述的两次，汉武帝先后共 11 次出巡了宁夏地区。

帝王出巡，国之大事。汉武帝于元鼎五年第一次出巡宁夏地区，至后元元年第十一次出巡宁夏地区，24 年间，几乎两年出巡一次宁夏地区，其频率之密，次数之多，是宁夏历史上的仅有现象，也是全国历史上的仅有现象。

北地郡所辖的宁夏平原，水利资源丰富，开发早，农业耕作优于其他地方，又是全国饲养官马的重点地区。这里与匈奴相距较近，饲养的官马支持着边地的战争。北地郡（宁夏平原）的重要地位，是汉武帝多次出巡此地的主要原因。另外，宁夏南部的陇山，树木茂密，传说甚多，黄帝问道广成子的故事发生在这里，秦始皇祭祀湫渊水也发生在这里。汉武帝十分迷信神仙神灵，他前往安定、回中（宁夏南部）地区，也有祭祀神灵，寻访仙人、方士的目的。

先秦时期，宁夏地区居住着西戎的义渠、乌氏、朐衍等民族。秦帝国建立后，宁夏地区除了西戎诸族之外，还迁来了一批中原的农耕人口。

西汉建立，元鼎三年（前 114）分置安定郡，辖 21 县，其中的月氏道，居有月氏人；三水县，设置了属国，安置了一大批匈奴人，其县的原住居民是义渠人，因此县内既有义渠人，又有匈奴人；乌氏县，居有乌氏人；朝那（音诸诺）县，有胡巫，其境内既有朝那人，也有义渠人。北地郡辖 19 县，其中的朐衍，是朐衍道（有朐衍道尉印为证），居有朐衍人；除道、略畔道，亦居住的是少数民族；义渠道，居住的是义渠人。

由秦至西汉时期，宁夏地区是多民族共居的家园。为了这些民族和谐共处，西汉朝廷在北部边郡地区设置了两种特殊政区，安置少数民族。

一种是"道"，"有蛮夷曰道"，是专门为原住少数民族设置的政区。安定郡与北地郡内共设有月氏道、朐衍道、除道、略畔道、义渠道 5 个道。道与县是同一等级的政区。

一种是"属国"，"因其故俗为属国"，是专为归汉的少数民族设置的政区。属国设置在边郡地区，有的设置在县治之上。属国内既有新来居民，也有原住居民，居住的不是一种部族，最高军事官员是属国都尉。属国都尉设置于汉武帝即位初年。西汉时期，宁夏地区先后设了2个属国：一为元狩三年（前120）设置的三水属国，初属北地郡，后在安定郡；次为汉宣帝五凤三年（前55），5万多匈奴民众降汉后，北地郡内设置了"北地属国"（地址不详），西河郡内设置了"西河属国"。

西汉时期，宁夏境内既生存活动着西戎的多个民族，又生存活动着归降的匈奴等民族。这些民族从事着射猎、畜牧之业，以打猎、放牧牛、马、羊为生，多居于水草丰茂的丘陵山地，总称之为游牧民族。宁夏地区除了大量的游牧民族之外，还在适宜农耕的地方生存着既从事原始农耕，又从事畜牧、射猎的民族——周人或秦人。这些民族因为较早从事了原始农耕，多居住于河流冲积的平原地带。

另外，还有从中原迁来的一大批农耕人口，他们多居住于黄河流经的宁夏平原、泾水流域等适宜农耕的地方。因为地名的关系、朝代名称的关系与儒家文化等因素的影响，这些游牧民族与农耕民族在两汉之后逐渐融为一体，称为汉族。

西汉时期，宁夏地方是北方游牧民族与关中农耕民族交流共居的场所，是北方草原文化与中原农耕文化相互会合交融的舞台。在这种交流与交融中，义渠戎人中涌现出了一些著名的人物，在西汉朝廷与匈奴的战争中发挥了重要的作用。公孙昆邪、公孙贺、公孙敖是其中杰出的代表。

公孙昆邪：北地义渠人，汉文帝时为陇西太守。汉文帝下诏书举荐人才，公孙昆邪向汉文帝推荐了晁错。吴楚七国之乱时，公孙昆邪参与平叛，立了战功。为典属国官员时，能以国家利益为重，向皇帝提出建议。著有阴阳家著作15篇。

公孙贺：北地义渠人，公孙昆邪之子。汉武帝时位至太仆（九卿），从军从政约40年，6次参与对匈奴的战争，两次封侯，一次拜相，是西汉时期著名的军事将领。他的名字与卫青、霍去病、李广、公孙敖等人的名字联系在了一起。

公孙敖：北地义渠人。以郎先事景帝，后事武帝，与卫青的关系极为密切。大长公主将卫青抓捕欲杀之时，公孙敖不顾个人安危，冒险抢救，成就了卫青一生的事业。公孙敖跟随卫青、霍去病，四为将军，一次封侯，在汉武帝时期的政治舞台上，忠实地履行了一个军事将领的职责，是义渠部族中著名的军事人才。

秦人由陇山（今六盘山）兴起，走向关中，建立秦朝。秦人的先祖善于养马，曾在宁夏固原及周边地区先后为商、周朝廷专司马业。春秋战国时期，活跃在宁夏固原地区，曾与秦人杂居相处的西戎义渠等部族，也是善于射猎、善于养马的部族。宁夏固原及甘肃平凉、庆阳地区，一直是周人、秦人、义渠等人的居住之地，一直有着饲养马匹的优良传统。

为了对付北方兴起的匈奴铁骑，为了供应祭祀牺牲的需要，饲养繁殖马匹成了西汉朝廷的重要任务之一。汉文帝时，采纳晁错的建议，鼓励百姓养马，养有一匹车骑者，可除去三人的税钱。汉景帝即位后，"上郡以西"的北地郡与新秦中遭受旱灾，朝廷修改"卖爵令"，降低卖爵的价格，招募输粮于边的人员。犯有罪行的人员输粮于边，县官可以免除其罪行。同时又扩大苑马使用的范围，"始造苑马以广用"，增加了提供给宫室列馆车辆的苑马。到了汉武帝初年，"众庶街巷有马，阡陌之间成群"，朋友会聚，如果车辆的马匹中有母马，会被轻视，会被拒绝与会。

汉武帝对匈奴的反击战争中，马匹耗损严重。元鼎五年（前112），汉武帝出巡北部边地，在新秦中进行军事训练，看到该地植被茂盛，适宜饲养马匹，便做出了一项重大决定，鼓励边民在边地饲养繁殖马匹，官府给边民提供母马，三年后归还，利息 1/10，收入归新秦中使用，同时废除告缗法。北地郡是国家饲养官马的重要地区，汉武帝根据边地的实际情况，调整饲养马匹的政策，鼓励边民在边地私养马匹，官府还给以支持帮助。这一政策的施行，惠及了边民，增加了边地马匹的来源，也促进了边地畜牧业的发展。

西汉时期，中央和地方都设有管理马业的官员与机构。中央管理马业的最高管员是太仆，太仆之下有令丞，令丞分管各项事务。地方上在北部6个边郡之内设有牧师苑官，分管着36个马苑。

《汉书·百官公卿表》曰："边郡六牧师苑各三丞。""边郡六牧师苑"，是陇西、天水、安定、北地、上郡、西河6郡。6个边郡共设36

苑，3 万奴婢负责饲养着 30 万头马匹。每个奴婢负责饲养 10 匹官马，每个马苑有奴婢 833 人，每个马苑饲养马匹约 8333 匹。其中，北地郡有 6 个马苑，饲养马匹的奴婢约 5 千人，饲养的马匹约 5 万匹。安定郡也有 6 个马苑，饲养马匹的奴婢约 5 千人，饲养的马匹约 5 万匹。北地郡与安定郡共饲养着约 10 万头马匹。

《汉书·地理志》记载北地郡的灵州县设有河奇苑与号菲苑二苑。灵州县共有饲养马匹的奴婢 1666 人，饲养的官马约有 16666 匹。西汉时期，鼓励边民私养马匹，如果再加上私养的马匹，宁夏地区实有的马匹至少应有 10 万匹左右。

古代，马匹是财富，是极为重要的战略物资，马匹数量之多少，马匹质量之高低，影响着军队的战斗力，影响着国家的国防实力。西汉朝廷在 6 个边郡之内设置 36 个马苑，饲养大批官马，宁夏境内的河奇苑与号菲苑即是为西汉朝廷饲养、输送官马军马的重要基地。卫青统帅大军出击匈奴，曾由北地郡（宁夏）经过，北地郡饲养的官马在汉匈战争中发挥了作用。

第五节　东汉宁夏的经济、文化与名门望族

东汉初年宁夏的政区与人口　动荡中的经济与文化　名门望族的形成　乌氏梁氏家族的文化名人　朝那皇甫氏家族的文化名人　灵州傅氏家族的文化名人

西汉末年，王莽篡权，爆发赤眉与绿林起义。绿林拥立刘玄为帝，建立更始政权。更始三年（25）四月，刘秀在鄗城（今河北高邑县）称帝，年号建武。更始三年九月，赤眉军攻入长安，更始政权垮台。之后，被封的各地官员纷纷自立，曾被更始封为骑都尉的卢芳拥兵五原，被更始任命为上将军的隗嚣拥兵陇右——今宁夏固原及周边地区。这两股势力成为了刘秀统一西北的强大阻力。

建武八年（32）四月，刘秀出征到宁夏固原地区，在镇守河西的窦融配合下，降服了隗嚣的 13 员大将 10 多万兵士，收复了 16 个县城。建

武十年（34），刘秀再次出征宁夏固原地区，平定了隗嚣的割据势力。卢芳、隗嚣割据的十余年间，给当地各民族的生命财产造成了巨大损失。

鉴于西汉末期连年混战，人口大减的状况，东汉建立后裁并郡县，安定郡原来所辖的21县，合并为临泾、高平、朝那、乌氏、三水、阴盘、彭阳、鹑觚8县，郡治由原来的高平迁往临泾。在今宁夏境内的是高平、朝那、乌枝、三水、彭阳5县。北地郡原有的19县，合并为富平、泥阳、弋居、廉县、参峦、灵州6县，郡治由马岭移往富平（今吴忠市西南）。在今宁夏境内的有富平、廉县（今银川市附近）、参峦、灵州（今吴忠市）4县。安定郡8县实有6094户，29060人；北地郡6县实有3122户，18637人。如以平均数计算，安定郡内的宁夏5县，有4572户，21798口；北地郡内的宁夏4县，有2080户，12424口。东汉之初，宁夏地区约有6652户，34222人。

东汉初期的宁夏人口，不及西汉时期的20%。变乱、战祸给宁夏的经济和社会带来严重的破坏。

东汉初年，将北地郡郡址由马岭迁往宁夏平原的富平县，富平成为了北地郡的政治中心，便利了宁夏平原的开发与发展。宁夏平原上除了已有的富平、灵州、廉县城外，还出现了丁奚城等城邑。

东汉建立后，随着地方割据势力的消灭，政区设置的调整，宁夏地区的社会经济与文化有了恢复与发展。经过东汉前期的经营与恢复，宁夏地区出现了"沃野千里，谷稼殷积"，"水草丰美，土宜产牧，牛马衔尾，群羊塞道"[37]的局面。但是到东汉中期，这种局面因为朝廷官府吏治的腐败，地方官员的贪污和横行无道而遭到了破坏，以致引起人民的反抗，其中最典型的是羌族的三次起义。

东汉永初五年（111），因官府的腐败，羌族起义爆发。起因是地方官员要求内迁4郡（安定、北地、陇西、上郡），百姓留恋故土，不愿离开。官府便毁坏庄稼，拆毁房屋，强迫百姓搬迁，造成百姓"驱蹠劫略，流离分散，随道死亡，或弃捐老弱，或为人仆妾，丧其大半"[38]的惨象，给宁夏等地的经济和社会造成了又一次的破坏。这种局面，到了汉顺帝时才有了改变。

　　汉顺帝永建四年（129），接受虞诩的建议，将迁往内地的 4 郡与居民迁回原地，并派谒者郭璜负责迁回四郡的事务。郭璜到职后"激河浚渠"，兴修水利，开展屯田。生产的粮食自给有余，一年节省一亿费用。汉顺帝因此令"安定、北地、上郡及陇西、金城常储谷粟，令周数年"⑨，宁夏地区的农业经济有了恢复。

　　东汉时期，宁夏地区的畜牧业仍占有重要地位。马援年轻时在北地郡种田放牧"至有牛马羊数千头，谷数万斛"⑩。东汉年间的几次羌族大起义中，东汉官兵与羌军大战，羌军战败，每次损失的牲畜少则数万头，多则数十万头。汉安帝永初七年（113），马贤、侯霸与零昌牢羌大战，马贤掠得牢羌驴、骡、骆驼、马、牛、羊 2 万多头。元初四年（117），任尚与狼莫在北地郡富平（今吴忠市南）与上河城（青铜峡）大战，狼莫战败，损失牛、马、驴、羊 10 余万头。这些数量众多的牛、羊、马、驼之记载，一方面揭示了战争的残酷性，另一方面也说明当时的畜牧业仍占据着宁夏社会经济的主导地位。

　　考古调查表明，宁夏银川市的平吉堡、贺兰县、吴忠市金积、中卫县镇罗、固原县西郊、南郊和古城、盐池县张家场、陶乐冰沟、灵武东北门地区分布有大片的汉代墓葬。这些墓葬附近或者是汉代的村落，或者是汉代的城邑。现在已知中宁、贺兰、吴忠、盐池、固原、中卫等市县均有汉城遗址⑪。遗址中发现的建筑材料有四神瓦当、绳纹板瓦、花纹方砖、曲尺形排水陶管。这些建筑材料表明，宁夏境内的东汉城邑，已有了较大的规模与排水设施。

　　考古发掘出土的有铜镜、带钩、弩机、铺首、矛、钫、炉、印章，有的来源于中原地区，有的是本地制造。出土的陶器有罐、壶、博山炉、奁、盒、盘、豆、仓、灶等实用器物。

　　吴忠市关马湖汉墓与贺兰县暖泉出土的绿釉陶壶，没有较高的技术难以制成。陶器中的马、猪、狗、羊、侍女、男仆，形象逼真，绘于陶甬与动物形体上的墨画，眉、眼、衣纹画痕，生动传神，表明毛笔使用的能力有了提高，使用的范围有了扩大。

　　近数十年以来，宁夏地区发现的古代钱币中，汉代钱币的数量占了很大比重，反映了汉代商品交易的活跃状况。

吴忠关马湖出土的陶屋模型，高73厘米，上下两段塑成，面阔53厘米，外形三层结构，有门窗、栏杆、斗拱，屋顶用红、白色彩勾出，反映了东汉时期世族豪强的庄园式生活。

固原西郊出土的汉代彩绘骨尺，10个刻度，23厘米，丰富了我国度量衡的研究实物资料。

墨是我国的文房四宝之一，墨的使用促进了我国文化事业的发展。固原县西部东汉墓中出土的松烟制成的"松塔墨"②，反映了东汉时期固原地区文化事业发展的状况。

东汉时期已广泛使用了铁器。贺兰县暖泉农场出土的铁犁，生铁铸造，长方形叶状，长50厘米，宽22厘米，一角弧圆，背面有双鼻纽，犁壁与犁尖连用，翻土较深。另有农具臿，前部装有尖锐锋利的铁口，使用时容易破土，可以深翻土地。东汉时期，宁夏地区的农耕文化有了进一步发展，但畜牧文化仍占有重要的地位。

西汉晚期，王莽篡权，政纲败坏，社会矛盾尖锐，爆发农民起义。在陇右地区的安定郡、北地郡——今宁夏地区为官的一些文臣武将参与了当时的军事政治活动。在刘秀称帝统一全国的战争中，这些文臣武将为东汉刘秀政权的建立做出了贡献。东汉建立，迁都洛阳，这些文臣武将成为东汉朝廷的重臣，有的在京城任职，有的在地方为官，有的与皇室联姻，成了外戚。他们的权势、地位与财富使其家族成为了名门望族。

东汉时期，洛阳是全国的政治、文化中心，洛阳建有的太学，校舍宏大，学生多时达3万余人。地方各州也是"学校如林，庠序盈门"。这些为东汉政权建立过功勋的官员，多把子女送往洛阳学习，接受教育。学成后，或在京城为官，或在外地上任，或者返回了故乡。

这些世家大族，族人众，延续时间长，影响大，受儒家传统思想的影响较深。他们重视学习，重视文化的传播，有较高的文化水平。他们中的一些人物，或从政，或从文，或习医，成就卓著。其中以乌氏（今宁夏固原）梁氏家族、朝那（今宁夏固原彭阳）皇甫氏家族、灵州（今灵武与吴忠）傅氏家族最为著名。其中一些人物的著述与学术思想，对地方乃至国家具有重要意义。他们将中原的儒家文化传播到了宁夏地区，对宁夏地区的经济社会与文化发展产生了重要的影响，成为宁夏的历史文化名人。

东汉初年，安定乌氏人梁统顺应历史潮流，统帅大军归于东汉朝廷，为东汉统一西部地区做出了贡献，也为梁氏家族成为东汉时期宁夏地区的名门望族打下了基础。自光武帝建武元年（25）至汉桓帝延熹二年（159）的130年间，梁氏一家7代人中，3人为皇后，6人为贵妃，15人封侯，娶公主者3人，食邑者7人，任卿、相、尹、校者近60人。其中，梁冀执掌朝政20年，历顺帝、冲帝、质帝、桓帝四帝，权倾朝野。梁氏一家有功于地方，有功于国家的著名人物有梁统、梁竦、梁鹄等人。

维护国家统一的梁统：

梁统，字仲宁，安定乌氏人。先祖是春秋时期晋国大夫梁益耳。梁统的高祖父名子都，高祖名桥，祖父名溥，父名延。西汉中期，梁统的高祖父子都带领全家迁往了北地郡。西汉末年，又迁往安定乌氏——今固原地区。

王莽当政时期，梁统在地方为官。更始政权建立后的第二年，招补梁统为中郎将，让其负责凉州事务，之后又拜梁统为酒泉太守。更始政权垮台后，全国各地一片混乱，西部地方官吏拥兵自重，割据为王，互不统属，给刘秀统一全国造成了巨大障碍。建武五年（29），梁统归顺刘秀，支持东汉的统一事业，带领大军配合汉军的行动，向安定进兵，消灭地方割据势力。隗嚣失败后，刘秀封梁统为成义侯，其兄梁巡、其弟梁腾封为关内侯。梁腾又拜为酒泉典农都尉，驻守酒泉。建武十二年（36），梁统被封为"高义侯"，拜太中大夫。后又调任九江太守，封陵乡侯，政绩有声，吏人畏爱。

梁统在东汉初年纷乱割据的局面中，反对地方割据，主张统一，为结束西北边地的分裂局面做出了重要贡献。梁统的功绩，顺应了历史的潮流，受到了刘秀的充分肯定，也为其家族成为东汉乌氏的名门望族打下了基础。

辞赋家梁竦：

梁竦，字叔敬，为梁统第三子。少学孟氏《易经》，成人后以教授《易经》为业。他曾因受长兄梁松案件牵连，与其小弟梁恭被迁往九真边地（今越南清化省东山县）。梁竦前往九真边地的途中，"历江、湖，济沅、湘"，经过伍子胥生活与屈原沉江的地方，想到他们无辜被贬，蒙冤沉江的事迹，挥毫写下《悼骚赋》，系于黑石，投于江中。这篇赋文历叙先贤哲人的际遇、命运、结局，表达了自己蒙冤受屈而又不屈服于命运的心情。显宗时应诏回到安定郡乌氏县故地。回到故地的梁竦"闭门自养，以经籍为娱，著书数篇，名曰《七序》"。著名文史大家班固将《七序》与孔子的《春秋》相提并论，认为"孔子著《春秋》而乱臣贼子惧，梁竦作《七序》而窃位素餐者惭"。《七序》没有流传下来，《悼骚赋》因《东观记》的收载而流传于世。

梁竦居于安定郡乌氏县期间，"性好施，不事产业"，生活没有来源。长嫂无阴公主常常从京师洛阳赠送一些衣食器物，梁竦将这些礼物全部分给了亲戚族人。梁竦生在京师，迁往九真十多年，又迁回安定乌氏边地，不习惯于边地的生活环境，又自负其才，郁郁不得意，尝登高远望叹息说："大丈夫居世，生当封侯，死当庙食。如其不然，闲居可以养志。诗书足以自娱，州郡之职，徒劳人耳。"

梁竦生有三男三女，大女儿名梁嬿，嫁于南阳樊调。二女与三女，被肃宗纳入宫中，皆为贵人。三女生和帝，窦皇后养以为子，恐怕梁氏将来得志"终为害己"，建初八年（83），作"飞书"诬杀二贵人，又陷害梁竦，梁竦死于汉阳狱中。

汉和帝永元九年（97），窦太后死后，梁竦与其家庭的冤案始得平反。梁竦的《悼骚赋》与《七序》为世人所重，是汉赋中的名篇。

汉魏书法家梁鹄：

梁鹄，字孟皇，安定乌氏（今宁夏固原彭阳）人，幼年喜好书法，受业于书法名家师宜官门下，擅长八分书体。举孝廉推为郎官，汉灵帝爱好书法，将梁鹄召至鸿都门下，又任为凉州刺史。因书法出众，又任为选部尚书。黄巾起义后，曹操占领荆州，慕求擅长书法的梁鹄，以之为军假司马，专门负责书写事务。曹操常将梁鹄书法悬挂于屋内墙壁之上欣赏，认为其书法胜于师宜官的书法。当时宫殿中的题署多为梁鹄所写。

梁鹄存世的书法有《孔羡碑》、《受禅表》等。《孔羡碑》又称《鲁孔子庙碑》、《修孔子庙碑》、《封孔羡碑》。三国魏黄初元年（220）刻，内容是记述孔子 21 世孙孔羡封为宗圣侯，前往孔林祭奠孔子，修葺孔庙之事。隶书，22 行，每行 40 字，额为篆书阴文 6 字。《隶释》云："宋嘉祐中，郡守张稚圭据《图经》题曰'魏陈思王曹植词，梁鹄书'。"《受禅表》又名《受禅碑》，发现于河南许昌县，隶书，22 行，每行 19 字，额篆"受禅表"三字。《受禅表》与《上尊号奏》又相传为钟繇书。此碑现藏故宫博物院。《孔羡碑》与《受禅表》在中国书法史中占据着重要的位置，是书法家研习的碑帖之一。

皇甫氏家族世居安定郡朝那县（今宁夏固原彭阳县），历史久，族人众，由汉至三国魏晋名人辈出，著名的人物有皇甫规、皇甫规妻、皇甫嵩、皇甫坚寿、皇甫寿献、皇甫郦、皇甫谧、皇甫隆、皇甫重、皇甫真、皇甫诞澄、皇甫和、皇甫亮、皇甫璠、皇甫绩等等。其族群扩大后，散落在朝那附近各县，甚至全国各地。皇甫氏家族是宁夏地区产生的历史最为长久的名门望族，其中的皇甫规、皇甫规妻、皇甫谧最为出名。

直言敢谏的教育家皇甫规：

皇甫规（104—174），字威明，安定朝那县（今宁夏彭阳县古城镇）人。祖父皇甫棱，曾为度辽将军。父皇甫旗，曾任扶风都尉。兄长皇甫节，曾任雁门太守。皇甫规出生在西北边地，熟悉西北边情，也了解官府内幕与官员状况。他又是一位深受儒家文化教育的人，关心边情，关心国事，多次向朝廷献言，想为朝廷出力，解决当时严重的社会问题。

第一次，他言马贤无能，肯定会被羌人打败，结果马贤全军覆没。第二次，他上书自荐，想以自己了解到的情况为朝廷做些事情，但没被皇帝采纳。第三次，他向朝廷举荐人才，在"对策"中批评了一些官员的作为，触怒了权倾朝野的梁冀。于是，他托病辞职回家，在家乡——今固原彭阳县，著书立说，教书育人，讲授《诗经》、《周易》长达 14 年，学生 300 多人。皇甫规把儒家经典传授给了家乡的人民，为宁夏地区的文化事业做出了重要的贡献。

延熹三年（160），叔孙无忌起义攻城略地，京师震动，皇甫规奉命出任泰山（今山东泰安）太守，平息了叛乱。延熹四年（161）西部羌众又起，他又上书朝廷，自荐愿为一介之使"宣国威泽"，平息羌乱。皇甫规到西部地区，初步处理了一些问题之后，又严厉惩治了 5 位地方官员，缓和了当时的矛盾，归降的羌人多达 10 余万。永康元年（167），皇帝让群臣举荐人才，皇甫规上的"对策"中，指出了皇帝用人的许多失误，皇帝没有查看。之后迁为弘农太守，封为寿成亭侯。熹平三年（174），皇甫规逝于返京途中，享年 71 岁。

皇甫规著述丰富，有赋、铭、碑、赞、祷文、吊、章表、教令、书、檄、笺记，凡 27 篇。他刚正不阿，敢于直言，是文武兼备的人才。

烈女、才女皇甫规妻：

皇甫规妻不但善写文章，而且喜欢书法，草书很有工夫，经常代替丈夫答复往来的书札，众人看了都赞叹她的书法。皇甫规去世后，她年青且又十分美丽。董卓当了相国后，羡慕她的名声，想霸占她。于是用 100 辆大车、20 匹良马为聘礼，奴婢钱财充塞于路，而她却拒绝接受，穿便装径至董卓门，跪着陈述自己不能失节再嫁，言辞酸楚凄惨。董卓却指使众奴婢拔出尖刀将她团团围住，威胁说："孤以威力服下，正想教举国顺服，难道一个女子身上还有什么行不通的吗？"皇甫规妻知道免不了这场灾祸，一下站起来大骂董卓："你这个杂种，毒害天下，还不够吗？我的祖祖辈辈，都是清德君子，皇甫规更是文武卓越的人才，为大汉忠臣，你家父亲不是他使唤的奴才吗？你竟敢对你主子的夫人无礼？"董卓就派人拉来一辆大车到院中，把她的头发吊在车辕上，命令手下用鞭子猛力抽打。她对行刑的人说："你们为什么不再打重些，快点将我打死就是你们的恩德。"皇甫规妻就这样惨死在了车下。后人为了纪念她，画了她的画像，称她为"礼宗"。《后汉书》有传。

文史学者、针灸鼻祖皇甫谧：

皇甫谧（215—282），字士安，幼名静，号玄晏先生，安定郡朝那县（今宁夏固原彭阳）人。高祖父皇甫节，高祖叔父皇甫规。曾祖父皇甫嵩。祖叔父皇甫坚寿、皇甫郦，祖父皇甫叔献。父皇甫叔侯。皇甫谧自幼过继给叔父，少年时期"不好学，游荡无度，或以为痴"，经叔母任氏多次教诲，被感动，幡然悔悟，躬身稼穑，手不释卷，通晓百家经典，以博学而闻名于世，以著述为务。得风痹病后，仍然坚持学习，沉醉于古代典籍之中，废寝忘食，时人谓之"书淫"。皇甫谧病中潜心钻研学问，学习医学，在济世救人的思想指导下穷究医理，撰成《针灸甲乙经》一书。是书 128 篇，继承与发扬了我国的针灸学理论，对我国的中医学作出了伟大贡献。这部经典著作至今仍发挥着重要的作用。

皇甫谧还著有《帝王世纪》10 卷、《年历》1 卷、《高士传》6 卷、《逸士传》1 卷、《列女传》6 卷、《玄晏春秋》3 卷、集 2 卷，这些著作"并重当世"。《帝王世纪》是研究我国古代历史的重要著作。其著作大部分遗失，现有多种辑本行世。晋太康三年（282），皇甫谧病逝于家中，享年 68 岁。《晋书》有传。

皇甫谧出身于名门世家，生于东汉，长于曹魏，没于西晋，不恋仕途，安贫乐道，淡泊名利，尽心于学术研究，病魔缠身中"以著述为务"，实现着自己的追求与理想，与当时的门阀世族观念完全不同。他的《玄守论》、《释劝论》、《笃终论》，文辞华美，意境深远，有颇高的学术研究价值。难能可贵的是，他在《笃终论》中阐述了薄葬理论之后，又身体力行，实践了这一理论。他要求他的子女"故吾欲朝死夕葬，夕死朝葬，不设棺椁，不加缠练，不造新服。殡含之物，一皆绝之……气绝之后……置尸床上……去床下尸……便宜亲土"。他认为薄葬是智者的行为，厚葬是愚蠢的做法。他的薄葬理论与他的实践行为，为后人树立了榜样。

北地郡灵州傅氏家族，是殷商武丁时期傅说的后裔。自西汉至三国魏晋之世，其族中名人辈出，见于记载的有数十人之多。西汉时期，有出使西域、立功封侯的傅介子，有封为高武侯的傅喜，封为孔乡侯的傅晏，封为汝昌侯的傅商；东汉时期，有封为昆阳侯的傅俊，有与班固共同整理经籍的兰台令史傅毅，有任南阳太守的傅燮；三国魏晋时期有傅干、傅玄、傅咸、傅敷、傅晞、傅纂、傅瑕、傅祗、傅宣、傅畅。西晋亡后，随着世族大家的南迁，在南朝任职的傅氏名人有傅亮、傅弘之、傅隆、傅琰、傅岐、傅昭、傅缚、傅准等等。这些傅氏名人，有的长于著述，在我国的文化史中留下了佳作；有的为官勤勉，忠于职守，受到了时人的敬重。

宁夏地区出现的傅氏家族反映了儒家文化在宁夏地区传播的状况。其中最著名的是傅燮、傅玄。

勤于国事、刚烈忠勇的傅燮：

傅燮（？—187），北地郡灵州县人，原名幼起，又改名南容。两次被举为孝廉，听说举他孝廉的郡守死去，他便丢掉官职为其服丧。黄巾起义爆发后，傅燮奉命进攻黄巾义军，出征前向朝廷上疏，指出宦官的祸害甚于黄巾起义，表现了他的耿直与忠勇。

傅燮任议郎时，爆发了羌人起义。此时，身为宰相的司徒崔烈主张放弃凉州，傅燮在会议上严词斥责了崔烈的主张。他说：凉州是天下的要冲，国家的屏障。身为宰相，不考虑如何平定叛乱，却要丢掉万里的国家土地，这是对朝廷的不忠。傅燮当众说，只有杀了崔烈，天下才能安定。傅燮不畏权贵，不顾个人安危，仗义执言的高贵品质，受到了朝廷上下的敬重。

傅燮任汉阳太守时，善于抚恤百姓，起义的羌人被他感化，都来归附。傅燮开辟大量的屯田，分设40余营，让军队耕种，解决了军队的食粮问题，发展了地方生产。

中平四年（187），金城叛将王国、韩遂进围汉阳。叛军中有数千胡人骑兵，他们感念傅燮平素对他们的恩德，一齐在城外叩头，请求送傅燮回归乡里。他13岁的儿子傅干也规劝父亲：国家昏乱，大人在朝中不能容身，现在天下已经不可收拾，我们的兵卒不足自守，乡里的羌胡早年受过你的恩德，想让你弃官归乡，你应该答应他们先归乡里。傅燮慨然拒绝了儿子的劝说。叛将王国派酒泉太守黄衍前来劝说傅燮：汉朝的成败，已经可以知道了，先起义的可以成就霸王之业……天下已不再为汉家所有，你有意做我们的首领吗？面对叛将使者的说辞，傅燮按剑怒斥，拒绝了黄衍的劝降，命令士卒进兵，战死在阵中，以身殉职。傅燮刚烈不阿，坚守臣节，热爱百姓的品格，留在了青史之中。

思想家、文学家傅玄：

傅玄（217—278），字休奕，北地泥阳人。西晋的泥阳县是北地郡下辖的二县之一，也是北地郡的郡治。北地郡之南是安定郡，安定郡辖有 7 县，分布在今宁夏固原地区。安定郡在南，北地郡在北，以地理方位推论，泥阳县应在今宁夏固原地区之北的宁夏境内。傅玄祖父傅燮，父傅干。傅玄少孤贫，"博学善属文"，官至弘农太守，领典农校尉。晋武帝时官至御史中丞、太仆、司隶校尉等。

傅玄为官时，著述不废。"撰论经国九流及三史故事，评断得失，各为区别，名为《傅子》，为内、外、中三篇，凡有四部六录，合百四十首，数十万言，并文集百余卷行于世"。

傅玄"天性峻急"，"屡上书陈便宜，多所匡正"。他对当时的严重社会问题，心存忧虑，认为"亡秦之病复发于今"。他关心民生，关心国事，他的论著力切时弊，经世济民，在中国古代学术思想史上占有重要地位。他担任过农官，了解农事，主张置水官、兴水利、改土造田，他的建议和主张起到了发展生产的作用。

【注释】

①②《史记·周本纪》，中华书局 1959 年点校本，第 112 页。

③《宁夏固原西周墓清理简报》，载《考古》1983 年第 11 期。

④《史记·秦本纪》，中华书局 1959 年点校本，第 175 页。

⑤《史记·秦本纪》，中华书局 1959 年点校本，第 178 页。

⑥《墨子》卷六《节葬下》，上海古籍出版社 1986 年缩印《二十二子》，第 244 页。

⑦《竹书纪年》卷六，上海古籍出版社 1986 年缩印《二十二子》，第 1067 页。

⑧ 韩孔乐、武殿卿：《宁夏固原发现汉初铜鼎》，载《文物》1982 年第 12 期。

⑨《汉书·五行志》，中华书局 1962 年点校本（孝文王应是惠文王之误），第 1447 页。

⑩《后汉书·西羌传》，中华书局 1965 年点校本，第 2875 页。

⑪⑫ 罗丰：《固原青铜文化初论》，载《考古》1990 年第 8 期。

⑬ 钟侃：《宁夏考古发现与研究》，载《宁夏文物》1986 年试刊号。

⑭《固原铜镜》，宁夏人民出版社 2008 年版。

⑮《史记·秦始皇本纪》，中华书局 1959 年点校本，第 241 页。

⑯《史记·封禅书》，中华书局 1959 年点校本，第 1372 页。

⑰《重修神龙庙碑记》等碑文，载《嘉靖固原州志》。

⑱《新消息报》2008 年 9 月 12 日；《中国文物地图集·宁夏分册》，文物出版社 2010 年版，第 161 页"果家山遗址"。

⑲㉓《史记·秦始皇本纪》，中华书局 1959 年点校本，第 253 页。

⑳《史记·蒙恬列传》，中华书局 1959 年点校本，第 2565 页。

㉑《史记·匈奴列传》，中华书局 1959 年点校本，第 2886 页。

㉒《史记·蒙恬列传》，中华书局 1959 年点校本，第 2566 页。

㉔《史记·秦始皇本纪》，中华书局 1959 年点校本，第 259 页。

㉕《史记·货殖列传》，中华书局 1959 年点校本，第 3262 页。

㉖《史记·货殖列传》，中华书局 1959 年点校本，第 3260 页。

㉗《史记·货殖列传》，中华书局 1959 年点校本，第 3269 页。

㉘《史记·匈奴列传》，中华书局 1959 年点校本，第 2890 页。

㉙《史记·孝文本纪》，中华书局 1959 年点校本，第 425 页。

㉚《汉书·匈奴传》，中华书局 1962 年点校本，第 3761 页。

㉛《史记·平准书》，中华书局 1959 年点校本，第 1425 页。

㉜《史记·河渠书》，中华书局 1959 年点校本，第 1413 页。

㉝《史论·河渠书》，中华书局 1959 年点校本，第 1414 页。

㉞钟侃：《两汉时期的文物与考古》，载《宁夏文物述略》，宁夏人民出版社 1980 年版。

㉟《水经注校》卷三，上海人民出版社 1984 年版。

㊱㊶㊷钟侃：《宁夏文物述略》第三节《宁夏考古发现与研究》，载《宁夏文物》1986 年试刊号。

㊲㊳《后汉书·西羌传》，中华书局 1965 年点校本，第 2893 页。

㊳《后汉书·西羌传》，中华书局 1965 年点校本，第 2888 页。

㊵《后汉书·马援传》，中华书局 1965 年点校本，第 828 页。

第三章

民族融合与繁荣的丝路文化
——魏晋南北朝至隋唐五代

　　从魏晋南北朝到隋唐五代，宁夏文化的社会背景可归纳为四：社会从乱到治，农牧业生产恢复，尤其到唐代，实现了社会稳定、经济发展、文化繁荣；地处边塞，是关中北面捍蔽，先设军镇、总管府，唐置朔方节度使，屯驻重兵；民族融合势不可挡，境内设有 20 多个少数民族羁縻州，先后有匈奴、羌、氐、鲜卑、敕勒、高车、突厥、回纥、薛延陀、吐谷浑、沙陀、吐蕃、党项等 20 多个游牧民族与内地汉族移民杂处，共饮一河之水，同耕一方热土，甚至互相通婚，融入中华民族大家庭；中西陆路交通所必经，是中原与西域各国文化交流载体中的重要一环。

　　在这种背景下，形成共同地域、共同经济生活、共同伦理道德的宁夏文化。其主要特色是：北方游牧文化与中原和江南儒家文化、农耕文化融合而成的"塞北江南"地域文化；以朔方军镇为代表的军旅文化；肩负中西友好、文化交流、商业贸易的丝路文化；以唐陇右监牧为代表的畜牧文化；以唐诗为代表的边塞文学。这一时期，有大量游牧民族来宁夏定居，唐王朝多次下嫁公主与其首领和亲，他们对地域文化的形成与发展，有血浓于水的特殊贡献。

第一节　民族融合对文化的影响

少数民族的内迁及其文化特色　内地移民对宁夏地域文化的影响
郦道元笔下的宁夏山川　塞北江南的黄河水利

魏晋十六国时期，匈奴、羯、氐、羌、鲜卑等族统治者在北方纷争混战，先后出现 20 多个割据政权，较大的有 16 个。其中，西晋、三国魏、前赵、后赵、前秦、后秦控制宁夏南部六盘山区，唯 407—431 年，由匈奴族铁弗部人赫连勃勃创立的大夏政权控制宁夏全境。北魏统一黄河流域后，又有高车、敕勒及鲜卑族入居。其中，鲜卑族入迁的数量既多，对地域文化的影响更大。

匈奴铁弗部对地域文化的影响。南匈奴的铁弗部，在其首领刘卫辰率领下，在河套地区发展，至前秦灭亡时有控弦之士 3 万余。后刘卫辰部被鲜卑打败，其子赫连勃勃南逃至高平川（今宁夏清水河流域），投靠后秦所封的"高平公"没奕于（迁入的河西鲜卑首领），没奕于招其为婿。后秦姚兴见其魁伟善辩，奇之，委以安远将军重任，配给 3 万士兵，让其协助没奕于镇守高平郡（今宁夏固原市）。赫连勃勃以此为基础，迅速扩充实力，北据河套，南占陕北、陇东，然后伪猎于高平川，以偷袭方式杀掉没奕于而并其众，于 407 年建立大夏割据政权，定都统万城（今陕西靖边县红墩涧乡白城子），据有宁夏全境。

匈奴的游牧文化特色浓郁，事畜牧，逐水草迁徙，无城郭常居，自幼习骑射，食畜肉，衣其皮革，被旃裘，攻伐有利则进，不利则退，不争一城一地，不羞于逃遁。然而铁弗部属于南匈奴，在与汉族的长期交往、共处中，其文化和习俗已大有改变。

一是有了城郭。位于今银川市城东约 10 公里的饮汗城，按语音分析，应是匈奴人所筑，筑城时间约在公元三、四世纪之交。经过 100 多年的发展，形成北魏的怀远郡城（即隋朝和唐初的怀远县城）。

二是有了园林。《元和郡县图志·灵州怀远县》记载："本名饮汗城，赫连勃勃以此为丽子园。"它是赫连勃勃于 407 年建立大夏割据政权之后，新建的一处皇家园林。此外，又在灵洲岛上种植果木，建成"果园城"。这个果园城近 400 年未废，直到唐代元和初年（806），"今桃李千余株，郁然犹在"①。北魏的薄骨律镇城、西魏至隋唐的灵州城，都建在这个果园城旧基中。

三是服装开始向有服饰转变。宁夏同心等地匈奴墓葬中发现一批衣服上、腰带上的装饰铜牌，多数是镂空透雕动物图案，也有车形图案。其中一块铜牌的图案甚至反映了一个故事：两人骑马迎头相遇，该谁让路？摔跤决胜负，负者让路。摔跤胜负未分，两匹马也紧张地

图上 3-1　同心县王团出土的匈奴透雕双羊铜牌饰　选自《中国文物地图集·宁夏分册》，文物出版社 2010 年版

注视着自己的主人。这块铜牌的材料、制作技术源于中原汉族，而反映的题材却是匈奴的习俗，显然是两种文化的融合。

四是统治者开始信奉佛教。今银川市城北面的佛塔，俗名北塔。塔高 53.9 米，造型尤为优美，曾有人在塔顶题诗："不敢高声语，恐惊天上人。"此塔是宁夏最早的古塔。海宝塔始建于何时无考，各种地方志均记载为"赫连勃勃重修"，所以历史上曾称"赫连勃勃塔"，后简化、音转为"黑宝塔"，这说明赫连勃勃崇尚佛教。

高车的习俗与宁夏牛车。按《魏书·高车传》的记载，高车是一个独立的民族，因惯乘高车而名。高车的发祥地在贝加尔湖以北，两汉以后进入色楞格河至阿尔泰山，一部分继续南下河套地区进入宁夏。

《魏书·高车传》对高车的习俗有大段文字记述。高车族对宁夏地域文化影响最大的是其交通工具。这个民族爱使用高大的牛车。在与北魏的几次大战中，魏军每次都缴获数万辆"高车"，说明其普及程度高得惊人。北魏天兴二年（399），拓跋珪率军在牛川大败高车族，俘获 7 万余口，缴获高车 20 万辆、马 30 万匹、牛羊 140 万头（《魏书·太祖纪》）。魏太武帝拓跋焘继位后出兵漠北，"高车诸部望军而降者数十万落，获马牛羊亦百余万，皆徙置漠南千里之地"②。许多部族或被迫南迁或被俘，

图上 3-2　清末的宁夏牛车（高车）　现存宁夏交通博物馆　鲁晶宇摄

主要分布在阴山南北、贺兰山以东，成为北魏子民。

高车族迁入宁夏平原，也带来了他们惯乘的高车。这种牛车"唯车轮高大，辐数至多"③。由于适合宁夏道路春季易翻浆、周边多沙漠的特点，流传了 1000 多年。它的两只车轮都是 17 辐，直径达 1.7 米，加上车箱，高过 2 米。因此，宁夏牛车有"车轱辘大牛小"之说。民间又有俗谚："门小窗户大，屋小火炕大，牛小车轱辘大。"轮子直径大则力矩大，行经沙漠、草地乃至小沟小坎，都不会滞陷，在无道路的田间地头也能使用。它一般用一头牛驾辕，一头牛在前牵挽，载重近 1000 公斤。如再加 1 头牛牵挽，可载 1500 公斤。1936 年 1 月 21 日，《大公报》记者范长江从宁夏省城去吴忠采访，沿途见到的皆是这种牛车，感到很新奇。他在《塞上行》中写道："路上最普通的交通工具是大轮牛车。轮子差不多有五六尺的直径，而拉车的塞上黄牛，高度不及车轮的半径，短短的腿，粗粗的腰，一步一步的向前……然而真正民间的交通工具，还是这些落后的交通工具。"

鲜卑族留存的文化烙印。鲜卑原称"东胡"，生活在今辽河上游的鲜卑山区，因山而名。到东汉和帝时，趁北匈奴西迁，鲜卑进入漠北，匈奴未迁的 10 余万众也融入其中。东汉桓帝时，其首领为檀石槐，建王庭于弹汗山（今内蒙古兴和县），北距丁零，南与汉为边，西击乌孙，尽占匈奴故地，东西 12000 里，南北 7000 余里。檀石槐的两代继承人无能而贪，其子和连继位后，率部南下进攻北地郡，刚进入宁夏北部，就被廉县（今平罗下庙乡暖泉村有遗址）的弓弩手射死。不久，鲜卑土崩瓦解，散分成多部。

西部鲜卑在西晋时分为河西鲜卑和陇西鲜卑。此后两部逐步东扩，至东晋时进入陇山周边、河套地区。尤其是陇山北陲（六盘山）的高平川（清水河）流域，先有陇西鲜卑鹿结部 7 万余落进入，佑邻部又跟进攻之，尽并其众，达 15 万之众。而河西鲜卑也沿黄河进入高平川，其首领没奕于先被符丕封为安定北部都尉，后被姚兴封为高平公，其部众也有 10 多万。除此之外，西晋时还有一部慕容氏鲜卑迁至今青海省境内，后来发展为吐谷浑王国。

淝水之战后，在今内蒙古中部、山西北部的鲜卑拓跋部迅速再度崛起。公元 396 年（晋孝武帝太元二十一年）秋，拓跋珪（北魏道武帝）建天子旗，改元皇始，置百官。后拓跋嗣继位，南征西讨，北魏迅速统一中国北方，结束了“五胡十六国”的长期战乱局面，各族民众得以休养生息。北魏在“鲜卑故地”设立军政合一的“镇”，其中宁夏有二：高平镇、薄骨律镇。

鲜卑族在宁夏文化中留下很深的民族烙印：

一是对宁夏地名影响大。如贺兰山北段（今石嘴山境内）古称乞伏山，就是因鲜卑乞伏部久居而得名。乞伏部原居河西走廊，385 年由乞伏国仁建立西秦割据政权，此后便沿黄河逐步东迁进入宁夏。

贺兰山的得名有两说，都与鲜卑族有关。

一为“驳马说”。即《元和郡县图志》的“山有树木青白，远望似驳马，北人呼驳马为贺兰”。《太平寰宇记》则进一步将“北人”解释为：“鲜卑之类，多依山谷为氏族，今贺兰姓者皆以此山为名。”[④]

一为鲜卑贺兰部说。在北魏立国前，贺兰部在鲜卑诸部中比较强大，《魏书·帝纪》中，就有很多关于贺兰部的记载。如烈皇帝翳槐长期居住在贺兰部，并受到拥戴，“不遣”其归。后来，贺兰部又敢于公开拥立其为烈帝，与炀皇帝纥那分庭抗礼，导致烈、炀二帝两废两立。北魏灭赫连夏之后，贺兰部进入宁夏平原，所以就将这里最大的山脉命名为贺兰山。

由于迁入的少数民族人口大大超过汉族，汉族聚居已成为罕见之事，故在北魏初期，出现了汉城（即刁雍所建薄骨律仓城，魏太武诏名刁公城，民众俗谓之汉城）这样的地名称谓。

二是加速了各民族的融合和不同地域文化的融合。迁入宁夏的鲜卑族鹿结部、佑邻部来自陇西，乞伏部来自河西，贺兰部来自漠北，其余各部来自晋北和阴山南北。他们在原居地已融入当地各民族的习俗，然后带入宁夏，形成畜牧产品、农作物品种、生活习惯、饮食起居、衣着装饰，甚至方言土语大体相同的局面，故宋人乐史在《太平寰宇记》中说，南北朝时，灵州的风俗是"杂羌戎之俗"。

三是创造了灿烂的鲜卑文化艺术，并留下珍贵遗存。宁夏南北都发现不少鲜卑族的墓葬、石窟、陶俑、陶牛车，这些遗存彰显出高度的鲜卑文明。如1981年发掘的固原城东岳山鲜卑漆棺画，反映了鲜卑族的绘画艺术、油漆工艺、男女服饰、习俗风尚。其中的二十四孝图，是我国最早的连环画，在中国美术史上占有一席之地。画的主旨宣传儒家的"孝"，而画中人物却身着鲜卑服装。这说明鲜卑族统一黄河流域后，已吸收了儒家文化。位于固原市西北的须弥山石窟，始凿于北魏，盛于北周，100多个洞窟，数百组雕像，堪称文化荟萃，也是中国著名石窟之一。

唐代诗人韦蟾《送卢潘尚书之灵武》云："贺兰山下果园成，塞北江南旧有名。"从文化内涵看，"塞北江南"是南北朝时期，宁夏原住北方民族游牧文化与内地移民儒家文化融合而形成的地域文化。这种新的地域文化形成后，一直以其民族特色和地理特色影响着宁夏的文化发展进程。

整个魏晋南北朝，宁夏处于各民族大进大出时期。从三国魏到北魏初期，移入宁夏的都是北方游牧民族。而从魏孝文帝太和初年（477）到北周灭亡（581）的百余年间，刚好颠倒过来，迁移到宁夏平原的，都是内地的汉族。史籍明确记载的有：

北魏太和初年（477），平定今山东省，把历下（今山东济南市）居民迁到今平罗县陶乐镇南部，山东"历城县"这个地名也随之"搬家"，在今平罗县陶乐镇西南新设置历城郡。移民人数不详，但能设一个郡，当不下万人。

北周建德三年（574），迁内地汉民2万户于今银川市及其周边，置怀远郡⑤。按每户4口计，当有8万余众。怀远郡（县）故城在今银川市东约10公里，唐仪凤二年（677）被黄河洪水汛损，次年在今银川市老城更筑新城。

另据《元和郡县图志》记载："怀远县，本名饮汗城，赫连勃勃以此为丽子园。后魏给百姓，立为怀远县。""给百姓"就是从内地移民至此，然后设立怀远县。移民时间、数量不详。

宣政元年（578）三月⑥，北周大将军王轨率兵攻打江南的陈国，生擒陈将吴明彻，俘斩3万余人。北周将俘虏的士兵近3万人及其家眷全部安置到灵州境内。

这些内地移民，对宁夏地域文化影响深远。宁夏古代号称"塞北江南"，至今仍被誉为"塞上江南"，就有其浓郁的文化内涵。对此，最早的解释在《隋图经》中："周宣政二年，破陈将吴明彻，迁其人于灵州。江左之人，崇礼尚学，习俗相化，因谓之塞北江南。"宋初乐史的《太平寰宇记》在灵州条下专列"风俗"一目说："风俗。本杂羌戎之俗，后周宣政二年破陈将吴明彻，迁其人于灵州。其江左之人尚礼好学，习俗相化，因谓之塞北江南。"⑦这些内地移民，带来了先进的文化，带来了南方的农耕技术，也带来了内地的风俗习惯。总之，带来了长江流域"崇礼尚学"的儒家文化。所有这些，与原居的少数民族文化融合，形成了新的民风民俗。这是关于"塞北江南"由来的文化说。

此外，还有地理风貌说。如宋代曾公亮所著《武经总要》："灵州……有水田、果园，……置堰分河水溉田，号为塞北江南即此也。"⑧唐代诗人韦蟾的《送卢潘尚书之灵武》："贺兰山下果园成，塞北江南旧有名。"

以上两说并不矛盾。多种民族的民俗文化，在特定的地理环境中融合，孕育出新的"塞北江南"地域文化。如果灵州没有良好的水利灌溉条件，江东之人的水稻种植技术也就无用武之地，只能束之高阁；如果灵州不是鱼米之乡，而是漠北的荒漠草原，江东之人的饮食文化甚至衣着也得改变，只好身着皮毛，口啖膻腥，崇礼尚学之事也就难以讲究了。因此，地域文化产生于特定的地理环境中。塞北江南地域文化，孕育于塞上的山山水水之中。

郦道元的《水经注》，将宁夏的山水、城镇、古迹、名胜逐一描述，是了解南北朝及以前宁夏地域文化的宝贵资料。郦道元经历的北魏中期，宁夏北部川区、南部山区分属薄骨律镇、高平镇管理，不领郡县。

他不但着重记述这两个军镇所在的镇城，而且还向"故老"、"耆旧"进行了查访。

薄骨律镇：郦道元记述"城在河渚上，赫连果城也。桑果余林，仍列洲上"。"薄骨律"一名"语出戎方"，但不知含义。郦道元"访诸耆旧"，都回答：听故老有宿彦说，赫连勃勃统治时，"有骏马死此，取马色以为邑号"。由此，郦道元得出结论："薄骨律"之城名，源自骏马"白口骝"的转韵。

高平镇：郦道元追述了高平城的历史沿革，然后记其地理位置和古迹。高平川水由城东北流；城西 10 里独阜上建有"故台"，台侧有"风伯坛"；城北 15 里有"秦长城"……这些记载，都与文物考古部门发现的历史遗迹吻合。

按《水经注》的记载，黄河流过西汉的眴卷县（今中宁县城南郊古城村）故城之西后，"别出为河沟"，即有一段约 40 公里的岔河。从这里开始，河水又名上河。今天的青铜峡，当时叫上河峡，"河侧有两山相对，水出其间，世谓之青山峡"。河水历峡北注，经富平城西后分裂为二：主流在西，称西河；枝分东出，称枝津，可以"溉田圃"；主流和枝津中间，是一个长 200 余里，宽数十里的洲岛⑨。

《水经注》记载了黄河两岸自南而北的 9 座古城位置：西汉的眴卷县（今中宁城郊古城村），秦、汉的富平县及神泉障（均在今吴忠西南），北魏的薄骨律镇（后改置灵州），西汉的南典农城（灵武县治，又名胡城）、上河城、北典农城（今青铜峡市西北，又名汉城）、廉县（今平罗下庙乡暖泉村），秦代的塞外浑怀障（今平罗陶乐镇南）。这些记载，给宁夏历史地理研究提供了宝贵资料。

位于泾源县六盘山镇东南的三关口，是古代著名的险关要隘。郦道元曾到这里，写下一大段脍炙人口的千古文章。但很可惜，《水经注》的泾水水系部分早已佚失，我们只能从唐、宋史籍的转引中找到只言片语。

如《元和郡县图志》卷三原州下泾水条引《水经注》："又南流经都卢山，山路之中，常如弹筝之声，故行旅因谓之弹筝峡。"又如《太平寰宇记》卷三二原州百泉县下："泾水源出县西南泾谷……《水经》云泾水出安定泾阳县高山泾谷。郦道元注云：《山海经》曰高山，泾水出焉，东流注于渭，入关谓之八水。"这是在记述泾水的源头：泾阳县，西汉安定郡属县，显然就在今泾源县；"高山"即汉唐的美高山，今讹为"米缸山"，是六盘山的主峰；泾谷，就是泾源县的老龙潭，古人均以为泾水正源。

《太平寰宇记》在同卷又引《水经注》曰："弹筝峡，水经注云：泾水经都卢山，山路之内，常有如弹筝之声，行者闻之，歌舞而去。又云弦歌之山，峡口水流，风吹洒崖，响如弹筝之韵，因名之。"这段注文，描写的是泾水的东源——颉河（亦名汭水），而后人读起来，领略的是山水文化。弹筝峡就是三关口，控汉萧关、唐六盘关和制胜关之口，故名。关口是一个只有30多米宽的峡谷，两侧绝壁高耸入蓝天，如鬼斧神工，峻不可攀。水流从峡谷内夺门而出，水声淙淙，回荡峡中，犹如弹筝之声，昼夜不绝。现今北崖近20米高的崖穴中，尚存留有一尊近人高的佛像，当地人叫"避水佛"。佛像原来镀有金，不知塑于何朝何代，仅知唐朝已经存在，因为那时叫"金佛峡"。最早的峡名则在东晋十六国时期，因山而名，叫都卢峡。

郦道元对弹筝峡的记载，也是精彩的文学佳作，由此引发无数文人迁客的兴致，在这里或勒石立碑，或摩崖题款。今天，这里尚存有由斗大的字组成的四款摩崖石刻："峭壁奔流"、"山容水韵"、"山水清音"、"泾汭分流"。据清末宣统年间成书的《固原州志》记载，这里还有"控扼陇东"、"山明水秀"等摩崖石刻。其中有一方题为"萧关锁钥"的大字石刻，道光末年成书的《度陇记》尚说"书于北壁"，是作者董醇现场所见。而宣统《固原州志》成书时就"仅存'锁钥'二字"，"萧关"二字"土人云早年见之"。萧关是西汉时关中北面雄关；而弹筝峡又是萧关锁钥，其险要程度可想而知！董醇的评论是："一夫任之，万夫莫开"。

弹筝峡之险，险在山水之间。前文说的摩崖石刻，"山容水韵"、"山水清音"，无不说山道水，皆系实地感受。此地两山对峙，似两扇石门半启半闭；颉河劈岩削岸，夺门而出；北岸横空兀立的百丈悬岩，似上天之手刀砍斧削，一挥而就；南岸峰峦叠嶂，山岳如群马西驰，一个高过一个。泾水平时是温驯的，温驯得似在给行人弹筝伴奏，但只要山雨一来，它就变得放荡不羁，令人生畏了。

至于在三关口勒石立碑的，也大有人在。今三关口关帝庙前有一块约 1.5 米高的"无字碑"。从岁月磨洗的程度看，至少在 1500 年以上，制碑的石料并非取自当地的石灰岩，而是白中泛黄的花岗岩，字迹一个都看不清，只有碑座上的莲花图案清晰可辨。当地人说那是"金佛峡碑"，如无谬传，则应是隋、唐之物。见诸文字记载的，则有《三关口峡道碑》、《重修三关口关帝庙记》、《增修三关口车路记》、《重修三关口峡道记》、《三关口峡道碑跋》等。三关口的山水，还大量写入古代游客的行记中。这些摩崖石刻、碑文、行记，都是宝贵的文化遗存。

图上 3-3　泾源县六盘山镇三关口遗存的唐朝《金佛峡碑》底座　鲁人勇摄

尤令人惊叹的是，郦道元对高平川水的记述，达到了细致入微的程度。

高平川水就是今天的清水河，属黄河的一条小支流，源出固原市西南 40 里开城乡黑刺沟垴，流经城东南，再经海原、同心县境，至中宁县泉眼山西入黄河。流域面积 8500 平方公里，干流长只有 180 公里。对这样一条小河，注文用 770 余字的篇幅，详细到对 20 多条二级支流、三级支流都逐一记述。

今天流经须弥山石窟的寺沟水，当时称石门水，本是高平川水的支流。而注文又详细记载了它的五条小支流："石门水……水有五源：东水导源高平县西八十里，西北流，次水注之，水出县西百二十里如州泉，东北流；右入东水乱流，左会三川……"可以这样说，郦道元描写黄河，尚不如高平川水详细。更可贵的是其真实性，所有高平川水的几十条支流，都能与今天的实际情况相吻合。这些记载，给后人研究宁夏水文变化、环境变迁，提供了宝贵资料。

以前，宁夏人从不知境内有温泉。但《水经注》卷三高平川水有一段记载："肥水又东北出峡注于高平川。水东有山，山东有三水县故城……县东有温泉……温泉东有盐池。"今人按图索骥，很容易地在同心县韦州镇巴庄找到了这处温泉。清澈的泉水，从 5 组 30 多个泉眼翻滚涌溢，汇聚成湖，再夺路而出，成为甜水河之源。在极度缺水的"宁夏中部干旱带"，即便有条河，也都是苦水，能找到这个甜水温泉，全靠郦道元指点迷津。

为什么郦道元对宁夏水道的记述如此详细？是因他亲自到过这里。《魏书·郦道元传》载，正光五年（524），"肃宗以沃野、怀朔、薄骨律、武川、抚冥、柔玄、怀荒、御夷诸镇并改为州，其郡县戍名令准古城邑。诏道元持节兼黄门侍郎，与都督李崇筹宜置立，裁减去留，储兵积粟，以为边备"。因李崇病危，仅郦道元来到薄骨律镇，于孝昌二年（526）撤镇置灵州，并设郡、县。因沃野等镇发生少数民族起义，未完成其余诸镇的撤镇改州任务，便返回朝廷⑩。

宁夏地处黄河河套地区的西套。古人云"黄河百害，唯富一套"，又有"天下黄河富宁夏"之说。宁夏平原号称塞北江南，与历代劳动人民的水利设施建设密不可分。古灵州得黄河自流灌溉之利，农业生产发达，盛产稻、麦、黍、菽。

北魏时，将长期在青、扬、徐等州任职的刁雍调到薄骨律镇（辖今宁夏中部及北部）任镇将。东汉末年到十六国时期，宁夏平原因战乱，农业生产受到极大破坏。刁雍到任，见有"旧渠堰，上古所制"，"似禹旧迹"，但渠口已高于黄河水面二丈三尺，无法引水，渠道也已淤塞。千里沃野，"农夫稼穑艰难，不得广殖，率皆饥馑"。他组织军民，重新开凿渠口，恢复河西的艾山渠，长 120 里。从此，宁夏平原的河西地区年年丰收，粮仓盈满，"平地积谷"，只好上奏朝廷要求增建仓城，还不断调出大批粮食供军需。

唐代又增开一批渠道。其中在河西有：汉渠，是河西主干渠，经灵武县而北，全长约 100 里；胡渠、御史渠、百家渠、尚书渠等，均在汉渠之侧，各溉田 500 顷。在河东有：光禄渠，本秦汉旧渠，唐灵州大都督府长史李听修复，溉田千余顷；七级渠，在灵州城附近。以上各渠都在青铜峡之下，只是史籍中有明确记载者。而青铜峡上游，亦当有之。

这些水利设施，给宁夏农耕文化的恢复和发展奠定了基础。所以，在唐代的和平时期，灵州粮食生产自给有余。《元和郡县图志》灵州保静县条说："（贺兰）山之东、（黄）河之西，有平田数千顷，可引水溉田，如尽收地利，足以赡给军食也。"这仅是一县之地，就有水田数十万亩，可以解决朔方军的军粮问题。河东的回乐县、鸣沙县，河西的怀远县、定远县、保静县，青铜峡上游的丰安等县，还有数十万亩水浇地。

由此可知，唐代宁夏平原的水利事业已相当发达，并已形成配套的水利技术，为中国人治理黄河、建设和管理水利工程积累了宝贵经验。如：在渠首建迎水坝，枯水时可抬高水位引水，洪水时可溢洪以节制进水；草土围堰技术，广泛用于筑坝、"卷埽"等水利工程；渠道灌溉系统工程的设计布局优化，包括干渠、支渠、毛渠及闸、坝、堤、暗洞等设施；灌溉制度的制定等。所有渠道，都从黄河引水，当时称"水口"。贞元年间吐蕃攻灵州，破坏水利设施的办法是"夺水口"，"塞汉、御史、尚书三渠以扰屯田"。

黄河对宁夏之利，还有水运。北魏太平真君七年（446），刁雍奉诏将50万斛存粮用牛车运往沃野镇供军需。他借鉴"郑、白之渠远引淮、海之粟"的长途水运办法，开创了河套地区长途水运的先河，将3年陆运任务，以9个月时间完成。魏太武帝拓跋焘下诏，将水运之法"永以为式"。此后，宁夏黄河水运一直延续下来，并成为长途物资最主要的运输方式。

刁雍一家从曾祖父开始就移居江南，三代为东晋重臣。他是一名儒将，青年时代"博览书传"，后秦姚兴曾让他当太子的老师。他在薄骨律镇任职11年，兴修水利，发展农业，开创黄河长途水运，对宁夏平原农耕文化的恢复和发展做出了重要贡献。他自己则"好尚文典，手不释书……所为诗赋颂论并杂文，百有余篇……著教诫二十余篇，以训导子孙"⑩。

到唐初，朝廷曾命匠作大匠于筠召江南船工到此，"大发卒治战舰"，在河套地区巡河防御突厥。开元九年（721）朔方军镇成立后，又专设六城水运使，管理1000余公里的水上运输线。历代船匠、船夫，以他们的智慧和辛勤劳动，打造了适宜本地航道的船型、驾船技术及黄河船夫精神。

第二节　朔方雄镇与军旅文化

朔方军镇及其防区　灵州大地的军旅文化　唐太宗亲至灵州与盛大的民族团结盛会　各民族的安乐之州

位于宁夏平原中部的灵州，是兵家必争之地。北魏设军镇，西魏改总管府。隋立国后，强大的突厥不断南下关陇抢掠，灵州是其必经之地，故朝廷除继续设总管府外，还设灵州道行军总管。唐初武德七年（624）将总管府改为都督府，唐高宗时又设朔方行军大总管，升大都督府。以上都是军事机构，负责管理灵州及相邻诸州防务。唐玄宗开元九年（721），在灵州设立朔方节度使，宰相张说为首任节度使。

节度使又称军镇、节镇、方镇，相当于今天的大军区。节度使授职时赐给双旌双节，总揽防区的军事、民政、财赋。朔方节度使初领单于都护府及灵州、夏州、盐州、原州、绥州、延州、庆州，后陆续增加，鼎盛时领 20 余州，南面管到邠州（今陕西彬县），东南辖至坊州（今陕西黄陵），西南管到会州（今甘肃靖远），北面统领河套及漠北的单于、燕然等都护府。其防区包括今宁夏全境，内蒙古中部、西部，整个河套地区，陕北及甘肃的陇东地区。

朔方节度使还兼领关内支度营田使、关内盐池使、押诸蕃部落使、陇右兵马使、六城水陆转运使、六城水运使，尤其在开元二十二年（734）兼领关内道采访处置使后，其权力更大。朔方节度使成立时，所辖 7 军总编制兵力 64708 人，战马 24300 匹。其中经略军驻灵州城内，管兵 27000 人，战马 3000 匹；丰安军驻今中宁县老石空堡，管兵 8000 人，马 1300 匹；定远军驻今平罗县姚伏镇东，管兵 7000 人，马 3000 匹。其余东、中、西三受降城及振武军，驻今内蒙古河套地区的黄河以北。这只是和平时期的"原额"，而到战时，兵力要超过一倍。

安史之乱发生后，朔方军有甲士 10 余万，在东征河北安禄山老巢，保唐肃宗灵州登基，南下收复都城长安、东都洛阳的战事中，立下赫赫战功。广德元年（763）以后直到五代，整个陇右、河西都被吐蕃攻占，唯朔方军镇一直未失，成为中原王朝在西北部的最后一个据点。

朔方节度使从成立到北宋开宝二年（969）撤废，历时236年，形成了厚重的军旅文化。

一是军旅人物众多，名臣猛将辈出。唐王朝宗室的太子李亨、信安王李玮、虔王李谅、衮王李岐，都曾担任朔方节度使。唐代名臣中，张说、张仁愿、王晙、王忠嗣、郭元振、郭子仪、李光弼、牛仙客、李林甫、唐休璟、李怀光、浑瑊和仆固怀恩等，先后出任朔方行军大总管或朔方节度使之职。据统计，由宰相调任朔方节度使或由朔方节度升任宰相的，就达30人之多。他们之中，有的在实战中创造出杰出战例，有的规划、建立长期稳固的军事防御体系，有的在奏章、书论中阐述其军事理论、战略战术，有的对兵役制度进行重大改革。

如张仁愿于神龙三年（707）任朔方军大总管后，打破秦汉以来在黄河内侧设防的惯例，利用阴山、贺兰山两道天然屏障，在黄河外侧南起宁夏中卫，北至内蒙古托克托构筑新的军事防御体系，修建河外六城，构建烽燧1800座，形成以灵州为中心的伞形防御体系，灵州是伞柄，河外六城是伞面。这个体系在以后150多年的实践中，成为固若金汤、坚不可摧的北边钜防。

张说于721年担任朔方节度使，掌握了边兵的实际情况和兵役制度后，于723年向唐玄宗提出两项兵役制度的重大改革：一项是削减边兵、加强京师，将60余万边兵中的20万裁减"还农"，在京城"诸卫"中增加13万卫兵；第二项是将北魏以来长期实行的府兵制改为募兵制，新增的13万卫兵全部为"募勇强士"。唐玄宗对这两项重大改革疑之不决，张说"以阖门百口为保"，遂付诸实施，对整个唐代军事制度影响极大。

唐代"中兴功臣"郭子仪，在安史之乱中率朔方军6万从河套出奇兵，过晋北攻史思明盘踞的叛军巢穴，创造"常山大捷"的战例。唐肃宗灵州登基后，他又率兵5万返回灵州护驾，然后南下关中，收复长安、洛阳，挽救李唐王朝于危难之中，连唐德宗都要尊称他为"尚父"。

　　二是孕育出一批军旅佳作。唐代宁夏所产生的诗文，过半数与朔方军（或灵州、灵武）有关，而且佳句颇多，如"灵州听晓角，宾馆未开扉"、"塞北正传烽堠急，灵州共喜信臣后"、"汉保河南地，胡清塞北尘"、"灵州天一涯，幕客似还家"等。

　　朔方军镇的首任节度使张说，又是一位文坛领袖，不但为朝廷草拟过很多诏书、敕文，还留下大量奏章、碑文、墓志，《全唐诗》就存有他的诗作300多首。朔方行军大总管杨师道、郭元振，朔方节度使唐休璟等，在文学上都有很深的造诣。唐代著名诗人李白、杜甫、王维、孟浩然、张九龄、李商隐、郎士元、卢纶、张籍、白居易、贾岛等，都为灵州、原州写过脍炙人口的诗篇。中唐诗人李益（748—827）于建中二年（781）到灵州，在朔方节度使崔宁帐下任幕僚，亲自体验军旅生活后，创作了若干七言绝句，如《盐州过胡儿饮马泉》、《夜上受降城闻笛》、《暮过回乐烽》等，其中，后两首在今宁夏已是家喻户晓。

　　三是培育出一大批少数民族战将。由于灵州境内是多民族杂居之地，招募的士卒有很多是北方游牧民族的子弟，性格刚勇，吃苦耐劳，尤擅骑射。他们中的许多佼佼者，起于行伍之间，因战功而不断升迁。唐德宗时吐蕃最畏惧的名将浑瑊，本是铁勒十一姓中的浑部人，祖上于贞观二十年（646）迁入灵州境内的皋兰州。浑瑊能征惯战，在平息李怀光叛乱、抗击吐蕃的战事中，屡建奇功，官至宰相兼朔方节度使、天下兵马副元帅。仆固怀恩祖上为铁勒十一姓中的仆固部人，也官至宰相、朔方节度使。曾在朔方、魏博、泾原任节度使的史孝章，是内迁六胡州的昭武九姓人。元和八年（813）任朔方节度使的李光进，本名阿跌光进，是铁勒十一姓中的阿跌部人，因战功赐姓李。其他任节度副使、各种将军头衔的少数民族将领，则不胜枚举。仅在《新唐书》、《旧唐书》中立传，原籍在灵州的昭武九姓战将，就有康日知、史宪诚、何进滔、史孝忠、史敬奉等10多人。

　　唐太宗曾于贞观二十年（646）亲至灵州。他的这次灵州之行，与北方少数民族薛延陀部有直接关系。

　　薛延陀原属回纥的铁勒部，与薛姓杂居，后灭延陀，故称薛延陀。隋末始有可汗，名乙失钵。唐贞观二年（628），乙失钵的孙子夷男率部7万帐投归突厥的颉利可汗。过了一年多，见颉利势衰，又反攻颉利，铁勒诸姓附和，并共推夷男为新可汗，夷男推却"不敢当"。此时，唐太宗正部署大军攻颉利，就暗中派游击将军乔师望带着诏书、鼓纛，前往漠北册封夷男为"真珠毗伽可汗"。夷男遣使致谢，建牙帐于郁都斤山（今杭爱山）北麓、仙娥河上源（今色楞格河西源），南距长安6000里。贞观四年（630），突厥颉利部败亡后，夷男率部趁势东扩，回纥诸部莫不款附，势力范围达整个漠北。这是唐与薛延陀关系的第一阶段——分化利用。

　　贞观十五年（641），夷男派其叔父向唐朝请婚，并献马3000匹、貂皮3.8万张以为聘礼，唐太宗当即谢绝。第二年，夷男再次派使臣至长安请婚，带的聘礼有马5万匹、牛和骆驼共1万头、羊10万只。这两次请婚，带着大量家畜，都经灵州进入长安。唐太宗与群臣计议，大臣多反对。唐太宗说："延陀倔强，朕策顾有二：选士十万击之，使无遗种，百年计也；绝婚羁縻，使无边患，三十年计也。然则孰利？"⑫房玄龄说，现在大乱刚过，疮痍未愈，战虽能胜，到底对国家不利，不如和亲更好。唐太宗猛醒称善，决定以亲生的第十六女新兴公主下嫁夷男。当天晚上，唐太宗设宴盛情款待请婚使突利什，并让群臣作陪，陈宝器，奏十部乐。唐太宗诏告使臣：约期让夷男带更多聘礼到灵州迎娶，我"将幸灵州以成婚"。这是唐与薛延陀关系的第二阶段——议婚。

　　使臣回到漠北后，夷男十分张狂，对诸部可汗说：我本铁勒小帅，上以我为可汗，公主以妻我，乘舆为我幸边，孰与我荣？骄奢之情溢于言表，已惹得诸可汗、酋长离心，又为聘礼强行征敛，招致部众怨恨。薛延陀是游牧部落，国中既无府库，居住又很分散。现在要临时准备那么多的牛羊，国内征调，已是往返千里。其牙帐距灵州又是3300余里，沿途荒漠沙碛，又乏水草，数十万头牲畜尚未赶到灵州，已死其大半，最后还是违了婚期。唐太宗闻讯，下诏停止和亲。对唐太宗的这次"绝婚"，当时就有大臣提出质疑，后代史家亦多有贬词。司马光《资治通鉴》中评论道："孔子称去食、去兵，不可去信。唐太宗知薛延陀不可妻，则初勿许其婚可也。即许之，乃复恃强弃信而绝之……可羞也！"

　　然而，事态的发展，竟一如唐太宗所料：夷男和亲不成被羞辱，引起亲信侮谩；搜刮聘礼，遭到民众怨恨；他本人羞愧难当，不到两年便悉愤而死；他的两个儿子分统其国，却又自相残杀；铁勒诸部失去凝聚力，相继叛离。贞观十九年（645）十二月，唐太宗派李道宗、李世勣、阿史那社尔等一举灭掉薛延陀，铁勒十一部皆归附唐朝。这是唐与薛延陀关系的第三阶段——薛延陀瓦解。

　　薛延陀灭亡后，北部边境安定，铁勒诸部均表示内附。在这种形势下，大病初愈的唐太宗决定亲至灵州，抚慰内附的回纥、铁勒诸部。

　　贞观二十年（646）秋八月己巳，御驾从长安出发。第二天至泾阳，使报回纥及铁勒、拔野古、同罗、仆固、多滥葛、奚结、阿跌、契苾、跌结、浑、斛薛十一部[13]，各遣使入贡，并言"薛延陀可汗不事大国，部落鸟散，不知所之。奴等各有分地……乞置汉官"。唐太宗诏令他们都到灵州会聚。庚辰（第十二天），至泾州。丙戌（第十八天），过陇山关（唐代全国六个上等关之一，即原汉萧关之地，今泾源县大湾乡瓦亭），至西瓦亭（今西吉县将台镇南）观陇右监牧使的牧马。九月甲辰（第三十六天），抵达灵州。长安经原州至灵州，当时路程为1360里，加上至西瓦亭，共1500余里。十月丙戌，回到长安。这次灵州之行，共历时78天。唐太宗在灵州驻跸的时间，约为六七天。

　　唐太宗抵达灵州之前，突厥、回纥、铁勒十一部的酋长、俟斤等首领已云集灵州，具体人数，各种史籍皆称为"数千人"。唐太宗下诏在帐幕中"张饮高会"，盛宴招待，并亲自"引见"，宣布"以唐官官之，凡数千人"，也就是说不再派遣汉官，由其自行管理。诸部尊唐太宗为"天至尊可汗"，愿意"世世以奴事，死不恨"。

　　为了方便漠北各民族进入中原，唐太宗又决定修建一条参天可汗道，由灵州向北直达贝加尔湖以南。沿途设立68（一作66）所驿站，备足驿马、酒肉，招待往来中原的诸部使臣。唐太宗说："尔来，若鼠得穴，鱼得泉，我为尔深广之。""我在，天下四夷有不安者安之，不乐者乐之。如骥尾受苍蝇，可日使千里也"。一代帝王，对少数民族能有如此博大的胸怀，怎不令人为之动心？这就是唐贞观之后很多少数民族纷纷要求举部内迁的一个重要原因。唐太宗又写下"雪耻酬百姓（一作王），除凶报千古"的诗句，勒石立碑于灵州。

这次灵州盛会，是中国历史上的一次民族团结的盛会，昭示了唐太宗包容、怀柔、安抚的民族政策，也彰显了唐朝的国威。

灵州盛会之后，朝廷将铁勒十一姓内迁入灵州境，各设羁縻州予以安置。

羁縻州府制度是唐太宗首创。贞观八年（634），朝廷讨论如何处置突厥的 10 余万降众问题。唐太宗主张安置在"河南"（今河套的黄河以南）。绝大多数大臣反对，主张将其化整为零，分散安置到内地各州县予以同化，把漠北变成无人区，彻底消灭突厥人。秘书监魏徵甚至认为："突厥世为中国仇，不即诛灭，当遣河北。彼为野兽心，非我族类……陛下奈何以河南居之？且降众十万，若经数年，孳息略倍，而近在畿甸，心腹疾也。"只有温彦博一人拿出孔子"有教无类"的论据，支持唐太宗①。这场大辩论，实际是在讨论对少数民族的看法，是"非我族类"的野兽，还是中华大家庭内不同种族的兄弟？

唐太宗力排众议，让温彦博实施在内郡建羁縻州集中安置突厥降众的办法。温彦博选取朔方之地，从幽州至灵州，建立顺、佑、化、长四州为都督府，又在定襄、云中分设都督府统之。而实际安置已突破以上区域。如在今宁夏海原县李旺镇东，虽地属原州，仍专设有缘州安置突厥降户。

羁縻，笼络也。将少数民族集中安置，保留其风俗习惯和社会制度，由其首领自行管理并可世袭，但前提条件是效忠大唐，服从统一大局。唐朝在全国共建立 856 个羁縻行政建置，大者为都督府，次为羁縻州，小为羁縻县。

唐贞观至开元年间，在灵州境内设置过近 20 个羁縻州。其中有确切记载的州名有：

燕然州，初为都督府，在回乐县界内，安置回纥多滥葛部 190 户，978 口。

鸡鹿州，在回乐县界，安置回纥奚结部 132 户，556 口。

鸡田州，在回乐县界，安置回纥阿跌部 140 户，469 口。

东皋兰州，在鸣沙县界，包括今中宁县北部、红寺堡开发区，安置回纥浑部。

燕山州，在温池县界（今盐池县惠安堡、同心县韦州一带），安置 430 户，2176 口。

烛龙州，在温池县界，安置掘罗勿部 117 户，353 口。

祁连州，安置薛延陀部。

六胡州，调露元年（679）置鲁、丽、塞、含、依、契六州，安置突厥降户，以昭武九姓居多，总称六胡州。位置在"灵州南境"，即今盐池、灵武、同心、中宁等县境。神龙三年（707）迁至今盐池县及内蒙古鄂托克旗境内改为六县，设兰池都护府统之。共 1342 户，5182 口。

安乐州，咸亨三年（672）为安置吐谷浑部而设，后更名长乐州，在今同心县下马关乡红城水村有遗址，安置 5000 帐，约 30000 口。

另有高丽州，设于贞观二十年（646），无具体位置，安置户口数不详。

这些北方游牧民族，原来都是"世无定居，逐水草而牧"，生活极不安定，衣食、住宿都无保障。内迁后定居下来，既保留本民族的生活习惯，又实现了安居乐业。所以，这些羁縻州，都成了各民族的安乐之州。

羁縻州府制度的实施，在中国历史上具有积极意义，体现在以下几方面：

第一，有利于化解民族矛盾，增进民族团结。由于羁縻州任命少数民族的首领为刺史，保留其本族文化、风俗习惯，内部管理依旧，朝廷不派汉官，也不把汉族的习俗强加于人，既笼络了部族上层，也稳定了底层民众。安置在灵州、原州、盐州的 20 多个部族，在整个唐代基本稳定。只有昭武九姓发生过叛乱，起因就是撤掉羁縻州改置县，朝廷派官员管理。羁縻州的各族后代，很多人都成为朔方军的将士，与汉族共同保卫家乡。朔方军的强大，重要原因之一就是能征善战的"六蕃子弟"居多。

第二，有利于少数民族学习先进的科学技术、文化知识，发展生产力，实现安居乐业。咸亨三年（672），世居青海的吐谷浑王国在吐蕃打击下渐至衰落，逃至今青海省大通河流域，因地域狭窄，又常遭吐蕃攻击，所以"不安其居"，要求内徙。朝廷同意，派左武卫大将军苏定方为安置大使，徙其部众于灵州鸣沙县东境置安乐州，以其"国王"慕容诺曷钵为刺史，"欲其安且乐也"。吐谷浑族数千帐约3万人举部迁到今同心县大罗山麓，除从事畜牧外，接受农耕文化，实现安居乐业，又期望能够长乐无限，所以后来干脆把州名改为"长乐州"。

第三，加速了中华民族的融合。各少数民族迁入内地的羁縻州府后，与当地的其他民族和睦相处，通商、通婚，各种文化互相交融，形成了中华民族的多元文化。吐谷浑民族在唐末即完全融入汉族之中，只留下了他们的姓氏"慕容"。元和三年（808），居住在甘州的沙陀族3万人举部内徙，经石门关抵达灵州，朝廷在盐州北设阴山都督府安置。这个民族很快融入其他民族，在五代时仅在太原府出现过他们的后裔。而在贞观末迁入灵州境的铁勒十一姓，则早已融入中华民族大家庭。他们的生活习俗、服装，都大量吸收汉文化。他们中的杰出人才，有的成为名将，有的官至宰相。原居中亚的昭武九姓，唐代大量迁入宁夏，也带来了中亚的音乐舞蹈。盐池县高沙窝镇苏步井村的唐代何姓墓葬群，其两扇石门均雕刻从中亚传入的《胡旋舞》，舞者均为男子，高鼻深目，卷发虬须，显然是西域人。而从高超的石雕技艺看，又是中原工匠的杰作。类似的多民族文化融合的佳作，在宁夏还有很多遗存。

第三节　原州雄关与牧马文化

雄关固锁古原州　唐朝牧马基地——陇右监牧　民间牧马文化

南北朝至隋唐，宁夏南部的政治经济中心为原州。原州山河险固，雄关控要，陇山（六盘山脉）纵贯南北，高平川水（清水河）汇众水北入黄河。秦长城在州城之北15里，自西而东绵亘州境。《新唐书》卷一四五《元载传》记载，宰相元载在《城原州议》中说：原州"草荐水甘……巨堑长壕，重复深固……独耕一县，可以足食……分兵守石门、木峡、陇山之关，北抵于河，皆连山峻险，寇不可越……"州南又有汉萧关、唐陇山关。所以，隋、唐称原州之北为"塞上"，其南为"塞下"。

常言道：一夫当关，万夫莫开。古时在重要交通线的必经之地或险要处建筑要塞，以保护和控制交通命脉。这种据险而守的要塞，即称之为关。大凡关都利用地形、地势筑有关城。其城墙高大坚固，至少两道城门，使道路穿城而过。城两翼再各筑一道高墙通向险峻的山岭。这样，过往行人就必须经过关门接受盘查。关城内建房舍，常驻士兵防守。唐原州是丝路重镇，境内的六盘山脉南北绵亘 200 多公里，是一道天然屏障，仅个别地方有道路跨越。这些地方，一般都设有关。山如龙盘，关似虎踞，组成一道道屏障，控制着各条通道的咽喉。

按《大唐六典》卷六记载，唐朝全国共设 26 个关，分上、中、下三等：上等关共 6 个，包括原州的陇山关、京兆府蓝田关、华州潼关、同州蒲津关、岐州（今陕西岐山）散关、陇州（今陕西陇县）大震关。上等关的必备条件是在京城四面而且通驿道。中等关 13 个，原州的木峡关是其中之一。中等关不在京城四面，但必须有驿道通过。其余 7 个为下等关，原州就占了 5 个，即六盘关、石门关、制胜关、驿藏关、木靖关。

陇山关。张守节《史记正义》说"萧关今名陇山关"，谓汉萧关与唐陇山关在同一地，即今泾源县大湾乡瓦亭。陇山关因控扼丝绸之路及西度六盘的道路，地位十分重要，《中国海关史》将其列为唐朝最重要的"海关"。陇山关任命有关令 1 人，从八品，职责为"掌禁末游、查奸慝，凡行人车马出入，据过所为往来之节"；丞 2 人，正九品下，协助关令司职；编制士兵若干，行守卫、检查之责。关城位于颉河的河谷中，两侧皆崇山峻岭，南至长安 800 里，北至原州 80 里，西至六盘关 20 里。

从京城长安出陇山关的道路顺河谷而走。关（今瓦亭）之东南 10 里即著名险隘弹筝峡（今名三关口），北 15 里是东汉光武帝刘秀征隗嚣时，大将牛邯屯兵之地，今尚存"牛营"地名。唐安史之乱后，太子李亨（后登基称唐肃宗）北逃至瓦亭，收原州牧马，得军马数万匹，于是军威大振。北宋为防御西夏，筑瓦亭寨驻兵数千。

按张九龄等人编修的《大唐六典》，陇山关的职能为：

一是"限中外，隔华夷"。检查出入关的中外旅客；外国使节、商人、僧侣入关，必须持有本国的差遣文书；中国人出关，须执有一种叫

"过所"的证明文书，相当于今天的护照。过所在京城由朝廷的各主管部门签发，外地由各州衙签发。居住在关附近的猎户，因为打猎要经常出入关，必须申请一种叫"长籍"的凭证，使用期限为 3 个月。因公干出关的官吏，如时间超过 1 个月，则使用行牒。

二是"设险作固，闲邪正暴"。建造坚固的要塞，踞险而守。"闲"，限制；邪，奸邪之徒；"正暴"就是制止暴力活动。为了查缉逃犯，捉拿可疑之人，入关者要录下官爵、姓名，出关者要录下年龄、相貌。凡朝廷有诏入关，凭所降墨敕，勘验铜鱼、木契等信符后再准入。

三是"司货贿之出入"。检查出入关者的行李、货物等，发现违禁品，则没收全部物品并处罚货主。在历代封建王朝中，唐朝对外开放程度最高，对出入口商业贸易物资，都不征关税，因此又有"呵而不征"的规定。蕃客往来，经一关查验，发给查验凭证，其余诸关不再检查。路人拾来的交公的无主之物（称"阑遗"），则登记造册入库保管。

木峡关。属通驿道的中等关，设关令 1 人，正九品下；丞 1 人，从九品下。位置在今固原市原州区张易镇红庄村，即清水河发源地，唐代地名堆（摧）沙堡。所通驿道从原州西南经滴滴沟，出木峡关即可向西穿越六盘山，山之西地势平坦，再无险隘，沿马莲川、葫芦河向西可达天水、定西、临洮等地。

六盘关。属下等关，设关令 1 人，从九品下。位于陇山关之东 20 里六盘山顶，今泾源、隆德两县交界处。因山路曲仄险峻，六盘始达，故名。六盘关是交通咽喉，兵家必争之地，唐中叶为防御吐蕃东度陇山，始设关戍守，有"陇干锁钥"之称。古代经六盘关翻越六盘山的道路万分险峻，上山的道路分两条，一为车路，坡度稍小，在没有雨雪时可通行牛车、马车；一为骑路，路窄坡度大，只有行人和驮畜可以通行。一旦降雨下雪，车骑难行，只有飞鸟可以逾越，所以古人称之为"六盘鸟道"。

石门关。属下等关，设关令一人，从九品下。在固原市原州区西北40 公里之黄铎堡，关城在黄铎堡古城更西 9 公里处的寺沟水。因两侧山势似两道石门，《水经注》称其为"石门水"。石门关之名始见于隋代。唐中叶后军事交通地位更加重要，成为吐蕃军队从青藏高原东进灵州、原州、平凉等地后必由之路。

石峡关。在今海原县高崖乡石峡口，是六盘山最北的一个关隘，知名度要比前述各关小。北宋时在关口之东约 10 里筑萧关城（今高崖乡草场古城），作为与西夏交战的前线粮草存储之所。西夏境土"北控大漠，南极萧关"即此。

制胜关。在今泾源县城西北郊，地名关店，当地讹传为官店。控制沿西峡翻越六盘山的古道（走向与今泾源至隆德的公路相同）。

此外，唐代史籍记原州境内还有驿藏关、木崝关，其关城位置待考。

众多的关隘，说明原州既是边塞要地，又是丝路重镇。从文化意义上看，雄关林立，也反映了固原地区边塞文化、丝路文化、军旅文化的地域特色。

欧阳修在《新唐书·兵志》中评论说："议谓秦、汉以来，唐马最盛，天子又锐志武事，遂弱西北蕃。"而唐代马牧，又当首推设在原州的陇右监牧，最高峰时，光牧马就有 70.6 万匹，加上牛、骆驼、羊等杂畜，总计 100 多万头。这里的牧马，对唐太宗击败突厥、稳定西北边陲，唐肃宗成为"中兴之主"，都曾发挥过重要作用。

李渊建立唐政权后，朝廷的监牧设在长安以东渭河北面的赤岸泽，共养马 5000 匹。唐太宗李世民取得帝位后，最大的威胁是北面的突厥。突厥有控弦之士 40 万，而且多是强悍的骑兵。面对这种形势，当务之急要繁殖军马，壮大骑兵。所以，朝廷于贞观初年（627），将京城长安之东赤岸泽的牧马监移至原州，设陇右监牧，由朝廷的太仆少卿兼管。仪凤末年（679）以后，专设陇右监牧使，由原州刺史兼领其职，负责给朝廷繁育军马、驿马，还要供应食用及祭祀用的牛、羊、羊羔、乳酪、脯腊。

陇右监牧使之下设 4 使、50 监：南使在原州西南 180 里（今宁夏西吉将台镇南），管 18 监；西使在临洮军西 220 里，管 16 监；北使寄理原州城内，管 7 监；东宫使也在原州城内，管 9 监。各监又按马匹数量分为三等。超过 5000 匹为上监，设牧监 1 人，从五品下；副监 2 人，正六品下；丞 2 人，正八品上；主簿 1 人，正八品下；还有录事、典事、掌固等小吏 22 人。3000 匹以上，不足 5000 匹为中监，官吏级别低一等，配小吏 15 人。其余为下监，官吏级别更低一等。原州城内共有 16 监，光是各监大小官吏过 400 人。

牧地西至兰州狄道县（今甘肃临洮）、会州（今甘肃靖远），南至秦州（今甘肃天水）、邠州（今陕西彬县），东至原州，东西 600 里，南北 400 里。

陇右监牧开创 40 年后，各监马群壮大，马匹存栏数剧增，麟德元年（664），达 706000 匹，导致全国马价暴跌，一匹缣（双丝细绢）可以换一匹壮马，价值约 300 文钱。据《元和郡县图志》卷三原州条记载，天宝十二载（753），诸监共存栏马 319387 匹，其中应交朝廷的课马 133598 匹。除马之外，陇右监牧还牧放牛、骆驼、羊等牲畜。据《新唐书·食货志》记载，天宝十三载，陇右监牧使奏报朝廷：马、牛、驼、羊总计 65600 头，除去马 32570 匹，其他杂畜 33030 头⑮。

陇右监牧的牧马都在自然环境中散放。牧场不用围栏，而是挖掘"长壕巨堑"围限马匹。所以当时形容原州的险要，叫做"长壕巨堑，重复深固"。这里繁殖的马匹，野性十足。唐玄宗时，在朔方军镇所辖西受降城设立互市，专门收购突厥马（蒙古马），引进到监牧作种马。从此，陇右监牧之马益壮，唐军兵力强盛，其功不可没。

广德元年（763），吐蕃攻占陇右数十州，原州也在其中。陇右监牧顿遭大劫，20 多万匹马有的被吐蕃劫取，有的逃散。从此，朝廷只能想方设法以金帛买马。回鹘趁机以马匹换丝绸，但马皆病弱不可用。战马短缺，唐军的战斗力日渐衰退。

唐朝将陇右监牧使设在原州，证明固原地区畜牧文化在地域文化中居主导地位。这种地域文化的形成，绝非偶然，因为秦代这里就有乌氏倮事畜牧成为全国巨富的典型。后世明、清两代也曾在固原地区设立马苑。因此，固原地区的畜牧文化，是纵贯历史长河的传统文化。

牧马城原州失陷后，直到北宋才收复，并改置镇戎军，明代更名为固原镇，但养马的习惯却一直延续下来。宋代有 10 多个牧马军寨，明代有开城苑、黑水苑。据嘉靖、万历《固原州志》记载，固原城教场中建有马神庙，人们将马作为神灵供奉。开城东南3里，有群牧监旧基。固原地区以"马"命名的地名，至今仍有数十个。如固原城郊的马园村，本名"马苑"，还有立马城、马场、马圈、白马城、马峡、马毛山……其中，尤以"马场"为多。固原俗语的"撒牧"（又称放野），是指将马、牛、羊赶出圈，像陇右监牧一样野放。

六盘山地区农村流行一种社火表演形式，名为"马社火"。在春节正月初三至正月十五，各村都要尽力组织巡回表演。最原始的马社火节目，是事先用面捏制成龙或飞禽走兽，置于供桌，再驮架于马背上，由人牵马，走乡串村，见者都要顶礼膜拜。马社火节目的"主角"是高头大马，所以，要驯出听指挥、善表演的良马，要用绫罗绸缎、各色丝绦、各种饰件尽心装饰和打扮马匹。演员可以两人在马背上或坐或站表演，也可以一人骑在马背上，还可以用几匹马、若干演员来演一场折子戏。演员穿戴各种行头，手持刀、枪、剑、戟或书、扇、绸带等道具，脚踩马镫直立表演，有道白，有唱腔，有各种不同难度的动作。因此，除基本演技外，所有演员都必须有高超的骑术，必须与坐骑有默契和配合。

隆德县有些乡、村的马社火表演者，甚至能在马上表演惊险的杂技。如折子戏《千里走单骑》，饰关公的演员在马上手持2米多长的大刀，刀向下呈45度角，上扬的刀把上竟能站立两个演员。又有一种叫"纸马"的社火表演形式，道具为竹制框架的纸马，分为前后两节。演员以10岁左右儿童为佳，装扮成各种人物，腰系纸马表演。

这些群众喜闻乐见的马社火，由于有悠久、古朴的文化底蕴，在六盘山区不知流传了多少年，这与此地悠久的牧马业有直接关系。

第四节　中西交通与丝路文化

胡商贩客日奔塞下　唐五代宁夏段丝路的走向　丝路文化荟萃

北魏早期定都平城（今山西大同），魏孝文帝太和十七年（493）将都城迁至洛阳。北魏与西域各国交往频繁，丝路交通迎来了又一个繁荣时代，出现了"胡商贩客，日奔塞下"的局面。

在定都平城的时代，北魏与西域各国往来，宁夏是必经之地。西汉张骞通西域时，西域共有 36 国。到北魏时，已合并为 16 国。太延二年（436）八月，北魏派出六批使节前往西域，而回访平城的西域使团，有 16 国之多，达到百分之百。此后，每年往来的中外使团，多达数十批，至于商队、僧侣，更是络绎不绝。因为此时的丝路起点是魏都平城，所以他们行走路线，与汉代的传统丝路完全不同。日本学者前田正明对此有专门研究，称之为"鄂尔多斯沙漠南缘路"⑱。

其具体走向是：从平城西南行，在北魏著名渡口君子津（今山西清水西北）西渡黄河，然后南下至无定河上游，继沿鄂尔多斯沙漠南缘，经统万镇（今陕西靖边白城子）、盐州至薄骨律镇，西渡黄河，沿腾格里沙漠南缘至姑臧（今甘肃武威），再西即入传统丝路。从整个地理形势看，前田正明的结论是正确的，因为选其他任何线路，都要绕道，而且很难走。

北魏迁都洛阳后，中西交通恢复为汉代的传统丝路。《洛阳伽蓝记》卷五描述当时中西交往的盛况："自葱岭以西，至于大秦，百国千城，莫不款附；胡商贩客，日奔塞下。"从长安到姑臧（今甘肃武威），有沿渭水西去经秦州、临洮、兰州的南道，有沿泾水经平凉、高平镇的北道。但从各种史籍记载看，中外使节一般都选用经过宁夏的北道。原因是北道近 300 余里，而且平坦好走。

今固原市遗存的南北朝历史遗迹、诸多出土文物，可为佐证。如须弥山石窟即始凿于北魏，其中北周洞窟既多而且造像精美，具有浓郁的印度风格。固原南郊北周李贤墓出土了一批波斯国萨珊王朝的工艺品，包括各式金币、银币，精美绝伦的鎏金银壶，原产于伊朗和阿富汗间的青精石戒指、玻璃碗等。

图上 3-4　玻璃碗，古伊朗器皿　今存固原博物馆　鲁晶宇摄

有关南北朝的诸多史籍，载有波斯"胡王"向北魏皇帝贡送狮子之事：公元 528 年，送狮使团跋涉 13000 余里抵达六盘山麓。此时，高平镇（今宁夏固原）已成为匈奴族、敕勒族发动的农民起义中心，原来的领袖敕勒族人胡琛（自称"高平王"），刚被沃野镇的破六韩拔陵派人暗杀，义军士气低沉。接过义旗的匈奴族农民万俟丑奴为振奋军心，决定扣留狮子，取其吉祥之意，弃高平王号，改称天子，置百官，立年号为"神兽"元年，与朝廷分庭抗礼。起义军顿时士气大振，又向南发展攻入关中。北魏朝廷调集大军，经过两年多才镇压下去，万俟丑奴被俘。这位率义军转战 7 年的英雄，和那头神兽狮子一并被"槛送"至洛阳，人被腰斩于都市，狮子则被豢养在动物园中供人观赏。

对这头西域狮子，有四部正史留下记载。《魏书》、《北史》、《隋书》都说是厌哒国（今阿富汗北部伐济腊巴德一带）所献，于正光末年（525）抵高平。《资治通鉴》和不属正史的《洛阳伽蓝记》则说是建义元年（528）由"波斯胡王"所献。而万俟丑奴改元"神兽"之事，史家公认在 528年。因此，《资治通鉴》和《洛阳伽蓝记》的记载是对的[17]。

对这头波斯狮子以后的经历，《洛阳伽蓝记》还有大段记载。它被关在华林园的"狮子坊"中，供魏庄帝元子攸消遣。先后下令捕来野性十足的虎、豹，驱来驯化的熊，与狮子比试谁更厉害……魏节闵帝即位后，认为将野兽"囚之有违其性"，派使臣送归本国。但波斯路途遥远难至，使臣半路杀狮子而返。

唐代经过"贞观之治"后，经济繁荣，国力强盛，百姓富足。加之唐朝又是中国历代王朝中对外开放程度最高的社会，所以，丝绸之路也迎来了一个繁荣昌盛的时代。

丝绸之路国内部分的东段，即长安（或洛阳）至凉州（今甘肃武威市）段，从西汉后期就已形成南北两道：南道沿渭河向西，经秦州（今天水）、临洮、兰州至凉州；北道沿泾河进入宁夏，经陇山关、原州城、石门关，然后向西北跨过今海原县境，在会宁津（今甘肃靖远西北双龙乡北城滩村）渡黄河至凉州。从敦煌文物《水部式》[18]的记载看，会宁津在唐代"官置渡船五十只"，是全国最大的渡口。以每渡载 20 人，每天渡 6 个往返计，其渡运能力超过 12000 人次。因此，在盛唐时期，经过宁夏的长安至凉北道（以下简称宁夏段丝路），来往的中外使臣、僧商相当多。

宁夏段丝路以广德元年（763）和大中十年（856）为界限，又有两种完全不同的走向：广德元年以前使用汉代至南北朝的传统线路，唐人称"萧关道"；大中十年后使用灵州道。

萧关道。萧关为西汉名关，与东汉的瓦亭关、唐代的陇山关在同一地，即今泾源县大湾乡瓦亭村，北距原州 80 里。唐代又在原州之北 180 里设萧关县。这两个"萧关"都是北道的必经之地，所以，唐代的各种文学作品都将原州南北的这段路称为"萧关道"。如亲自走过这里的王昌龄，在《塞下曲》中有"蝉鸣桑树林，八月萧关道"之句。岑参《胡笳歌送颜真卿使赴河陇》，将萧关道与天山、昆仑山联系起来："凉秋八月萧关道，北风吹断天山草。昆仑山南月欲斜，胡人向月吹胡笳。"

此时，颜真卿刚中进士才三四年，尚不足 30 岁，已由醴泉县尉升至监察御史。这次他要去的地方"河陇"，包括宁夏的朔方军镇、内蒙古的五原、甘肃的河西走廊等地，萧关道是其必走之路。但颜真卿并未涉足天山南北及昆仑山麓。诗中的天山草、昆仑月都是作者的借喻。颜真卿作为御史的这次巡察，有两段佳话被写入《新唐书》等正史：一是到五原后，当地久旱不雨，有件长期不能断决的冤案，颜真卿"辨狱而雨"，百姓在喜雨中对天高呼"御史雨"；二是发现朔方军镇一名叫郑延祚的"令"级官员，母亲死后 30 年仍不埋葬，遂上奏章弹劾，"闻者耸然"，唐玄宗罢其官，并在诏书中写上"终身不齿"。

萧关道由今甘肃平凉市西北的安国镇进入宁夏后，主要控制点有金佛峡、陇山关、原州城、萧关县、石门镇。

金佛峡。位于泾源县六盘山镇蒿店村，今名三关口，即《水经注》所记"弹筝峡"。

陇山关。是唐代京都北面的海关，在今泾源县大湾乡瓦亭村。

原州。州城即今固原市原州区城关。北魏已置，唐初改隋之平凉郡置原州，治平高县，既高且平，故名"原州"。原州自西汉末年已成丝路重镇，有"高平第一城"之称。东汉初，刘秀征隗嚣，高峻献城投降，断绝数年的丝路交通复畅，刘秀拜高峻为"通路将军"。

萧关县。治今海原县李旺镇东南。贞观六年（632）为安置突厥降众，于此置缘州。唐高宗时置他楼县。神龙元年间（705）更名萧关县。萧关道进入萧关县境后，大约在今固原市黑城镇分作两路：折向西北经石门关可通西域；正北经鸣沙、灵州可通西受降城、燕然都护府、回纥牙帐（今贝加尔湖南约 300 公里娑陵水上）。

对此，贾岛在《送李骑曹》诗中有描述："归骑双旌远，欢生此别中。萧关分碛路，嘶马背寒鸿。朔色晴天北，河源落日东。贺兰山顶草，时动卷旗风。"诗中说"李骑曹"要去朔方任职，进入萧关县后，就要走另一条路。

唐代大诗人王维于开元二十五年（737）路过萧关县，并在此写下《使至塞上》名篇："单车欲问边，属国过居延。征蓬出汉塞，归雁入胡天。大漠孤烟直，长河落日圆。萧关逢堠吏 [侯骑]，都护在燕然。"这首诗，对当时的萧关道描述得非常详细。单车指王维所乘的一辆"传车"（唐驿站上配备的驿车）。属国，西汉为在沿边安置匈奴降众而设五个属国，其中张掖属国设在居延。汉塞，指西汉的萧关。大漠孤烟直，指报告和平的烽烟，按唐代规定，一道烽烟报平安，二道预警，三道军情紧急。堠吏，唐代在交通大道上沿线封土成坛以记里，称"堠"，即今之里程碑，每 5 里只堠，10 里双堠，堠顶坐小吏值守，称"堠吏"。都护指燕然都护府，在内蒙古乌拉特中旗乌拉河北岸。显然，王维走到萧关道的岔路口，向堠吏问清了两条路的走向：一条通河西走廊及居延，另一条通燕然都护府。

从王维的另一首《老将行》诗看，他这次奉诏出巡，先到凉州，随后又经贺兰山到了燕然都护府。"贺兰山下阵如云，羽檄交驰日夕闻"等经历，就是戍守在贺兰山下"老将"的口述。

石门镇。在原州西北约 200 里，其地有石门关，关西侧为须弥山石窟，是丝路上的著名石窟之一，现存 130 多个石窟，始凿于北魏，留存的石窟造像以北周诸窟最为珍贵。唐代的大坐佛高达 20.6 米，是丝路沿线最高的石刻造像。

绕道漠北九十年——回鹘道。安史之乱后，朝廷无能，政治上逐渐腐败，经济上一落千丈，对少数民族地区更是鞭长莫及，无力驾驭。而居住在青藏高原的吐蕃却逐渐强盛起来，不断东进攻城掠地。至德二年（757）取今青海南部及四川西北部，宝应元年（762）占临洮、陇西、天水等州郡。至此，长安至凉州的南道交通断绝。

唐广德元年（763），吐蕃又占领青海北部及兰州东至陇山数十个州郡，前锋南面沿渭河攻至陕西武功，北面从原州攻至邠州（今陕西彬县）、奉天（今陕西乾县），并进入长安大肆抢掠 15 天，唐代宗率文武百官逃至陕州。宁夏的南部、甘肃的平凉以西各地，这时都在吐蕃控制中。因此，传统的中西交通线长安至凉州南北两道都完全断绝，丝绸之路只得改弦更张，另觅出路。

此时，唐都长安的西北方向，只有灵州仍在朝廷控制之中，但中西交通仍不能经此向西。其原因有二：第一，此时的灵州只是一个孤岛。在 763 年至 852 年的 90 年间，吐蕃军从鸣沙向东一度攻陷盐州、夏州，甚至打到麟州（今陕西神木县北）。灵州的东、南、西三面全是吐蕃兵。连他们的驿骑"飞鸟使"，都在盐州至鸣沙一线传递信息；第二，位于河西走廊的凉州、甘州也在吐蕃占领之中，堵住了由灵州西去的孔道。因此，这 90 年间，由中原去西域，使用的是回鹘道。

回鹘是唐宋之际中国北方比较强盛的一个游牧民族，最初叫回纥，牙帐在贝加尔南面的娑陵水（今蒙古人民共和国北境色楞格河）畔，后迁到乌德鞬山（又名郁督军山、于督斤山，即今蒙古人民共和国鄂尔浑河上游杭爱山脉的北山）。唐宪宗元和四年（809），取"回旋轻捷如鹘"之意，改称回鹘。回鹘与唐皇室联姻，几代可汗娶唐公主，因而世代与唐友好，自称有"甥舅"情谊。因此，丝绸之路改走回鹘境内比较安全。

会昌三年（843），新疆的另一个游牧民族黠戛斯进攻唐朝的安西、北庭都护府（设在今新疆吉木萨尔破城子），唐守将急报求援。朝廷准备出兵，宰相李德裕反对说："安西去京七千一百里，北庭去京五千二百里。承平时向西，路自河西、陇右出玉门关……自艰难以后，河陇尽陷吐蕃，若通安西、北庭，须取回鹘路去。"[19]李德裕说得很肯定：此时去安西、北庭，只能走回鹘道。

回鹘道的具体走向是：从长安向北经延州（今延安市）、夏州（今陕西靖边县红墩涧乡白城子村），穿过鄂尔多斯高原，过黄河经天德军（今内蒙古乌拉特前旗乌加河东岸），出狼山口向北，由杭爱山南麓取汉代匈奴的"龙城道"向西，沿阿尔泰山南麓至新疆各地。

李德裕之所以反对出兵，是因为派数万大军走回鹘道有两点不切实际：一是绕道太远。原来经原州、河西走廊传统丝路去安西，本是5030里（《元和郡县图志》记载数），而回鹘道要向杭爱山兜一个大圈子，多绕2200里；二是太难走，沿途除长安至夏州一段较好走外，其余4000余里尽皆沙碛。尤其是杭爱山南麓，终年飞沙走石，一年有三季天寒地冻。数万大军带着兵器、给养，如此畏途，谈何容易！作为承担中西交通使命的丝绸之路，临时改走回鹘道，也是迫不得已的权宜之计。一旦时机成熟，其他捷径必定取而代之。

这个时机终于来到。大中元年（847），沙州民众起事驱逐吐蕃守将，起义首领张义潮随后组织部下收复整个河西走廊，于大中五年（851）派人到朝廷表示效忠。大中三年，吐蕃内部分裂为两派，各拥赞普争夺王位，一场内战之后，其实力大大削弱，唐朝趁机派兵收复了六盘山以东的三州七关。此时，灵州的外围已无吐蕃兵，虽留下大小不等的部落，但不相统属，已构不成威胁。这样一来，辟通丝路新线的时机便成熟了。

改弦更张又一径——灵州道：大中十年（856）三月，庞特勒在安西自称回鹘可汗，并控制了碛西的许多绿洲和城镇。消息传到长安，唐宣宗李忱为与回鹘恢复友好关系，派使团前往安西"抚慰"。十月，使团从长安行至灵州，迎面遇到回鹘派往长安的使节。于是，唐使调转马头，偕同回鹘使节回到长安㉑。十一月，唐派卫尉少卿王瑞章前往安西册封回鹘新可汗，回鹘使亦随同返回，仍取灵州道。事先未约定，双方使节在灵州不期而遇，说明灵州西域道已经开通，而且被各国、各地区使节广泛使用。前面说到大中五年（851）张义潮遣使入朝，仍然路出天德军，走的是回鹘道。不言而喻，灵州西域道的辟通，必在852—855年间。

此后，灵州道就成为中西陆路交通的主线。尤其是五代至北宋初期，中西使节、僧侣、商队不绝于路。他们往往结伴而行，少则数十人，多则数百人，组成一支支远行队伍。

灵州道的主线从长安向北，经咸阳、礼泉、永寿、邠州（今彬县），

图上 3-5　灵州道上的大佛寺石窟，出土有众多泥塑佛像。其中的印度僧人塑像，已身着汉装。　鲁人勇摄

沿马莲河谷至宁州（今甘肃宁县）、庆州（今甘肃庆阳），继沿环江西北行，经环州（今甘肃环县）进入宁夏，再经温池县（今盐池惠安堡镇北）至灵州（今吴忠利通区）。以上长安至灵州，唐代文献记为 1250 里。灵州渡黄河向西，沿黄河西岸而行，经丰安县（今中宁石空）、雄州（今中卫），穿过腾格里沙漠边缘至凉州，共 900 里。位于中宁县石空镇西的大佛寺石窟，始凿于唐后期，出土有 200 余尊泥塑佛像。石窟和佛像，都是这条丝路的证物。

　　后晋天福三年（938），于阗国王李圣天派出规格很高的使团出使定都开封的后晋。正使为检校太尉马继荣，副使为黄门将军、国子少监张再通，殿前承旨、通事舍人吴顺规任监使。使团带着红盐、郁金香（香料）、玉石、白毡等名贵土特产，沿天山南道、河西走廊、灵州道到达开封。后晋皇帝石敬瑭认为于阗李氏政权是西域大国，立即派使团前往"册封"李圣天为"大宝于阗国王"。使团以供奉官张匡邺任鸿胪卿，彰武节度判官高居诲充任判官，当年冬十二月从开封出发，行程 9700 余里，整整两年才抵达于阗，返回开封已是天福七年（942）。

高居诲于沿途边走边记，录下程途及所见所闻，载于《新五代史·于阗》，后世称《高居诲于阗行记》，摘录于后：

　　自灵州过黄河，行三十里，始涉沙入党项界，曰细腰沙、神点沙。至三公沙，宿月支都督帐。自此沙行四百余里，至黑堡沙，沙尤广，遂登沙岭。沙岭，党项牙也，其酋曰捻崖天子。渡白亭河至凉州，自凉州西行五百里至甘州。……自甘州西，始涉碛，碛无水，载水以行。甘州人教晋使臣作马蹄木涩，木涩四窍，马蹄亦凿四窍而缀之。驼蹄则包以牦皮乃可行。西北五百里至肃州……

　　自灵州渡黄河至于阗，往往见吐蕃族帐，而于阗常与吐蕃相攻劫……匡邺等还，圣天又遣都督刘再升献玉千斤及玉印、降魔杵等。

灵州道的东段和西段，各有辅道一条。西段辅道从灵州北渡黄河，西越贺兰山，穿过今阿拉善左旗至居延，再折向西南入河西走廊。整个线路，与西汉元狩二年（前 121）霍去病击匈奴的行军路线相同。由于沿途多沙漠，所以很少使用。东段辅道由灵州向东，经盐州、夏州、延州至洛阳。

隋唐五代社会开放，丝路繁荣，也给中西文化交流做出巨大贡献。沿着丝路，中华文明迈开大步，走向世界。源源西去者，有丝绸、茶叶、瓷器、漆器、铜铁等大宗商品，有养蚕、织造、冶炼、造纸、印刷、耕作、水利、农作物栽培等科学技术。异域文明，也源源不断传送到大河上下、长城内外。对人们生活影响较大、在宁夏普遍种植的胡麻、蚕豆、黄瓜、胡萝卜、菠菜、芫荽、苜蓿等农作物，以及石榴、核桃、葡萄等果木，原产地都在国外。

如菠菜的原产地是波斯，据李时珍考证，唐太宗时，"泥波罗国献波棱菜……火熟之能益食味……方士隐名为波斯草云"。《本草纲目·果部》又考证："葡萄，《汉书》作蒲桃，可以造酒……《汉书》言张骞使西域还，始得此种。而《神龙本草》已有葡萄，则汉前陇西旧有，但未入关耳。"

宁夏习惯食用的胡麻油，原产地在大月氏所居阿姆河流域。《本草纲目·谷部》写道："胡麻：（又名）巨胜、方茎、狗虱、油麻、脂麻……时珍曰，古者中国止（只）有大麻……汉使张骞始自大宛得油麻种来，故名胡麻，以别中国大麻也。"

在衣着服饰方面，唐代灵州人尚着胡服。在银川、固原出土的一些唐代陶俑，女装上襦下袴、窄袖低胸、细勒腰身，有的细毡胡衫双袖小，有的红裙画衫缠腕出；男装则仿中亚、波斯服饰，贯头衫，身着折襟外衣，足登乌皮靴、六合靴。

西域舞蹈也在南北朝时传入黄河流域。到盛唐时，异国舞蹈已流行全国，风靡朝野。唐诗中就有大量诗篇描写"胡舞"。宁夏盐池县高沙窝镇苏步井村，属贞观年间所置"六胡州"境。当地出土的昭武九姓何氏墓群，其两扇石门，均雕刻男子跳胡旋舞的不同舞姿：有的单足独立，一手平举，一手弯曲持长绸旋转；有的双足交叉，两手高举持长绸旋转；服饰都是紧身窄袖、圆领细腰、长统乌靴。白居易有诗名《胡旋女》："胡旋女，胡旋女，心应弦，手应鼓。弦鼓一声双袖举，回雪飘摇转蓬舞。左旋右转不知疲，千匝万周无已时。人间物类无可比，奔车轮缓旋风迟。"

固原发现的北魏绿釉扁壶，在壶腹两面，模印着胡腾舞图。画面中央，舞者头戴尖顶帽，身穿窄袖翻领长衫，腰系宽带，足套长统软靴，正回首摇臂、扭胯提膝做舞蹈动作。胡腾舞刚劲奔放，以面部表情配合舞蹈动作，属于健舞，演员都为男性，源于中亚昭武九姓中的石国（今乌兹别克斯坦境内）。从这只扁壶看，这种舞蹈在南北朝时已在宁夏流行。到了唐代，胡腾舞与胡旋舞一样盛行。唐诗中有李端的《胡腾儿》诗："扬眉动目踏花毡，红汗交流珠帽偏。醉却东倾又西倒，双靴柔弱满灯前。环行急蹴皆应节，反手叉腰如却月……"

番红花是一种活血化淤的药用植物，李时珍考证原产于"回回地面及天方国"，即阿拉伯各国。红花自引进后，就在宁夏广为种植，延至元代更为普遍，以致影响粮食生产，朝廷不得不下令限种。《元史·世祖纪》说："宁夏户口繁多，而土田半艺红花，诏令尽种谷麦，以补民食。"

有一种眼疾叫目翳瞖肉，治疗的主药为硇砂。961 年，回鹘使臣入贡中原，在灵州城出售硇砂。灵州代理知州段思恭派人购买，因价格争执发生斗殴。段思恭因禁回鹘使数日，导致回鹘数年不朝㉑。

第五节　唐代描写宁夏的边塞文学

泾河源的民间传说　边塞诗中的宁夏

地处六盘山腹地的泾源县是泾河的发源地，秦汉之际置有泾阳县，唐代属原州之平凉县。这里的很多地名都带"龙"字，并且流传有许多与龙有关的民间传说，脍炙人口的《柳毅传书》、《魏徵梦斩龙王》的老龙潭，两个小龙王居住的二龙河，还有胭脂峡、龙江峡……这些民间传说，已汇成《泾源民间故事》，列入宁夏第二批非物质文化遗产名录。

《柳毅传书》源自唐人李朝威的小说《柳毅传》，《太平广记》卷四一九录有全文。其故事梗概是：

唐仪凤年间，书生柳毅到京参加科举考试，落第南归前，到客居泾阳的友人家去辞行，途中见一女子在路边牧羊，美丽无比，却满面忧愁，穿戴破旧。柳毅上前询问，方知是洞庭龙王的小龙女，嫁给泾河龙王的次子，受尽虐待，被罚在山上牧羊。龙女托柳毅传书于其父洞庭龙王，以求解救。柳毅回到家乡，按照龙女交代的办法，在洞庭湖畔找到一棵社橘，敲树三下，便有武士开道引入龙宫。柳毅将书信呈交洞庭老龙王，诉说小龙女的遭遇，引得龙宫一片恸哭声，也惊动了小龙女的叔父钱塘君。

钱塘君原本钱塘江龙王，因脾气暴烈，多次引发水灾被罢免。他当即前往陇山之下大战泾河小龙王，救出了小龙女，但龙涎飞沫引发水灾，冲成八百里秦川。为表达感激之情，洞庭龙王决定将小龙女嫁给柳毅。柳毅传书乃急人之所难，本无私心，故严词拒绝。

他回到家乡，两度娶妻，先娶张氏，又娶韩氏，皆数月而亡。柳毅鳏旷多感，两年后又谋新配，有媒人介绍一位卢姓姑娘。柳毅择吉日举行盛大婚礼。新娘美若天仙，陪嫁极其丰厚。婚后，柳毅越看越觉得娇妻像洞庭小龙女，而逸艳丰盈，则又过之。一月后，柳毅忍耐不住，终于向妻子说起"传书"之事。妻子反问："人世岂有如是之理乎？"一年多后，妻生下一子。柳毅益发疼爱妻子。做满月时，妻子浓妆打扮，当着亲朋好友，笑谓柳毅曰："君不忆余之于昔也？"毅曰："凤为洞庭君女传书，至今为忆。"妻曰："余即洞庭君之女也。泾川之冤，君使得白。衔君之恩，誓心求报。泊钱塘季父论亲不从，遂至睽违，天各一方，不能相问。父母欲配嫁于濯锦小儿。某惟以心誓难移。"原来，卢氏即是小龙女的化身。后来，柳毅长生不老，成了神仙。

《柳毅传》是唐人小说中可与《崔莺莺传》齐名的佳作，故事情节曲折生动，结构谨严，文辞华丽，刻画了柳毅的一派正直及其对龙女的一往情深、钱塘君的刚直暴烈，龙女和柳毅的心理描写尤为细致，在晚唐已流传颇广。元代尚仲贤将其改编为杂剧《柳毅传书》。

《柳毅传》的作者李朝威，生卒年代不详，仅知是"陇西人"。"陇西"，一解为唐代的陇西县，即今甘肃武山县西北；也可解作陇山之西。而唐代的陇山，就是今天的六盘山。因此，六盘山区百姓皆认为泾源县是"柳毅传书"的发生之地，并流传有许多与龙女、泾河龙王相关的民间传说。

泾源县的泾河源镇西南，有个地名叫老龙潭。这里群峰对峙，形成四道门户。泾河之水夺路而出，依次冲成三潭。第一潭面积大而浅，第二、三潭虽小，但深不可测。今天，老龙潭已成为著名的旅游景区，而关于魏徵梦斩老龙王的传说，更是在民间广泛流传。

吴承恩所著《西游记》第十回，写有"老龙王拙计犯天条"的故事，是说泾河龙王与算命先生袁天诚打赌，擅自改动玉帝敕旨，将下雨时间延后一个时辰，雨量减少一寸，因此而触犯天条，玉帝命魏徵梦斩。《西游记》所写故事的发生地在长安城郊的泾河。

泾源县民间传说的《梦斩》，则是另一个版本：魏徵化装成农夫到民间私访，见旱情严重，青苗枯死，便祈求玉帝赐甘露。玉帝应允，并告知降雨时辰及雨量。魏徵大喜，立即率农夫播种。泾河老龙王变一白衣秀士，上前问之："天不下雨，种之何用？"魏徵回答："我算过卦，从今夜子时起，有一天一夜的微风细雨。"龙王心想，下雨是我说了算，便与之打赌：下雨时间、雨量都不能错；谁错了，砍谁的脑袋。回到龙宫，果见玉帝降旨让其布雨，时辰、雨量都与农夫所说吻合。为了赢赌，他将布雨时间延后两个时辰，雨量改成三天三夜的暴雨，使大地变成一片汪洋。灾情震动天庭，玉帝令魏徵兑现打赌之言。刚巧，魏徵奉诏入宫与唐太宗对弈。他趁皇帝长考之机酣睡，在梦中斩去老龙王之头。对这个传说，当地人有实物为证：老龙潭第三潭水下石头皆为赭色，波光中透出的暗红色，即是龙王所流之血。

　　二龙河是泾河的源头之一。这里山清水秀，美景无限。为什么叫二龙河，民间也有传说：泾河龙王的次子因虐待洞庭龙女，与钱塘龙王打架造成水患，被关在鬼门关（今二龙河景点之一）修身养性。他的大哥继承王位后，经常到此长住，劝他改恶从善，多做好事。

　　唐代是中国诗歌的鼎盛时期。而唐代的宁夏地处边塞，也产生了一批脍炙人口、经久流传的边塞诗。唐代边塞诗的四位杰出代表高适、岑参、王昌龄、李欣，都写过关于宁夏的名篇，如高适的《送刘评事充朔方判官》，岑参的《登陇诗》，王昌龄的《塞下曲》，李欣的《古从军行》。他们深入边地，体验戍边者的生活与所处环境，所以作品既反映了辽阔边疆的壮丽景象，又刻画了守边将士驰骋沙汤、不怕牺牲的壮志豪情，在艺术性、思想性方面，对后世诗歌创作产生了深远影响。

　　描写宁夏的唐代边塞诗，按作者职业分，有帝王，有文臣，也有流离颠沛的著名诗人。

　　帝王之诗，创作时间最早的是唐太宗李世民。他于贞观二十年（646）秋八月过陇山关进入宁夏，境内行程过千里，历时一月有余。他在观看原州牧马，跨越秦长城之后，写下了《饮马长城窟行》。全诗共 20 行，前 8 行是：

塞外悲风切，交河已结冰。瀚海百重波，阴山千里雪。

回戍苍烽火，层峦引高节。悠悠卷旆旌，饮马出长城。

这首诗描写的地点，就在今固原市北约 7 公里。唐太宗的御驾旌旗悠悠，正越过长城向灵州进发。通向回乐（灵州城）的烽火台，在崇山峻岭中连绵不绝。唐太宗到达灵州时，突厥已灭，北荒悉平，铁勒诸部十一姓又到灵州诣降，踌躇满志之余，唐太宗"勒石灵州"，吟诗"雪耻酬百姓[王]，除凶报千古"。

神龙三年（707），后突厥可汗默啜入寇灵州，朔方军总管沙吒忠义兵败鸣沙（今中宁县鸣沙镇），唐军战死数万人。朝廷任命左屯卫大将军张仁愿为朔方道行军大总管。朔方道统管关内道北部军事，十分重要，唐中宗李显特在望春宫设宴为张仁愿饯行，并吟诗赠别。皇帝重视，一些文臣也纷纷"奉和圣制"作诗。唐中宗的诗已失传，在《全唐诗》中仅存刘宪（太仆少卿）、李适（修文馆学士）、李峤（宰相）、李乂（中书舍人）的"应制诗"四首，标题均为《奉和圣制幸望春宫送朔方大总管张仁愿》。其中宰相李峤之诗为："玉塞征骄子，金符命老臣。三军张武旆，万乘饯行轮。猛气凌玄朔，崇恩降紫宸。投醪还结士，辞第本忘身。露下鹰初击，风高雁欲宾。方销塞北侵，还靖漠南尘。"

唐肃宗李亨在宁夏时间最长，先担任过朔方节度使，安史之乱后逃出长安，在灵州登基处置军国大事，作过《赐李泌与诸王联句》，内容却与灵州全无关系，更算不上边塞诗。

唐玄宗李隆基没有到过宁夏，但他在任命首任朔方节度使张说、第二任朔方节度使王晙离京赴任时，不但给二人各写了任命的敕文，还都赋诗饯行，强调朔方军镇的重要，鼓励他们努力保境安民。《饯王晙巡边》为五言古诗，共20行，全诗对仗极工，如"免胄三方外，衔刀万里行"；"檄来虽插羽，箭去亦飞书"，都是描写战将的佳句。

张说是唐开元盛世的功臣，曾三度为相，54岁时以宰相、兵部尚书身份兼任朔方节度使。唐玄宗首先写了一篇《命张说兼领朔方节度诏》："朔方之地，雍州之城，密迩关辅，是称河塞……"随后又作《送张说巡边诗》，其风格仍是对仗工整，用典极多，如"股肱申教义，戈剑靖要荒……三台入武帐，八座起文昌……"宰相戍边，皇帝赠诗，其他朝臣岂敢怠慢。于是宋璟、张九龄、贺知章、张嘉贞等等，凡是能诗的，皆提笔奉和，篇幅都是20行，标题也都一个样：《奉和圣制送张说巡边》。如作评价，臣子之作对仗、用典虽不如皇帝，但诗的意境却都超过"圣制"。如张嘉贞的"山川看是阵，草木想为兵"，徐坚的"鼙鼓喧雷电，戈剑凛风霜"，皆不失为描述临战之名句。

唐代有多位宗室亲王、近20位宰相到灵州任朔方节度使。他们之中，有一批著名的文臣，有的亦工于诗，其中尤以张说存诗最多，但写宁夏的边塞诗仅存两首，而且都是赠别诗。一为《奉和圣制送王晙巡边应制》，一为《送赵二尚书彦昭北伐》。

唐代著名诗人中，写宁夏的名篇颇多。如"诗圣"杜甫，本在蜀中避乱，听说唐肃宗在灵州登基，便动身北上投奔，途中被叛军抓到长安囚禁半年。释放后，立即奔赴唐肃宗行营，被任命为左拾遗。他在几首诗中都称颂唐肃宗灵武登基，率10万大军收复长安，是"中兴"之主。如《送灵州李判官》："犬戎腥四海，回首一茫茫。血战乾坤赤，氛迷日月黄。将军专策略，幕府盛材良。近贺中兴主，神兵动朔方。"诗中的犬戎，指安禄山；将军，指朔方节度使郭子仪；幕府和材良，即指所送之李判官，属节度使下属小吏；中兴主，当然是指调动朔方神兵平定安史之乱的唐肃宗。

唐代大诗人的诗篇中写宁夏较多的还有白居易、王维、王昌龄、贾岛等一大批。

边塞诗的思想内容极其丰富，有的抒发渴望建功立业，报效国家的豪情；有的描写戍边将士的乡愁，家中思妇的离恨；有的表现塞外戍边生活的艰辛与连年征战的残酷；有的宣泄对穷兵黩武者的怨情；有的惊叹并描摹边地绝域的奇异风光和民风民俗。诗中流露的也可能是矛盾、复杂的情感：慷慨从军与久戍思乡的无奈；卫国激情与艰苦生活的冲突；献身为国与痛恨庸将无能的愤慨。

写宁夏的边塞诗，多以边塞军旅生活为主要内容。在这个大的主题之下，还可按所写内容分为以下几类：

一类重在描写雄浑的塞外风光。这类存诗的数量不下百余首，而且是宁夏边塞诗的精华所在。如王维的《使至塞上》，描写北出萧关后所见到的宁夏景色："征蓬出汉塞，归雁入胡天。大漠孤烟直，长河落日圆。"气势之大，场景之真，浓郁的边塞气息，浑厚的自然景观，令读者为之叫绝。

贾岛的《送李骑曹》也有异曲同工之妙："萧关分碛路，嘶马背寒鸿。朔色晴天北，河源落日东。贺兰山顶草，时动卷旗风。"

以边塞诗人著称的高适，有《塞上听吹笛》："雪净胡天牧马还，月明羌笛戍楼间。借问梅花何处落？风吹一夜满关山。"此时作者在陇右节度使麾下任书记官，他所写的牧马，即陇右监牧。关山，即今六盘山主峰米冈山。

在唐代诗人中，韦蟾存诗不多，知名度亦不高，但他的《送卢潘尚书之灵武》，由于高度浓缩了"塞北江南"的历史、景色及"六蕃子弟"的英雄气概，凡写宁夏的文人墨客，乃至研究宁夏历史、地理、军事、经济的学者，也都广为引用。

贺兰山下果园成［城］，塞北江南旧有名。

水木万家朱户暗，弓刀千骑铁衣明。

心源落落堪为将，胆气堂堂合用兵。

却使六蕃诸子弟，马前不信是书生。

诗中先写唐代宁夏平原的景象：贺兰山下的果园中，为什么硕果累累？因为这里是早就闻名于世的塞北江南了。在江南水乡的大场景中，千家万户掩映在林木繁荫之中。在交通大道上，行进着整齐的骑兵队伍。诗人在此笔锋一转，接着写地处边塞的贺兰山英雄男儿：落落大度有为将之才；胆气堂堂有退敌之策；虽说都是"六蕃子弟"，但一上战场，个个都奋勇当先。这首诗应作于大中年间，此时唐军在与吐蕃的战争中取得了阶段性胜利。诗中的"六蕃子弟"，是指唐太宗在灵州界内设"六胡州"安置内附的突厥、回纥等少数民族，他们的子孙长大成人，纷纷加入唐军，在朔方军中服役。

薛蓬《送灵州田尚书》诗，在回顾初唐时安置昭武九姓，置六胡州的历史后写道，"九姓浑羌随汉节，六州蕃落从戎鞍"，也在歌颂报效国家的各少数民族。

第二类是描写戍边将士的艰苦生活与英勇气概。《塞上曲》、《塞下曲》、《前出塞》、《后出塞》多属此类。就宁夏而言，位于固原市北7公里的秦长城称之为"塞"，也有人将汉萧关称作"塞"。"塞下"就是长城内或萧关之南，"塞上"则刚好相反。

王昌龄《塞下曲》描写的是"八月萧关道"上"出塞复入塞"的战争气氛，并规劝那些血气方刚的"游侠儿"，"从来幽并客，皆向沙场老"。所以，人们把这首诗归入"非战诗"之列。

王烈《塞上曲》写一位红颜少妇与从军丈夫的"两地情"："红颜岁岁老金微，砂碛年年卧铁衣。白草城中春不入，黄花戍上雁长飞……明镜不须生白发，风沙自解老红颜。"诗中的"白草城"，即位于萧关县的白草军城，在今海原县李旺镇东。诗中的妻子为思念丈夫而衰老；身在沙场的丈夫，对此自然很理解。

边塞诗人李益的《夜上受降城闻笛》，描述戍边将士在月光之下的思乡之情："不知何处吹芦管，一夜征人尽望乡。"

第二类诗的代表作当数王维的《老将行》。"老将"一生东征西战，功勋卓著，结果却落得"无功"被弃，不得不以躬耕叫卖为业的可叹下场。边烽再起，他又不计私怨，请缨报国。作品揭露了统治者的赏罚不明、冷酷无情，歌颂了老将的高尚情操和爱国热忱。

少年十五二十时，步行夺得胡马骑。

射杀中山白额虎，肯数邺下黄须儿。

一身转战三千里，一剑曾当百万师。

汉兵奋迅如霹雳，虏骑崩腾畏蒺藜。

卫青不败由天幸，李广无功缘数奇。

自从弃置便衰朽，世事蹉跎成白首。

昔时飞箭无全目，今日垂杨生左肘。

路旁时卖故侯瓜，门前学种先生柳。

苍茫古木连穷巷，寥落寒山对虚牖。

誓令疏勒出飞泉，不似颍川空使酒。

贺兰山下阵如云，羽檄交驰日夕闻。

节使三河募年少，诏书五道出将军。

试拂铁衣如雪色，聊持宝剑动星文。

愿得燕弓射天将，耻令越甲鸣吾君。

莫嫌旧日云中守，犹堪一战取功勋。

唐代在贺兰山下屯驻重兵的地方，只有一个定远军城，在今平罗县姚伏镇。从诗中的"贺兰山下阵如云，羽檄交驰日夕闻"一句看，这位"老将"是朔方军中的一名低级军官。

第三类为直接写战事。卢汝弼在《和李秀才边庭四怨》的《冬怨》诗中，为我们留下了夜战中，朔方将士奋力保卫贺兰山防线的场景："朔风吹雪透刀瘢，饮马长城窟更寒。夜半火来知有敌，一时齐保贺兰山。"

李频《闻北虏入灵州》则直接描写惨烈的战事："河冰一夜合，虏骑入灵州。岁岁征兵去，难防塞草秋。见说灵州战，沙中血未干。将军日告急，走马向长安。"

贞元三年（787），吐蕃攻陷盐州，毁城而去。九年，朝廷发动"城盐州"战役，调动6000士兵重筑盐州城，又调动左神策军、朔方军、河中军35000人在周边阻击、牵制吐蕃兵。两旬之后，新城筑就，"中外称贺"。白居易遂作长诗《城盐州》，歌颂这次战役的胜利和重要意义。全诗共36行，分两部分。前半部分描述筑城的困难和新城筑就的好处；后半部分是作者对"城盐州"的评价。

第四类为赠别诗。是诗人为好友到宁夏任职而写，其中除送别之情外，也大量描写了边塞的景物，如长河、名山、长城、险关、古道、烽火、狼烟、战马、宝剑、铠甲、边城、羌笛、飞鸿、雄鹰等。被送的人，既有封王的宗室，也有位至宰相、尚书的高官，还有小吏和低级军官。其中最多的是赠别朔方节度使赴任的诗，因为这一职务官高权重，一般都由名臣猛将担任，所以诗人朋友也多。

如送张仁愿赴任朔方行军大总管的赠别诗，已查到5首；送张说的最多，在10首以上；送王晙、郭元振的也不少。光是一个叫"李骑曹"的低级军官到灵州上任，流传下来的就有郎士元、贾岛、张籍的赠别诗。而这些赠别诗，又都充满情感，品位极高。杜甫《送灵州李判官》、皇甫冉《送节度赴朔方》、张九龄《奉和圣制送尚书燕国公说赴朔方》、韦蟾《送卢潘尚书之灵武》、贾岛《送李骑曹》和《送邹明府游灵武》、无可《送灵州李侍御》……都属诗中佳品。

张籍《送李骑曹灵州归觐》诗："翩翩出上京，几日到边城？渐觉风沙起，还将弓箭行。席芨侵路暗，野马见人惊。军府知归庆，应教数骑迎。"从诗中看，张籍应到过灵州，否则不会有席芨草、野马等描述。唐代时，贺兰山麓野马多，每年都要捕获数头向朝廷进贡。

岑参写过很多著名的边塞诗，其中赠别诗也不少。他的《胡笳歌送颜真卿使河陇》，通过胡笳声和萧关道，把陇山（今六盘山）、天山、边城景色与送别之情融为一体，是赠别诗中的上乘之作。

君不闻胡笳声最悲，紫髯碧眼胡人吹。

吹之一曲犹未了，愁杀楼兰征戍儿。

凉秋八月萧关道，北风吹断天山草。

昆仑山南月欲斜，胡人向月吹胡笳。

胡笳怨兮将送君，秦山遥望陇山云。

边愁夜夜多愁梦，向月胡笳谁喜闻？

第六节　少数民族对文化的贡献与唐朝公主和亲佳话

昭武九姓对文化的贡献　回纥（回鹘）对丝路文化的影响　吐蕃村及其习俗　沙陀部的融合　弘化公主和亲与吐谷浑的内徙　衡阳公主与突厥首领阿史那社尔

隋唐五代之际，宁夏境内散居有众多的"昭武九姓"。他们的来源有二：一是西突厥战败后，降众过 10 万，其中一部分安置在灵州界内，并专设六个羁縻州，史称"六胡州"；二是陆续从中亚阿姆河、锡尔河流域，沿丝绸之路东迁的中亚人。

"昭武九姓"，是南北朝至隋唐时期，对今中亚地区九个政权居民的泛称。按《新唐书·西域传下》的记载，西域有个康国，其民原居祁连山北面的昭武城（城在今甘肃临泽县），后迁至葱岭以西的西突厥领地中，支庶分王各地，形成康、安、石、曹、米、何、火寻、戊地、史姓九国，故称昭武九姓。而《隋书·西域传》的记载有两点不同：一是其族源为西汉时祁连山北的大月氏，被匈奴逐至葱岭以西；二是形成的昭武九姓国家的国名，其中有五个与《新唐书》相异。昭武九姓所居中亚之地，原住民以粟特人为主，有独立的语言和文字。

昭武九姓迁入宁夏较多的有：康国，在今乌兹别克斯坦撒马尔罕一带，是昭武九姓的中心；曹国，治瑟底痕城（今乌兹别克斯坦撒马尔罕西北伊什特汗）；何国，在今撒马尔罕西；石国，在今塔什干一带。今宁夏的盐池、灵武、同心、青铜峡，是昭武九姓居住较集中的地方。盐池县的高沙窝镇苏步井乡，有何姓的墓群遗址。

开元九年（721），居住在六胡州的昭武九姓对失去羁縻州的民族自治权不满，爆发了大规模的民族起义。起义领袖先为康侍宾，后为康愿子，主要将领安恭容、何黑奴、石神农等也都是九姓人。他们首先攻陷由六胡州改置的县，很快聚合6万之众，又攻占河套大部。后由朔方行军大总管张说、王晙率兵镇压下去。

唐军将领中，还有史宪诚、何进滔、史孝忠、史敬奉、康志睦、康承训、康传业等，也都是"六胡州"的昭武九姓人。

昭武九姓在中西文化交流史上，有四个突出贡献：

一是对丝路商业贸易的贡献。昭武九姓因居中亚，是中西交通的中转地，故善于经商，长期从事丝绸之路上的转手贸易，将中华文明西传，把异国商品东送。他们还经常为一些国家承担外交使命，充当翻译、向导。

二是将中亚的乐器、音乐、舞蹈，南亚、西亚的历法、药物传入中原。

三是对中原四周各游牧汗国的政治、经济和文化生活有过重大影响，特别是把粟特文字传入突厥、回鹘汗国，演化、发展成为回鹘文、蒙文、满文，是对中华多元文化的重大贡献。

四是对域外宗教文化传入中国，特别是祆教、摩尼教的传入，有特殊的作用。这里，要特别提到集中居住在原州的史姓家族。

昭武九姓中的史国人，在北魏初期就沿丝路进入中国定居。原州是丝路重镇，因而有很多史国人集中居住。今固原市原州区老城内，隋唐时有劝善里、万福里，是史姓人集中定居之里。原州区的开城镇，则是他们的殡葬地。已发掘并出土有墓志的史姓显贵墓，就有7处之多。其中包括隋大业六年（610）下葬的大都督、骠骑将军史射勿，唐显庆元年（656）下葬的左御卫将军史索岩，显庆三年下葬的史道洛，唐咸亨元年（670）下葬的陇右监牧第十七监使史铁棒……发掘这些墓葬时，出土有中亚各国的金币、银币、金覆面、蓝宝石印章、壁画。出土的7件墓志中，有4件为国家一级文物。从铭文看，史姓人在祆教传入中国的进程

图上 3-6　唐代昭武九姓史氏墓葬群中的壁画　选自《中国文物地图集·宁夏分册》，文物出版社 2010 年版

中起过重要作用。

　　祆教属古波斯宗教，全称"琐罗亚斯德教"，因崇拜日月星辰及火，故译作祆教或拜火教。祆教传入中国后，在都城及重要城市建立祆祠。朝廷为管理祆祠，还专门设置职官，隋朝名"萨宝"，唐作"萨保"。史铁棒的曾祖父史多思，是北周京都的萨宝。隋大业六年去世的史射勿，享年 66 岁。他的曾祖父、祖父，都长期担任萨宝。按年龄推算，史射勿的曾祖父进入中国传教，当在北魏早期。此时，祆教

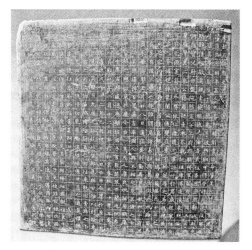

图上 3-7　唐代昭武九姓史氏墓葬群中的《史道洛墓志》　选自《中国文物地图集·宁夏分册》，文物出版社 2010 年版

刚传入中国。这说明，原州的史姓家族的祖先，当属祆教传入中国的首批传教士。

　　回纥原属东突厥之一部。源于匈奴，后称敕勒，讹为铁勒，隋大业中改称回纥，世居漠北。在很长时间内，部族"无酋长，逐水草转徙，善骑射"[22]。隋朝时牙帐在娑陵水（今蒙古国色楞格河）上，有众 10 万。

东突厥灭亡后，回纥又占据薛延陀牧地，势力南过贺兰山。

贞观二十年（646），回纥铁勒部的拔野古、仆固、同罗、浑、契苾、多滥葛、阿跌、思结、跌结、斛薛十一部至灵州降唐，设羁縻州府安置。其余诸部置燕然都护府统之，下有六都督府、七州，均以回纥酋长、俟斤任之。天宝四年（745）西迁牙帐至乌德犍山（今杭爱山）与昆河（今鄂尔浑河）间，控地"东极室韦，西至金山，南控大漠，尽得古匈奴地"㉓。安史之乱时，出兵助唐收复京都长安，然后抢掠三日。此后，回鹘数遣使和亲。乾元元年（758），唐肃宗以幼女宁国公主下嫁其葛勒可汗。后来，唐德宗再以咸安公主嫁其可汗，故回纥自称与唐有"甥舅"关系。784 年改称"回鹘"。830 年后因可汗之争内乱，840 年被黠戛斯攻灭，余众分三支迁入天山南北及河西走廊。唐末五代的高昌、于阗、龟兹，宋代的西州回鹘、黄头回纥，都是回鹘族建立的政权。

灵州界内有回鹘的铁勒十一姓，从灵州向西直到天山南北，丝绸之路沿线也都有回鹘族居住。他们对丝路交通的畅通和中西文化交流，做出了巨大贡域。

第一，回鹘始终在保护丝路交通。唐广德元年（763）传统丝路萧关道中断后，中原与西域交往只能选"回鹘道"。灵州道开通后，吐蕃、党项时常攻击、抢劫丝路上的中外使团、商队。而回鹘为了保护丝路，常与吐蕃相攻。回鹘商人、使团，还经常给中外僧侣、使团作向导带路，是中亚粟特人的继承者。

第二，回鹘的各个政权，一直与中原朝廷友好交往。五代时，西域其他国家、政权与中原朝廷的交往几乎断绝，但于阗的回鹘李氏政权每年都数次派出使团，带着大量贡品入朝。回鹘使团从灵州南行至环州（今甘肃环县）境，常遭吐蕃、党项部落抢掠。后唐长兴三年（932），派药彦稠、唐福率兵进剿，获得大量被劫的回鹘贡品。

第三，回鹘人善于经商，到唐末五代，他们取代昭武九姓，成为中西文化、经济交流的中间人。和田的美玉，西域各国的药材、香料、毛织品，中国的丝绸、茶叶，多经他们之手东运西转。至于回鹘马，在五代时更是大量涌入中原，每次交易甚至达数千至上万匹。五代时居住在贺兰山下的回鹘王子，就曾因贩运丝绸在甘州被吐蕃抢劫，丝绸损失殆尽，连马匹、骆驼也都被抢光。他将这些情况分别写信告知父王、母后及好友，此即《和田塞语七件文书》，原为敦煌石窟遗存文书，今存巴黎博物馆。

第四，对中原生活习俗的影响深远。唐代中原人喜着回鹘装，在贵族妇女和宫廷中更为盛行。五代花蕊夫人《宫词》记有宫廷妇女喜好"回鹘衣装回鹘马"的盛况。从宁夏石空寺石窟、须弥山石窟的唐代造像、壁画以及宁夏各地出土的唐代陶俑，可以看出回鹘女装的基本特点：略似男装长袍，翻领，袖窄小，衣身宽大，下长曳地，颜色以暖调为主，尤以红色为多。用料大多为质地厚实的织锦，领、袖均镶有宽阔的织金锦花边。穿上这种服装，再将头发挽成椎状髻式，时称"回鹘髻"。髻上戴一顶桃形会冠，上缀凤鸟。两鬓插有簪钗，耳边、颈项佩首饰。足穿翘头软锦鞋。这种打扮，在唐五代最为时尚，对以后千余年汉族服饰亦有较大影响。

吐蕃是藏族的前身，公元7世纪初在青藏高原兴起。文成公主入吐蕃和亲后，与唐朝保持了近30年的友好关系。从656年开始，吐蕃逐步向内郡扩张。是年灭白兰，663年攻灭吐谷浑，占领青海全境。随后又与唐争夺西域的控制权。安史之乱后，更是趁火打劫，大肆东进。剑南、陇南、河西走廊、陇右、西域、陇东乃至原州、盐州等数十州之地，都被攻占。广德元年（763）甚至一度攻进长安城。

公元9世纪中期，吐蕃发生内乱，河西等11州汉族起义归唐，唐军亦组织反攻，收复了近20个州。但很多州县仍为吐蕃部族控制，直到五代仍未收复。而整个宁夏，到处都有吐蕃部落居住，但互不统属。唐中后期集中居住在宁夏南部，五代扩散至全境，连银川平原都出现若干吐蕃村。据北宋初期成书的《太平寰宇记》卷三十六记载，在灵州城郊及所辖七镇，各有三五个吐蕃村，每个村为一个部落。朝廷任命部落首领自行管理，称"吐蕃村巡检使"。

吐蕃族对宁夏地域文化也有一定的影响，带来了一些生活习俗。如交通工具，吐蕃喜用牦牛为驮畜。初来时无牦牛，便以宁夏黄牛替代。贞元三年（787）六月，李泌对唐德宗说，"吐蕃久居原、会间，以牛运粮；粮尽，牛无所用"，可将库存多年已变质的"恶缯"染色伪装，以两三匹便可换牛一头。现存 18 万匹恶缯，可换回 6 万头牛。

宁夏平原本无饲养牦牛的习惯，可到西夏时期，已广为畜牧，即是吐蕃族所致。

吐蕃的驿传方式，也在唐代传入宁夏。贞元十七年（801）七月，延州僧人延素在盐州西 90 里横槽烽（今盐池县境内）被吐蕃俘获，一位叫徐舍人的吐蕃官吏自称是徐敬业之后，正安慰延素，即有"飞鸟使"驰来。所谓"飞鸟使"，就是吐蕃驿骑。

沙陀源出西突厥处月部，居阿尔泰山南、巴里坤湖东。贞观二十三年（649），处月俟斤朱邪阙请内属唐朝。永徽三年（652），唐在处月故地设沙陀州，处月部在伊犁河归附。安禄山反，沙陀族首领骨咄支助唐平叛，以功拜特进、骁卫上将军。骨咄支死，子尽忠袭爵。后吐蕃占领北庭，将沙陀迁到甘州。吐蕃又疑沙陀有二心通回鹘，欲再迁青海省黄河源头一带。朱邪尽忠与其子朱邪执宜决定举部内徙归唐。3 万多帐且战且走，尽忠战死，执宜率万余帐至灵州。朝廷在盐州北设阴山都督府安置。

唐朝末年，沙陀部融入其他民族。

吐谷浑本是辽东鲜卑之一部，以慕容为姓氏。先迁至阴山南北，西晋末迁至枹罕（今甘肃临夏）。东晋时进入青海河湟地区兼并羌族诸部，于 329 年建立吐谷浑国，居祁连山之南、洮河之西、河源以东。吐谷浑经常引进波斯马，牧于青海湖畔，所生马驹，日行千里，世称青海骢。

到隋朝时，其都城在伏俟城（今青海湖西侧），辖境包括今整个青海省及甘肃省的张掖、武威地区。后经隋多次派兵征剿，加之内乱，国力逐步衰微。大业五年（609），隋炀帝西征，一举攻克伏俟城，吐谷浑灭亡。隋在其境置鄯善、且末、西海、河源四郡。隋末农民起义时，原逃出的吐谷浑王伏允返回故地，招集旧部复国。

唐朝建立，吐谷浑再度强盛，一面向唐称臣进贡，一面不断扰边。贞观十三年（639），新立可汗慕容诺曷钵入朝请婚。唐太宗采取"怀柔"

政策，封诺曷钵为"河源郡王"，又于贞观十四年（640）将宗室女弘化公主送去联姻。吐谷浑一直与唐兵戎相见，弘化公主到来后，化干戈为玉帛，再未发生战争。

吐蕃君长弄赞知道后，也遣使入朝请婚，唐太宗未允，引发了吐蕃与吐谷浑、唐朝的几次大战。后来，吐蕃日益强大，不断蚕食吐谷浑领土，诺曷钵带领家族、臣僚及余部逃至今青海省大通河流域。因地方狭窄，又常遭吐蕃攻击，所以"不安其居"，要求内徙。《旧唐书·西戎传》卷一九八载："吐谷浑遂为吐蕃所并。诺曷钵以亲信数千帐来内属，诏左武卫大将军苏定方为安置大使，始徙其部众于灵州之地，置安乐州，以诺曷钵为刺史，欲其安且乐也。"按《新唐书·地理志》卷三七记载，迁吐谷浑、置安乐州的时间为咸亨三年（672）。这次迁入的"数千帐"，多是吐谷浑国内长期追随诺曷钵的上层人士，因而家大业大，人口亦多。按最低每帐 6 口计，应有三四万人之众。

广德元年（763）后，安乐州被吐蕃攻陷，吐谷浑四散融入他族。

弘化公主是淮南壮王李道玄的侄女。李道玄是李渊的同宗堂叔，唐立国后四年就在平乱战争中战殁，年仅 19 岁，无子无女，由其胞弟李道明承袭王位，改称淮南王。贞观十四年（640），唐太宗将李道明之女封为弘化公主，并派李道明等送往吐谷浑国和亲。李道明在吐谷浑说漏嘴，暴露了公主"非帝女"的身份，返回后即被削去王位，担任郓州刺史。但弘化公主毕竟是李唐宗室女，自幼受到良好的家庭教育，知书达理，聪明贤惠，而且又长得美丽。所以，吐谷浑国王并未介意，不但夫妻关系融洽，而且从此与唐朝十分友好。

后来，武则天赐弘化公主姓武，改封西平大长公主，拜诺曷钵为驸马都尉。圣历元年（698）五月三日，弘化公主病死于灵州府第，享年 77 岁。第二年三月十八日，迁葬在凉州吐谷浑家族陵园。甘肃武威市青嘴湾出土有弘化公主《墓志》，其内容与新、旧《唐书》的《吐谷浑传》吻合。弘化公主 18 岁嫁到吐谷浑，50 岁迁到安乐州，在宁夏生活了 28 年。

据《新唐书·吐谷浑》记载，弘化公主与吐谷浑的慕容家族迁到安乐州后，共往下延续了四代。弘化公主生三子，长子娶金城公主，次子娶金明公主，但都英年早逝。三子慕容忠承袭父爵。忠死，其子宣超立，于圣历三年（700）承袭可汗称号，拜左豹韬员外大将军。

此时，吐谷浑留居青海的余部纷纷降唐，宰相张锡、唐休景建议分散安置到秦、陇、原、丰等州。经凉州都督郭元振力争，仍安置在灵州界内交慕容宣超兄弟管理。宣超死后，第三代曦皓立。曦皓死，其子慕容兆立。此时，吐蕃东进，攻陷安乐州，吐谷浑残部逃往河东、朔方，慕容兆战死。第四代中的慕容复此时任朔方节度副使，拜左金吾大将军。贞元十四年（798）十一月，朝廷令其世袭长乐府都督，封为青海国王乌地野拔勒豆可汗。同心县下马关乡之北发掘的慕容威夫妇墓亦为第四代，曾任长乐游击副使。

慕容复死后，青海国王、可汗之位均停止袭封。

1974年，在同心县韦州镇西北、大罗山东麓发掘诺曷钵后代的一座合葬墓，即慕容威夫妇墓。出土《墓志》一方，高81厘米，宽87厘米，厚15厘米，其铭文共33行，每行31—33字不等。《墓志铭》记载：墓主男的叫慕容威，死于天宝十五年（756）；女的系武则天的侄孙女、武承嗣的孙女，葬于乾元元年（758）。慕容威的曾祖父就是慕容诺曷钵；祖父慕容忠，娶的是陇西郡王之女，也属唐宗室公主。如果把武则天的侄孙女算上，吐谷浑的慕容家族，共娶了5位唐公主，她们都长期生活在宁夏。

另一位和亲的唐公主是衡阳公主，为李渊第十四女、李世民的胞妹，下嫁阿史那社尔。

阿史那社尔本系突厥处罗可汗之子，成年后与颉利可汗分统诸部，但他在政治上反对与唐为敌，遂与颉利分道扬镳。贞观二年（628）逐走西突厥，取其领地之半，自号"都布可汗"，有控弦之士10万，其领地北至大漠，南及灵州西北境。

颉利败亡后，阿史那社尔被薛延陀打败，西退至高昌，于贞观十年（636）率部归唐。唐太宗授以左骁卫大将军，将其部众万余人安置在灵州，又下嫁衡阳公主，封其为驸马都尉。

阿史那社尔为唐之名将。贞观十四年（640）平定高昌，以功封毕国公。贞观二十一年远征龟兹，拔其都城。龟兹王率轻骑遁走，阿史那社尔追袭 600 里，攻下 5 座大城，最后生擒龟兹王，70 余城望风而降，又劝降了于阗国王。唐太宗驾崩后，他请求以身殉葬，唐高宗不准，迁右卫大将军。永徽元年（650）死后陪葬唐太宗昭陵，筑其陵形似葱岭，追赠辅国大将军，谥号"元"。他为将廉而奉公，大小战役所获分毫不取。《旧唐书》、《新唐书》均为其立有传。衡阳公主仅生一子，名道真，曾任左屯卫大将军，咸亨年间与薛仁贵西征吐蕃，因部众悉数溃逃，免官为民。

【注释】

① 《元和郡县图志》卷四，中华书局 1983 年点校本，第 91 页。

② 《魏书·高车传》，中华书局 1974 年点校本，第 2308—2309 页。

③ 《魏书·高车传》，中华书局 1974 年点校本，第 2308 页。

④ 《元和郡县图志》卷四，中华书局 1983 年点校本，第 95 页。《太平寰宇记》卷三六，光绪八年金陵书局刻本，第 14 页废弘静县条。

⑤ 《太平寰宇记》卷三六，光绪八年金陵书局刻本，第 13 页"废怀远县条"："周建德三年迁二万户于此置郡及县，并名怀远。"

⑥ 王轨大败陈将吴明彻的时间有两说。《太平御览》卷一六四转引《隋图经》、《太平寰宇记》卷三六均记作宣政二年，《资治通鉴》、《北史》系在宣政元年三月，"俘斩"人数为 3 万余人。北周宣政只有一年，故从后者。

⑦ 《太平寰宇记》卷三六，光绪八年金陵书局刻本，第 10 页"灵州风俗条"。

⑧ [宋] 曾公亮：《武经总要》前集卷十八下，钦定四库全书本，第 6 页"灵州怀远镇条"。

⑨ 本节所引《水经注》原文，全部出自王国维：《水经注校》，上海人民出版社 1984 年版，第 71—75 页。

⑩ 魏孝明帝决定此事的时间为正光五年（524）。据其他史籍记载，薄骨律镇改为灵州并置郡县，发生在孝昌二年（526），而李崇死于孝昌元年。《北史》记载此事，说因当时"诸镇叛"，郦道元"不果而还"。郦道元在《水经注》中对薄骨律镇名有过考究："访诸耆旧，咸言故老宿谚云：赫连之世有骏马死此，取马色以为邑

号，故目城为白口骝韵之谬，遂仍今称。"显然，他到了薄骨律镇，并作过实地考察访问。当时高平镇确实发生了胡琛领导的农民起义，沃野镇也有破六韩拔陵发动的起义，但薄骨律镇始终是稳定的。所以，《北史》的"不果而还"，是指郦道元只到薄骨律镇完成了"镇改州"的任务，因其余"诸镇叛"，只好返回朝廷。

⑪《魏书·刁雍传》，中华书局 1974 年点校本，第 865—871 页。

⑫《新唐书·回鹘下》，中华书局 1975 年点校本，第 6136—6137 页。

⑬ 此据《旧唐书·太宗纪》。《新唐书·回鹘下》所列铁勒 11 部不包括回纥、薛延陀，而是拔野古、仆骨、同罗、浑、多览葛、阿跌、菅逻禄、拔悉蜜、都播、骨利干、白习。铁勒是回纥的前身，本名敕勒，讹为铁勒。

⑭《新唐书·突厥上》，第 6037 页。

⑮《新唐书·兵志》，第 1337 页。

⑯ 前田正明：《北魏平城时代的鄂尔多斯南缘路》，发表于日本《东洋史研究》第 31 卷第 2 号，1972 年 9 月刊，胡戟译。

⑰《魏书·西域·厌哒》，中华书局 1974 年点校本，第 2279 页；《洛阳伽蓝记》卷五；《资治通鉴·梁纪》，中华书局 1956 年版，第 4750 页。

⑱ 罗振玉：《鸣沙石室轶书》附影印件《水部式》。

⑲《旧唐书·李德裕传》，中华书局 1975 年点校本，第 4523 页。

⑳ 此事《新唐书·回鹘下》记为"宣宗……遣使者抵灵州省其酋长，回鹘因遣人随使者来京师"，实误。此时回鹘居于安西，其酋长也不在灵州。《资治通鉴·唐纪》856 年记为："上遣使诣安西慰抚回鹘，使者至灵武，会回鹘可汗遣使入贡。"此从后者。

㉑《宋史·段思恭传》，中华书局 1977 年版，第 9272 页。

㉓《新唐书·回鹘上》，第 6111、6115 页。

第四章

西夏文化的形成、发展与衰亡
——宋辽金

　　在唐末以来大动荡、大分裂的形势下，党项拓跋部在黄河中上游河套地区崛起，它东抗契丹、北宋，西收吐蕃、回鹘，最终统一西北大部分地区，建立了盛极一时的西夏王朝（1038—1227）。史书记载，西夏疆域，东据黄河，西至玉门，北抵大漠，南临萧关，方2万余里。

　　在大约两个世纪的时间内，党项人以宁夏平原为基础，立足西北地域文化，吸收中原汉族文明，创造了独具特色的西夏文化，推进了西北

图上 4-1　西夏疆域图　选自中国国家博物馆、宁夏回族自治区文化厅编《大夏寻踪：西夏文物辑萃》，中国社会科学出版社 2004 年版

地区的统一及民族融合、经济发展，为中国元代的大统一奠定了基础。西夏文化是西夏民众物质文化和精神文化的总和，是中华民族多元一体文化的重要组成部分。

第一节　西夏儒学的兴起与发展

西夏儒学文化的发展阶段　西夏儒学的地位和作用

西夏从部落联盟走向君主国家的过程，就是儒学，尤其是儒学政治观兴起、发展和发酵的过程。

西夏建国之前，拓跋夏州集团作为宋朝属地，在仪卫、服饰、天文、历法、职官、尊号、宫殿、宗庙建设等方面，就已经摹仿汉族中央王朝的制度。西夏建国后，经过了蕃、汉两种文化的斗争，逐步确立了以儒治国之道。从景宗元昊称帝到末帝睍亡国，西夏儒学的发展，大体上可以分为四个阶段[①]。

第一阶段为景宗元昊时期（1038—1048），是西夏儒学的形成阶段。

作为西夏政权的创建者，元昊为了抗衡辽、宋，约束部落，在政治、军事上实行了秃发改姓、立号建都、健全职官、严格服饰、确定兵制、简化礼仪等改革；在文化教育上采取了创立文字、设立"蕃学"与"汉学"等政策。

这些政策一方面意在恢复党项民族传统，增强西夏国家认同，但更重要的一方面却是为了因应西夏由部落联盟走向帝制国家而对中原典章制度及其思想文化的吸收与调适。比如秃发改姓，是为了抬升统治民族和帝系家族的地位；严格服饰，是为了体现社会等级关系；创立文字、简化礼乐，是为了尽快地提高忠实为先、战斗为务的党项民众的文化和文明水平。一言概之，元昊改制的要旨在于务实地建立等级森严的封建统治秩序。

元昊让"西夏文之父"、名臣野利仁荣主持都城兴庆府的蕃学，而各州的蕃学里则由地方名士担任教授，吸引了大量党项贵族子弟和少量汉官子弟前往学习。等到他们学有所成，根据考试成绩的高低以及书法的端正与否，授予适合所长的官职。元昊还下令"境"内各州也要建立"蕃学"，其教学由国家任命的"教授"负责。

"蕃学"主要的任务是推广新创制的西夏文字和学习西夏文字翻译的汉文典籍，如《孝经》、《尔雅》、《四言杂字》等。这样，随着这些中原的尤其是儒家的著作的流行，儒家提倡的忠孝礼仪思想和皇权至上观念，在西夏社会中得到了广泛宣扬，并渐渐融入了党项民众的精神世界。表面上看，蕃学的创建固然有利用"胡礼蕃书"培植民族意识的一面，但实际上就其主要目的和教授内容来看，是在于解决西夏立国之初文化贫瘠、人才匮乏的问题。因此，在一定程度上，蕃学就代表着汉地儒学的"西夏化"。

元昊还十分重视儒学才俊的提携。"本地儒学英豪为元昊所用的有杨守素、张陆、张绛、杨廓、徐敏宗、张文显、钟鼎臣等，外来儒学英才得到元昊重用的，以宋朝投奔过来的失意知识分子张元、吴昊为典型。这些儒学人才，在为元昊确立典章制度，奠定立国规模，以及完成外交使命方面，起了十分重要的作用"[②]。

第二阶段为毅宗谅祚、惠宗秉常时期（1048—1068），是西夏儒学的充实阶段。

元昊死后，"尚武重法"的立国原则和举止轻率的"蕃礼"越来越异变为外戚豪族专权的思想武器。为了夺回政治权力，树立君主专制，皇帝所在的集团就积极推行主张"尊君"的儒学和"汉礼"。这样，在"蕃汉礼"一来一往的斗争中，西夏儒学得到了充实和发展。

1061年10月，毅宗谅祚亲政，他下令境内停止使用蕃礼，改用汉礼，并且遣使请求宋朝准许西夏用汉礼接待朝廷的使者。同年，谅祚上表，贡马50匹，希望宋朝赐予"九经"、《唐史》、《册府元龟》及朝正和朝贺的礼仪制度。所谓"九经"，在宋代是指《易经》、《诗经》、《书经》、《左传》、《礼记》、《周礼》、《孝经》、《论语》、《孟子》9部儒家经典。系统地引入儒家经学和儒学著作，显示了西夏儒学的进一步发展。1063年，谅祚放弃党项姓嵬名，改用唐朝以来的赐姓——李氏。此外，谅祚还采取了增设官职、重用汉人、改"监军司"为"军"等旨在加速汉化的措施。

继任的惠宗秉常也非常倾慕中原文化，在位期间曾下令国中悉去蕃礼，复行汉礼。但由于反对汉化的外戚梁氏集团长期掌握核心权力，这些措施无果而终，儒学停滞不前。

第三阶段为崇宗乾顺、仁宗仁孝、桓宗纯祐统治时期（1086—1206），是西夏儒学的发展阶段。

"在这个时期里，随着西夏疆域的扩大，封建经济的发展和政治制度的日益完善，作为上层建筑之一的儒学，在统治者乾顺、仁孝的大力倡导下，获得了空前的发展"③。其主要建树如下：

一是兴办儒学学校。儒学学校的正式建立是在崇宗乾顺时期（1086—1139）。此前，围绕着是否施行"汉礼"的问题，以皇帝为首的政治势力和太后所在的外戚集团经常发生激烈的冲突。"蕃学"派大多支持外戚集团，使得皇帝集团在舆论方面十分被动。御史中丞薛元礼洞察到文教在西夏政治转型中的意义，他上书说：

> 士人之行，莫大乎孝廉；经国之模，莫重于儒学。……景宗以神武建号，制蕃字以为程文，立蕃学以造人士。缘时正需才，故就其所长，以收其用。今承平日久，而士不兴行，良由文教不明，汉学不重，则民乐贪顽之习，士无砥砺之心。④

西夏贞观元年（1101），乾顺下令在蕃学外特建"国学"，学生名额300人，由国家免费供应衣食。这是西夏政治史和文化史上的一件大事。此后，西夏教育走上了蕃汉并重、推崇儒术的道路。

到仁宗仁孝时期（1139—1193），以儒学为主的西夏教育迅速发展。当时的兴庆府城内又增加了两所官办的高级学校。

一曰"小学"。1144 年创建，又称宫学、内学，以初设于宫禁而得名，后来推广到全国各地州县，弟子学员共达 3000 人。宫内的小学，主要招收 7 岁至 15 岁的宗室子弟，专门请教授讲课，仁宗与皇后有时也亲为训导。

二曰"大汉太学"。1145 年创建或改制。因为"大汉太学"的前身有可能就是崇宗时期设立的"国学"，即便不是最高的学府，"太学"的地位肯定也非同寻常。史载，仁宗曾经亲自前往这里主持祭奠孔子的仪式。

黑水城遗址出土的西夏文献《新修太学歌》，提供了这所学校的一些情况。诗中开首说明西夏建立"太学"、培养人才的重要性，所谓"天遣文星"，使"番君子得遇圣句圣语文"，以便治国安邦。其后描述太学建筑的形制和功用，如"沿金内设窗"、"顺木处开门"、"冬暖百树阁"、"夏凉七级楼"等，可能是继承和模仿中原汉唐传统的"太庙"而建。诗歌中有"夙兴拱手念真善，住近纯佛圣处"之句，表明"太学"中还有诵读佛教经典的课程。或许这也是西夏中后期学校的特色之一⑤。

在西夏政权兴办学校、推广儒学的氛围中，人庆三年（1146）三月，仁宗仁孝宣布尊崇孔子为文宣帝，下令州郡悉立庙祀，殿庭宏敞，并如帝制。

二是完备科举制度。西夏建国之初尚未实行以考试为主的科举取士制度，官员的选拔主要根据藩镇时代的惯例，不是世袭就是幕府拔擢。从景宗李元昊开始，学校也成为西夏培养和储备官员的重要途径之一。

不过文献记载表明，晚到 12 世纪上半叶的崇宗乾顺统治期间，西夏才真正建立起完整的科举取士制度。公元 1147 年 8 月，西夏举行科举考试，中举者享受唱名觐见皇帝的待遇。为了鼓励学习之风，西夏还重新恢复了旨在鼓励儿童学习儒学的童子科。1135 年前后，8 岁的斡道冲通过童子科考试，之后他更加勤奋习儒，最终成为西夏历史上有名的学者和政治家。

根据史书留下的零星记载，在西夏名臣中，如仁宗仁孝时的斡道冲、高逸，神宗遵顼时的权鼎雄，献宗时高智耀等，都是以进士身份进入仕途的。有的帝王在登基之前，也曾参加科举考试。如神宗遵顼，原为齐王李彦宗之子，他"端重明粹，少力学，长博通群书，工隶、篆"，天庆十年（1203）三月，"廷试进士唱名第一"。"皇帝出身状元，不仅在西夏历史上属于唯一的例外，即使在我国多民族国家的历史长河中也是一件极为罕见的事"⑥。

西夏于天盛十三年（1161）正月，仿唐宋制度设翰林学士院，所选之人也通过科举选拔，是专为皇帝草制诏书、备顾问的文学优长之士。神宗时的权鼎雄即"以文学名授翰林学士"。已见于史书记载的西夏翰林学士，有仁宗时的王佥、焦景颜、杨彦敏、刘昭、王师信、梁宇、王禹玉、余良，桓宗时的李国安、张公辅，襄宗时的梁德懿，神宗时的权鼎雄等。此外，襄宗时观文殿大学士罗世昌，献宗时徽猷阁学士李弁等，也都是通过科举进身授职。

科举取士一直延续到西夏灭亡前夕。高智耀就是在公元 1224 年一次策试中脱颖而出的。不过，他看到蒙古军已兵临城下，国事不堪收拾，便隐居贺兰山中。元初为宪宗、世祖所用，成为一代名儒。

三是阐释儒家经典。随着学校数量的增多，开科取士的频繁，广大知识分子需要阅读大量儒家典籍。为了满足这一需要，西夏多次派遣使者到宗主国金朝购买儒释诸书。仁孝时，不仅组织人力翻译出版大量儒家经典著作，而且对其中的一些著作的义理进行阐释。如精通五经的蕃汉教授斡道冲就曾译《论语注》，作《论语小义》二十卷，又作《周易卜筮断》。再如蕃汉大学院教授曹道安译传《德行集》、《新集慈孝传》等。这表明西夏儒学已经不再是单纯的对中原儒学的学习，而是有一定的创新了。

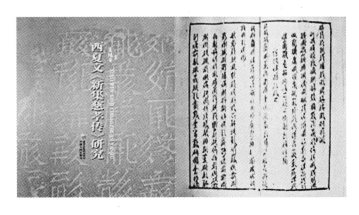

图上 4-2　西夏文《新集慈孝传》书影　采自聂鸿音著《西夏文〈新集慈孝传〉研究》，宁夏人民出版社 2009 年版

第四个阶段自襄宗安全到末主睍（1206—1227），这是西夏儒学的衰亡时期。

在这个阶段里，由于西夏同金及蒙古战争频繁，统治者无力继续振兴学校，发展科举。因此，这一时期的儒学明显衰落，虽然开科取士仍在坚持，但学校的兴办很不景气。在战争影响下，到西夏亡国之际，各郡县所建的学宫几乎不存，只有甘州还有残迹，凉州则有殿庑。由是观之，儒学衰败概可想见。

西夏儒学的地位，可以从政治和学术两个方面来看。

在政治方面，至少在崇宗乾顺以后，随着汉礼的复兴，西夏社会接受了"士人之行，莫大乎孝廉；经国之模，莫重于儒学"的见解，确立了儒学主导政坛的地位[7]。后世的史家尽管对于西夏反复无常的外交多有微词，但是就西夏崇尚儒学的举措而言，都予以了高度评价。《宋史·夏国传》云："乾顺建国学，设弟子员三百，立养贤务。仁孝增至三千，尊孔子为帝，设科取士，又置宫学，自为训导。观其陈经立纪，《传》曰：'不有君子，其能国乎？'"《金史·西夏传》曰："能崇尚儒术，尊孔子以帝号，其文章辞命有可观者。"

然而，这些评价并不意味着西夏儒学在中国儒学史上有过多么大的成就。事实上，西夏人的儒学，只是对宋以前中原儒学的学习。也就是说，西夏儒学没有明确的思想发展以推动儒家传统的前进[8]。

首先，西夏人对儒家经典的释读能力十分有限。党项人对汉语言文字的学习和阅读存在着很大的困难。"西夏《诗经》译例中有半数均存在不同程度的误解，有的甚至可以说是严重失误，这说明西夏知识分子对于《诗经》并不像预期的那样熟悉，以《诗经》为代表的中原古典文学没能成为党项文人文学的滋养"[9]。

其次，"西夏王廷虽然口头上在国内倡导儒学，但并未真正把儒家经典列为蕃学的必修课程，王廷没有组织过"九经"的翻译，蕃学出身的文臣也不研读"九经"。西夏人对中原儒学没有表现出像对藏传佛教那样的热情"[10]。

第三，"就西夏文化的总体情况来看，西夏是一个不重修史的地方政权。……从修史的层面而言，若从儒家文化的传播来讲，史学更是无可替代的载体，且不说儒家经学中《春秋》学的重要性，单说汉唐以降，史学著作无不贯穿着从儒家正名分、寓褒贬和三纲五常理论取舍历史的修史精神。西夏人不重史学，只能说明西夏知识界受儒家学说影响有限"[11]。

第四，宋学的繁荣景象，在现存西夏儒学著述中几乎没有反映，说明西夏儒学还没有与宋朝先进文化对话的能力。

第五，从现今传世的被翻译成西夏文的汉文著作和西夏文世俗著作来看，除几部儒家经典之外，绝大多数著作都属于治国方略、兵法、法律等内容，绝少讨论儒家经学思想的学术著作。当然，这与史料缺征有关，但也从一个侧面反映出，西夏人讨论儒家学说颇有局限。

因此，西夏儒学的作用主要集中在政治上，表现在以下四个方面：

其一，加强中央集权，巩固君主专制。

从建元称帝到设定官制，从建立学校到开辟科举，从重用汉士到拔擢蕃儒，从复兴汉礼到尊孔为帝，儒家政治理论和中原王朝政体自始至终都是西夏官僚体制与政治文化师法的模板。从盟会各部到神授君权，从诛杀勋臣豪族到反对外戚擅权，儒家倡导的"强干弱枝"和忠君爱国思想在西夏巩固统一、反对分裂的斗争中起到了重要的作用。

其二，提高民众文化，培养统治人才。

西夏立国以来，通过推广文字，简化礼乐，民众的教育水平和文化素质得到提高；通过兴办学校，发展科举，人才匮乏的局面有所缓解。仁孝时期，西夏人才之盛让金朝使臣叹服。亡国之后的西夏儒生，还成为元朝儒学复兴的火种。据《元史·列传》所载，活跃于元朝历史舞台上的儒学有识之士总数为 370 余人，其中仅河西地区就有 64 人之多。

其三，提倡孝治天下，规范西夏风俗。

在儒学经典《孝经》的影响下，西夏的法律和道德都把儒学伦理，尤其是"孝"的观念看作是国家和人生的根本。《天盛律令》把"失孝德礼"定为十大恶罪之次，几同"谋逆"。《圣立义海》指出："人对父母孝顺，则孝者无常之首，万行之根也，故孝行最上也。"世间"孝有三种：上孝帝之行也，天下扬德名，地上集孝礼，孝德遍国内，此帝之孝也。次孝臣僚，持以德忠礼，不出恶名，以帝之赏，孝侍父母，则臣之孝也。出力干活，孝侍父母，国人孝也"。为了说服人犯认罪，审判官员甚至引用《孝经》的名句："父母发身，不敢毁伤也。如此打拷，心不思惟，可谓孝乎？"（《番汉合时掌中珠》）

西夏社会中也流行着来自汉籍史书中有关德行、孝义的故事和形象（《新集慈孝记》、黑水城关羽像）。

其四，推行重文尚法，渐致兵政废弛。

西夏初期，外有强敌压境，内有部族抗拒，为了确立帝制权威，不得不奉行"尚武重法"的立国方针。统治者认为：

一王之兴，必有一代之制，议者咸谓化民成俗，道在用夏变夷，说殆非也。昔商鞅竣法而国霸，赵武胡服而兵强，国家表里山河，蕃汉杂处，好勇喜猎，日以兵马为务，非有礼乐诗书之气也。惟顺其性而教之以功利，因其俗而严以刑赏，则民乐战征，习尚刚劲，可以制中国，驭戎夷，岂斤斤言礼言义可敌哉？[12]

随着经济的发展和儒学的振兴，到崇宗乾顺亲政之后，这一方针转变为重文尚法，满嘴孝廉的儒生成为社会的榜样，统治阶层以清谈为能事，党项民族逐步丧失尚武精神，西夏军力因此日益削弱，到末主睍时，国家终因军政废弛，无力抵御蒙古进攻而灭亡。

第二节　西夏的宗教文化

原始宗教崇拜　佛教文化的盛行　佛教对西夏社会文化的影响　道教文化的信仰　基督教和伊斯兰教的流传

西夏是一个多种宗教文化共生的割据政权。他们最初奉行自然崇拜和鬼神信仰，巫风盛行，建国前后，经过统治者的大力倡导，佛教成为西夏最主要的宗教，同时也有道教流传，形成以佛教为主，佛教与道教、原始巫教并存的格局[13]。

党项人起于射猎游牧，生活迁徙不定，大自然既是衣食住行的赐予者，也是生老病死的主宰者。在这种情况下，他们的心中很自然地萌发出对各种难以理解的、难以抗拒的自然现象的畏惧和崇拜，举凡日月星辰、山川河流、草木禽兽皆被想象成超人间的神灵，享受人们的礼拜和祭祀。其中，高高在上的太阳神（见贺兰口岩画）、美艳绝伦的白仙鹤（《圣立义海》）、源远流长的白高河（《新集锦合辞》）似乎更加受到西夏时代的推崇。1176年的《黑水建桥敕碑》提到的"镇夷郡内黑水河上下所有隐显的"自然崇拜的偶像，有"一切水土之主、山神、水神、龙神、树神、土地诸神等"。

不过，在党项人构建的神灵世界中，"天"应当是最崇高的敬礼对象。这是因为，在他们的眼中，"天"是万物合成的根源（《圣立义海》），是遮蔽众生的篷帐（《文海》）。为此，党项人每隔三年，都要举行一次隆重的"祭天"大会。在这个神圣的节日，大大小小的部族相聚在一起，宰杀牛羊，联袂歌舞，共同盟誓，尽情地表达着对"天神"的敬畏与谢忱。

鬼神信仰的出现大约是党项人内迁以后的事情。在此之前，人们认为生死是一种再正常不过的自然现象。80 岁以上者死去，是寿命的极限，亲戚们不需要悲泣；年少而死者，是生命的中断和夭折，整个部族都应该流泪。文献记载没有提到人死后有什么祭祀活动⑩。

10 世纪以后的党项人开始信"鬼"，巫风盛行。《宋史》明确指出西夏人"笃信机鬼，尚诅咒，每出兵先卜"。《辽史》也记载党项人有"送鬼"之俗："病者不用医药，召巫者送鬼，西夏语以巫为厮也；或迁他室，谓之闪病。"

在党项人看来，鬼神无所不在、主宰一切，并且有着不同的分工。鬼负责坏事，叫做"损害"；神负责好事，叫做"守护"。不过，无论鬼或神，党项人一概是顶礼膜拜、敬畏有加。《梦溪笔谈》卷一八记载：

　　盖西戎之俗，所居正寝，常留中一间，以奉鬼神，不敢居之，谓之神明，主人乃坐其傍。

党项人认为生病和战败都是恶鬼作祟的结果，要想去除病魔和获得胜利，必须请巫师来作法"送鬼"和"驱鬼"。驱鬼的巫术多种多样，通常是在地面挖一深坑，把所谓"鬼"送入坑中，同时在坑边舞蹈跳跃，大声咒骂，以达到消灾祛祸的目的。打败仗对党项人来说，并不是多大的耻辱。他们会在战后第三天回到败地，抓住个别敌方人马之后，立刻乱箭射死；有时没有俘获，则用绳子捆扎的草人草马代替，以为厌胜。党项人把这些叫做"杀鬼招魂"或"射鬼箭"。

占卜也是西夏巫术的一项重要内容，目的在于问吉凶，决疑难。上至战斗胜负、五谷丰歉，下到六畜灾祥、买卖输赢，党项人可以说是无所不占。他们的占卜方式主要有四种：

其一，为"死跋焦"或"炙勃焦"，即用艾草熏灼羊胛骨，以羊胛骨上被灼裂的纹路判断吉凶祸福。

　　其二，称为"搣算"，即剖竹于地上，以落地竹签之数定祸福。

　　其三，为"咒羊"，于夜间牵一只羊，焚香祷咒，再于僻静之处燃烧谷草，次日清晨，杀羊剖腹，视其肠胃通滞以定用兵胜负，若羊心有血则以为用兵不利。

　　其四，叫"弓弦卜"，以沙柳箭杆敲击弓弦，凭所发声响推断敌军到达之时和交战的胜负。

　　党项人"跋焦"的具体做法是：

　　　　西戎（党项）用羊卜，谓之"跋焦"。卜师谓之"厮乩"。以艾灼羊髀骨，视其兆，谓之"死跋焦"。其法：兆之上为神明，近脊处为坐位，坐位者主位也。近傍处为客位。……又有先咒粟以食羊，羊食其粟，则自摇其首，乃杀羊视其五脏，谓之"生跋焦"。其言极有验，委细之事，皆能言之。"生跋焦"土人尤神之。⑮

　　除了这些民族色彩浓厚的占卜术之外，西夏也接受了域外传入的"周易占"和"占星术"。西夏著名学者斡道冲曾作《周易卜筮断》一书，以西夏文书写，流行于境内。出土的西夏文献中也发现不少干支纪年占卜文书。占星术的实例是 1097 年天空中出现彗星，夏崇宗李乾顺以为是上天对施政的警告，于是下诏责己，大赦天下，死罪从流，流罪减免，同时改年号为"永安"。西夏政府设有"巫提点"和"卜算院"，当为管理民间宗教和占卜的两种机构。

　　佛教是西夏国内地位最高，信徒最多的宗教，其传入、发展、兴盛和衰微的过程和西夏王朝的兴衰相一致。西夏前期建立并完善了政治制度，经济也得到迅速发展，为佛教的传播创造

图上 4-3　国家图书馆藏《西夏译经图》采自史金波著《西夏社会》，上海人民出版社 2007 年版

了极为有利的条件，为佛教的隆盛奠定了坚实的基础。西夏中期佛教又有了新的发展，达到高度繁荣，这也是西夏文化的鼎盛时期。西夏晚期由于政治局势不断恶化，经济日趋衰败，尽管佛教依然是统治者的精神寄托，但随着整个文化事业的不景气，佛教也如日落黄昏，逐步衰落下去。在西夏中、后期，藏传佛教的传播与发展，成为西夏佛教的一大特点。

佛教的传播与流布：

西夏最早的佛事活动记载是宋景德四年（1007）。当时党项族首领、夏州节度使、西平王德明的母亲罔氏下葬时，德明请求到宋朝北部的佛教中心五台山修建10座寺庙，并派致祭使护送供物加以祭祀。天圣八年（1030）十二月，德明再次派使臣出使宋朝，请求赐予佛经一藏。

西夏第一代皇帝元昊是一位通晓佛学的专家，他统治期间，广建寺庙，勤于取经。在继承王位后的第三年，即宋景祐元年（1034）十二月，又向宋求赐佛经一藏。宋宝元元年（1038），元昊又向宋朝提出希望派使臣到五台山供佛。天授礼法延祚十年（1047），为了便于回鹘高僧翻译佛经和储存宋朝赐予的《大藏经》，元昊特意修建了规模宏大的高台寺。元昊还用行政命令来强制百官、百姓崇信佛教，规定每一季度中第一个月的初一为"圣节"，百官、百姓届时烧香拜佛。

西夏第二代皇帝毅宗谅祚幼年继位，母后没藏氏专权。这个曾经一度出家为尼的皇太后十分好佛，在她执政的第三年，即天祐垂圣元年（1050），开始兴建著名的承天寺，历时近六年于西夏福圣承道三年（1055）建成。寺庙修成后，其中也收藏宋朝所赐《大藏经》，并延请回鹘高僧登座演经，没藏氏本人和小皇帝谅祚有时还来听讲。在承天寺建成的当年，没藏氏派遣使臣到宋朝，又得到一部《大藏经》。

没藏氏死后，毅宗时又先后两次自宋朝得到两部《大藏经》。与此同时，西夏也向辽进贡回鹘僧人、金佛、《梵觉经》。当时，回鹘一部分地区为西夏所有，回鹘僧人不仅为西夏演经、译经，还被用来作为友好往来的"礼品"送往他国。

惠宗秉常和崇宗乾顺在位前期，都是母后专权。惠宗之母梁氏是崇宗之母梁氏的姑母，她们都大力推崇佛教。惠宗时，第六次向宋朝求赐

《大藏经》。当时作为佛教圣地的莫高窟、榆林窟也已留下了西夏佛教信徒的足迹。

乾顺天祐民安四年（1094），由皇帝、皇太后发愿，动用了大量人力、物力和财力，重修凉州感通塔及寺庙，第二年完工后立碑赞庆，此碑即著名的《凉州重修护国寺感通塔碑铭》，是西夏时期留存至今的最重要的佛教石刻。此碑原被砌封于甘肃武威城内北隅清应寺碑亭中，久已不闻于世，直至清嘉庆九年（1804）著名学者张澍才启拆砖封，发现此碑。此碑碑文两面，碑阳西夏文，28 行；碑阴汉文，26 行。两种文字内容大体相同。汉文部分，先叙述阿育王建立 8400 座宝塔，凉州塔即其中之一，中间几经兴废，夏国建立后，此塔祥瑞感应故事很多。接着记述崇宗继位后，西夏对佛教十分重视，会集工匠，修饰佛塔，使之焕然一新，赞扬了皇帝、皇太后"发菩提心，大作佛事"的善举，记载了西夏在境内大力修葺寺庙，使佛刹林立的情况："至于释教，尤所崇奉。近自畿甸，远及荒要，山林溪谷，村落坊聚，佛宇遗址，只像片瓦，但仿佛有存者，无不必葺，况名迹显敞，古今不漏者乎？"⑮

乾顺时期另一件大规模修建寺庙的活动是在甘州建筑卧佛寺。据明宣宗《敕赐宝觉寺碑记》所载：西夏乾顺时，有沙门族姓嵬咩（嵬名），法名思能，号为国师。他掘得古涅槃佛像后，于崇宗永安元年（1099）修建卧佛寺。又据《西夏书事》记载：乾顺自母亲梁氏死后，常供佛为母祈福。甘州僧人法净声称，自己于张掖县西南首浚山下夜望有光，掘得古佛三身，皆卧像，献于乾顺。乾顺遂于贞观三年（1103）在甘州建宏仁寺，即后来的卧佛寺。显然，两种说法在时间、人物、情节上都有差异。但两说都认为甘州卧佛寺是在乾顺时期兴建的。该寺规模宏大，寺内的卧佛身躯伟岸，为河西所仅见。

西夏第五代皇帝仁宗仁孝一朝 50 多年中，佛教比前代有了更新的发展，影响进一步扩大。这一阶段突出的佛事活动有两项：一是西夏文佛经的校勘，二是刻经和施经。西夏的刻版印刷事业逐步发展起来，当时政府设刻字司专主刻印，为佛经的大量刻印和广泛流传创造了极为有利的条件。从所见文献看，仁孝一朝多次印施佛经，每次所印佛经很多。如乾祐二十年（1189）九月，在大度民寺作一大法会，仁孝一次就散发 20 万卷佛经。而仁孝死后，他的儿子桓宗纯祐继位后，罗氏发愿令人抄写全部《大藏经》。这些事迹充分地反映了仁孝时期佛教的高度发展。

西夏晚期，受到政局恶化、战争频仍、经济衰败的影响，佛教逐渐衰落。就是在这种情况下，迷信佛教的统治者于艰难喘息之际，仍然不忘广兴佛事，企图仰赖佛祖的保佑，挽救他们行将灭亡的命运。俄藏黑水城文献《大方广佛华严经入不思议解脱境界普贤行愿品》的印施发愿文载：为发此经，罗太后一次度僧 3000 人，斋僧 3.59 万人，施佛像、佛经、数珠共达 80 万帧、部、串，又举行了旷日持久的大法会，消演蕃、汉《大乘经》61 部，作大乘忏悔 1149 遍，散囚 52 次，设贫 65 次，放生羊 70779 只，大赦 1 次。如此奢费的佛事活动，只能加速衰弱的王朝走向灭亡。

佛教兴盛的原因：

佛教在西夏的荣景并不是一夕便至，而是佛教势力长期以来在西北具体的社会背景和历史条件下持续发展的结果。

首先，西夏统治地域原本就有深厚的佛教基础。西夏立国于祖国西北，所辖的陇右、陕北等地区，是西域连接中原的通道，居住着汉、回鹘、吐蕃等民族。这些民族自魏晋以来，历隋唐等代，一直信仰佛教。至党项人迁入时，这些地区已是佛刹寺庙星罗棋布，佛教活动十分兴盛了。西夏立国前的唐末五代时期，这些地区的西部先后被吐蕃和归义军等政权控制。这些政权多护持和信仰佛教，使得佛教势力进一步强大，为其发展创造了十分有利的条件。

其次，党项族处在周边信佛民族文化的强大影响之下。西夏的东面是宋，南面为吐蕃，西面为回鹘，这些都是有着深厚佛教文化基础的邻国。西夏统治者曾经延请回鹘高僧到西夏讲经说法，翻译佛教经典，这在客观上促进了西夏同西域的佛教文化交流。西夏佛教分为密宗与禅宗两派，而传入河西地区的佛教，主要是藏传佛教密宗。西夏统治者在政治上以儒治国，提倡儒佛合一的佛教禅宗自然大受欢迎。西夏还加强了与契丹族的佛教文化交流，向辽朝进贡了回鹘僧、金佛、《梵觉经》等。

第三，佛教是西夏民众的精神寄托。党项族自公元 7 世纪中期以后

200多年的时间里，经历了长途迁徙。唐末安史之乱的动荡，藩镇割据的战乱，加上本民族上层统治者的压迫剥削，人民生活十分痛苦，他们渴望安定的生活，向往美好的未来，他们找不到解脱苦难的出路，佛教关于人生苦、空、无常的基本说教引起了人们的共鸣，佛教因果报应的理论以及经过信佛行善可以解脱轮回、往生极乐世界的说教，为在现实生活中饱受煎熬的劳动人民提供了精神上的慰藉。

第四，西夏统治者的大力提倡。党项社会在长期的发展、进步中深受周边民族的影响，逐步由分散的部落向着更为统一的民族共同体发展。个别强大的部落首领的势力越来越大，统治范围超过了原来的部落组织，逐渐出现了凌驾于一般部落首领之上的"节度使"、"西平王"、"夏国王"、"夏国主"乃至"皇帝"。与此同时，佛教提倡的教义使得党项族的信仰由多神发展为一神，这与西夏国帝王使各部落首领降为从属地位是极相适应的。同时，统治者也发现，以前的"天"、"鬼神"、"巫术"等带有明显的地域性、落后性和狭隘性。这种各自为教、互不相属的意识分离现象，对新建立的西夏政权实行统一的中央集权、宗法观念和严格的封建等级制度都是极为不利的，早已不能适应新的形势了。

西夏统治者为了要加强统治区各部族，特别是党项族的团结和统一，并树立自己的高贵形象和稳固地位，需要寻找一种宗教来为自己的现实统治和现实利益服务。而佛教恰好有一套既能为统治者所接受，又能为广大民众所理解的义理哲学，如忍辱、无争、轮回转世、因果报应等思想。所有这些都对统治者统治广大群众十分有利，特别是在社会矛盾日益尖锐的形势下，运用宗教手段领导众生往往比政治、军事高压更加有效⑰。

西夏的佛教机构和僧侣阶层：

西夏王朝支持佛教的政策，给予寺庙和僧人很高的社会地位和经济待遇，进而造就了一个数量和势力都很庞大的僧侣阶层。他们固然是西夏国家加强对民众的精神统治的一个重要助力，但一定程度上也因为人口和财富的分配问题而威胁到西夏国家的政治稳定。为了规范佛教的传播范围和发展方向，西夏建立了规定佛教僧侣等级、管理佛教事务的管理机构和僧阶制度。

　　西夏佛教的管理机构可以分为两个层次：一是中央级别的官署；二是地方或寺院的僧职。

　　中央佛教机构：在《天盛律令》"司序行文门"显示的西夏中央政府机构中，有两个管理佛教事务的机构，即僧人功德司、出家功德司。它们属于仅次于上等司中书、枢密之下的次等司之列。在西夏汉文韵书《杂字》"司"分部十八中有各种司职，其中也有"功德"司职，为功德司的简称。

　　功德司始于唐代，是总知天下佛法的专门机构。西夏将其分为僧人功德司和出家功德司两种。其中，僧人功德司掌管全国僧众人员，出家功德司掌管度僧出家事宜，可以说是一种创新。功德司设司正为最高负责长官，司副为其辅佐。其下职官有司判、提点、承旨等。与佛教初传中国时管理机构职官多由俗人担任不同，目前发现的文献所载西夏功德司的高级官员，一概为名僧大德出身，这说明西夏僧侣上层与世俗权力结合得非常紧密。

　　此外，西夏国都兴庆府（今宁夏银川）还设有"三学院"，它不同于西夏以教授儒学经典为主的"蕃汉大学院"。因为"三学"在佛教中指的是戒、定、律三种学问，所以"三学院"很可能就是研究上述三种佛教学问、培养佛教人才的教育机构。"三学院"下有提点、百学博士等职。

　　地方和寺院僧职：虽然《天盛律令》没有记载，但是根据唐代中后期以来，特别是宋、辽、金各个王朝都有设置的情况来看，西夏无疑也建立了属于行政体系的地方佛教事务机构及其僧职。

　　俄藏黑水城文献中的汉文本《杂字》"官"分部中，有僧官、僧正、僧副、僧判、僧录等官位名称，是西夏地方或寺院中的僧职。西夏乾祐十五年（1184）印施的《佛说圣大乘三归依经》之《仁宗御制发愿文》记载："朕适逢本命之年，特发利生之愿。悬命国师、法师、禅师暨副判、提点、丞旨、僧录、座主、众僧等，遂乃烧施结坛，摄瓶诵咒，作广大供养，放千种施食。读诵大藏等尊经，讲演上乘等妙法。"其中的"僧录"、"座主"应该是地方和寺庙的僧职。在佛教中，"座主"意为大众一座之主，统理一山一寺者。根据《天盛律令》的规定和一些西夏文佛经的暗示，担任"座主"的僧侣必须是懂佛学、通音韵、善翻译的僧侣。

《天盛律令》还提到了另外一些寺庙一级的僧职，有"寺僧正、副、判、检校、行童首领、知信"等。在一些特殊的大型寺院还设有"提举"一职。

封号与赐衣：封号就是皇帝或政府赐予高僧大德名号，以示荣耀。有了这种名号，也就有了很高的政治地位。西夏佛教在沿袭前代封号制度的基础上，借鉴藏地政教合一制度，形成了一套复杂的封号体系，对后世影响很大。文献所见，西夏王朝赐予僧侣的名号主要有帝师（上师）、国师、德师、法师、禅师、仁师、忠师等等。

西夏佛教封号制度中最重要，也是最高的师号是"帝师"。在元代，帝师是全国佛教的最高领袖，世俗君主通常要接受他主持的灌顶（洗礼）仪式。帝师来去京师，百官隆重迎送，生时受大量布施、赠赏，死后赙金可达上千两黄金、上万两银和上万匹缯帛。帝师的子弟和门徒很多人被封为国师、司空、司徒、国公，这些高级僧侣也享有种种特权。过去都认为中国帝师制度始自元世祖忽必烈封八思巴为帝师，事实上已有多种确切资料证明，西夏首先出现了封藏族佛教大师为帝师的现象。目前已知的西夏帝师至少有 5 位，都是地位崇高的佛学大师，撰著了多种佛教文献。《天盛律令》未记载帝师，所记最高师号为上师。帝师可能于西夏天盛年间后由上师转化而来⑱。西夏封设帝师，对元代及后世影响深远。

西夏建国时就有"国师"封号的记载。国师是西夏皇帝之师的名号，也是西夏管理佛教机构僧人功德司和出家功德司的正职。国师精通梵文和佛理，多见于主持皇帝翻译和校勘佛经的记载。如景宗元昊时主持译经的国师白法信，惠宗时主持译经的安全国师白智光，崇宗乾顺时主持修建甘州卧佛寺的国师嵬名思能，仁宗时主持校译佛经的兰山觉行国师沙门德慧以及兰山通圆国师沙门智冥，传译佛经的天竺僧人五明显密国师喜胜，主持大度民寺大法会的宗律国师、净戒国师、大乘玄密国师（后升为帝师）和西夏文佛经《魔断要语》的作者兰山觉照国师法狮子等。

西夏还有"德师"、"大德"、"仁师"、"忠师"、"大师"、"法师"、"禅师"的称号。"德师"或为"大德"之通称，"大德"是唐宋以来皇帝宠赐高僧的名号。皇太子和诸王之师分别被称为"仁师"和"忠师"。

对于那些德行高尚、学问高深的僧侣，西夏政府也会赐给不同颜色质地的袈裟以示褒奖，以着紫色和红色者最为尊贵。

佛教宗派和藏传佛教：

西夏在接受汉、藏佛教的同时，自然也会接受佛教宗派的影响。正如《凉州重修护国寺感通塔碑铭》所载："佛之去世，岁月浸远，其教散漫，宗尚各异，然奉之者无不尊重赞叹。"

华严宗，因奉《华严经》为最高经典而得名。存世的西夏、汉两种文字的《大方广佛华严经》版本众多，有刻本，也有写本，甚至有泥金字书写的。西夏僧人还将《华严法界观门》、《注华严法界观门》、《注华严法界观门通玄记》、《华严金师子章》等汉地华严宗的重要论著译成了西夏文。在一幅西夏地图上标明贺兰山中有北五台山寺，证实西夏在贺兰山有仿建宋朝五台山寺院群之举措，其中竟然也建有《华严经》中所指谓的"清凉山寺"一座，由此可推知西夏贺兰山之五台山寺也是华严宗的重要道场。

在夏末元初的高僧一行所著《大方广佛华严经海印道场十重行愿常遍礼忏仪》，记录了华严宗在西域流传、东土传译的诸位祖师之名，其中就有西夏法师十数名，如大夏国弘扬华严诸师、大方广佛华严经中讲经律论重译诸经正趣净戒鲜卑真义国师、大方广佛华严经中传译经者救脱三藏鲁布智云国师、大方广佛华严经中兰山云岩慈恩寺流通忏法护国一行慧觉法师等等。从这些十分珍贵的记载中可以想见西夏华严宗传承有序，有众多高僧参与译介流传的盛况。

天台宗又称法华宗，定慧双修，是入涅槃的要门。西夏不仅流传天台宗的宗经《妙法莲华经》，而且在传世的西夏文佛经中，以《法华经》的版本种类最多。其中有金银字写本西夏文《妙法莲华经》、西夏文《添品妙法莲华经》、出图本西夏文《妙法莲华经观世音菩萨普门行愿品》、蝴蝶装写本西夏文《妙法莲华经》、汉文刻本《妙法莲华经》等。在西夏文《妙法莲华经》施经发愿文中，强调了此经的高妙。此宗的重要论著《大智度论》也被译成西夏文。此外，传说僧肇所著《宝藏论》也被翻译为西夏文。总之，在西夏佛教中，天台宗的影响很大。

净土宗也在西夏这样的地区广泛流传。西夏的佛经中有大量净土经典，如提倡念佛往生的重要经典《无量寿经》、《阿弥陀经》等都有西夏文译本。另一部净土要典《观弥勒菩萨上生兜率天经》有西夏文、汉文多种刻本，在乾祐二十年（1189）仁宗为印施《观弥勒菩萨上生兜率天经》作规模宏大的法会，散施此经 10 万卷。已发现的西夏佛经发愿文中不乏提到"早生净土"的语句，也证明了净土信仰在西夏的广泛影响。出土的西夏绘画中有多幅《阿弥陀佛来迎图》，绘阿弥陀佛接引临终净土行人往生极乐佛国。此外，敦煌莫高窟、安西榆林窟、东千佛洞、酒泉文殊山石窟的绘画中，都有西夏时期的西方净土变，依据佛经内容，以华丽的建筑、欢乐的人物渲染西方极乐世界的净妙庄严，足证西夏净土信仰的普遍。

禅宗是一个彻底中国化的佛教流派，他们号称得佛祖教外别传之心法，不必读经、拜佛、坐禅，只要能自证本心，便可即心成佛。实质上，禅宗的教外别传不过是佛教思想与中国儒、道两家思想高度融合的产物。禅宗至宋代已成佛教中最大流派。西夏统治者在政治上以儒立国，又主要从汉地输入佛教，国内流行佛儒合流的禅宗亦在情理之中。目前发现的《坛经》西夏文译本，与敦煌出土的法海本较为近似，是一种早期流行的古本。此外，西夏僧人还译出《禅源诸诠集都序》、《禅源诸诠集都序之解》、《禅源诸诠集都序择拒记》、《禅源诸诠集都序纲文》、《中华传心禅门师资承袭图》、《修禅语要》等禅宗著作，介绍了中原禅宗的师承及其思想。

西夏一些僧人亦以禅师自居，如贺兰山佛祖院的平尚重照禅师，乾祐二十年（1189）曾在大度民寺作大法会，并延请了禅法师。西夏刻汉文《大方广佛华严经普贤菩萨行愿品疏序》，后附施经发愿文中提到了惠照禅师和西天禅师。禅师的存在证明禅宗可能已形成流派。

另外，西夏有坐禅之法。武威下西沟岘是发现西夏佛经、佛像等文物的山洞，可能即为西夏僧人的修禅窟。此洞在静僻的山中，幽深严密，洞中有佛经、佛像，还有生活用品，正是理想的修禅所在。

密宗（又名真言宗）传入西夏可能有两个途径：一是从中原传入，一是从西藏传入。西夏文《百千印陀罗尼经》、《拔济苦难陀罗尼经》等密宗经典，都是从汉文译为西夏文的。西夏译自藏文的密宗经典相当多，其中有《圣大乘大千国守护经》、《大寒林经》、《圣八千颂般若波罗蜜多经》等。密宗在西夏有较深厚的根基，《圣胜慧到彼岸功德宝集偈》的译者题款中有"显密法师"和"显密国师"的称号，天梯山石窟所出西夏文残经中也有"显密法师"的称号，这些都证明了在西夏佛教中，密宗有着与显宗同样重要的地位。其实，佛教各宗派之间既有判教的分歧，又有相互的融通，华严宗、净土宗、禅宗甚至密宗都在不断的融会贯通。

西夏在发展佛教时，除主要吸收中原佛教外，对吐蕃佛教也采取兼收并蓄的态度。这是因为，首先党项与吐蕃有着密切的文化交流，其次是西夏统治境内吐蕃民众的政治需要。

西夏仁宗仁孝皇帝曾经遣使入藏专程迎请西藏噶玛噶举派的初祖法王都松钦巴（1110—1193）。都松钦巴未能前来，但还是派遣弟子格西藏索布来到西夏。格西藏索布被西夏皇帝尊为上师后，就组织力量大规模翻译佛经，很受宠信。后来，都松钦巴所创有名的楚布寺建白登哲蚌宝塔时，西夏仁宗又献赤金璎珞及幢盖诸种饰物。都松钦巴圆寂后，在其焚化处建造吉祥聚米塔，格西藏索布又自西夏作贡献，以金铜包饰此塔。后来，西藏萨迦派第三代祖师札巴坚赞（1149—1216）的弟子迥巴瓦国师觉本，也曾被西夏主奉为上师。

成吉思汗征服西夏时，曾向西夏王的上师、后藏人通古娃·旺秋扎西请问佛法，此人是蔡巴噶举的一位喇嘛。由此可见，至少在西夏中后期，吐蕃佛教中的噶玛噶举派和萨迦派都已传入西夏。

在西夏人的心目中，吐蕃人是笃信佛教的典范。西夏文《新集碎金置掌文》中有"弭药勇健行，契丹步行缓，羌多敬佛僧，汉皆爱俗文"的记载，明确指出藏族的特点是"敬佛僧"。在黑水城出土的另一件西夏文文献中称"东汉礼王国，西（羌）法王国"。

西夏人认为西部的藏族地区是信奉佛法的王国。仁宗天盛年间颁布法典《天盛改旧新定律令》规定：番、汉、西蕃僧人可以担任僧官，但其人必须会背诵十多种经咒，其中藏文经咒占半数以上，并由西蕃僧人主持考试。仁宗乾祐二十年（1189）举行大法会，念佛诵经，读西蕃、番、汉藏经，竟把藏传佛教列于首位。西夏晚期，罗氏举行一次大法会，度僧西蕃、番、汉 3000 人，亦将藏僧置于首位，可见统治者对其的重视。

　　西夏中期以后，更加迅速地从藏传佛教吸收了丰富的营养，莫高窟、榆林窟中众多的西夏洞窟中，晚期洞窟带有浓厚的藏传密宗色彩。

　　在西夏故地都能见到西夏时期藏传佛教的遗迹。在西夏首都中兴府西贺兰山中一座方塔中，出土了西夏文密教经典《吉祥遍至口和本续》等九卷，以及汉文藏传佛教经典《初轮功德十二偈》、《是竖橛咒》、《吉祥上乐轮略文等虚空本续》、藏传佛教木刻本佛画、朱红捺印佛画等。贺兰县宏佛塔内发现了比较多的藏传佛教佛画，如《上乐金刚图》、《千佛图》、《千手观世音图》、《坐佛图》、《大日如来图》、《护法力士图》、《八相塔图》等。在贺兰山拜寺口西夏双塔的西塔各层外表的影塑也是按藏传佛教的风格布局的。青铜峡市黄河岸边的一百零八塔，都是受藏传佛

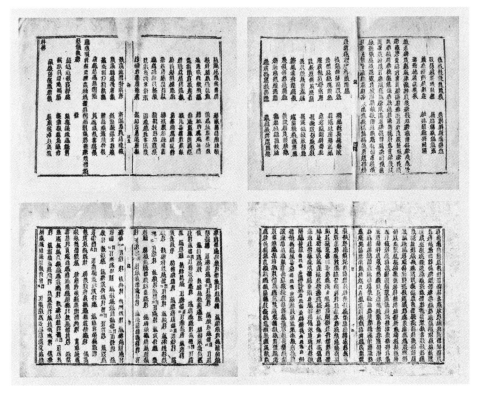

图上 4-4　西夏文木活字版《吉祥遍至口和本续》书影　董宏征摄

教影响的宝瓶式白塔，同时在其附近也发现了西夏时期藏传佛教的佛画。

在甘州曾译藏传佛教经典。仁宗仁孝乾祐七年（1176），在甘州立《黑水建桥敕碑》，一面用汉文书写，一面用藏文书写，此碑不仅表明在甘州一带藏族居民较多，碑文内的贤觉菩萨就是弘扬藏传佛教的帝师。

除莫高窟、榆林窟外，西夏境内的酒泉文殊山、肃北五个庙、永靖炳灵寺、玉门昌马下窟、裕固马蹄寺、武威天梯山、宁夏固原须弥山等石窟中，也有藏传佛教的遗迹。可以说，藏传佛教遗迹遍布西夏地区。有的西夏寺庙中还设有管理吐蕃僧人的官员，如《凉州重修护国寺》西夏文碑铭中记有"感通塔下羌汉二众提举赐绯和尚臣王那征遇"的职称和人名，可知该塔寺中有羌（吐蕃）族僧人和汉族僧人。

藏传佛教在西夏的发展过程中，不少经典被译成西夏文，以适应西夏党项僧俗的需要。百年来，出土、发现了很多西夏时期的文献，其中以黑水城出土最为丰富，内中佛教经典数量最多，近400种，里面不乏藏传佛教经典。

西夏文佛经中，凡译经时代明确的，大都在西夏前期，而译自藏文的佛经，多未注明翻译时代，这可能是受了当时藏族习惯的影响。在西夏文佛经中，有的在传译经题款中明确写有"羌本翻译"、"羌译"的字样，有的在序或发愿文中记载译自藏文，如西夏文《大乘圣无量寿经》序中有"羌文已译，刻印流行"的记载，有的则没有类似记载。所以确定西夏文佛经是否转译自藏文，还要从经名、章节和用语上去考察。有的佛经卷首效法藏文佛经的形式，经题首先是用西夏文音译的梵语经名，前冠有"梵语"二字，然后才是西夏文所译经名，前冠有"番语"二字。译自藏文的西夏文佛经《圣摩利天母总持》、《圣大乘守护大千国土经》、《大寒林经》都是这种形式。

西夏的藏传佛教经典很多，如西夏文《圣大乘守护大千国土经》、《佛母大孔雀明王经》、《大寒林经》、《圣大明王随求皆得经》、《大密咒受持经》、《圣八千颂般若波罗蜜多经》等。有不少佛书是讲藏传佛教的法事仪规的，如《聚轮供养作次第》、《胜令住顺法事》、《菩提勇识之业中入顺》、《菩提心及应常作法事》等。此外，还有很多要论，如《白伞盖随母施食要论》、《四十种空幢要论》、《默有自心自恋要论》等。

唐朝以后，佛教中显、密概念的使用范围扩大。在西夏显、密二分佛教已成为佛教界公认、常用的判教概念，通晓显、密二教，才算全面掌握了佛教的知识，称得上高僧大德。西夏文献中多次出现显密国师、显密法师的称呼。元代继承了西夏的传统，把显、密二分佛教的观念在全国佛教界确定下来。

元代结集的《大乘要道密集》中，有很多经典映射了吐蕃密教与西夏佛教的关联，无疑确证了藏传佛教在西夏晚期的河西地区的流行程度。这是一部由元、明、清宫廷流传的密藏佛法珍本，原被认定为元朝初年帝师八思巴给元世祖传法密宗法本的汉译本。经过整理和研究，可以确定载有传译者的36篇中，有32篇涉及西夏时期的帝师、国师、法师。如第4篇《含藏因续记文》、第5篇《四量记文》、第8篇《引上中下三机仪》、第18篇《金刚句说道时灌仪》、第19篇《摄受承不绝授灌记文》、第33篇《除影瓶法》、第34篇《截截除影法》、第40篇《座等略文》、第54篇《赎命法》9篇，都记有"大瑜伽士名称幢师述"。

在俄藏黑水城文献中发现有西夏文藏传佛教经典《吉有恶趣令净本续之干》中，其集、译者题款为"羌中国大默有者幢名称师集，瑞云山慧净国师沙门法慧译"。此题款中的吐蕃高僧幢名称，应即前述9篇著作的名称幢，这应是西夏文与汉文译法的不同。他所作经典都属藏传佛教内容，名称后都有一"师"字。在其他各篇中有的经名、译者、寺名和已知的西夏密教经典有相近甚至相同之处，也有可能是西夏时期的作品。这样一部在中原地区流传的重要藏传佛教经典中，竟有这样多的西夏时期的作品，从经典的传播角度不难看出西夏对藏传佛教东传的重要作用。

佛教作为一种意识形态，可以说伴随了西夏王朝的始终，在西夏社会文化的各个方面都产生了深刻的影响。可以概括为以下几点：

一是佛教与政治。

党项民族在唐代尚处于氏族部落社会，是在汉族封建文化的影响下直接进入君主专制社会的。但是在西夏建国之后，其社会内部仍局部保存着奴隶制、部落制、氏族制组织的残余。在意识形态方面，旧的遗风更是比比皆是，如人与人之间以齿不以爵的民俗，宗教信仰上的自然崇拜、鬼神崇拜、巫术崇拜等等。这些古代观念的遗存对党项社会进化有不利的影响，导致党项各部之间互不统属，彼此离心的倾向，纠纷战乱，叛服无常。

党项统治者在学习儒家礼乐的同时也引入了佛教。佛教中尽管有众多的神祇，但佛祖释迦牟尼凌驾于众佛、菩萨、金刚之上，众神之间形成了一种尊卑等级关系。向群众头脑中灌输这种折射着人间等级差别、礼仪名分的宗教思想，有利于排除反映原始平等观念的传统宗教，在社会上形成一种尊长敬上，维护王权的氛围，有利于封建专制制度的巩固。党项族统治者大力弘扬佛教，除了个人信仰的因素，更重要的是把佛教当成辅助治国的工具。

西夏地处我国西北地区，由于干旱少雨，地广人稀，人民长期过着动荡不定的游牧生活，因而民风剽悍，好勇尚武。不过总括西夏王朝近200年的历史，文献记载中人民起义的例子并不多见，这与西夏佛教的盛行肯定有着重要的联系。佛教教义以一种虚幻的天国麻痹了人民的意志，使他们为了彼岸的幸福隐忍了现实的痛苦。

西夏王朝的历史正处于我国民族关系史上一个错综复杂的时期，西夏周围是宋、辽、金、回鹘、吐蕃、蒙元等由不同民族建立的国家。这些古代民族国家之间既存在着紧密的政治、经济、文化联系，又经常因利害冲突发生战争。在这种复杂的民族关系中，佛教作为大家共同的宗教信仰，经常起到沟通心理、缓和矛盾的作用。比如在西夏与宋王朝关系比较紧张的时期，佛事活动并未停止，西夏通过派人赴五台山朝圣，求赐佛经，互遣僧人访问，在敌对政权之间起到了润滑作用。平时，僧侣以一种超然政治之上的姿态，穿梭往返于各国之间，沟通了人民的心理，为民族融合奠定了基础。

二是佛教与人民文化生活。

西夏王朝崇佛，每逢国家重要庆典，皆举行隆重的佛事活动。如为庆祝崇宗乾顺10周岁的生日，于天祐民安四年（1094），动用大量人力、物力修葺凉州感通寺塔及寺庙，寺成之日又举行大法会，并立碑庆赞。天盛十九年（1167），太后曹氏周忌之辰，举行了印施番、汉经书，办法华会等活动。乾祐十五年（1184）为庆贺仁宗仁孝花甲本命之年，组织了规模宏大、内容丰富的佛事活动，包括施放佛经、佛画，讲经诵咒，烧施结坛，施食供养等。天庆二年（1195），太后罗氏为了纪念死去两年的仁宗，作大斋会，施经、放生、度僧、饭僧，花费巨大。再加上佛教本身的浴佛节、成道日、盂兰盆节等等节日，佛事成为社会的重要节日、人民精神生活的重要内容，左右着人们的衣食住行、精神风貌⑲。

西夏国创造文字，当然不仅仅是为了传播佛教，但译经、写经、印经却不失为西夏文的主要用途。从目前出土的西夏古文献看，佛教经籍所占比重最大，佛经成为西夏文献中最系统的文化知识。西夏文字自身也是在译经、抄经、刻经的过程中不断完善的，可以说佛教的传播促进了西夏文字的发展。

佛教的浸兴也刺激了西夏印刷术的发展。印刷术是推动佛教传播的重要手段，受宋王朝刻印《大藏经》的影响，辽国刻印了契丹藏，金国刻印了赵城金藏，党项人也不甘落后，不仅印有大量番、汉文经籍，并终于在元代刻出了西夏文《大藏经》，其书法之谙练，画技之娴熟，都表明西夏镌刻技术之精湛。

由于西夏社会文化生活的各个方面都染上了佛教色彩，故党项族著名学者骨勒茂才在编著西夏文、汉文双解词语集《番汉合时掌中珠》时，首先列入佛教的内容，"或作佛法，修盖寺舍，诸佛菩萨，天神地祇……"说明佛教在民俗中占有重要地位。有人统计，在该书人事部的语词中，佛教术语几乎占了1/4，如烦恼缠缚、起贪嗔痴、三界流转、远离三途、十地菩萨、等觉妙觉、证圣果已、昔因行愿、演说法门、菩提涅槃、六趣轮回、苦报无量、修行观心、得达圣道，等等。佛教术语在辞典人事部中所占的比重，应当与佛教思想在人民生活中所占份

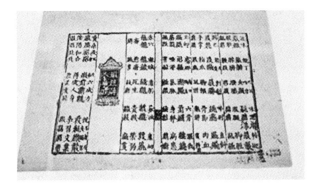

图上4-5 《番汉合时掌中珠》书影 董宏征摄

额是同比的。

三是佛教与西夏艺术。

佛教艺术在河西地区盛行已久，西夏立国于此，自然继承了南北朝以来逐渐形成的这一宝贵文化遗产。同时，他们又在绘画、雕塑、书法、建筑等艺术门类里注入了党项民族的特色，形成了独树一帜的西夏佛教艺术，为中华民族的艺术宝库贡献了一朵奇葩。

西夏艺术的精华，集中保存在敦煌窟和榆林窟中。据统计，西夏时期共在敦煌莫高窟新开 17 孔洞窟，重修 96 孔，在榆林峡重修 11 孔。在这些西夏石窟中，壁画无数，彩塑多尊，异彩纷呈，美不胜收。从艺术风格上看，西夏早期壁画、彩塑多承袭隋唐风格，在构图、题材上尚未形成特色。中期在吸收中原艺术风格的同时又采纳了回鹘艺术的样式，逐渐形成本民族的艺术性格。尤其是人物形象与服饰，基本反映了党项人的体格特征与面貌，为我们保存了西夏人衣食住行方面许多宝贵的史料。

图上 4-6　红陶五角花冠迦陵频伽，西夏陵区三号陵出土　董宏征摄

西夏晚期壁画的民族风格更臻于成熟，同时藏传佛教的影响也进入洞窟，密宗本尊大日如来和十一面观音成为壁画的坛主，反映了西夏国内各民族文化共生的事实。

从西夏壁画的内容看，仍以佛像、佛说法图、经变图、菩萨像为主。壁画构图完整，技法精湛，以娴熟的线条、丰富的色彩，将净土世界的诸神描绘得栩栩如生。在西夏榆林第 2 窟中，出现了以唐僧取经为题材的画面。唐僧神态安详，双手合十，礼拜菩萨，孙悟空手牵白马，立于唐僧身后。这是同类题材中所见最早者，对于研究《西游记》故事的形成与演变有很高的价值。又如榆林第 3 窟东侧壁画，中为千手千眼观音，在菩萨下方左右对称绘有犁耕图、踏碓图、酿酒图、锻铁图各一幅，把西夏人民的世俗生活刻画得细致入微，情趣盎然。这幅画也从一个侧面说明，宗教的天国不过是现实世界的折射与反光。

在莫高窟与榆林窟中有三十几窟西夏彩塑。这些彩塑既带有盛唐浓郁的浪漫风格，同时又部分地受到了宋代写实主义的影响，自成一家。如莫高窟 491 窟三尊西夏彩塑，人物皆修眉长眼，鼻梁与额齐平，具有北方民族的相貌特征。其中一尊女供养人像，头梳垂环髻，身着挂衣，脚穿分头鞋，额宽颐小，唇微开而露齿，一身西夏贵妇装束，雍容华贵，典雅大方。除了莫高窟和榆林窟的彩塑、壁画，在内蒙古自治区额济纳旗黑水城西夏遗址，还出土了一大批卷轴，亦有很高的艺术价值。可惜其中许多珍品被俄国探险家柯兹洛夫于上世纪初劫往俄国。

总之，由于西夏国统治者的重视与提倡，为河西地区自唐末五代开始衰落的佛教艺术注入了生机。西夏的佛教艺术水平很高，在中国艺术史上占有重要地位。

西夏宗教呈现多元化，除崇信佛教外，也有部分人信奉道教。元昊笃信佛教，但也受到道教影响。史载，他的桌几上经常摆放的书籍就有道家的《太乙金鉴诀》。元昊的太子宁明"天姿聪慧，好学、明大义，然性仁慈，不乐荣利，常从定仙山道士路修篁学辟谷法，朝夕不少懈"。元昊问他养生之要，他问答说："不嗜杀人。"又问他治国之术，他用道家的思想回答："莫善于寡欲。"说明在西夏皇族和统治阶级中也不乏道教的信仰者。

惠宗秉常（1067—1086 在位）时，宋朝五路大军进攻西夏，逼近灵州时，西夏人纷纷逃避，城内仅余"僧道数百人"。

黑水城文献中有少量道教的经卷和绘画，如《吕观文进庄子文》、《南华真经》、《玄武大帝图》等，这些都证实西夏道教信仰的存在和具有一定的地位。

西夏法典《天盛改旧新定律令》中，记载了西夏道教的管理以及对道士的若干规定和处罚等内容。

道教政策和管理：

道教在西夏是合法、公开的宗教，其地位仅次于佛教，国家对道教的政策与佛教大体相当。

西夏在中央政府机构中设道士功德司，管理全国的道教事务。《天盛律令·司序行文门》中，列有上、次、中、下、末五品职司，道士功德司属其中的次等司（二品），仅位于掌管全国行政和军事大权的上等司（一品）中书、枢密之下，而与殿前司、中兴府、僧人功德司等 17 个机构同级，可见其品级之高。

政府对道教和道士本身实行优容政策。道士犯罪可以用自己的宗教地位抵罪和减免，道教的宫观和财产受到社会尊重和法律保护。

入教和赐衣制度：

僧道人员的过度膨胀意味着国家劳动力的减少。为此，西夏法典也设置了一些入道的限制条件：首先，道士名目必须在政府登记造册，出家为道必须持有度牒；其次，为道士者必须流畅背诵 14 个道教经文；再次，地位低下的依附人不得为僧道。

和佛教一样，西夏道家也有以服色区分职位身份的赐衣制度。

道教在西夏流传的原因：

一是中国传统道教思想与党项原始宗教的切合。西夏人之所以能够在接纳儒学和佛教的同时，也给道教一定的地位，从思想根源上来看，在于道教赖以产生的某些背景，诸如鬼神观念、自然崇拜以及巫术等，这些原始宗教信仰正是早期党项社会生活的主要内容。西夏先民面对神秘而强大的自然万物，虽身处其中，然常为其束缚，却无力征服，于是将日月星辰、天地山水视为神灵，并期望逝去的先祖能在另一个世界里保佑自己，由此逐步形成了天神、地祇和人鬼的神灵系统。

依仗巫术和咒语祈福禳灾，在西夏建国前后一直就很盛行。巫师，西夏人称为"厮"，卜筮可以决疑惑、断吉凶，巫师能够通鬼神。西夏文辞书《文海》中就有多条解释巫、卜及各种鬼的词例，充分体现了西夏人对这种宗教现象的理解。如"巫者驱鬼也，驱灾害鬼者用是也"，"卜者问意也，……视好恶何来用之谓"等等。道教中融入的人鬼神灵、自然崇拜以及巫术卜筮等，也正是西夏民众在日常生活中无法解开自然谜团时，所采用的解脱手段，这种思想上的认同感，使得西夏人无法排斥道教的浸润。

　　二是唐宋统治者重道抑佛的直接影响。唐宋之世，不少帝王崇奉道教。唐帝自称老子的后裔，老子于是成为太上玄元皇帝，道士于是与唐同为宗室，三教次序于是定为：道先，儒次，佛最后。赵宋仿效唐室尊老的作法，封老子为太上老君混元上德皇帝，甚至徽宗自称教主道君皇帝，并亲自为多种道教经书作注。唐宋统治者的积极崇道态度，极大地促进了道教的发展，于是道士数量日增，宫观规模日大，经书卷册日滋。

　　深受唐宋文化影响的西夏，不可避免地会受到这股文化潮流的冲击。作为仰唐宋而后起，欲称霸西陲的夏国，学唐宋皇室，赶"时髦"风尚，正是树立西夏帝王形象的大好机会。所以说，这种有利于立国建邦的举措，西夏统治者是绝不会视而不见的，况且道教亦如佛教一样，不正可以用于束缚民众，笼络人心吗？当然，西夏没有照搬照抄唐宋极力排佛重道的政策，而是根据佛教在西夏久已盛行的特点，极力倡导佛教，但同时仍给道教以合法位置，列于佛教之后，使之在全国范围内流行和传播。

　　三是儒、释、道并称融合的因素。可以说，自唐以后，便确定了儒、释、道并称的潮流。唐宋虽然极力排佛，但佛教毕竟早已深入民心，一时的高压，可产生短暂的效果，并不能长久阻碍其发展。也就是说，唐、宋时期，实际上基本采取的是佛、道并行的政策。这一时期的道教，随着社会的大变革，适时地将儒、释两家的思想融入自身，图谋新的发展。如在中国北方宋、辽、夏、金各方势力相互消长之际，王重阳在陕西开创的全真道，便是因袭唐宋以来禅宗的心法，配合丹道家主张清静专修的方法，建立的道教新门派。联系西夏《天盛律令》中对僧、道相似且近乎相同的规定，亦不难看出道、释两家合流的趋向。

　　道教深厚的思想基础、唐宋极力的崇道政策以及三教合流的时代背景，均为道教在西夏的生存作了良好的铺垫[⑳]。

　　西夏境内也曾流传过基督教和伊斯兰教，不过规模和影响远远不及佛、道二教㉑。根据《马可·波罗游记》的记载，元初，唐古忒省和甘州民众大多信仰佛教，但也有少部分聂斯脱利派基督徒和回教徒。

西夏时期，与之毗邻的克烈部就信仰聂斯脱利基督教。基督教徒还曾在甘州城建筑了三座宏伟壮丽的教堂。

据《天盛律令》记载，西夏时期境内活动有不少阿拉伯人。伊斯兰教正是通过他们的政治、经贸交往传入了西夏。在黑水城南城外，还发现有一座伊斯兰教寺院，或许也是西夏故迹。元代宁夏地区阿难答 10 万大军皈依伊斯兰教的原因，至少有一部分可以追溯到西夏时期伊斯兰教的传播和发展。

第三节　西夏的礼俗文化

蕃礼与汉礼　居所与服饰　婚俗与丧俗　尚武与复仇

干旱的自然环境、农牧兼营的社会经济、多元的民族文化，使得西夏的礼仪风俗总体上呈现出复杂的形态和质朴的风格。

西夏的礼仪有所谓"蕃礼"和"汉礼"之分。蕃礼是以统治民族党项为主的适应游牧生活的文化风习；汉礼则是指以汉族或中原为主的适应农耕生活的文化风习。

西夏历史上的"蕃汉礼之争"主要指的是皇族集团和后族集团围绕着衣冠制度、语言文字、朝堂集会、使节接待、宴饮祭祀等政治性礼仪展开的政治斗争。一般来说，皇族集团提倡汉礼，后族集团主张蕃礼。这主要是因为汉礼支持君主专制和中央集权制度，蕃礼则更多反映了部落联盟时期权力的民主分配。

元昊时期（1038—1048）的情况比较特殊。这一时期，西夏国家初创，战火频仍，为凝聚民族认同，巩固君主政体，元昊一方面强力复兴蕃礼，一方面积极革新汉仪。他认为，唐宋的礼乐制度过于繁琐，不能适应西夏人"忠实为先、战斗为务"的实际需要。于是在吉凶、嘉宾、宗祀、燕享等正式场合，西夏宫廷原有的九拜之礼被改为三拜，乐之五音被革为一音。

元昊还创制了记录本族语言的蕃文，即西夏文，并且在社会生活各个方面大力推广，甚至在对外"国书"这样的重要场合也不例外。同时，他下令党项人恢复秃发的习惯，限期3日，不遵从的将执行死刑。为了体现等级关系，元昊还以法律的形式规定了官民的服饰。

蕃汉礼之争还反映了西夏统治阶级内部对待宋朝和汉族的态度。毅宗谅祚（1048—1067在位）亲政后，想与宋修好，杀掉专权的舅父没藏讹庞后，请去蕃礼，而用汉仪。后又请求宋朝以公主下嫁，并派使臣上书表示仰慕中原衣冠，奏将以汉礼接待宋使。惠宗朝主张蕃礼的梁太后和爱好汉礼的皇帝发生不可调和的矛盾，影响到当时的政局，梁氏甚至最后把惠宗囚禁起来。

随着西夏国家的日益巩固，倡导君主集权的汉礼的影响不断增长，到了仁宗仁孝时期（1139—1193），以学校和科举为代表的汉文化和汉礼在政治生活中确立了主导地位，西夏终于成长为一个文化高度发展、礼仪风俗类似中原的国度。

居所：

西夏民众的居住场所大体可以分为三类：一是贵族商贾的高宅豪第；二是平民百姓的泥舍土屋；三是牧人猎户的帐毡毛栅。多种多样的住宅形态既反映了西夏各民族因地制宜的生活方式，也折射出西夏社会内部等级森严的阶级结构。

皇室贵族与官僚商贾构成了西夏的上流社会。他们大多居住在高大宏伟、富丽堂皇的庭院楼阁与亭榭台池之内，享受着尊贵奢侈、轻松逍遥的都市生活。

皇帝的正式居所是皇宫。根据《天盛律令》的记载，皇帝内宫从外至内共分为三个区域以及皇帝本人居住的"帐下"，分别由"车门"、"摄智门"、"广寒门"和南北"怀门"加以区隔。西夏文杂集《碎金》中说"内宫赞圣光，殿堂坐御位。皇后后宫居，太子楼阁戏"。可知西夏皇宫内有大殿、后宫以及楼阁式建筑。离宫别院主要是皇帝休闲娱乐的地方。

清代学者张澍《西夏纪事本末》所载的《西夏地形图》，提供了一些西夏皇帝行宫的名字，有木栅行宫、卫国殿等。西夏历史上最有名的离宫是元昊时期建造的贺兰山避暑宫。史载，元昊征集了数万役夫，在贺兰山之东，营离宫数十里，台阁高十余丈，与诸位妃子日夜游宴其中。这座避暑宫，位于贺兰山拜寺口南山之巅，明代嘉靖年间遗址尚存，当时还有人从朽木中捡拾到长达一二尺的铁钉。

不仅西夏帝王给自己建筑了豪华的宫室，其下的贵族富豪、大臣官僚也都竞相大兴土木，修建官邸府衙、庭院楼阁、亭榭台池，极尽享乐。史载，仁宗时晋王察哥"广起第宅"，有园宅数处。权臣任德敬企图裂国称帝，奴役10万民众在灵州大兴版筑，以翔庆军监军所为宫殿。当时的世禄之家，互相攀比，都以营造豪宅为能事。

与统治阶级高大华丽的门第相比，西夏的庶民和牧民的居室则显得十分地简单和朴素。

西夏平民的居所主要是土屋。一面是鳞次栉比的宫殿楼阁，一面是密密麻麻的土屋泥舍，这是马可·波罗在元初经过西夏故地的深刻印象之一。作为普通民众，他们绝大多数住在泥土建造的房屋之中。个别有官爵的人家，才可能拥有砖瓦的居室。这一方面说明西夏普通民众生活贫穷，另一方面也反映西夏砖瓦产量较低。这个结论也得到了考古证据的支持。在著名的省嵬城遗址中，除南城门址发现少量的砖、瓦等建筑材料外，未见砖瓦，表明城内居民的住房绝大部分为土屋。

西夏牧民的居室多以帐篷和栋宇为主要形态。帐篷是游牧民族的传统居所，一般由木支架、圆形围壁和伞状顶盖组成。帐篷的顶盖一般由牦牛毛和羊毛制成，又称"毡帐"。为了防潮和防蛀，帐篷顶盖和覆盖物每隔一段时期就要更换。

西夏人帐篷顶盖的颜色通常是上青下白，木支架一般由60到70根细木搭建。定居的时候，帐篷也可以改建为"栋宇"。栋宇之内，有三间屋并列，中间为供神明之用，左右两间才是人居住的地方。史籍记载，西夏"其民一帐号一家"，围绕着一顶顶帐篷，西夏人聚族而居，过着追逐水草的生活。

服饰：
衣服不仅有御寒蔽体的实用价值，也有美化装饰的文化意义，特别在社会中还有别等级、分贵贱的政治功用。西夏时期的服饰反映了西夏社会民族众多、等级严格的社会现实。

第一，党项族的传统服饰。

党项人从事畜牧业，因此，其衣着多为皮毛制品。他们头戴毡帽，身穿毛织布衣或皮衣，足穿皮靴，腰间束带，上挂小刀等物。他们所穿的皮毛制成品《番汉合时掌中珠》有明确的记载，如皮裘、皮靴、毡帽、褐衫等等。

"衣皮毛"虽然是党项的传统服饰，但是仅仅限于党项的一般牧民。对于统治阶层来说，在中原服饰文化的影响下，"衣锦绮"才是他们穿戴的原则。

这种锦绮衣服的来源，一是来自宋朝的"岁赐"。作为称臣的酬劳，宋朝每年都要根据季节的变化赐予西夏大量的"时服"。这些华美服饰很受西夏贵族和官僚的喜欢。李德明曾对自己的儿子元昊说："吾族三十年衣锦绮，此圣宋天子恩，不可负也！"二是通过榷场和市的贸易。西夏往往用马匹羊只换取宋朝的茶粮丝绸。

第二，立国后的服饰制度。

西夏的服饰制度，始于元昊，成于仁孝。公元 1032 年，元昊继位后，继承父志，立即采取一系列措施，进行建国称帝的各项准备。其中重要的一项就是制定礼仪、官制、服饰制度。

公元 1033 年，元昊为了标新立异，显示即将建国的西夏国民与别国有所区别，"先自秃其发，然后下令国中，使属番遵此，三日不从，许众杀之。于是民争秃其发，耳垂重环以异之"。后又进行服饰的区别，建立西夏的衣冠制度。元昊"少时好衣长袖绯衣，冠黑冠"，穿戴中原汉族的服装。继位后，元昊自己先"始衣白窄衫，毡冠红里，冠后垂红结绶"，穿戴具有民族特色的服饰。对文武百官的朝服、便服，庶民百姓服装颜色制定了严格的规定：

> 文资则幞头、靴笏、紫衣、绯衣；武职则冠金贴起云镂冠、银贴间金镂冠、黑漆冠，衣紫旋襕、金涂银束带，垂蹀躞，佩解结锥、短刀、弓矢韣。马乘鲵皮鞍，垂红缨，打跨钹拂。便服则紫皂地绣盘球子花旋襕，束带。庶民青绿，以别贵贱。[22]

从这些规定可以看出，西夏文职官员的服饰多因袭唐、宋。武职官员的服饰具有民族特色，与中原服饰不同。这大概和西夏初期文职官员多是汉族，武职官员以党项族为主的情况有关。平民百姓不可戴冠，所以只规定"庶民青绿，以别贵贱"。官服紫绯，民服青绿，以服饰颜色区别官与民、贵与贱。

公元 1039 年，即元昊建国称帝的第二年，遣使到宋朝上表，阐述建国称帝的合法性，要求宋朝正式承认其皇帝称号。在表中宣称："臣偶以狂斐，制小蕃文字，改大汉衣冠。革乐之五音，裁礼之九拜。衣冠既就，文字既行，礼乐既张，器用既备。"从此上表中可以看出，元昊经过 6 年的准备，在建国称帝时，已完成了西夏衣冠服饰制度的制定。

公元 1048 年（西夏天授礼法延祚十一年），元昊被太子宁令哥刺杀身亡。此后，西夏的三位皇帝都是年幼继位，母后专权。皇权与母后专权的斗争，总是表现在"蕃礼"与"汉礼"之争上。每当母后专权时，则"复蕃礼"，衣蕃服；每当皇帝亲政时，则"兴汉礼"，衣汉服。例如，毅宗谅祚（1048—1067 在位）亲政后，改番礼为汉礼，向宋朝遣使上表，自言"窃慕中国衣冠，令国人皆不用番礼，明年当以此迎朝使"。宋仁宗答应了西夏用汉族衣冠的请求。此后又上书言："蕃方素稀工巧，变革衣冠之度，全由制造之功，欲就考工，聊请庶匠以闻。"请求宋朝派裁衣匠帮助西夏制作衣冠。西夏的服饰制度则在"蕃礼"与"汉礼"的斗争中逐步地完善起来㉓。

第三，中后期的服饰制度。

西夏的第五位皇帝仁宗仁孝（1139—1193 在位）是西夏执政最长久的一位皇帝。他在位的 55 年里继续推行其父崇宗乾顺皇帝"尚文重法"、"以儒治国"的方针，到了天盛年间（1149—1169），已使西夏出现了繁荣昌盛的太平盛世。此时，西夏已建立了正统完善的礼仪服饰制度。刊印于西夏仁宗仁孝乾祐十三年（1182）的西夏文类书《圣立义海》目录中载："第八卷：皇太后（法服）、皇帝法服、皇后法服、太子法服、嫔妃法服、官宰法服、朝服、常服、时服。"可惜正文不存，无法知道服饰的具体形制。但从服饰名称上可知，此时，西夏受宋代的礼仪制度的影响，对帝王、皇室、大臣的法服、朝服、常服、时服（季节服）作了严格的规定。

成书于西夏仁宗天盛年间的西夏王朝法典西夏文《天盛改旧新定律令》共 20 卷，150 门，1461 条，是现存中国中古时期很详细的一部综合性法典，是研究西夏社会、历史最重要的资料。在此法典中，对西夏的服饰制度，以法律条文的形式作了严格的规定。如《天盛律令》对西夏官员、僧道、庶民的服饰颜色有严格的限制，特别是皇帝衣冠专用的颜色、特殊的装饰图案花纹和贵重饰物明令禁止其他人使用，违者处以徒刑。《天盛律令》规定："节亲主、诸大小官员、僧人、道士等一律敕禁男女戴鸟足黄（石黄）、鸟足红（石红）、杏黄、绣花饰金、有日月，及原已纺织中有一色花身，有日月的，及杂色等上有一团身龙，官民女人冠子上插以真金之凤凰、龙样一齐使用。倘若违律时，徒二年。"

对鎏金饰品、绣金线的服饰也有规定："全国内诸人鎏金、绣金线等朝廷杂物以外，一人许节亲主、夫人、女、媳，宰相本人、夫人，及经略、内宫骑马、驸马妻子等穿，不允外人穿。"

对于那些不依法穿戴朝服的文武百官，也有处罚。《天盛律令》规定："大小臣僚等不来朝中，及虽来而不服朝服等"都要受到处罚。如节亲、宰相等，一次不来朝罚 5 缗，不服朝服罚 3 缗；两次不来朝罚 7 缗，不服朝服罚 5 缗；自三次以上不来朝一律罚 10 缗，不服朝服罚 7 缗。以下随官员品级的降低而降低罚款。

对于皇宫内穿戴违反常规，有碍观瞻的服饰者，也有规定和处罚："诸人不许服丧服、披发、头中有白、冬冠凉笠入于内宫，及互相礼拜等。违律时有官者罚一马，庶人十三杖。"

第四，各阶层服饰。

一是皇帝、后妃的服饰：在《西夏译经图》下方前坐两人，右面一人为皇帝，旁边西夏文题款为"子明盛皇帝"，即惠宗秉常，另一人为其母梁氏皇太后。惠宗头戴尖顶圆花冠，内穿圆领内衣，外套交领绣花宽袖大衣，腰系大带、革带，显出富贵、华丽、稳重的气派。此图是西夏皇帝亲临佛经译场的情景，皇帝穿的应该是正式而隆重的法服。

黑水城文献中有几幅与西夏帝王有关的图像。在《西夏国王像》中，主要人物着装为白色圆领窄袖袍，袍下露出黑色绣花便鞋。在《佛教祖师与帝王图》中，帝王外披黑色斗篷，身着黑色边袍，腰系杏黄帛带，颈项下绘有宋代皇帝上朝佩戴的饰物"方心曲领"。在《西夏皇帝及随从图》中，中央位置的皇帝身材伟岸，戴直角高金冠，身穿圆领窄袖红里团龙白长袍，无花饰，腰束有团花饰带，足下登靴。有学者认为后两幅图中皇帝形象符合元昊"衣白窄衫"的特点，威严庄重中透出简朴，这种装束应该是西夏皇帝的便服。

以上三种服饰，应该是西夏皇帝在不同场合的着装：有朝堂之上隆重的法服，有轻车出游的简朴的便服等等。

关于西夏皇后的服装，宋人曾有记载，说元昊妻野利氏"戴金起银冠"。在《西夏译经图》中，这种简单的记载得到了更为丰富、更为详细、更为直观的描绘。图中的梁氏皇太后，头戴凤冠，上穿交领宽袖衫，下系花裙，前似有蔽膝，垂绶并有配饰，外穿宽袖大衣，显得威严端庄。

二是贵族官僚的服饰：黑水城出土的唐卡和木板画中，有几幅描绘的供养人，即虔诚信徒应该是西夏贵族的形象。其中，男性的着装一般为外穿圆领长袍，内着衬衣或长袍，腰间束带。如黑水城出土曼荼罗木板画《顶髻尊胜佛母及其眷属图》中的"发愿者耶和松柏山"的形象。女性的衣饰通常为外穿交领窄袖长袍，高开衩，头梳高髻，戴高花冠。

图上 4-7　西夏供养人图　选自俄罗斯国立艾尔米塔什博物馆、西北民族大学海外民族文献研究所编《俄藏黑水城艺术品》，上海古籍出版社 2008 年版

如黑水城出土的唐卡《阿弥陀佛来迎图》中的女供养人形象。

相对男性而言，西夏贵族妇女的服饰是绚丽多姿和丰富多彩的。如榆林窟第 29 窟南壁门西侧在《那征女禅师修行图》西侧中的两层女供养人画像。她们是西夏沙州监军使赵麻玉的家眷。这些女供养人均双手合十，持花枝，作供养之状，头戴四瓣莲蕾形金珠冠，将高髻罩住，额上、两鬓、脑后头发露出冠外。莲蕾形金珠冠有黑、红、紫等色，冠沿及冠梁均有金珠装饰，冠右后侧伸出一枝花钗，双耳垂耳坠。她们均身穿交领右衽窄袖开衩长袍，领口镶联珠纹或忍冬纹花边，袍有紫、红、绿、粉红等不同颜色，上面有不同形状的小团花纹样。袍内系细裥百褶裙，裙两侧和前方垂绶带。裙裾长及脚踝，秀脚露于裙外，着圆口尖钩履，显示出雍容华贵、挺拔健美的姿态。

再如黑水城出土的西夏绢本彩色卷轴画《持经观音图》中，在观音菩萨金刚宝座右侧下角，绘两身女供养人画像，其面前有西夏文榜题，前一身汉文译为"白氏桃花"，后一身汉文译为"新妇高氏焚香"。两人可能是婆媳关系，均头戴四瓣莲蕾形金珠冠，冠中有长带垂下，身着红色交领右衽窄袖开衩长袍。袍内系细裥百褶裙，裙两侧和前方垂绶带。裙裾长及脚踝，脚露裙外，穿尖钩鞋。其花冠头饰以及袍服上的纹样，领口上装饰花边都与前述榆林窟第 29 窟女供养人的服饰相同[24]。

元昊建立西夏的时候，高调规定了文武官员的服制："文资则幞头、靴笏、紫衣、绯衣；武职则冠金贴起云镂冠、银贴间金镂冠、黑漆冠，衣紫旋襕、金涂银束带，垂蹀躞，佩解结锥、短刀、弓矢韣。马乘鲵皮鞍，垂红缨，打跨钹拂。便服则紫皂地绣盘球子花旋襕，束带。"[25]

根据宋朝文献的记载，文官担当的西夏使臣的装束打扮为："皆金冠短小样制，服绯窄袍，金蹀躞。吊敦皆叉手展拜。"[26]

相对于文献记载来说，在图像资料中，西夏官员的服饰则略有变化。先看文官服饰。

中国国家图书馆藏西夏文木刻梵夹十卷本《慈悲道场忏悔法》卷前扉页版画《梁皇宝忏图》中下部殿前台阶下，中间画一大蟒蛇，两边分列 10 位大臣或官吏，皆头戴展脚幞头，身穿圆领宽袖袍服，腰系革带，足蹬靴鞋，双手持笏板，鞠躬向前。此图中的大臣或官吏的服饰与文献记载西夏文官服饰"文资则幞头、靴笏、紫衣、绯衣"十分吻合。

　　肃北五个庙第3窟修建于西夏时期，该窟人字脊窟顶北坡《弥勒经变》下方绘供养人画像三身，二主一仆。主人头戴叶形展脚幞头，身着圆领窄袖长袍，腰系革带，足蹬乌靴。均左手执缰，右手握鞭，乘马前行。仆人是一男童，头梳双髻扎带，着圆领窄袖衫，双手持扇，紧随主人马后。图中的二主人是西夏的文官或是在西夏任职的汉族官吏。

　　再看武官服饰。榆林窟第29窟南壁门东侧有《西夏国师说法图》一幅，国师身后绘有男供养人三身、侍从三身。根据残损不全的西夏文榜题译释，第一身是窟主"沙州监军使赵麻玉"，第二身是"内宿御史司正统军使趣（刺史）赵……"，第三身是"……儿子……军讹玉……"。从全窟供养人画像地位顺序分析，第二身和第三身是第一身赵麻玉的儿子，都是西夏武官。第一、二身均头戴略带尖顶的起云镂冠，冠后垂带，身穿红色圆领窄袖裩袍，腰围有黑色宽边的抱肚，抱肚上有花纹，抱肚由宽带连接，宽带束在腹前，余带下垂与袍齐，另束革带，脚登尖形黑靴。第三身头戴黑冠，无云镂装饰，冠后垂带；身穿红色圆领窄袖长袍，上有团花，

图上 4-8　甘肃武威西夏木板画人物　选自陈炳应《西夏文物研究》，宁夏人民出版社1985年版

束革带，腰间无抱肚，冠服略有不同，但也不像一般士兵，可能也是武官，但级别较前两身低。

　　这些武官服饰中的抱肚，是很有特色的军戎服饰。抱肚最早出现在唐代后期，抱肚成半圆形围于腰间，初期一般都束于铠甲之内，其作用可能是为了防止腰间佩挂的武器与铁甲因碰击、摩擦而相互损坏或发出响声影响军事行动。后来在军服外也束抱肚，成为军服的一种装饰，一

直沿用到明代。

　　榆林窟第 3 窟主室甬道北壁上部绘有西夏男供养人四身，头饰已经漫漶不清，面容和身体清晰可辨。四身男供养人皆身穿圆领窄袖裥袍，腰围扎宽边的抱肚，抱肚上镶串珠纹泡钉，抱肚由宽带连接，宽带束在腹前，脚穿尖形黑靴。与榆林窟第 29 窟南壁门东侧第一、二身男供养人的服饰相同，可能是西夏级别较高的武官。

　　榆林窟第 29 窟东壁中间绘有一幅具有西夏艺术特色的《文殊变》。在文殊菩萨右侧画一身头戴云镂冠，冠带系颌下，面相丰圆，浓眉大眼，隆鼻厚唇，耳垂耳环，身穿圆领长袍，腰间扎抱肚的侧面像，似为帝释梵天的侍从或卫士。这位侍从的形象应是西夏党项族武官形象的写照。

　　1909 年在内蒙古额济纳旗黑水城出土，现藏俄罗斯艾尔米塔什博物馆的一幅具有藏传佛教风格的《比丘像》卷轴画，其左右下角有男女施主两人。左下角男供养人头戴金帖起云镂冠，穿红色圆领窄袖袍，腰间系有白色黑边抱肚，抱肚由宽带连接，宽带束在腹前。虽无榜题，但从其服饰看，与榆林窟第 29 窟武官基本相同，应该也是西夏武官形象。这幅卷轴画保存状况很好，人物服饰色泽鲜艳。

　　三是平民百姓的服饰：为了区别贵贱，西夏政府限制了平民服饰的色彩，规定他们只能穿青色和绿色的衣服。除此而外，在社会生活中，平民服饰因应实际的工作也是多种多样的。

　　榆林窟第 3 窟东壁有一组西夏生产图，形象而真实地展现出普通劳动者的服饰。在《犁耕图》中，扶犁农夫外穿交领大襟短衣褐襦，左手扬鞭，卷袖，下穿窄裤，卷裤口，头扎白头巾，足穿麻鞋。在《踏碓图》中，踏碓人身着交领大襟短衫，腰间束带，下着窄裤，卷裤口，头扎黑头巾，足穿麻鞋。在《锻铁图》中，有三男子，皆戴头巾。其中两锻铁者站立，皆着短褐襦，腰间系带，一人上衣深色，袒左臂膀，另一人着浅色上衣。这两人下身穿裤，束绑腿，足穿麻鞋。第三人坐着操作风箱，着较宽大的上衣，袒露左臂，下穿窄裤，卷裤口，足穿麻鞋。在《酿酒图》中，灶前添柴的妇人蹲于地上，外穿浅色长褴袍，下着裙裤；另一妇人穿深色对襟大领长袍，内着塌衣，站立灶边，右手执杯，作品酒状。

　　这些劳动者的服饰有些共同的特点：一是质料一般，大多是褐布而已；二是颜色朴素，或深或浅，装饰简单，几无配饰；三是多为短衣，制作简单，既节省布料，又便于劳作。

　　四是僧侣阶层的服饰：西夏法律规定僧人须穿黄色的袈裟、僧袍和裙。出土的图像资料中西夏僧侣形象多为"国师"一级。《西夏译经图》正中上方高坐着主持译经的安全国师白智光。他身着右衽交领短袖花袍，外肩斜披袈裟，袒右小臂，跏趺而坐。他的两边各有 4 名译经助僧，他们穿的和国师基本一样，只是交领短袖皆为无花素衫。

　　榆林窟第 29 窟前壁东侧西夏男供养人以国师为首，国师在床上坐在方形须弥座上，头戴山形冠，也是内穿右衽交领短袖花袍，领襟和袖口有宽边，外肩斜披袈裟，袒右小臂，跏趺而坐。旁有西夏文题款，可译为"真义国师西壁智海"。国师身后有侍者为其张伞盖，显示出类似帝王的尊贵地位。

　　黑水城出土的一幅西夏高僧像带有明显的藏传佛教色彩。高僧为坐像，成金刚坐法，身着交领黄色内衣，套棕色长袍，外再披橘红色斗篷，有浓密的短髯。

　　榆林窟第 29 窟前壁西侧图像中绘有尼姑形象。她内着左衽大袖绿色长袖花锦袍，外左肩斜披袈裟。旁有西夏文题款，译为"出家僧人庵梵亦一心供养"。

　　发式：党项羌的传统发型是披发和辫发。元昊建国前，出于政治目的，"先自秃其发，然后下令国中，使属者遵此，三日不从，许众杀之。于是民争秃其发，耳垂重环以异之"。此后，"秃发重环"成为西夏党项人的标准形象。

　　西夏秃发的基本形式为剃去顶发而留边发。此外，也有其他的秃发形式。榆林窟第 29 窟南壁东侧上，列西夏沙州监军司统军使赵麻玉等三身供养人，其身后跟随三个僮仆。三身少年僮仆皆秃发，第一身少年僮仆剃去额前和四周的头发，其余的头发于额前上方挽髻，用绸带系扎，直竖于头顶。第二、三身少年僮仆剃去头顶和脑后的头发，而留前额及两侧的头发，两侧鬓角处留一绺头发下垂。

同窟同列三身武官供养画像的第三身画像前面，有一少年供养像。他的发式为前额和头的两侧角留发，梳成小辫子绕到脑后，再用带子系扎成双环形，头顶和脑后的头发全部剃去。

黑水城出土的西夏布底彩色卷轴画《水月观音图》右下角，茫茫云海岸上画一组乐舞图，两匹马，四位乐舞人，载歌载舞。四位乐舞者的服装样式相同，皆身穿圆领窄袖长袍，腰系布带，足蹬乌靴。而头饰不同，其中一人头戴笠帽；一人展臂而舞，只见背面，脑后垂两条小辫子；两人髡发，前额和头顶两侧留发，垂披在耳侧，脑后的头发全部剃去。与安西榆林窟第 29 窟三位少年侍从的髡发相似。

西夏是一个多民族居住的地区，人们的日常生活很自然地也呈现出了多元的和融合的特征。主体民族党项人的婚丧习俗集中反映了蕃汉两大民族文化并存和交织的情形。

婚姻：党项族的婚姻形态有一个历史发展的过程。早期他们流行收继婚制度。《旧唐书·党项羌传》描述说："（党项）妻其庶母及伯叔母、嫂、子弟之妇，淫秽烝亵，诸夷中最为甚，然不婚同姓。"

把收继婚制度看作是"淫秽烝亵"，这自然带有汉族史家和中原本位主义的偏见。其实包括汉族在内的各民族在进入阶级社会之前都经历过这一婚姻形态。它是氏族社会的人类为避免本族财产随着婚姻的缔结而外流的一种控制机制。迁入西北以后，随着社会生产的不断发展和汉族婚姻文化的日益浸染，党项人的婚姻形态发生了很大的变化。特别是西夏国家政权形成以后，在那些不断涌入城市的党项人及其后代身上，这种变化就更大了。

首先，是包办婚姻和买卖婚姻普遍。婚姻的成立与否，主要取决于"父母之命，媒妁之言"。《天盛律令》规定，父母亲及其他家长有权决定儿女婚姻的对象。缔结婚约的关键是"婚价"，违反的一方要负法律责任。政府还明确制定了不同阶层婚姻的具体价格：

> 诸人予为婚嫁次第：一等：殿上座节亲主、宰相等以自共与其
> 下人等为婚者，予价一律三百种以内，其中骆驼、马、衣服外，金
> 豹、虎皮等勿超百五十种。一等：节亲主以下臣僚等以自共与诸民

庶等为婚者，嫁女索妇时，一律予价二百种以内，其中骆驼、马、
衣服外，金豹、虎皮等勿超百种。一等：自盈能等头领以下至民庶
等为婚，嫁女索妇时，一律予价一百种以内，其中骆驼、马、衣服
外，金豹、虎皮等勿超二十种。㉗

如果在规定期限内，男方无法付齐婚价和彩礼，还可以采取为女方家无
偿劳动 3 年的折衷办法。这种以实物为主、劳役为辅的婚价，反映了西
夏社会生产力水平较为落后、人民生活水平相对低下的事实。不过，买
卖是西夏社会婚姻的基本条件，相信大多数家庭都有承受婚价的能力㉘。

其次，是一夫多妻和一夫一妻制并存。党项平民百姓，盛行一夫一
妻制；至于有钱之家，尤其是皇室贵族，则为一夫多妻制。如李继迁连
娶豪族之女为妻，李德明三娶，元昊七娶。乾顺的庶弟晋王察哥，"年已
七十余，犹姬妾充下陈"。这与中原王朝的皇室贵族大臣妻妾成群并无
二致。

西夏有钱之家，一般要娶多少妻妾？他们在家庭中的地位如何？意
大利人马可·波罗在叙述甘州的婚俗时指出：

一般人可以娶二、三房妻室，甚至还有更多的。但有些人却比
较少，完全根据男人维持妻妾的能力大小而定。因为他们的妻子不
但没有丰厚的嫁妆，相反，还要分享丈夫的牲畜、奴婢和金钱。结
发妻子在家庭中享有比较优越的地位。丈夫如果发现妻子有不贞或
其他不法行为，或自己感到厌恶时，可以随时休弃她们。㉙

这表明西夏有钱人家娶妻妾的数字视财力而定。所娶妻妾，原配比较尊
贵，其余处于无权的任人摆布的地位。马可·波罗的上述记载，应接近
于西夏末期的情况。

第三，族际婚姻较为流行。上自皇室，下至百姓，不同民族间的
通婚现象时有出现，这促进了西夏境内民族血统的融合和民族文化的交
流。西夏皇族中，继迁、元昊、乾顺各自娶契丹皇室女义成公主、兴平
公主和成安公主为妻，谅祚、乾顺也各自把宗室女嫁给吐蕃部族首领禹
藏花麻、赵怀德。西夏皇帝娶汉族女子为妻者更多。如乾顺之妃曹氏为
汉族，她的儿子就是后来的仁孝皇帝；仁孝的妃子罗氏也是汉族，她的
儿子则是后来的纯祐皇帝。

　　西夏人的姓名中有一类复姓，往往是由两个以上的族姓再加名字组合而成，如"吴嵬名山"、"张讹三茂"等等。这里的"吴"、"张"等是汉姓，"嵬名"、"讹三"等是番姓，它们的组合很可能是番汉之间通婚和融合的反映。

　　西夏城市居民结婚，通常经历有媒人说合、行聘订婚、迎娶过门等多个环节。但是，大概在城郊那些部落集中的地方，还存在着自主性爱等原始婚姻的遗风。宋代上官融《友会谈丛》卷下记载：

　　　　凡育女稍长，靡由媒妁，暗有期会，家不之问。情之至者，必相挈奔逸于山岩掩映之处，并首而卧，绳带置头，各悉力紧之，倏忽双毙。二族方率亲属寻焉。见而不哭，谓男女之乐何足悲悼？用缯彩都包其身，外裹之以毡，椎牛设祭，乃条其革，密加缠束。然后择峻岭架木，高丈余，呼为"女棚"，迁尸于上，云："于飞升天也。"二族于其下击鼓饮酒，尽日而散。

　　还有一种婚俗，主要发生在西夏中后期。随着藏传佛教地位的日益隆盛，西夏婚俗也受到其中某些教派的影响。"西夏国俗，自其主以下，皆敬国师，凡有女子必先荐国师，而后敢适人"。这种习俗一直流传至元代，成为内地儒士眼中的一道奇异风情："贺兰山下河西地，女郎十八梳高髻。茜草染衣光如霞，却召瞿昙作夫婿。"

　　丧葬：西夏的墓葬，迄今发现的主要有宁夏银川的西夏王陵、宁夏永宁闽宁村野利氏家族墓、宁夏银川西夏区小型平民墓、宁夏银川贺兰山拜寺口紫圪瘩墓、宁夏平罗涝湾村墓、甘肃武威西郊的西夏墓、内蒙古准格尔旗西夏壁画墓、额济纳旗黑水城塔墓、乌海西夏参知政事墓等。显然，这些墓葬的形制有着地区、时代和等级的不同。皇帝陵墓和贵族官僚的墓葬一般规模较大、形制严整、陪葬奢侈。平民墓葬一般面积狭小、形制简单、陪葬稀少。

　　从文献记载来看，西夏的葬俗主要有羌俗、汉俗、佛俗三种。建国前，特别是内迁以前，主要实行羌俗；建国后，主要实行汉俗和佛俗。由于番汉长期杂处和关系密切，三者不可能截然分开。

　　火葬是党项人固有的传统，并且一直延续到了元代。两汉时期的羌人本来就有死后烧尸扬灰的习俗。到了隋唐时期，党项羌的主要葬俗叫做"焚火",也就是"死则焚尸"。考古发现的西夏墓葬大多都有焚烧尸骨的痕迹,说明西夏时期无论贵贱和僧俗,都普遍实行火葬。《天盛律令》中的有关盗墓的条令,也证明了这一点:"诸人尸已埋及或已烧,尸灰未舍弃,已集土而放置,如彼损毁墓场时,使与前述于地墓棺椁上动手罪同等判断。"

13 世纪初,旅行家马可·波罗途经"唐古忒省"(即西夏故地),亲眼目睹了这一地区的火葬风俗:

> 葬礼一般在城外举行,实行火葬。灵柩送出城外时,在必经之路,每隔一段距离,必须建造一种独木的棚屋,装饰彩绸,作为临时停柩的地方。每逢灵柩停下时,不管时间长短,都必须摆上酒食,停一站摆一站,直到棺材到达目的地为止。他们以为这样做,能够让死者的灵魂得到休息,恢复疲劳,有力气跟着前进。同时,他们在殡葬过程中,还有一种风俗,用某种树皮制作的纸,为死者绘制大批的男女马匹骆驼、钱币和衣服图形,和尸体一起火化。他们以为死者在阴间将会享受纸片上所画的人物和器皿。在举行殡葬仪式的时候,所有乐器全部击响起来,霎时间吵闹喧嚣震耳欲聋。[30]

在汉族文明的影响下,土葬是西夏建国以后,最主要的丧葬形式。西夏王陵的九座帝陵和 250 余座陪葬墓,都是典型的高坟大冢。不过西夏的土葬又有两种情况:一种是单纯的棺木土葬,一种是结合火葬的复合土葬[31]。

图上 4-9 西夏陵区 5 号陵 董宏征摄

　　棺木土葬主要有内蒙古乌审旗出土的五代、西夏拓跋家族墓，陕西府谷发现的折氏家族墓、准格尔西夏壁画墓以及宁夏永宁闽宁村西夏墓。这些墓葬大部分是凿土为穴，棺木为床的汉式传统葬法，并有记述生平事迹的墓志铭和精美的陪葬物、壁画等。它们与宋代常见的仿木结构砖石墓基本一致。

　　复式土葬是指人骨火化后再埋入墓中的葬法，这是西夏葬俗中的一大特点。西夏文辞典中有"烧尸"条，注释说："火上烧化尸体之谓"；又有"丘墓"条，注释说："烧尸处骨尸所围之谓"、"烧人尸处土圈之谓也"。西夏王陵 182 号陪葬墓墓中残骨有烧灼痕迹。宁夏银川市西夏区西夏平民的小墓，也是埋骨灰的。

　　佛教的流行，使得僧徒塔葬的方式也传播到西夏境内。这是一种把尸体封入佛教灵塔的习俗。埋入灵塔的通常是大德高僧，一般有肉身塔和骨灰塔两类。内蒙古黑水城塔墓正是这一葬俗的典型代表。宁夏青铜峡一零八塔可能就是信奉藏传佛教的喇嘛的坟墓。近年清理的贺兰山拜寺口西夏塔群遗址中，部分塔心室发现了骨灰等遗物。灵塔的设计分为塔座、塔身、塔刹、塔顶四部分，代表世界地、水、火、气四种元素的运动，象征着生命出生、成长、死亡、精神的永无止境的轮回。

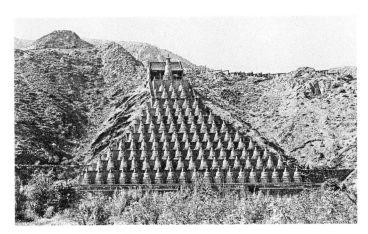

图上 4-10　青铜峡 108 塔　选自西夏博物馆编《西夏艺术》，宁夏人民出版社 2003 年版

　　此外，文献记载西夏还有水葬和天葬。据说，李继迁为了不让人盗墓，就曾把其始祖葬入峡谷溪流之下。前文提及的西夏自主性爱婚俗中就有陈尸木栅之上的天葬。西夏谚语中就有"死置尸场除首足"的句子，

大概和藏族地区天葬的情形类似。

　　艰苦恶劣的自然环境和漂泊不定的游牧生活赋予了党项人吃苦耐劳、勇敢无畏的民族性格。他们从小就得学习骑射，严寒中忍饥挨饿，酷暑下无惧干渴，长大后个个都骑术精湛，乐于战斗，把冲锋陷阵、枪林箭雨看的就像谈笑风生一样容易。每当首领决定战争的令箭传到，平时的仇敌就会变成同舟共济的战友，风驰电掣般地赶赴战场。他们珍惜朋友之间的友谊，信守做出的承诺，忠于部族的利益。

　　这种忠实为先，战斗为务的社会风气也成为百折不屈的西夏国家得以屹立的重要精神力量。正如《西夏书事》卷一六所引西夏大臣野利仁荣指出的："国家表里山河，蕃汉杂处，好勇喜猎，日以兵马为务……惟顺其性而教之功利，因其俗而严以刑赏，则民乐征战，习尚刚劲，可以制中国，驭戎夷。"

　　西夏上自帝王，下到百姓，甚至妇孺，无人不以气力争短长、不以征战见强弱。太祖李继迁出猎，途中遇到一只猛虎，他让随从躲入树林中，只身张弓射箭，一发而中虎眼，从此番部畏服。景宗元昊喜欢佩戴弓箭，即使临朝也不解甲。每逢战斗，他总是身先士卒，一马当先。他有勇有谋，"结发用兵，凡二十年，无能折其强者"。乾顺时期的晋王察哥雄毅多权略，能够拉开超过两石重的弓箭，并且射穿最好的甲胄。夏毅宗谅祚之母没藏后，曾多次指挥对宋作战。

　　夏崇宗乾顺之母梁氏更是一个能征善战的沙场女将。1092 年，她亲自率兵攻打宋朝的环州，由于遭遇宋将殊死抵抗，苦战 7 日不克，梁氏不得不丢掉帷帐首饰，改易服装败回。1096 年，崇宗和梁氏母子二人亲自督军进攻鄜延，50 万战士桴鼓而进，终于攻陷宋朝的金明寨。1098 年，梁太后领兵 40 万攻宋平夏城，连营百里，使用高车"对垒"攻城，飞石激火，昼夜不息，士卒死伤惨重，13 天后粮尽而退。西夏军队中还有叫做"麻魁"的女兵，这在中国古代社会中是也很少见的。

　　党项人的尚勇之风，连同他们的诚恳、质朴、团结互助的美德一直保持到西夏灭亡以后。元末党项人余阙在其《送归彦温赴河西廉访使序》一文中回忆说："予家合肥，合肥之戍，一军皆夏人。人面多鬣黑，善骑射，有身长八九尺者。其性大抵质直而上义，虽异姓如亲姻。凡有所得，虽箪食豆羹不以自私，必招其朋友。朋友之间有无相共，有余即以予人；无即以取诸人，亦不少以属意。"[32]

这种以力为强、以义为上的文化基因，是维护党项团结的极其重要的原因。在尚武的基础上，西夏人还有复仇之习。一旦结怨，若仇人未得，必蓬头垢面，跣足蔬食，直到斩杀仇敌以后才恢复正常。如果对方正在办丧事，复仇者则要暂时停止寻仇，为了表示不忘仇恨，要把仇敌在甲叶的背面记下来。仇怨和解的时候，须将鸡、猪、狗血掺入酒中，倒入骷髅里，双方共饮并发誓："若复报仇，谷麦不收，男女秃癞，六畜死，蛇入帐。"那些实力不济、复仇无望的人，则往往召集肥胖妇女，烹饪牛羊，准备酒食，跑到仇家纵火，焚烧他们居住的房子。因为和女兵打斗被认为很不吉利，所以仇家只能躲在远处，眼睁睁看着家业变成灰烬。他们也可以把这件事告到官府，官府派能言善辩的正直之人担任和断官，来判断诉讼双方的曲直。杀人的一方，一般要赔偿另一方命钱120钱。

另外，党项人在战争中如果战败，那么，3天之后，再到其战败地点"捉人马射之，号曰杀鬼招魂"，或者埋草人于地下，众人放箭射之而还[33]。

第四节　西夏与周边民族的文化交流

与中原的文化交流　　与吐蕃的文化交流　　与回鹘的文化交流　　与辽、金的文化交流

西夏是以党项羌为主体而建立的多民族政权，在它割据近二百年中，一直与周边各族保持着密切的文化交流。外来文化的学习和吸收对于西夏文化的形成与发展具有重要的意义。

西夏对宋朝文化的吸收与交流主要通过以下几个方面的途径。

其一，大量汉族劳动人民和士大夫入居西夏，带去了先进的思想文化和生产技术。党项羌内徙定居地区，自秦汉以来就是汉族人民居住并

创造着封建文明的所在，这里先进的生产技术和封建文明都给党项羌人以深刻的影响，使其上层统治者深深地认识到，只有利用汉族士大夫，广泛吸收中原封建文明，才能发展和壮大自己。因此从李继迁开始就广泛搜罗汉族人才，"潜设中官"，"曲延儒士"。以突出本民族特色而著称的开国皇帝元昊，也是"务收豪杰"，使"中国（宋朝）英隽翻致于异域（西夏）"。甚至连宋朝放出的宫女，也被他重币收买，"纳诸左右"。"谅祚每得汉人归附，辄共起居，时致中国物娱其意，故近边蕃汉乐归附之"㉞。

这些投附西夏的"儒士"、"豪杰"，在西夏政府机构中担任各种职务，有的主谋议，主张仿照汉族制度，以儒治国。如陕西之战期间，负气偶傥而累试不中的华州儒生张元、吴昊二人，带着怀才不遇的满腹悲愤，游于塞上，被元昊相中，倚为谋主，"凡夏人立国规模，多二人教之"。有的主枢政，支持西夏皇帝集权，反对党项部落贵族落后守旧，推行汉族封建礼仪制度。如谅祚12岁亲政后，不满外戚讹庞专权和推行蕃礼，寻机杀掉没藏讹庞，起用投附的汉族士人景询为枢密使，改蕃礼为汉礼，强行推行封建文化。有的主文教、掌科举，或翻译汉文书籍，或教书著述，传播儒学，直接成为党项文化与汉文化连结的纽带。

在招徕汉族士人、官吏的同时，西夏还通过战争等手段，大量从宋朝获取劳动力和其他专门人才。每有俘获，"以勇者为前军，号'撞令郎'，若脆怯无他技者，迁河外耕作，或以守肃州"㉟。对于有一技之长者，则采取优惠政策，宋人苏舜卿在《庆州败》诗中所称"逡巡下令艺者全，争献小技歌且吹"，就说明了这一点。

至于招致工匠，在官府集中管理之下，从事生产制作，成了西夏一贯的政策措施。谅祚在位时，感到御用物品和制造技术的缺乏，曾于1063年向宋朝乞取工匠。尽管宋仁宗以"自西平王以来，无此陈请"为由，拒绝了这一要求，但实际上各类技术工匠通过各种途径，源源不断地流往西夏。

这些被俘或自动流入的劳动群众，带着宋朝高度发达的农业和手工业生产技术，和西夏人民共同努力，大大地推动了西夏经济的发展和科技的进步。安西榆林窟西夏壁画中，有一幅"二牛抬扛"农耕图，反映出西夏河西的耕作方法和中原汉族地区基本一致。

其二，除上述人口迁移传播科技文化外，两国人民在沿边贸易中的频繁接触，是中原地区科技文化传入西夏的又一重要途径。法国汉学家谢和耐（J.Gernet）指出："事实上，双方通过对峙线上的只供使臣、商人出入的'口岸'而转输的不仅仅是各自需求于对方的产品（丝织品、茶、盐、金、银、马、驼、牛、羊）。正如欧亚旧大陆所有农牧交界地区的情况一样，各种宗教、工艺也无不循着贸易商路而传播。"谢氏这段对长城沿线经济文化交流的论述，同样也符合夏宋沿边的情况，两国密密排开的交易市场，无疑是一个个蕃汉文化的汇聚点。

此外，西夏统治者经常向宋朝求购佛经、"九经"、《唐书》、《册府元龟》等经史类书籍，以及宋朝以宗主国的身份向西夏颁赐日历，自然也是中原科技文化传入西夏的途径。

经过统治阶级的大力提倡和蕃汉人民的密切交流，中原汉族思想文化渗入西夏社会各个领域，成为西夏思想文化中不可缺少的重要组成部分。

一是汉字影响巨大。这主要表现在两个方面：

其一，汉字使用十分广泛。西夏境内汉族是人口最多和地位最重要的族群之一，加之汉人统治的宋朝是西夏周边最重要的经济和文化交流对象，这样汉语很自然地就处于传播和应用的强势地位。通过学习和掌握汉语，西夏引进了大量的中原物质和精神文化。

其二，西夏文的创制借鉴和模仿了汉字。在字体结构上，西夏文与汉字一样，属于方块字，有偏旁部首；有点、横、竖、折、捺、提等基本笔划，有楷、行、草、篆等书体，以致识汉字的人见到西夏文，初看，"字皆可识，熟视，无一字可识"。

在造字方式上，西夏字主要采用汉字的会意法，还有一些字采用音意合成法。这些音意合成字，其构造方式和汉字形声字相似。在发音上，它的同音字很多，与某些汉字字典上的字一样，每一群同音字常用一个字作为代表。夏汉字典《番汉合时掌中珠》的注音，还常用反切的方法，也有平、上、去、入四声的区别。另外，西夏文字中还有大量的汉语借词，不仅在名词中使用，而且在动词、形容词以及其他词类中也使用。

二是儒学地位重要。元昊建国时，在仿照宋朝政治制度的同时，也自觉不自觉地加强了对儒家思想的吸收。他本想以"胡礼蕃书"与宋朝抗衡，"特建蕃学，以野利仁荣主之，译《孝经》、《尔雅》、《四言杂字》为蕃语，写以蕃书，于蕃汉子弟内选俊秀者入学教之"。然而《孝经》是儒学中一部封建意味最浓的著作，元昊把它当作重要经典加以译传，可见他大力强调的蕃学是离不开儒家思想养分的。

谅祚执政后，广泛推行以儒学为主的汉学，使儒家思想在西夏产生了更大的影响。谅祚以后虽出现两次梁氏专权，在国内突出党项传统文化，但到崇宗乾顺亲政后，又开始重视儒学。1101 年他接受御史中丞薛元礼"遵行儒教，崇尚诗书"的建议，下令于蕃学外特建国学，选弟子300 入学，从而进一步确立了儒学在国家政治生活中的地位。

仁孝一朝，西夏的儒学发展到顶峰，1144 年下令各州县立学校，增弟子学员至 3000 多人，为乾顺建国学时的 10 倍。1145 年又建大汉太学，仁孝亲临释奠，以示重视。汉太学的形制完全继承汉唐以来中原的传统。次年，"遵孔子为文宣帝"，随后地方各州郡全都立孔庙，"殿庭宏敞，并如帝制"。

三是吸收中原官制。元昊称帝建国前夕，建立起一套比较完整的官制。《宋史·夏国传》记载："其官分文武班，曰中书、曰枢密、曰三司、曰御史台、曰开封府、曰翊卫司、曰官计司、曰受纳司、曰农田司、曰群牧司、曰飞龙院、曰磨勘司、曰文思院、曰蕃学、曰汉学。自中书令、宰相、枢使、大夫、侍中、太尉已下，皆分蕃汉人为之。"除蕃学外，这些官职机构无论从名称上，还是从职掌上，都是仿照中原宋朝制度。毅宗谅祚亲政后，又对官制进行了一次较大的补充，增设了各部尚书、侍郎、南北院宣徽使及中书学士。

到仁宗仁孝时，随着封建政权的进一步巩固和经济文化的发展，官制也更加完备，从西夏文法典《天盛改旧新定律令》来看，当时西夏政府机构分为五品。至此，"西夏职官制度之完备、品级之系统，已和中原相差无几"㊱。

四是弘扬汉传佛教。从公元 1030 年到 1072 年，应西夏的请求，宋朝曾连续 6 次向其颁赐《大藏经》。随着汉文《大藏经》的输入，西夏统治者大兴土木，广建寺院，演译佛经。如 1047 年元昊在兴庆府东"建高台寺及诸浮图，俱高数十丈，贮'中国'所赐《大藏经》，广延回鹘僧居之，演译经文，易为蕃字"㊲。1050 年，太后没藏氏在兴庆府西建承天寺，历时 6 年完工，藏宋朝所赐佛经，"延回鹘僧登座演经"。后来秉常、乾顺也多次组织大规模的汉文佛经翻译工作。据统计，西夏前四朝翻译汉文佛经就达 3000 多卷，这在佛经翻译史上是少有的，从而为汉传佛教的广泛传播与发展奠定了坚实的基础。

五是革新礼乐制度。西夏历代君主尤其是景宗以后的皇帝都比较崇尚汉仪。早在继迁、德明时代，就已遵从汉地交聘的礼仪。到了元昊时期，在汉礼的基础上发展了具有民族特色的朝堂拜礼。谅祚、乾顺、仁孝都曾积极推行汉法、汉仪，使得西夏的文化面貌发生了根本性的变化。

西夏音乐原受唐乐影响，音节悠扬，"清厉顿挫"。德明臣宋后接受宋乐。元昊称帝时认为"唐宋之缛节繁音"，不足效法，于是"革乐之五音为一音"，突出民族特色。此后上百年间，西夏官方音律以党项民族乐为主，直到仁宗仁孝即位后，在发展儒学的同时，命乐官李元儒"采中国乐书，参本国制度"，修订乐律，于 1148 年而成，赐名《新律》，才重新把西夏音乐推向高度汉化的境地。

至于民间音乐一直深受中原汉族的影响，北宋著名政治家沈括为陕西边帅时，曾作过十几首歌，其中一首有"万里羌人尽汉歌"之句，说明夏宋沿边一带的党项羌人都会唱汉歌。据叶梦得《避暑录话》记述，他在丹徒做地方官时，"尝见一西夏归明官云：'凡有井水处，即能歌柳词'，言其传之远也"。柳，系指柳永，为北宋著名词人，他的词作情意缠绵，大多谱上曲子在市民阶层中广为流传，也得到了西夏人民的喜爱。

在历法上，夏州拓跋政权一直采用中原王朝的历法，元昊称帝建国时，废弃了宋朝的历法，创制西夏自己的历法，但仍以中原汉族历法为基础。元昊以后，仍主要采用汉历。1127 年宋室南迁，两国交通阻远，加之西夏附金攻宋，宋朝便于 1132 年停止对西夏颁赐历书。但从甘肃武威张义下西沟岘发现的 1145 年的西夏历书来看，它的计法完全和中原一致。

此外，西夏王陵"仿巩县宋陵而作"，每座陵园都有一个完整的建筑群体，分别由角阙、鹊台、神墙、碑亭、外城、门阙、内城、献殿、塔状灵台等部分组成，平面布局严格按照宋代大建筑群设计，强调中轴线左右对称。

在宋朝文化输入的同时，西夏自身的优势和特色文化也逆向传入中原。马匹、牛羊等大宗畜产品的出口，既丰富了宋朝境内汉族人民的衣食文化，也提高了宋朝边防军队的骑射技艺。

弓箭、马鞍等先进兵械制造技术也传到了宋朝。朱弁《曲洧旧闻》卷九记载说，党项首领李宏将"神臂弓"献给宋朝后，为神宗皇帝所喜爱，下令在"玉津园试之，射240步有奇，入榆木半竿。有司锯榆呈，上曰：'此利器也。'诏依样制造，至今用之"。1083年，熙河兰会路安抚制置司上言："擒获西界探事宜部落子策木多莽，缘其人善斫造蕃鞍，边人颇称之，乞令押赴京制造军器所。"神宗从之，既而军器所上言：策木多莽所造鞍二面，确实可用。乃"诏策木多莽特免死，刺配钦州牢城"㊳。

元丰六年（1083），宋神宗召见米脂寨所降蕃乐人42人，奏乐于崇政殿。可见西夏的民族音乐也传到了宋朝，并为统治者所欣赏。至于民间音乐的交流更是不可避免的，在"万里羌人尽汉歌"的同时，沿边汉人也必然会唱羌歌。

党项与吐蕃的接触与交流由来已久，早在其内徙前，弭药王曾将女儿嫁给吐蕃赞普松赞干布为妃，在政治上建立起密切的关系。内徙后和吐蕃居地相邻，并经常联合起来攻扰中原王朝边郡。到李继迁至元昊祖孙三代，又对河西吐蕃进行了长期的征服战争。建国以后，早期与河湟吐羊蕃唃厮啰政权相敌对，进入中期双边关系有了明显的改善，由不断争战变为结盟友好。在这长达数百年的交往、争战、结盟中，吐蕃文化逐渐深入到党项羌及后来的西夏王国。

首先，相当一部分党项羌人在掌握了汉语的同时，也学会了藏（吐蕃）语。西夏开国皇帝元昊就通晓蕃汉文字，这里说的"蕃字"就是指藏文。西夏文创制后，虽然在公牍文书中使用，但藏语作为宗教语言一直在西夏流行。俄国西夏学专家克恰诺夫指出："西夏国内佛教徒必须强制性地学习吐蕃语文知识"，并且"经常使用西夏语、汉语、吐蕃语三种语言编纂佛经，这已为许多经卷的序言所证实"㊴。

西夏后期，随着藏传佛教的深入发展，作为宗教语言的藏语也愈来愈重要，西夏文法典《天盛改旧新定律令》规定：蕃（党项）、汉、吐蕃三族人都可以任僧官，但必须会念诵 14 种经咒，其中藏文经咒要占半数。

在夏蕃（bō）文化交流中，藏传佛教对西夏的影响最为深远。吐蕃佛教前宏期就对党项羌产生过一定的影响。据藏文史籍记载，松赞干布在康地建造隆塘准马寺时，是以弭药人为工头的。公元 11 世纪中叶，后宏期吐蕃佛教得到蓬勃发展，自印度传到西藏的佛教经典，绝大部分被吐蕃译师、学者译成藏文，吐蕃佛教在显宗和密宗修法方面，都已形成体系。

藏传佛教体系的形成与发展，为其传入西夏创造了有利的条件。从 1045 年元昊遣使宋朝谢册封，又"遣蕃僧吉外吉法正等报谢景祐中所赐佛经"的情况来看，似乎西夏初期就和刚形成体系的藏传佛教发生了关系。西夏中期，藏传佛教大量传到河西地区，到仁孝时，已在全国很有影响。1159 年，西藏噶玛噶举派初祖法王都松钦巴（1110—1193）建立楚布寺，仁孝遣使入藏，迎请都松钦巴前来讲法。都松钦巴不能亲来，派弟子格西藏琐布带着经像随使者到西夏，被仁孝尊为上师。后来，都松钦巴在粗布寺建白登哲蚌宝塔时，仁孝又献赤金璎珞与幢盖等物。都松钦巴圆寂后，在其焚尸处建造吉祥聚米塔，格西藏琐布又自西夏作贡献。

藏传佛教的输入还表现在佛教绘画方面，内蒙古黑城出土的佛像的艺术风格，与广泛流行于东印度、尼泊尔以及西藏的金刚衍那派的画法密切相关。在敦煌莫高窟和榆林西夏晚期洞窟中，也有大量密宗题材的壁画，如榆林 3 窟的"文殊"、"普贤"、"西方净土"等经变画中，绘出了一个个具有密宗曼荼罗特色的舞蹈人物。

其次，除藏传佛教外，西夏对吐蕃的服饰、军制也加以吸收。史载元昊"衣白窄衫，毡冠红裹顶，冠后垂红结绶"。从敦煌壁画、西藏塑像和汉藏文献记载来看，显然是受吐蕃赞普和回鹘可汗服饰的影响。西夏军事制度以"抄"为最小单位，由正军和负担组成的"抄"，正是脱胎于吐蕃的"组"，负担相当于吐蕃时代的"仆役"。至于设在全国各地的"监军司"，也是吐蕃王朝的制度。

吐蕃的历法也传到了西夏。20世纪70年代在甘肃武威下西沟岘出土的西夏文会款单，称1194年为"天庆虎年"。保存在张掖的西夏《黑水建桥敕碑》，正面为汉文，背面为藏文，藏文称岁次丙申的乾祐七年（1176）为"阳火猴年"。这种把十二生肖与五行结合，再配以阴阳的纪年方法，无疑是受藏历的影响。

夏蕃文化交流是双向的，在西夏大量吸收吐蕃文化的同时，党项文化也传到了吐蕃。前述弭药王之女入藏，被松赞干布立为雍茹妃。雍茹妃在西藏建造了拉萨卡查寺，成为早期党项与吐蕃文化交流的友好使者。另外，吐蕃建桑耶寺时，为了调伏神魔，据堪布的教导，在东方弭药嘎地之毗沙门区域迎请高僧。有的弭药人曾是吐蕃修建寺院的工头，有的甚至成为吐蕃的译经师，这一切都有利于早期党项文化在吐蕃地区的广泛传播。

党项羌内徙后，其原居住地被吐蕃占据，留下的党项羌人也被吐蕃所征服，他们的文化也必定为吐蕃所吸收。西夏立国期间，与河湟吐蕃唃厮啰政权聘使不断，国主秉常、乾顺分别于1072年及1102年将公主和宗女下嫁其首领，也带去了已发展成熟的西夏文化。

党项羌与吐蕃在文化方面相互交流、相互吸收还表现在民族融合方面，两个民族经过数百年的你来我往，形成了水乳交融的关系，你中有我，我中有你，留居青藏高原及河、湟、洮、岷的党项吐蕃化了，进入西北沿边的吐蕃则有明显的党项化趋势，即使没有党项化，也已经是"风俗相类"了，所以宋代中原汉人经常把他们看作是羌族。

西夏与回鹘的文化交流也比较密切。

在佛教方面，西州回鹘地处中亚交通要道，高昌又是一个大乘佛教荟萃的中心，甘州回鹘的佛教活动也相当兴盛，这样就造就了一批精通汉、藏、蕃（党项）语，并且有较高佛学修养的回鹘僧人。他们深入西夏，在带来回鹘大乘佛教的同时，又为西夏统治者把汉、藏文佛经译成西夏文。前述元昊在兴庆府东建高台寺及诸佛塔，"贮'中国'所赐大藏经，广延回鹘僧居之，演译经文，易为蕃（西夏）字"。谅祚时，没藏太后在兴庆府西建承天寺，贮经其中，"延回鹘僧登座演经，没藏氏与谅祚时临听焉"。

由回鹘僧人主持译经工作在西夏文佛经中也有记述。北京图书馆藏西夏文《过去庄严劫千佛名经》卷末所附元朝皇庆元年（1312）刻印的发愿文载："夏国风帝新起兴礼式德，戊寅年中，国师白法信及后稟德岁臣智光等，先后32人为头，令依蕃译。"该馆另藏的西夏文《现在贤劫千佛名经》前面有一幅木刻版《译经图》，在主译人上面用西夏文标出"都译勾管作者安全国师白智光"。白法信、白智光两位译经大师，很可能就是回鹘高僧。西夏晚期校勘《密咒圆因往生集》时，也有西域之高僧参加。

在世俗文化方面，回鹘的服饰与装束也传到了西夏。元人马祖常《河西歌》曰："贺兰山下河西地，女郎十八梳高髻。""高髻"为回鹘妇女的发式，反映出回鹘社会风俗对西夏社会生活的渗透。1977年在甘肃武威西郊林场发现的西夏墓葬中，出土了29幅彩绘木版画。其中，如《五侍女图》，前四人梳高髻，属于回鹘发式，最后一人披发，为吐蕃发式。又如武士，都头戴毡盔，盔顶结绶，但面貌为汉人，显然是吸收了回鹘与吐蕃的装束。另外，《宋史·夏国传》所载的西夏武官起云冠、束带、垂蹀躞、佩解结锥，与莫高窟回鹘供养人的装束如出一辙。

西夏与辽为君臣之国，在政治上贡使往来不断，辽朝3次将公主远嫁西夏，在经济上又于沿边辟有榷场，密切的政治、经济往来，必然会带来文化上的交流。契丹有"射鬼箭"之俗，即出还师时，分别将死囚或俘虏"植柱缚其上，于所向之方乱射之，矢集如蝟，谓之射鬼箭"。这和西夏"败三日，辄复至其处，捉人马射之，号曰杀鬼招魂，或缚草人埋于地，众射而还"的习俗，存在着相互影响的关系。

在墓葬制度上，西夏也接受了契丹文化的影响。据考古发掘，西夏陵墓的形制与唐、宋、辽的墓葬大体相同，在葬俗上，"除基本方面仿照汉族风俗外，还受到契丹葬俗的某些影响"。此外，契丹皇帝大祀服饰为

"白绫袍，降带，悬鱼，三山降垂，饰犀玉刀错，络缝乌靴"，和元昊所衣也有相似之处。在发式上，西夏男子秃发与鲜卑、契丹的髡发也存在一定的继承关系。

夏辽在佛教方面也相互交流，1067 年 11 月，西夏"遣使进回鹘僧、金佛、《梵觉经》"。前述回鹘僧精通多种文字，擅长佛经翻译，西夏将其连同佛经一并献给辽朝，或许为了解决佛经翻译中的问题。1095 年，西夏再次向辽朝"进贝多叶佛经"。

辽朝的佛经也通过回赐的方式传到了西夏。西夏文《过去庄严劫千佛名经》发愿文在叙述西夏译经情况后，提到"后奉护城皇帝敕，与南、北经重校"。"护城皇帝"即仁宗仁孝，"南经"为北宋刻印的佛典，一般认为是《开宝藏》；至于"北经"，当为《契丹藏》，而非金朝刻印的汉文大藏经《赵城藏》。因为西夏以西朝自居，称宋为南朝，辽为北朝，"北经"自然为 1062 年刻印的《契丹藏》，这部大藏经在内容上也补充了宋版所缺。

西夏与金朝的接触主要是在女真入主中原以后，虽然两国政治、经济关系非常密切，但女真族很快汉化，因此由金朝输入的文化大多是汉文化。如 1154 年西夏使金谢恩，"且请市儒、释书"，儒经是中原汉文化最重要的经典，佛经也是继承宋朝的。另外，在内蒙古黑城曾发现《刘知远诸宫调》，可见金朝诸宫调也传入西夏。在金丰州故城内有"西夏仁王院僧惠善到此"的墨书题记，说明西夏的佛教文化也传到了金朝。

总之，西夏地处辽（后来是金）、宋、吐蕃、回鹘之间，它不单在经济联系上，而且在文化上成为各个政权交流的中介。它广泛吸取中原汉文化，然后传往周边地区，同时又将周边民族文化传到中原，为我国中世纪后期的文化繁荣与发展作出了杰出的贡献。西夏既广泛地吸收中原汉文化，到处修建孔庙，大兴儒学，但又始终保持本民族的特色，和北魏对待外来文化特别是中原汉文化的态度迥然不同，这应是其立国长久的重要原因之一。

第五节　西夏文化的主要特点与历史地位

西夏文化的主要特点　西夏文化的历史地位

西夏文化是河湟、河西、河套等西北地域文化的交汇，是党项族、汉族、藏族、回鹘等多民族文化的聚集，更是儒、佛、道等各种思想文化的融合④。西夏文化是五代以来西北地区统一的推动力量，是东西南北交流的一座桥梁，是元代华夏文化复兴的火种之一，更是中华民族多元一体文化的重要组成。

第一，文化上的多元与融合。复杂的自然条件、多样的居住族群、各异的社会基础，使西夏成为多元文化并存、交流和融合的典型地区。

在语言方面，西夏政府允许多种文字如汉文、西夏文、藏文、回鹘文等同时使用并且积极推动双语互动形式的学习。著名的辞典《番汉合时掌中珠》是夏汉文字对照的结晶，著名的《凉州碑》则是汉藏文字合璧的产物。党项人创造的西夏文，其形式主要源自汉字，其发音则属于藏缅语系。

在宗教方面，西夏人的精神世界，既流行着儒、佛、道等高级层次的思想活动，也充斥着万物有灵和神鬼皆在等较为原始的精神信仰。西夏《黑水建桥敕碑》就反映了这种多元的、融和的信仰体系。碑文这样写道：

镇夷郡内，黑水河上下，所有隐显一切水土之主、山神、水神、龙神、树神、土地诸神等，咸听朕命。昔贤觉圣光菩萨哀愍此河年年暴涨，漂荡人畜，故以大慈悲兴建此桥，普令一切往返有情，咸免徒涉之患，皆沾安济之福，斯诚利国便民之大端也。朕昔已曾亲临此桥，嘉美贤觉兴造之功，仍蔼虔恳，躬祭汝诸神等。自是之后，水患顿息，固知诸神之所致也。今朕载启精虔，幸冀汝等诸多灵神，廓慈悲之心，恢济渡之德，重加神力，密运威灵，庶几水患永息，桥道久长，令此诸方有情俱蒙利益，佑我邦家。则岂惟上契十方诸圣之心，抑亦可副朕之弘愿也。诸神鉴之，勿替朕命。④

西夏佛教自身的发展因子有三个方面：一是输入了大量的汉地佛经；二是翻译了相当数量的吐蕃经书；三是延请了许多回鹘高僧，加上原有的佛教基础，从而融合为颇具特色的西夏佛教文化。

在军事方面，西夏受到了中原和吐蕃制度的共同影响。元昊建国，既吸收了宋朝的立军名、定驻地、设经略司路等军事政策和制度，也吸收了吐蕃兵制的一些有益的东西：如"正军"和"负担"，就是来源于吐蕃的"组"和"仆役"；如"监军司"，就类似于吐蕃王朝东北和极西边境地区建立的军镇组织。

第二，儒家文化主导政治。西夏从部落联盟走向中央集权和君主专制国家的过程，就是儒学政治文化的引进和发酵的过程。西夏王朝的文物典章，基本上就是中原制度的翻版。西夏历史上的仪礼之争，最终是以儒学的胜出而告终。在儒学的强力引导下，西夏佛教虽然繁盛，但是终究没有形成像西藏一样的政教合一制度。

第三，佛教文化极为发达。西夏境内佛教庙宇广布，僧侣阶层地位崇高。元代的帝师制度就受到了西夏僧阶制度的直接影响。以榆林和敦煌壁画、雕塑、书法、建筑为代表的西夏佛教艺术，具有很高的艺术感染力，是中华民族艺术走廊中的一朵奇葩。

和同时代的宋朝相比，西夏文化的水平还有一定的差距，主要原因有三点：

一是经济基础薄弱。西夏境内，大部分地区气候干燥，水源短缺，人口稀少，农业发展水平不高，极大地制约了手工业、商业和文化的发展。

二是东西贸易不畅。海上丝路的繁荣以及西夏苛重的关税、危机重重的周边关系，导致了河西走廊贸易的衰落，阻碍了东西文化的交流。

三是战争贯穿始终。西夏自建国到灭亡，大小战争持续不断，造成了田野荒芜、民生涂炭、耕织无时、财用并乏的窘境。特别是对宋战争，严重干扰了双方正常的经济、文化交流。

尽管如此，西夏文化在中国文化史上仍然有着十分重要的地位。

第一，西夏文化是五代以来西北地区统一的推动力量。在唐末以来大动荡、大分裂的形势下，党项拓跋部在黄河中游河套地区崛起，东抗契丹、赵宋，西收吐蕃、回鹘，最终统一中国西北大部分地区，建立了强盛的西夏王朝。这一过程的实现不仅仅是西夏经济和军事力量的胜利，也是西夏文化整合西北各地、各族文化的结果。没有以儒学和佛教为基础的西夏文化的动员和支持，西夏的建国和统一的巩固会越发地艰难。西夏王朝和西夏文化的形成与发展，有力地遏止了五代以来西北地区的分裂趋势，巩固了中国在历史上的固有疆域，奠定了元朝实现中国各区域完全统一的政治和认同基础。

第二，西夏文化是东西南北交流的一座桥梁。西夏一方面控制着河湟、河西、河套等南北东西交通的要冲，一方面自身又处于宋朝、辽朝、吐蕃、西域等政权的环形包围之中，这样，它在吸收各方面文化滋养自身的同时，又作为中介者使得这些文化发生了一定程度的交流。西夏的宗教、文艺、学术、音乐、绘画、舞蹈无一不体现着各族人民的合作精神②。

第三，西夏文化是元代华夏文化复兴的火种之一。西夏建国伊始，就创建学校，振兴文教，尤其是经过乾顺、仁孝时期的大力推动，至西夏末期，人才辈出，不仅自身不乏人才，而且为元初蒙古统治者储备了不少人才。西夏灭亡后，一批儒学素养较高的西夏人，活跃在元代的历史舞台上，充当了自中央到地方的各级重要官员。这对于蒙古人的汉化，以及蒙汉文化的融合，起了加速和促进作用。这种历史作用正如陈登原先生所指出："西夏人才，初虽有资于宋，其后亦卓然有所自己，并曾启迪金源，蒙汉文化混合，西夏与有力焉。"

第四，西夏文化是中华民族多元一体文化的重要组成。10—13世纪，是中国历史上第三次民族大融合时期。正是这一时期的民族格局和文化面貌，奠定了近代以来中华民族多元一体格局的基础。以辽、西夏、金为代表的北族王朝，积极学习和传播儒学的"海内一家"和中国"大一统"思想，这使得貌似分裂的时代孕育出的却是民族和边疆地区对中国更大范围、更深层次的认同。也正是因为对中国文化的信仰和演绎，西夏文化才以更重的分量屹立于中华民族多元一体文化的格局中。

【注释】

①②③⑥ 李蔚：《略论西夏的儒学》，载《兰州大学学报》1992年第3期。

④ [清]吴广成著，龚世俊校：《西夏书事》卷三一，甘肃文化出版社1995年版，第359页。

⑤ 聂鸿音：《西夏文〈新修太学歌〉考释》，载《宁夏社会科学》1990年第3期。

⑦ 史金波：《关于西夏佛与儒的几个问题》，载《江汉论坛》2010年第10期。

⑧⑪ 李华瑞：《论儒学与佛教在西夏文化中的地位》，载《西夏学》2006年第1辑。

⑨ 聂鸿音：《西夏译〈诗〉考》，载《文学遗产》2003年第4期。

⑩ 李吉和、聂鸿音：《西夏番学不译九经考》，载《民族研究》2002年第2期。

⑫ [清]吴广成著，龚世俊校：《西夏书事》卷一六，甘肃文化出版社1995年版，第186页。

⑬ 史金波：《西夏社会》，上海人民出版社2007年版，第546页。

⑭ 史金波：《西夏佛教史略》，宁夏人民出版社1988年版，第18页。

⑮ [宋]沈括：《梦溪笔谈》卷一八。

⑯ 《嘉靖宁夏新志》卷二，宁夏人民出版社1985年版，第153页。

⑰ 史金波：《西夏佛教史略》，宁夏人民出版社1988年版，第23—27页。

⑱ 史金波：《西夏社会》，上海人民出版社2007年版，第581—585页。

⑲ 杨建新：《论西夏文化》，载《西北史地》1999年第2期。

⑳ 韩小忙：《西夏道教》，甘肃文化出版社1998年版。

㉑ 陈广恩：《试论伊斯兰教在西夏的流传》，载《回族研究》2005年第1期；《西夏流传过景教吗》，载《世界宗教文化》2007年第3期。

㉒㉕ 《宋史·夏国传》，中华书局1977年版，第13993页。

㉓㉔ 谢静：《敦煌石窟中西夏供养人服饰研究》，载《敦煌研究》2007年第3期。

㉖ [宋]孟元老著，邓之诚注：《东京梦华录》卷六"元旦朝会"条，中华书局1982年版，第159页。

㉗ 史金波、白滨、聂鸿音译：《天盛律令》第八"为婚门"，法律出版社2000年版，第311页。

㉘ 史金波：《西夏社会》，上海人民出版社2007年版，第729页。

㉙ 陈开俊等译：《马可·波罗游记》，福建科学技术出版社1981年版，第55页。

㉚ 陈开俊等译：《马可·波罗游记》，福建科学技术出版社 1981 年版，第 50 页。

㉛ 牛达生：《西夏遗迹》，文物出版社 2007 年版，第 101 页。

㉜《青阳先生文集》卷四。

㉝㉟《宋史·夏国传下》，中华书局 1977 年版，第 14007 页。

㉞ [清] 吴广成著，龚世俊校：《西夏书事》卷二一，甘肃文化出版社 1995 年版，第 243 页。

㊱ 史金波：《西夏文化》，吉林教育出版社 1986 年版，第 112 页。

㊲ [清] 吴广成著，龚世俊校：《西夏书事》卷一八，甘肃文化出版社 1995 年版，第 212 页。

㊳ [宋] 李焘：《续资治通鉴长编》卷三三六元丰六年闰六月辛巳条，中华书局点校本。

㊴ 克恰诺夫：《西夏国的吐蕃人与吐蕃文化》，载《宁夏社科通讯》1985 年第 8 期。

㊵ 李蔚：《西夏文化若干问题刍议》，《甘肃社会科学》1999 年第 1 期。

㊶ 张维：《陇右金石录》卷四，《中国西北文献丛书》第 7 辑《西北考古文献》第五卷，兰州古籍书店 1990 年影印版，第 62 页。

㊷ 吴天墀：《西夏史稿》，广西师大出版社 2008 年版，第 227 页。

第五章

宁夏多元文化的发展
——元明清

元明清三代，历时 600 余年，基本上结束了唐中期"安史之乱"以后，长达五个多世纪大分裂的战乱局面。元末明初，回族的产生和中国回族伊斯兰文化的形成是一件大事。宁夏成为回族的主要聚居区，对于宁夏多元文化作出了贡献。

另外，明清两代，在宁夏地区还出现过丰富多彩的宗室文化、流寓诗派、园林文化、军旅文化和方志文化等，使自古以来中原农耕文化与边塞草原文化的交流、碰撞、融合而生成的宁夏区域"塞上江南黄河文化"更加繁荣兴旺。

第一节　元代"回回人"与伊斯兰文化的传播

蒙元宁夏建省与党项文化退出　"回回人"与伊斯兰文化传入　安西王阿难答推动伊斯兰文化传播

11 世纪末至 12 世纪初，我国北方蒙古族在漠北渐渐兴起。

公元 1206 年，成吉思汗统一全蒙古，建立强大的蒙古汗国。以后便开始向外扩张，至 1226 年，曾率蒙古铁骑军，六次进攻西夏。1227 年夏，蒙古军虽然在最后一次攻打西夏国时好不容易攻破夏都，杀西夏国末主睍。但成吉思汗也在用兵夏国之中因炎热、劳累和负伤，身患重病，不得不暂时退驻六盘山避暑养病，不久就病故于此。为了报复，蒙古军攻进夏都后不仅把已投降的夏主杀死，并对中兴府城实行大屠杀，百姓逃亡，留下一座空城。

图上 5-1　成吉思汗画像　选自超凡主编《中国通史》（彩图版），北方妇女儿童出版社 2001 年版

　　灭夏后，对于"西夏故地"如何进行有效的统治、管理，就摆到了蒙古汗国统治者的面前。当时，夏地不仅是南北交通线上的战略重地，更是西北主要的产粮基地，关系到蒙古国后方的稳固与对前线的有力支援，是继任大汗忽必烈统治的命脉所系。但是，西夏城乡在蒙古大军灭夏战争时遭到毁灭性的破坏，大部分城镇变为废墟，加上地震破坏，天灾人祸交加，人民逃亡，田野荒芜，河渠废淤，以一般性手段治理是无济于事的。忽必烈根据蒙古汗国的治国基本政策，设立行省便提上议事日程。

　　蒙古汗国时期（1206—1270）的行政结构分为：中央设中书省（或称尚书省），全国各地分设行中书省（或称行尚书省），省以下分设路、府、州、县，共 5 级。中书省，管理京畿腹里之地；行省，分别管理各级地方事宜。今宁夏南部的固原市及所辖原州区和彭阳县、西吉县以及海原县的东部，时属陕西行省（治今西安）开成府（治今固原南开城）；泾源县属平凉府华亭县；海原县西部属西安州海喇都城；隆德县和西吉县大部属平凉府静宁州；今宁夏北部地区，则属新设的西夏中兴等路行省管辖。

　　为了加强对西北地区的控制，以利于蒙古汗国南下消灭南宋政权和西征中亚后方基地的巩固，更是为了开发得天独厚的塞上天府沃区，支持庞大的军粮供应，忽必烈决定于中统二年（1261），设立西夏中兴等路中书行省，特命蒙元开国重臣粘合重山之子粘合南合（女真族）为中书左丞，充中书行省最高长官。行省省城仍设于西夏故都中兴府（今银川），辖境亦基本上为前西夏国的疆域，即大约为今宁夏北部、陕西北部、甘肃黄河以西、内蒙古自治区西部以及青海一部和新疆东部部分地区。宁夏建省对于地区的发展具有划时代的意义，标志着蒙古文化的进入并代替党项文化而成为这一区域的文化。

图上 5-2 郭守敬画像 选自张弘苑总主编《中国全史》通史卷第三册，内蒙古人民出版社 2002 年版

1264 年，忽必烈改元至元。为了加紧对西夏行省地区的移民开发和经济恢复，改命曾在漠南邢州（今河北邢台）地区从事治理开发卓有成效的汉族大臣张文谦为中书左丞、行省西夏中兴等路。张文谦又推荐汉族知识分子董文用（字彦材，号野庄）为行省郎中，著名水利专家、天文学家、数学家郭守敬（字若思）为行省提举诸路河渠、加银符副河渠使。

经过郭守敬等人的科学治理和两湖地区大批被迁赶而来的"南人"的艰苦垦殖，仅短短两年左右时间，原西夏京畿地区的经济得到恢复，并为西夏行省地区的屯垦事业打下坚实的基础。同时也说明，在塞上大地，因战乱而呈退的汉儒文化重新得到恢复与发展。

至元三年（1266），西夏行省一度被撤，先后改设西夏宣慰司和西夏惠民局。至元八年（1271），忽必烈正式宣布定国号为元，以大都城（今北京境内）为京都。同年，恢复西夏中兴等路行省（改行中书省为行尚书省），以趁海参知行尚书省事，陈祐金尚书省事。九年，复改回行中书省。十年（1273），再罢西夏行省。十八年（1281），又恢复行省，但省名改称"甘州行中书省"，省城从中兴州（今银川）改迁甘州（今甘肃张掖），辖境不变。而西夏故都地区则被降格为中兴路，隶属于甘州行省。

二十二年（1285），再恢复西夏行省的旧名、旧制和旧省城，前西夏国故都改为中兴府，仍为行省治城，领 5 州 3 县（中兴州、灵州、应里州、鸣沙州、定州和怀远县、灵武县、河渠县）。

至元二十五年（1288），中兴府改为"宁夏府路"，"宁夏"地名由此而诞生，这是区域文化，特别是地名文化方面一个有意义的事情。三十一年（1294），又对原西夏行省实行分治，分割为甘肃和宁夏两个新行省。甘肃行省仍治甘州，宁夏行省仍治兴州（今银川市）。元贞元年（1295），宁夏行省又被撤销，以宁夏府路隶属于甘肃省。

蒙古汗国时期宁夏设立行省的事实说明，随着统治西北近 200 年的西夏国的消亡，作为地域主体文化的党项文化也随之渐渐退出历史舞台，不仅给汉儒文化的回归提供了条件，也给蒙古文化的进入和新的文化——回族伊斯兰文化的产生与传播，提供了空间，创造了条件。

中国的回回民族与伊斯兰教和伊斯兰文化有着不可分割的关系。伊斯兰文化在宁夏地区的广泛传播，既有客观的条件，也是一个渐进的过程。"伊斯兰"一词，在我国汉文典籍中，大约出现于金代，初被汉译为"移习览"。到蒙元间，伊斯兰教徒又被汉译为"木速鲁蛮"或者"木速蛮"。时在汉文史籍中也以"回回人"呼之。

信奉伊斯兰教的国家与中国的接触始于唐朝。大约在唐朝贞观初，穆罕默德曾派遣弟子撒哈八来华传教。亦有另一说为唐武德中（622 年左右），派"四贤"来华传教。唐贞观六年（632），穆圣归真，其继承者统一了阿拉伯半岛，建立阿拉伯哈里发帝国，并于唐高宗李治永徽二年（651），正式遣使臣访华，从此与唐友好往来不断，并带动了大批阿拉伯、波斯和中亚各国、各部落的使者、商人和学者，纷纷通过丝绸之路（包括海上水路）来到东土大唐。其中大多数人在唐京师长安（今陕西西安）和丝路沿线城市（包括沿海口岸城市）定居，史书称他们为"番客"、"胡商"。他们就是中国回回民族的先民，也是伊斯兰文化在中国最早的传播者。

"回回"这一概念，最早出现在北宋科学家沈括的著作《梦溪笔谈》中。该书卷五有"银装背嵬打回回"之句。原因是当时的中原王朝往往将居住在安西（今新疆库车）、高昌（今新疆吐鲁番）一带的回纥（后改称回鹘）人称为"回回人"。实际上，这是一种误解，因为那时的回纥人信奉摩尼教（与佛教有关系），与信奉伊斯兰教的"回回人"没有关系。蒙古汗国时期，随着蒙古军西征，对中亚地区有了进一步了解，时南宋彭大雅撰、徐霆注的《黑鞑事略》一书，便把蒙古语中称信奉伊斯兰教的人统称为"撒儿塔兀勒"，汉译为"回回"。

蒙古汗国实行比较宽松的民族宗教政策，将信奉伊斯兰教的人称为"回回人"，在朝廷设有回回哈的司，具体掌管他们的宗教活动与有关"回回人"的户婚、钱粮以及部分刑名事务。当时"回回"的概念也比较宽泛和模糊，不仅把信仰伊斯兰教的人称"回回"，还把信仰犹太教的犹太人呼为为"术忽回回"，信仰东正教（基督教中一派）的阿述人呼"绿睛回回"，甚至把无固定信仰的吉普赛人也呼为"罗里回回"。

后来情况发生了变化，当蒙古大军发动三次西征战役以后，所征服地区的国家和民族，主要是阿拉伯帝国（大食）、花剌子模国、哈剌契丹（西辽）属下的各族穆斯林，即阿拉伯人、波斯人和信仰伊斯兰教的突厥人（哈剌鲁、阿儿浑和部分康里人、钦察人）。蒙古大军西征和建立包括中亚地区各国在内的大蒙古帝国以后，又不断将许多阿拉伯人、波斯人"签发"到中国来，把他们编入"探马赤军"，参加元统一全国的战争，并分派到全国各地驻扎。加上大批自发东来的工匠、商人、学者和传教士等各阶层穆斯林的入居，他们又与唐宋间称为"番客"的人相汇合，被笼统地称为"回回人"。所以这时的"回回人"，已经专指信仰伊斯兰教的群体。

由于蒙古贵族将其统治下的民族划分为四个等级，其中一等为蒙古人、二等为色目人（包括回回人在内）、三等为汉人（北方汉族）、四等为南人（南方汉族）。回回人享有较高的政治地位，实际上与蒙古人一起同为占统治地位的主体民族。"回回人"借助这些优势，在全国政治生活和经济社会的各个层面都占有一席之地，分布的范围也越来越广，到元朝中后期已经形成一种"大分散、小集中"的居住格局，给回回民族共同体的形成准备了条件。宁夏正是"回回人""小集中"的主要地区。

宁夏地区之所以成为"回回人"最早比较集中定居的地方之一，原因有三：

其一，丝绸之路回回来客。宁夏在蒙古汗国的广大疆域中，已成为中心腹里要区，地处中亚交通的要径，成为中亚、西亚和西域伊斯兰国家、地区大批回回人东来和西返的要道。这些人中既有官员、贵族，也有平民、工匠，还有传教士、技师等。他们之中就有不少人在沿途停了下来，择地安身，自谋生路。加之宁夏古称"塞北江南"，宜农宜牧，水陆交通方便，所以宁夏就成为"回回人"最理想的定居创业的地方。

其二，屯田军"回回人"。蒙古汗国最早在宁夏建立的军事基地（六盘山），是蒙古大军西征、南伐的前进阵地，而蒙古军在西征后，为了对西夏、金、南宋等敌对势力作战，在东返时强令签发了大批卫军、亲军和工匠，参加蒙古军统一全国的战争。许多"回回人"士兵和军工，曾途经宁夏或在宁夏驻扎过，认为宁夏自然环境与自己的家乡很相似，印象比较好，所以就有不少军人选择留在宁夏落户，成家立业。

元朝建立以后，大规模战争结束，当年被签发来华以"回回人"为主的"西域亲军"、"回回炮手"、"回回水军"、"回回军匠"、"西夏回回军"和原"卫军"们，一部分被调到全国各地承担皇城、京师、近畿、仓廪、漕运的守卫任务，大部分则被整建制改为屯田军，实行"屯聚牧养"。西北地广人稀，尤其宁夏擅黄河水利，秦汉以来就是中央政府安排移民、大办屯垦的首选地，元朝政府当然也不例外，宁夏便成为战后集体安置转业军人参加农业生产的理想地区。

在宁夏南北广大地区参加屯田的军人中，信奉伊斯兰教的"回回人"占有很大的比例，而且这些军人在东来时大多数是单身，当他们在地方参加屯田以后，过上了定居生活，也就需要组建自己的家庭，面对现实，他们只有选择与周边的女子结婚的可能。这些女子，当然以汉族为主，也有一些其他民族。这些"回回人"与汉族（包括其他少数民族）结婚所繁衍的后代，就是渐渐形成的信仰伊斯兰教的中国回族的重要来源。所以回族是中国土生土长的民族，回族与汉族都是中华民族大家庭中血肉相连的亲兄弟，因此民间有一种"回爹汉妈"的说法也不无道理。

其三，元政府宽松的民族宗教政策和蒙古亲王阿难答的强力提倡与推动，使得伊斯兰教首先在西北和宁夏得到迅速传播，为一个以伊斯兰教为纽带而形成的新的民族共同体的出现，起到了由量变到质变飞跃的催化性作用。

综上所述，人们不难发现，宁夏大地能够成为中国回族的主要聚居地和回族伊斯兰文化的发祥地之一，不仅有着清晰的历史背景，也是独特的地理区位所决定的。

图上 5-3　元世祖忽必烈画像　选自超凡主编《中国通史》（彩图版），北方妇女儿童出版社 2001 年版

伊斯兰教在中国的传播源远流长，伊斯兰文化在宁夏的传播也并非一朝一夕。其中元代蒙古亲王阿难答的推波助澜，起着非常重要的作用。

阿难答是蒙古汗国第一代大汗成吉思汗的第五代孙、元世祖忽必烈的孙子。忽必烈继承帝位后，封三子忙哥剌为安西王。安西王的权力很大，镇守今西北各省（除新疆）和西南四川等地，授安西王和秦王两颗金印的殊荣和特权，他的命令仅次于皇帝的圣旨，称为"教"，在诸王中绝无仅有。安西王在京兆（今陕西西安）和六盘山下的开成（今固原开城）分建王府，"冬居京兆，夏徙六盘山，岁以为常"①，因地以人贵，原小小山堡便升格为开成府路，并称为"上路"，成为元代西北地区的一大都会。

至元十五年（1278）十一月，老安西王忙哥剌病故。次年，其长子阿难答继承王位。因其父王一生戎马倥偬，常年率军征战，无暇养护，便把幼子阿难答托付给六盘山下一个名叫蔑里帖儿·哈散·阿里塔赤的突厥穆斯林家中，请他的妻子祖来哈帮助抚养。于是，阿难答从小就在潜移默化之中，养成了穆斯林的生活习惯，坚持诵经、五课，又通晓阿文，熟读《古兰经》，成为一名信仰坚定的伊斯兰教徒。

他承袭安西王后，在辖区内给蒙古族儿童施行"割礼"（为儿童割去生殖器的包皮），使用手中的军政权力强行推行伊斯兰教。据《集史》云："所部士卒 15 万人，闻从而信者居其大半。"仅唐兀旧地（即西夏故疆）就有近 10 万人成为穆斯林，其中又以汉族、蒙古人居多。

元朝以蒙古族为主体民族并奉佛教为国教，阿难答的所作所为自然会引起蒙古王公贵族们的强烈不满和担心，纷纷要求朝廷采取断然措施，坚决制止安西王的不轨行为。元成宗铁木耳降旨把阿难答传到京都，进行软禁，要他闭门思过，静心向佛。而阿难答宁可不要王位，也不愿放弃自己已确立的信仰。这时皇太后阔阔真怕把事态闹大，闯出大祸，因为毕竟安西王是镇守西部的王爷，手握重兵，措置不当有可能引起激变，就劝说皇帝作出让步，放阿难答返回自己的封地。

元成宗死后，阿难答因参与争夺皇位失败被杀，但他在西北和宁夏地区倡导伊斯兰教已有 27 年之久，伊斯兰教和伊斯兰文化已经得到广为传播并在广大民众中深入人心。从元季陕西行省有"回回令史"，各道（府路）又有"回回掾史"官员的情况来看，包括宁夏府路在内的西北各地，回回人的民商居户与人口一定达到了相当的规模，否则不会在省、路两级政府专置管理机构的。另外，元代西北各地建有许多礼拜寺（清真寺），从中可以看出，具有中国特色的伊斯兰教回族文化已在西部地区形成了。

关于中国信仰伊斯兰教的回族是什么时候形成的，学术界有宋代说、元代说、明代说和清代说等多种观点，并各有理由。一般认为，中国回回民族这个新生的共同体滥觞于元代，即回族的雏形出现于元末，

图上 5-4　元代开城遗址　选自许成、董宏征《宁夏历史文物》，宁夏人民出版社 2006 年版

定型于明代前期。总的来说，中国的回回民族形成于元末明初较为符合实际。

第二节　明代宁夏多元文化的状况

回族文化的兴起　边塞军旅文化　军政合一的屯垦文化　宁夏镇城街坊、集市与坊表（牌楼）文化　宁夏的"流寓诗派"　塞上特色园林文化

　　回族的诞生，情况比较特殊，并非是由氏族、部落、部落联盟等集团而渐渐发展成为民族的，也不是经历原始社会、奴隶社会、封建社会而诞生的民族，即回族的形成并没有遵循民族形成的一般规律，而是在中国特定的历史条件下，由外来穆斯林与国内以汉族为主的非穆斯林民族相结合，以伊斯兰教为纽带，逐渐融合而生成的中国本土民族。

　　明王朝的建立，回族人立有汗马功劳，许多中下层回族人积极参加各地人民的反元斗争，先后涌现出常遇春、胡大海、冯国用、冯国胜和沐英等著名军事将领。所以，回族人在明季的政治地位仍然较高，族群发展很快，一个稳定的民族共同体最终形成。

　　由于朱明统治集团从私利出发，立国不久即推行民族同化政策，颁布一系列禁止胡服、胡语、胡姓和胡人发辫装束以及不许本民族通婚的所谓"用夏变夷"措施，企图以行政手段把居住在内地的蒙古、回族、色目人等都同化掉。

　　但是回族人具有顽强的斗争精神，在伊斯兰教的维系下，全民族上下一致进行抵制与反抗。主要对策是，利用朝廷对于宗教的宽松态

图上 5-5　明朝回族将领常遇春画像　选自超凡主编《中国通史》（彩图版），北方妇女儿童出版社 2001 年版

度，在民族内部加强伊斯兰教义的灌输，同时对宗教戒律与民族习俗进行强化，教育族内全体成员应"祖其教习"，"皆守教不替"，让回回民族与伊斯兰教更加紧密地结合起来，从而打破了明廷的民族同化政策。

在斗争中，培养了回族人的团结精神，加强了全体穆斯林的风俗习尚与对伊斯兰教的牢不可破的信仰，巩固了民族群体，扩大了民族成分。重要的是，作为识别民族的一些基本标志已经产生。

其一，共同语言的形成。原"回回人"语言庞杂，因来源不同，分别用过阿拉伯语、波斯语、突厥语等。后因与汉族杂居，为适应各方面交往的需要，出现使用汉语与母语并存的双语现象。明朝执行民族同化政策后，"禁胡语"，又加速了"双语"向"单语"的转变，"回回人"开始普遍使用汉语，于是汉语成为回族的共同语言。

但是，"回回人"的母语仍在宗教职业人士中传习和在宗教活动中使用，民间仅仅保留了一些母语的词汇，这在今宁夏回族聚居地和回民社区中，仍然是一种普遍存在的社会现象和习俗。如在日常生活中使用"经堂语"，就是一种特殊的"回族社会方言"。他们把主持清真寺的人称为"阿訇"，称主持一方宗教事务的教长为"伊玛目"，称上寺聚礼为"主麻"，称生病为"别麻勒"，死亡为"无常"，魔鬼为"伊布力斯"，遗体为"埋提"，罪过称"古纳海"，灵魂称"路海儿"，节日称"尔德"，朋友称"多斯梯"，敌人称"都什曼"，念经的学生称"满拉"，相互问候要道"色俩目"等等，这些词语在宗教人士中和普通民众中，即在宗教与世俗社会中都是老幼妇孺皆知的交流工具。

其二，居住特点的形成。元明以来，"回回人"虽然分布在全国各地，但是在每一个地方，"回回人"仍然坚持集中居住，"大分散，小集中"的格局完全形成。农村出现回族村堡、回族山寨、回族乡镇，城市出现回族街坊、回族社区等，并在聚居区内修建清真寺，以方便穆斯林间互相照应和就近过宗教生活。这种以伊斯兰教为凝聚力而构成的回族社会，对于族内的团结、自强、自尊和发展非常重要。人们把宁夏回族人的居住特点总结为：南部山区一大片，黄河滩地两条线，城市关厢居四边。总之，大多皆在贫瘠的土地上。由此可见，当时回族的社会地位是低下的。

其三，共同经济生活的形成。元代以前，"回回人"大多以经商来到东土。蒙古汗国时期来华者以军事人员为多数，元朝立国后，大批军人转为"屯居牧养"户，大多数人是从事农牧业生产的农牧民和进行农畜产品加工的小手工业者及自产自销的小商贩。宁夏南部的固原，是丝路上的重要商品集散地，北部的吴忠是西北通往内地重要的水旱码头和商埠，所以都是回族聚居之地。

其四，共同的文化心理素质。信仰伊斯兰教和与之相联系的特殊风俗习惯，是回族文化、回族人心理素质形成的根源，也是维系民族生存发展的强大纽带。回族既是少数民族，又分散在全国各地，但他们并没有被周围的大民族、大文化所同化，共同的伊斯兰教信仰与共同的风俗习惯起到了关键作用——加强了民族的自我保护意识，加深了民族的感情，增进了民族内部的凝聚力。

明朝，西北是回族分布最广的地区，而宁夏又是回族在西北的主要聚居区。

首先，宁夏地区从南到北，都是历代丝绸之路的要径，早有东来信仰伊斯兰教人留居，元代又有大批回回军人屯田和留居，这是宁夏回族的主要来源。

其次，元朝宗室亲王阿难答行宫设在宁夏，六盘山又是他驻军的大本营。当阿难答皈依伊斯兰教以后，他在军中和地方推行伊斯兰教，使得以固原为中心的宁夏广大城乡，成为明代回族人较为集中的家园。

再次，宁夏境内许多蒙古族官员与部族，在元亡时归降明军，明廷将他们就地安置，史书称其为"土达"。北部有"灵州土达"，聚居于吴忠"板桥四里"；南部有"固原土达"，聚居于固原南三岔沟一带。土达之中不少蒙古人在元代就已经跟随阿难答改信伊斯兰教。明成化四年（1468），固原土达满俊造反，事件平息后，土达人害怕政治迫害，大多纷纷皈依伊斯兰教，改户籍为回族。现在宁夏境内回族中的铁、脱、妥等姓氏，似为蒙古族的后裔。

此外，还有一些回族高官名人封地与家族的承传。明朝回族将领、开国功臣沐英，是明军收复大西北战役的主要战将。他曾率师收复宁夏，并于洪武十三年（1380），指挥大军渡过黄河，翻越贺兰山，涉流

沙，直捣残元势力盘踞的亦集乃路
（今内蒙古额济纳旗境内），生擒残
元国公脱火赤、爱足等。由于沐英
在西北立有赫赫战功，明太祖朱元
璋，便将固原地区的武延川（今葫
芦河川）、撒都川一带荒地封赐给沐
英作为牧场。沐家在封地内修建沐
家营（今宁夏西吉县政府所在地的
吉祥镇）作为牧场管理的总部。现
今这一带的兰姓和许多马姓人，其
祖先可能就是给沐英家族管理牧场
的将士们的后裔。

图上 5-6 明朝回族将领沐英画像 选自超
凡主编《中国通史》（彩图版），北方妇女
儿童出版社 2001 年版

　　另外，还有大臣赛典赤·瞻思
丁和儿子纳速拉丁父子二人，曾先
后出任云南、陕西的封疆大吏。该家族枝繁叶茂、子孙兴旺，后以纳、
速、拉、丁四姓分居各地，今宁夏的纳姓和永宁县的纳家户回族村，就
是纳速拉丁后裔纳姓一枝发展起来的。

　　最后，由于各种原因，也有一些汉族人皈依伊斯兰教。明朝时期，
在宁夏南北各地修建了许多清真寺，也证实明代宁夏地区的确已成为回
族的聚居地。比较有名的清真寺（时称礼拜寺）有：修建于永乐年间
（1403—1424）的宁夏镇城（今银川）东门内大街（俗呼羊肉街）礼拜寺，
修建于嘉靖三年（1524）的永宁县纳家户清真大寺，修建于明初的同心
清真大寺，以及西吉县硝河清真寺、沐家营清真寺、兴隆清真寺、单明
清真寺，固原县黄铎堡南城清真寺，同心县韦州清真大寺、豫旺清真大
寺等。

　　明朝建立以后，元朝从名义上是消亡了，但残元势力仍然存在。退
入漠北的蒙古各部很快就形成鞑靼、瓦剌和兀良哈三股武装集团，对明
朝虎视眈眈，梦想复辟，并不时南犯，骚扰明边，对明朝北疆构成极大
的威胁。天顺间（1457—1464），蒙古孛来、小王子、毛里孩等部相继入

驻河套，宁夏和榆林孤悬塞上，成为蒙古军南下的主要通道。

当时，明朝在北疆东从鸭绿江，西至嘉峪关一线，建立九大军镇，时称"九边重镇"，在西北者有延绥、宁夏、甘州、固原四镇，并在四镇总兵、各地巡抚之上再设陕西三边总督一员，委部院重臣担任，驻节固原镇，统一指挥西北四大镇的军务，其防区范围之广，拥兵之众，几占"九边"之半。而且当每年"防秋"之季，三边总督要亲赴宁夏后卫（花马池，今宁夏盐池）靠前坐镇指挥，同时陕西巡抚则应移驻宁夏固原，为防秋居间调度后勤补养等事务，足见宁夏军事地位之重要。

所以，有明一代，宁夏在军事上独当一面，为北国门户，关陕屏藩，西北之巨防也。因此，宁夏全境长城（边墙）环卫，城堡广布，烽墩林立，俨然成一座巨大的军营，军旅文化遂成为有明一代宁夏地域文化的一大特色。

长城。

宁夏境内明长城的构筑，其特点是因地制宜，就地取材。明朝修筑长城，在选择地形、使用材料、城墙构造以及工程技术方面都有很大进步。西北的明代长城，多修筑于贺兰山沿山与靠近黄河之交通要冲。宁夏南部山区，"沿山傍溪，筑墙立营"，因地形而扼险据守。黄河以东，横城至花马池一带，地势平坦，则修"深沟高垒"，驻以重兵坚守。

在地势平坦地带修筑长城，除夯筑墙身外，还在城墙外侧挑挖宽大的堑壕，或者挖设"品"字形深坑，彼此连接，并增加城墙的相对高度。城墙之上还设有敌台、墙台，在往来通道上又设暗门（即城墙上的一种拱券小门）。重要隘口，修筑高大关门城楼。在高山峻岭之间，一般不修筑城墙，只对有些地方稍加铲削即可。山势较为平缓或人马可能通行的沟谷，多选择可利用的山顶修筑城墙，并将城墙外侧的山坡铲削成陡壁，城墙内低外高。重要通道，多修筑有几道短墙。城墙多以土筑，个别地段为石砌。

宁夏明长城（边墙）由东边墙、西边墙、西南边墙、北边墙（含旧北边墙、红果子边墙、大武口边墙和陶乐长堤）和固原内边墙（固原旧边）等四条骨干工程组成，全长约1500公里，分属宁夏、固原二镇管理。

东边墙：又称河东墙，西起于黄河东岸黄沙嘴（今灵武市横城乡北黄河岸），东止于盐场堡（今陕西省定边县盐场堡乡），全长约 200 公里。由余子俊倡议，草创于成化八九年间，修成于十年（1474），改筑于嘉靖十年（1531），完善于十五年（1536）。后有"深沟高垒"、"横城大边"、"头道边"、"二道边"和"边防东关门墙"等各种名称。

西边墙（含西南边墙）：西边墙始筑于成化九年（1473），起自中卫（今中卫市沙坡头区）黄河南岸芦沟堡（今甘肃省靖远县与中卫县交界地），北跨黄河接镇关墩，再东而北向，逾胜金关，北连石空寺堡、广武营、玉泉营、镇北堡、红口儿各山口。从大炮口，至贺兰山扁沟与旧北长城相接。全线共分四大段：第一段，即河南段，又分芦沟堡至黄河岸边一段和南长滩至下河沿一段；第二段，为黑林至胜金关；第三段，由胜金关至赤木关，其中大坝堡边关至赤木关，亦称"边防西关墙"，自双山南起，至广武界止，又称"城西南墙"；第四段，从赤木关至红果儿沟。全线总长约四五百公里。

北边墙（含旧北边墙、红果子边墙、大武口边墙和陶乐长堤）：北边墙位于贺兰山与黄河之间。先筑有"旧北长城"和"陶乐长堤"，即从河东墙横城起，北至今内蒙古鄂托克旗巴音陶亥乡，西逾黄河与黑山营边墙会合，西至贺兰山扁沟止。其河东段称"陶乐长堤"，河西段称"红果子长城"；后又加筑西从贺兰山枣儿沟临山墩，东至黄河岸边沙湖段，称之为"边防北关门墙"，俗呼"大武口长城"。北长城始筑于成化十五年（1479）。黄河两岸段总长约 100 公里。

固原内边（旧边）墙：固原旧边墙是宁夏全境防御工程体系中的第二道防线，因位处河东墙的内侧，故称为内墙或"固原内边"。此墙始筑于弘治十五年（1502），完善于嘉靖十六年（1537）。东自固原卫（今宁夏固原原州）徐冰水（今同心县小罗山西南），西至靖虏花儿岔（今甘肃靖远境），全长 300 余公里。

城堡。

城堡是长城防御体系的组成部分。明代宁夏城堡大多修筑在战略要地、长城沿线和交通要道上。

北部，以宁夏镇城为中心，分北、南、西、东、中五路。其中北路以平虏城为中心，下有姚福等 21 座堡寨；南路以邵岗堡城为中心，下有

图上 5-7　宁夏下马关古城　选自《同心县志》，宁夏人民出版社 1995 年版

许旺等 22 堡和河西黄河马寨、宁化寨、林武马寨以及玉泉营城等 27 座堡寨营；西路以中卫城为中心，下有渠口等 20 座堡营州；东路以花马池为中心，下有高平等 6 座堡营；中路以灵州城为中心，下有毛卜剌等 22 营堡。

南部，以固原镇为中心，下辖西安州（今宁夏海原西安）守御千户所、镇戎（今宁夏固原原州七营）守御千户所、平虏（今宁夏同心豫旺）守御千户所三处战略支撑点的大城，下管领堡城 41 座。

墩堠，又名烽墩，也是长城防御体系的组成部分，是古人利用声光传递军情的一种办法。一般夜则举火（挂灯）、击鼓（放炮），昼则燃烟（挂旗）、放炮，一台一墩向下传递。明朝在长城和城堡的外围广筑墩堠，以作为长城的眼哨与第一道防御工事。长城线一般为 5 里一墩。驿道为 20 里一墩，战略要地且地势平坦处，每一里半一墩。其墩为旱地

图上 5-8　贺兰山北岔口烽火墩　选自《宁夏画报》2002 年第 1 期

土筑，水泽地石垒，每墩基部 10 丈，顶部 6 丈，通高 1 丈 5 尺，上盖土房一间，大墩周环墙壕。每墩 2 至 5 人值守。北部宁夏镇防区有墩堠 488 座，南部固原镇有墩堠 127 座，宁夏全境计有墩堠 615 座②。

墩堠传递军情的方式和密语，明朝各个时期和防区自有规定。如成化年间规定：来犯敌人在百人左右，白天一烟一炮，夜间改为一火一炮；500 人左右，二烟二炮；千人以上，三烟三炮；5000 人以上，四烟四炮；万人以上，五烟五炮。夜间则以火代烟，以此类推。对一些特殊情况也有密告方式，如敌人骑兵多少？敌人围而不撤，都有具体暗号。边境平安无事，也要举"空烟"放"平安炮"，一般为早晚各举一烟（火）、放一炮。

宁夏号称为"长城博物馆"，长城文化遗存星罗棋布（包括古堡、烽燧），有关长城文化的史志文献和诗词作品十分丰富，是研究古代政治军事、民族关系、交通道路和经济开发等方面的珍贵文化资源宝库。

明朝初年，基本上因袭元制，在全国各地分设行省，行省之下设府、州、县地方行政机构，掌管地方民政。在极边地带，不设府、州、县建制，而是以卫、所军事官员兼理地方民政。当时，宁夏北部于洪武三年（1370）置宁夏府和县级政权，后因残元势力不断侵扰，明廷暂时无力防边，于洪武五年"废府"，并将官民迁往内地，实行"空其城"。洪武九年创建军卫，直接由军事系统的卫、所建制取代了地方的府、州、县行政建置，但它又不是单纯的军事组织，既管军事，又兼理民政，即所谓"屯田戍边"。

宁夏平原农业区由军队屯田耕种，屯田的戍卒称为屯军。他们同军士一样，都编入军籍，三成人守城，七成人耕作，平时耕种，战时打仗。每个屯卒耕地 50 亩，粮食全部上交。屯田的基层组织是屯，垦丁居地若干户编为一屯，屯户筑堡以居，环以土城，围以壕堑，由警卒固守，俨然一座军营。

建文四年（1402）设立宁夏镇，首任总兵官为左都督何福充任（正二品），镇守宁夏，节制山西、陕西、河南诸军，统一指挥西北全境军事。宣德初，朝廷又改以宁夏镇守总兵官专挂"征西将军"（从一品）印，负责宁夏一镇军事，遂成定制。宁夏镇成为北疆东起鸭绿江，西至嘉峪关的万里边防线上的"九边重镇"之一，是西北边防线上一处重防巨镇。

宁夏镇除直辖宁夏卫和中卫、前卫、后卫以及左屯卫、右屯卫、中屯卫外，辖地又分 5 路，即南路邵刚堡、北路平虏城（今平罗县城）、中路灵州、西路中卫及东路后卫（即花马池，今盐池县城），合计 7 个卫。每卫各有 5 个千户所，每所下有百户所、总旗、小旗。另辖灵州、兴武营、平虏守御千户所和韦州群牧千户所，共有 38 个千户所。卫所之下，又设屯堡和烽堠。嘉靖时（1522—1566）宁夏镇有屯堡 90 个。

宁夏镇除设巡抚都御史参赞军务和镇守宁夏总兵官外，还在镇城（今银川）和东路花马池各置协守副总兵，下辖参将、游击、守备、千总、把总等军官，分级负责各项军务。驻军兵种分为正兵、奇兵、游兵、旗兵、甲兵、仪卫兵、土兵、家丁、舍余和备御班兵。各卫实行统一编制，每卫 5600 人，每千户所 1112 人，每百户所 112 人。每百户所下管两个总旗，各编 50 人，每总旗下管 5 个小旗，每小旗编 10 人。每镇一般最多时有近 10 万兵马。宁夏镇原有驻防额军 61000 多名，战马 6500匹；另有陕西备御班军 11000 余名，分两班轮流戍守，还有庆王府护卫军 5600 名。万历年间（1573—1620），实存营兵 20000 余名，班军降为9300 名。另外，驻宁高级将领还拥家丁计 7800 多名。

各卫所设官：卫设指挥使（正三品）1 人，指挥同知（从三品）2 人，指挥佥事（正四品）4 人，镇抚（从五品）2 人。千户所设千户（从五品）、副千户（正六品）各 1 人。百户所设百户（从六品）1 人，镇抚（正七品）若干人。守御千户所与千户所同。

成化十年（1474），设延绥、宁夏、甘肃三边总制（督），为正二品大员。总制府驻固原，以控制三边。嘉靖十八年（1539），明廷决定每年秋天总制本人由固原移驻于花马池，坐镇指挥，谓之"防秋"。

综上所述，宁夏镇上隶属于陕西都指挥使司统一指挥。初庆藩王府亦有指挥权，后来又受三边总督节制。宁夏地方虽小，但既设总兵官，又设巡抚都御史，在官阶上与三边总督和各省的巡抚相当，均为二品官员，既管军政，又管民财，所以，宁夏镇是一个准省级、军政合一的军事性地方政权。

南部固原地区的管理形式与北部宁夏镇有所不同，是执行地方行政管理和军事管理相结合的双轨制。既设固原州，又设固原镇，两衙同治固原一城。州归陕西布政使司和平凉府管辖，镇归陕西都指挥使司指挥。固原州，下无属县，领在城、东山、南川、石仁、新兴、榆林、固原、底堡、彭阳、新增等 10 里。辖境相当于今固原市大部和同心县部分地区。

固原镇，下管固原一卫。卫下又管辖西安州守御千户所、镇戎守御千户所、平虏守御千户所。各所下管若干堡寨。同时，又在固原设立陕西三边总督（制）高级军事总指挥机构，一般任命部院大臣并挂兵部尚书衔，专任统一指挥延绥、宁夏、甘州和固原四大军镇，相当于当代的特大军区地位，作用非常重要。

另外，明代的隆德县，属平凉府静宁州管辖，地域包括今隆德县和西吉县大部。

宁夏是历朝历代中央王朝传统的移民屯垦地区，而明朝又有它的特殊性。有明一代，向宁夏移民和举办屯垦，既非军队戍边垦守，又非政府的移民屯种，而是一种军民相兼性质的屯田戍边新形式，类似于今天的农业生产建设兵团组织。明代国家的军事建制是卫所制度，建国后朝廷又把这种军事管理体制移植于边疆的屯垦管理，执行不同于前代的军屯政策。与军屯相同的是，屯田者和管理者都是有军籍的军人，而不同的是，明代屯田士兵和军官都称为"军户"和"世官"，代代世袭，不能离开土地和垦区，名义上是军人，实际上是有军籍的农民。

明朝对于地方管理实行府、州、县制，上统辖于布政使司，即省；地方的防务上归各省的都指挥使司指挥，宁夏也不例外。屯田卫所虽属军事建制，但又有管理地方行政的职责，所以就有被陕西布政使司和陕西都司双重领导的特点。

明朝宁夏卫所屯田的规模大，贡献多。《实录》载："天下屯田积谷宁夏最多"，总兵何福因此受到奖谕③。按规定，"陕西诸卫军事留三分之一守御城池，余皆屯田给食"，即屯田余粮除自食外，以余粮的"十之二上仓，以给士卒之城守者"④食用。但是宁夏区位特殊，地当军事要冲，战事频，形势险要，故宁夏的屯卫"职专屯田"，普通卫也是"六分屯田，四分守城"⑤。

宁夏卫所军丁屯田的成绩得益于发达的水利，嘉靖间七卫拥有的干渠为汉延渠、唐徕渠、汉伯渠、秦家渠、七星渠和羚羊三渠等 6 条，支渠如网，使得黄灌区两岸大片土地尽为膏腴。与干支渠配套的毛渠和陡口又有数百，每年春四月，开水分流，自渠口至梢段尽得滋润，无旱涝之灾，年年丰登，家给户足。

明朝固原镇的养马业，当时在全国占有重要地位，是国家级四大军马场之一。马政在中央归兵部领导，设立太仆寺专管。固原国家军马场的名称叫陕西苑马寺，管理衙门设在固原城。寺下领监，在宁夏地界有长乐、灵武 2 监；监下领苑，长乐监领开成、安定、广宁、黑水等苑，灵武监领清平、万安、定边、庆阳等苑；每苑于牧场适中地建有马营（相当马场场部），今固原头营、二营、三营、四营、五营、六营、七营、八营等地名就是马营的遗存。

苑马寺管理官员为：寺设卿 1 人，从三品官阶，少卿 1 人，正四品官阶，寺丞若干名，皆正六品，主簿 1 人，从七品；监设监正 1 人，正九品，副监 1 人，从九品；苑设围长，从九品。每围配牧马军丁 50 名，每人牧马 10 匹。各苑自有划定的牧放范围和马场、水泉地界。每苑牧马 1 万匹以上称上苑，7000 匹左右称中苑，4000 匹以下称下苑。最盛之时，全部监苑占有草场 13 万余顷，牧马军人约 3000 人，养马 11 万匹。

固原地区除有国家马场之外，还有藩国楚王朱桢、肃王朱楧、韩王朱松和黔宁王沐英等人，均在固原一带设立王府马场。

由于明代在宁夏推行军政一体化的建制和管理形式，给宁夏的区域文化染上了鲜明的军事与军屯的色彩。它不仅集中反映在边塞文化、长城文化、军屯文化等各个大的方面，并留下了许多有关宁夏的军旅诗词、军事文章，甚至今天仍在使用的大量地名，也与明朝的军屯特点有着密切的渊源联系。如平虏（罗）、镇虏（罗）、镇朔、平胡、靖夷、平羌、控夷等地名，就是当时临边军事据点的沿用；还有诸如叶昇、李俊、杨和、王泰、魏信、张政、常信、姚福、周澄等堡名，都是某地军屯长官姓名的沿用。又有下马关、镇远关、胜金关、打硙口、三关口和长胜墩、大兴墩、小兴墩、永宁墩等地名，亦多因长城防御工程而得名；至于头营、三营、八营和马场、马圈等地名，显然是军马场所在的遗存符号。

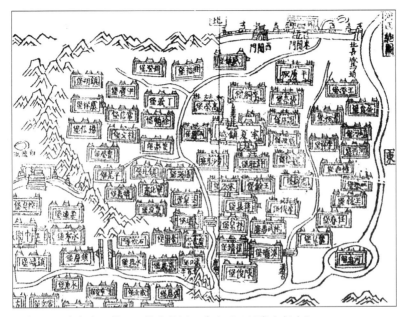

图上 5-9　明朝宁夏镇河西防务总图　选自《万历朔方新志》

图上 5-10　明朝宁夏镇河东防务总图　选自《万历朔方新志》

　　明代的宁夏镇城不仅是一座军事重镇，也是一座繁华的塞上商埠和中西、番汉交易的口岸，城内坊市密布，商铺栉比林立，南北杂货、京广奇珍琳琅满目，而且坊市社区和街巷、衙门到处建立有坊表和牌楼，真有中国牌坊之乡徽州的一番景观，难怪时人以镇城比明都而呼"小南京"。

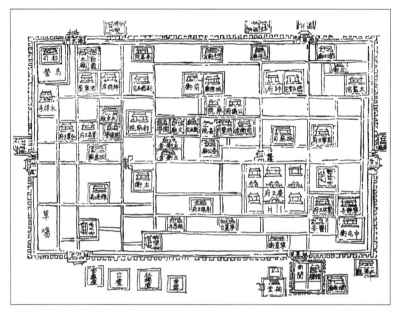

图上 5-11　明朝宁夏镇城图　选自《万历朔方新志》

街坊、集市。

　　宁夏镇城自古以来就是丝路沿线的重镇，又是西北地区通往内地的北路交通要道，还是黄河水运的要津，优越的地理位置，造就它成为番汉边贸和中西外贸的一个大市场、大口岸和大的商品集散地。正因为有这样的前提，所以镇城街坊、集市之繁荣居西北之冠。此城至少在元明时期就已率先抛弃前代以方位或重要建筑物等别坊市的旧形态，即一般依"八卦"划分为离南、坎北、震东、兑西、艮东北、巽东南、坤西南、乾西北等八处街区坊市的传统，也不采用依建筑物、衙门之所在称"王爷府"、"将军第"、"大庙"、"文昌阁"等划分社区的旧方式。

　　据宁夏庆王朱栴编修的《宣德宁夏志》记载，明前期镇城内有坊市

23 处，分别为：熙春、泰和、咸宁、里仁、南薰、平善、兰山、感应、清宁、修文、广和、肃政、乐善、景福、积善、众安、宁朔、永康、崇义、镇安、澄清、效忠、遵化。这 23 处坊市既是当时镇城内主要街区的划分，也是渐渐形成后来镇城街巷的母体。

明朝前期，镇城尚无"市集"的记载，直到距明朝建元 134 年之后的弘治十四年（1501）时，才第一次出现市集。弘治间镇城的街坊由明初的 23 处增加到 28 处。在集市中出现羊肉市（东西两处）、柴市（东西两处）、靴市、鸡鹅市、巾帽市（东西两处）、杂货市、杂粮市、猪羊肉和鱼市、米麦市、猪羊市（活）和骡马市等，说明专卖品商业街已经出现，城市功能日臻完善，更加方便市民，商业文化也随之繁荣起来。

再过 40 年，明代嘉靖年间，宁夏镇城的坊市、街坊、市集三者合而为一，渐渐趋同，慢慢被街巷所取代。嘉靖间，镇城有街巷 32 处，并且各有非常明确的分工，具体分布情况如下：

凡胡麻、糟糠、杂货，皆集于熙春、泰和、咸宁、里仁、南薰、平善六个街坊。其主要坊市的位置大约多在南门内大街的街区，即今中山南街和大南门一带。

凡苏杭杂货、肉鱼、瓜菜、五谷，皆集于毓秀这个新街坊。其坊市的位置大约在新、老镇远门（西门）之间的新街区，即今解放西街西段一带。

凡布帛一类，皆集于感应街坊。其位置大约在城中心偏南，即今解放街中段和鼓楼西南一带。

凡果品、颜料、纸笔、山货、靴帽等货，皆集于清宁街坊。其位置大约在振武门内大街东侧偏南一带，即今湖滨街和文化街的西段。

凡猪、羊肉铺和果蔬及家庭日用生活品的销售，在修文、乐善、广和、武备、澄清、积善、众安、宁朔、永康、崇义、镇安、慕义、效忠、遵化、养贤、育才、肃清、镇靖、凝和等街坊，"各随便有之"，即散布于全城各主要居民区。

凡骡、马、牛、驴大牲畜和生猪、活羊等活畜交易，皆集于永春、迎薰、挹兰、靖虏四个街坊。其主要坊市的位置集中在新扩展的城西所谓"新城区"的空场地上。

表坊（牌楼）。

由于宁夏镇城自古以来就是一座移民城市，是中原农耕文化与北方草原文化的交汇地区，区域文化呈现出多元性和缤纷灿烂的特色，相比边疆其他地区，其中原文化色彩比较浓厚，城中坊表建设之多，就反映了农耕文化、中原文化和汉儒文化的一个侧面。明代宁夏镇城周回共为18里，不算一座大型城市，据不完全统计，全城有坊表不下200座，其中分别为集市商业区坊，衙署、祠庙、景观坊，名人功德坊和忠烈、贞节、人瑞坊等不同类型。

集市商业区牌坊有：熙春等31坊。衙署、祠庙、景观牌坊有：庆王府棂星门前的贤冠宗藩坊和新、旧都察院等处的26坊；还有寺庙诸坊10座；另有景观坊若干处。

图上 5-12　宁夏镇城北街牌坊　选自《银川城区志》，宁夏人民出版社2002年版

另外，名人坊和旌表忠烈、节妇、烈女、人瑞诸坊数量最多，遍布全城大街小巷的各个角落，总计约数十座之多。这一现象在西北边城是罕见的，充分反映宁夏地区移民文化的特色与中原汉儒文化的浓郁气氛。

明朝宁夏"流寓诗派"和"八景诗"的出现，正是塞上多元文化和移民文化的一种反映。所谓"流寓"者，即客居也。他们因某种原因被流放到边关，按明律进行监督改造，其身份是罪徒，也是一种移民。他们基本上都是知识分子和贬官，所以在流配期间，又给宁夏带来了内地的汉儒文化和习俗，对于"易河朔之风，习荆楚之俗"[6]，活跃边疆文化氛围，提高地域综合文化水平，起到了积极的推动作用。

　　宁夏"流寓诗派"的出现，是有其原因的。明初洪武年间（1368—1398），由于"文字狱"和"胡蓝党案"以及其他原因，一些官吏与知识分子获罪，纷纷被发配到边远苦寒的地方服刑，其中有一批被遣送到宁夏。他们之中有些人"工诗文"、"擅文名"，甚至还有"词翰超卓"，被称为"骚客之雄"⑦的名家。因为共同的社会境遇和文化心理以及喜文长于吟作之故，同病相怜的他们便以诗文互慰互勉，从而渐渐结成一个被时人称为"流寓诗派"的塞上文坛。

　　其代表人物有：边定（字文静，河南开封人）、潘原凯（字俊民，浙江嘉兴人）、林季（字桂芳，浙江嘉兴人）、沈益（浙江嘉兴人）、毛翀（字文羽，浙江杭州人）、承广（江苏常州人）、王潜道（浙江天台人）、阮彧（字景文，浙江杭州人）、陈矩（字善方，号讷翁，江西吉安人）、唐鉴（字景明，江苏苏州人）、叶公亮（浙江天台人）、郭原（字士常、号梅所，江苏淮安人）、王友善（江苏溧阳人）等。

　　但是，"流寓诗派"和塞上文坛的形成和所取得的成就，又与一个人有着密切的关系，他就是藩封于宁夏的明廷宗室庆王朱栴。朱栴是明太祖朱元璋的十六子，13 岁封庆王，15 岁"之国宁夏"，先居韦州，后于建文三年（1401）迁居宁夏镇城。

　　庆王好学有文，极富诗人气质，喜游观，爱山水，是一个思想感情极为丰富的人，并且"学问宏深，好古博雅"，"长诗文，工草书"，刻苦上进，才华横溢。具有诗人气质和强烈思乡情怀的王爷，与这批被发配来的落魄文人们似乎有一种内心的共鸣和相通的思想情感。于是他们相互吸引，很快结为文友，形成一个以王爷为中心，包括一些军政官员，甚至还有和尚在内的文人群体。

　　他们以文会友，以诗抒情，其中大多数作品表达思亲、怀乡和愤世的内心情感世界。宁夏地方志书称他们为"塞上文坛"和"流寓诗派"。他们频频聚会于庆王府大花园逸乐园、小花园康园和庆府在城外的大型私家园林丽景园，或荡舟于水上景观的南塘、金波湖，或相互以酒助兴，和对吟咏，大有忘形骸，罢尘虑，荡荣辱，将一切痛苦置于襟腹之外的醉乡梦境里。

　　"流寓诗派"的诗人们写下了大量诗词，但存世的并不多，其中的代表作有：朱栴的《西夏八景图》诗和《念奴娇·雪霁夜月登楼望贺兰山》词，还有边定的《送王时敏之京》，潘原凯的《贺兰九歌》和《梅所歌为流寓郭原（二首）》，林季的《西夏漫兴》、《雪中访陈讷翁（二首）》，毛翀的《赠别》，承广的《塞垣秋兴》和《梅所》，阮彧的《嘉瓜瑞麦》，唐鉴的《夏台秋感》和《丙戌重九（外二首）》，郭原的《赓韵庆藩惠双钳（外二首）》等。

　　兹录庆王朱栴词一首和唐鉴、林季、毛翀、郭原诗各一首，以窥庆王朱栴和流寓诗人们内心世界的状况。

朱栴《浪淘沙·秋》

　　塞下景荒凉，淡薄秋光，金风渐渐透衣裳。读罢安仁《秋兴赋》，僇栗悲伤。　　廿载住边疆，两鬓成霜。天边鸿雁又南翔，借问夏城屯戍客，是否思乡？

唐鉴《丙戌重九》

　　强整乌纱只自羞，此身流落叹边州。
　　试斟白酒浇闲闷，倦对黄花忆旧游。
　　塞雁一声天地肃，岭云千点古今愁。
　　还家不负登临约，笑把茱萸插满头。

林季《雪中访陈讷翁》

　　踏雪冲寒访讷翁，茅庵深住汉渠东。
　　客边扶病恩难忘，阙下观光话不穷。
　　米饭漫炊云子粒，菜羹同煮水晶葱。
　　安居饱食身无恙，知命由天乐岁丰。

毛翀《赠别》

　　塞垣送别祭先茔，春暖东风趣去程。
　　华柳贺兰承雨露，松楸樗李祭清明。
　　寻幽塔寺斋钟静，访旧星湖客棹轻。
　　如见豸冠刘郡守，为言流落在边城。

郭原《重九》

　　不随鸿雁向南飞，九日归期又竟违。

　　　　　愁对贺兰山色老，梦思覽社蟹螯肥。

　　　　　有霜何处开黄菊，无酒谁人送白衣。

　　　　　欲插茱萸怜短发，也曾醉帽落斜晖。

　　塞上流寓诗人们不仅把中原文化带到边关，活跃了塞上文坛，还将"八景诗"这一诗品在宁夏推广开来。

　　明代的宁夏镇城，能够成为塞上著名的园林城市，是非常罕见的，因为塞上地处黄河上游，西北内陆，气候恶劣，降水量小而蒸发量大，又被腾格里、乌兰布和、毛乌苏三大沙漠所包围。但是，宁夏镇地处千年河套灌区的中心地带，由黄河冲积平原和贺兰山洪积倾斜平原形成了宁夏平原，独擅黄河之利，沃野联畴，旱涝保收，是西北大地上一颗璀璨的明珠。这正是宁夏被誉为"塞北江南"的原因，也是镇城成为北方不可多得的园林城市的基本条件所在。宁夏镇的园林文化也是黄河文化的一种表现，是宁夏地域文化的一大特色。

　　有明一代，宁夏镇地区园林建设又达到了大发展、上层次的新阶段。古城内外基本上实现了园林化，即形成城在园中，园在城中，城在林中，林在城中。加之银川平原大小河渠成网，湖沼与湿地遍布，城外有"七十二连湖"之说，故又有城在湖中，湖在城中的独特塞上高原湖城的奇丽风光。

　　古城的园林化大发展，与庆王有着极大的关系。庆王朱㮵身历洪武、建文、永乐、洪熙、宣德、正统凡六朝，是宗室中有名的"六朝元老"，享藩计 48 年之久。他在镇城大兴土木，修建王府，又在城内外大造园林。而庆宗一系，又传王位凡 10 世，册封亲王凡 11 人、世子 1 人、郡王 42 人，其余授将、尉爵位近百人，在宁夏享祚长达 252 年。所以有明之世，古城内王府座座，王府花园比连，加上巡抚都察院、总兵帅府、监边太监宅第等封疆大吏们的庭院和其余守边宿将、勋臣们的私宅花园，使这座塞上古城成为一座名符其实的花园边城。

　　城内名园，以十大王府花园为代表。

　　明代宁夏镇城内建有以庆王府为代表的宗室十大王府，其中最大的是庆亲王府。次为各郡王府，即真宁、丰林、安塞和巩昌、弘农、歧阳和寿阳、华阴、延川、蒙阴、镇原等九大郡王府⑧，以上各亲王、郡王诸王府均建有花园，以庆府花园规模最大。内有大花园，名曰"逸乐园"，大园之中又套建小园一所，名为"康园"，别号"慎德轩"。园内还修建了延宾馆，馆内再建有拥翠楼，为庆王宴请宾客、登高望远、以文会友和赋诗吟诵之处。

除庆府之外，诸郡王府花园也各有特色，其中以安塞（巩昌）府花园为最。该园名曰"永春园"，园内有湖，湖中有岛，岛名"沧州"，洲上有假山、草庐，真仙人居也。园中还建有延宾轩一所，是庆宗有名的才子王爷朱秩炅（字樗斋）读书、问学和会友吟对之所。其他王府花园较知名者还有：真宁府的"赏芳园"，弘农府的"寓乐园"，丰林府的"真乐园"等。

公署和私宅花园，也各有特色。

除宗室亲王奉旨建立藩国外，巡抚、总兵镇守和内臣中官监守等，皆位居行省级职位。故高级军政大员的署衙遍布全城，举凡都察院、总兵帅府、太监宅、按察司和在城五卫衙门等公署，亦多各建有自己的庭园。在这些小型庭院式园林之中，以都察院行台与镇守总兵官帅府的后花园堪称代表作。都察院的"后乐园"，林木葱翠，"杂树荟翳"，"抱掩萦映"，林间渠水环流，中汇曲池，"澄澈如环璧"。池旁有小亭，名为"环碧"。花坞之旁又有射圃，使该园集观赏与游戏为一处，乃胜过别家园圃。与都察院的"后乐园"相比，镇守总兵帅府的后花园亦不逊色。帅府后园名曰"西园"，被时人称为镇城中的"小蓬莱"。此园以牡丹闻名边塞。

至于私宅花园，除王府、文臣武将的宅第有园之外，富商大贾之家亦不能少，就连流寓贬戍之人，也受大兴园林之风的影响，力所能及建造自己的小小袖珍花园，其中比较著名者，为戍人郭原在自家寒舍内修建的小园，取名"梅所"，竟然奇迹般地将内地的梅花在宁夏镇城移植成功，寒冬花香四溢。

公共园林与绿地开始出现。

明代为了适应宁夏镇城大规模的园林建设，早在"永乐甲申（永乐二年，1404年），宁夏镇总兵官何福始引红花渠水，由城东垣开窦以入城中"，"循绕人家，长六里余"，给古城内的园林大发展创造了条件。由于四城处处活水环流，便在城内潴水处出现了一些大小湖沼，近湖之处便建成一些公共园林绿地，如于进水上游建有"静得园"，下游建有"凝和园"。此外，众多寺观和儒生学习之所，也是城中环境幽雅的小型绿地。

城外名园，四城近郊均有分布。

清和门（东门）外：有"丽景园"，它是明代塞北最大的园林，系由庆府果树园改扩建而成，为庆王府私家园林。此园规模宏大，建筑精美，园中有园，园内园外有湖，步步为景，景景各别。园内主体建筑是芳林宫和群芳馆，为庆王避暑宫，宫内建有望春楼，围绕宫楼与馆舍，则有溪水、湖沼勾连全园。湖沼依大小与形状，分别名为：鸳鸯池、碧沼、桃蹊、杏坞、菊井、莲塘、凫渚、鹤汀、月榭、晴虹、积翠等名。近水又有众多亭榭点缀其间，庆王亲自题名为：望春亭、宜春亭、水月亭、清漪亭、涵碧亭、蹴鞠亭和湖光一览亭等；远水之处，又由合欢道、运畴、翠阴、红芗等曲径通幽，而分置芳意轩、清暑轩、拟舫轩和凝翠轩等小型馆舍。

丽景园有北门一座，名曰"青阳门"，门外又有著名的金波湖。金波湖又称"东湖"，"垂柳沿岸，青阴蔽日，中有荷菱，画舫荡漾，为北方盛观"。湖之南建有雄伟的"宜秋楼"，湖之西有临湖亭，湖之北有鸳鸯亭，亭之东为古刹高台寺（又名延庆寺）。庆王最喜此园此湖，凡宴会朝使和阅边大臣，或与诗人墨客吟对，多安排在园湖之中。庆王本人或春日踏青寻芳，或夏日纳凉消暑，或秋日登高望远，或冬日戏雪赏雪，一年四季都在园中与湖畔留下足迹身影。

南熏门（南门）外：有"南塘"。出南门3里许，过红花渠"永通桥"，西南向即是。南塘又名南池，池北为大门，门外有坊一座，上书"濠濮间想坊"。该池原属所谓"七十二连湖"之一，为嘉靖间宁夏巡抚张文魁、杨守礼相继建成，遂为宁夏镇城一处公共游乐园。由于此湖与众湖相通，长年活水澄澈，环湖"植柳千株，缭以短墙，注以河流。周方百亩，菰蒲蘋藻，鸥鹭凫鱼，杂然于中，泛以楼船，人目之如西湖，居民喜为乐土"。塘之北原有接官亭一座。塘之东又建花园一处，名曰

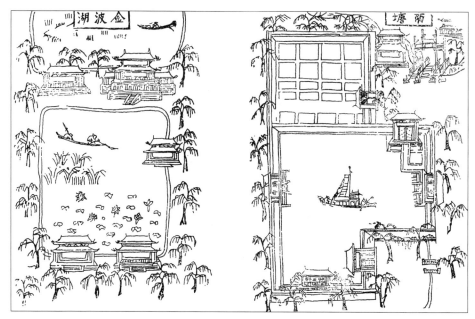

图上 5-13　宁夏镇城两处园林　选自《万历朔方新志》

"撷芳园"。塘之南建有知止轩、涟漪轩，为供游人驻足小憩之所。边镇官民常"会饮于此，鼓枻传觞，启扉待月，柳阴映水，碧波澄空。鼓吹击浪，歌声遏云，觥筹交错，醉忘形骸"。大家共享"此地此乐，百年所无"。

德胜门（北门）外：近城有海宝寺、演武场、射圃。古刹海宝寺亦一方胜景宝地。寺偏东八里许，也有一处园林，名曰"盛实园"，是一座以水景为主调的大型园林。

镇远门（西门）外：近有唐徕古渠，两岸古柳为镇城构筑一道绿色长城屏障；远有离城 40 里的"快活林"，这里靠近贺兰山，山泉在林间静静流淌，中有大小湖沼与湿地，湖山泉林交融，一望无际，既是大型天然牧场，牛羊成群，马驼遍布，也是镇人郊游的好去处。

另外，城周有护城河一道，"池阔十丈，〔深一丈〕，水四时不竭，产鱼鲜菰蒲"⑨。再西南角，光华门（小南门）与红花渠之间，还有"乐游园"一处，此园虽然规模比较小，但园内也有来青楼和荷香柳影亭、山光水色亭等点缀其间。东南角，还有名曰"小春园"一处，此园介撷芳园与丽景园之间，规模居第三位。园中建有清趣斋、清赏轩和眺远亭、芍药亭、牡丹亭多处，以花卉见长，是一座名符其实的都市花园。在城南的一系列大型园林之间，还有文武高官们建造的私人别墅与私家花园点布于间。其中较有名的是总兵官张泰的别墅，名曰"环翠楼"，楼下有荷花池环绕。还有仪宾路昇的别墅，名曰"大有庄"。

湖沼湿地：

由于黄河从银川地区横穿而过，而银川平原地势平坦，河床屡屡改道，有所谓的"三十年河东，三十年河西"之说，加之贺兰山各山谷洪水、泉溪的洪积作用，在银川沿黄河西岸和贺兰山东麓的洪积扇平原上便留下了众多的湖沼湿地。因此，银川自古不仅是一座园林城，而且也被称为"水抱城"，周边素有所谓"七十二连湖"的分布。所谓"七十二连湖"之说，只是一种泛称而已。其实，城周的湖泊湿地，远远超过此数。

第三节　清代多元文化形态的发展

"经堂教育"促进回族文化的发展　满族文化的传入　西方教会文化的渗透　西北"都会"城市的形成

清朝中前期，全国的基本形势是国家统一，经济恢复，文化繁荣，给回回民族的稳定发展提供了难得的机遇，同时也创造了更好的社会条件，使得大分散、小聚居的回族社区基本定型。回族总体上智商较高，重视教育，又善于经商，为推动回族文化兴盛提供了保证。

宁夏南北全境，是全国最大的回族聚居区。因为宁夏自古以来就处在中西交通的要道上，前有阿拉伯地区信奉伊斯兰教的"番客"捷足先登，后有"回回人"的落籍屯田，又有蒙古亲王阿难答皈依伊斯兰教，并使用权力在他所控制的大西北地区与15万大军中强行倡导伊斯兰教。

亲王的夏宫建在固原开成，六盘山又是元廷的军事基地，从六盘山到黄河两岸成为汉回军人重要的屯垦区，是亲王乃至国家的粮草供应基地，所以伊斯兰教在宁夏地区首先传开，回族在宁夏和西北大地率先形成，是理所当然的事。正如《河湟诸役纪要》中所说："迄明末清初，西起瓜、沙，东至环、庆，北抵银、夏，南及洮、泯，所谓甘回及东干回之踪迹，已无处无之。"⑩

宁夏回族聚居区的重点区域，更是回户密集，星罗棋布。史书说："宁夏至平凉千余里，尽系回庄"⑪，其中以河东金（积）灵（州）地区最为集中，有500多所回族堡寨；河西平罗一县，也有回村38堡。例如宁夏北部沿黄河一线新垦区中以"通"字命名的村堡——通贵、通朔、通宁、通昶、通吉、通义、通成、通伏、通润、通丰10堡，基本上都是以回族为主。甚至有的史料认为，清中前期宁夏地区是"回七汉三"的人口比例⑫。

据有关资料显示，清乾隆间（1736—1795），仅银川平原河西灌区的宁夏、宁朔、平罗3县的总户口为10余万户，80万口，若按回、汉人口7：3计，则回族人口当为7万户，56万口⑬。河东地区、固原地区和中卫县的回族人户总数应该倍于上述三县，即宁夏、固原全境的回族人口，起码也在150万口。

清朝中前期，宁夏回族一般多聚居于引黄灌区的黄河两岸一带和丝绸之路之灵州至固原一线的交通要道附近。这些地区的自然条件得天独厚，易农易牧，经济发达，交通便利，商贸兴旺，文化也相对先进。但同治、光绪年间（1862—1908）回族反清运动之后，境遇逆转，大多被迫迁入贫困地区艰难生存。

宁夏地区的回族文化，在康乾盛世的大环境下得到长足发展。究其原因，除了经济基础这一决定因素之外，其次就是回族教育的有力推动。因为文化的繁荣，是与教育的提倡密不可分的。宁夏的回族教育于明清时期走在全国各地回乡的前列，早在明朝中期，回族社会的"经堂教育"就在陕西、宁夏首先兴起。当时倡办经堂教育的鼻祖胡登洲，就曾派他的两大高足之一海东阳（号文轩），于明万历十二年（1584），到宁夏韦州城（今同心韦州）设帐讲经，使韦州成为全国回族经堂教育的基地之一。

海师弟子中的穆有礼（固原人）、黄观海（云南人），又分别是四川和云南经堂教育的开拓者。胡登洲的另一高足冯师（冯阿訇）的次子冯伯庵，也继海东阳之后，设帐于宁夏同心城（今同心豫海），其学生中的张行四、张少山、马明龙等人，后来是湖广一带经堂教育的首创者。时陕西、山西、河南、甘肃和宁夏各地清真寺的经堂教育老师大多出自海、冯二师门下，其中最有名望的学生是泾源的马世英。他毕业后设帐固原，人称"二圪垯师"，当时有"南袁北张西圪垯"之誉。宁夏地区许多清真寺的经师大多出身于胡太师门下的弟子辈之中。其中冯师后裔冯通宇，在固原小河川设帐时，培养的众多学生中，有一位河州（今甘肃临夏）人王明宇，竟然还把经堂设到了非洲的埃及。

至清代，宁夏地区的经堂教育已得到普及和规范，一般分为小学、大学，教材则为"十三本经"，即《连五本》、《遭五·米苏巴哈》、《满俩》、《白亚尼》、《凯拉姆》、《舍米哈·伟戛业》、《海瓦依·米诺哈吉》、《虎托布》、《古洛斯坦》、《艾尔白欧》、《米尔萨德》、《艾什尔吐·耒麦尔台》和《古兰经》等。因为回族的经堂教育，是文化普及教育与宗教教育相结合的形式，所以满拉毕业后就有资格"挂幛穿衣"，应聘去清真寺开学、担任阿訇。宁夏的清真寺基本上都兼办经堂教育，它是以后近现代回族新式教育的基础，为普及回族文化起到了承上启下的重要作用。

经堂教育不仅对回族文化的发展起到积极作用，还培养了一批批本土伊斯兰宗教学者。其中一些学者，又开始使用汉文译著伊斯兰经典、教义、教律，阐扬伊斯兰宗教哲学、伦理道德等深层次的学术问题，从而把伊斯兰精神文化从一般传播提升到一个崭新的创造发展阶端。如回族学者王岱舆所著《正教真诠》、《清真大学》，马注的《清真指南》，刘智的《天方性理》、《天方典礼》，马复初的《四典要会》等汉文译著，被称为"汉克塔布"。他们试图采取以儒家思想和伊斯兰教义相结合的方式，即用中国传统文化的术语、概念来译释伊斯兰教典籍，用儒家思想阐发伊斯兰教理，同时也用伊斯兰思想发挥儒家天人性命思想，表面上看似"儒化"，实际上则为"化儒"。这些努力，最终为中国伊斯兰教文化学说的形成奠定了基础，并推动各种学派的形成，进一步对回族社会产生深远影响。

在宁夏乃至西北地区，经堂教育对于回族社会从教坊制向门宦制度的过渡，也起到了推动作用。因为回族社会原教坊制的宗教组织，只是以清真寺为中心，以回族村落为范围的一种局地联系，具有明显的分散和封闭的特点。经堂教育通过师承关系，有利于教坊之间的宗教联系，使各教坊之间渐渐形成了某种组织关系，这就为门宦制的产生创造了条件。而门宦制度在宁夏和西北的形成，又反过来推动了回族社会的组织化进程。门宦制具有强大的向心力与号召力，它"是回族以农业为主的封建经济发展到一定阶段上的产物"[①]。

总之，清代宁夏回族文化的发展，与经堂教育的进一步提倡及门宦制的形成是有着密不可分的关系。

清初，原游牧于天山北麓伊犁河流域的蒙古准噶尔部，势力日渐强大，其首领噶尔丹勾结沙俄，于康熙二十九年（1690）举兵内犯，康熙皇帝御驾亲征痛击叛军，并向西设防。康熙三十四年（1695）七月，清廷决定在宁夏设置八旗驻防军，并任命觉罗舒恕为宁夏八旗军首任将军、胡什巴和赫沙济为副统领，负责筹设满营，是为满洲子弟兵第一次进驻宁夏，也是满族军民入居宁夏的开始。

康熙三十六年（1697），随着噶尔丹的败亡，西北军事形势缓和，康熙又决定将宁夏八旗驻军撤销。但噶尔丹之侄策妄阿拉布坦继续统治准噶尔部后，对清廷阳奉阴违，加紧在新疆扩充势力，并于康熙五十五年（1716）派兵攻打西藏，清廷对于西边的形势再次警惕起来。雍正即位后，积极准备彻底解决西部准噶尔的分裂活动，第二年（1724），再次决定在宁夏派驻八旗军队，作为向西备战的前进阵地。同时，改宁夏卫所为郡县，并在宁夏府城东北近郊筑八旗军营（满城），供八旗官兵 2400 余员驻扎。因为八旗军允许携带家小，满城总人数应不下 2 万口。这时满族人才真正成为宁夏各民族大家庭中的一个新成员。当地其他民族也称他们为"旗人"。

满族人入居宁夏以后，给宁夏的地域文化注入了新的血液，增添了新的内容。特别是满族文化与原来的移民文化、回族文化等相互交流、融汇以后，使得宁夏黄河文化更加丰富多彩，更具有自己的独特性。由于满族是一个勤于学习，善于吸收先进文化，紧跟社会潮流的民族，所以随着满族分散到全国各地以后，传统的民族文化也在潜移默化中产生变化，并与当地固有的文化相互交融、学习，取长补短，慢慢形成一种你中有我，我中有你的地域文化。作为宁夏地域干文化的黄河文化之中，就包涵满族文化的内容。从这种意义上来说，宁夏的满族文化已与宁夏的区域特色文化融为一体而难以区分了。

习俗是一个民族在特定的自然环境中和长期的历史发展过程中，为适应生存客观条件而形成的一种特有的礼仪、风尚和生活习惯，它包括物质民俗和精神民俗两个层面，是构成民族文化的重要内容。

其一，物质习俗：由于清廷对于满人执行"恩养政策"，使每一个成员都基本上能够生活有着，衣食无忧。他们无需做工、经商去谋生，只要生活在满城之中就可以了。在这样一个小社会中，其衣食住行均能保持本民族的基本习惯与文化特点。男人身穿长袍马褂，头戴瓜皮帽，脚蹬千层底鞋，腰挂荷包和佩饰；女人穿旗袍、旗鞋（高底鞋），梳旗头（把儿头），衣佩多宝串、香包。

图上5-14　满族妇女服饰　选自《老照片》第二辑，山东画报出版社2005年版

但随着人口的增长，旗人生计问题提出以后，满族人的衣饰也渐渐失去了继续存在的条件，慢慢成为少数王公贵族家庭成员的节日用品和民俗博物馆内的陈列品了。随着时间的推移，宁夏满族人的衣着基本上与当地汉人没有大的区别。

满族的饮食，也有自己的民族特色，这是因为先民们生活在高寒的自然环境下和长期从事狩猎、渔业、采集与农耕生活方式所形成的。东北地区自然条件优越，水稻、小麦和各种杂粮皆适合种植，畜牧和渔业也比较发达，这与宁夏黄灌区的自然条件相差无二，所以满人与宁夏当地人一样，饮食以米面为主，杂粮作为一种调剂。

满族人喜欢吃的各种甜食、黏食和大烩菜、腌制酸菜以及使用火锅等，也为当地回汉人民接受，演变成为宁夏的地方菜和小吃，包括大餐满汉全席等。

满人喜食的黏糕、糯米糕、炸饽饽、炸花花、萨其玛、糖麻花、春饼、菜盒子、肉粥、调和饭以及花茶、盖碗八宝茶，还有窝儿芏蓝（油菜）、羊肉酸菜汤浇面、羊肉菠菜滚豆腐、羊肉烩小吃、炒羊肝与羊杂碎等食品，都在相互变通和翻新后，成为宁夏地方特色饮食的杰作，人们再也难以分辨出哪些是满族食品，哪些是汉族食品，哪些是回族食品，只能说是宁夏的地方食品，成为宁夏地域饮食文化的代表。

满族的民居，也与宁夏城镇汉族的民居基本相同（满族都居住在满城中，没有从事农业的农户），因为气候的关系，住房一般大门向阳开设，坐北面南，围建成一个四合院，以防寒冷和风沙。

其二，精神习俗：同物质习俗一样，满族人在节俗、婚俗、丧俗和礼仪等方面，原来具有自己的传统民族特色，但是与汉族杂居以后，也在潜移默化之中改变了自己的习俗。

比如节俗中的"过年"，满族原以农历十二月中旬后，昴星（称报春星）出现在西南天空地平线上这一天为"依车涉"，即满语的新年。但是奉行正朔（执行农历）以后，也以农历正月初一为"年"。

大年三十户户门前竖竿升旗挂灯，家家贴春联（原春联为白纸墨书满文，后改红纸汉文），正屋贴"福"字（这种贴福字习惯后被汉族和许多兄弟民族普遍采用），吃煮饽饽（煮水饺）。

大年初一要吃煮素馅饽饽（素水饺），喝"米酒儿"（春酒），初二才吃肉水饺。

初七，为"回魂日"（把人的魂拉回来，祛病长寿之意），吃长寿面，而汉族称初七为"人节"，也吃长面，以祈长寿。

正月十五日，亦称灯节、元宵节，吃元宵（煮或炸），"闹元宵"（观灯），"做吉祥"（相互给脸上涂黑，以示除灾祸），热闹非凡。

五月初五，亦称端午节，吃黏糕（也吃粽子），但不是为了纪念屈原，而是意在避瘟祛病，家家都在大门插艾蒿，男女佩戴荷包，并以艾蒿泡水洗脸、洗眼睛，以驱病毒。

八月十五日，也称中秋节，吃月饼、水果。

九月九日，亦称重阳节，吃炸糕和烤羊肉串，已出嫁的女儿要回娘家跪拜父母，与汉族敬老内涵基本一致。

十二月初八，亦称腊八节，吃腊八粥，并赠送邻居，以示团结友爱；冬至吃头脑酒（即粉汤）。

腊月二十三日，送灶王（除夕日接灶王），供甜饼、酒和活鸡（接灶日才杀鸡再供）。

其他诸如婚礼、丧礼、寿庆也都与宁夏地方习惯日渐趋同。各种礼仪风俗，虽然都有自己的传统与特色，在满城集中居住之时，还比较坚守，当满人分散定居以后，也就与所在地汉族人民大同小异了。

天主教闯入塞北地区，始于清同治三年（1864）。19 世纪中叶，比利时、荷兰两国天主教教士组织的一个传教会，名为"圣母圣心会"，准备到中国传教。1864 年，由罗马教廷批准，把中国长城以北的内蒙古地区划分为"圣母圣心会"的传教区域。其范围包括当时的热河省、察哈尔省、绥远省和宁夏北部以及陕西三边地区。

宁夏地区当时属甘肃省的一个府。天主教在宁夏地区的传教活动，来自东、西两个方面。

西面，由兰州方面渗透。清光绪四年（1878），天主教教廷派遣比利时人韩主教主持中国甘肃省的传教事务。第二年，把甘肃省划为该教会在中国传教的第二区，总教堂设在凉州（今甘肃武威），并于兰州、宁夏、西宁分设三个布道区。但是，后来由于"圣母圣心会"教派势力在宁夏的扩张，使来自兰州方面的布道活动未能打开局面。

东面，则由内蒙古、绥远方面而来。光绪元年（1875），阿拉善亲王贡桑珠尔默特在东蒙地区与"圣母圣心会"传教士不期相遇，得知该教会计划到蒙古草原举办移民开垦，遂邀请教士也到他所属的西套蒙古草原去进行移民开荒。不久，教会方面就派比籍传教士德玉明、桂德贞如约启程赴西套。他们先来到东堂村（即后来磴口县）支起毡包住下来，招徕汉民挖渠开荒，建立圣母堂。到光绪四年（1878），又在附近买下一所废弃的油坊，名三盛公，在它的周围开拓新的垦荒点，后来发展成为很大的村落，建立了宏大的教堂。于是这个地方就以"三盛公"作为地

图上 5-15 三盛公天主教主教堂 选自《三盛公教堂画册》

名沿袭下来。

光绪五年（1879），该教会又派比籍传教士闵玉清、桑桂仁两人首次

图上 5-16 平罗县（今惠农区）下营子天主教堂 选自《惠农县志》，宁夏人民出版社 1999 年版

深入到宁夏府平罗县黄河东岸的五堆子、红崖子（今平罗县陶乐境内）一带进行传教活动。

可见，天主教在宁夏的传教活动，始于清光绪五年（1879），而来自塞北的"圣母圣心会"教派后来获得了成功。光绪九年（1883），罗马教皇命令把所谓内蒙古宗座代牧区划分为三个传教区，即东蒙古代牧区、中蒙古代牧区、西南蒙古代牧区。西南蒙古代牧区的传教范围主要包括河套地区，即内蒙古的伊克昭盟、土默特旗和当时的绥远、宁夏两省与陕北的三边地区。阿拉善、额济纳旗也属于这个传教区。西南蒙古教区的主教堂是三盛公教堂，首任主教就是德玉明。

　　光绪十七年（1891），闵玉清、桑桂仁在宁夏平罗的传教活动有了很大进展，并在下营子地方购地 1000 多亩，修筑了教堂和住宅，又从老教区迁移来大批教徒。教堂把所购来的土地分配给教徒耕种，并通过他们积极扩大教会的影响，很快又发展了 100 多户新教徒。于是，下营子教堂便成了天主教圣母圣心教派在宁夏的第一个据点，并由此逐渐向宁夏广大城乡全面渗透。

　　天主教在传教区域内的中国土地上，依仗帝国主义在我国取得的种种特权，勾结地方官府，与当地军、政、绅、匪沆瀣一气，非法建造城堡，组建武装，私设公堂，遍设教会学校、教会诊所，推行西化教育，使人民只知有教会而不知有中国官府，殖民文化在教区内占了主导地位。

　　清朝前期的宁夏，是西北各地政治稳定，经济发展，文化繁荣，变化最大的地区。这是因清廷为满族人执政，而满洲贵族又与蒙古王公世代联姻，政治上结成联盟，使得历史上中央政府一贯向北设防，以北方少数民族为敌的基本国策发生了根本变化，宁夏境内的贺兰山屏障、黄河天堑和长城关隘等都失去了军事意义，宁夏城（今银川市）已从历代胡汉相争的传统战场，变为边贸交易和中西交通的枢纽，是西北边关线上一座人口众多、经济富裕、商业繁荣、文化先进的大都会。

　　宁夏北部时属甘肃省宁夏府，并驻八旗将军和甘肃分巡道。下辖宁夏、宁朔、中卫、平罗 4 县和灵州、花马池分州，一度曾设宁灵厅和新渠、宝丰 2 县。南部为甘肃固原直隶州、化平直隶厅和隆德县辖境。

　　宁夏府城坐落于银川平原的中心地带，前明时代是宁夏五卫军屯总部驻地。清朝改变明朝的军卫屯垦制，"化兵为农"、"变兵为民"，废除"无兵之用，有兵之费"的封建军事生产关系，让束缚在土地上的广大军户变为交纳田赋的自耕农，并很快培养了一批中小地主，发展了封建地主生产关系。在生产关系变革之后，随之以大兴水利，"以尽地利"，作为治理宁夏的"为政之要"。

　　在户部侍郎单畴书、右通政史在甲、兵部侍郎通智和宁夏知府钮廷彩、宁夏水利同知王全臣等人的主持下，银川平原的 4 条干渠（唐徕、汉延、秦、汉）得到全面维修，引黄灌区得到改造，又新修成大清、惠农、昌润三渠，使得沿黄一带大片荒地变为良田。

水利的治理，为招垦提供了条件，清廷的移民政策也是优惠的。对于难民，可以就地编入保甲，分给土地，水田屯种 6 年（旱田 10 年）后，才升科纳税、服徭役，而且推行"地丁合一"制度，即把丁口税摊入地亩，以实际占有土地亩数作为课税的根据，免除了有地无税、地多税少和无地（少地）赋重的不合理现象，堵住了权势大户的徇私行为。

因为水利兴修，土地增加，连片的新垦区大量出现，所以清廷又在宁夏沿黄新垦区增设新渠、宝丰二新县，以便加强对新垦区的管理。在沿黄河各新垦区新建了许多新村堡，垦民纷纷自动冠以"通"字命名自己的新家园。这种现象，实际上是人民群众对于在宁夏领导兴修水利，移民兴屯，扩大种植面积作出重大贡献的大臣通智其人所表达的一种感激之情，也是宁夏黄河文化和地名文化的一大特色。

清代宁夏人民在兴水、治黄的实践中还总结出了一套科学合理行之有效的经验，创造了许多工程技术和管理办法，如闸坝构筑、堤埂整治、涵洞修建、渡槽架设、物料摊派、夫役征集、用水节侯以及卷埽、开水、测水、封俵、清淤等一系列措施，都是人类与黄河斗争的宝贵经验和财富。朝廷曾命"于宁夏等地方取能引水者数人"为技术骨干，前往他处"凿沟洫，引水入田"[⑮]，以推广宁夏劳动人民的治水经验。这是宁夏人民对水利文化和黄河文化的一大贡献。

银川平原因水而屯，因屯而兴，再次重现了"塞上江南"米粮川的美景和历史上"新秦中"的富裕局面。通过清朝前期的恢复发展，宁夏镇城五卫的人口已从明末的 41474 户，74000 口，增长为清乾隆间宁夏府宁夏、宁朔、平罗三县的 111918 户，780955 口；土地面积从前明末五卫的 1062180 亩，增加为乾隆间宁夏府宁夏、宁朔、平罗三县的 1650558 亩；粮食产量亦从明末整个黄灌区七卫的 2230000 石，增加到清朝前期整个黄灌区四县一州的 3520541 石；田赋则从前明末宁夏五卫的征粮 121606 石、地亩银 968.5 两、征草 165417 束，下降为清初宁夏府宁夏、宁朔、平罗三县的本色粮 106538 石、地亩银 3178 两、本色大草 59122 束。显然，清初国家执行的轻徭薄赋政策，对于促进地方经济的恢复发展大有好处。

　　清初宁夏镇城由五卫（宁夏卫、宁夏左屯卫、宁夏右屯卫、宁夏中屯卫、宁夏前卫）分别改制为宁夏府（今银川市）和宁夏（今贺兰县）、宁朔（今青铜峡市）、平罗（今平罗县）1府3县，而宁夏府与宁夏县、宁朔县三衙又同治一城，宁夏府城成为银川平原乃至西北东北部商贸集散地和区域性的中心城市以及西北通往京城（今北京）和到达内地的水陆交通要道。

　　宁夏城是这一交通线路上的水旱码头，终年客商云集，南北特产、京广杂货交易兴旺。时有各地行商、坐商在此设场、开店。他们在城内建会馆，办钱庄，设货站，不仅交流了全国各地的商业信息，也将各种区域文化带到了宁夏。比如秦腔、京剧、梆子等艺术就是由商会引进来的。

　　水陆交通的便利，是促成商业繁荣的重要条件。清代宁夏北部的交通枢纽是府城（今银川），再由府城向四方伸展，形成东、西、北三条水旱交通干线。

　　东路：由府城出清和门（东门），在横城渡过黄河，经由红山堡、花马池（今盐池），抵陕西定边，通往内地。该路在宁夏境内长205公里。

　　南路：由府城出南熏门（大南门），一由任春堡渡黄河，至灵州（今灵武），再南至甘肃固原或庆阳，通往内地；二由渠口堡渡黄河，至甘肃景泰（今甘肃景泰），或再至青海西部牧区，或直抵河西，到达新疆，并通往亚欧。

　　北路：以水路为主，辅以旱路。旱行，由府城出德胜门（大北门），经平罗（今平罗），出石嘴子抵达磴口蒙古地界，通往北京和内地；水行，由府城东郊横城码头顺水下行，经磴口、五原、包头，然后上岸改陆行至京城和内地。

　　交通线既是经济线，也是文化线，宁夏府城地处西北大区东北部水陆交通要津，是西北乃至亚欧通往北京和中国内地的北部咽喉，这也成就了这座城市成长为西北一大商埠和经济发达、文化繁荣的大都会的地位。

　　清朝宁夏府城，是乾隆三年大地震后，于五年（1740）重修的城池。城墙周长2754丈，城墙高2.4丈，基厚2.5丈，顶厚1.5丈，外垛口墙高5.3尺，内女墙高3尺，墙体全部为砖石包砌。城东南径长4里5分，南北径长3里1分。城开六门，东曰"清和"，西曰"镇远"，东南曰"南薰"（大南门），西南曰"光化"（小南门），东北曰"德胜"（大北门），西北曰"振武"（小北门）。各城门皆配建瓮城和城楼。四城角楼辅配有炮台、铺楼24座。南薰、德胜门外各建关厢土城一座。南关门名"朝阳"，北关门名"永安"。城墙外侧开护城河一道。城池坚固、壮丽，号称北方一大雄镇。

城内人烟辐辏，四衢分列，阛闠南北。官衙、民居和商铺栉比林立，错落有致，蕃汉商贾云集，蕃夷、内地诸货琳琅满目，"久称西边一都会矣"⑩。

全城以六座城门为标志，形成六条主要大街和六个城区。

六条大街为：

一是东门大街（清和门大街），东起清和门，西至四牌楼。

二是南门大街（南薰门大街），南起南薰门，向北至与东门大街交汇处，交汇处街口叫"羊肉街口"。

三是西门大街（镇远门大街），西起镇远门，东至四牌楼。

四是北门大街（德胜门大街），北起德胜门，向南至羊肉街口。北门大街又称"马府街"、"二府街"、"帅府街"。

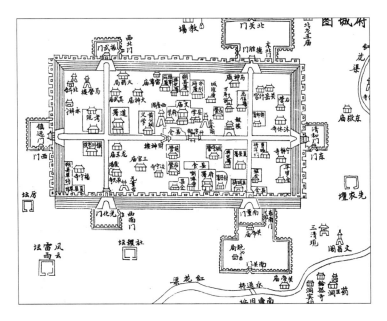

图上5-17 清朝宁夏府城图 选自《乾隆宁夏府志》

五是小南门大街（光化门大街），南起光化门，北至西门大街交汇处，交汇处街口叫"书院街口"。

六是小北门大街（振武门大街），北起振武门，南至与书院街口相对的猪市街口。

六个城区是：

城东南区。该区位于城东南方一片，即从南薰门内至羊肉街口之东侧、清和门内至羊肉街口之南侧，所包括的主要街巷有：东门头道巷、宁静寺街、礼拜寺巷、樊家园、桑葚园、平罗仓巷、祠堂街。

城中南区。该区位于城中南一片，即从南薰门内至羊肉街口之西侧、光化门内至书院街口东侧，所包括的街巷有：驿马房、杜府街口、方妃祠巷、侯家巷、喇嘛寺巷、萨家巷、审理所巷、新街、硝坊巷、会府巷、碴子市街、鸡市街口、骡马市巷、小庙巷、柳树巷、番货市街、羊市街、府仓街、东芦席巷（即郎家巷）、西芦席巷、关帝庙巷、鲁班庙巷、叠柳坡、管达街口、左司衙门巷、西方井（即西府）街、白衣寺巷、碱巷、仪宾府街、三圣庵巷、波罗庵巷、边宁寺巷、盐池巷、官财巷、宗茂巷、铁局街、哈巴巷、西哈巴巷、薛家巷、三官庙巷、西塔寺巷、老君庙街、新木头市街、龙王庙街、南门头道巷。

城西南区。该区位于城西南一片，即镇远门内至书院街口之南侧、光化门内至书院街之西侧，所包括的主要街巷有：西门头道巷、东高耳巷、西高耳巷、福宁寺街、三皇庙街、红果树巷、大井街、三堂街口、罗家井巷、书院街、草场街、祁家楼南巷、礼拜寺街。

城东北区。该区位于城东北一片，即从清和门内至羊肉街口之北侧、德胜门内至羊肉街口之东侧，所包括的街巷有：北门头道巷、二道巷、送子庵巷、井巷、花园巷、二府街口、关帝庙巷、岳庙巷、红牌楼街、稻草巷、砖巷、左营衙门巷、休休寺街、总府东栅口。

城中北区。该区位于城中北片，即从德胜门内至羊肉街口之西侧、振武门内至猪市街口之东侧，所包括的街巷有：马神庙街、总府西栅口、真宁府街、二司街口、贵家巷、东柴市古楼街、万寿宫街、城隍庙街、庵北朝巷、陆纱帽巷、糠市街、中礼拜寺街、晏公庙湾、祠门巷、水利府街、仓巷、华严寺街、梨花（铧）尖子、牛巷、上帝庙巷、王银

（元）大街、钟鼓楼巷、纳家巷、堡子市、雷祖庙街、圆通寺街、经堂巷、巩昌府巷、大渠巷、道府西巷、火器库巷、道府东巷、宏（弘）农府街、真武庙街、梅家街口、七府街口。

城西北区。该区位于城西北片，即从镇远门内至猪市街口之北侧、振武门内至猪市街口之西侧，所包括的街巷有：七府巷、姑子巷、牛王寺巷、水巷、马营楼、姑子庵巷、永祥寺街、观音堂巷、西门头道巷。

府城的商品经营又按商品种类各分集市专营，各有固定经销商，如米粮市在四牌楼西侧巷内，骡马市在镇远街中段北侧，炭市在清和街西段南侧，羊市（活羊交易）在废庆府西侧，猪市（活猪交易）在骡马市范围内，碴子市在废庆府西侧，柴市一在鼓楼街（东柴市），另一在振武门内东侧（西柴市），番货市在四牌楼南街，箱柜市在承天寺北，木头市一在箱柜市西（旧木头市），另一在道署南侧（新木头市），估衣市在羊肉街口，麻市在四牌楼东街。

官府衙门和主要建筑物分布：宁夏道府在镇远街东段北侧，宁夏府衙在南薰街口内西侧，宁夏总兵府（俗呼"帅府"）在德胜街口内西侧，部郎署（朝廷派驻主管民族事务）在德胜街中段东侧，水利厅署在宁朔县衙东侧，宁夏县衙占废庆府东南一角，宁朔县衙在德胜与振武门之间北城墙南侧，文庙（府学、县学）在米粮市北，考院在道署西，银川书院在考院南。

府城西偏北15里，又有卫星城一座，即新满城。两城互为声援，固若金汤，士农工商安居乐业，百业兴旺，风化质朴，俗杂五方，崇尚耕读，讲究礼义，乃塞上文明之邦，明清时被称为"小南京"和"塞上江南"，为塞北一大都会。

第四节　明清宁夏地方文化成就

地方志编修　宗室文学与庆府刻书

由于宁夏历史悠久，区位特殊，长时期以来，不仅是中原农耕文化与边疆草原文化相互汇合、交融与碰撞的地区，又因位于中央王朝京都

（长安）和京畿地区（关中）的北邻，成为国都的北门锁钥，关陕的藩篱，中原的屏障，故朝廷往往派重兵驻屯，委重臣镇守。而治边的大员们，要建功立业，就必须首先正确认识宁夏的地缘政治、区域经济、舆地物候、交通道里和风土民俗等诸方面的人文与地理综合区情，以达到全面了解"旧制新设之颠末"，"事事物物，亦可得而征"，"千百年已然之迹，殆不出户庭了然于心目间"，能完成这一任务的当然首推地方志书。

是故，凡经营边务的大臣将军们，无不下车伊始，"暇日披图阅志"，或在"经理边备之余，考古遗迹"，"询之稗官故老，采以金石之文，诸家之说"，"上而天文，下而地理，中而人物，收录无遗"，下功夫亲手编修地方志。在他们看来，"图志之作，岂可少哉"？修志实乃地方的一大"盛典也"⑰！所以宁夏虽然地偏疆狭，但地方志的编修并不后于内地大省。

从现有文献中发现，至少于宋代就已编修过《安定图经》，元代纂成有《开成志》，可惜二志仅存书目，均已失佚。

到了明季，宁夏是"诸边镇称善地"，"经略防御，审画攸关。筹边者将按图而运之，簿书其忘可乎"⑱？意思是说，宁夏不可不守，亦不可无志也。故而有明一代，宁夏（包括固原地区）先后修成（宣德）《宁夏志》等各种志书13部，现尚有6部存世，给宁夏留下珍贵的文献资料。

其中，庆王朱栴所修的《宁夏志》，成书于宣德年间，不仅是宁夏存世的第一部志书，而且也是明代西北各省和"九边重镇"地区最早成书的首部志书，更是明朝前期（洪武至宣德间）全国仅有的12种地方志之一。这部志书记载了许多元末明初有关宁夏与西北地区正史缺失或误录的资料，起到了补史之不足，正史之讹误的作用，是研究宁夏和西北大区元明地情和民族关系史不可多得的重要文献。

图上 5-18 明清宁夏部分方志 吴忠礼摄

　　清朝是中国编修地方志的鼎盛时代，方志文化进入成熟时期，宁夏也不例外。清季，宁夏北部为甘肃宁夏府辖境，南部为甘肃固原直隶州属地。南北两地先后修成（乾隆）《宁夏府志》、（光绪）《新修固原直隶州志》等各种志书 22 部。这与两地土地面积、建置和人口相比，也算得上"盛世修志"的局面。

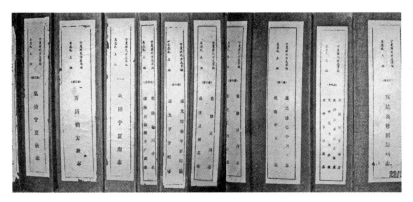

图上 5-19　明清宁夏历代方志萃编　吴忠礼摄

附：明清两代宁夏、固原地方志要览简表

年代	书名	修纂人	卷数	存佚	备注
明宣德间	《宁夏志》	朱栴	2		刻本存日本国会图书馆
明弘治十四年	《宁夏新志》	王珣、胡汝砺	8		
明嘉靖十一年	《固原州志》	唐龙、杨经	2		
明嘉靖十九年	《重修宁夏新志》	杨守礼、管律	8		
明万历七年	《朔方志》	石茂华、罗凤翱		佚	
明万历十七年	《朔方边记》	杨锦		佚	
明万历四十四年	《固原州志》	刘敏宽、董国光	2		
明万历四十五年	《朔方新志》	杨应聘、杨寿	5		
明万历间	《固原州志》	张治道	不分卷	佚	
明万历间	《固原州志》	赵时春		佚	

年代	书名	修纂人	卷数	存佚	备注
明万历间	《隆德县志》	毕如松、李若素			
明季	《花马池考》	杨守谦		佚	今盐池县
清康熙二年	《隆德县志》	常星景、张炜	2		
清康熙五十六年	《朔方广武志》	俞益谟、高嶷	2		青铜峡市广武农场
清乾隆十七年	《盐茶厅志备遗》	朱亨衍、刘统	19+1		今海原县
清乾隆二十年	《银川小志》	汪绎辰	不分卷		
清乾隆二十三年	《宁朔县志稿》	周克开		佚	
清乾隆二十六年	《中卫县志》	黄恩锡	10		
清乾隆四十五年	《宁夏府志》	张金城、杨浣雨	22+1		
清乾隆间	《应理志抄》			佚	
清嘉庆三年	《灵州志迹》	杨芳灿、郭楷	4		
清嘉庆十三年	《平罗县志》			佚	
清道光六年	《隆德县续志》	黄璟	不分卷		刻本存美国国会图书馆
清道光九年	《平罗纪略》	徐保字	8+1		
清道光二十一年	《续修中卫县志》	郑元吉、余懋官	10		
清道光二十四年	《续增平罗纪略》	张梯	5		
清咸丰间	《固原州宪纲事宜册》				
清光绪五年	《平远县志》	陈日新	10		今同心县
清光绪三十三年	《重修灵州志》	兰德昌等	4		抄本
清光绪三十三年	《花马池志迹》	佚名	不分卷		抄本
清光绪三十四年	《宁灵厅志草》	佚名	不分卷		稿本、存日本东洋文库
清光绪三十四年	《海城县志》	杨金庚、陈廷珍	10		今海原县
清光绪三十四年	《化平直隶抚民厅遵章采访编辑全帙》	王宾、张元泰	不分卷		抄本，今泾源县
清宣统元年	《新修固原直隶州志》	王学伊、锡麟	10+2		附《硝河城志》

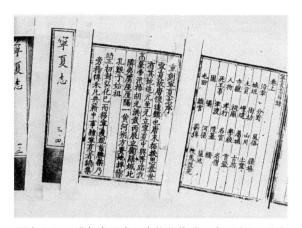

图上 5-20　明朝宁夏庆王朱栴纂修的《宁夏志》　吴忠礼摄

明朝藩封宁夏的庆亲王朱栴，是明朝开国皇帝朱元璋十六子，世居宁夏，享祚 253 年，传位 10 世，册封亲王 11、世子 1，封郡王 42，授将军、尉爵近百人，在塞上形成一个庞大的封建特权集团。庆藩家族成员世代养尊处优，大多数人不学无术，无所事事，甚至还有个别野心家，兴风作浪，危害一方平安。但是在庆藩的子孙辈中也涌现出几位才华出众，人品、文章俱佳的贤王。

其中一世庆亲王朱栴就是一位才子王爷，"天性英敏，问学博洽，长于诗文，所著有《宁夏志》二卷、《凝真稿》十八卷、《集句闺情》一卷。其草书清放驯雅，绝无俗碍，海内传重，视为拱璧"[19]。

还有朱栴的第六子、安塞郡王朱秩炅，继承了父王的品学，"资性秀发，苦于问学。从事几案日久，胸起顽肉。通五经、子、史。爱接宾客，倾怀忘势，至有契合者，留之书斋，欢洽连旬不释。后宫之色，淡然不为有无，竟乏嗣，卒年 47 岁。所著有《沧州愚隐录》六卷、《樗斋随笔录》二十卷"[20]。

他为了静心读书，在王府内修建花园一处，名为永春园。园中有一汪湖水，湖心有一小岛，名曰沧洲。洲上建一座草庐，作为书斋，这处闹中取静的地方，几乎将郡王与世隔绝了。

郡王的诗词所涉内容广泛，意境深邃，文笔优美，寓教化于诗文中，受到塞上官民的普遍喜爱，于大河上下广为传诵。朱秩炅的文著基本上失佚，地方志书只保留下来《灵武社学记》和《节义堂记》两文。朱秩炅积劳成疾，早逝，无嗣封绝。据《明史》记载：郡王"十二而孤，母位氏诲之。性通敏，过目不忘，善古文。遇缙绅学士，质难辨惑，移日不倦"㉑。还有史书说他"……人有古今书，辄捐金购之，绣梓于远近学者"㉒。

在庆藩其他诸王之中，好学能文有著作者，还有朱㮵嫡长子、第二代庆康王朱秩煃。他"好学有父风，著《慎德轩集》"㉓。第九世孙、第十代亲王朱帅锌（号永斋），也称"有惠祖之风，贤德未艾"，并能"克遵祖训，恪守王章，乐善、礼贤、睦宗、友弟，纂辑《母妃宗烈实录》"㉔一书。也正是他继承庆藩王位后，将毁于兵火的（宣德）《宁夏志》重新刊刻，并为再版撰写了序文，使这部重要志书存留于世。郡王之中，还有第三世丰林郡王朱台瀚（谥端康，号平斋），也是"读书好古，欲踵凝真、樗斋之躅。其所著诗文有《平斋集》"㉕。

明代文化事业比较繁荣，有赖于刻书业的兴旺，而其中藩府刻书更是传统刊本文化的一大特色。明太祖朱元璋把他的儿孙分封为亲王，派到全国各要地为王，令他们在封地建立藩国，以屏卫中央。各王封地称藩国，王府称藩府。所谓"藩府刻书"，就是指亲王府刊刻的书籍，统称为"藩府本"。

明初宁夏地处"九边重镇"要区，朱元璋封第十六子朱㮵为庆王。庆王先暂居韦州，后定居宁夏镇（今银川），王府建在南薰街西侧，称为庆王府。庆府与其他各地藩府一样，也热衷于刊刻图书。

记录庆府刊刻书籍的信息首见于《弘治宁夏新志》。这部志书的《目录》中列有《引用书目》一项，其中有关宁夏的书籍有《宁夏志》等10种。另据该书卷二《经籍》记载，属于庆府自刻的书籍有：《崔豹古今注》（1册）、《三元延寿书》（2册）、《寿亲养老书》（4册）、《饮膳正要》（1册）、《毛晃增注礼部韵》（5册）、《文章类选》（21册）、《樗斋随笔录》（6册）、《沧洲愚隐录》（4册）、《忍辱文集》（2册）、《夏城诗集》（1册）、《宁夏志》（1册）、《集句闺情》（1册）等。以上这些书籍"有板，俱在庆府内"㉖，当为庆府自刻图书无疑。

庆府藏书中，凡非自刻之书，一般都在书名下用小字注明"无板，俱江南所货者"㉗（从南方购买的书）。

但是还有一些书籍，并未注明是否是外购的，而只注明"无板在庆府内"，如《文苑英华》（105 册）。这类书籍也有可能仍为庆府所刻，只是遗失刻板而已。

至于某些书名下已明确注明"有板，俱在宪司内"㉘，如《悟真篇》（3 册）、《参同契》（1 册）、《陶渊明诗集》（2 册）、《诗林广记》（9 册）、《忍书》（1 册）、《笔筹》（1 册）等书。也有两种可能，一是"宪司"（宁夏河西道按察司）所刻，二仍为庆府所刻，只是某种原因造成刻板留在道署罢了。按理分析，道署这类级别的衙门，是没有力量自刻出书的，还应是庆府所刻，刻板存留于道署的可能性较大。

关于庆府刻书的记载，还在明周弘祖所编《古今书刻》、明高儒所编《百川书志》、《明史·艺文志》、《明史·诸王》和《万历朔方新志》以及清黄虞稷所编的《千顷堂书目》、钱谦益所编的《绛云楼书目》，还有永瑢、纪昀主编的《四库全书总目》等权威性工具书中，均可以查阅到宁夏庆府著书、刻书的相关记录。

明代庆藩刻书，成绩斐然，在诸藩中，仅次于宁、弋阳、蜀、周、楚五藩府，但现在可以查到庆府刻书仅有 20 余种。宁夏庆王的封地偏狭，经济实力较弱，地方局势也不够稳定，相对来看，庆府刻书也应居诸藩的前列，对中国出版史和刻书文化的贡献是不容忽视的。

附：宁夏庆府著书、刻书简表

编著者	书名	出处
朱栴	《文章类选》40 卷	《弘治宁夏新志》、《古今书刻》、《明史》、《千顷堂书目》、《四库全书总目》、《绛云楼书目》
朱栴	《增广唐诗鼓吹续编》	《百川书志》、《古今书刻》、《千顷堂书目》
朱栴	《凝真稿》18 卷	《弘治宁夏新志》
朱栴	《集句闺情》1 卷	（同上）
朱栴	《宁夏志》（上下卷）	（同上）
朱秩炅	《沧州愚隐录》6 卷	（同上）
朱秩炅	《樗斋随笔录》20 卷	《弘治志》、《藩献记》、《明史》

编著者	书名	出处
朱秋煃	《慎德轩集》	《万历朔方新志》、《千顷堂书目》
朱台瀚	《平斋集》	《千顷堂书目》
朱帅锌	《宗烈实录》	《万历朔方新志》
编著者不详	《唐诗古今注》	《古今书刻》
同上	《丽景园记》	（同上）
同上	《忍辱文集》	《弘治志》
同上	《夏城诗集》	（同上）
（晋）崔豹	《崔豹古今注》1 册	（同上）
（元）李鹏飞	《三元参赞延寿书》2 册	（同上）
（宋）陈直（元）邹铉	《寿亲养老书》4 册	（同上）
（明）王达	《笔筹》2 册	（同上）
（元）吴亮	《忍书》1 册	（同上）
（宋）毛晃	《毛晃增注礼部韵》5 册	《弘治志》、《古今书刻》
（元）和斯辉	《饮膳正要》1 册	（同上）
（宋）张伯端	《悟真篇》	（同上）
（汉）魏伯阳	《参同契》	（同上）
（宋）蔡正孙	《诗林广记》	（同上）
（晋）陶渊明	《陶渊明诗集》2 册	（同上）
（宋）周守忠	养生杂纂	《古今书刻》
（宋）李昉等	文苑英华	《弘治志》、《古今书刻》

【注释】

①《元史·赵炳传》，中华书局 1976 年版，第 3837 页。

②《宁夏通志·交通邮电局卷》下册，方志出版社 2008 年版，第 708、709 页。

③④ 杨新才、吴忠礼：《明实录宁夏资料辑录》上册，宁夏人民出版社 1988 年版，第 14、31、17 页。

⑤ 吴忠礼：《宣德宁夏志笺证·屯田》卷上，宁夏人民出版社 1996 年版，第 221、222 页。

⑥《宣德宁夏志·文》卷下，天津古籍出版社 1988 年影印本，第 20 页。

⑦《弘治宁夏新志·流寓》卷二，天津古籍出版社 1988 年影印本，第 4、5 页。

⑧《万历朔方新志·藩封》卷二，天津古籍出版社 1988 年影印本，第 1—10 页。

⑨《嘉靖宁夏新志·宁夏总兵》卷一，宁夏人民出版社 1982 年版，第 9 页。

⑩⑪⑫ 转引自胡振华主编《中国回族·宁夏回族》，宁夏人民出版社 1993 年版，第 43、44 页。

⑬ 统计数引自杨兴才、王治业、傅宁玉著《宁夏历代农业统计叙录》，中国统计出版社 1992 年版，第 87 页。

⑭ 民族问题研究会编：《回回民族问题》，民族出版社 1980 年版，第 58 页。

⑮《清圣祖实录》卷一九一，台湾华文书局 1968 年影印本，第 23 页。

⑯《乾隆宁夏府志·建置》卷六，宁夏人民出版社 1992 年版，第 202 页。

⑰《弘治宁夏新志·王珣序》、《重修宁夏志·杨守礼序》，天津古籍出版社 1988 年影印本。

⑱《朔方新志·罗凤翱序》，天津古籍出版社 1988 年影印本。

⑲⑳《弘治宁夏新志·人物》卷二，天津古籍出版社 1988 年影印本，第 4 页。

㉑《明史·诸王》卷一一七，中华书局 1974 年点校本，第 3590 页。

㉒《藩献记》，转引自徐庄《明代宁夏庆藩刻书考略》，载《宁夏史志研究》1996 年第 1 期。

㉓㉔㉕《万历朔方新志·藩封》卷二，天津古籍出版社 1988 年影印本，第 3、4、6、7 页。

㉖㉗㉘《弘治宁夏新志·经籍》卷二，天津古籍出版社 1988 年影印本，第 37 页。

下编

第一章

宁夏的回族文化

　　宁夏的回族文化是宁夏回回人的历史创造，包含各个方面，其中，最主要的是长期历史创造过程中积累形成的比较稳定的民族思维与行为方式。同时，宁夏特有的社会、地理与人文环境，对回族文化的历史创造及其地方性特征，也起到某种型范作用。而在纷繁复杂的宁夏回族文化中，生计方式体现了广泛的适应性并葆有经商传统。伊斯兰教信仰对回族文化的一些重要方面，起到了不容忽视的长期影响作用，汉族等其他民族的文化，也是回族文化不可或缺的源泉之一。宁夏回族文化既有民族性和宗教性，也有地方性。

第一节　农商兼营与多业并举

　　适境而谋生计：宜农则农与宜牧则牧　　求存而保特色：诚实经商与服务社会　　应变而易传统："回回百工"与民族企业

　　宁夏回族的物质文化首先是指他们的生计方式或谋生方式。怎样谋生？靠什么谋生？这是人类最基本的创造活动，回族也不例外。宁夏回族的物质文化还包括一切其他物态的民族创造物，如生产工具和生活器具等。宁夏回族的传统生计方式同全国回族一样，可以用八个字来概括，这就是"农商兼营，多业并举"。具体地讲，就是：农（牧）业是回族的基本经济，商业是回族的特色经济，多业并举则是回族人赖以广拓生路的经济模式。所不同的是，由于复杂的历史原因，宁夏回族以南部山区为主，虽然生存环境艰苦，但却由此筑就了他们之积极进取、自强不息的民族精神。

回族经济是历史上在移民的基础上发展起来的，适境生存乃是其基本要义，宁夏回族也不例外。发展农业又以获得土地为前提，回回人何时在今宁夏获得土地？追溯起来，必然会想到蒙（蒙古汗国）元（元朝）时期与开发农业有关的措施，如屯田、诸王封地和编民入社等。

早在元代，今宁夏已有蒙古屯田，也有诸王封地，如安西王封地。当时的宁夏回回人的情况虽不甚知晓，但是到了明代，回回人口在今宁夏境内已成连片分布之势则是有案可稽的，这就有理由认为宁夏回族的农业经济已有较为悠久的历史。

今宁夏境内的自然生态环境由北到南有很大的不同。北部是号称"塞上江南"的"宁夏平原"，得黄河灌溉之利，历史上很早就得到了开发。这种情况固然为区域内回回人经营农业提供了良好条件，也推动他们较早地走上了发展农业之路。

民国时期，记者范长江在所著《中国的西北角》中就曾这样描写过当年的情况："宁夏河东之金积、灵武为回民最多的地方，尤以金积为回民最密之区，他们处处表现不一样的精神。金积境内的道路水渠，没有不是井然有序的，农地中阡陌整齐，荒废之地，决难发现，对于农事之耕耘除草，亦能功夫实到……"[①]这一文献虽然反映的是民国时期的情况，但由此却可以推断，宁夏北部的回回人应该此前很早就已成了农业的行家里手。北部的宁夏平原历史上以开发水稻而闻名，这也是今天当地回回人的传统种植。

宁夏南部山区的自然条件比较复杂。地处六盘山区的泾源和隆德一带为中温带半湿润地区，海拔高，阴湿、低湿的山地生态环境为其基本特征；黄土高原上的西吉、海原、固原和彭阳等地，地表崎岖破碎，丘陵沟壑纵横，植被稀疏，水土流失严重；同心和盐池等地则降水稀少，气候干旱，以荒漠草原和荒漠景观居多。如此的自然环境虽然整体上令人类的生存较为艰难，但也提供了发展农业和牧业的双重条件。

境内的回回村落，早期曾多分布在宜于农耕的川道河谷地带，如清水河、葫芦河、泾水河和祖历河等河谷。后来，由于人口增多的压力，尤其清朝后期大量"安置"陕甘和北部川区回民的原因，促使山区回回村落的分布更加广泛，进入到了大山深谷之中。

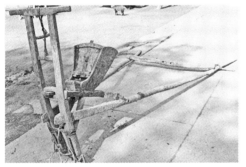

①
②
③
④
⑤

图下 1-1　传统镰刀　孙振玉摄
图下 1-2　传统播种用的耧　孙振玉摄
图下 1-3　传统木制播种机　孙振玉摄
图下 1-4　传统铡刀　孙振玉摄
图下 1-5　废弃的磨窑　孙振玉摄

　　宁夏南部山区的回回农牧业长期停留在粗放水平，基本上靠天吃饭，种植的是一些适应干旱、半干旱气候的作物，如谷子、玉米、土豆、荞麦、苜蓿及其他杂粮作物。在适合牧业的地方，也有放牧牛羊的。同心一带多为丘陵和平缓坡地，有辽阔的天然牧场，培育的滩羊和沙毛山羊是相当有名的。

　　农业在历史上就是回族的基本经济，商业则是回族一直保持的特色经济。宁夏的回族商业由于服务对象包括广大的汉族等其他民众，所以，也是维护良好回汉（包括其他族群）关系的重要经济基础。中国回族历来有经商传统。唐宋时期取道丝绸之路来华的穆斯林中，就有许多阿拉伯和波斯商人。蒙元时期的回回继续保持了这一传统。回回善于经商，是公认的事实。宁夏也是陆地丝绸之路的过往之地，早期来过这里的穆斯林中不能排除商人的存在。从当今宁夏回族具有突出的商业经济特征这一点看，历史上在宁夏长久定居的回回民众，显然也或迟或早地参与了当地的商业活动。

　　宁夏回族商业经营的主要内容，曾以外销本地产品，购入当地群众生产生活所需物品为主。属于当地出产的，如皮毛、甘草、发菜、枸杞、粮食、油料、豆类、山货、土碱、牛羊肉、清真食品、药材、食盐等；从外地运入的，如丝绸、布匹、成衣、海味、食品、首饰、糖菜、小农具、棉花、小五金、火柴、蜡烛、肥皂、毛巾、帽子、小镜等，还有回族特需的商品如汤瓶、吊罐、白帽、红糖、拜毡、拜毯等。宁夏的回族商业，北部川区比南部山区活跃得多，但南部山区哲赫忍耶门宦领袖马元章主持的商业活动却也相当有名。

　　宁夏回族的传统商业活动，不仅有走陆路的，也有走水路的。陆路以北方为主，有多条路线，可以外通甘肃、青海、新疆、陕西、内蒙古、河北等地，来往的城市包括乌鲁木齐、兰州、西宁、西安、包头、呼和浩特、张家口、北京、天津等。远途陆路贸易以骆驼、马、骡、驴为主要工具，近代以后增加了马车、汽车和火车；近路也有肩挑手推的。

　　商路上常常看到回回马帮的身影，而驼队是一道独特的景观。同心县韦州便是驼户比较集中的地方。据说，传统上这里的老百姓都不种田，这是因为，韦州这个地方是"川大口子小，风多雨水少，十年九不收"，所以，人们只好以拉骆驼为生。另一种与此有关的民间说法是："要吃隔省粮，必得买高帮。"②"驼户"是指专门经营骆驼运输的家户，有大小之别，一般者拥有数链或几十链骆驼，每链雇驼夫一人，称作"拉骆驼的"③。

水路主要是依赖黄河之便，工具有木船和皮筏子。皮筏子是主要的，也是具有特色的，分为牛皮和羊皮两种，并有大、中、小之分。牛皮筏是在"浑脱"④牛皮中填入羊、驼毛，扎紧开口。再将若干如此制成的皮囊，以纵横柳椽固定成筏。不过，据说宁夏较少使用牛皮筏，而多用羊皮筏。羊皮筏的制作，是宰羊后割去头部，羊体内之物皆从颈部掏出，外皮不能有损伤；宁夏常用的山羊剥皮采取的则是"从羊后腿交档处开口，从后往前脱的办法"。剥好的羊皮经若干工序处理加工，去毛、充气即制成皮囊；再用绳子系在木排上，便制成了羊皮筏子。大型的羊皮筏子据说用过460个皮囊，载货达15吨之多⑤。

回族手工业有相当悠久的历史。当年的蒙古西征，从中亚等地掳获了大量工匠，填补了蒙古人缺少手工业的不足。徐霆所著《黑鞑事略》曾描写："鞑人始初草昧，百工之事，无一而有……灭回回，始有物产，始有工匠，始有器械。盖回回百工技艺极精，攻城之具尤精。后灭金房，百工之事于是大备。"⑥

当年，回回手工业拿手的是仪器和兵器制造、城市建筑、纺织、酿造、制糖等。不过，宁夏的回族手工业，并非继承蒙元时期的传统，而大多是在当地发展起来的，是伴随着回族地区城镇或集镇而发展的。基于本地资源和消费需要，宁夏回族手工业在皮毛、油料、木器、柳编等加工方面，有着较为悠久的传统。不过，其他行业类别亦相当齐全，各式各样的店铺、作坊也无所不有，如木匠铺、铁匠铺、鞋匠铺、银匠铺；毡坊、染坊、皮坊、粉坊、醋坊、碾坊、弹花坊；以及制陶、采煤、砖瓦、池盐、硝碱等，主要产品则有木器、肥皂、芦席、竹席、油漆具、蜂蜜、粉条、挂面、豆腐、食盐、糖、醋、食油、首饰等。丰富多样的产品，基本上能够满足当地城乡人民生产、生活的需要。

　　宁夏回族商业服务业中，清真饮食独具特色。依据伊斯兰教法，穆斯林的饮食中，包含有许多禁忌，在此基础上，根据当地的饮食资源、饮食文化传统，再加上保留的某些外来饮食文化特点，宁夏回族的清真饮食自成系列和风味。清真饮食包括清真餐馆提供的食品和按清真标准加工的食品两大类，产品则丰富多样。面食类，如油香、馓子、锅盔、麻花、荞面圈圈等，以及羊肉稍子面、生氽面、麻食子、长面、荞面等；肉食类：手抓肉、羊肉粉汤、羊羔肉、羊杂碎等；饮品类：盖碗茶和罐罐茶等。

　　生产工具是生产力的核心要素之一，也是生计方式的重要组成部分。宁夏回族传统的生产工具主要跟农牧业有关，且与其说具有民族特征，不如说更有西北的地域或地方特征，不过，其在回族生产中的普遍运用，也代表了回族生产方式的发展水平。回族的农牧业生产工具传统上以木制和金属（如铁）制为主，农牧业活动的动力也是人力、畜力混合型的。

　　回族的物质文化也包括生活器皿，其中，传统的尤其是具有民族特色的生活用品有汤瓶、吊罐等等。

第二节　宗教信仰与文化艺术

宗教信仰　文学艺术　语言文字

　　宁夏回族及其文化的精神象征最突出的是伊斯兰教信仰，而且，同全国回族的情况相似，伊斯兰教信仰并不是对所有的个人都有意义，个人的信仰情况可以千差万别，不可同日而语，但是，对于民族的全体而言，情况就极大地不同了。回族不能没有伊斯兰教，就如同植物离不开阳光一样，离开阳光植物就失去了生命的色泽；回族没有伊斯兰教，其文化就丧失了个性特征。回族与伊斯兰教在某种意义上是"族教一体"的，尤其是回族的文化受到了伊斯兰教的全面影响和渗透。回族长期坚守着伊斯兰教的信念和价值、理想、原则，并以之为精神家园、象征及符号，今日之宁夏回乡因此也到处可以看到以清真寺、拱北等构成的伊斯兰风貌景观。正是在这个意义上，彰显了回族信仰执著的精神风貌。

　　以下谈宁夏回族的宗教信仰。

　　伊斯兰教是三大世界宗教之一，是 7 世纪初由阿拉伯人穆罕默德在阿拉伯半岛始传的一神教。伊斯兰教以安拉为唯一最高信仰对象，以《古兰经》和"圣训"为两大根本经典。《古兰经》提到伊斯兰教有五大信仰："正义是信真主，信末日，信天神，信天经，信先知"（中国回族穆斯林主张六大信仰，即包括"信前定"）。

　　穆斯林遵行的基本宗教功课是念、礼、斋、课、朝，中国回族穆斯林称之为"五功"。念，信仰告白，主要是念诵"清真言"，即"万物非主，唯有真主；穆罕默德是主的使者"；礼，礼拜，有每日五时拜、主麻拜、二会礼拜等；斋，伊斯兰教历每年的九月为斋月；课，宗教税；朝，到麦加朝觐。

　　由于穆斯林独特的宗教生活特征，他们所到之处，也就是伊斯兰教所传之地。根据历史记载，唐代中叶已有阿拉伯等国穆斯林到过宁夏，因此，伊斯兰教信仰的生活在某种意义上当很早就在今宁夏出现过。

　　回族信奉的伊斯兰教长期以来基本上没有教派分歧。但是，到了明末清初，随着苏非神秘主义教派在中国西北的传播，并与中国传统文化结合，回族伊斯兰教内部便开始出现了教派分化，相继形成了虎夫耶、哲赫忍耶、嘎德忍耶、库不忍耶四大伊斯兰门宦，及其所属的几十个支系。清末，又相继出现依赫瓦尼（后分化出赛莱非耶）和西道堂。所以，西北回族伊斯兰教就有三大教派四大门宦之说。

　　至于宁夏，伊斯兰教的分化基本上与西北地区是同步的，或稍晚。清代，今宁夏的西吉、石嘴山、同心等地还曾有过库不忍耶和沙兹林耶教众，他们后来改宗了其他教派。宁夏主要有格底目、依赫瓦尼、赛莱非耶、虎夫耶、哲赫忍耶、嘎德忍耶，以及少量库布忍耶教众，他们都属于逊尼派，基本信仰大体一致。

　　（一）格底目

　　教派名称"格底目"（阿拉伯语"Qadīm"一词音译）似乎更是一种称呼，用以指称回族伊斯兰教出现教派分化后那些没有归入其他教派的穆斯林大众，所以，又称"老教"或"老古"，代表着回族伊斯兰教最古老的传统。格底目属于逊尼派，遵行该派的哈乃斐教法，并以其因袭伊斯兰教传统，所以又有"特格理得"（"因袭"之义）之称。

格底目穆斯林重视"舍勒尔提"（礼乘），即严格恪守伊斯兰教六大基本信仰和五项功课，主张只有在完成舍勒尔提的前提下，才允许做副功"妥勒格提"（道乘）。格底目穆斯林还有一种特殊的信仰告白方式：高举右手食指，以此表示信仰"真主独一"，称作"起指"。在念"讨白"（替将亡之人忏悔赎罪）时，念到"真主独一"，临终者须举起右食指。格底目穆斯林平日里还有请阿訇到家里念"平安经"或"知感经"的习惯，并重视举行各种祭礼，以纪念"圣人"、"圣女"、"圣妻"等。格底目穆斯林由于长期受汉族文化影响，也重视为亡人举行"七道"、戴孝等。

格底目教派一般实行单一教坊制，以清真寺为中心组成一个共同的信仰社区，即"哲玛尔提"。有的地方也实行"海依制"，有大寺（海依）和小寺（稍麻）之分，后者受前者管辖，并由其派遣阿訇主持教务，每逢较大宗教节日或活动也要集中到大寺举行。

制度完善的教坊实行"三掌教"或"三道制"：唐宋时期由管理教务的长老（筛海）、管理民事的宗教法官（嘎锥）、政府委派处理侨务的"蕃长"组成；元明之后则由领拜的"伊玛目"、讲经的"海推布"和呼唤礼拜的"穆安津"组成；清末以来又被开学阿訇、二阿訇、海推布、穆安津所代替。传统上，教坊还设学董、乡老等职，代表坊民管理坊内各种事务，包括聘请开学阿訇。聘请阿訇都要举行隆重的仪式，阿訇届满辞学（称"散学"）同样要举行欢送仪式。格底目坊内的教民互称"高目"（阿拉伯语：Gawm）或"哈宛德"（波斯语：Khawand）。

（二）伊赫瓦尼

教派名称"伊赫瓦尼"为阿拉伯语"Ikhwān"音译，意思是"兄弟"，民间俗称"新教"或"新兴教"。伊赫瓦尼教派深受阿拉伯半岛瓦哈比运动的影响，创始人为甘肃河州（今甘肃临夏）东乡族人马万福（1849—1934）。

依赫瓦尼主张"凭经行教"、"尊经革俗"，并以所谓"果园十条"为宗教改革纲领：（1）不聚众共同念《古兰经》，主张一人念，大家听；

（2）不高声赞圣；（3）不多念"都哇"（祈祷词）；（4）不朝拜拱北；（5）不请阿訇念"讨白"（忏悔）；（6）不纪念亡人的日子；（7）不用《古兰经》给亡人转"费提耶"（赎罪）；（8）强调天命功课，不强调副功；（9）对教义条款以简单便行为原则；（10）不能请人代念《古兰经》，善事也不能请人代做⑦。

该派信教群众主要分布在银川、吴忠、同心、石嘴山等地。伊赫瓦尼教派开始时实行单一教坊制，后来改为"海乙制"，把互不隶属的教坊统管起来。

（三）赛莱非耶

教派名称"赛莱非耶"为阿拉伯语"Salaffiyah"音译，意思是"前三辈"，指伊斯兰教创始人穆罕默德当年的一传、再传和三传弟子。教派的创始人是甘肃广河县白庄人马得宝（1867—1977），经名阿布杜拉，又称"白庄阿訇"、"尕白庄"。

赛莱非耶教派以其五次礼拜中均三抬手，又有"三抬派"之称。宁夏的同心、海原、固原、西吉等地都有其信奉者分布。赛莱非耶教派只承认前三辈教义教律，但对四大教法学派却都予以遵奉；要求本派男子留满头（大背头）和利合耶（胡须），女子戴盖头和面纱。

（四）虎夫耶

门宦名称"虎夫耶"为阿拉伯语"Khufiyyah"音译，意思是"低声的"，具体指门宦低声默念"齐克尔"（赞词）的仪式特征。虎夫耶渊源于中亚等地苏非神秘主义纳格什班迪耶（Naqshibandiyyah），实行三级教阶制：最高一级是"穆勒什德"，称"太爷"或"教主"，被认为具有"卧里"（Wali，有"圣徒"之义）品级，能显示"奇迹"，如，可以连续27天坐静修炼，日饮杯水，食数枣。其次为"海里凡"，即穆勒什德的接替人，或办教门的人（办道者），具有"筛海"（Shaykh，长老）品级。再其次是以上两级的忠实信徒，称为穆勒德（寻道者），是学习教门的人。

门宦实行教主集权制，继承方式上早期由教主自行培养接班人，以经典、著述、掌教印章、衣物作为教权继承凭证，后大多演变为"子袭父职"。在基层，各坊教长实行教主任命制，若干教坊组成一个教区，由海里凡管理。教主殁后，信众为其修建拱北。教众奉献给教主老人家的钱财等物叫做"海的也"（Hadiyyah，有"礼物"之义）。宁夏有鲜门、洪门、通贵等支系门宦，分布在银川、同心、固原、海原、西吉等地。

鲜门。创始人鲜美珍（1661—1739），又称"柱子太爷"，青海西宁人，祖籍西域，明代由南京移居西宁。鲜门主张集体念《古兰经》，坐静修道，传教、修持、诵念齐克尔颇为神秘，干"尔麦里"时关闭门户，参加者点香绕桌低声赞念，朝香炉叩头；教众对教主极为崇拜，吻教主手心曰"沾吉"；主张云游四方，以寻学、访师、求贤、传道为尚。宁夏鲜门教众主要分布于西吉、固原等地。

洪门。创始人洪寿林（1852—1937），字海如，经名舍勒夫·稳迪尼，道号苏哇里本·则玛尼·默尔迪努力罕给·穆祖希龙迪尼·苏哇龙拉西（意思是"掌握时代者"），系宁夏同心人（祖籍甘肃景泰）。洪门道统源自纳格什班迪耶的伊玛目·然巴尼及其弟子伊赫万·嘎里（人称"阿印科道祖"）。洪寿林曾在兰州跟随凉州庄马栋学习虎夫耶学理，是这位"凉州庄老太爷"的四大海里凡之一。清光绪二十三年（1897）八月十九日，"凉州庄老太爷"去世，洪寿林继承教权，在宁夏同心县洪岗子设立道堂，逐渐把前辈海里凡行教区并入自己的传教范围，成为同心、海原、固原、兰州等地虎夫耶唯一的穆勒什德（老人家）。洪寿林逝世后，拱北建在洪岗子。洪门主张授教时先行告诫，即宣布"十条戒律"：戒烟酒、戒放高利贷、戒卖寡妇、戒赌、戒贩毒、戒忤逆父母、戒色、戒挑拨是非、戒盗窃、戒欺骗孤儿；然后念"讨白"，点"齐克尔"，授"守头"，即暗记前辈道号，虽父母妻子亦不得外传。

通贵门宦。创始人马金贵（1865—1938），宁夏银川通贵人，人称"小马阿訇"。通贵门宦没有固定教区，通常在贺兰、永宁、惠农、石嘴山等地的格底目群众中传齐克尔，也不搞转经、念讨白活动，重视坐静、干尔麦里和传齐克尔。

（五）哲赫忍耶

教派名称"哲赫忍耶"为阿拉伯语"Jaharriyah"音译，意思是"高声的"，具体指门宦高声赞念齐克尔的仪式特征。哲赫忍耶的创始人是甘肃阶州（今武都）人马明心（1719—1781）。

哲赫忍耶门宦"教乘"和"道乘"并重，但道乘修持只限少数门宦继承人；高声赞念齐克尔；聚礼礼 10 拜，不再礼"晌午拜"；教门初期传贤不传子，后来改为世袭；葬礼由教主或热依斯主持，别人代行需有"口唤"，用《古兰经》转费提耶（赎罪）；亡人脸上写"清真言"和马明心、马化龙道号，皮拉罕（背心）胸前写阿拉伯先贤名字；清真寺建邦克楼，以打邦子代替念邦克，阿訇在穆民家中念经先念《古兰经》后念《麦达伊哈》；干尔麦里点香：中间大香炉点一支，表示真主独一，两边小香炉各点 3 支，代表穆罕默德和四大哈里发及大伊玛目哈乃斐；干尔麦里时阿訇和满拉等围经桌跪成一圈，叫做"打依若"，一人领念，众人高声附和；男子戴白色六角帽，不留腮须，妇女不戴盖头、面纱。教权结构由教主的道堂、热依斯的教区、开学阿訇的教坊三级组成，并重视纪念圣人、圣妻、圣女和已故教主等。

沙沟门宦：以西吉沙沟道堂而得名，是哲赫忍耶门宦最大的分支，创始人即第七辈教主马元章。沙沟门宦以西吉县的沙沟、西滩和青铜峡的鸿乐府为中心，教众主要分布在宁夏的原州区、西吉、灵武、青铜峡、利通区，甘肃的平凉、兰州和云南、新疆等地。

板桥门宦：以传教地而得名。哲赫忍耶第五辈教主马化龙之孙马进西被清廷赦免后，先在张家川南川宣教，后迁居板桥，重建了道堂，是为"板桥门宦"。板桥门宦以宁夏吴忠市利通区板桥为中心，教众主要分布在宁夏利通区、灵武、同心、盐池、青铜峡及甘肃、新疆等地。

新店子门宦：马元章殁后，西吉县新店子教区热依斯马继武，以其所辖新店子一带 30 余教坊，独立行教，此即"新店子太爷"，所建门宦遂被称作"新店子门宦"，信众主要分布于宁夏西吉和甘肃等地。

宁夏的哲赫忍耶门宦还有"301"和"陈家沟"等支系。

（六）嘎德忍耶

门宦名称系阿拉伯语"Kādirīyyah"音译，意思是"大能者"。12 世纪的波斯（今伊朗）人阿布都拉·卡迪尔·吉拉尼（1078—1166）创立，盛行于阿拉伯和中亚等地，是苏非派中比较大的教团。清康熙（1662—1722）初年，由华哲阿不都·董拉希传入甘宁青，其后在长期发展过程中，受中国传统文化影响较深，常引用儒家、老子、庄子等哲学思想阐述《古兰经》、"圣训"和苏非教义，因而与其他苏非派有明显区别。主张"先有道，后有教"，"道"与"道乘"相关，"教"与"教乘"相关；"道"是超然的、非创造而亘古永存，"教"是世俗的，由穆罕默德生平言行构成，因此，为了求道，就必须抛妻离子，出家修行，苦苦修炼，参禅悟道，这样才能达到近主、认主的目的。

嘎德忍耶的各辈道祖被认为是出家修行的引领人和导师，称作"穆勒什德"或"卧里"。道统继承由道祖或当家人指定，传贤不传子。卧里（穆勒什德）、勤炼人（出家童子）、拱北当家人都是出家人，言行谨守三戒律（戒色、戒"六贼"、戒荣华富贵）和五守节（勤学、乞讨口粮、勤苦炼、晨点香、勤沐浴）。门宦实行单一教坊制，阿訇由教徒选聘，为坊内领导人。

传入中国后早期只有三个支系：一是祁门（大拱北传人祁静一），二是鲜门（后改虎夫耶），三是广门（西安广德门，道祖马姓），后又分化出若干支系，相互之间各行其是，互不干涉。主要分布在西北五省区和四川等地，有大拱北、后子河、韭菜坪、齐门、香源堂、明月堂和阿门等。宁夏的三个支系是韭菜坪、齐门和明月堂，分布于固原、海原、西吉、彭阳、同心等县。

九彩坪门宦：以创始人居住地宁夏海原县九彩坪而得名。教众分布于宁夏固原、西吉、海原，青海西宁、化隆，甘肃兰州等地。门宦重视道乘功修，讲究静修参悟，主张童年出家，终身不娶。行拱北崇拜，每逢道祖、老人家忌日，到拱北敬香，过尔麦里。

齐门：又称"七门"，自称源自清末一位名叫"侯塞因"的传教师。齐门主张带家修行、撒精成道，不搞苦行僧、勤炼人。信教群众主要分布在宁夏同心、固原等地。

明月道堂：位于原州区三营镇，系甘肃兰州市嘎德忍耶灵明堂分支，创始人马一龙（1853—1925）。该门宦要求接替人（老人家）不娶妻室，终身出家干功。明月道堂的信教群众主要以本地河南籍穆斯林为主。

宁夏的嘎德忍耶还有一个支派，称作"文泉堂"，又名"撒拉教"。

宁夏回族的文化艺术丰富而具民族特色。

（一）民间文学

宁夏回族民间文学有神话、传说、故事、歌谣、谚语、叙事诗、说唱等多种形式。

有关人类祖先的神话传说，如《人祖阿丹》和《阿丹与好娃》，伊斯兰教创始人穆罕默德在人物传说中扮演着重要的角色。有关宁夏回族来源的，如《灵州回回的传说》，讲的是唐代"安史之乱"大食人来华平乱，留居长安，奉旨"抢亲"，后来移驻灵武以及繁衍后代的故事。反映清代回民反清斗争的故事，如《马化龙起义》和《冒了刀的爷》。有关地方风物的，如《斜贴茶壶的来历》、《米缸山的传说》、《罗山的传说》、《奶光胡》、《飞来寺》、《凤凰城》和《鸳鸯湖》，其他还有《七人一狗》、《宰牲》、《睹阿茶》和《阿术拉饭》等。反映封建时代长工与地主故事的，如《泥水匠巧治地方》和《"梦先生"的故事》。颂扬诚实、勤劳和勇敢品质的，如《不见黄河心不死》、《清水河》、《曼苏尔》和《琴师哈桑》。反映父子、婆媳、兄弟等家庭伦理的，如《孝顺媳妇》、《丑妈妈》、《五花石》和《小木碗》。

宁夏回族民间故事中，比较为人们喜爱的是大量机智人物的故事，如《阿卜杜的故事》、《赛里买的故事》、《聪明的媳妇》和《聪明的满拉》。

宁夏回族民间歌谣除作为主要形式的"花儿"外，还有众多民间小调，如《五更月》、《四季调》和《十二月调》等。根据内容，可分为劳动歌、时政歌、仪式歌、情歌、生活歌、历史传说歌、儿歌、叙事歌八大类。婚礼歌是宁夏回族民间歌谣中的一大品类，主要流传在同心县等回族聚居区。

宁夏回族中还流传有一定数量的叙事歌，如《紫花儿》、《马五哥与尕豆妹》、《金口弦》、《阿依舍》等。

（二）艺术

1. 音乐

宁夏的回族音乐包括宗教音乐和民间音乐两大类。宗教音乐是指回族穆斯林在各种宗教仪式活动中咏诵的、具有不同教派和门宦特征并以《古兰经》和赞主、赞圣词为基本内容的音乐，这是在伊斯兰传统音乐的基础上发展而来的，既有外来伊斯兰教音乐的特点，又有本土回族音乐自己的特点。

宁夏回族中流行的经堂歌曲（又称"经歌"），如同心一带流传的《五更月》、《联五篇》、《清廉才受真主惜》和《普赐今世》，平罗一带流传的《劝善歌》、《穆圣赞歌》和《伊玛尼颂歌》等。

花儿是西北回、汉等族中流行的一种区域性艺术形式，这是一种高腔山歌，也被认为是最具代表性的回族民歌。花儿旋律优美，意绪缠绵，在西北民歌中独领风骚。

宁夏花儿主要流行于六盘山区的固原、海原、泾源、西吉和同心一带，分为"河湟花儿"和"六盘山花儿"（俗称"山花儿"或"干花儿"）两大类。前者与甘肃和青海等地流行的河湟花儿为同一母体；后者则是真正属于宁夏本地的民歌，它的源和流都在宁夏，因其多在回族群众中传唱，故有"回族花儿"之说。宁夏花儿的句式有四句和六句之分。四句式花儿一、三句句尾为单音节，二、四句句尾为双音节；六句式花儿是四句式的变体，即在一、二句和三、四句之间各插入一个短句，俗称"折断腰"或"两担水"。

宁夏回族民间乐器主要有口弦、咪咪和哇呜。

口弦是一种古老的民间乐器。竹制口弦长约10厘米，形似一把有柄短剑。竹片中间是薄如蝉翼的竹簧，尖端系丝线。弹奏时左手执柄，置于唇间，右手扯线使簧片振动发音。铁制口弦长约7厘米，形似一把尖端带钩的小剪刀。口弦为回族妇女的宠物，宁南回族山区几乎人手一个。她们在口弦柄上系有五彩丝穗和珠串，平时作为饰物佩戴在胸前，闲时弹奏对歌，抒发内心情感，别有一番情趣。

咪咪类似吹管乐器，常见的有三种：一种用燕麦秆或嫩柳皮制作，不开孔，无簧哨，吹奏时用手捂住含在口中，靠喉部挤压气息振动发声，为儿童玩耍时的自娱乐器；一种用芦苇或细竹管制成，为单管咪咪；一种也是用芦苇或细竹管制成，为双管咪咪，即将两支单管咪咪捆在一起，顶端有细竹削成斜口，贴上薄膜作簧。据考证，双管咪咪是"故本四孔"羌笛的遗存。

哇呜是宁夏回族民间最受欢迎的乐器，系古代埙类乐器在民间的流变，有多种形制，俗称"泥箫"或"泥娃娃"。一般用黄胶泥制成，正面开四孔，吹孔在上端，双手捂住平举，用拇指按背孔，送气吹奏，便可发音。音色清亮悠扬，音量虽小但穿透力很强。童谣有云："黄胶泥，捏窝窝，你一个，我一个，又吹曲，又吹歌，吹烂一个捏一个。"

由于受伊斯兰教影响，回族一般只在一定范围或情景之下表演歌舞，如宴席曲、汤瓶舞和踏脚三种民间歌舞形式。

"宴席曲"经常在婚礼中演唱，曲调多样，有歌唱历史事件、历史人物的，有歌唱回族人民新生活的，有表达青年男女爱情的，也有倾诉对封建伦理道德不满的。宁夏回族宴席曲有数十首曲目，代表作如《十里亭》、《方四娘》、《尕老汉》和《五更月》。宴席曲通常由两人表演，载歌载舞；舞蹈动作是固定的，曲目可随意更换。

关于汤瓶舞，回族人爱清洁，汤瓶为其特有的洗浴工具，汤瓶舞据说原是小满拉的创意，是他们沐浴时自娱自乐生成的舞蹈。

踏脚流行于宁夏泾源园子村一带，由飞脚、扫堂、雁式跳等动作组成，武术成份较浓，舞蹈要素较弱，无鲜明节奏，可以看作是武、舞交融的结晶。回族舞蹈的基本动作是"屈伸步，碎摇头"，较少激烈腾跃，不时有"老爷抽刀"、"凤凰点头"、"雁落平沙"、"黑鹰展翅"等武术动作呈现。

2. 美术

（1）书画艺术

回族书法艺术包括经字画和阿拉伯文书法两类。

经字画是在阿拉伯书写法则基础上采用夸张、变形、连接等手法创作的书法艺术作品，有圆、方、云纹、植物等图案形状，比较复杂的有望月楼、清真寺、香案、花卉果蔬等，还吸收了中国传统的中堂、横幅、对联、条屏、题款用印等特点。远望是画，近观为书，具有很强的装饰性。

阿拉伯书法原分为库法体、三一体、行书体、公文体、组合体、波斯体、花体等多种字体。库法体在回族书画艺术中使用最广，字体粗犷有力，自由活泼，常用于书写清真寺匾额或经文。宁夏回族群众在宗教活动中有书写阿拉伯文的习惯，用阿拉伯文书写的清真言、作证词等，张贴、雕刻于伊斯兰建筑及清真寺大殿内外。

（2）民间艺术

宁夏回族民间艺术中具有特色的是刺绣、剪纸和砖雕。

回族妇女的刺绣造型生动优美、夸张变形，色彩明快丰富，一般以牡丹、莲花、鸟类等为表现对象，用白、黑、红、黄、蓝等对比色相配，装点出热烈、鲜艳、厚重、沉稳、质朴、自然的独特艺术效果。其中，最饶有兴味的是表现阿拉伯文书法的作品。

回族剪纸不用于逢年过节，而是用于日常欣赏和婚嫁喜庆活动。主要有两种：一种用作刺绣的素描底稿（底样），一种用来张贴悬挂。内容多以花草、石榴、牡丹、莲花和鸟类为素材，构图饱满，色彩鲜明，线条流畅，造型生动，情趣横生，寓意深远。

回族砖雕继承并发展了中国传统的砖雕工艺，多反映花卉鱼鸟等民间喜闻乐见的题材，构图新颖生动，刻工精细，技法多样，层次分明。尤其是多层次的雕刻，即所谓"浅浮雕"、"高浮雕"、"阳浮雕"，如同绘画中的近、中、远景一般，透视分明，是宁夏回族砖雕的精华所在。由于受伊斯兰教不拜偶像的影响，回族砖雕艺术中从不出现人物。

（3）建筑艺术

宁夏回族的传统建筑艺术主要体现在民居、清真寺、拱北等建筑物中，既包含有阿拉伯伊斯兰的异域理念和元素，也融合了中国本土（汉族）的理念和元素，在宗教建筑物中其主题固然是伊斯兰教的。

图下 1-6　伊斯兰建筑符号——宝瓶与邦克楼　孙振玉摄

外来阿拉伯伊斯兰宗教建筑理念如神圣、宏大、方正、简洁、空旷、没有人和动物等绘画、雕塑物，主要元素如新月、穹顶、彩色图案纹饰、阿拉伯书法艺术作品等；中国本土（汉族）的宗教建筑其主体一般为宫殿式，建筑理念如庄重肃穆、庭院结合、中轴对称、园林景观、依山傍水、方位风

图下 1-7　中阿合璧式的
清真寺建筑　孙振玉摄

水、人文本位，主要建筑元素有起脊、飞檐、斗拱、廊柱、塔楼、影壁、碑碣、牌坊等。

　　宁夏回族伊斯兰教的宗教建筑风格较为复杂，有的以异域特征为主，有的以本土特征为主，还有的是两种特征的融合，较有特色的是砖雕装饰艺术。

　　宁夏回族清真寺的基本结构有礼拜大殿（内设圣龛，又称凹壁，为阿拉伯语"miḥrāb"、呼图白楼）、宣礼楼（现一般只有传统象征意义）、水房、阿訇住房、教学场所、满拉宿舍等。拱北（阿拉伯语"Qubbah"音译）作为已故教主、"先贤"、"圣徒"的陵墓，墓庐一般均为阿拉伯式的，主体建筑则为六角或八角形的重檐塔楼，较大型的还附有礼拜殿、修道室、点香诵经场所等。例如同心清真大寺、银川中大寺、纳家户清真寺为典型的中国本土式建筑，银川南关清真大寺则主要以阿拉伯式为主，两种风格相结合的有海原清真大寺。

　　宁夏回族清真寺、拱北建筑在传统的基础上，也融入现代的建筑特色，如虎夫耶洪岗子拱北及其所附建筑就是最典型的代表。海原九彩坪拱北则受中国道家或道教影响，不仅有汉字对联，还有龙凤等图案。

　　宁夏回族的语言、文字、姓氏等极具地域和民族特色。
　　（一）语言文字
　　宁夏回族普遍使用汉语，除有区别于汉族的本民族语言特点外，还随居住地域或亚族群来源的不同而有方言上的区别，如，可细分为宁夏银川方言（银川官话）、吴忠方言、同心方言、中宁方言、中卫方言、西海固方言（陇东方言，包括陕西关中方言）等。

回族所操汉语与汉族的差别在于回族所使用的汉语中融入了较多的阿拉伯语和波斯语的词汇，尤其是在宗教活动中，长期使用着一种叫做"经堂语"的语言。这是一种特殊的宗教用语，基本语法结构和词汇仍是汉语，独特之处就在于其中包含的阿拉伯语和波斯语词汇，以及某种特殊的语词组合现象：一是以词代句，如"灾失别马勒"，意即"不幸得了病"；二是当一个名词或形容词不能"代句"时，就依照汉语语法来造句：谓语、补语或状语多用汉语词汇；主语、宾语和定语则用阿拉伯语或波斯语，如"衣布力斯啜唆你"，意为"魔鬼缠绕着你"；又如，"尼卡哈催人呢"，意即"应该结婚了"。

宁夏回族穆斯林日常生活中也有使用经堂语的。另外，也有一些反映本民族特有风俗文化的词汇，如，"油香"、"汤瓶"、"吊桶（罐）"、"着水"（洗"埋体"）、"口唤"（允许，应允宽恕他人过失）、"使的"（合适）、"支干"（幸运）、"口到"（吃）、"开学阿訇"（收徒讲经的教师）等。

在宁夏回族宗教活动和经堂教育中，多使用阿拉伯语和波斯语的经典，这两种外来语言因此并没有完全消失。宁夏回族中还流行着一种用阿拉伯文与波斯文字母为基础拼写的文字，通常被称为"小经"，或"小儿锦"。多数"小经"读物的语言是汉语。

宁夏回族语言中，还存在着大量语言禁忌，有些禁忌甚至十分严格。如，忌用"死"字，一般代之以"无常"、"殁了"、"亡故"、"归真"、"完了"或者"毛悌"、"口唤了"等等，具体使用因地而异。还忌用"杀"字，如"杀牛"、"杀羊"和"杀鸡"被代之以"宰牛"、"宰羊"和"宰鸡"，即便是切西瓜，也忌用"杀西瓜"。还禁忌把"油饼"说成"油香"（因油香已被赋予神圣含义）；"天空"不能称作"天"，只能说"阿斯麻尼"；且不能将真主与天（上天、老天爷）对应，因为两者有本质区别，只能说"真主、胡大"，忌讳说"老天啊，天啊"等。

在宗教活动中，忌用"许愿"之类的词而用"举意"、"立意"来替代。在与回族人交谈时，尤其是要忌提"猪"字。在回族语言中把"猪"

叫"狠则若"，大多数回族则叫"猪"为"哼哼"、"罗罗"，把猪肉叫"大肉"，猪油叫"大油"，生肖十二属相中的"猪"也改叫"属亥"。因为朱与猪谐音，而把朱姓改为黑姓或郝姓。

在过尔麦里、圣纪等活动中或给祖先上坟时的"点香"仪式，不称作"烧香"，因为"烧香"、"香火"是佛教用语，"点香"的运用，正是为了有别于"烧香"，是对"烧香"的禁忌，等等。

（二）回回姓名

回族是中华民族大家庭中的一员，是几个全面接受汉语的少数民族之一，进而采用了汉族的命名方式，但是，回回姓名有以下若干方面值得注意：

一是保留了某种变化了的原有的命名传统，最显著的就是所有的姓名都采用了汉字形式，也都得到了很大的简化。

二是不仅采用了汉姓，有些姓名还来自蒙古、维吾尔等族，如宁夏南部山区的"脱"、"铁"等回姓就来源于蒙古人的名字，与当年蒙古安西王阿难答率众皈依伊斯兰教有关。

三是丰富了汉语的姓氏文化，如，拉、陕、摆、靠、者、喜、牙、乜、糟、绽、扇、底、朵、敏、勉、把、初、满、洒、撒、尕、阿、讷、塔、纳、哈、虎、沙、喇、宝、和、贴、鲜、计、水、亢、仁、且、腊、百、花、冶、妥、黑、佑、拜、咸、茹、顿、芥、海、消、铁、笪、轿、密、查、朝、雒、踏、刾、销、终、阐、锁、母、明、噭、邺、乍、佘、弥、元、帖、弡、来、脱、禹、关等回回姓氏，有许多原是汉姓中没有的。

四是一些姓的取用比较集中，也成了回族姓氏的象征，如回族民间讲："十个回回九个马，剩下的就姓撒拉哈。"这反映了一些回族人有某种共同来源的情况。

回族姓名比较独特的是"复名制"，既有一般社会交往中使用的"官名"，也有家庭、邻里、族内使用的"经名"，又称"回回名"，而且两者可以连写，如"尤素福·王"。回族经名是初生伊始请阿訇取的。据不完全统计，中国回族使用的汉姓达500个之多，显然其中的绝大部分是与原有汉姓重合的。宁夏回族常用的姓氏有马、丁、哈、杨、沙、海、摆、铁、穆、母、赛、撒、买、拜、敏、治等，大姓有纳（永宁纳家户）、田（海原县）、苏（西吉县）等⑧。

第三节　组织制度与礼仪习俗

组织制度　风俗习惯　衣食住行　体育武术

宁夏回族的行为特点主要体现在民间组织制度、风俗习惯、衣食住行和体育武术等方面，其中，体育以其民间休闲性质而为广大民众喜闻乐见，武术则以其功夫境界而得到一代又一代的传承创新。

关于宁夏回族的社会组织和宗教教育

（一）哲玛尔提

所谓"哲玛尔提"，为阿拉伯语"Jamā'ah"音译，意思是"集体"，含有在清真寺举行礼拜的集体之义。有的此类集体是临时性的，即在某座清真寺举行礼拜的穆斯林都是临时聚集的，目前所谓的"出哲玛提"现象就属于此类。但也有长期固定的，这就是指的"围寺而居"的（回民）穆斯林社区，在此意义之下一般译作"寺坊"。

穆斯林社会的广大民众，无论属于哪一个教派，现实中均依托某一座固定的清真寺过宗教生活，在物质与精神上归属于该寺，所以，寺坊（哲玛尔提）是民间组织意义上的穆斯林社会的基层组织。

现实中，有的哲玛尔提的民众可能属于某一个教派或门宦，也可能属于不同的教派或门宦。不管是哪一种情况，只要属于一个哲玛尔提，他（她）们都要承担某种共同的责任与义务，遵守共同的规范和要求，参与共同的活动和事务，尤其要负担哲玛尔提所属清真寺的建筑、维修、依托清真寺举办的宗教教育、各类其他宗教或社会活动费用的支出。

哲玛尔提在城市穆斯林社区中传统功能的表现相对农村较弱，在农村中虽由于受各种复杂情况的影响，其边界也不一定与自然村落或基层农村行政单位吻合，但千百年来其传统组织功能却基本得以有效地保留了下来。

（二）宗教教育

宁夏的回族教育大体上可分为三类：一类是国家主导的国民教育，包括回族（寄宿制）中学等。清代回民反清斗争失败后，作为"善后"措施，清廷曾在回族聚居的地方创办义学，专门招收回族子弟，讲授儒学；一类是回族民间教育，比较传统的、作为基本形式的是"经堂教育"，还有在此基础上发展而来的"伊学"和女学；一类是一定程度上纳入国民教育体系的民间教育，如阿拉伯语学校。

宁夏的经堂教育是比较悠久的，早在明朝后期陕西胡登洲开创此类教育之初，其宁夏弟子海东阳（字文轩）就将之引入了进来，在韦州一带设帐讲学，一时之间，"天下之人裹粮问业，户外之履满焉"。之后，又有冯伯庵、张行四在同心开学。清初在固原开学的有冯通宇。

宁夏经堂教育的基本形式仍是开学阿訇在清真寺招收满拉，并由所在坊民提供经济支持和人事管理。所用仍为传统教材，但已有所改革。主要教材有：语法学教材《艾萨苏·欧鲁姆》（俗称"连五本"，共三部）、《造五·米苏巴哈》、《啥拉哈·卡费业》；修辞学教材《白亚尼》；逻辑学教材《吾祖夫》、《伊萨乌机》；教法学教材《啥来哈·伟嘎业》；认主学教材《凯拉姆》、《归真要道》、《昭元密诀》；经注学教材《者俩来尼》、《塔夫西尔·嘎最》、《塔夫西尔·侯赛尼》；圣训学教材《虎托布》、《艾尔白欧》等。

经堂教育主要分小学和大学两级，学成毕业称作"挂幛穿衣"。"伊学"由经堂教育演变而来，是采取学校制式的伊斯兰教育形式，哲赫忍耶门宦的西吉滩和沙沟、虎夫耶门宦的洪岗子等地举办的伊斯兰学校即属此类。宁夏的众多伊斯兰女学是专门为回族女孩开办的，伊赫瓦尼教派对此很重视。

关于宁夏回族的习俗礼仪

（一）婚姻习俗

根据伊斯兰教的规定，穆斯林结婚是"瓦直卜"（意为"当然"）、"逊奈"（圣行）。宁夏回族按照国家法律，实行一夫一妻制，但坚持民族内婚制，要求男女双方都是穆斯林，南部山区坚守尤为严格。遇有个别族际（穆斯林与非穆斯林）通婚的情况，则要求非穆斯林一方"进教"，遵守回族风俗习惯，结婚时，由阿訇主持"进教"仪式。即使如此，回族穆斯林一般仍然反对女子嫁给非穆斯林。宁夏回族还严禁血亲、近亲之间通婚，尤其是严禁与母亲、伯母、婶母、姨母、乳母、岳母等长辈通婚，也不许同亲妹妹、乳妹、侄女、甥女、儿媳以及有夫之妇通婚。

宁夏回族的婚姻形式主要有：（1）回回婚，回族内部通婚；（2）教内婚，门宦或教派内部通婚；（3）表亲婚，有姑表亲或姑舅亲；（4）交换婚，也叫"换头亲"，在姑表、姨表亲属或两家都有年龄相仿的异性子女的家庭间进行；（5）招养婚，也叫"招女婿"，即招女婿上门。还有童养婚和回汉婚。

宁夏回族婚姻中，有的是父母安排（不是包办），有的是媒人介绍，有的是自由恋爱，无论哪种形式，都要征得当事人的同意，结婚也大体经过提亲、定婚、结婚等程序。提亲，也称"求婚"、"说和"、"聘媒"，一般是男方家请媒人去女方家提亲，提亲时要带适量礼品，女方收下便表示同意。定婚，也叫"说色俩目"、"定茶"、"订婚"，选定主麻日（星期五），在女方家举行，但男方家要准备茶、糖、桂圆肉、核桃仁、葡萄干、红枣、花生米、芝麻、羯羊、现金等，送至女方家中。定亲的关键是男女双方，在宴席结束后，当着众亲戚朋友的面，互道"色俩目"。定婚后，男方要准备聘礼，叫做"买海尔"、"插花"或"提合子"，由媒人转交女方家，俗称"请媒人"。结婚，男方家叫"娶媳妇"，女方家叫"打发姑娘"或"嫁姑娘"，有"娶亲"、念"尼卡哈"、"闹洞房"、表针线、回门等程序，也选择在"主麻日"、或开斋节、或古尔邦节前后进行。

新娘子出嫁前要洗大净、"开脸"（以线交叉拽扯，拔去脸上的汗毛）、穿红棉袄，即使在炎热的夏天也要穿，以表"厚道"。如果穿得太薄，被看作是"薄情寡义"。头上蒙一块红绸子或红纱头巾。到了新郎家，要挂门帘，将陪嫁物和箱子抬进院里，待男方家给了开箱钱或搭门帘钱后，娘家嫂或新郎才能揭去新娘头上的"红头巾"。念"尼卡哈"，是由阿訇念诵《古兰经》经文，为新人证婚。一些地方念"尼卡哈"是男方到女方家娶亲时，在女方家举行。届时新娘不在现场，而是在别屋聆听。表针线，是新娘展示自己的女工，将其为公婆做的鞋、丈夫的衣服、绣花枕套、荷包等一一展示，供众人欣赏品评。这时会有人即兴编词演说，夸赞和渲染新娘是个心灵手巧、精明能干的人。现在摆针线，主要是观看娘家陪送和男方为新婚夫妇购置的物品。

宁夏回族婚礼中，还有一个有趣的现象，就是耍公婆。众亲朋邻居把公婆簇拥到院子里，耳朵上挂红辣椒，戴上破草帽，脖子里挂一个铜钟，反穿皮袄，倒骑毛驴，在众人的逼迫下，让公婆骑着毛驴转圈圈，逗笑话。此外，也有闹洞房、撒喜（也叫"撒金豆"）、新娘回门等习俗。

（二）丧葬习俗

宁夏回族的丧葬习俗既受伊斯兰教影响，也有本地特色。实行土葬、薄葬、速葬，提倡当日入土，因故不得超过三天；不用棺木，没有陪葬，不发讣文，不开追悼会；人亡在外，就地安葬。主要丧葬程序有：

1. 念"讨白"（忏悔词）。亡人临终前，请阿訇念"讨白"，祈祷真主饶恕病人罪过，病人忏悔。

2. 停"埋体"（遗体）。亲人或阿訇替亡人脱去衣服鞋袜，将遗体移至地面或木板上，头北脚南，面向西，覆上白单。

3. 探"埋体"。可以瞻仰遗容，但不行鞠躬礼，不送花圈挽幛；可以哭泣，但不能大声哭喊。

4. 净洗。又叫"着水"或洗"埋体"，为亡人净洗全身，一般由三人负责：一人往汤瓶注水，一人倒水，一人戴着手套清洗。规则是男不洗女，女不洗男。

5. 穿"卡凡"。用三丈六尺长的纯白棉布或纯白布包裹遗体。有的地方在穿卡凡时，先请阿訇念"七窍米"（一般用糯米），念毕用干净棉花包上，放入亡人七窍内。卡凡上书写"护心都哇"，撒有香料、冰片、樟脑水、香水等。男女卡凡样式和穿法有别，凡是朝过觐的人（"哈吉"），就用朝觐时穿的"戒衣"（两块白布）做殓衣。

6. 转"费提耶"。请阿訇、满拉及念经人代转，有的教派用《古兰经》转，称"转经"；有的教派用钱转，称"转钱"。"转钱"由家属计算亡人生前所欠斋功、拜功次数，依次决定转钱数目。

7. 站"者那孜"。即举行殡礼，一般在清真寺或丧主家附近平坦、干净地方举行，参加者均为男性，女性不参加，日出前和日落后也不举行。由阿訇主持，有的教派由教主或热依斯主持，若他人主持，须讨得教主或热依斯的口唤。回族殡礼的形式，跟礼拜差不多，但没有鞠躬、叩头和跪坐。

8.入土，即"下葬"。

宁夏回族的坟坑，波斯语称"麻扎"，南北走向，长方竖穴，坑底向西挖一长洞，称"偏堂"。也有从坑底向北挖一洞穴，称"撺堂"，是放置亡人之处。若遇石头或沙土，挖一长方直坑，用土坯做成坟穴埋葬，亦可。"埋体"头北脚南，仰卧，面朝西，头边放三块写有《古兰经》经文的土块，谓之"下土经"。有的教派在亡人额上写"清真言"和教主的道号，胸前"皮拉罕"上写该教派先贤的名字。在用土坯掩封洞口时，忌用火烧的砖。之后，阿訇还要诵经，亲属代亡人散"乜贴"。

宁夏回族过头七、二七、三七、四十、百日、周年、三周年、十周年、三十周年，称作"干尔麦力"，请阿訇、满拉或念经人诵经，届时预备饮食，散乜贴。

门宦教派为"老人家"之类亡人"干尔麦力"有自己的特点：一是长久化，每逢诞辰、忌日都要举行；二是规模大，参加者来自不同地区，多者达数万。葬礼期间，一般有点香习俗，有的教派点香40天；还有的教派亲属40天不理发剃须。

（三）日常礼仪

1.问候语

宁夏回族内部或与其他穆斯林之间，适用于各种场合的问候语是道"色俩目"。具体问候是：致礼者先说"安色俩目阿来库木"，意为求主赐您平安；回答者则说"吾阿来库色俩目"，意为求主也赐您平安。互致"色俩目"还有许多讲究：一般是晚辈先向长辈致"色俩目"；平辈亲友相逢，年幼者向年长者致"色俩目"；教民与阿訇相遇，教民（高目）先致"色俩目"；客人见了主人，客人先致"色俩目"；出门在外的要向当地人先致"色俩目"；乘骑者对步行者先致"色俩目"；男对女先致"色俩目"；夫对妇先致"色俩目"，西北有些地方是妇对夫先致"色俩目"；少数人对多数人先致"色俩目"。

致"色俩目"有的地方握手；有地方致"色俩目"时，右手抚胸，腰微前躬，表示敬重对方，祝愿是由衷的；有的地方双手抱拳或平扬双手，表示亲切庄重；还有的地方相互伸出右手相握，左手抚在对方的右臂上，意为关系非常密切，亲如一家。忌讳说"色俩目"时，摇头晃脑、嘻嘻哈哈。年轻人见了老人不致"色俩目"，视为没有礼貌。不回别人"色俩目"的，视为高傲。

2. 待客礼

宁夏回族讲究门外候客，客人骑自行车，就把车子接过来推上，客人的行李同样接过来提上。主动为客人掀门帘，让客人先进屋。客人入座，马上沏茶、备饭。一般不问客人"你喝茶不？""你吃饭了没有？""给你做饭吧！"即使比较困难的家庭，只要来客人，也悄悄出去借面、借鸡蛋，尽量把客人招待好。饭菜上桌后，主人不陪坐、不陪吃，而是站在旁边，先说一声"请口道"，接着一再谦让、夹菜，照顾客人吃好饭。

众人同桌聚餐，要先洗手，让年长者坐上席，待其动筷子后，其他人才开始食用。吃饭时，不说污言秽语，不嫌弃食物，不在碗里乱吹乱搅；忌讳大嚼大咽，要小口进食。烙饼、馍馍、油香等，不得咬着吃，而是掰着吃；放饼时，要面子朝上，掰开后没吃完者，不得强塞给他人。饮水时，不得接连吞咽，不得对着杯盏喘气饮吮，要慢饮。

同客人谈话时，不得左顾右盼，不得玩弄自己的胡须、戒指，不得剔牙，不得将手指插入鼻孔，不得当面吐痰、拧鼻涕，更不得伸懒腰打哈欠。如果非得打喷嚏不可，应将双手搭在嘴前，遮住自己的声音和唾沫星子，欠身越过对方，完了还要向对方略表歉意。谈话中间要注意倾听，不得要求对方过多重复，更不得插话表述自己的成绩。不能奴仆般地献媚，也不能缠绵地乞求。

送客人，不得沉着脸，要和颜悦色，反复挽留，客人执意要走，送出大门。

到别人家做客或入座，要谦让，不得从他人头前过；落座时，要向身边的人致"色俩目"。拜访亲友，不得冒昧闯入；未给房主道安，不得进入卧室。亲戚朋友生病时，左邻右舍、同村乡亲要带上礼品去看望、安慰。出远门旅行时，要向父母讨"口唤"（即同意），征得父母允许，不能冒失离开。旅行回来时，要向父母陈述沿途见闻，办事情况。这样做，一则请安，二则汇报。

宁夏回族群众对他人，照顾自尊，顾全面子，不喊外号。

（四）特殊礼仪

1. 节日礼仪

宁夏回族的主要传统节日有：

（1）开斋节，又称"尔德"节、"肉孜"节，是回族节日中最受重视的。伊斯兰教历的莱麦丹月（9月）为穆斯林斋月，斋月期满，即为开斋节。开斋节当天在清真寺举行会礼，会礼前，每家都要按人口出散"菲图尔"（开斋捐）；会礼后上坟，念"苏勒"（《古兰经》选段），纪念亡人（有些教派不主张进行这种活动）。

（2）古尔邦节，又称"宰牲节"，日期是开斋节后第70天，伊斯兰教历12月10日。当天在清真寺举行会礼。

（3）圣纪节，是纪念穆罕默德诞辰的节日，日期是伊斯兰教历3月12日。这一天也是穆罕默德逝世的日子，所以也是"圣忌"日，节日内容有在清真寺或家中请阿訇诵读《古兰经》、赞圣、干"尔麦里"等。

（4）阿舒拉节，主要是妇女和儿童欢聚的日子，日期是伊斯兰教历1月10日，为第四任哈里发阿里之子侯赛因在卡尔巴拉遇害的日子（680年）。

（5）登霄节，纪念穆罕默德登霄的节日，日期是伊斯兰教历7月27日。根据伊斯兰教传说，这一天，52岁的"先知"穆罕默德，在天使哲布伊勒陪同下，乘"仙马"，从麦加禁寺，夜行至耶路撒冷远寺，继而上升到第七层天，亲眼得见真主一切迹象和奥秘，以及阿丹、尔萨、叶哈雅、尤素福、伊德勒斯和哈伦诸圣，参观了天堂和地狱。

（6）法图麦节，俗称"姑太节"，为穆斯林妇女的传统节日。法图麦为穆罕默德之女、哈里发阿里之妻，回族妇女敬重她的品德，尊称其为"法图麦太太"、"圣姑太太"，每逢忌日（伊斯兰教历9月14日），一些地方要举行聚会，干"尔麦里"。

（7）拜拉特节，俗称"念夜"，日期是伊斯兰教历8月15日夜。根据伊斯兰教传说，是夜，穆罕默德独自前往麦地那白格尔墓地做祈祷，事后他告诉圣门弟子，这一夜安拉曾降临到距离世间最近的一层天，要穆斯林诚意悔罪，祈求安拉饶恕。另一种传说是，每个人的善恶言行由两位天使负责记录，穆斯林每年都要换一次"文卷"，把旧的储存起来，用新的继续记录，该夜即是更换文卷并祈求安拉赦免罪责之夜，所以又有"换文卷夜"之说法。穆斯林在这一夜集中在清真寺，集体做"忏悔"。

2. 人生礼仪

宁夏回族日常生活中的特殊仪礼主要有：

（1）诞生礼，包括满月和百日，新生儿满月这天要剃头，将剃下的头发绾成小球状，用线和纱布包起来，连在孩子枕头上，意为壮胆、吉利、健康成长。宁夏回族妇女在怀孕和生产期间有许多禁忌，如不送亲，不参加婚礼，不探视亡人，不送葬；不吃兔肉，防止孩子长兔子一样的豁嘴。孩子出生后要"踩生"。

（2）命名礼，孩子出生当天或三天之内，请阿訇对着婴儿耳朵念宣礼词（班克），吹气，取名，即"经名"，也叫"回回名"，主要取自伊斯兰教经典。

（3）抓周礼，俗称"抓岁"，仪式较简单：桌子上摆放笔、本等各种文具，《古兰经》，以及纸飞机、小轮船、刀剑、玩具等物，让小孩抓取，试其所好。

（4）割礼，俗称"逊乃提"，为成丁礼。根据伊斯兰教规定，男孩到12岁即开始承担宗教义务。宁夏回族男童一般在5至12岁期间实行割礼，割除阴茎包皮。这天为小孩散"乜贴"，以示庆贺。

3. 禁忌

宁夏回族受伊斯兰教信仰影响，有许多生活禁忌。

各种禁忌中，禁猪尤为严格，几乎发展到了本能反感的地步。有的人见了猪就背脸，有的人闻到猪肉味就恶心，有的人望见猪肉铺子、饭馆就躲开，凡是沾过猪肉的锅、碗、盆、筷、案板等一律不用，也不接触。凡不得已用过者，要用火烧锅，用滚开水烫碗、盆等。宁夏泾源、西吉、同心和吴忠等地，原本朱姓人家已改为"黑"姓。

宁夏回族群众还禁食自死物，虽牛、羊、鸡、鸭自死者，亦不得食。也禁食那些性情恶劣、喜吃污秽、形状怪异、暴目、锯牙、钩爪、吃生肉的动物，如虎、狼、豹、狸、狮、猿、猴、猫、鹰、鹞、鹫、刺猬、熊、猴、蛇、田鸡、黄老鼠等。不吃非穆斯林宰杀的牛、羊、鸡等畜禽；不吃形状不端的水族鳞介、螃蟹、魟鲨、目贼龟、鲸、鳖等；不吃那些食小鱼的大鱼。一般也不吃鸽子肉，传说鸽子保护过穆罕默德。

在禁烟、酒方面，虔诚的穆斯林均很严格，但不遵守或不严格遵守这一禁忌者亦有之。

宁夏回族穆斯林还禁止求签算命、赌博、拜偶像，家中若悬挂人物或动物画像，礼拜时要用白纸把其眼睛盖上。

其他禁忌还有禁止放高利贷；禁止用食物开玩笑；禁止妇女袒胸露臂；忌汉族到回族家借餐具；禁止男子戴金饰；不许过度装饰；禁止在背后议论或者诽谤人；禁忌给人起绰号、外号；禁忌拿人的生理缺陷开玩笑；严禁"扎青"（黥墨、文身）、拔眉毛等。

关于宁夏回族的衣食住行

（一）衣

1.男子服饰

人类服饰是不断演变的，随着交往的扩大，趋同化倾向愈来愈强。

帽子：回族服饰中，无论是男人还是女人，比较有特色的均在头上戴帽，这与伊斯兰教有某种关系。男人戴的是无沿小白帽，也称"号帽"、"顶帽"、"孝帽"、"回回帽"或"礼拜帽"，有白、灰、兰、绿和黑等色，春夏秋三季一般是白色，冬季则为灰色或黑色。阿訇一般戴白帽和绿色帽，"穿衣"（宗教学校毕业）阿訇则戴绿色帽。帽子的样式很多，随不同地区和不同教派而有所区别，分为小圆白帽和白色角帽，角帽又有五角帽、六瓣帽、八角帽多种类型。哲赫忍耶门宦所戴为白色或黑色四边六角尖顶帽。帽子无沿，主要是为了礼拜方便叩头，也有缠"戴斯塔尔"的。所谓"戴斯塔尔"乃波斯语"Dastār"音译，指的是阿訇或教长缠头用的布，一般9尺或1丈2尺长，缠到发际，脑后留出约"肘长"搭吊，另一端掖入脑后。

衣服：宗教人士或宗教活动时所穿的衣服尚有某种特别之处，如"准白", 这是阿拉伯语音译, 意思是"袍子"、"长大衣", 阿訇、满拉、老人们礼拜时常穿, 有黑、白、灰等颜色及单、夹、棉、皮等种类。"白板皮袄"是传统服饰, 又称"老羊皮袄"、"白板子皮袄", 以老羊皮熟制而成, 无以布料做的面子, 故而得名。还有"大领皮袄", 以宽大翻领而得名, 二毛皮或羔皮为里, 布料为面, 宽大袖长。"坎肩"是男女都比较喜爱的, 有单、夹、棉、皮等多种类别。皮坎肩选料比较讲究, 有胎羊皮的, 有短毛羊皮的, 特点是轻、柔、平、展。宁夏回族男子传统上有绑腿习惯。

鞋子。宁夏回族男子的鞋子, 传统上一般为手工制作的布鞋, 既有方口的, 也有圆口的。中老年男子冬季还穿一种叫做"麦赛海袜"的靴子。"麦赛海袜"为阿拉伯语"Khuff"意译, 意为"皮袜子", 俗称"模靴"、"模子"、"皮袜子"。用软而薄的牛羊皮制作, 多为黑色和棕色, 保暖性好, 有护脚效果。农村中回族男子所穿袜跟和鞋垫讲究绣制, 也不失为一种特色。

2. 女子服饰

头巾: 宁夏回族妇女戴白色圆形撮口帽, 城市中为白色仿"护士帽", 也戴盖头, 称"搭盖头", 遮住头发、耳朵、脖子等部位, 仅露出面孔。盖头有绿、青、白三种, 式样大体一致, 从头部套下, 披于肩, 颚下有扣。少女戴绿色, 已婚妇女戴黑色, 有了孙子女或上了年纪的妇女戴白色。老年人的较长, 披到后背; 少女和媳妇的较短, 但要遮住前颈。

衣服: 宁夏回族妇女传统上穿大襟上衣, 样式比较单一, 但装饰比男性丰富。少女和年轻媳妇喜欢嵌线、镶色、滚边, 有的还在前胸、前襟等处绣花, 色彩鲜艳, 简洁得体, 有画龙点睛的效果。女装在右边扣扣子。衣服颜色不喜欢妖艳的, 老年人多为黑、兰、灰诸色, 中青年妇女喜欢穿鲜亮的绿、蓝、红等颜色。宁夏回族妇女也备有节日服装, 经常做礼拜的也预备专门的礼拜服。她们可以佩戴金银首饰、手镯和耳环, 习惯用凤仙花染指甲, 据说这一习俗是由阿拉伯和波斯传来的。宁夏山区回族妇女往往随身带着针线包, 里边是一个可以插针绕线的小包, 外面为刺绣包面, 有多种图案, 如小鸟、小鸡、花瓣等。

鞋子：宁夏回族女子忌赤脚行走，一般喜欢绣花鞋袜，一些地区妇女在亡人敬孝期间还穿白色鞋子。

（二）食

宁夏回族主食以大米和面食为主。面食是清真饮食的重要组成部分，种类多，制作较为精细，分为油炸食品、烙蒸食品和手擀面等多种。

油炸食品有油香、馓子、麻花、油圈圈、花花等。回族油香色泽好，酥软，醇香可口。专门为"尔麦里"准备的油香，需等到干完后才能食用。馓子是当地待客、过节的传统风味食品，做工烦琐，不常见。花花有好几种形状或样式，如草叶形的、菱形的；有的压上花纹，故而得名。油圈圈一般用荞面制作，流行于南部山区一带。

烙蒸食品主要是指"烙馍馍"和"蒸馍"。烙馍又分烙油香、烙锅盔和烙干粮馍等，蒸馍有馒头和花卷等。颇具特色的是烙油香，一般在款待客人时或重要日子里才做。还有一种很薄的烫面油香，蘸蜂蜜吃，味道极佳。锅盔和干粮馍是可以比较长时间保存的面食。锅盔质厚体大，干粮馍小而薄。馄馍是用馄馍锅烧制的，上有各种花纹图案。饼子在回族日常饮食中占有重要地位，有千层饼（俗称"油漩子"）、水饼（"白水饼子"）、菜饼（韭菜饼最有名）等多种。

手擀面食种类较多，如臊子面、青拌面、浆水面、麻食面、长面、扯面、寸节面、生余面、揪面等。有特色的是长面，是款待客人的流行面食，有民谣形象地讲道："擀赋面，切成线，下在锅里团团转，挑在筷子银丝链，碗里开一朵白牡丹。"宁夏南部山区产荞麦和燕麦，尤其盛产洋芋（土豆），以之为原料制成的面食，如荞面馍馍、荞面削面、荞面搅团、燕面柔柔都很有特色。燕面柔柔用杠子压制，再用蒸笼或蒸笆蒸熟，吃的时候加上各种佐料，是南部山区餐馆的一道"风味菜"。宁夏回族的洋芋食品不仅把土豆直接用于做菜，还以其淀粉做成粉条、粉丝、粉皮等。

宁夏回族菜肴以牛羊肉为主，名目有手抓羊肉、羊齐玛、烩小吃、羊肉烩粉面、蒸羊羔肉、羊肉泡馍、炒羊羔肉、羊杂碎等。地区特色为：北有烩羊杂碎，南有山区的牛羊肉泡馍。烩羊杂碎的原料取自羊头肉、肠、肝、肚、肺，佐料有葱、姜、蒜、红辣椒、红油等，还配有香菜和少量其他蔬菜。羊肉泡馍大体分两种，一种是牛羊肉泡，一种是羊杂碎泡，均是碗里放掰成指头大小的"锅盔"馍，加肉片或杂碎，用肉汤反复浸泡若干次，再放入葱、姜、辣椒、油、盐、香菜等，红白绿三色相间，味道鲜美。

宁夏回族人喜欢喝茶，有按一般方法冲泡的茶，还有罐罐茶和盖碗茶。罐罐茶在冬天比较流行，用小砂罐（底大口小，罐口用铁丝缠绕，留有把手，约盛一勺水）或小瓷缸熬制，茶比较酽。盖碗茶的盖碗由三部分组成：碗盖、茶碗和托碟，均是粗制的瓷具。配料有季节区别，夏天是清凉解渴、消暑解热的茶叶，如茉莉花茶；冬天是热性的，如砖茶和红茶，还要放上糖（白糖、红糖、冰糖）、红枣、苹果干、核桃仁、葡萄干、桂圆、芝麻、枸杞等，俗称"八宝盖碗茶"。喝这种茶有一定讲究，不用取掉盖子，只把盖子倾斜留出缝隙，便可以饮用。不能用嘴吹茶叶，用盖子刮可以；一般不一口气把水喝光，当水喝浅后，主人就会及时加满。

（三）住

传统的回族民居主要体现在乡村，但又有地域性特征，即有些特征是适应环境而形成的，不独回族人有，汉族等其他民族亦有。一般而言，宁夏回族民居传统上多为平顶房，坐北朝南，一字排开。有的地方在主房西头修建厨房或其他用途的房间，形成一个转角，起抵挡西北风的作用。有的地方还建水房，礼拜前净洗是其重要用途之一。或修建专门的储藏间、工具房、农机房等，畜圈、草房、厕所多建在房后或房

图下 1-8 仍然的传统——高房子 孙振玉摄

侧，或院落的一角。

宁夏南部山区还习惯在平房上加盖一间小房，类似岗楼，俗称"高房子"或"小高楼"，其用途有多种解释，有说供主人礼拜以防小孩或外人干扰的，有说防潮的，有说安全防范的，也有说为了视听宽阔的，等等，实际上，这些用途恐怕兼而有之。

图下 1-9　传统炕桌　孙振玉摄

宁夏回族民居无论窑洞、箍窑，抑或土房、瓦房，都比较洁整、美观、舒适、大方，有条件的饰以木雕或砖雕。回族民居内饰反对出现人物或动物，但可以张挂山水风景、花卉、几何图形、植物画，并以阿拉伯文中堂字画最具特色。一些有文化的家庭，尤其是宗教人士的家庭，可见到伊斯兰教经典或宗教方面的书籍，经典的摆放处处体现敬意。

一般回族家庭多在清晨、傍晚点香，有苏合香、茞兰香等，既带有某种宗教的意涵，也使房间保持清新，一举两得。庭院总是打扫得干干净净。

宁夏回族家庭最有特色的装饰是阿拉伯文或波斯文匾额、条幅，名曰"都哇"（意为祈祷）。内容以"太思米"和"清真言"为主。"都哇"还是回族家庭的标志，张贴或悬挂在门楣上，以表明这是穆斯林之家。

（四）行

宁夏境内交通自古以来军民两用，水陆并行。军民两用是调兵运粮，丝路经商；水陆并行除陆路外，还有黄河可通航运，回族民间借之得以水陆兼程，经商旅行。交通工具也借人、畜、水力之便，有车有船，当然，步行、肩挑、人扛、畜驮曾是一道长期的风景。畜力主要靠驼、马、牛、驴等。

关于宁夏回族的体育活动

（一）体育

回族民间体育运动，具有本民族特点的项目主要有踏脚、木球、方棋、掼牛等。

踏脚。踏脚流行于泾源一带，据说早在唐朝中叶就已传入中国长安，清末随回民反清斗争义军传入宁夏。泾源县园子村这项活动最典型。踏脚讲究用脚不用手，可单人相对，也可二人对四人，基本动作有平踏、跛脚、背脚、连环转、飞脚等。比赛规则：场地现规范为 10 米×10 米，不准穿皮鞋等硬底鞋，不准用头、拳、肘、臂进攻对方。

木球。打木球，俗称"打篮子"、"打锁儿"、"赶毛球"。木球用不易裂损的硬木制作，为不规则圆形，截面直径横量为 10 厘米，纵量为 8 厘米，以木棒或木板（长约 60 厘米）击打。比赛场地，一般长约 30 米，宽约 20 米，有一道中场线，两底边中间各有一个 3 米宽，0.5 米高的球门，类似冰球门。比赛时间一般为 20 分钟至 2 小时左右，分上下场。民间木球的打法有三四种，如打圈杠、刁杠、赶龙等。打木球，竞争性、趣味性都很强，而且便于普及推广。

掼牛。掼牛以把牛摔倒为目的，手段有拧、扛、压，令牛四脚朝天即获胜。

方棋。宁夏同心、海原、固原、西吉等地的回族农民喜欢下方棋，俗称"下方"。方棋只要在平坦干净的地方都可以下，棋盘按横七竖八就地画线，组成 42 格 56 棋眼。棋子就地取材，石头、土疙瘩、瓦片、柴棍子均无不可，规则是以吃掉对方棋子、堵死对方棋眼为胜。

（二）武术

宁夏回族武术经长期传习已形成若干流派，民间有"张家的枪，何家的棍，马家的软功，赵家的劲"之说法。

张家枪。张家枪又名"小径枪"。源于宁夏灵武县郭桥乡张家湾子，为清朝咸丰年间武举人张明德所创。张明德传孙辈张天洪和张学仁，张天洪传吴生保，吴生保再传杨金柱而流传下来。枪法号称"十三枪"，有月形套路、单练、对练和枪谱。

何家棍。何家棍又名"单头模子棍"、"十八模子棍"，是回族著名拳师何金德的家传武技，其曾祖父何登魁是清朝的一位武术家，膂力过人，是他又花重金拜师而习得，其棍法精湛，在何家承传已有五代人。何家武术还有"久练锤"和"四路刀"。何金德祖居吴忠，为何家武术继承人。

马家的软功。宁夏回族武术家马振武在甘肃武威松涛寺拜石和尚为师，学得此正宗佛门武功，其以罗汉造型和武术软功见长。

弹腿。弹腿源自明清，有"教门弹腿"之称。

九节鞭。宁夏有"九节鞭的故乡"之称。

回回十八肘。宁夏回族武术家居奎青年时在京当镖师，拜通县阿訇杨万禄为师，习得回回十八肘及五种剑法，后随其迁居传入固原。

西夏软拳。流行于宁夏六盘山和毗邻的甘肃泾川回族之中，在宁夏称"西夏拳"，在甘肃中部叫做"软拳"。长期传习兼收形意等拳术之长，成为具有西北地方特色的拳术。

穆斯林八卦太极拳。为大阿訇于子祥所创。于子祥出身武术世家，曾从师学习杨式太极拳，同时根据清代回族伊斯兰学者刘智所著《天方性理》太极图精研拳理。

汤瓶七式拳。传承人为杨耀钧和杨华祥父子，有"七个基本单练式，七式中每式又变化七式，七七四十九式"。器械有母子剑、梢子棍等，讲究"内含内养内气内功的汤瓶功法"，并有拳谱。

宁夏回族民间武术和健身功法内容丰富，除了上述主要流派和名家外，流传在民间的武术还有"心意十大形"、"六合形意拳"、"穆林拳"、"穆圣拳"、"八极拳"、"七星锤"、"琵琶棍"、"西阳鞭"、"查拳"、"鞭杆"等。

【注释】

① 范长江：《中国的西北角》，天津大公报馆 1937 年版，第 312 页。

② "高帮"原为宁夏的一种帆船，说法中借以指骆驼。引文见《宁夏交通史》，宁夏人民出版社 1988 年版，第 290—291 页。

③《宁夏交通史》，宁夏人民出版社 1988 年版，第 298—299 页。

④"浑脱"指单个的皮囊。见《宁夏交通史》，宁夏人民出版社 1988 年版，第 133 页。

⑤参见《宁夏交通史》，宁夏人民出版社 1988 年版，第 133—137 页。

⑥徐霆：《黑鞑事略》。

⑦马通：《中国伊斯兰教派门宦溯源》，宁夏人民出版社 1986 年版，第 180—181 页。

⑧刘伟：《宁夏回族历史与文化》，宁夏人民出版社 2004 年版，第 38—40 页。

第二章

宁夏的移民文化

宁夏在历史上是国家重要的移民区。因为它地处黄河上游河套绿洲,自古就有渔盐之利,其广阔的沃土和丰富的水利资源、特殊的战略地位,再加上气候的适宜,具备移民殖边的地理环境基础,所以,是历代各种类型移民的首选地区。

历史上,宁夏的移民类型多种多样,既有来自内地的汉族移民,又有来自边地的少数民族移民;既有军事移民、政治移民、经济移民,又有文化移民;既有强制移民,又有自由移民;既有从外向内的移民,又有从内向外的移民。因此,移民是创造宁夏地域文化的主体,移民文化特色,自古以来就呈现出"五方杂错,风俗不纯"①与人地和谐、融合更新的特点。

第一节 宁夏移民的环境地理基础

气候变化是宁夏人口迁移的外因 得天独厚的自然资源使宁夏成为人口迁移的目的地 特殊的战略地位使宁夏成为历代兵家必争之地

从考古发现中我们得知,大约在1万年前左右的鸽子山文化遗存中，宁夏就已有了原始农业的痕迹。到距今大约 4000 年左右的菜园子文化遗存中，大量的证据表明，宁夏的先民们早已开始了原始农业和原始畜牧业生产。但是，当历史进入商周时代，由于受环境因素的影响，这里渐渐变成了游牧民族的生活栖息地。

先是鬼方部落进入黄河至乌水（今颌河）流域，其在西周时称猃狁支系义渠、乌氏、昫衍诸戎，分别在六盘山东麓和灵盐台地一带活动。接着，昆戎（犬戎、昆夷）在西周初年由泾河上游向祖厉河、乌水流域移动。他们总称"西戎"，"所居无常，依随水草，地少五谷，以产牧为业"[②]。今宁夏从贺兰山东麓至六盘山地区基本上都是以畜牧经济占主导地位。这可以说是宁夏历史上的第一次移民运动。

古人类选择某种经济方式，即生存手段，有着许多复杂的社会、政治、军事等原因。但环境和气候的变化是一个不可忽视的重要的外部条件。

考古发现的证据已经证明：远古时期，包括宁夏在内的我国北方地区，气候温暖湿润，曾有大量的喜暖动植物在此繁衍。后来，由于气候的变化，这些喜暖动植物越来越少，其活动地域逐步南移。到了西周初期，所有喜暖动物在黄河流域考古发掘的层位中全部绝迹。

这个事实说明，国际上所谓"新冰期"前期的气候现象同样出现在我国的黄河流域。在大约 3400—3000 年前的殷商至西周时期，有一次由暖湿气候向干凉气候的大变化。由于气温剧降，北方草原环境恶化，严重威胁原在那里游牧的西戎部族的生产生活，迫使他们向南迁移到条件相对优越的宁夏中南部等广阔地域，寻求新的较好牧场。冷干气候同时导致黄土丘陵区

图下 2-1　等雨线（农耕文明与游牧文明分界线）　选自《看中国网》

齐家文化的衰退解体，农耕界线南移③。

在古代，宁夏既有渔盐之利，又有广阔的土地资源。这是大量外地外族人民移入宁夏的重要环境地理基础。

其一，独擅黄河之利。俗话说："黄河百害，唯富一套"，"天下黄河富宁夏"。

黄河从黑山峡进入宁夏后，由西向东流经中卫、中宁，然后冲出青铜峡折向北流，从石嘴山出境，流程397公里。由于黑山峡和青铜峡的地势均高于卫宁平原和银川平原，这就造成了宁夏两大平原无坝引水灌溉的有利条件；再加上黑山峡和青铜峡对黄河的约束，使得桀骜不驯的河水在宁夏变得平缓而循规蹈矩，从而造就了宁夏平原"举锸为云，决渠为雨"的"塞北江南"独特的地理优势，成为移民们首选的地方。

其二，相对温润的小气候。宁夏平原处于贺兰山的东南。由于贺兰山的阻挡，在整个"冷冰期"时代，北方冷空气到此大大减弱其威力，加上东南饱带水蒸气的季风又被阻挡在贺兰山东麓，因此形成了宁夏平原相对温暖湿润的小气候。这种温暖湿润的气候一直延续到唐宋。

据研究，从史前期历经夏、商、周，直到西汉，除西周时大约有一二百年的寒冷期外，两三千年中，黄河流域气温一直比较温暖，平均气温约比现在高2℃，冬季气温高3℃—5℃。在3000年前，黄河流域同今日长江流域一样温暖湿润，广泛生长着阔叶林和大片竹林，植被覆盖率很高。到了唐代，又进入了一个高温期，降雨量也比现在丰富④。

这些研究与文献记载中的古代宁夏实际情况完全相符，如《册府元龟》载：贞观二十二年（648）"灵州言河水清"。《新唐书·五行志》载："调露二年（680）夏，丰州河清。"《文献通考》载：长庆元年（821）灵州奏黄河清，有250里见底。所谓"黄河清"，是说黄河流域植被覆盖率高——有资料说唐时宁夏的植被覆盖率达70%以上——水土流失少。

优越的地理环境加上温暖湿润的气候，使得宁夏大地非常适合人类生存。因此，史料表明，这里也成了桑蚕和野生动物的故乡，不但"蝉鸣空桑林"和"野马见人惊"成了寻常风景，而且也使得唐宰相武元衡能在灵州津梁寺"采新茶"与幕中诸位朋友"遍赏芳香"，并赋诗曰："灵州碧岩下，蕣英初散芳。涂涂犹宿露，采采下盈筐。阴窦藏烟湿，单衣染焙香。幸将调鼎味，一为奏明光。"可见其气候的温润当与今江淮流域不相上下⑤。

其三，水泉丰沛的草原和山地。宁夏除了有水利资源丰沛的卫宁、银川两大平原之外，还有广阔的草原和水泉丰沛的山地。如古代宁夏盐池、同心、红寺堡及以南的西海固地区，沃野千里，不但有黄河及其支流环绕，而且还有无数的水泉和泾溪遍布其中，气候湿润，水草丰美，资源富集，是人类生存的理想家园。

首先，六盘山。这一带生态条件良好，适宜人类居住。在唐代以前，这里森林覆盖和植被覆盖率在70%以上。东汉时，汉光武帝西征隗嚣，由于大陇山（今六盘山）上的森林稠密，大队人马不易通过，特意选择一条树木不多的河谷——"高平第一城苦水谷"——进军。这里所说的"高平第一城"就是今天的宁夏固原市原州区，苦水谷为流经今原州区城外清水河的发源处。由于苦水河水味苦咸，影响到河旁树木的生长和繁殖，这才可能成为一条人马能够通行的通道。到唐宋时期，这里原始森林的面积仍然很大，曾是历代统治阶级修建京都与宫室的主要木材采伐地之一。

其次，贺兰山。其得名的由来就与森林有关。据《元和郡县图志》记载，山上多树木，颜色青白，远处眺望，就像驳马一样。那时当地的游牧部落呼驳马为"贺兰"，所以就有这样的山名。

再次，罗山。古称蠡山（唐宋时也称达乐山、乐山）。其森林在北宋时期虽未明确见记载，但我们从《宋史·郑文宝传》中得知，这里的森林也不少。唐威州在今宁夏同心县下马关乡红城水村，唐五代曾一度废去。宋初打算重建。在宋夏战争期间，北宋著名书法家、诗人郑文宝曾任陕西转运使，先后12次亲自带队从环庆（今甘肃庆阳与环县一带）督运粮草到灵州（今宁夏吴忠境内），因此，对于这一带的地理和自然环境非常熟悉。当时，北宋朝廷曾向他征求重建威州的意见，他极表赞同，说："威州在清远军西北八十里，乐山之西。……水甘土沃，有良木薪秸之利"⑥。可能为了达到保护运粮大道的安全，最后宋廷修筑了清远军城（今甘肃环县甜水堡）。但是，在甘宁交界"七百里旱海"之侧罗山（蠡山、乐山）上的森林之繁茂，并不是短期内的现象却是不争的事实。

此外，草原。虽然在《魏书》和刁雍的疏文中有"道多沙深"的记载，但那都是指灵州以北（今内蒙古）一带。何况，既然有道路，说明今宁夏、内蒙古、陕西交界处也并不是沙漠，而是含沙量较大的草原。而大量的出土文物和文献记载都证实，宁夏地区在明代以前还是"水草丰茂"的地方。如秦始皇时，驱逐匈奴取"河南肥饶之地"，徙民实之，谓之"新秦中"。十六国时期，赫连勃勃来到灵、夏地区，曾感慨这里"临广泽而带清流"，水草丰美，遂决定在这里修建丽子园作为行宫。北魏时期，刁雍担任薄骨律镇（即古灵州）将时，大修水利，广开农田，年年粮食大丰收，成为北方的重要粮仓。唐代在这里设置"六胡州"，安置归附的"昭武九姓"人；又在罗山脚下红寺堡、韦州、下马关一带安置吐谷浑部，都说明宁夏地区的自然生态不错，有利于农牧业生产的发展，也适合人类生活、生产和居住。

唐代诗人李益从军朔方，曾走遍了宁夏北部和河套地区，对这里的地理环境非常熟悉。当他来到今盐池、定边、环县一带时，看到的景象尚是"绿杨著水草如烟，旧是胡儿饮马泉"。到了明代，这里仍然"水草丰茂"。仅一个铁柱泉，就"水涌甘洌，日饮数万骑弗之涸。幅员数百里又皆沃壤可耕之地"。至于红寺堡地区，泉水则多至数十眼。"由青沙岘以北，红寺堡以南，周环旷阻，有地数百里，水泉四十五处，草木繁茂，寇至每驻牧马，呼为小河套"。即使到了现在，我们还能从当代地图上看到，这里仅以"泉"和"水"命名的地名就有 20 余处[⑦]。

其四，盛产食盐。盐是"百味之祖"、"食肴之将"、"国之大宝"。盐与人类生活息息相关，从远古时期人类自身的生存、社会的进步到现代文明的迅速发展，盐在其中起了极其重要的作用。古代宁夏及周边地区食盐资源丰富。

最早记载宁夏产盐的当推《史记·平津侯主父列传》中主父偃说的一段话："地固泽咸卤，不生五谷……"后来的各种文献对此也多有记载。如《水经注》卷二载："肥水又东北出峡注入高平川。水东有山，山东有三水县故城…县东有温泉，……温泉东有盐池。"《元和郡县图志》卷四："回乐县……温泉盐池，在县南一百八十三里，周围三十一里。"

不但如此，迟至这时已有了专业盐户，并设置了管理盐业的官署。据《唐会要·盐铁使》："温池，置榷税使一员，推官两员，巡官两员，胥吏三十九人，防池官健及池户六十五户。"

实际上，当时宁夏的盐池非此一处。据文献记载，唐代全国有盐池18所，其中12所在宁夏地区，包括盐州4池（乌池、白池、瓦池、细项池），灵州7池（温池、回乐池、弘静池、红桃池、两井池、长尾池、五泉池）和会州河地池（今海原县干盐池）。这些丰富的盐业资源，既是当时政府重要的财政来源，也是周边军民须臾不离的生活必需品和重要的战略物资，当然也是宁夏历代移民重要的地理环境和资源基础。

在历史上，宁夏向称"关中屏障，河陇噤喉"，一直处于农耕经济和游牧经济的交汇处，是中央王朝与周边少数民族政权反复争夺的军事要区，有着非常重要的战略地位。

从秦王朝开始，历朝历代的统治者都极其重视对宁夏的布防和经营。秦"因河而塞，筑四十四县城"，并筑长城；汉一度将北地郡移治富平（今宁夏吴忠境内），而安定郡治高平（今宁夏固原），整个宁夏地区成了"汉家门户"；唐设灵州大都督府和朔方节度使，使这里成了"京畿关内道"的一个非常重要的军事重镇；明于北国设立九边，宁夏有其二——宁夏镇、固原镇，并在固原设总督高官，负责指挥西北地区延绥、甘州、宁夏、固原四大军镇，位居"九边重镇"之首。历代政府为了固边自给，实行军屯和移民是其必然的选择。而对北方游牧民族而言，得宁夏，便得到了水草丰美的草原和优良大牧场，也是他们进一步南下、入主中原的关钥和跳板。

第二节　移民类型及其文化遗存

来自内地的移民（军民实边）及其文化遗存　来自边地的移民（少数民族安置）及其文化遗存

历史上，宁夏的移民类型很多，其文化遗存也很丰富。举其大者有两类：一是来自内地的移民（军民实边）及其文化遗存；二是来自边地的移民（少数民族安置）及其文化遗存。

历史上，宁夏地处边陲，区位重要，土沃易垦，人烟稀少。为了巩固统一的多民族国家，历代中央政权在这一广阔的地区开展移民屯垦，并且代代继承，不断深入，使这里成了一个典型的移民地区。这些内地移民，大多是强制性移民，都是为"移民实边"这个国家行为而被当时的中央政府统一迁徙安置到这里的。他们有的是军屯移民，有的是民屯移民，有的是安置灾民，有的是战争移民，其目的就是"屯垦戍边"，保卫边防。

向宁夏地区大规模移民，有文字记载的，当从秦朝开始。

秦始皇三十二年（前215），派大将蒙恬率军30万进军河套，北逐匈奴，尽收河南地，次年便"因河为塞，筑四十四县城临河，徙适戍以充之"⑧。三十六年（前211），再次"迁北河、榆中三万家"⑨。北河，亦有河北之地，其地域当包括宁夏在内的大河套地区。秦朝在宁夏黄河岸边新建富平县（今吴忠境内），以管理屯田民众，这是宁夏北部进行农业开发的首创，成为拉开宁夏及河套平原第一次移民开发的序幕，也是农业文化通过移民进入宁夏的开始，为宁夏的历史翻开了重要的一页。

"新秦中"这一地名就是这次移民戍边的产物。自秦朝统一以后至西汉时期，随着西北边郡移民屯垦事业的发展，农耕经济曾经大幅度向西北推进，农耕区域一直扩展到了阴山脚下，自秦长城以南处处阡陌相连、村落相望，其中"河南地"（指关中盆地往北的黄河以南地区，今宁夏大部属之）的新兴农业尤为繁荣，堪与关中（秦中）地区相媲美，在当时被称为"新秦中"。

今吴忠境内的秦渠，相传因始凿于秦而得名，也是这次移民戍边的产物。秦渠渠口在青铜峡北，引黄河水向东北流经吴忠市到灵武市。秦渠又名北地东渠，据说这个名称与它位于北地郡的黄河以东有关。历史上北地郡的建制，虽然一直延续到唐，但其辖地达到宁夏平原的，只有秦、汉时期的北地郡。除河东秦渠外，据说秦还在河西穿凿渠道，后人称为北地西渠。唐代著名诗人卢纶有诗云："浊水秦渠通渭急，黄埃京洛上原斜。驱车西近长安好，宫观参差半隐霞。"这或许便是对秦渠的一个写照。

在秦代，除了移民，还有一种外来人口，对宁夏的地域文化产生了重大影响，这就是"役人"。我们知道，秦王朝征发调动内地农人服事以劳作为主要内容的徭役，规模和影响都达到惊人的程度。其中仅为修"驰道"、筑长城、为军队运送粮草的"丁壮丈夫"就多得不可计数，以至于出现《淮南子·氾论》中说："丁壮丈夫西至临洮、狄道，东至会稽、浮石，南至豫章、桂林，北至飞狐、阳原，道路死人以沟量。"当时调用徭役之残酷，据说使得役者"苦不聊生，自经于道树，死者相望"，以致不得不发"丁女转输"。依当时的交通条件和生产力水平，只要一为"役人"，几乎很难再活着回到故乡。这其实是一种"准移民"。

秦朝时期，在宁夏境内，除为戍边将士输送粮草需征调大量内地"丁壮"役夫外，兴修驰道、长城和边塞44县城及沿河亭障，也需征调不少"役人"。繁重的徭役，使民众经历沉重的苦难，也使社会生产力遭受严重的破坏，但是从不同地区因此而能够得到文化交汇的条件这一角度考察，却可以发现以苦难和破坏为代价的文化史的进步。农人成为役人，"去乡土，离六亲，废家业"，开始经历原先未曾经历的徭役生活，劳作虽然备极辛苦，心情虽然备极愁惨，但是眼界却因此而阔远，识见却因此而丰富，不同区域人们的文化心理，也因此而得以接近。这不仅影响到当时人政治生活心理的健康，而且能够加强全国文化的统一性。今宁夏固原地区境内的秦长城及历代文人创作的相关诗文和流传的"孟姜女哭长城"的故事、民歌等，就是这种文化的体现。

在今宁夏固原市境内，有一条长城遗迹，东西横贯西吉、原州、彭阳三县，蜿蜒174公里。远远望去，雄伟壮观，气势非凡。这条长城实际上是在战国秦长城的基础上续筑完善的。长城是古代的军事设施，与烽火台、亭、障构成一套完整的防御体系。今天，我们依然可见城墙内侧，每隔1000米左右设一座烽火台，成为著名的烽隧遗址。"亭"一般设在离烽火台不远的高地上，是驻兵的哨所。在重要的山口和关隘处，往往有城障。城障是附属于长城的军事城堡。这是戍边的产物，也是"役夫"——"准移民"的劳动成果。

因这条长城，历代文人创作了不少诗词歌赋。著名的有东汉史学家班彪的《北征赋》、汉乐府及陈琳的《饮马长城窟行》等。这些作品以秦代统治者驱使百姓修筑长城的史实为背景，揭露了无休止的徭役，给人民带来的深重灾难，赞美了筑城役卒夫妻生死不渝的高尚情操，语言简洁生动，真挚感人。

因这条长城，宁夏固原地区民间也流传着孟姜女哭长城的故事，其基本情节与中国其他地方版本大体相同：相传秦始皇时，劳役繁重，青年男女范喜良、孟姜女新婚三天，新郎就被迫出发修筑长城，不久因饥寒劳累而死，尸骨被埋在长城墙下。孟姜女身背寒衣，历尽艰辛，万里寻夫来到长城边，得到的却是丈夫的噩耗。她痛哭城下，三日三夜不止，城为之崩裂，露出范喜良尸骸，孟姜女于绝望之中投水而死。但该传说中，孟姜女是彭阳县孟塬乡和甘肃省镇原县武沟乡孟庄一带人，她哭倒的长城是固原地区的秦长城，而非山海关附近的明长城。这一点与其他版本大不一样。

据《彭阳县志》记载："公元前306—251年之间，秦昭襄王'起兵伐义渠戎，于是秦有陇西、北地、上郡，筑长城以拒胡'。彭阳境内的秦长城西由原州区河川乡黄河村进入县境，向东南延伸到彭阳乡的梁坡头，然后沿偏东北方向绕崾岘乡白岔村上的长城塬到城阳乡的白马庙后走向呈东南，至涝池村的张沟圈后，直角北折入深沟上孟塬，再呈东北方向过孟塬的施坪、虎山庄、孟庄、草滩，最后从玉塬出县境入甘肃镇原县，横跨境内60公里。"巧的是彭阳县境内长城的两端东有孟家塬，西有姜家洼，住着孟、姜两姓人家；而彭阳县境内从南到北，从东到西，都有姓万的人家。传说中的"孟姜女"就出生在这里，"孟姜女哭长城"的故事也就在这里广为流传。千百年来，每年的农历十月初一，长城内的人家特别注重祭奠亡人，他们谓之"送寒衣"，即孟家、姜家、万家女子结伴而行，一手拎数件纸叠衣裤，俗名寒衣；另一手端一碗凉水，俗名"姜良水"。"姜"指孟姜女，"良"指万喜良。有民歌曰："正月里来是新年，家家户户都团圆，人家过年酒和肉（哟），孟姜过年一杯茶（哟）。二月里来天气长，老龙抬头暖气扬，冰消雪化农时忙（哟），秦始皇下令打城墙（哟）。三月里来是清明，家家户户上祖坟，人家上坟双双对（呀），孟姜上坟独一人（哟）……七月里来秋风凉，家家户户缝衣裳，人家缝衣有人穿（哟），孟姜缝衣压柜箱（哟）……十月里来十月一，家家户户送寒衣，左手端着姜良水（哟），右手拿着钱和纸（哟）。唉，一送送到长城外（哟）。"

还有一首《送寒衣》的民歌："月儿圆圆分外明，孟女丈夫筑长城。哪怕万里迢迢路，送与寒衣是侬情。"

另一首民歌《孟姜女探夫》流传也很广泛："正月里探夫是新春，家家户户点红灯，人家夫妻团圆住，孟姜女丈夫造长城……三月里探夫是清明，家家户户祭祖坟，人家祖坟飘白纸，万家的祖坟冷清清……十月里探夫小阳春，想起我夫泪淋淋，心中只把秦皇恨，强迫我夫造长城。冬月探夫雪花飘，一心要把夫君找，长城天气多寒冷，我夫无衣命难熬。腊月探夫过年忙，家家户户喜洋洋，看看新春佳节到，孟姜女两眼泪汪汪。"

这正是役人——"准移民"——文化的一个典型表现。

汉朝向"河南地"（包括宁夏）的移民规模大、时间长、政策优、成效显，因此，文化遗留十分丰富。

汉朝的移民仍然来自"关东"（中原河南、山东等地），即"徙六国后及豪杰、名家"和"山东"大水的大批灾民。西汉从文帝开始向河套移民，到武帝时形成高潮，其中大的移民行动为：元朔三年（前126），"募民徙朔方十万口……屯垦备胡"；元狩三年（前120），"徙贫民于关以西，及充朔方以南新秦中，七十余万口"；五年（前118），徙"诏徙奸猾吏民于边"；元鼎六年（前111），"上郡、朔方、西河、河西开田官，斥塞卒六十万戍田之"。上述移民总计百余万人。

宁夏地区自然条件优越，是重点开发区，所以分配到宁夏的移民自然不在少数，有人估计占1/3，约三四十万之多。但因战争和逃亡，最后留下来的大约不到10万人。因为人口大量迁入，所以西汉时期，仅北部引黄灌区的县制就从秦代的一个富平县，新增了灵武、灵州、廉、昫卷四县，并且在黄河两岸出现了一个沿黄城镇群。

因县级政权的增多，又于元鼎三年（前114），将原北地郡一分为二，析置北地、安定二郡，宁夏南北地区各县分属二新郡管理。还在宁夏河西灌区的上河城设立典农都尉，专门负责管理屯田。这个时期，宁夏的水利资源得到了大规模的有效开发。《汉书·匈奴列传》说："自朔方（郡治在今内蒙古自治区乌拉特前旗，黄河南岸）以西至令居（今甘肃省永登县西北），往往通渠，置田官。"东汉也在这一带发展水利屯田，且将北地郡的郡治迁至富平（今吴忠）。

汉代移民的成功，其原因有二：一是北国边疆的大形势安定；二是朝廷改秦代的强制移民徙边为"募民徙边"，制定的移民政策优惠。汉武帝对匈奴开展三次大的战役以后，浑邪王率部降汉，基本上解除了北方的边患，出现一个"边城晏闭，牛马布野，三世无犬吠之警，黎庶无干戈之役"的大好局面。

汉廷根据人民"安土重建"、"难拾祖茔"的思想观念，制定了一套完整"厚惠"的移民政策与管理办法，主要内容包括七个方面，即十四个字：营邑（集中居住）、立城（围墙自卫）、制里（基层组织）、割宅（统一建房）、供给（口粮、耕畜、农具、籽种、冬衣）、置巫（配医）、修祭（移祖坟、建祠堂）。

汉代宁夏地区的移民经济经过近 300 年的繁荣发展，到东汉末年，由于阶级矛盾、民族矛盾的激化，特别是在羌人起义的打击下，官府内迁，人民逃亡，移民经济受到严重的破坏。

虽然如此，两汉仍为我们留下了丰富的移民和"准移民"文化遗产。

从目前已掌握的情况看，宁夏从南到北、从西到东，到处都有规模不等的汉墓群。其中著名的有：固原北原东汉墓、固原海沟汉墓群、固原草庙汉墓、固原上饮河汉墓、固原陈家洼汉墓群、固原西郊鸦儿沟汉墓、固原三营汉墓群、西吉保林汉墓、西吉神林汉墓、海原胡湾汉墓、海原李旺团庄汉墓、同心城关汉墓（匈奴墓）群、同心王团汉墓（匈奴墓）群、同心倒墩子汉墓（匈奴墓）群、同心李家套子汉墓（匈奴墓）群、中宁龙坑汉墓群、吴忠关马湖汉墓群、吴忠韩桥汉墓群、贺兰县暖泉汉墓群、陶乐南兵沟汉墓群、银川平吉堡汉墓群、盐池县张家场汉墓群、盐池宛记沟汉墓群、灵武横城汉墓群、中卫宣和汉墓群等等，出土了包括陶、木、铜、铁、金、玉、石、骨等多种质地的殉葬品。

这些汉墓群，连同已经发现确认的盐池张家场汉代古城遗址、同心红城水汉代古城遗址、中宁眴卷县古城遗址、彭阳朝那古城遗址……以及光禄渠、汉延渠、唐徕渠等一系列水利设施，反映了两汉时期中央王朝对这一地区的移民屯垦、开发和当地经济发展的状况，为研究两汉时期宁夏的历史、政治、经济、文化、宗教等提供了珍贵的实物依据。

其中，银川平吉堡汉墓出土的数件木质耕牛模型和两个谷仓（其中的一个仓储满粟类），说明农业是这一地区的主业，耕牛受到社会的普遍重视。盐池汉墓中不仅发现游牧民族常用的扁壶，而且也发现储藏粮食的陶仓，其中一仓还有颗粒完整的糜谷，说明这里当时是农牧兼营的综合经济。固原发现的一件错金银铜羊，工艺精美，形象逼真，不但是畜牧文化的证明，而且还是一件难得的艺术精品。中宁龙坑汉墓出土的陶制棋盘及棋子属宁夏首次发现，从图中，我们看到，这个棋盘的方格及斜线，颇似今日宁夏民间流行的"下方"，这反映了当时居民的精神文化生活。

图下 2-2 中宁龙坑汉墓出土的棋盘和棋子 选自《宁夏日报》2007 年 6 月 9 日

吴忠关马湖汉墓出土的陶制庄院（见本书上册第二章第五节插图），与河南洛阳、辽宁大连汉墓出土的同类物品十分类似，不但集中反映了当时宁夏地区的生产力水平和地主的日常生活情境，而且也反映了当时宁夏与中原文化的紧密关系；它与贺兰县暖泉汉墓群的发现，则证明，吴忠关马湖和贺兰暖泉一带可能就是汉代富平与廉县城的所在地。富平初置于秦代，汉代继之，东汉时为北地郡治；廉县始置于西汉，在历史上存在了 300 余年。兴建富平和廉县之初，正值秦、汉政府向河套地区大规模移民屯守的时期。宁夏平原因迁入大批移民而使农业人口骤增，引黄灌渠亦在此间开始兴修。作为管理宁夏北部地区移民屯田的富平和廉县，为宁夏早期的农业开发起到了重要的历史作用。

汉渠（又名汉伯渠），开口于青铜峡口黄河东岸，相传为汉武帝时所开。这条渠道的引水口在秦渠渠首上方，绕过秦渠的南面和东面，到富平北面回注黄河。《水经注》引《地理志》说："河水别出为河沟，东至富平，北入河。"汉渠的溉田面积要比秦渠大一些。

汉延渠在河西，东汉顺帝永建四年（129），由郭璜主持穿凿。相传，它是在原来秦北地西渠的基础上延展而成。另一条由徐自为主持穿凿，在汉延渠西面，与汉延渠并行向北延伸。因为徐自为官居光禄勋，所以人们又称这条新渠为光禄渠。

除此以外，还有秦家渠、尚书渠、唐徕渠、御史渠、高渠、蜘蛛渠、七星渠等渠道，共同形成了汉代宁夏移民开发文化的水利系列。

两汉也有大量的"准移民"。由于"戍边"的需要，宁夏地区驻有大量的戍边军士。这些戍边军士长年驻扎在塞上边关，死后就埋葬在戍守之地。从暖泉、兵沟汉墓群出土的各种器物不难推断，这些汉墓群中的死者，就是当时戍守边关的战士。而且这些军士中的绝大多数都非本地人，大都来自东方远郡。

从居延汉简和敦煌汉简中的资料看，西地军士的籍贯，见诸简文记录的，有来自京兆尹、左冯翊、右扶风、弘农、河东、上党、河内、河南、东郡、陈留、颍川、汝南、南阳、山阳、济阴、沛郡、魏郡、巨鹿、常山、北海、丹阳、汉中、广汉、蜀郡、陇西、金城、武威、张掖、酒泉、敦煌、北地、西河、渔阳、淮阳、大河、赵国、广平、高密、梁国、东平、昌邑等41郡国167县800余例。戍卒原籍郡县，占《汉书·地理志下》所谓全国"郡国一百三"的39.8%，"县邑千三百一十四"的12.7%。这也可以作为考察宁夏戍卒籍贯的参考。

两汉时期宁夏移民和"准移民"的精神和物质文化生活，在汉乐府中得到不少反映。乐府《饮马长城窟行》："青青河边草，绵绵思远道。……客从远方来，遗我双鲤鱼。呼儿烹鲤鱼，中有尺素书。长跪读素书，书中竟何如……"这篇作品不但表现了这些移民和"准移民"两地相思的精神痛苦，而且还将战国、秦汉时期的一种风俗完整地记录下来，使我们今天的人对此仍能有形象的了解。

所谓"双鲤鱼"，并非指真的鲤鱼，而是指雕刻或彩绘成鱼形的两块木板，一底一盖，木板上刻有三道线槽；所谓"尺素"，就是一尺见方的本色丝绢，信就写在绢帛上。把书写在绢帛上的信放在两板中间，合拢齐缝后，用细绳在线槽处捆绕三圈，然后再穿过一个方孔缚住，在绳端或交叉处，封以粘土，上盖印章，以防私拆。这就是我国历史上最早的信封（信函）了。收信人开启信函后，鱼形信函则分为两块，就成了"双鲤鱼"了。至于"呼儿烹鲤鱼"，则是用艺术手法，对开启信函的一种形象表达。旧时有一灯谜，谜面为"呼儿烹鲤鱼——打一城市名"，谜底为"开封"，用的就是这个典故。用这种木制信封写信，战国、秦汉最为流行。魏晋之后，流行用纸、帛作书写材料，信封就由木板改为厚茧纸制的两片，两面仍绘有鲤鱼形。直至唐代，还在仿制鲤鱼形信封。因而，古代一直以"双鲤"代称书信。

东汉末年的"四郡内迁"，是战争移民的典型。这四郡中涉及宁夏的，就有北地和安定两郡。因为这四郡的反复迁徙，时任尚书仆射虞诩给朝廷上了一份《请复三郡疏》，建议把内迁的安定、北地、上郡三郡迁回原地。朝廷接受他的建议，"使谒者郭璜督促徙者，各归旧县，缮城郭，置侯驿，既而激河浚渠为屯田"，既收到了"省内郡费岁一亿计"的效果，又使边地生产得到恢复和发展，"遂令安定、北地、上郡及陇西、金城常储谷粟，另周数年"。所以，虞诩的《请复三郡疏》便成了宁夏地域文化中的一篇重要文献。

魏晋南北朝间宁夏移民开发又出现了一次小高潮。

从全国来说，魏晋南北朝是中国历史上政权更迭最频繁的时期，也是中华各民族和各种文化大碰撞、大交流、大融合的重要时期。就宁夏来说，这一时期的各种类型的移民活动也十分频繁。

先是，赫连勃勃建立大夏，据有宁夏，曾在宁夏南部置高平城（今固原市原州区），在贺兰山下、黄河两岸广植果树，置"赫连果城"（今吴忠市），又称"果园城"，在饮汗城（今银川）修建"丽子园"。又在古灵州祭祀白马，并改灵州为"白口骝"，将其习俗带入宁夏。相对于宁夏南部来说，宁夏北部战事较少，因而成为大夏的后方基地，不但农业生产照常进行，而且园艺事业有了发展。郦道元说"河水又北，薄骨律镇城在河渚上，赫连果城也。桑果余林，仍列洲上"，这就是证明。

接着，北魏政权统治宁夏以后，一方面不断地向宁夏地区"给百姓"，即移民，又一方面大量吸收汉文化，在改姓氏、改服装、改语言的同时，也改地名。这个时期，在宁夏黄河两岸出现了历城郡建安县（今宁夏陶乐镇南）、胡城（即胡地城，汉灵武县，今青铜峡邵岗境内）、汉城（北魏上河城、刁公城、薄骨律仓城，今永宁县望洪境内）等一批新的城镇和地名。

所谓历城，就是北魏太和初年平三齐，将历下（今山东济南）民众迁移到塞上筑城居屯，故以其原地名命名；所谓胡城，就是北魏打败匈奴铁弗部赫连大夏国皇帝赫连昌后，将其部众集体迁徙到宁夏黄河西岸原汉代灵武县城安置的城池；所谓汉城，就是北魏统一黄河流域之后，将关东一带的汉人大批迁移到宁夏黄河西岸，建城居住并屯田。总之，都是移民的产物。在改地名方面，先是将"白口骝"（灵州）改为薄骨律。郦道元说，"薄骨律"是白口骝的"音转"；后又将薄骨律改为"普乐郡"，"普乐"也是"薄骨律"的音转，取汉义；再后来又恢复灵州的地名。

在灵州称"薄骨律镇"的时期，北魏朝廷任命征南将军、徐豫二州刺史刁雍（390—484）为镇将。刁雍于太平真君四年（443）履任，至兴光中（455）离任，坐镇宁夏12年，为官清廉，不谋私利，政绩十分突出。举其大者有四：

一是向朝廷上书，请求修建艾山渠。他在奏折中写道：臣四月末到镇，看到这里古渠道因为黄河变迁，渠道高出河床2丈，无法饮水，农业艰难，百姓和军人经常挨饿。因此地缺雨水，要解决问题，只有引黄河水另外修渠，进行灌溉。他的这个建议和计划被批准后，于太平真君六年（445）春动工，60天完成，渠道长40里，下接古渠道，总长120里。艾山渠建成，可灌官田、民田4万顷。

二是对当地的农业生产经验进行总结，提出了"节水灌溉法"，即每一旬（10天），灌水一遍；灌水四遍，谷得成熟。

三是发展黄河水运。由于刁雍修建艾山渠采取了先进的引水技术，渠成以后，又采取了先进的农田轮溉方法，使得宁夏农业连年丰收，国库充实，民户富足，薄骨律镇也从重灾区一跃成为北方输出粮食的大粮仓。太平真君七年（446），刁雍奉命调集薄骨律、高平、安定、统万四镇的5000辆车，将宁夏黄灌区薄骨律镇囤积的粮食50万斛（1斛为10斗，约为150公斤，后改为5斗，即75公斤）运往沃野镇（今内蒙古乌拉特旗境内），以作军粮。

刁雍认为，薄骨律镇到沃野 800 里地，沿途道路要经过沙漠，还要渡过黄河，运输艰难。初步估算，把这么多的粮食全部运到目的地，至少要费劳力 1 万人，耕牛 1 万头，耗时 3 年。这势必影响农民种田，给下一年的农业生产带来隐患。所以，刁雍打算采用黄河水运。他计划在牵屯山（今宁夏六盘山北）就近伐木，通过清水河把木料运到黄河岸边，就地造船 200 只，从水路顺黄河而下，单程五日就可以抵达沃野，3 月至 6 月，就能运量 60 万斛，大省民力 10 倍多，不费牛力，也不废田。刁雍用木船在黄河运粮，这在黄河上游水运史上属于首创。

四是修建仓城。　由于宁夏黄溉区开发水平的提高，农业得到大发展，粮食连年大丰收，即使将大量粮食外运，这里囤积的粮食还是多得没有地方存放。太平真君九年（448），刁雍又一次向皇帝上表。他说：自古安不忘乱，薄骨律镇位居黄河平原，地接边城，现在积存的粮食都在露天堆放，安全上大有问题，建议修建一座粮仓城来储备粮食。为了不误农业生产，他打算利用一年之内的三次农闲时间，分期施工建筑仓城，然后驻兵守备。得到批准以后，在太平真君十年（449）三月，一座崭新的仓城就建成了。北魏皇帝特别高兴，下诏称赞刁雍能"深思远虑"，并将仓城命名为"刁公城"，以示表彰。

刁雍主政宁夏，还对宁夏的地域文化有重要影响。他"笃信佛道"，"怡静寡欲"。所以他主政时期，宁夏佛教大兴，民族团结，社会安定。《魏书》评价他："性宽柔，好尚文典，手不释书，明敏多智。"刁雍还为宁夏地域文化留下了三篇奏表，即：《凿艾山渠表》、《运屯谷付沃野表》、《河西修城表》，成为宁夏地域文化的重要文献。

从 20 世纪 80 年代以来，在宁夏固原和吴忠等地均发现属于北魏时期的墓葬多处，出土了各种陶俑、日用陶器、陶畜以及金、银、铁、铜、木、漆等质地的随葬品。特别是固原雷祖庙北魏墓出土的漆棺画，分上、中、下三栏，上栏为一排孝子故事；中栏为大型龟背纹，靠近前端处画一长方形窗；下栏为一排狩猎图，有数骑猎手正在驰骋射猎，猛虎、野猪等奔突于山峦之中，山鸟穿翔其间，构图比较自由奔放。从漆棺画上，我们分明可以看出，北魏时期的移民文化——草原文化与中原文化——"并而未合、汇而未融"的时代气息和特征。

北朝乐府民歌《陇头歌辞》:"陇头流水,流离山下。念吾一身,飘然旷野。朝发欣城,暮宿陇头。寒不能语,舌卷入喉。陇头流水,鸣声呜咽。遥望秦川,心肝断绝。"这首诗形象地描绘出北方旅人(也可能是移民)艰苦的生活以及行人的孤独飘零,山路的险峻难行,北地的刺骨严寒,以及思念家乡的悲痛情绪,无不一一跃然纸上。

北周时期,向宁夏移民的规模越来越大,仅次于汉代。移民主要来自于南方水乡,这对于提高宁夏农业生产水平,改变城乡风俗习惯起到了重要的作用。周武帝宇文邕建德三年(574),首先从南方移民2万户安置于怀远县(今银川市东郊掌政境内),并在原怀远县的建置之上增设怀远郡,管辖范围基本上相当于今银川平原河西灌区的全部。也就是说,河西灌区的农业生产又得到恢复性开发。

到宣政元年(578),北周大将王轨打败南朝陈国大将吴明彻,并将其所部3万余人全部强制性集体迁移到灵州(今吴忠市利通区境内)屯田。吴明彻是陈国(都城今南京市)将军,籍贯秦郡(今江苏六合),其部将士皆为南国子弟。他们的移屯,给宁夏带来了先进的文化和生产技术,也改变了这一带的风俗。在北宋乐史所著《太平寰宇记》一书的《灵州·风俗》中记道:"(灵州)本杂羌戎之俗。后周宣政二年破陈将吴明彻,迁其人于灵州,其江左之人尚礼好学,习俗相化,因谓之塞北江南。"后来,北宋曾公亮又编成《武经总要》一书,在怀远镇下记道:"(怀远)有水田、果园……置堰分河水灌田,号为塞北江南即此也。"

所谓"尚礼好学",是一种社会文明,即农耕文化(汉文化、儒家文化)的典型表现;所谓"水田",就是种植水稻之田。今宁夏人仍称稻田为"水田",它与一般的"水浇地"不同。这也就是宁夏之所以被称为"塞北江南"的由来。宁夏平原土地肥沃,引黄自流灌溉,气温、雨水、昼夜温差、温度等气候条件,土质、水质等自然条件非常适合水稻的生长。经过包括北周移民在内的历代移民的持续努力,终于培育出闻名天下的宁夏大米。唐代诗人韦蟾"贺兰山下果园成,塞北江南旧有名"的诗句,说的就是大夏和北周对这一地区的移民开发。而这首诗也成为宁夏移民开发文化的重要篇章。

这一时期的移民，除留下了"尚礼好学"的文化习俗及"塞北江南"的美誉外，在语言方面也有遗留。据研究，今天宁夏人常常说的"巷（hang）子"、"鞋（hai）子"、"芥（gài）末"、"芸芥（gài）"、"解（gǎi）开"等语汇，实际上是江南人的方言。在建筑方面，今宁夏的民居建筑门口有廊檐，也是保留了"江左之风"之故。

唐朝时期，宁夏是中原王朝在北方的重要军镇；安史之乱时（755—763），宁夏还曾是全国的政治中心。这期间，唐朝在宁夏的屯垦事业相当发达，主要是驻军的军屯和为了保障军队供应的民屯（营田），所以移民规模大、人数多。唐太宗贞观年间（627—649），政府于"沃衍有屯田之州，则置营田使"，专管屯田事宜。高宗麟德年间（664—665），宁夏平原因屯垦规模不断增加，以至出现了农业与牧业争地的矛盾。

为了解决这一矛盾，政府将灵州境内的牧业部落迁移到黄河以北的指定范围进行放牧。武则天天授元年（690年），大将娄师德"知营田事"，"衣皮袴，率士屯田，积谷数百万，兵以饶给，无转馈和籴之费"。到开元、天宝之际，宁夏共有71屯从事农业生产，屯田面积达40余万亩。而宁夏的人口也由东汉末年的不足10万增长为60余万（农牧业总人口）。

唐代诗人魏兼恕《送张兵曹赴营田》诗，非常形象地反映了唐代的"营田"事业，是宁夏移民文化的重要文献："河曲今无战，王师每务农。选才当重委，足食乃深功。草色孤城外，云阴绝漠中。萧关休叹别，归望在乘骢。"

从政治、军事的需要出发，唐在这里续修和新建了许多水利设施。见于史籍记载的有光禄渠、御史渠、薄骨律渠、特进渠、尚书渠、汉渠、胡渠、百家渠、七级渠、千金陂等。在上述众多的渠道中，以御史渠的溉田面积为最大，据宋王应麟《玉海》卷二二三一《郭子仪家传》说，它由郭子仪主持开凿，溉田2000顷。盛唐时，宁夏的引黄灌溉面积总数超过100万亩。大历十三年（778），吐蕃攻灵武，填塞汉渠、御史渠、尚书渠等水口，以破坏唐军屯田。几十年后，李昕又将它们恢复起来。

唐时的内地移民，一是屯田军士及其家属，二是罪犯人等。这说明唐时宁夏的生产、生活和开发条件依然比较艰苦。内地移民并非自觉自愿。

近年来，宁夏各地陆续发现和发掘了多处唐代墓葬，出土了大量文物。有一个现象非常值得注意，那就是：凡是有墓志铭的墓主，绝大多数都是外省籍人士。比如 2003 年，吴忠市西郊、北郊唐墓群，共发掘建筑基坑唐墓 200 多座，只出土了一方墓志，这说明，这些唐墓都是平民墓。有墓志铭的墓主是"吕氏夫人"，其祖籍是"故东平郡"。唐代的东平郡在今山东郓州，因此说，"吕氏夫人"是山东人。这虽是"一方"墓志，却很有代表性。

2011 年出版的《宁夏历代艺文集》共收集了 13 方唐代墓志铭，其中"史氏家族"虽然是"原州平高"人，但有学者认为他们是"昭武九姓"人，非宁夏土著；"皇甫家族"的祖籍也非宁夏土著，《银青光禄大夫太子少保安定皇甫公墓志铭》说：墓主皇甫镛的祖先是"汉迁安定朝那"，也是外省籍人士。只有梁肃墓志说梁氏家族"其先安定人"。这样说来，这 13 方墓志铭的主人有 12 人是外省籍人士。这种现象说明，唐代宁夏增加的人口，主要是从外地因各种原因迁徙而来的移民。这也可从墓葬葬俗看出端倪。

据宁夏文物考古研究所《吴忠西郊唐墓》一书的"结语"说：吴忠唐墓的形制与洛阳、西安地区的形制一样，但其葬俗又略有不同：一是吴忠唐墓大多不用棺木；二是吴忠唐墓大多都头朝西、朝南；三是流行合葬与一墓二次或二次以上埋葬。这些葬俗说明，吴忠葬俗文化与洛阳、西安等地的葬俗是有历史渊源关系的，同时又具有自己的地方特点。这种特点证明，唐代吴忠地区的生活水准要略低于洛阳、西安。因此墓葬显得简陋，随葬品也较寒酸。

但是，唐朝移民的最大特点是少数民族的大量迁入和羁縻州的设置。这种情况一直延续到五代十国。关于这一点，将在下一目"来自边地的移民（少数民族安置）及其文化遗存"中予以介绍。

宋朝时期，党项人不断壮大和移居宁夏，并以宁夏为中心建立了西夏地方割据政权（有专章介绍）。为了解决对西夏战争的军粮问题，北宋在包括宁夏在内的西北地区大力兴办屯田和营田。在宁夏的屯田主要有：

（1）灵州屯田，也称贺兰山下屯田。宋太宗至道元年（995），陕西转运使郑文宝于贺兰山下"见唐室营田旧制"，便建议宋室采用唐朝屯田之法，解决边地军粮，开创了宋代屯田的先河。真宗咸平二年（999），派秘书丞何亮与转运使陈纬到灵州屯田；次年，又派名门之后裴济（唐时宰相裴耀卿的八世孙）担任灵州知州兼都部署。裴济到任后，即于灵州城下屯田。咸平五年三月，由于李继迁攻陷灵州，裴济战死，灵州屯田遂告一段落。灵州屯田时间虽然很短，但屯田之利"民甚赖之"，还是颇见成果的。

（2）清远军屯田。淳化五年（994）八月，郑文宝建议筑置清远军（址在今盐池南宁甘省界附近），并在此主持屯田。由于这里的自然条件十分恶劣，尽管郑文宝发挥了最大的主观能动性，留屯数千人，又募民植树造林、负水灌溉，竭力改善生态环境，但终归失败。如今只留下了一座古城遗址。

（3）镇戎军屯田。这是宋代在宁夏最重要的屯田。咸平四年（1001），陕西转运使刘综首次建议在此屯田，由知镇戎军李继和充任屯田制置使。后继者还有曹玮。曹玮在镇戎军募弓箭手给以闲田，蠲其徭赋，如有战事，则可参加正规军为前锋。从此"官无资粮戎械之费"。曹玮的这个办法，产生了很大影响，其后，鄜延、环庆、泾原以及河东诸州都相继效法。

（4）笼竿川屯田。笼竿川，址在今宁夏隆德县。北宋大中祥符四年（1011）筑城；同时又于要害之处建立笼竿、羊牧隆城、静边、得胜等四堡寨，招募弓箭手屯田。由于笼竿城的地理位置和经济发展，至宋仁宗时，不但跃居四寨之首而一枝独秀，即使同陕西沿边的某些州郡相比，也是有过之而无不及。庆历三年（1043）正月，在王尧臣的建议下，宋朝便将德顺军治于笼竿城。目前，"得胜寨印"和笼竿城遗址均被发现。

"得胜寨印"，为铜质方形印，印面边长 5.3 厘米，长方形扁柱纽。印面铸汉字九叠篆体"得胜寨印"四字，竖行，自右至左书写。背面印纽两侧分别镌刻两行行书体汉字"大定四年"、"少府监造"。

2010 年 4 月，在隆德县城东南角的一个建筑工地上发现了一段东西长约 400 米，南北约 200 米的黄土夯筑的残墙，墙基最宽处为 45 米，墙顶最宽处为 17 米，墙体最高处达 18 米，东南角还有角楼残墩。后经进

图下 2-3　笼竿城
遗址　周兴华摄

一步探察，又发现了好几处城墙的断垣残壁，将这些时断时续的旧城墙连接起来，一座边长约千米的矩形古城便清晰地呈现在人们面前。专家根据文献记载和土样化验结果，断定这就是宋代笼竿城遗址。

（5）熙宁寨屯田。熙宁寨，址在今固原市原州区北，始置于神宗熙宁元年（1068）。神宗熙宁三年（1070），蔡挺在此屯田养兵。其经营方式有两种：一为募人佃种，此属营田性质；一为募弓箭手和兵卒耕种，此属屯田性质。

20 世纪七八十年代，在固原各地发现大批宋代用于作战的弩机。弩机的"望山"（瞄准装置）上刻有何地、何人、何时制造的铭文，如"郓州都作院张安造"、"元祐三年二月上旬毛胜造"等等。这些文物是宋代在宁夏南部募弓箭手屯田的实物佐证，也是宋代移民文化的重要遗留。

元代，宁夏再次出现移民开发的小高潮。蒙古大军灭亡西夏以后，于中统二年（1261），在西夏故疆设立西夏中兴等路行省，又或设西夏宣慰司、惠民局，或设宁夏府路，其中心都在故夏国的京畿地区，即今宁夏引黄灌区。设省之初，还命大科学家、水利专家郭守敬协助张文谦、董文用"行省西夏中兴等路"。郭守敬来到宁夏后，经过调查研究，否定了另开新渠的主张，将当时境内废坏淤塞的长 400 里唐徕渠和长 250 里的汉延渠及秦家渠等，重新修浚疏通，"更立犕堰，皆复其旧"，"溉田十万余顷，人蒙其利"。既节省了人力、物力，又保证了当年及时耕种。他还给遭受战争摧残的当地农民和外来移民"授田种，颁农具"，为恢复和发展宁夏地区的农业生产作出了杰出贡献。

元代把宁夏作为移民的重点地区，目的是要把宁夏建设成为西北的粮食生产基地，以支撑对西和向南庞大战争的需要。管理屯田的机构有：宁夏等处新附军万户府屯田、宁夏营田司屯田、宁夏路放良官屯田等。移民的主要来源是"发迤南新附军"，"金发随州、鄂州投降人民"等。他们是南宋长江中游两湖地区（今湖南、湖北）的降军和被迁赶的民众。其中新附军1382户，其他民众1107户，按每户平均老少两代5口人计，约1万多人。加上其他方面的移民，总数在7万口左右。

此外，元代在六盘山设立军事基地，又在开成建立安西王相府，所以元代不仅在黄河两岸屯田，就连六盘山地区也成为移民屯田的重点地区，还在六盘山地区设立开成路屯田总管府，曾先后有汪惟和戍守四川军队5000余人，陕西籍军人3000余人，巩昌驻军5000人，调往六盘山屯田。据《元史·成宗本纪》记载，当时"自六盘山至黄河立屯田，置军万人"。至元二十六年（1289），朝廷命"徙瓮吉剌民户贫乏者就食六盘"（《元史·世祖本纪》），说明六盘山的屯田已经做到了自给自足，取得很大的成绩。

在固原市开城遗址，考古人员发现了一个忽必烈时代的"至元铜权"。这是宁夏迄今为止发现的唯一一个元朝时期的铜权。权就是校秤砣，亦即标准秤砣。这个"至元铜权"为青铜铸成，上面有方形穿鼻，下面是六面体塔形，底座是喇叭形，高10.05厘米，厚3.5厘米，底面直径5厘米。正面阴刻"开成路"，背面刻"官造至元二十三年"。此铜权铸成于元朝至元二十三年，即公元1286年。作为官方标准衡器，说明当时宁夏的移民经济贸易已十分活跃和繁荣。

元代移民文化，在地名方面也有反映。吴

图下 2-4　宁夏固原发现元世祖忽必烈时代"至元铜权"固原博物馆提供

忠巴浪湖和波浪渠，元代的名称叫勃朗台湖和勃朗台渠，即是以蒙古人名命名的地名，后以音转，叫巴浪湖和波浪渠。今同心南 35 公里处有个叫阿布条的村庄，也是以蒙古族人名为名。今同心东南 43 公里处有个村子叫亚尔玛尼，这是阿拉伯语的音译，意为"安全"。至于同心"预旺"，原写作"豫王"，是元代豫王所住之地。其人系阿忒思纳失里、斡鲁赤之后，天历元年（1328）由西安王进封。

在姓氏方面，今宁夏西海固地区的铁、妥、脱诸姓及吴忠地区的撒姓，据说也是由蒙古人的姓氏转来。

朱元璋推翻元朝统治，建立明王朝，但是退往漠北的残元势力并不甘心失败，蒙古各部不断内犯，以图恢复丢失的江山。宁夏地处北边要塞，自然成为明廷抗击蒙军南下的主要战场之一。明初时，由于刚刚夺取政权，控制力量有限，对于北方暂时鞭长莫及，所以宁夏府等地区被暂时放弃，组织官府和人民内撤，"空其城"，成为无人区。

洪武九年（1376），朱明政权巩固，重新开始经营边地，将原迁出宁夏之民复迁回原地；同时又从内地"迁五方之人实之"，大量向宁夏移民，并执行"十之七屯种，十之三城守"，即担任屯垦和军卫双重任务。这些戍边军屯的官员，大多是跟随朱元璋打天下的安徽老乡和帮助朱元璋发家的江浙籍将领，其所带领的子弟兵当然也以这些地区的人员为主。后来随着屯田数日益增加，也有从山、陕、甘等地招徕或自流而来的大量劳动力作为补充。在长城、贺兰山等第一线轮流值守的国防军（班军），大都从宁夏周边各省抽调。

据不完全统计，明代参加屯种的卫所军户约为 3 万户，5 万多人。班军人数视形势而定，一般在 3 万至 7 万人之间。明代的移民是世袭制，凡户口定为军户、匠户等，其后代的身份也无法改变。

洪武十二年（1379），宁正兼领宁夏卫事，修筑汉唐时的旧渠，引河水浇灌屯田数万顷，军能自给。永乐六年（1408），屯军达 14184 人，军屯土地 8337 顷。到嘉靖时，宁夏总镇合计屯田 15000 余顷，夏秋两季共征粮 19 万石。万历十四年（1586），宁夏屯田数达 18825 顷（以上数字均包括民屯）。

与军屯、民屯同时存在的还有商屯。所谓商屯，乃是指由商贾负责出资招募无地的贫民到边疆垦种。洪武三年（1370）九月，开始实行"纳米中盐法"，即动员盐商担负输转粮饷之责：盐商输米2.5斗到边塞，户部允许贩盐一引（200斤），以运费代纳引税，此即所谓"省运费以给边储"。

盐商为争得生存和发展，力求适应纳米开中制。于是自筹资金、自募农人屯耕于各地。这些富商大贾，"自出财力，自招游民，自垦边地，自艺菽粟，自筑墩台，自立保聚"，从而形成一些新的村落。这些屯村的垦殖者曾自发地在农田上及其周围开凿沟渠，引黄河水灌溉，兴筑了不少的小型水利工程。当时的商屯甚为活跃，逐渐成了永乐以后九边

图下 2-5　灵武郭家寨子遗址　"郭家"是当地一富商大贾。图中一个个圆坑系当地人"挖宝"所留下的遗迹　杨森君摄

军饷供应的一支不可忽视的力量，对边防起到了较大的积极作用。

明代在宁夏军屯移民，还给我们留下了大量卫所屯堡建置，奠定了今日宁夏城市分布的基本格局。

由于宁夏区位特殊，始终属于双方交战的重要战区，所以明廷在宁夏实行军民合一、全民皆兵的军卫管理方式，于黄灌区先后设立宁夏镇，上隶陕西都指挥使司（后改由陕西三边总制节制），下辖镇城的宁夏卫、宁夏前卫、宁夏左屯卫、宁夏右屯卫、宁夏中屯卫（号为宁夏内五卫）。

辖区又分五路，即南路邵刚堡（在今青铜峡市境内）、北路平虏城（今平罗县）、中路灵州（今灵武市）、西路中卫（今中卫市）、东路后卫（即花马池，今盐池县），合称宁夏七卫。每卫各有5个千户所，千户所下辖若干百户所、总旗和小旗（按明代军事编制，5600人为卫，1120人为千户所，112人为百户所，50人为总旗，10人为小旗），外加灵州守御千户所、平虏守御千户所、兴武营守御千户所、韦州群牧千户所，合

计38个千户所。卫所之下又设屯堡和烽堠。到嘉靖时，宁夏镇有屯堡90个，烽堠485个。

这些卫所、屯堡中的一部分是以江淮籍屯长的姓名命名的，其部属也多为江、淮、浙籍士兵。据《嘉靖宁夏新志》引述《宁夏旧志》云："宁夏堡寨，以人名、事名、地名……即以其屯长姓名命堡，如叶升、李俊、王太之类是也。"

属于宁夏卫的有：潘昶、金贵、李祥、杨和、王泰、王铉、任春、叶升、汉坝、河中、河西诸堡寨。

属于宁夏左屯卫的有：蒋鼎、陈俊、瞿靖、林皋、邵刚、李俊、王铨、刘亮、魏信、张政、唐铎、许旺、王澄及林武马站等诸堡。

属于宁夏右屯卫的有：大坝、靖夷、杨显、平胡、威远、靖虏、雷富、桂文、常信、洪广、姚伏、高荣、周澄、镇朔、杨信、镇北、平羌、新兴诸堡。

属于宁夏中屯卫的有：虞祥、汉伯、金积、中营、镇河诸堡。

属于宁夏前卫的有：谢保、张亮、李纲、周澄、平虏、威镇、宋澄、黄河马寨诸堡寨。

属于宁夏中卫的有：柔远、镇靖、永康、宣和、宁安、威武、石空寺、枣园、常乐、镇虏、控夷、古水井、宁安新堡等诸堡寨。

属于宁夏后卫的有：安定、柳杨、铁柱泉、野狐井诸堡。

属于灵州千户所的有：枣园、吴忠、惠安、汉伯、金积、中营、秦坝关、胡家、夏家、河东关、红崖站、半个城、马家园、大沙井、石沟城、盐池城、清平苑、万安苑、隰宁、萌城、磁窑寨、清水营、横城、红山、红寺等堡寨。

属于兴武营守御千户所的有毛仆剌堡等堡寨。

属于固原卫的有：白马城、海剌都、下马关、红古城、大湾川、黑石头、马刚、任宏寨、开城、马家硖、马祥、满受、马连川、扯木硖、高窑子、彭阳、马圈、杨见、甘礼、庙山、高山、李庄、毛家硖、苏什、张洪、魏信、观音、李景玉、张义、沐家、古城、张玄、杨名、蔡祥、李俊、平满、双峰台、泉水、山城、胡大、杨郎中堡等诸堡寨。

随着岁月的流逝，气候的变化，这其中的一些卫所、屯堡逐渐衰落、荒废了，而另一些则不断发展、繁荣，变成了今日的中心集镇，有的甚至发展成中心城市。如青铜峡市叶盛镇，就是由叶昇（升）堡发展而来。

叶昇，即叶升（？—1392），安徽合肥人，明初军事将领，靖宁侯。洪武二十年（1387），与陈桓统领部队镇守云南。后跟从沐英平定叛乱，此后与胡海讨伐湖广叛乱，活捉夏德忠。之后屯兵襄阳，再次与胡海讨伐赣州叛乱。之后在宁夏练兵、屯垦。洪武二十五年，因为胡惟庸案连坐而被诛杀。此后又因其家与蓝玉联姻，蓝玉被诛后，再次受到牵连。他本人虽然命运多舛，以他的名字命名的屯垦堡寨，却成为今宁夏著名的乡镇，其地出产的水稻，被称为"叶盛白皮大稻"，用"叶盛白皮稻"加工的精米，洁白如珍珠，故有"珍珠米"的美称，是宁夏大米的上品，相传清朝时列为贡米。

又如吴忠市，也是由明代的屯堡"吴忠堡"发展而来。"吴忠"是明朝早期一位屯长的姓名，他是明朝开国功臣、靖海侯吴祯之子，安徽定远人，其父逝后袭靖海侯爵，曾在灵州故地屯垦练兵，他所任屯长的屯堡便称吴忠堡。屯堡附近有个村庄叫"板桥"，据说就是以他母亲的故乡——安徽凤阳板桥——命名的。后因党祸，吴忠被株连致死，死后葬于其父吴祯墓旁。但"吴忠"和"板桥"的地名一直沿用至今。吴忠堡虽属后起，由于它处于古灵州旧地，交通方便，水利设施完善，自然条件得天独厚，所以发展很快，在明、清、民国时代，就有"水旱码头、天下大集"之称。

明代的移民，规模大，持续时间长，影响深远。宁夏的不少家族都在传说他们的祖先是"从大槐树下来的"。至今宁夏很多人喜欢背着手走路，称"小便"为"解手"，据说，这都是明代移民遗留下的习惯和称谓。民间传说：在明洪武至永乐年间的数次移民迁徙中，官兵为防止百姓途中逃跑，往往采用反绑的形式，将移民的双手背在身后捆起，然后用一根长绳连接起来，押解上路。在长途跋涉中，人们需要方便时，只好向官兵报告："老爷，请解手，我要小便。"次数多了，语言就简略了，只要说声"老爷，我解手"，双方就都明白了是什么意思。由于路途遥远，时间长了，背着手走路成了这些迁徙人的习惯，"解手"也成了他们的特定语言。后来，他们的子孙后代继承了这一习惯和用语——这就是今天很多宁夏人（尤其是农村人）喜欢背着手走路、称"小便"为"解手"的原因。

在民居建筑方面，宁夏旧时北部城乡都流行平顶房，这是因当地降雨量稀少而形成的一种建筑风格。但不管天气多么干旱，几乎家家的房屋都留有前伸的廊檐，据说这是由江淮移民带来的风格和习俗。宁夏固原地区流行的"半边坡"式的建筑，则是山、陕、甘移民带来的风俗和风格。今陕西流行的"陕西八大怪"的民谚中，就有"房子半边盖"的说法。

明朝的军屯和移民屯垦，从正面讲是比较成功的，它开发了边疆，减轻了人民负担，在很大程度上保障了军饷供应，解决了财政困难，并对恢复和发展农业生产起到了良好的作用，同时也有利于复员士兵的安置。不过，军屯除了具有以上积极方面之外，也曾有危害森林、草地，破坏生态环境的弊端，可谓兴一利而生一弊。最典型的例子就是兴武营和铁柱泉的兴废。

兴武营，是明代宁夏三个守御千户所之一（另两个守御千户所是灵州和平虏），同时也是当时重要的贸易中心。在历史上，这里就是重要的移民地区，唐代六胡州之一的"鲁州"就设在这里。据考古证明，正统九年（1444）都御史金濂在唐代旧城的基础上始筑此城，设都指挥守备。但今天城池已废，附近数百里已成不毛荒原。

图下2-6 今日兴武营古城 杨森君摄

　　铁柱泉，位于盐池县城西南 36 公里的冯记沟乡。在明朝嘉靖年间，文献记载说，这里水草丰茂、沃野千里，"水涌如柱，泉水甘洌，日饮数万骑弗之涸"。嘉靖十五年（1536）都察院左都御史兼兵部左侍郎（后为兵部尚书）刘天和奉命治理三边军务。他与中丞张文魁"同谋修铁柱泉城，周回四里许，高四寻有余，厚亦如之，城以卫泉，隍以卫城，工图永坚。设操守官领之，置兵一千五百名，马八十六匹，兼募土人守之"，屯军开垦。但仅仅过了数十年，这里就因生态遭到严重破坏而土地沙化，当年"水涌如柱"、"水草丰茂"、"日饮数万骑弗之涸"的泉水和"沃野"早已不见。

图下 2-7　今日铁柱泉城　选自 2012 年 6 月 20 日《吴忠日报》

　　清朝初年，因袭明制。当时的官员认为，要想恢复和发展宁夏的农业，一是移民，二是兴修水利。顺治十二年（1655），宁夏巡抚黄图安提出"化兵为农"、"变兵为民"，将明末大批屯田兵转变为交纳田赋的自耕农，同时将由宁夏调往凤翔府开屯的犹如"遣戍罪军一般"的 500 名兵丁全部释放回宁夏。雍正二年（1724）始，废卫、所，改设府、州、县，前明军卫户籍废除，所有垦民都成为享有自由身份的自耕农民，原承种的土地也就成为这些垦户农民的自有土地。从这一变化中，可以清晰地看到，宁夏广大土著人口，其祖先实际上大多是明代屯垦戍边将士的后裔，主要来自于皖、苏、浙和山、陕、甘等地。

今中宁县"余丁渠"、"余丁乡"的地名，就是这次变更的产物。清代编堡，余下的人丁住堡外渠旁，所以，这条渠就叫"余丁渠"，后来在此建立的乡就叫余丁乡。

顺治十五年（1658），宁夏巡抚黄图安主持疏浚唐徕渠和汉渠。康熙后期，宁夏水利同知王全臣主持开凿了大清渠，随后组织移民到查汗托护（蒙语名称，意为"天然牧场"，今平罗县黄河西岸大片滩地）屯垦。雍正初年，朝廷派户部侍郎单畴书到查汗托护治渠，并号召宁夏文武官员为推动宁夏垦殖出力；单畴书去世后，右通政使史在甲和兵部侍郎通智（满族）先后到宁夏主持开渠，终于开成惠农和昌润两条干渠；同时，朝廷发帑银15万两，招徕宁夏、宁朔、灵州、中卫和固原等地农民万余家到查汗托护等新垦区落户；雍正四年（1726）曾在此地新建新渠和宝丰两个县，只因后来遭大地震毁坏，仍旧并平罗县。乾隆八年（1743），重修因地震毁坏的昌润渠时，又招徕移民3500多户，耕种熟田3167顷。

另一方面，清朝也在固原地区招民开垦，其规模远远超过前朝。据《万历固原州志》载：明末固原州有耕地面积68.94万亩。而据《宣统固原州志》载：到清末光绪三十四年（1908）统计，则"原额民屯更监养廉租等项地"共121.09万亩，较明末增长了约3/4。

固原地区的牧业为主的经济逐渐被种植业取代。但其结果却使生态环境问题日益严重起来，主要表现在森林减少，水文状况恶化，水土流失严重，野生动物锐减。嘉庆、道光年间（1796—1850），有一位叫祁韵士的人路经六盘山，所见到的风景已是"童山如秃，求一木不可得"。林则徐也在他的《荷戈纪程》中写路经此地所见是："一木不生，但见细草。"至清末年间情况更加严重，据《宣统固原州志》载王学伊文称："山则童山，野则旷野。民间炊炊悉赖搜辟荆榛……当承平之时，薪已如桂。"可见生态破坏之严重。

历史上，由于宁夏处于游牧文化与农耕文化的交界线上，所以自古以来，两大部族的迁徙，带来了两大类文化在这里互相碰撞、互相交汇、互相融合和创新发展，使宁夏地区成为天然的多民族杂居区，其文化特点也多姿多彩，并形成了移民文化为纽带，黄河文化为主调的宁夏区域文化。

商周时期少数民族移民的发端：

三四千年前的宁夏曾是西戎诸部游牧的地区。先后被称为鬼戎、犬戎、猃狁和昆夷等，而统呼"西戎"。到周穆王时代，由于"戎狄不贡，王乃西征犬戎，获其五王，又得四白鹿、四白狼，王遂迁戎于太原"[⑩]。太原，也作大原，即今宁夏固原一带。这是自有文字记载以来，中原王朝向宁夏安置的最早的游牧民族（少数民族）移民。这些进入宁夏的戎族，就是文献记载所谓的"西戎八国"的缔造者，在秦帝国统一中国后，他们或内迁融合于诸夏，或远徙加入到匈奴和边远地区其他民族的行列中去，成为中华民族的主要成分与族源之一。

1973 年，在固原市原州区西郊发现了一批文物，出土有青铜鹤嘴镐、锛、铃及各种青铜马具、银饰、饰珠、铁剑残段等 30 余件。1977 年，在原州北约 25 公里的杨郎，发现一座匈奴或义渠族的长方形土坑竖穴墓，出土人骨一副，透雕虎搏驴铜牌两件。1981 年 4 月，在固原市原州区中和乡发掘出一座西周早期墓葬和车马坑，出土铜鼎、簋、陶鬲和其他铜、玉、骨等器物 1000 多件。1989 年，在原州区杨郎乡马庄抢救清理春秋战国时代墓葬和车马坑 49 座。

此外，在原州三营、头营、河川、彭堡和中宁、西吉、中卫、灵武等地，也先后发现了一批春秋战国时期的墓葬。这些墓葬形制分竖穴土坑和土洞墓两类。随葬品有青铜器、车马器、服饰品等，兵器有青铜短剑、矛、刀、鹤嘴斧、镞等，马具有衔、环、当卢等，服饰品有珠饰、动物牌饰等。其中精美的骨质车马器尤为引人注目，说明马不仅用于乘骑，也用于驾车。这些墓葬普遍以牛、羊、马的头、蹄殉葬。陶器数量不多，仅有单耳、双耳罐，勺等。墓中出土的骨器种类和数量也很可观。

这些带有浓郁游牧民族特色的文物，极大地丰富了中华民族古老文化的宝库。同时也说明：（1）移居宁夏的西戎人仍然是"马背上的民族"，农业在生产和生活中所占比重较小，而畜牧经济所占比重较大；（2）他们已过上相对稳定的定居生活（大片的墓地可以证明），这与他们的先辈逐水草而居、迁徙不定的游牧生活有很大差别；（3）尚武、好勇，战争是生活的常态；（4）信仰原始宗教。

图下 2-8　固原地区春秋战国戎人墓葬中出土的部分青铜器　固原博物馆提供

西汉安置匈奴人的"安定属国"：

西汉武帝执政时期，命卫青、霍去病等将领率大军反击北方强大的游牧民族匈奴汗国。元狩二年（前121），右匈奴单于浑邪王受重创，率4万余人（号称10万人）降汉，汉廷封浑邪王为漯阴侯，食万户，并在西北境内特设五个属国，安置这批内附的匈奴人。其中在今宁夏同心县境内设立一个属国，因原属北地郡内，故名北地属国。后从北地郡析分安定郡，属国改隶于安定郡，故改称安定属国。又因属国在安定郡辖之三水县境内，也称为三水属国，其地望大约在今吴忠市境内大罗山一带的红寺堡开发区和同心县的范围内。

所谓"属国"，就是对内迁部落集体进行安置，存其"国号"，内部社会组织、吏治、官号和生产方式、生活方式以及文化、语言、习俗等均不作改变，并让原头人继续自主管理内部事务。但在政治上必须服从中央的大政方针，军事上也必须听命统一调遣，朝廷只派一员"都尉"（称属国都尉），对属国进行监管。这种处理民族问题的方式，似乎已有了类似今天民族区域自治政策的味道。

1983年至1985年发掘的同心县倒墩子村匈奴墓地，共清理墓葬27座，出土随葬品1500余件。这些墓葬多为土坑墓，单人仰身直肢葬，头向比较固定，多朝向北方，骨架大多足高头低，有木棺，一般置于墓穴的左侧或洞室内。墓区墓葬分部稀疏，排列有序。随葬器物除陶罐外，还有动物铜带饰、铜环、铜带扣等青铜文化遗物。其中，长方形透雕动物铜牌饰及肩部绘有一圈波浪纹或弦纹的陶罐最具特色。墓内还有数量可观的五铢钱，钱文款式与满城汉墓出土的相吻合，均为西汉铸造。另外，墓地中还有少量特殊的偏洞室墓，与土坑墓相比有明显不同。这种特殊的偏洞室墓无论从墓葬形制、葬式，还是随葬品、殉牲习俗等方面，均与固原地区春秋战国戎人青铜文化墓葬相吻合。

这些都说明：（1）移居宁夏的匈奴人，仍以游牧经济为基础，饮食主要来源于畜牧；（2）在与汉民族的交往中，也学会了种植谷物，陶器可以证明这一点；（3）与其他民族的商品贸易也较发达；（4）其服饰仍以"胡服"为主，但已有了汉服的影响；（5）过上了定居生活，有城池和家园；（6）葬俗以土葬为主，基本属于竖穴式土坑墓，但也间有偏洞式墓穴，说明戎文化对其有影响；（7）信仰原始宗教。

另外，在各地的匈奴墓葬中，还发现了上千件不同时期的动物纹器物和动物纹装饰品，这些以形象化的艺术手段创造的东西，绝非单纯意义上的艺术品。大量的动物纹饰器与殉牲习俗，虽然表现形式各异，但都反映着同一种文化内涵——借动物与超自然力量沟通，表达了人们对死亡世界及其他超自然力量的理解。匈奴人尊崇天地，言必称天，给汉朝皇帝的信自称"天所立匈奴大单于"，"天地所生，日月所置匈奴大单于"。单于"朝出营拜日，夕拜月"。攻战也要看日月星辰，月盛则攻战，月亏则退兵。

汉乐府·铙歌《上之回》："上之回，所中益。夏将至，行将北，以承甘泉宫。寒暑德，游石关，望诸国。月支臣，匈奴服。令从百官疾驱驰，千秋万岁乐无极。"所谓"望诸国"、"月支臣，匈奴服"，讲的就是"属国"之事。

东汉羌族的迁聚：

羌人，是中国历史上最古老的民族之一，是华夏民族的重要组成部分，也是形成汉族的族源之一。西汉前期，曾与匈奴一起被逐出宁夏。神爵元年（前61），因上年西羌起事，汉宣帝于第二年便命安定、北地、陇西、上郡等地骑兵及降羌骑兵前往镇压。事平后，留万余人在边郡屯田，其中一部分羌人便留居宁夏。到了东汉（25—220）时期，宁夏地区已成为羌族的主要居住地。当时居住在宁夏一带的羌族人口，文献虽无明确记载，但我们可从东汉末年爆发的三次羌族大起义中看出端倪。

据文献记载，当时居住在宁夏一带的羌人，已经归顺东汉政府。经过几十年的繁衍生息，人口越来越多，势力越来越强盛，但政治地位十分低下，饱受地方小吏、刁滑地痞的政治压迫和经济盘剥。他们"或倳偬于豪右之手，或屈折于奴仆之勤"，"皆为吏人豪右所徭役，积以愁怨"⑪。处于苦境的羌人，不断发生骚乱。东汉永初元年（107），邓太后亲政，决定要把西域都护和田卒撤回内地，便征发金城（今兰州）、陇西、天水的羌人随军掩护。被征羌人害怕远戍他乡，不能回家，走到酒泉附近，便纷纷逃跑。朝廷令附近的郡县发兵堵截，而且还把沿途羌人的房屋全部放火烧毁。羌人被逼走投无路，只好起来反抗。

永初二年（108），羌族部落头领滇零便夺取了富平（今宁夏吴忠境内），并在此称"天子"，建立了羌族历史上第一个政权。羌人力量越来越大，势力最盛时，其所控制地域包括今宁夏全境。官军屡战不利，加上郡县守令、长都是内地人，不愿意在此长期战守，都争着向朝廷建议往内地迁移。

于是，在永初五年（111），东汉政府下诏将边塞的四个郡（北地、安定、上郡、陇西）迁往内地。其中，将北地郡的富平县迁往池阳（今陕西泾阳西北），将安定郡（治临泾，即今甘肃镇原境内）迁往美阳（今陕西武功境内）——这就是历史上有名的"边塞四郡内迁"的"首迁"。后来，又根据形势的变化，反复迁徙过数次。于是农业经济被畜牧经济代替，游牧文化又在宁夏地区占据了主导地位。当时位居北地郡之首的富平县，因为羌族人民的三次起义，也三迁其址，最后，于西晋初年，落户陕西怀德，即今陕西富平县。

羌族的文化是畜牧文化。古文的"羌"字，即是"羊"、"人"二字的组合。故《说文》曰：羌"从人从羊"（段注《说文》改为"从羊儿"，儿亦古文的人字），释为"西方牧羊人"。羌族文化入主宁夏，在生产方面的最大成就，就是把以羊文化为标志的各种畜牧文化带入宁夏。他们把野羊驯养成家羊，又用羊毛搓拧成为毛线，用以织"褐"。同时还用连毛绵羊皮"织皮"。贺兰山岩画中有些图案符号与殷墟甲骨文中、、、、（羊）等字相似，说明当时宁夏境内养的羊即是羌人育成的绵羊种，而不是"羬羊"（小头无角的绵羊）。羌人也养马。

东汉时期，羌人在宁夏养羊、牛、马的数量，可从几件事上看出大概：据《宁夏通史》载，汉安帝永初七年（113），零昌别部牢羌和汉骑都尉马贤及护羌校尉侯霸大战于安定，牢羌战败，失牛驴、骡、骆驼、马、牛、羊2万余头；汉安帝元初二年（115），汉将任尚击败羌族义军首领零昌于北地，羌人失马、牛、羊2万头；次年，汉将任尚追羌人首领狼莫于富平上河地区（今中宁东北），狼莫畜群10余万头被掠。

另外，牦牛也是经羌人驯养成功的家畜。这种野牛体大、力大、凶猛、狂暴，成群吃草，触怒了它，整群皆不顾死活地冲来，可以叫你立成齑粉。

魏晋十六国时期匈奴、鲜卑族的入居：

东汉末年天下大乱，宁夏地区的居民大为减少。据统计，西汉时宁夏人口约10万（不包括军队和少数民族），而到东汉仅有2万余。这就客观上为北方各民族的内徙提供了条件。到魏晋间，宁夏地区便成为游牧民族主要的迁居地，时迁居于塞上的主要有匈奴、鲜卑等族。《三国志》载：魏齐王正始元年（240），凉州（今甘肃武威）匈奴别部休屠胡共2000落，在其首领梁元碧的率领下，移居于高平（今宁夏固原）一带，后置西州都护府予以监护。

晋武帝太康五年（284），匈奴又掀内迁高潮，"其入居者有屠各种……黑狼种……贺赖种……凡十九种，皆有部落，不相错杂"[12]。据考证，"贺赖部"亦译为"贺兰部"，宁蒙交界之贺兰山得名即与此部有关。西晋末年，贺兰部又迁移至阴山一带，与鲜卑拓跋部建立军事联盟，并与之世通婚姻。后被鲜卑同化。但"贺兰"姓一直留在鲜卑族中，直到北魏孝文帝改革时，改"贺兰"姓为"贺"姓。

鲜卑族在秦汉时，一直居住于今内蒙古东北和辽宁地区。公元1世纪，北匈奴被东汉击败，鲜卑乘机占领匈奴故地。东汉末年，在南匈奴内迁的同时，鲜卑也南迁。其中，宁夏是他们迁徙、居住的主要地区之一。据《元和郡县图志》载："贺兰山，其东北抵河处，亦名乞伏山。"而"乞伏"为鲜卑部落名称。又据《后汉书·乌桓鲜卑列传》载：东汉

图下 2-9　宁夏贺兰县境的汉墓群　学界认为，此墓群附近可能即廉县旧址。

光和年间（178—184），鲜卑首领和连"出攻北地，廉人善弩射者射中和连，即死"。所谓"廉人"，即廉县屯戍的军民；"善弩射"则为廉人的文化特征。

考廉县为西汉北地郡 19 县之一。西汉末年，王莽建立"新朝"，曾将廉县改名"西河亭"。东汉时恢复原名，为北地郡 6 城之一。是两汉时期管理屯田殖谷、移民实边的县级政治中心，也是贺兰山东麓的边防要塞。东汉羌族起义爆发，迫使东汉政府将包括北地郡在内的沿边郡县政府内迁，廉县全境逐渐成为羌、匈奴、鲜卑等民族的游牧之地。廉县故治在宁夏贺兰县西北境，今属银川管辖。

20 世纪 80 年代，贺兰暖泉汉墓出土了一批陶器、木器、铜器和玉饰品。其中，铜器有弩机、带钩、矛、车马具等，这是对"廉人"善弩射文化特征的一个实物注释。

《晋书·乞伏国仁载记》还记载了几则故事：西晋泰始初，鲜卑乞伏部首领右邻率其部 5000 余户南迁夏缘（今河套北部），鲜卑鹿结部 70000 余落也屯居高平川（今宁夏清水河），后来乞伏部与鹿结部互相攻击，乞伏战胜鹿结，"尽并其众，因居高平川"，再后来他们又徙居牵屯山（今六盘山及香山一带），并继续迁徙到达甘肃靖远、陇西一带，所以史称"陇西鲜卑"。

魏晋时期，先后有陇西鲜卑鹿结部和祐邻部等数万部落迁入高平川（今宁夏清水河地区）。另外，还有鲜卑秃发部也曾在宁夏活动过。"秃发"是从"拓跋"部分出的一支。其始祖与北魏拓跋氏同源。曹魏黄初元年（220），拓跋部首领拓跋桔汾逝世，次子拓跋力微因其母为"天女"，有神异，故得立为首领，即北魏元皇帝，而拓跋匹孤虽为长子不得继位。拓跋匹孤因此愤恨不平，率领一些部族人出走，由塞北阴山、河套一带，沿黄河、顺贺兰山脉东麓南下，至河西、陇西以北，即今内蒙古自治区额济纳旗至宁夏回族自治区北部一带游牧。

　　传说，后来拓跋匹孤的儿子寿阗生于棉被之中，鲜卑语称棉被为"秃发"，寿阗就成为了秃发寿阗，所以这支部落就此得名，称秃发部。族人皆因首领拓跋匹孤不得继位而不平，正好由此皆改姓为秃发氏，摒弃了原拓跋姓。据考证，其实"秃发"本就是"拓跋"的异译读音。据《资治通鉴》载：公元256—263年间，西魏将军邓艾纳秃发降众数万，"置于雍、凉之间，与民杂居"，"其地东至麦田、牵屯，西至湿罗，南至浇河，北接大漠"。因主要散居于黄河以西，故又称"河西鲜卑"。河西鲜卑在宁夏的势力，从西晋年间爆发的树机能起义中可见一斑。

　　树机能是鲜卑秃发部首领匹孤的四世孙，其祖寿阗死后继任首领。泰始六年（270）树机能起事，在万斛堆（即今宁夏中卫沙坡头）与晋将胡烈激战并将其杀死，到咸宁五年（279）起义失败，前后共10年。先后占领了高平（今宁夏固原）、秦州、凉州等重镇，包围了金城郡（今甘肃兰州），并杀死晋将牵弘及秦、凉二州刺史，晋朝野为之震动。《晋书·贾充传》说：晋武帝"每虑斯难，忘寝与食"。由此可见其影响。咸宁三年（277），树机能作战失利，除有20余万人降附外，仍有"万余落"继续战斗。由此可见晋时鲜卑人在宁夏及周边地区势力之众。

　　十六国时期，匈奴铁弗部开始进入宁夏及邻近地区。后秦弘治九年（407），匈奴人刘卫辰之子勃勃自认是夏后氏之裔，遂称大夏王、大单于，正式建立大夏政权。并认为其祖先从母姓"非礼也"，"帝王者，系为天子，是为徽赫，实在天连。今改姓曰赫连氏，庶协皇天之意……"⑬故改姓赫连氏，于东晋义熙十四年（418）称帝，改元昌武，修筑都城统万城（今陕西靖边境内）建立大夏国。

　　大夏政权最盛时其疆域"南阻秦岭，东戍浦津，西收秦陇，北薄于河"。在宁夏南部设高平镇，在北部设白口骝镇（亦称果园城）、饮汗城（亦称丽子园），大量移民屯垦，兴修水利。"白口骝"是什么意思呢？据郦道元《水经注》说："赫连之世，有骏马死此，取马色以为邑号，故目城为'白口骝'。"古代北方少数民族有一个习俗：以白马为崇拜对象，他们在每一次重大庆典活动举办之时，常以杀白马为祭，这在文献上是有记载的。前些年发现的贺兰山岩画对此也有反映。

　　在贺兰山之贺兰口，有一块巨石上凿有一幅岩画，根据其内容，命名为"祭祀图"。画面上有 7 个人连臂起舞，每个人头上都有光圈，表明 7 个人不是普通的牧民。他们或是部落首领，或是巫师。人前有一匹马，是献给神灵的牺牲白马。这就印证了中国古史上记载古代北方少数民族崇尚白色，并有杀白马祭祀神灵的习俗。

据考证，凡是岩画比较集中的地方，就是古代少数民族最崇拜的地方。赫连氏能把修建在"河奇—灵洲"洲渚上的果园城命名为"白口骝"，说明他们对这个神奇的地方的崇拜。也可能，他们曾在此以白马为祭，搞过大型的庆典（祭祀）活动亦未可知。赫连氏入主宁夏后，"以五方之氏各有其姓，故修其教不改其俗，齐其政不易其宜"，有力促进了宁夏移民经济的发展。

赫连氏移居宁夏及周边地区后，即采用了建筑史上别具一格的"蒸土筑城"法，修建都城。这种方法的要领是，先把白土发酵后再板筑夯实。这样筑出的城墙坚硬如铁，可以磨砺刀斧。据说，赫连勃勃派他的部将叱干阿利监工造城，常常用铁锥刺墙，以测试城墙的坚固程度。如果铁锥刺进一寸，不但令拆毁重修，而且还要把筑城工匠夯进城墙内；如锥刺不入，则将持锥者杀死。做法非常残暴。

这座城规模宏伟，富丽堂皇，史书上说"高隅隐日，崇墉际云，石廓天池，周绵千里，其为独守之形险"，"运迈于咸阳，越美于周洛"。城内宫殿修得"崇台霄峙，秀阁云亭，千榭连隅，万阁接屏……飞轩云垂，温室嵯峨"。宫内修饰得"楹雕虬兽，节镂龙螭，莹以宝璞，饰以珍奇"，可谓是"义高灵台，美隆未央（指西汉的未央宫）"。赫连勃勃为这座新建的都城取名为"统万"，意思是"统一天下，君临万邦"⑩。

赫连勃勃在宁夏占有三城：高平城（今固原）、薄骨律城（今吴忠）、饮汗城（今银川）。高平城是夏国军事重镇，也是赫连夏得以发迹的根据地；薄骨律镇就是汉灵州，也是军事重镇，传说有白马名白口骝者死此，北人崇白马，因以名城，后讹转为薄骨律，又因赫连氏在此大量种植果园，亦称果园城。饮汗城又叫丽子园，这里地势高峻，可以眺望山河壮丽景色。特别是面临滔滔黄河，四季景色变幻无穷：春日风波浩浩，浪花喷薄；炎夏雨打洲汀，绰影微茫；晴秋芦花飞白，水天一色；寒冬玉带冰封，银装素裹。加以草木之幽，台榭之胜，大概在赫连夏的

国境中，风景之美是别的地方所无法比拟的，所以成为赫连氏在首都统
万城之外的一个别墅。

"十六国"时期，佛教盛行。大夏国开国皇帝赫连勃勃好大喜功。他
在饮汗城（今银川）北重修一座佛塔，并用自己的名字命名，称"赫连
勃勃塔"，简称为"赫连塔"或"赫勃塔"，讹传为"赫宝塔"、"黑宝塔"、
"海宝塔"，俗称北塔，迄今已 1500 多年的历史了。

南北朝的民族大家庭：

北魏时期，在宁夏设立两个大的军镇，即高平镇（治今宁夏固原）、
薄骨律镇（治今宁夏吴忠），统辖宁夏全境及甘肃、内蒙古的部分地区。
与此同时，还采取安置少数民族降众和从内地移民的办法充实这里的人
口。据《元和郡县图志》：北魏破大夏赫连昌（赫连勃勃之子），收胡户
徙之于汉富平县地，因号"胡地城"（又作胡城，址在今青铜峡市邵岗附
近）。同时还徙敕勒（高车）3 万余家于河西，西至白盐池（今宁夏盐池
县北）。后来，北魏政府还多次将降附的柔然、敕勒等部族安置到高平、
薄骨律等镇。皇兴四年（470），柔然万余户降魏，魏分徙其众于高平、
薄骨律两镇。

公元 6 世纪初，中亚厌哒进攻高车国，杀穷奇，高车（即敕勒）部
众离散，其中一部分投奔柔然，一部分投归北魏。魏宣威将军、羽林览
孟成抚纳高车降众，将其安置于高平镇。"敕勒"是音译，"高车"是意
译。因该部族习用高轮车而名。这种车适合多沟渠的川地和凸洼不平的
山地驱驶。宁夏民谚谓："宁夏有三大：车小辖辘大，房小廊檐大，父亲
叫大大。"其中"车小辖辘大"，即高车移民文化的遗留。而"房小廊檐
大，父亲叫大大"则是各民族移民文化融合的产物。

由于这些少数民族大都以畜牧见长，加上宁夏自古水草丰茂，畜牧
业发达，所以，这里自然便成了北魏的畜牧业基地。正如宋代成书的《太
平寰宇记》所说，在北周时代，宁夏地方的风俗还是"本杂羌戎之俗"
的特点，即证明这时仍以游牧文化占统治地位。宁夏彭阳和吴忠的北魏
墓葬出土有陶俑、陶牛车等文物，也证实了这一点。

1981 年固原南郊发现的北魏漆棺画墓，是一对夫妻的合葬墓，随

葬品多集中在墓主身旁，计有铜、铁、陶、金、银器及波斯银币、珠饰等 70 余件。男棺绘制有精美的漆画，棺盖、前档及左右侧板上绘有天河图、墓主人生前饮宴图、孝子故事画。根据墓主服饰、棺木形制及漆画内容推测，年代约在北魏太和十年（486）前后，墓主人可能是鲜卑人。这些漆画反映了少数民族生活习俗和绘画技巧，其中由单幅画面构成的连续性孝子故事图，已构成了后世连环画的雏形。汉族的传统故事，以鲜卑装束的人物来表现，反映了当时当地的风土人情，为我们了解当时的社会生活提供了形象的史料。

2005 年 5 月至 2006 年 11 月，在吴忠北郊明珠公园及明珠花园商住楼建筑工地共清理北魏、唐墓 123 座。其中墓地内的北魏墓在宁夏北部地区属首次发现。经过两年发掘，共清理出 16 座北魏墓葬、107 座唐代墓葬，在随葬品中发现了陶罐、陶壶、陶鼎以及海螺、贝壳、蚌壳等装饰品。还出土了一枚鎏金的开元通宝，而这样的钱币此前只在开封发现过一枚。大量出土文物和文献记载都证明：北魏、隋唐时期，今吴忠一带是长安以西最重要的城市。据悉，专家通过对葬墓形制、随葬品和葬具的对比研究，初步确定吴忠市北郊发现的北魏墓的族属可能是鲜卑族，对研究北魏时期宁夏北部地区的民族构成、政治、经济和文化提供了较为重要的资料。

彭阳海子塬北魏隋唐墓地，规模仅次于固原南塬北魏隋唐墓地及吴忠西郊、北郊北魏隋唐墓地。从出土器物、墓葬形制等方面分析，此处墓葬属一处平民墓地，随葬品等十分稀少，但因墓葬多未经盗掘，保存完整，对研究北魏隋唐时期彭阳墓葬的形制等提供了新的资料，同时对寻找和确定隋唐"百泉县"故址及其历史沿革提供了新思路。该墓出土的一批珍贵文物，尤其是波斯萨珊卑路斯银币等，极其精美，为研究北魏隋唐时期宁夏固原地区的政治、经济、文化和墓葬习俗以及中西经济、文化交流等方面提供了一批珍贵的资料。

唐代设在宁夏及周边地区的各民族羁縻州：

唐代，尤其是贞观以后，宁夏再次成为容纳包括突厥、鲜卑、柔然、粟特等众多北方少数民族的地区，移民的类型与数量又有增加，特别是少数民族移民，无论是从人口数量，还是从民族成分，都达到了新的高峰。唐廷为安置这些少数民族，又设置了为数众多的"羁縻州"。

"羁縻州"，是以秦汉时期的"典邦国"、"典属国"发展而来，是我国古代管理少数民族事务的一种带有自治性的地方行政单位。在古汉语中，羁字原意为马络头；縻字原意为牛靷。羁縻，喻牵制联系之意，藉以形容天子与边疆四裔之关系，羁縻不绝。"羁"和"縻"连用于政治术语，始于西汉武帝时。唐代的统治者把羁縻政策推向高潮并取得了辉煌的成就。

据记载：自唐太宗平定突厥，西北各少数民族便纷纷归附内属。太宗"即其部落列置州县，其大者为都督府，以其首领为都督、刺史，皆得世袭。虽贡赋版籍，多不上户部，然声教所暨，皆边州都督，都护所领，著于令式"⑮。并提出了对少数民族和汉族要"爱之如一"。虽然在当时民族压迫制度的历史条件下不可能真正做到，确也在一定程度上减轻了对少数民族的歧视，改善了汉族与少数民族的关系。

唐代的羁縻州（府）数量很多，总数达 865 个之多。其中，"突厥、回纥、党项、吐谷浑隶关内道者，为府二十九，州九十。突厥之别部及奚、契丹、靺鞨、降胡、高丽隶河北者，为府十四，州四十六。突厥、回纥、党项、吐谷浑之别部及龟兹、于阗、焉耆、疏勒、河西内属诸胡、西域十六国隶陇右者，为府五十一，州百九十八。羌、蛮隶剑南者，为州二百六十一。蛮隶江南者，为州五十一，隶岭南者，为州九十三。又有党项州二十四，不知其隶属"⑯。

唐时宁夏属关内道，归京畿管辖，主要安置的是内附的突厥和铁勒诸部。其中在宁夏及周边地区（灵、夏、原、盐等州）共设置 51 个羁縻州 15 府。著名的羁縻州府有鲁、丽、塞、含、依、契等"六胡州"及皋兰、高丽、祁连、东皋兰、燕然、燕山、鸡田、鸡鹿、烛龙、安乐州（长乐州）等。这些羁縻州府的位置大都在今宁夏中南部及与陕西、内蒙古交界地带。

关于前后"六胡州"设置的时间和地理位置，《旧唐书·地理志》"灵州大都督府"条有明确的记载："贞观二十年（646）铁勒归附，于（灵）州界置皋兰、高丽、祁连三州，并属灵州都督府。永徽元年（650），废皋兰等三州。调露元年（679），又置鲁、丽、塞、含、衣、契等六州，总为六胡州。开元初废，复置东皋兰、燕然、燕山、鸡田、鸡鹿、烛龙等六州，并寄灵州界，属灵州都督府。"《元和郡县图志》也说"调露元年于灵州南界置"。但《新唐书·地理志》与此稍有差异，说置"于灵、夏南境"。

羁縻州有大、小之分，大者为都督府，小者为州（间有特小不称州而称县者），州属于都督府，都督府属于都护府，都护府属于边疆的道。都督府设都督，州设刺史，皆由当地首领充任，得以世袭。据《册府元龟》卷九二：羁縻州的居民有旧、熟户之分，"旧户久应淳熟。熟户既是王人，章程须依国法"。所谓"王人"，就是有编籍的百姓。

因此，"羁縻州"既是唐代一项重要的民族政策，也是一项重要的政治制度，含有"民族区域自治"的初始特点：

（1）以原有的民族政权、部落活动范围作为羁縻府、州的行政区划的基础（后期也有侨居他地者，如东皋兰、燕山等州）。

（2）以原有民族政权、部落首领为都督、刺史，递相统率，并得世袭，由都护或边州都督统领节制。

（3）居民不直接向唐王朝缴纳赋税，由首领向唐朝进献方物土产。

（4）可以保留本部兵卒，守疆卫土，但要服从唐朝朝廷的调遣。这一特殊的行政管理政策和制度为后世继承和仿效，为中国这个多民族国家的形成和发展做出巨大贡献。

唐朝安置突厥、铁勒、沙陀于宁夏：

突厥，本是西域小国。据《隋书》记载，其祖先是十六国时期居住在宁夏南部一带的"平凉杂胡"。但更多的说法是突厥出自铁勒集团。铁勒，历史悠久，在不同的历史时期有不同的称谓。汉魏时期称"丁零"，北魏时期叫"高车"，隋唐则称"铁勒"。其分布范围很广，主要活动于叶尼塞河上游唐努山、萨彦岭一带，后来迁徙至天山东麓。《隋书·铁勒传》云，共有40余部，虽然姓氏有别，但总号为铁勒，突厥属其一支。

大约6世纪中叶，突厥征服铁勒。至隋唐，突厥已成为漠北最强大的汗国，其势力已深入宁夏。唐贞观四年（630），唐大败突厥，颉利可汗率10万部众附唐，唐太宗采取温彦博的建议，将其安置在灵州至幽州一线，建立了顺州、祐州、化州、长州四个都督府以分管突厥部。唐完全按照突厥族原有的风俗习惯和统治结构予以安置。对于所降的部落首领，按其原有职别分别拜为将军、郎将。将军、郎将以上的有 500 多人，其中五品以上的官员竟达百余人。又以思摩赐李姓，任右武侯大将军、化州都督；突利可汗被任命为顺州都督，均统帅原有部众⑰。

贞观十年（636），阿史那社尔率其部众归附唐朝。唐授其为左骁卫大将军，并招其为驸马，将衡阳长公主嫁给他。其部属也被安置在灵州境内。阿史那社尔以后屡立战功，官至右卫大将军，去世后赠辅国大将军、并州都督，陪葬昭陵。

贞观二十三年（649），突厥沙钵罗护叶率众归附，唐朝将阿史德特建俟斤部落置于皋兰、祁连二州，隶属灵州都督府。

铁勒在 6 世纪中叶被突厥征服后，一直处于突厥的统治之下，隋末、唐初逐渐壮大起来。其部大约有十多个部落，人们一般简称其为"九姓铁勒"。据史书记载，铁勒人虽"姓氏各别"，"但并无君长"，后来才有"酋帅"。其经济生活以游牧、射猎为主，风俗习惯"大抵与突厥同，唯丈夫婚毕，便就妻家，待产乳男女，然后归舍，死者埋殡之"⑱。

贞观初年，铁勒的薛延陀、回纥、咄摩支、拔野古、仆骨等 10 余部反叛突厥。除薛延陀强大后在漠北建立汗国外，其余诸部都加强了与唐朝的联系并有意归附。贞观六年（632），置缘州（今宁夏海原境内），领突厥降户。

贞观二十年（646），铁勒咄摩支部降唐。唐太宗得知此一消息，便下诏书说：铁勒"诸部或来降附，或来归服，今不乘机，恐贻后悔，朕自当诣灵州招抚"。于是，他一面发大军将薛延陀部消灭，一面做好了接受其余诸部归附的准备。贞观二十年九月初，唐太宗抱病赶赴灵州。中旬，铁勒诸部首领相继而来，有几千人之多。太宗接见了他们，铁勒首领也"咸请列其地为州县"。唐太宗同意了他们的请求。为了纪念这次具有历史意义的盛会，太宗还创作了一首五言诗，其中有"雪耻酬百王，除凶报千古"之句，并勒石为铭。

唐朝为铁勒诸部共建立六府、七州，其中的皋兰州、高丽州、祁连州、缘州等在今宁夏境内。宁夏青铜峡市玉泉营曾发现契苾何力孙女墓葬。据墓志记载：其丈夫为左屯卫将军、皋兰州都督浑氏，契苾氏去世时年仅24岁，葬于皋兰州。当时的皋兰州主要安置浑部。以浑部酋长大俟利发浑汪为皋兰州刺史。浑氏在之后的200年中，史籍有记载的大将约有30多人，其中浑释之曾任朔方军军官，积功上升到开府仪同三司，试太常卿，封宁朔郡王；其子浑瑊为平定"安史之乱"的中兴名将、唐德宗时宰相。

沙陀，原名处月，为突厥之别部。原居金娑山（今新疆维吾尔自治区博格达山，一说为尼赤金山）南，蒲类海（今新疆东北部巴里坤湖）东。因其居地多大沙丘——沙陀，故号沙陀突厥，简称沙陀。

唐宪宗元和三年（808），沙陀酋长朱邪尽忠和长子朱邪执宜终于忍受不了吐蕃的挤压，率部众3万投归唐朝，途中朱邪尽忠为吐蕃追兵所杀，朱邪执宜率残部约万余人、马3000匹来到灵州。唐朝将其安置在盐州，设阴山都督府，以朱邪执宜为兵马使，流散各处的沙陀人相继归来，势力逐渐增强。朱邪尽忠的弟弟葛勒阿波也率残部700人投奔灵盐节度使范希朝。这是沙陀内迁之始。

唐懿宗时，朱邪执宜的儿子朱邪赤心率骑兵帮助唐朝镇压庞勋起义，被授予大同军节度使，赐姓李，名国昌，后又因助唐抵御回鹘而迁为鄜延、振武节度使。此后，沙陀代有名人，如李克用（国昌子）、李存勖（克用子）、李嗣源等。

唐代吐谷浑内迁宁夏：

吐谷浑源于鲜卑东胡系统，是一个十分古老的游牧民族，原居"徒河之青山"（今辽宁义县东北）。公元4世纪，由于战乱迁徙至甘肃、青海地区，与氐、羌杂居。

隋时，吐谷浑王伏允对中原王朝（隋）很不友好，经常劫掠商旅行人、侵犯边塞。隋炀帝曾亲率数十万大军征讨，伏允大败而逃，到党项部落领地避难。隋炀帝立伏允子慕容顺为王，令其统率吐谷浑余众。

唐灭隋后，慕容顺率部来归，从江都到了长安。伏允也曾与唐朝友好了几年。唐太宗即位后，伏允又故伎重演，屡次犯边。贞观九年（635），唐太宗诏名将李靖、侯君集、李道宗等率兵征讨。伏允兵败自杀。伏允的儿子慕容顺早就对其父的内政、外交政策不满，这时见时机已到，便杀了国相天柱王，率众降唐。继位以后，他采取了与其父截然不同的政策，与唐朝通好。唐太宗便封其为"西平郡王"、青海国王，食邑一万户。但很快慕容顺又被叛臣所杀。其子燕王慕容诺曷钵继承了吐谷浑王位，继续与唐朝通好。

贞观十年（636），诺曷钵亲往长安谒见唐太宗，并请求与唐室通婚。唐太宗答应了诺曷钵的请求，以弘化公主下嫁。贞观十三年（639）冬，诺曷钵到长安迎娶。翌年春完婚归国。弘化公主是唐高祖李渊弟弟李道明的女儿、唐太宗李世民的亲族妹，是唐朝第一位和亲的公主，也是唐朝所有和亲公主中与皇帝血缘最亲近、地位最高的一位。

龙朔三年（663），位于青藏高原上的强悍民族吐蕃进攻吐谷浑国并占领其国土。诺曷钵请求唐朝帮助其复国。咸亨元年（670），大将薛仁贵受命支援，但因其副将郭待封贻误军机，对吐蕃战争遂告失败。吐谷浑完全失去了复国的希望，便要求"内属"。

咸亨三年（672），唐廷将诺曷钵部先迁至浩亹水（今青海大通河）南。可是诺曷钵以吐蕃势盛、不能安居，提出内迁。唐高宗便诏命左武卫大将军苏定方为安置大使，迁其部众于灵州之地，在今红寺堡南罗山脚下的红城水置安乐州，以诺曷钵为刺史，"欲其安而且乐也"⑲。

1974 年，在下马关赵家庙发掘一座被盗掘过的唐墓，清理出了一方十分珍贵的墓志。据墓志载，此墓主是吐谷浑诺曷钵曾孙慕容威。慕容威，又称慕容神威（？—758）。慕容神威在世时，长乐州为吐蕃国属地。慕容神威任长乐州游奕副使。乾元元年（758）去世，葬于长乐州南之原，即今下马关赵家庙。

长乐州慕容氏自咸亨三年（672）诺曷钵率残部入灵州境置安乐州任刺史起至慕容复死后"停袭"，共袭封六世历经至少 126 年。一个多世纪，他们在这里劳动生产，繁衍生息，对民族的进步，地方经济的发展和民族文化的交流都产生了深远的历史影响。

唐代昭武九姓内迁宁夏：

"昭武九姓"，是中国自南北朝至唐时期对从中亚地区来到中原的粟特人（铁勒人之一部）或其后裔小国的泛称。《北史·西域传》说，"其王本姓温，月氏人，旧居祁连山北昭武城，因被匈奴所破，西逾葱岭，遂有国。枝庶各分王，故康国左右诸国并以昭武为姓，示不忘本也"。其实不止九姓。《新唐书》除以康、安、曹、石、米、何、火寻、戊地、史为昭武九姓，还以东安国、毕国、怖捍、那色波附于其间，曹国又分为东、西、中三国。另据《北史》、《隋书》，乌那曷、穆国、漕国也是王姓昭武的国家。

昭武九姓人以擅长经商而闻名于世。粟特人进入宁夏地区，大约在北朝时期，北魏破大夏，曾收"胡户"安置于"胡地城"。此胡户中就有粟特人。

唐代，宁夏及周边地区的"六胡州"，是安置昭武九姓胡的主要地区之一。另外，当时宁夏南部的原州也有昭武九姓人聚集。

唐贞观四年（630），东突厥颉利可汗降唐，原突厥中的昭武九姓部落随之归附入塞。唐为安置这批昭武九姓，便设置了鲁、丽、塞、含、依、契六州，即"六胡州"。关于六胡州的地望，《旧唐书·地理志》说在"灵州南境"；《新唐书·地理志》说在"灵（州）夏（州）南境"。元和年间，宰相李吉甫在《元和郡县图志》中说："国家旧置六胡州在灵州界内。"从各种迹象看，六胡州应在今宁、陕、内蒙交界地带。初期的六胡州规模较大，人口众多，这可从康待宾作乱"进逼夏州"时"有众七万"看出端倪。

但是，由于六胡州是属于羁縻州的性质，昭武九姓人在这里保持了较为巩固的部落组织，并未完成部落民向唐之编民的转变，虽然唐廷以部落首领为各州刺史（包括都护、县令），民族矛盾仍然突出。这从几个州频繁的并、废变化中即可看出：调露元年（679）设六胡州，长安四年（704）便将六州并为匡、长二州，神龙三年（707）又置兰池都督府，撤销匡、长二州的建置，将六胡州更为六县，仍属兰池都督府……这样频繁的变更，当然会引起不满，终于在开元九年（721）六胡州人康待宾起兵作乱，"夏四月，攻陷六胡州，有众七万，进逼夏州"。唐玄宗诏命朔方大总管王晙与陇右节度使、御林将军郭知运共讨康待宾。直至七月初四，王晙才将叛军彻底击败，生擒康待宾，斩杀叛胡1.5万人。十六日，康待宾被腰斩于长安[20]。

　　唐廷在平息了这次叛乱后，便于开元十年（722）将上述六县撤掉，但保留了鲁、丽、契、塞四州。开元十一年（723），强制迁移六州残胡5万余口于许（州治今许昌）、汝（治今沁阳）、邓（治今邓县）、仙（治今叶县西南）、豫（治今汝南）等州。开元十八年（730），恢复匡、长两州的建置。开元二十六年（738），将江淮各州放逐的胡人迁回，安置在原兰池州一带。

　　唐时"六胡州"昭武九姓中的名人有：

　　康国出身的名人除作乱的康待宾、康愿子外，还有平定康待宾的唐朝将领康植及其家族。《新唐书·康日知传》载：康植是灵州人，初仕朔方军。开元年间，随王晙平叛，亲缚康待宾，平六胡州，因功勋卓著，受到唐玄宗的召见，"擢左武卫大将军，封天山县男"。其子康日知、孙康志睦、曾孙康承训等都是唐朝名将。大中三年（849），夺取原州等三州及七关的泾源节度使康季荣等也是康国人。

　　安国出身的名将有安永寿。贞观二十年（646），唐太宗到灵州接受铁勒诸部归附，修书宣慰铁勒首领，遣"右领军中郎将安永寿报使"[21]。此"安永寿"即为安国人，六胡州之一的鲁州刺史安思慕是安国人，开元间随康待宾作乱的首领安慕容也是安国人。固原南郊出土一块《安娘墓志》，此"安娘"亦为安国人后裔。

　　何国出身的名将有何孝物、何俊、何默、何进滔、何重霸（又名何重顺、何弘敬）、何全皞等，同门六世，均为"灵州人"。其中何进滔官至魏博节度使，居魏州十余年，致力于保境安民，"大得民情"[22]。宁夏盐池县高沙窝镇苏步井村发现一何国人家族墓地，据其中一块墓志载，其先为大夏月氏人，也就是何国人。祖父为何乙末，父亲为何盘陀，本人可能为六胡州之一的鲁州都尉，死后葬于鲁州如鲁县[23]。魏博镇将何进滔，为灵武人，亦为何国后裔；大将何文哲据其墓志记载，世为灵武人，其先亦为何国人，"永徽初，款塞来质，附于王庭"[24]。开元年间，随康待宾作乱的何黑奴亦为何国人。

　　史国出身的名人有史道德、史周洛、史宪诚、史宪忠、史唐（史孝章）等同门四世，在唐名重朝野。史氏家族"本北方之强，世雄朔野"，后附唐内徙到灵州㉕。上世纪 80 年代，史道德墓在宁夏固原南部发现，根据墓志记载，史氏一族在北周时来到原州，隋唐时一直在本地为官，与康国人、何国人通婚。另，唐朝元和年间灵武名将史敬奉也是史国人。

石国出身的名人有石神奴，他曾随康待宾作乱。朔方节度使李怀光的部将石演芬"本西域胡人"，是石国人。盐州裨校石璟亦为石国人，其五代孙即石敬瑭，为后晋皇帝。

六胡州被废以后，唐朝又在六胡州故地设置新的羁縻州以安置归附的回纥部。据《唐书·地理志》载："开元初，废（鲁、丽、塞、含、依、契等六胡州）。既又复置东皋兰、燕然、燕山、鸡田、鸡鹿、烛龙等六州，仍寄灵州界，而燕然、鸡鹿、鸡田三州，俱在回乐县界，突厥九姓部落所处也。至德后，俱废。"

新设的六个羁縻州地望清楚，规模都不大，人口也不多——这是汲取前六胡州规模过大、难于控制的教训的结果，其中，"燕然州，寄在回乐县界，突厥九姓部落所处。户一百九十，口九百七十八"；"鸡鹿州，寄在回乐县界，突厥九姓部落所处。户一百三十二，口五百五十六"；"鸡田州，寄在回乐县界，突厥九姓部落所处。户一百四，口四百六十九"；"东皋兰州，寄在鸣沙界，九姓所处。户一千三百四十二，口五千一百八十二"；"燕山州，寄在温池县界，亦九姓所处。户四百三十，口二千一百七十六"；"烛龙州，在温池界，亦九姓所处。户一百一十七，口三百五十三"㉖。上述六州寄治地回乐（今宁夏吴忠）、温池（今宁夏盐池惠安堡镇）、鸣沙（今宁夏中宁鸣沙镇）诸县，均在今宁夏境内。

在这一带发现的古城遗址中，已有盐池兴武营被确定为"六胡州"之一的鲁州所在地。1985 年，宁夏考古工作者对盐池县苏步井乡硝池子村西约 5 公里窨子梁唐墓进行了挖掘，共发现 6 座墓葬。窨子梁，亦称窨子梁山，周围分布有流动沙丘。该墓地属于家族墓葬群，其中 3 号墓出土有墓志，题作《大周□□□都尉何府君墓志之铭并序》。志文称："君，大夏月氏人也。……以久视元年九月七日终于鲁州如鲁县□□里私第"，"迁窆于□城东石窟原"。

据此可知，窨子梁古称"石窟原"，"□城"当为"州城"或"县城"，鲁州城应在窨子梁以西。墓葬中出土的一对石门扇有胡旋舞雕刻，后被国家文物局鉴定为国宝级文物。从碑文石刻和文物可知，该墓葬群属于一何姓粟特家族，主人之一为西域康国昭武九姓中的一支，曾任都尉之职，其祖父曾做过柱国，卒于六胡州之一的鲁州。这就是说，今宁夏盐池县苏步井乡一带，唐初应为鲁州辖境。而且，该墓志铭文中保留了不少武则天时新造的异体汉字，是研究武则天时代汉字发展演变的重要史料。

由窨子梁一带向西进行考察，发现距该墓地最近的古城址兴武营完全符合上述记叙。兴武营是明代正统九年（1444）营建于毛乌素沙漠西南缘的一个边防要塞，位于窨子梁西北约 10 公里，隶属于宁夏盐池县高沙窝乡二步坑村。

兴武营全称兴武营守御千户所，曾驻戍千户人家，属宁夏后卫管辖。在兴建兴武营时，当地已"旧有城，不详其何代何名，惟遗废址一面，俗呼为半个城"。城廓略为矩形，2005 年 4 月实测东墙长 610 米，西墙长 580 米，南墙长 470 米，北墙长 480 米，周长在 2000 米以上。城墙底宽 13 米左右，顶宽约 4 米，高度在 6 米上下，是一处比较大且保存完整的古城址。

兴武营古城的防御性很强，城之四面皆有马面，东墙与北墙各 5 个，西墙与南墙各 4 个，墙外原有包砖，但砖石在"文革"期间被当地农

图下 2-10　兴武营古城遗址　杨森君摄

民拆除移作他用。城之东、南各有一城门，其中南门设有瓮城，瓮城墙高 7.5 米。在兴武营墙体中夹有铁块、炭屑、灰陶片等古时器物，墙体中混筑的乳丁纹陶片系典型唐代遗物。2005 年 8 月考察时，曾捡到半枚"开元通宝"，发现城内文化层中多有骨块。采南墙夯层所夹动物骨骼测定年代，略当中唐至晚唐之遗存。此外，在城内还见到宋、西夏时代的"吴牛喘月"、"瓶花"等。以上证据，足以说明兴武营在明代以前曾是一座较大的唐、宋、西夏城池，各种资料均显示应为六胡州之一的鲁州城㉗。

新胡州的名人也不少。著名的灵州浑氏家族浑释之、浑瑊就出身于新胡州之皋兰州。

唐、五代吐蕃及回纥东徙宁夏：

吐蕃在 6 世纪时还只是青藏高原上一个默默无闻的小国。松赞干布时代完成了统一青藏高原的大业，作为一个强有力的军事集团向四周扩张。吐蕃与唐朝的关系较为复杂，在维持与唐王朝的友好关系的同时，又不时对唐境进行袭扰。唐室也曾有三个公主下嫁吐蕃，与之和亲。但其间的战争也不在少数。

"安史之乱"后，吐蕃乘机内侵，广德元年（763）攻陷原州、安乐州、秦州、渭州等地，著名的原州七关——木峡、石峡、制胜、木靖、石门、驿藏、六盘——也被其占领，宁夏大部分地区落入吐蕃之手。建中四年（783），凤翔节度使张镒与吐蕃宰相尚结赞结盟于清水（今甘肃清水）。依盟约规定，唐朝守界在弹筝峡（今固原南三关口）西口，北面则以贺兰山骆驼岭为界。到贞元三年（787），吐蕃几乎将唐朝的宁夏和西北大部分地区牢牢控制在自己的手中，今宁夏北从贺兰山之西，到南部的六盘山一带大多被吐蕃军占领。原州成为吐蕃军向唐境进军的前沿阵地。这种状况，一直延续到大中三年（849）才告结束。

回纥是我国古代北方游牧民族之一，唐德宗时改称回鹘，为九姓铁勒之一。早在武则天时代，为躲避突厥的侵掠，回纥汗国中的一部与其外九部的契苾、思结、浑三部内迁甘、凉二州。从唐末五代始，河西回鹘有一部移居宁夏贺兰山。至宋端拱二年（989），贺兰山的回鹘出现了都督石仁政、么罗王子、邈拏王子越黜、黄水州巡检等四大家族，可谓人文蔚然。

自汉魏南北朝隋唐五代，以至宋元明清以来，各民族迁徙宁夏，使得宁夏成了各民族的共同家园，各民族的奇风异俗在这里尽展风采。这在古代诗词中有着较为集中的反映。比如：

汉代有：

> 上之回，所中益。夏将至，行将北，以承甘泉宫。寒暑德，游石关，望诸国。月氏臣，匈奴服。令从百官疾驱驰，千秋万岁乐无极。（汉乐府·铙歌《上之回》）

> 失我胭脂山，令我妇女无颜色。失我祁连山，使我六畜不蕃息。（汉乐府·杂歌谣辞《匈奴歌》）

> 边城多健少，内舍多寡妇。（陈琳：《饮马长城窟行》）

北魏有：

> 走马山之阿，马渴饮黄河。

> 宁谓胡关下，复闻楚客歌。（董绍：《高平牧马诗》）

唐代有：

> 雪静胡天牧马还，月明羌笛戍楼间。

> 借问梅花何处落，风吹一夜满关山。（高适：《塞上听吹笛》）

> 君不闻胡笳声最悲，紫髯绿眼胡人吹。……胡人向月吹胡笳。
> 　　　　　　　　　　　（岑参：《胡笳歌送颜真卿赴河陇》）

> 圣贤礼让风，何不遍西夏。

> 父子忍猜害，君臣敢欺诈。（元结：《陇上叹》）

> 六州胡儿六蕃语，十岁骑羊逐沙鼠。

> ……胡儿起作和蕃歌，齐唱呜呜尽垂手。

> 心知旧国西州远，西向胡天望乡久。
> 　　　　　　（李益：《登夏州城观送行人赋得六州胡儿歌》）

> 儿童能探火，妇女解缝旗。

> 川绝衔鱼鹭，林多带箭麋。（朱庆余：《望萧关》）

> 汉儿尽作胡儿语，却向城头骂汉人。（司空图：《河湟有感》）

> 萧关路绝久，石堠亦为尘。

……若问凉州事，凉州多汉人。（姚合：《送少府田中丞入西蕃》）

乌纱频岸西风里，笑插黄花满鬓秋。（唐彦谦：《高平九日》）

九姓羌浑随汉节，六州蕃落从戎鞍。（薛逢：《送灵州田尚书》）

宋初党项入主宁夏与元明时期蒙古、回族入住宁夏，因另有专章介绍，此处不赘。但有四首诗不能不提。一首是宋代科学家沈括的《凯歌》之二：

灵武西凉不用围，蕃家总待纳王师。

城中半是关西种，犹有当时轧吃儿。

"轧吃儿"，读若"嘎古尼"，原意为口吃、结巴。在此处则指那些讲汉语不流利的少数民族人士。这说明当时的宁夏（灵武）少数民族之多。

另两首是元代诗人马祖常的《灵州》和《河西歌效长吉体》：

乍入西河地，归心见梦余。葡萄怜美酒，苜蓿趁田居。

少妇能骑马，高年未识书。清明重农谷，稍稍把犁锄。

（《灵州》）

贺兰山下河西地，女郎十八梳高髻。

茜根染衣光如霞，却召瞿昙作夫婿。

紫驼载锦凉州西，换得黄金铸马蹄。

沙羊冰脂蜜脾白，个中饮酒声淅淅。（《河西歌效长吉体》）

还有一首是廼贤的《塞上曲》：

双鬟小女玉娟娟，自卷毡帘出帐前。

忽见一枝长十八，折来簪在帽檐边。

这三首诗印证了西夏以及元代宁夏地区的少数民族风俗和习惯，是我们研究西夏和元代宁夏地区民族风俗的重要参考。

清代满族入住宁夏及迁徙回族移民：

满族入住宁夏是从八旗兵驻防开始的。清顺治六年（1649），居于河套一带的蒙古鄂尔多斯台吉扎木索和多尔济等劫持清朝使臣图鲁锡逃亡贺兰山，并以贺兰山为大本营，经常袭击清军。顺治七年（1650），清朝派喀喀穆率八旗大军征讨。这是八旗官兵进入宁夏之始。但真正驻防宁夏则是康熙年间的事了。

清康熙十五年（1676），八旗兵 3400 名、弓匠铁匠 72 名首次驻防宁夏，占用民居暂作兵营。21 年后，康熙才诏令"将宁夏所圈民房九千余间悉还于民"㉘。康熙三十年（1691），兵部郎中格升会同将军尼雅翰等率西安满兵全军，领绿骑官兵 4000 驻扎宁夏。康熙三十三年（1694），康熙又令"将西安所备兵一千五百发至宁夏"。康熙三十四年（1695），宁夏驻军首次设置将军、副都统的官职。将军（从一品）、都统（正二品）由皇帝直接任命委派，其余协领、佐领、防御、尉骁骑校（分别为正三品至正六品）、云骑尉、恩骑校和笔帖式（军内七品、八品文官）等，皆由行伍内部选拔提升。

雍正初年在宁夏府城东北五里（今宁夏银川兴庆区满春乡）创建宁夏满营，仍由东北抽调八旗兵到宁夏驻防。原来规定驻够三年便调回原籍，另派八旗兵接防，但历届都未能如期调防。乾隆元年（1736）终于决定：八旗兵在各地固定驻防，不再换防。于是宁夏八旗兵和工匠连同家属共 1 万多人（最多时连同家属工匠共 2.3 万余人，人口仅次于汉、回，居第三位）从此永久定居宁夏。

清代，回族已成为宁夏仅次于汉族的第二大民族。同治事变后，宁夏人口急剧下降，"往往数十里村落寥寥，人烟绝无"，"十室九空"㉙。

为尽快恢复封建秩序，清政府采取一系列措施，其中之一就是迁徙宁灵地区的回民于外地，以"涣其众，孤其势"。当时有两种迁置意见，一种是以蜀军统领黄鼎为代表，主张将宁灵地区的回民迁往江南，实行民族同化；另一种以左宗棠为代表，主张就地消化，他说："自古迁徙之举，均系自内而外，无由边迁腹之例。"他并提出迁置原则：一是"须为绝荒地亩，且有水灌溉"；二是"须自成一片，又使聚族而居，不与汉民杂处"；三是"须为一片平原，缺山河险恶之利，距大路远近适宜，以便管理"。

按照这一要求，将原居金灵一带的回民 12000 多人迁往固原地区"拔荒安插"，将留滞金积堡附近的陕西回民 9000 多人迁到化平（今泾源县），将河西王洪堡附近回民迁至河东灵州（今灵武）附近，将散落在固原的陕西回民数千人迁至甘肃平凉大岔沟一带，将宁夏府城（今银川城内）的回民迁至灵武、吴忠一带。

同时，外省一些回汉民众为生计所迫，也自发迁徙宁夏。据《重修隆德县志》载："自经同治杀劫后，全县属地十庄九空。于是秦安人、静宁人负耒而来，回种各派，则陕西回、河州回，随安插而聚。及编门牌、清丁口，本户十之二三，客方十之七八。"

反映清代宁夏地区民族风情的诗词不少，其中著名的有：

边城杨柳楼中笛，羌女葡萄塞下歌。

（宋琬：《送傅介侯督饷宁夏》）

偶看儿女弓刀戏，不觉临风百感增。（刘芳猷：《朔方》）

鸡犬人家红稻岸，鱼盐贾舶白萍洲。（黄庭：《宁夏渡河》）

少小能开马上弓，飞驰三箭跃如风。大刀还学翻花舞，二八青年已自雄。（黄恩锡：《中卫竹枝词》之十）；

一代天威绝塞尘，沿边草木尽知春。羱羊野马深秋壮，利镞长枪逐猎人。（黄恩锡：《中卫竹枝词》之十二）

衣皮礼简民风古，营窟居安岁月长。

（朱美燮：《海城春日杂咏》之二）

汉回皆一体，相恤莫相煎。

（朱美燮：《海城留别士民》之四）……

第三节　移民特色文化

五方错杂　风俗不纯　人地和谐　融合更新

对于宁夏的移民特色文化，大体上可归纳为四个特点，这就是：五方错杂，风俗不纯，人地和谐，冲突、融合与更新。

历史上移民大潮屡屡席卷宁夏，使大量外籍移民迁入宁夏大地的各个角落，各地毫无例外地出现了"五方错杂"的情况。这在正史及宁夏现存的各类地方志中都有明确的记载。

所谓"五方"，有两解，一指各个民族及其文化。如汉人所作《礼记·王制》将汉统治下的居民分为"五方之民"，居中原者称为中国人，居中原以外者则"东方曰夷，南方曰蛮，西方曰戎，北方曰狄"。这五方之民，实际上是指不同地区、不同民族在文化上的差异而已。另一解则指"仕宦者"、"征戍者"、"谪戍者"，以及"齐、楚、吴、越、秦、晋之人"。例如，现存宁夏最早的《宣德宁夏志》，就记载说："今之居此土，有仕宦者、征戍者，有谪戍者，齐、楚、吴、越、秦、晋之人皆有之……"并引宋熙宁间常山侯宋敏求撰写的《长安县志》的话说："五方错杂，风俗不纯，亦犹是矣。"《嘉靖宁夏新志》、《乾隆宁夏府志》、《嘉庆灵州志迹》、民国《朔方道志》等志书也都用"杂五方"来形容宁夏的移民社会。

这说明了两点：宁夏确实自古以来就是各民族杂处和各种文化交汇融合之地；元、明以后，则成为外省人口迁入定居的主要地区，其文化也呈杂色。

就一般意义而言，见诸文献的"五方错杂"，主要是针对当地人口稠集、户口繁众、居民成分不一、风俗有别而言，也就是说，主要指的是风俗，而非移民。但对宁夏这个自古以来的移民地区来讲，土著人口稀少，大量的人口是从外省区迁入定居的。因此，宁夏的"五方错杂"，就不仅仅是指风俗了，它是由跨省际的大移民运动造成的。"五方错杂"，既是大移民运动的产物，同时也是宁夏移民社会的表征。

第二，宁夏的移民人口远远超过了本地土著，这是宁夏移民社会的标志。

目前，所见到的文献上关于宁夏人口资料的记述，大概有以下三种形式：

（1）不记境内的土著多少，只记迁入移民之多。例如：《史记》记述秦代"迁北河榆中三万家"。

（2）只记移民的原籍有多少处，不记各种移民的数量及比例。如《民国固原县志》："西南各区人民，由平、镇、宁、朔迁入者居多数，移民殖此者居较少数。"

（3）只记境内土著与移民成分的大约比例，不记具体数量。例如：公元 1227 年，蒙古灭西夏，留下来的西夏原居民"百无一二"。

实际上，历朝历代都是如此。正如宁夏方志所说，宁夏"土著老户，寥落无几……其他皆迁移户，或屯戍此地者，遂世居焉"⑩。——宁夏的移民人口远远超过了本地土著——这正是使用"五方错杂"的最主要用意。

由于"五方杂处"的形形色色，因此就必然出现"五方之民，语言不通，嗜欲不同"的情况，随之而来的便是"风俗不纯"。

所谓"风俗"，是指一个地区、一个民族长时期相沿积久而形成的风尚、习俗。由自然条件而形成的习尚叫"风"；由社会环境而形成的习尚叫"俗"。

所谓"不纯"就是不单一，不止一种。换句话说，就是多元、复合。"不纯"一词在这里没有贬义，它是宁夏移民特色文化"多元、复合"特征的另一种表达。

关于宁夏旧时风俗，文献记载基本一致。此仅举三种宁夏志书的记述为例。

《宣德宁夏志》"风俗"云："其土居人，性勇，锐于战斗，善畜牧，然甚崇敬释氏，重巫觋。《金史·夏国赞》亦曰：'民俗强梗尚气，重然诺，敢战斗。'今之居此土，有仕宦者、征戍者，有谪戍者，齐、楚、吴、越、秦、晋之人皆有之，是故风俗不纯，难以一而言也。"

《嘉靖宁夏新志》除重复《宣德宁夏志》的说法外，又加"笃信机鬼，尚诅咒（《宋史·夏国传》）。强梗尚气，重然诺，敢战斗（《金史·夏国赞》）。杂五方，尚诗书，攻词翰（旧志）。重耕牧，闲礼义（新志）"。文后有注曰："宁夏自正德迄今，服食以靡丽相竞，财用以浮费渐耗。然少食则馁，无食则毙。兹以五谷粜贩而为之害，有益作无益，实非边镇所宜。巡抚都御史杨守礼恶其漓薄而深忧远虑，故谕之以德言，禁之以宪法，人乐从于雅淡，君子伟之。"

《乾隆宁夏府志》除了重申前志所记"强梗尚气，重然诺，敢战斗"和"杂五方，尚诗书，攻词翰"，"重耕牧，闲礼义"的一些共同特征外，又将这些风俗具体到了灵州、后卫、中卫等地。

如说："灵州尚耕牧，工骑射，信机鬼……富强日倍，礼义日新。""后卫务耕牧，习射猎。""中卫人性勇干，以耕猎为事，孳畜为生。""居室惟公署、宦族覆瓦，民家皆板屋，覆以土，犹秦风之遗。中堂供先祖，或悬佛像。""食主稻、稷，间以麦。贫者饭粟。中人之家，恒以一釜并炊稻、稷，稻奉尊老，稷食卑贱。""衣布褐，冬羊裘。近世中家以上，多袭纨绮矣，女服尤竞鲜饰。"进而又道："圣祖时以武节奋功名、秉旄钺者，一郡常数十人。甲第连薨，金貂累叶，往往以宫室车服相竞，习俗侈靡，有由然矣！"当时宁夏文人写道："银川自昔以武竞，开国以来称绝盛。豹韬虎符各起家，烟阁云台多著姓。亦有彬彬文采儒，遥数落落晨星映。"㉝说明清代中前期，宁夏地方文化进入到一个繁荣的时代。

　　这几种方志中所谓"土居人"，即本地人、土著人。而宁夏于明代初年"空其城"，居民已被"内迁"。虽于洪武九年（1376）复卫，已非原貌。因此，《宣德宁夏志》所谓"土居人"，实指西夏及元代遗民；其风俗，亦为夏、元遗民风俗。而夏、元遗风，还可追溯到很久以前。《嘉靖宁夏新志》、《乾隆宁夏府志》、《嘉庆灵州志迹》、《朔方道志》等志书中的"杂五方，尚诗书，攻词翰"，则说的已是"今之居此土，有仕宦者、征戍者，有谪戍者，齐、楚、吴、越、秦、晋之人皆有之"的风俗与特征了。

　　对于"五方错杂、风俗不纯"的研究，可以看到宁夏地域文化有如下特点：

　　第一，宁夏特殊的自然环境和经济结构，是宁夏"多元、复合"风俗（文化）形成的地理环境基础。比如，古代宁夏居民"性勇，锐于战斗，善畜牧"，"习射猎"，"以耕猎为事，孳畜为生"的生活习俗和勇敢善战、质朴豪爽的性格的形成，缘于古代宁夏地"多林木"且与草原交错的地理环境，这样的环境决定了这里的人们主要以狩猎求生，农商活动较少；同时也与"地边胡，数被寇"（《汉书·地理志》）的区位有着直接关系。

　　第二，历代不断移民对宁夏"多元、复合"风俗（文化）的形成和改变也有重大的影响。我们知道，风俗是人文的重要内容，人口因素是摇动风俗的一个杠杆。由于自古以来，宁夏地区就"地旷人稀"，形形色色的移民进进出出，其风俗（文化）也就呈现出"多元、复合"的特征。

一般地说，移民对风俗（文化）的影响程度大体与移民人口数量成正比关系。由于新人口有着与土著及其他移民不同的生产工具和生产经验，其经济水平也有差异；再加上他们本身也是来自于不同的地方，价值观念各异，因此，宁夏原有较为单纯的风俗格局受到很大冲击，遂"习俗相化"，互相影响，并重组为"五方杂错，风俗不纯"新的复杂格局。如南北朝时，江淮移民进入宁夏后"习俗相化"，遂使宁夏成为"塞北江南"；元明以后，回族文化习俗在宁夏广泛流行，就是新人口自身的突出特点引起宁夏大地移风易俗的两个典型例证。

第三，宁夏当地"多元、复合"风俗习尚（文化）的形成和改变与各时代的精神因素（包括情感、情趣、信仰在内）有着密切关系。以居住风俗为例，宁夏古代移民（包括一部分少数民族移民，如汉代的三水属国、唐代的六胡州等）多住于城堡之内，这既出于安全的需要，也缘于对宅门的许多信俗；清代中后期堡寨的普遍出现，是战乱后防卫心理增强的结果。此外，宴饮活动的盛行、男性和女性的修容方式及其变化、上层社会交通工具的转变、妇女改嫁得到广泛认同、沐浴禁忌、厚葬的流行、奢靡之风的流行等许多社会风尚，都可从心理层面上寻得合理的解释。

第四，统治集团或某些社会上层人士及事业上的成功者、德范楷模等，对风俗（文化）也有显著的影响。这是因为，其一，自古以来，总有些个人或群体在有意识地改造风俗；其二，他们的这种意图和努力实际上也产生了一定的效果。司马迁曾开列出整合风俗的五种方式："善者因之，其次利导之，其次教诲之，其次整齐之，最下与之争。"（《史记·货殖列传》）西汉盐铁会议上，贤良文学们也提到用"导"治理风俗："导民以德则民归厚，示民以利则民俗薄。俗薄则背义而趋利，趋利则百姓交于道而接于市。"（《盐铁论·本议》）

总之，作为文化现象的风俗自身是复杂的，风俗形成的背景和变化的原因同样是复杂的。自然环境、经济、政治、传统、社会心理、人口和上层社会等一系列因素，从不同方面为宁夏地方风俗习尚的形成和改变提供了基础和驱动力。

所谓人地和谐，就是人与土地的和谐，人与水土资源的和谐，人与地理环境的和谐，也就是人与自然的和谐，它在移民的"天·地·人系统"中处于基础地位。

把"天人和谐"的思想运用到移民运动中，便是"人地和谐"。而"人地和谐"的思想正式明确体现在移民政策中，则始于西汉的晁错。

鉴于秦朝移民失败的教训，晁错先后向景帝呈上了《言兵事疏》、《论守边疏》（又名《守边备塞疏》）、《守边劝农疏》、《募民实塞疏》等重要论文，系统地分析了秦代移民戍边失败的原因：一是动机不良，"非以卫边地而救民死"，而是好大喜功，"贪戾而欲广大也"；二是不熟悉地理环境和敌我形势，"战则为人擒，屯则卒积死"；三是移民水土不服，"戍者死于边，输者偾于道"；四是移民对象规定得不合理，致使"行者深怨，有背叛之心"；五是对待移民过分苛求，有罚无赏，移民"有万死之害，而无铢两之报"，甚至"死事之后不得一算之复"。

因此之故，晁错提出要以秦为戒。他不但主张对移民实行"赐高爵，复其家"的优惠待遇，而且还提出了如下建议：

（一）对新到边塞的移民，国家发给口粮和必要的衣服，"予以冬夏衣、廪食，能自给而止"。

（二）妥善选择移民点，必须"相其阴阳之和，尝其水泉之美，审其土地之宜，观其草木之饶，然后营邑立城，制里割宅"，以气候适宜，水土丰美，利于固守为原则。

（三）保证移民有较好的生活环境和必要的生产、生活用具。政府"先为筑室，家有一堂二内，门户之闭，置器物焉，民至有所居，作有所用"。

（四）为移民配备医生巫祝，"以救疾病，以修祭祀"。

（五）对于尚无配偶的单身移民，政府替他们买适当的对象以为配偶，因为"人情，非有匹敌不能久安其处"。意即就人的性情来说，没有正常的婚配生活，他们是不会在一个地方长久安定下去的。

晁错的这些主张深谋远虑，发前人所未发，启后人所当行，鲁迅称其具有"深识"。

自汉以降，历朝历代多次向西北地区大规模移民，其中安置在宁夏境内的移民大都分布在今宁夏北部的引黄灌区。因为这里有广阔平坦的土地、水源丰沛的黄河以及南高北低、西高东低的自然地势，非常适宜引黄河水自流灌排，发展农业生产。其开发步骤也是本着"先易后难"、"先简后繁"的发展规律，首先开发河东（河南）地区，逐渐进入河西（河北）地区。正是由于历代移民持续不断的努力，充分利用宁夏平原的水资源优势，修筑大规模的引黄灌排渠道，使宁夏平原由原先的草原生态系统为基础的游牧经济，逐步转变为灌溉农业为中心并与牧业相结合的农牧经济，一跃而成为西北最大的灌溉农业区和闻名天下的"塞北江南"。

但是，由于历史的、阶级的和认识的局限性，人们在"逐水草而居"的移徙流动中，还是对脆弱的生态体系造成了一定的破坏。特别是宋、金和西夏时期，由于频繁战争和修建金都、夏都等大型建筑的需要，六盘山地区的大量林木被砍伐。到了明、清两代，由于不合理的屯垦和移民，加上历史时期各种遗留问题的积累，导致本地区生态环境恶化问题日益突出：一是森林进一步急剧减少；二是水土流失加剧；三是植被缩减导致水文状况恶化；四是野生动物的种类和数量锐减；五是土壤盐渍化和荒漠化等，从而导致灾难频仍。这又从反面证明，违反"人地和谐"的规律，不善待自然，定会受到自然的惩罚。

纵观宁夏古代历史，可以说就是一部不断移民（移进、移出）的历史，也是各种文化不断冲激碰撞、不断更新、不断融合的历史。

融合是冲突（冲激碰撞）与更新的产物，是旧事物的消亡与新事物的诞生，是斗争以后的平衡与和谐，是历史发展的大趋势。在自然经济处于支配地位的社会里，广大农民世代附着于土地，乡土观念很重，不肯轻易离乡背井；而且交通、通讯条件又落后，"生离"常常是"死别"的同义语。"人生不相见，动如参与商"（杜甫：《赠卫八处士》）。因此，每一次移民行动，政府与移民的冲突是不可避免的；移民与土著的冲突是不可避免的；移民与移民的冲突也是不可避免的。冲突，从表面上看，是族群与族群之间、统治者与被统治之间的矛盾，而实质上却是不同文化、不同生产方式的冲激碰撞和融合。就宁夏而言，移民带来的冲突和达到的融合更新，主要是指各个民族、各个地域和各种生产方式及两类大文化（草原文化与农耕文化、汉儒文化与胡文化）之间，通过冲突到融合，从而形成一种新的地域文化——宁夏多元复合的黄河文化。

从周、秦至清，每次大型的移民活动，都会带来一群新的个体，这些个体都带着当地鲜明的文化个性和风俗习惯，他们的到来，都会与当地已经形成的文化进行碰撞和交融，进而互相渗透与吸引，形成一种新的文化。可以说，每次大规模移民的涌入，带来的都是一次文化的嬗变。这种变化，数其大者，至少有10轮：

先秦戎族入主宁夏，将草原游牧文化带入宁夏境内。宁夏的畜牧业由此得到快速发展。这是宁夏历史上的第一轮移民，也是宁夏历史上的第一轮文化、人口的冲激碰撞、更新和融合。

在宁夏银南至固原地区发现的春秋战国时期具有北方少数民族特色的青铜文化、铁文化遗存，为我们提供了详细而又有力的资料和证据。这些墓葬，总体上被定为北方草原青铜文化，但学者们早就注意到：

1. 这些墓葬中有铁器出现。如果将中国北方相当于东周时期的文化遗存作为青铜文化，那么无法与国际接轨，且与实际情况不符。因为杨郎文化的早期早段墓葬中已有铁器出土，如狼窝子坑出土的一件铜柄铁剑；固原马庄出土的一件铁剑；于家庄出土的一块长方形牌饰……由此可见，以杨郎墓葬为代表的宁夏先秦少数民族文化，既有青铜文化的特点，又有早期铁器时代的因素，可以说是青铜文化与铁器文化的融合。

2. 至于该文化的族属问题，也存在不同见解，有人认为与春秋时期的"西戎八国"关系密切，有人认为与春秋时期的昀衍戎及其先民有直接关系，有人认为与匈奴有关……上述意见尽管表述不同，但据《史记》、《汉书》记载，杨郎文化分布地域正是古代戎人的居住区，由此推测，杨郎文化应该是有别于匈奴系和东胡系的戎人文化。但与周边地区的不同类型的文化（如内蒙古中南部地区的毛庆沟文化与桃红巴拉文化、陕西扶风刘家的姜戎墓地、湟水流域的卡约文化等）存在某种联系，说明该文化具有多元复合的性质，可以认为是一种早期的融合。

秦、西汉时期，先是"北逐匈奴"、徙边戍守。后因安置不妥以及秦末连年战争，徙边戍守者纷纷离去，宁夏大地又为匈奴所有；西汉时先是将匈奴等民族逐出宁夏，连续多次从内地迁徙数十万民众于河套，后又将归附的数万匈奴降众安置在包括宁夏在内的边地诸郡。至宣帝时，宁夏南北"人民炽盛，牛马布野"（《汉书·匈奴传》），"畜牧为天下饶"（《史记·货殖列传》）。但到西汉末年，由于连年战争，宁夏人口大多损失流散，只剩十之一二——这就是宁夏历史上第二轮移民高潮，也是宁夏历史上第二轮人口、文化的冲激碰撞、更新与融合。

到东汉，羌族已成为宁夏人口结构中重要的部分，以致发生了三次羌族大起义，并造成富平三迁，就连北地郡和安定郡也一度侨治他乡，给百姓带来深重的灾难，老百姓"流离分散，随道死亡；或弃捐老弱，或为人仆妾，丧失大半"——这是宁夏历史上第三轮移民高潮及人口、文化的冲激碰撞、更新，也意味着新一轮的民族融合。

到了魏晋十六国，先是匈奴、鲜卑族迁入宁夏，并发生树机能起义；后又为赫连勃勃的大夏所据——这是宁夏历史上的第四轮移民高潮及其文化的冲激碰撞与融合、更新。

南北朝时期，我国北方出现了更加广泛的民族大迁徙，"西北诸郡，皆为戎居"。北魏破大夏赫连昌后，在宁夏置"胡城"以大量安置降归的各少数民族部众；又不断从内地迁移汉族居民到簿骨律镇屯居，以至有了"汉城"、"历下"等新地名——这就形成了宁夏历史上的第五轮移民高潮和文化的冲激碰撞、融合及人口更新。

唐代是古代宁夏地区民族冲激碰撞、更新与大融合的又一高峰期。这个时期的移民特点是，由朝廷统一安置迁入的众多少数民族部族。灵州成为唐太宗接受各少数民族首领归附的"受降城"，同时也是安置归附少数民族部落的首选地。"六胡州"、安乐州，还有燕山州、燕然州、鸡鹿州、鸡田州、皋兰州、东皋州、烛龙州等羁縻州——出现在宁夏及周边地区——这就是宁夏历史上的第六轮移民高潮及文化的冲激碰撞、更新和大融合。

到了宋代和西夏，情况有所变化。原本以各民族杂居为特点的宁夏，为党项族所得，因而这里的主体民族便成了党项人。然而，党项人是个兼容性很强的民族，对其他民族的文化兼收并蓄，对汉民族文化更是重视到了崇拜的程度。由于主体民族（党项人）对非主体民族（如汉人等）的宽容和共存共荣，于是便创造了中国历史上具有神秘色彩的独特地域文化"西夏文化"——这是宁夏历史上的第七轮移民高潮及文化的冲激碰撞、更新与融合。

公元 1227 年，成吉思汗灭西夏，实行了极其残酷的种族灭绝政策。蒙古军攻占兴庆和灵州后，四处搜杀军民，"其民穿凿土石以避锋镝，免者百无一二，白骨蔽野"，"千里几成赤地"，"城遂空"——这是宁夏历史上最惨烈的一次空城。而这一次的空城（持续时间约 40 年），便为新一轮的人口更新创造了机遇。

公元 1268 年（至元五年），元世祖忽必烈下诏令西夏时外逃的避难者归还本籍，并设西夏惠民局收容安置，组织屯田。同时从内地移民以实之。并"签发西夏回回军"、"探马赤军"等蒙古军队参加屯田——这也是回族先民在宁夏定居的最早、最明确的记载。元朝的这次移民，实现了对宁夏人口的彻底清换，从而奠定了宁夏"回族之乡"的基础——这是宁夏历史上第八轮移民高潮及文化冲激碰撞、融合和更新的成果。

到了明朝初年（1370—1372），先是为防避元蒙残余势力的袭扰，明政府将宁夏境内的全部居民迁往陕西关中，三五年后又迁回原地，并"徙五方之人实之"。同时，一个新的民族——回族——正式形成，构成了宁夏新的人口成分——这是宁夏历史上第九轮移民高潮及文化冲激碰撞、融合和人口更新的成果。

到了清朝，由于撤卫所，建州县，"化兵为农"等一系列新政策的推行，加之相对和平的环境，促使宁夏地区经济文化得到大发展，结果便是人口的增加。据文献统计，清代嘉庆年间（1796—1820），宁夏北部地区的人口，较之 200 多年前的明嘉靖年间（1522—1566）增长了 10 倍；其中重点移民区如平罗县竟增长了 73 倍！而且，从宁夏至平凉，"千里皆回庄"。但"同治兵燹"后，宁夏人口锐减。据统计，宁夏北部，嘉庆十七年（1812）有人口约 140 万之众，但到清末宣统元年（1909），仅余 25 万。据宣统《甘肃新通志》卷四七记载，整个宁夏府人口损失多达 150 万，战后仅存 10 多万。当时的宁夏，"往往数十里村落寥寥，人烟绝无"，"同治之变，十室九空"——这可算是宁夏历史上的第十轮民族迁徙和文化、人口的冲激碰撞、融合与更新。

至此，宁夏"回乡"和具有移民特色的宁夏黄河文化的面目基本奠定。

纵观历史长河，宁夏地区曾有 20 多个少数民族定居繁衍。其中有些民族到后来演变成汉族或其他少数民族，而有些民族迁到这里不久后，就再也找不到延续的脉络了。他们经过宁夏地区各种（阶级的、民族的、文化的）斗争和冲激碰撞的洗礼，最后都完全融入了中华民族大家庭之中。

【注释】

① [元] 骆天骧撰，黄永年点校：《类编长安志·风俗》，中华书局 1990 年版，第 6 页。

②《后汉书·西羌传》，中华书局 1965 年版；王国维：《观堂集林·十三鬼方昆夷严允考》，中华书局 1959 年版。

③ 汪一鸣：《宁夏人地关系演化研究》，宁夏人民出版社 2005 年版。

④ 竺可桢：《中国近五千年气候变迁的初步研究》，载《考古学报》1972 年第 1 期。

⑤ 引文为王昌龄《塞下曲》、张籍《送李骑曹灵州归觐》、韦蟾《送卢藩尚书之灵武》及武元衡《津梁寺采新茶与幕中诸公遍赏芳香九异因题四韵兼呈陆郎中》诗句。转引自《历代诗词咏吴忠（增补本）》，宁夏人民出版社 2006 年版。

⑥《宋史·郑文宝传》，中华书局 1977 年版，第 9426 页。

⑦ 汪一鸣：《历史时期宁夏人口迁移的地理基础》，参见《红寺堡历史文化研究文集》，宁夏人民出版社 2009 年版。

⑧《史记·匈奴列传》，中华书局 1959 年版，第 2886 页。

⑨《汉书·匈奴传》，中华书局 1962 年版。

⑩《后汉书·西羌传》，中华书局 1965 年版，第 2871 页。

⑪《后汉书·郭陈列传》，中华书局 1965 年版。

⑫《晋书·北狄匈奴传》，中华书局 1974 年版。

⑬《嘉靖宁夏新志·赫连夏考证》，宁夏人民出版社 1982 年版。

⑭《晋书·赫连勃勃》，中华书局 1974 年版。

⑮《新唐书·地理志》，中华书局 1975 年版。

⑯《新唐书·地理志》，中华书局 1975 年版。

⑰《新唐书·阿史那社尔传》，中华书局 1975 年版。

⑱《旧唐书·突厥传上》；《新唐书·突厥传上》，中华书局 1975 年版。

⑲《旧唐书·吐谷浑传》，中华书局 1975 年版。

⑳《资治通鉴》开元九年（721）条下载，中华书局 1956 年版。

㉑《资治通鉴·唐纪》，中华书局 1956 年版。

㉒《旧唐书·何进滔传》，中华书局 1975 年版。

㉓宁夏博物馆：《宁夏盐池唐墓发掘简报》附墓志录文，载《文物》1988 年第 9 期。

㉔卢兆荫：《何父哲墓志考释》，载《考古》1986 年第 6 期。

㉕《新唐书·史宪诚传》，中华书局 1975 年版。

㉖《旧唐书·地理志》，中华书局 1975 年版。

㉗参见王乃昂、何彤慧等：《六胡州古城址的发现及其环境意义》，载《中国历史地理论丛》2006 年第 3 期。

㉘《乾隆宁夏府志》，宁夏人民出版社 1992 年版。

㉙《朔方道志》卷九，民国十五年（1926）线装铅印本。

㉚《民国固原县志》，宁夏人民出版社 1992 年版。

㉛王宋云：《银川书院落成记》，见《乾隆宁夏府志·艺文卷》，宁夏人民出版社 1992 年版。

第三章

宁夏的黄河水利文化

黄河流域是中华文明的重要发祥地。宁夏引黄河水灌溉农田，与移民戍边密切相关。移民戍边始于秦代，盛于汉代。秦、汉开创的秦渠、汉渠灌溉工程是我国最早的水利工程之一。在历史的长河中，宁夏各族劳动人民开发利用黄河水资源，创造出灿烂的水利文化。"天堑分流引作渠，一方擅利溉膏腴"[①]，"万顷腴田凭灌溉，千家禾黍足耕锄"[②]等古诗句，就是对历史上宁夏引黄河水灌溉的生动描述。

在两千多年来的宁夏水利发展史上，成就了至今仍在发挥灌溉作用的秦渠、汉渠、汉延渠、唐徕渠、大清渠、惠农渠、七星渠、美利渠等大型水利工程，也造就了一批彪炳史册的治水人物。灌区各族劳动人民在长期的治水、用水实践中积累了丰富的经验，并有新的创造，如创造了一套适应无坝引水条件下的引水、防洪和灌溉工程设施，切实有效。工程修建中常用的草土埽工，就地取材，在堵口截流中具有神奇的作用。农田灌溉中坚持的封表轮灌，能保证灌区上、中、下游均衡受益。工程岁修制度，保证了渠道的正常运行，经久不废，是留给后人的宝贵文化遗产。

第一节　天下黄河富宁夏

黄河造就了宁夏河套平原　宁夏引黄灌溉史略　主要引黄古渠的开凿与沿革　黄河富宁夏，富在水利

黄河在宁夏段是西南—东北走向，纵贯宁夏河套平原。这里山舒水缓，沃野千里，河面稍低于地面，无决口泛滥之患，有引水灌溉之利，因而有"天下黄河富宁夏"的谚语。

宁夏河套平原在地质构造上讲，称为银川地堑。大约在 1.3 亿年以前，贺兰山地区结束了长期沉降的历史。由于我国东西两大断块（东侧为陕甘宁地块，西侧为阿拉善地块），沿深断裂作相向运动而引起挤压，形成了雄伟的贺兰山脉，奠定了现今地形地貌的轮廓。

图下 3-1　黄河流入宁夏　孙晓磊摄

到了燕山运动的晚期、新生代初，距今 6000 多万年左右，原来的侧向挤压应力已消失。东侧陕甘宁地块，相对于西侧阿拉善地块开始向右旋转扭动，这样，原来与贺兰山区在白垩纪以前属于相互联通的同一沉积水体的宁夏河套平原部位，因受张力作用而陷落，形成了银川地堑。

黄河的形成，从地质年代讲是第四纪以来的事。黄河没有贯通之前，各个大大小小的构造盆地已经出现，并都自成水系，形成内陆河。喜马拉雅运动末期，我国大陆地势自西向东，由高及低，逐渐形成并加强，各自独立的水系互相贯通，最终形成黄河。

进入第四纪时期，主要在陕甘宁盆地以及邻近的一些面积较小的构造盆地和山间盆地中，堆积了厚度可达 100—200 多米的黄土及黄土类

土。以后地壳抬升，陕甘宁盆地成为黄土高原，河流下切，遭受侵蚀。原来流向这些盆地的河流，长期的侵蚀作用先后勾通相邻盆地，逐渐串联贯通，切过以地质构造为骨架的我国大陆地势上自西向东，由高及低的三个阶梯，注入渤海，成为黄河。

黄河流域由于气候干旱，降雨稀少，但秋季多暴雨，水土流失严重，大量泥沙随水下泄，遇到湖泊洼地，即行沉积，银川地堑遂被淤积成平原。黄河对宁夏河套平原的形成功不可没，至今仍然以充沛的水量，肥沃的泥沙滋润着这块土地。

黄河在先秦时期的一些典籍中称为"河"，如"导河积石，至于龙门，……入于海"，"俟河之清，人寿几何"，"梁山崩，雍河三日不流"（注：梁山在陕西韩城县，离黄河不远之处）。黄河之名始见于西汉，"使黄河如带，泰山若厉，国以永存，爰及苗裔"[③]。改河为"黄河"，既确切又形象，揭示了黄河的本质特征，遂使黄河之名沿用至今。

宁夏河套平原西南起于中卫县西的沙坡头，东北止于惠农县北的石嘴山，长达 320 公里，最窄处 5 公里，最宽处 45 公里，总面积 8000 平方公里，其中灌区面积约 6600 平方公里。地势南高北低，两岸向河床倾斜，海拔高度在 1090—1230 米之间，青铜峡屹立于中部，将平原分成南北两块，南块窄而短称卫宁平原，北块宽而长称银（银川）吴（吴忠）平原。黄河由西偏南而来，至中宁转向北而偏东，纵贯整个河套平原。

宁夏河套平原自秦皇、汉武开创引黄灌溉事业以来，两千多年经久不衰，既得黄河水浇灌，又得黄河泥肥田，还赖贺兰山捍卫。黄河、贺兰山关乎宁夏河套平原的存亡，其功巨大，其惠至深。

黄河在宁夏境内年过境水量 325 亿立方米，水量充沛而富有机质。宁夏河套平原，引黄河水灌溉已有两千多年历史。经历代开拓经营，早已成为黄河上游的一个富庶地区，被誉为"塞北江南"。

宁夏引黄河水灌溉究竟始于何时，有两种说法，一说始于秦始皇时，一说始于汉武帝时。

据《史记》、《汉书》等史书记载，宁夏河套平原在春秋战国时期（前770—前221），还是"羌戎所居"的游牧地区，与秦国为邻，彼此间经常发生争城夺地之战。

秦始皇统一六国后，北方的匈奴仍在边境为患，始皇三十二年（前215）"使将军蒙恬发兵三十万人北击胡，略取河南地"④（河南地即今宁夏北部、内蒙古河套以南以及陕北地区）。三十三年又"西北斥逐匈奴。自榆中并河以东，属之阴山，以为三十四县（汉书作四十四县），城河上为塞"⑤。其中就有宁夏河东的富平县和神泉、浑怀两个亭障。"徙谪，实之初县"，就是把内地罪人迁到这些初设之县居住。始皇三十六年又"迁北河榆中三万家"⑥（榆中即今内蒙古河套和鄂尔多斯东部高原）。

当时，秦在这一地区既有大军驻守，又有从内地迁徙来的罪犯和民众居住，粮食给养耗费巨大，当地又是"地固泽（碱）卤、不生五谷"⑦。没有粮食可供食用，要长途跋涉，从内地运送，当时的运输工具主要是车载、畜驮。从内地到边疆千里迢迢，途中耗费特大，所谓"率三十钟而致一石"⑧。一钟为6石4斗，即起运近200石粮食，经沿途消耗损失，到目的地只有1石了，虽有夸大，但沿途消耗损失巨大却是实情。要及时而有效地解决给养问题，只有兴修水利，就地垦种，生产粮食。

认为宁夏引黄灌溉始于秦始皇时者说：在秦始皇统一六国以前，早已创建了无坝引水灌溉的都江堰和有坝引水灌溉的郑国渠，大获引水灌田的益处，已经认识到兴修水利的重要性。再看宁夏河套平原既有大片坦荡的平川，又有黄河充沛的水源，自然条件优越。秦始皇完成统一大业以后，大力经营朔方，移民充实边区，变牧地为耕地，达到自给自足，而利用积累的水利技术经验，引黄河水流，开渠灌溉，发展农业是必然之举。但当时的引黄灌溉不是大规模的，史籍上对一般较小工程是不会记载的，即使有私家记载，经过秦末的战乱也会散失。

以上说明宁夏引黄灌溉工程秦代已有之，只是规模小，时间短，尚缺乏史料记录而已，故一般都称为"相传"。

史书有记载的是宁夏引黄灌溉始于汉武帝时。《史记》、《汉书》记载，始皇三十七年（前210）七月，秦始皇病死后，"诸侯叛秦，中国扰乱，诸秦所徙适边者皆复去，于是匈奴得宽，复稍渡河南，与中国界于故塞"⑨。

秦亡汉兴，汉初国力较弱，采取和亲之策，与匈奴友善，而匈奴仍不断入寇汉边境，掳掠人畜财物，使北部边郡"不得田畜"。到汉武帝时，经七八十年的休养生息，国力强盛，遂于元朔二年（前127）使大将军卫青、李息等"击胡之楼烦、白羊王于河南，得胡首虏数千，牛羊百余万，于是汉遂取河南地，筑朔方，复缮故秦时蒙恬所为塞，因河而为固"⑩。武帝还采纳平津侯主父偃的建议，立朔方郡，"募民徙者十万口，从事屯垦，以省转输"。元狩四年（前119），关东（泛指潼关以东）大水，民多饥乏，不能相救，"乃徙贫民于关以西，及充朔方以南新秦中七十余万口"⑪。元狩五年，又将天下奸猾吏民迁徙到北部边疆。元鼎六年（前111），"上郡、朔方、西河、河西开田官，斥塞卒六十万人戍田之"⑫。

武帝时连续几次大规模的移民实边，从事垦种，并实行军屯，大力经营。"是后匈奴远遁，而幕南无王庭，汉渡河自朔方以西至令居，往往通渠，置田官吏卒五六万人"⑬。说明今包头以西至兰州附近之间的黄河沿岸冲积平原上都在开渠引黄河水灌溉。"朔方亦穿渠，作者数万人，各历二三期，功未就，费亦各巨十万数"⑭。表明当时开发引黄灌区是付出了巨大代价的。

元封二年（前109），武帝率群臣百姓堵塞黄河瓠子（今河南濮阳以南河堤）决口后，"用事者争言水利，朔方、西河、河西、酒泉皆引河及川谷以溉田"⑮。这里所说的西河，据唐朝人杜佑考证，是指宁夏灵武至内蒙古五原这一段黄河，不是指西河郡。

从上述记载可知，宁夏引黄河水灌溉滥觞于战国和秦代，兴盛于汉武帝时是确实可信的。在宁夏河套平原发现的许多汉城、汉墓群遗址等实物，也证实了这里在汉代确有过相当规模的开渠屯垦活动。

以农为本的中国，治水常是治国安邦的大计，水利事业的进退，历为朝代兴衰的有力佐证。宁夏河套平原的水利，从汉武帝以来，随着封建王朝的兴衰更替，也是盛进衰退，但总在前进着。

东汉时期的进与退：

东汉前期（25—88），宁夏河套平原的水利灌溉在西汉开创形成的基础上又有发展。到安帝时（107—125），由于西羌强盛，入侵边郡，战乱频繁，为避战祸，官吏百姓纷纷内迁，边塞空虚，水利废弛。

到顺帝时，西羌北徙，边郡又趋安宁。永建四年（129），尚书仆射虞诩上书《请复三郡疏》曰："禹贡雍州之域，厥田惟上，且沃野千里，谷稼殷积……因渠以溉，水春河漕，用功省少，而军粮饶足，故孝武皇帝及光武帝筑朔方，开西河，置上郡皆为此也。"汉顺帝乃复三郡（即安定、北地、上郡），"使谒者（即河堤谒者，主浚沟洫，修堤防之事）郭璜督促徙者各归旧县，缮城郭，置侯驿，既而激河浚渠为屯田，省内郡费，岁以亿计"[⑩]。

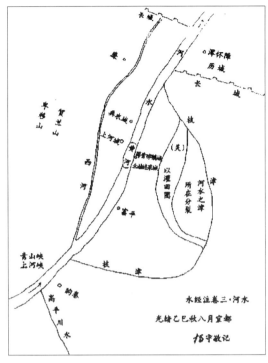

图下 3-2　水经注图（宁夏青铜峡部分）　光绪乙巳秋八月《水经注卷三·河水》杨守敬绘制

宁夏河套平原的水利灌溉遂得恢复，在工程上还有提高，已能做"激河"工程。激河之法，是以船载石在河中落石下沉，形成潜坝，以抬高渠口水位，增大入渠水量。若无一定技术，很难沉到预定位置，所谓"使水流下，孰弗能治；激而上之，非巧不能"。宁夏无坝引水的主要渠道，都采用此法引水，群众称之为"引水埢"，又名"迎水埢"。

北魏时期的大力恢复：

东汉以后，历经魏、晋、十六国的 200 年间，宁夏河套平原为匈奴、鲜卑和羌族等游牧民族占据，战乱频仍，水利事业衰退。到鲜卑族拓跋部统一北方，建立起北魏政权后，才有了一个安定的局面，水利事业又得复兴。

《魏书》记载：太武帝太平真君五年（444），刁雍任薄骨律镇将，见到"官渠乏水，不得广殖。乘前以来，功不充课，兵人口累，率皆饥俭"。于是上表请开艾山渠，遂在河西古高渠之北8里、沙洲分河之下5里处平地开凿新渠，北行40里还入古高渠，再北行80里，共长120里。

为保证新建渠口的进水量，又在西河（黄河支岔）上，由东南向西北斜筑拦河坝一道，将西河断绝，"使西河之水尽入新渠，水则充足，溉官私田四万余顷"（按：4万余顷相当于青铜峡河西灌区的全部灌溉面积，艾山渠按其规模，引水能力30—40秒/立方米，不可能溉田4万余顷，疑记载或传抄错误）。当时的灌水制度是"一旬之间，则水一遍，水凡四溉，谷得成实"[⑰]。艾山渠建成后，效益显著，使"官课常充，民亦丰赡"。

还有，薄骨律渠可能也是刁雍主持开修的。《元和郡县志》卷四关内道灵州记载，薄骨律渠在回乐县南60里，溉田1000余顷。

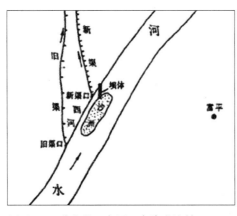

图下3-3　艾山渠示意图　卢德明绘制

由于兴办水利，薄骨律镇成为北魏一个重要产粮地区。刁雍到任后的第三年，就奉诏用船将屯谷50万斛（按：斛为古代计量单位，与石相等）下运到沃野镇，以供军需。但是剩余粮食仍多，处处"平地积谷"。5年后，又造仓城储谷，置兵备守。北魏时宁夏河套平原的富庶殷实景象不亚于西汉时。

隋唐时期的新发展：

隋、唐时期，由于国家的统一和强盛，宁夏河套平原的引黄灌溉又有新的发展并形成高潮。据《旧唐书·地理志》记载，唐时全国有灌区250余处，其中灌溉面积千顷以上的大灌区有30多处，宁夏河套灌区是其中之一。

除整修原有的旧渠外，还开有新渠。如肃宗时（756—762），郭子仪在黄河西岸开丰宁军御史渠，溉田 2000 顷。宪宗元和十五年（820），李听任灵盐节度使时，境内有"光禄渠，久厥废，听始复屯田，以省转饷，即引渠溉塞下地千顷，后世赖其饶"。穆宗长庆四年（824）秋七月，诏开灵州特进渠，置营田 600 顷。《元和郡县志》记载，唐时宁夏平原上的渠道有薄骨律、七级、特进、光禄、汉、御史、尚书、胡、百家等。

　　唐代在兴修各种水利工程的同时，也加强了水利管理工作，制订有水利管理章程《水部式》，对水利灌溉制度与水利官员的职责，有详细规定。如灌溉用水，"凡浇田，皆仰预知须亩，依次配用，水遍即令闭塞，务使均普，不得偏并"，"每次灌田都要计亩交纳水课"。再如灌溉用水时，"地方长官及都水官司，时加巡察"，"若用水得所，田畴丰殖，及用水不严并虚弃水利者，年终录有功过附考"等等。

　　唐天宝年间（742—756），驻灵州的朔方节度使有兵 64700 余名，有马 4300 余匹，兵强马壮，成为劲旅，时谓"天下劲兵在朔方"。粮草给养，数量巨大，由于兴修水利，大搞屯田，使谷稼殷积，却是"不烦禾籴之费，无复转输之艰"。宁夏河套平原已有"塞北江南"之称。

　　宋夏时期的再发展：

　　北宋初，太宗至道年间（995—997），杨琼任灵庆路副都部署、河外都巡检使时，导黄河，溉民田数千顷，增户口益课利，时号强富⑱。真宗咸平五年（1002），裴济知灵州，"谋辑八镇，兴屯田之利，民甚赖之"。

　　北宋宝元元年（1038），李元昊在兴庆府（今银川城）称帝建国，号为大夏，史称西夏。西夏能与宋、辽、金三足鼎立 189 年，主要依赖宁夏河套地区优越的水利条件。

　　元昊时期，不只整修了原有各渠，使其继续灌田，而且开有新渠，著名的有黄河西岸贺兰山下的昊王渠，亦称李王渠，从青铜峡口引水，向北延伸，直到平罗县以北，全长 300 余里，从其遗迹判断，渠口引水量在 70 立方米／秒左右。

　　中卫黄河南岸，南山台子下也有条古渠遗迹，群众称为昊王渠或曰金子渠，由西向东，长百余里，渠口引水量约为 40 立方米／秒。

　　以上二昊王渠，各灌地多少，持续多久，史无记载。史称拓跋氏据夏时兴州已有唐徕、汉延二渠，资其富强。加上其他州的正渠 10 条，共有干渠 12 条、支渠大小 68 条，总计灌溉面积在 100 万亩以上。《宋史·夏国传》称："其地饶五谷，尤宜稻麦，……故（有）灌溉之利，岁无旱涝之虞"。

西夏统治者很重视水利工程的维护与灌溉管理制度的确立。仁宗天盛年间（1149—1169），《改旧新定律令》共 20 卷，第 15 卷主要讲水利，对唐徕、汉延等干渠的修治、使用管理以及灌溉制度，都作了详细而具体的规定，对违犯规定的行为也作出明确而严格的处罚。

元、明时期的巩固与提高：

夏末元初，宁夏河套平原历经兵乱，渠道多被淤塞毁坏。元世祖至元元年（1264），河渠提举郭守敬随中书左丞张文谦行省西夏期间，对废坏淤浅的汉延、唐徕、秦家等渠予以修复，并"因旧谋新，更立闸堰"（闸堰是古代控制水流的工程，其作用类似现在的闸坝或溢流堰）。又在宁夏平原实行屯田，立营田司于宁夏府。诏令"西夏避乱之民还本籍"，同时，从各地移民并调拨新归附的军人到宁夏屯田。元世祖至元二十六年（1289），任命朵儿赤为中兴新民总管，专理移民屯田事务。元世祖至元二十八年（1291）八月，宁夏屯田成功，此后始有"天下黄河富宁夏之说"。

明代宁夏河套平原是北方九边重镇之一，驻有重兵防守，并实行规模庞大的军屯。洪武三年（1370），河州卫指挥使兼领宁夏卫事的宁正率军民"修筑汉、唐旧渠，引河水溉田，开屯数万顷，兵食饶足"[19]。

当时，大力经营屯田，兴修水利，经过二三十年的努力，到成祖永乐三年（1405），以宁夏屯田积谷尤多，褒美宁夏总兵官何福。英宗正统年间（1436—1449），宁夏连年丰收，各卫所仓储充裕，形成"一方之赋，尽出于屯，屯田之恒，藉以水利"的富饶景象。

明代在宁夏河套大力经营屯田，镇守宁夏总兵官下设有屯田都司，负责浚渠均徭都屯政。到嘉靖时（1522—1566），宁夏已有大小正渠 18 条（注：正渠指由黄河开口引水的干渠），溉田 15734 顷。有具体的渠名长度和灌田亩数，是宁夏引黄灌溉历史上第一次记载较为全面而确切的数字。隆庆六年（1572），佥事汪文辉将汉延、唐徕二渠进水闸易木为石（此为宁夏建石闸之始），岁省薪木力役无数。随后，秦、汉等渠闸坝也陆续易木为石。天启二年（1622），灵州段黄河决口，灵州城危在旦夕，居民惊恐。河东兵备道张九德毅然决定在上流 10 里外抛石筑坝（挑水坝）40 余丈，以挑大溜，再垒石筑堤（顺河堤）6000 余丈，以护河岸，获得成功，达到了保城安民之目的。为了纪念他的功绩，堤成后名曰张公堤。此种用丁坝挑流与顺坝护岸相结合的方法，为后世治河所效法。

　　在工程维修和灌溉管理方面，明代也有较为明确的规章。如每岁春三月发军丁军余（注：指屯田士兵和在役军士子弟），修治闸坝，浚挑渠道，"四月初开水北流，其分灌之法，自下而上，官为封禁"[20]。

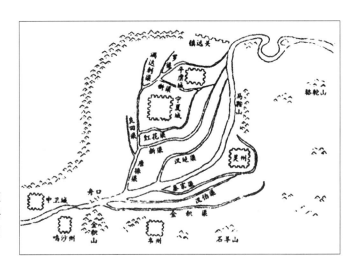

图下 3-4　明代宁夏灌区示意图　卢德明根据《嘉靖宁夏新志》中插图复制

清代的进一步发展：

　　清代，宁夏河套平原的引黄灌溉，无论是工程建设与维修管理，还是灌溉制度，都有发展和提高。除对原有渠道彻底整修外，还开了一批新渠。其中规模较大的有大清渠，是宁夏水利同知王全臣于康熙四十七年（1708）在原贺兰渠的基础上扩大延长而成，长 72 里，引黄河水溉田 657 顷。惠农、昌润二渠，是侍郎通智和单畴书会同督臣岳钟琪于雍正四年（1726）七月到雍正七年（1729）五月开成的，均引黄河水。惠农渠长 300 里，溉田 2717 顷。昌润渠长 136 里，溉田 1018 顷。

雍正九年春（1731），侍郎通智整修唐徕渠时，于正闸梭墩尾及西门桥柱上刻画分数，标测水位，兼察淤澄，并于正闸（渠道正式进水闸）下及主要桥渡处渠底布埋准底石 12 块，作为疏浚的标准。此后，汉延、惠农、大清等干渠也先后埋设了底石。对于渠道岁修的时间、要求、派夫、出料，以及开水后封表、轮灌制度，都有严格而详细的成文规定，违者严究。

河渠为宁夏河套平原的生民命脉，司政者莫不重视。春工岁修时亲临工地督察，灌水期间到各渠巡查。嘉庆重修《大清一统志》记载，当时直接由黄河开口引水的大小干渠有 23 条，全长 1099.5 公里，溉田 210.43 万亩，创宁夏引黄灌溉史新高。宁夏河套平原再一次出现"川辉原润千村聚，野绿禾青一望同"的富饶景象。

宁夏引黄河水灌溉历史悠久，两千多年来灌溉事业经久不衰。但由于黄河河道的摆动不定，灌区人口的增减变化，农牧业经济的此消彼长等多种原因，原始渠道的兴修、扩大、延长，或者改建、废弃，变化甚大。见诸记载的高渠、艾山渠、薄骨律渠、七级渠、特进渠、御史渠、光禄渠、昊王渠等，有的淤毁废弃而为他渠所代替，有的重修后改变了名称，有的并未修成只留遗迹，史志记载或简或缺。

此就现存灌溉面积 10 万亩以上的 8 条主要引黄古渠的开凿与沿革概述如下：

秦渠。又名秦家渠，开口于青铜峡出口右岸（东岸），是宁夏河东灌区的主干渠。"秦家渠相传创始于秦"之说，最早见于清人吴广成编撰的《西夏书事》。据文献记载，秦家渠之名，最早见于元大德七年（1303），虞集《翰林学士承旨董公（文用）行状》曰："开唐徕、汉延、秦家等渠。"《元史·董俊传》（附《董文用传》）有相同记载。明《嘉靖宁夏新志·灵州水利》记载："秦家渠，古渠名也。"清《嘉庆重修一统志·宁夏府》记载更具体："秦家渠在灵州东，亦曰秦渠，古渠也。"

对秦渠的创建年代，上述志籍均未提及。据《新唐书·代宗本纪》载：大历八年（773）八月，"吐蕃寇灵州，郭子仪败之于七级渠"。《宋史·刘昌祚传》和《高遵裕传》均记载：元丰四年（1081），奉诏讨夏国，"围灵州城 18 日不能下，夏人决七级渠以灌营，遂以溃归"。清《嘉庆重修一统志·宁夏府》亦记载："七级渠在灵州南。"可知，唐、宋时灵州城附近有七级渠，其地理位置与元、明时，以至现今的秦渠流经路线大致相同，可能由于韵转之谬，"七级"讹为"秦家"。西夏之后，七级渠名消失，秦家渠名出现，所以说秦家渠的前身可能是七级渠。七级渠又创建于何时，史无记载，不可臆断。

秦家渠的维修整治情况，始见于元初，董文用、郭守敬曾修复过秦渠。明万历十八年（1590），监察御史周宏跃视察宁夏边务时言："河东有秦、汉二坝，请依河西汉、唐坝筑以石。"诏可。以后渠口进水不利，巡抚崔景荣令以石砌成，水始通流，灌田 900 余顷。天启三年（1623），河东道张九德于渠口下筑长堤数百丈，逼水中流，并于长堤下数里筑一猪咀码头（因形似猪嘴，故名），才免除了河水对秦渠渠口至秦坝关 20 余里渠身的威胁。渠口原系土底，清康熙时参将李山砌以石底，口乃坚固。乾隆三十八年（1773），利用汉渠废口接引为上口，原口称为下口，从此秦渠有上下两口，进水畅利。道光二十九年（1849），猪咀码头被冲坏，当时以地方战乱，未能及时修复，此后险工迭出。至光绪以后，河水益东侵，沿河崩塌，三十四年（1908），灵州知州陈必淮修复猪咀码头，以石堆筑，宽 18 丈，长 80 余丈，斜插河中，河水复归故道。并于堤上植树，盘根固堤。秦渠由峡口向北偏东流至灵武县城北门外尾水入山水沟，渠长 75 公里，灌田 13 万亩。

汉渠。又名汉伯渠，开口于青铜峡出口右岸（东岸），也是宁夏河东灌区的干渠之一。汉伯渠的前身可能是光禄渠，《读史方舆纪要·宁夏镇》记载"光禄渠在所（灵州守御千户所）东，志云渠在灵州，本汉时导河溉田处也"。清嘉庆重修《一统志》有同样记载。光禄渠所在位置与今汉渠所在位置极似，二者有沿革关系。光禄渠可能建于东汉。

唐宪宗元和十五年（820），李昕任灵盐节度使时主持疏浚过废塞多年的光禄渠，灌田千余顷。明洪武时经过疏浚，灌田 730 余顷。万历年间，渠口进水不利，巡抚崔景荣令以石砌成后，进水畅利。天启年间，河东道张九德于秦渠创开芦洞长 30 丈 5 尺，高宽各 3.5 尺，自秦渠北岸抵洼桥，疏沟 30 余里，泄积水入河，解决了汉渠东岸积水无出路的问题，并恢复被淹浸的良田数百顷。清康熙时，因河势偏西，渠口进水困难，中路同知祖良贞浚深闸底，又增长迎水拜，水乃足用。乾隆时，灵州知州黎珠于原口上 10 里之杨柳泉地方，又创修迎水新口，逆流垒石筑为长拜，俗称十里长拜，引水较有保证。汉渠由峡口北流至灵武县胡家堡泄入清水沟，渠长 50 公里，灌田 13 万亩。

汉延渠。又名汉源渠，习惯称汉渠，开口于青铜峡出口左岸（西岸），陈俊堡二道河，是宁夏河西灌区的大干渠之一。《元和郡县志·关内道·灵武县》记载，汉渠在县南 50 里，溉田 500 顷。明万历《朔方新志·水利说》："浚汉渠者，虞诩、郭璜也。"清乾隆《宁夏府志·艺文·大修汉渠碑记》称："汉之有斯渠，殆元封、太初间（前 110—前101）。"又称："汉之有斯渠也，作者数万人，功非不伟矣，历数千百年至于今，人事迁易，湮没不常。"可见西汉时已有此渠，东汉时又加疏浚。

汉延渠之名最早见于元初，其维修整治情况亦始见于元代，董文用、郭守敬曾修复过此渠。明隆庆年间河西道汪文辉于距渠口 12 里之汉坝堡（即今之小坝）建石正闸一座（四孔）。清顺治十五年（1658），巡抚黄图安奏请重修。康熙五十一年（1712），水利同知王全臣重修各暗洞，并砌以石。雍正九年（1731），宁夏道钮廷彩、水利同知石礼图领帑大修。光绪二十九年（1903）曾改移渠口、进水较前有保证。汉延渠由峡口向北偏西流至今贺兰县王澄堡归入古西河，渠长 115 公里，灌田 38.9 万亩。

唐徕渠。又名唐梁渠，习惯称唐渠，渠口在青铜峡出口内百八塔之下，是宁夏河西灌区最大的引黄灌渠。其开凿原始不可考，明万历《朔方新志·水利》记载"唐徕渠亦汉故渠而复浚于唐

图下 3-5　唐徕渠旧进水闸　《宁夏省水利专刊》1936 年版

者"。当地父老传闻，唐代对汉时旧渠曾大加疏浚、延长，并招徕户民垦种，遂易名唐徕渠。

《元史·世祖本纪》、《郭守敬传》均记载，元世祖时行省郎中董文用、河渠提举郭守敬曾修复过唐徕渠，并更立木质闸堰。至明隆庆年间（1567—1572），河西道汪文辉于渠口20里之唐坝堡（即今之大坝）建石正闸1座（六孔）、退水闸2座，并定正闸入渠之水位，以5市寸为1分，止以15分为限，这是建石闸之始。

清顺治十五年（1658），巡抚黄图安奏请重修。康熙四十八年（1709），水利同知王全臣又大事挑浚，并自观音堂起至石灰窑止，逆流而上，筑堆石迎水拜一道，长450余丈，劈黄河1/5为渠口，宽至20余丈，受水始得畅利。雍正九年（1731），侍郎通智又整修唐徕渠，延长迎水拜3里另10丈，并于大坝以上5里处造滚水石坝30丈，名曰"腰坝"，增设三墩四孔退水闸1座，以泄余水。复于正闸梭墩尾及西门桥柱刻画分数，测量水位，兼察淤澄，并于渠底布埋准底石12块，使后来疏浚者，有所遵循。乾隆四年（1739）及四十二年（1777），又经宁夏道钮廷彩、王廷赞先后奏请借帑大修。唐徕渠由峡口向北偏西流至平罗县上宝闸堡归入西河，渠长160公里，灌田48万亩。

大清渠。初名贺兰渠，在黄河青铜峡出口西河马关嵯之下6里处引水，渠宽数尺，长10里，灌田数百亩，为清初宁夏道管竭忠据民所请创开。

康熙四十七年（1708），宁夏水利同知王全臣，鉴于唐徕、汉延两渠之间，宜耕地尚多，乃于唐徕渠口之下25里，汉延渠口之上5里，马关嵯附近新开渠口，将贺兰渠扩大、延伸到宋澄堡，长达70余里，尾水入唐徕渠。土方工程于康熙四十七年农历九月一日开工，十三日告竣，次年建筑物完成并通水。当时，渠道上口宽8丈，深5尺，灌陈俊、蒋顶、小坝、林皋、瞿靖、邵岗、玉泉、李俊、宋澄九堡田地657顷，命名为"大清渠"。

雍正十二年（1734）、乾隆四年及四十二年（1777）先后重修。光绪十三年（1887），宁夏知府黄自元主持重修汉坝、宋澄各涵洞，并砌石底，以利排水。光绪三十年（1904），黄河大水，冲毁了引水段，后修复。渠长 37.5 公里，灌地 11.12 万亩。

惠农渠。群众称皇渠，是宁夏河西灌区的大干渠之一，清雍正四年七月到七年五月（1726—1729）由侍郎通智和宁夏道单畴书奉旨修成。渠口原在叶升堡南俞家嘴花家湾，并汉延渠而北，稍至平罗县西河堡归入西河，长 300 里。渠两岸植柳 10 万株，其盘根可以固堤，其材可以供岁修。乾隆三年（1738），宁夏大地震，渠口被毁，经修复并延长渠线 11 里，九年又延长 30 里。乾隆十年（1745），改渠口于林皋堡朱家河，三十九年（1774），因河流东侵又改口汉坝堡刚家嘴，至平罗县尾闸堡归入黄河。光绪二十七年（1901），河流西侵，将永宁县杨和乡段外埦冲没 20 余里，屡修屡坏，三十一年改道于杨和堡之东，渠流始复。惠农渠主要浇灌银川以北黄河沿岸一带的土地，渠长 150 公里，灌田地 45 万亩。

美利渠。位于中卫县境黄河北岸，《宁夏府志·水利》称，自元以来，名蜘蛛渠，元初董文用始复开浚，郭守敬更立插堰，"美利渠之开或董、郭二公为之也"。由沙坡头下石龙口尾开口，绕县东北至马槽湖、八塘湾出油粮沟，于胜金关西入黄河，长 200 里。后因岸陡渠淤，口窒不能受水。明嘉靖四十一年（1562），抚军毛鹏令中卫文武职官带本卫丁夫 3000 人，于旧渠口之西 6 里处另作新口，设进水闸 1 座（六孔），其傍又建减水闸 1 座（五孔），并开新渠 7 里复入于旧渠，渠成后易名美利，盖取乾始美利之意。

至清康熙时渠岸渐高不能引水。康熙四十年（1701），中卫副总兵袁铃开石坝垒埦，水复通流。康熙四十五年，西路同知高士铎又宽劈挖深

图下 3-6　美利渠原引水埦
孙晓磊摄

引水段，又在右岸砌石加拜。同时，延长迎水埛（即导水堤），从此受水畅利，美利渠自此又有"石渠"之称。渠长 60 公里，灌田 5.05 万亩。

七星渠。位于中宁县境黄河南岸，相传泉眼山下有泉七眼，形若列星，故名七星渠。又说渠口居柳青、贴渠、大滩、李滩、孔滩、田滩六渠之首，形若七星而得名。

开挖七星渠，还有一段白马拉缰的故事。传说在古代未开渠前，灌区汉、胡居民渴望引黄河水灌溉日久。一天，红柳沟一老农和几个青年商量开渠的事，老农说："假如有匹马，帮助我们选条渠线，那就好了。"在场的青年听了说："那有何难，我们牧群里马多，让你选匹吧。"于是，大家一起选了一匹驯顺的大白马，老农翻身上马，但马不听指挥，从泉眼山沿着山坡向东飞跑，缰绳拖在地上，一气跑过红柳沟，直到石头井沟。人们顺着缰绳印迹把渠开成。为了报答白马拉缰选取渠线的功劳，人们在石头井沟右边荒滩上盖了座白马寺，里面塑着白马像，春秋祭祀。有赞语曰："白马受祀，汉胡融熙。开渠种田，垂之千古。"

七星渠创修年代不详，《明史·河渠志》记载，正统四年（1439），宁夏巡抚都御史金濂曾役夫疏浚久塞的七星渠，天启七年（1627），又有西路同知韩洪珍改修七星渠首段与清水河尾段，以浇屯田的记载。民间亦有"王道烈告倒山河"的传说。清水河下段也称山河，流到长山头以下，原由野猪沟流经龙坑、肖池塘，越七星渠入南河子，每逢山洪暴发冲断七星渠，淹及新堡、盖弯、王家水坑等处。明朝天启年间（1621—1627），乡民王道烈提出清水河改道由泉眼山山河桥入黄河，经多次奔走呼吁，得到上方支持，获得成功，从而解除了清水河对中宁县城西南一带的危害。

清康熙年间复经西路同知高士铎督修"石口"，增设"流恩、盐池"两闸，挑浚肖家（单阴洞沟）、冯城（双阴洞沟）两暗洞，除山水之患，渠乃通畅。雍正十二年（1734），宁夏道钮廷彩于红柳沟建环洞五孔，上为石槽渡水下行，垦白马滩至张恩堡地 3.8 万余亩。

乾隆二十一年（1756）夏，山水冲坏红柳沟环洞，冯城暗洞亦冲坏，知县黄恩锡于旧洞之上新建环洞。因洞当山洪之冲，屡修屡坏，乃于塘马窑地方另建新洞于沟身，导水下流，上改渠道沿山跟行。

光绪二十四年（1898），知县王树楠于渠口下鹰石咀建进水闸三道（即正闸）、退水闸两道，并于清水河入黄河口处筑拦水坝一道，以保证渠口引水量，名曰"山河大坝"（即潜坝）。

七星渠由于傍山麓坡地而行，山洪为害甚烈，维修用工、用料数倍于他渠。渠长50公里，灌地7.91万亩。

纵观宁夏引黄渠道发展的历史，修建大干渠的次序，大都是后来者居上，即由引水较易的低部位向引水难度较大的高部位发展。又都经历了由小到大，由短到长，渠身随着灌区的淤垫而不断抬高的演进过程。

黄河从甘肃、宁夏交界的南长滩翠柳沟入境，至宁夏、内蒙古交界的头道坎麻黄沟出境，在宁夏境内流长397公里，占黄河全长的7%，宁夏段河道上有黑山峡，中有青铜峡，下有石嘴山，形成中卫、中宁和银川、吴忠两个平原，统称宁夏河套平原。

天下黄河富宁夏：

首先是灌溉。黄河在卫宁平原上比降平均为1/1150，在银吴平原上比降为1/2800—1/6000，两岸一般高出正常水位1—3米不等。黄河宁夏段年过境水量325亿立方米，水量充沛，且含泥沙适度，为3%—7%。古人相度地势，开渠引水灌田，历史悠久。据《史记》记载，秦始皇统一六国后，派将军蒙恬率大军30万北击匈奴，略取河南地，开始在此屯田戍边。到汉武帝时，把原来的莽莽草原改造成祖国西北最古老的大灌区之一。两汉盛世，宁夏河套平原已成了"沃野千里，谷稼殷积，因渠以溉，水春河漕，用功省少，而军粮饶足"的富庶地区。经历代垦殖与发展，早有"塞北江南"之誉。农业生产年种年收，稳产高产，无旱涝之虞。

其次是水运。黄河宁夏河套平原段由于地势平缓，由上而下，流速每小时10—15公里，适于水运，自古就有舟楫之利，"冰解河开欲暮春，船家生理趁兹晨。土窑磁器通宁夏，石炭连船贩水滨"，"叶叶风帆塞上行，黄河渡口认归程。分明春水江南思，天际咿哑一橹声"。这些诗句都形象地反映了宁夏地区古代黄河水运的兴盛。黄河航运是宁夏上与甘肃兰州下与内蒙古包头间的重要货运动脉。沿河两岸各县乡用木船和羊皮筏子（浑脱）搞短途运输和接渡黄河对岸行人及牲畜等，经久不废。

第三是渔业。黄河宁夏段沿岸湖沼、水田甚多，加以人工渠沟的开挖，使平原上相当多的水面与黄河沟通，形成了生态良好、饵料丰富的鱼类栖息场所与回游通道，便于多种鱼类产卵、育肥、越冬。每年春季，黄河里的鱼群常顺河沟进入湖沼、稻田，夏季又游入黄河。宁夏天然鱼类有 20 多种，其中肉味鲜美的要数鲤鱼和鸽子鱼。自古以来，黄河两岸尤其是卫宁段"村居多以渔为业"。捕鱼是当地农民的重要副业。所谓"鳟鲫盈市兮，应理之州"（应理即今卫宁地区）。

黄河以充沛的水源，肥沃的泥沙，哺育着这块土地。5000 年来，她哺育了千千万万的宁夏儿女，孕育了一个伟大的民族。

第二节　传统水利技术

工程布设及其作用　渠道岁修　封表轮灌　农田灌溉　水费征收水闸作法　草土埽工　盐碱土防治　宁夏河套灌区经久不衰

宁夏地处边陲，河套灌区的居民，主要来自戍边的内地兵民，地方官也多是封建王朝从内地选派来的官吏。这些兵民与官吏，带来了内地先进的文化和农业生产技术，还有内地兴修水利的经验，结合宁夏的实际，在长期的治水、用水实践中，逐步形成一套有宁夏特色的水利工程设施及其管理使用的制度办法。

兹就工程布设、渠道岁修、封表轮灌，灌溉方法、水费征收、水闸作法、草土埽工与盐碱土防治诸项作以简要记述。

在无坝自流引水的情况下，历代水利专家创造出一套适合宁夏的工程设施。其一是适应河水大小的引退水工程设施。用块石桩柴镶砌，修筑与河道平行的傍河长堤，群众称为迎水拜。堤长数百米到数千米不等，堤顶稍高于渠道所需水位，利用黄河比降较陡（峡口引水处为 $1/1000$ 到 $1/300$）的有利条件，争取较高水头，使河水小时有足够水量入渠，河水大时又可越堤溢流，防止大水进渠。在迎水拜以下适当渠段临河一侧

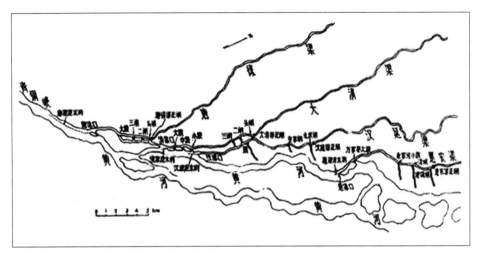

图下 3-7　唐徕、汉延、惠农、大清渠渠首平面图　卢德明绘制

再修筑溢流侧堰（俗称跳水）一至数处，用以排泄大水，防洪效果甚好。

为了能有效地调节干渠水量，又在溢流侧堰以下渠段临河一面的渠堤上设置退水闸一至数处。水少则关闸，使水尽入渠中，满足灌溉用水。水大则酌量开闸，使多余之水泄入河中，以防大水对渠道的危害。为调节渠道流量，在退水闸以下渠道上修筑进水闸（俗称正闸）一座，即可掌控渠道水位。

宁夏引黄河各干渠的引水，溢洪排沙与进水工程设施与四川都江堰极其相似，虽名称有所差异，但作用完全相同。都江堰无坝由岷江引水，灌溉成都平原，使之成为水旱从人、不知饥馑、时无荒年的天府之国。宁夏各干渠无坝由黄河引水，灌溉河套平原，使之成为塞北江南、鱼米之乡。两处工程设施都很巧妙，灌田效果都显著而持久，成为中国水利史上的两颗明珠，光耀千秋。

其二是修筑分水、交叉、防洪等工程设施。各支渠口都设有石闸或木闸从干渠分水，斗渠口亦设闸从支渠分水，群众统称这些大小分水闸为渠口子。宁夏灌区各引黄干渠都是顺河方向，自上而下，次第开口，并列而行。因东西或者南北阻隔，往往有因此渠之水位低，乘便接引其他高水位渠水，来浇灌本渠灌区内之高田者，则置木槽跨渠上以通流，古名飞槽或渡槽。为使排水畅利，针对入河的排水沟多与渠道交叉穿行、沟被渠阻的情况，遂于渠下建暗洞（也叫芦洞、沟洞、环洞）以通流。为了防止山洪对傍山渠道的危害，在山洪沟口处，设置排洪闸，排泄山洪，或作过沟暗洞或作渡槽以通渠流，形成渠道立交工程。以上诸项工程设施，可说应有尽有，运用自如。

其三是水尺子的设置。古时无测水仪器，为掌握渠水流量，人们于各大干渠正闸和各交水点的桥柱石墩上刻画分数（五市寸为一分），群众叫水尺子；或立一木杆，上刻分数，用以观测水位的高低。各干渠水尺子的设置位置，如唐徕渠西门桥、汉延渠掌政桥、惠农渠永固桥，都有测水尺子，三桥居三渠之中，管理人员看水位分数即可知水量多少。

引黄河水灌溉，有"且溉且粪"之利，但也有其害。由于黄河水含泥沙较多，渠道一岁所浚不敌一岁所淤。一些淤积严重的渠道，在夏秋灌溉停水后还要清淤，方能冬灌。冬灌结束，渠道又有淤塞。因此，每年三月春分节前后，要用柴土封堵干渠渠口，断绝水源，涸干渠身，这半月渠工，俗称埽工。到清明时再清淤渠道，维修闸坝，立夏前全部竣工，前后一个半月，名曰春工。立夏开水灌溉，年年如此，称为岁修。

岁修工程及工料的确定。在每年冬灌结束之后，冬至由官府召集各渠士绅，对下年应浚、应修各项工程及所需人工、物料进行踏勘估算，由本渠受水民户按亩分担。各渠负担轻重不一，工程大、田地少的渠道灌区农民负担重于工程小、田地多的渠道灌区农民。春修做工时间为30—40天。春修到工迟延或逃避者计日倍罚，以儆效尤。

为使渠道清淤彻底，每年春修时，任用绅士中练达渠务者分段督修，被任用者称为委管。各段负责岁修的委管，在工竣放水后要巡护各自所作工程，以放水后半月内有无倾陷、滑动、走失和阻碍水流等情况出现，作为对其工作成绩或过失的考核依据。有功者奖，有过者罚。

每年立夏（5月5日左右）前渠道春修结束后，即行开闸放水，放水后采用"严封实闸，逼水到梢"的办法，即将上、中游支渠斗口一律封闭，逼水达渠梢，再由下而上，逆鳞浇灌，称作封水。在封水的同时，对于上中游灌区需时较长和田高灌水较难的支渠，酌情留给一定水量，使其能与下游同时灌完称表水。所谓封表，就是有节制，有秩序地开口放水。封表失宜，水泽难周，遂有封表如号脉之说。封水表水与当地的作物长势、气候条件、河渠水量、渠道状况都有密切关系，过与不及均非所宜。干渠长者数百里，短者几十里，必须由水利官员掌控封表，才能上下均衡受益，故有头轮水、二轮水及冬水（冬灌）之说。

历史上灌溉用水的时间及所灌作物是：头轮水又称夏灌，从立夏到夏至（5 月上旬到 6 月中旬）40 天左右，浇灌小麦等夏作物和供给水稻等秋作物播种用水；二轮水又称秋灌，从夏至到白露（6 月下旬到 9 月上旬）70 多天，夏秋作物全面浇灌，是用水量最大、时间最长的一次灌溉；冬灌从霜降到小雪（10 月中旬到 11 月中旬）30 天左右，此后全年灌水结束。

卫宁灌区处于宁夏河套平原上部，气温较高，开水时间比处于平原中下部的青铜峡灌区略有提前，灌水次数也较多。为保证上、中、下游均衡受益，每轮水无论干渠、支渠均需坚持封表轮灌制度，不得紊乱。历史上对于轮灌期间不遵守制度，霸水抢灌或纵水入沟入湖，淹滩漫路者，轻则游渠罚款，重则判刑押狱，以保证轮灌制度的贯彻执行。

传统的灌水方法是淹灌，一般是在四周筑有田埂的格田里（格田田块小者 1—3 亩，大者 5—10 亩）建立一定深度的水层，借重力作用使水渗入土壤。田块布置形式有串灌和单灌两种。串灌是水由毛渠进入田块，田块与田块之间留有缺口，互相连通。单灌是每块格田都有一个独立的进出水口，自立门户，互不干扰。

这种淹灌方式习惯叫大水漫灌。田面冲刷较重，水量浪费亦大，灌水时间是四月（农历）初开水春灌，十月下旬冬灌结束，其中渠道秋修时，停水一月。全年灌水时间 180 天左右，灌溉农作物主要是小麦与水稻，小麦生长期灌水 2—7 次，每亩用水量约 200—300 立方米，伏秋灌（泡茬、翻地及洗盐）与冬灌各约 70—130 立方米，全年每亩用水量约340—560 立方米。水稻灌水 7—30 次，总用水量 600—2000 立方米，个别高地达 6000 立方米。

宁夏河套灌区地面坡度由上游到下游逐渐变缓，自然排水条件上游

图下 3-8　天车车水
照片　孙晓磊摄

优于下游，气温是上游高于下游，因之，农作物灌水次数与用水量上游灌区较下游灌区多些。

渠道过去是以民办官督为主，以渠养渠，量出定入，工料兼收，岁清年结。水费征收，前人有"本色"、"折色"之分。所谓"本色"只征柴草，以柴草价折顶水费，不再征款。所谓"折色"不征实物，只征现金，作为采购石料、木料、白灰、胶泥等物料和管理人员的费用开支。并有"近征本色，远征折色"，"六本四折"或"七本三折"的规定。

历代宁夏地方官都视渠务为要务，设专门机构或官员管理，如元代宁夏立河渠司，明代设屯田都司，清初设水利都司，雍正时改为水利同知。干渠管理，在一县境内者，由县管理，流经几县者设渠道管理局专管，支渠设支渠长（旧称会首）负责本渠的工程管理、维修和灌溉时的封水表水等事。管理人员择优委聘，待遇从优，失职重罚。

宁夏河套平原是由黄河泥沙淤积和两岸山洪冲积形成的，土质为泥沙，地基松软。水工建筑物，尤其是水闸基础处理难度较大。青铜峡灌区各大干渠进、退水闸的做法，古代用石灰、胶泥作为砌石的粘结材料，用猪血或糯米汁掺和白灰勾缝，用长约半米的密集木桩处理地基。小木桩之上铺白茨，用胶泥、白灰镶砌，单层为长三横二厚一市尺的料石，石缝之间用木楔逼紧，也有用生铁水灌固的。用这种方法修建的闸基和急流段护底，能胜任单宽流量 5 立方米 / 秒左右的急流通过。有些旧闸的过水能力在 100 立方米 / 秒以上，不能不说是一项奇迹。

卫宁灌区各干渠进、退水闸的做法是：用长 1.5 米到 2 米，直径约 10 厘米的柳木桩，分排打入地基内的叫"排桩"，打成梅花形的叫"梅花桩"，是加强地基承受力的有效措施。水闸底层先铺厚约 20 厘米的红胶泥浆，再铺厚约 5 厘米的牛筋条（即柠条小灌木）或白茨，上面稳放块石，石厚不小于 30 厘米，四周用胶泥捣实，顶面与闸底设计高程齐平，四边靠紧，四角空隙打入 1—1.5 米长的柳木桩固石。

对水闸的做法，人们编有操作口诀曰："先铺底来后砌墙，边边靠紧不走样。四角柳桩要深打，四边空隙填泥浆。白茨是筋胶泥肉，片石骨头片片镶。挑好面石砌墩墙，麦草辫子紧跟上。面石直缝犬牙错，凸凹参错要相当。牢牢记着经验话，保持多年不走样。"

卧鱼护底防冲。是以横木一根，固定在干砌护底石的末端，称卧鱼。受横木辖制的干砌石，虽有急流通过不致松动走失，抗冲效果显著。旧时卫宁灌区渠工应用较多。横木的安设多用木桩凿孔穿短木竖插地基内，横镶在块石护底末端，横木可使干砌块石连成整体，如同今之截水墙，故防冲力甚强，是旧时水工的一项成功措施。

草土埽工即今天的草土围堰，它在堵口截流中具有神奇的功效。草土埽工的使用年代，据宋人沈立在《河防通议》中说："埽之制非古也，盖近世人创之耳。"

埽工是古代劳动人民智慧的结晶，既能护堤抢险，又能用于堵口，可以就地取材，在北宋时代已很普遍。又据《元史·河渠志》记载，"至正十一年（1351）贾鲁堵塞黄河白茅堤决口，两岸埽堤并行，作东埽者，汉人水工，征自近畿，作西埽者，夏人水工，征自灵武"。说明宁夏的草土埽工技术，在元代已推广到黄河下游的堵口复堤工程中。

宁夏的唐徕、汉延、秦、汉等渠，每年春季维修时，用草土封堵渠口，涸干渠水，进行疏浚，并用草土修筑渠河的护岸、桥、涵、闸、斗的护坡，堵复决口以及临时性的拦水堤。此法一直延续使用至今。它具有就地取材，造价低，施工简便，工期短，稳定性、防渗性及抗震性强，防水防冲效能大，拆除容易等优点。

草土围堰的做法有散草、捆草、卷埽三种。

散草施工方法，是由一岸的水边起，层草层土向对岸推筑。用带铁尖的细木杆插入水内，间距约 2 米，一人把持一杆，挡着草土的散失，延伸时拔出木杆前移继进，飘浮的草土体，逐层加高，徐徐下沉，前沉后继，每次延伸距离约半米左右。散草施工，适用于流速较小（小于 1.5 米／秒）、水深较浅（不超过 3 米）的卵石河床。

捆柴施工方法，是用一根长 7—10 米（根据水深定绳长度），径粗约 5 厘米的草绳，将每束重 8 公斤左右的两束麦柴捆在一起，按需要宽度，先平放一排，把草绳的一端埋压在已完成的草土体内，其上铺散草一层，再铺土厚约 10—20 厘米，土上再加捆柴，散草和铺土逐层堆起至草土下沉到底，延伸时捆柴须搭接柴束长的一半或 2/3。捆柴施工的整体性和抗冲性比散草施工要好，适用于水深（8 米以下）流急（3 米／秒左右）的卵石或沙砾河床。

在堵口合拢处，由于水深流急，散草、捆柴都抵御不了高速水流的冲刷，就须使用卷埽施工方法，单埽的大小长短视需要而定。其做法是：在龙口近傍，修整出一块前低后高的卷埽堆埽场地，按埽的长短大小制作草绳，纵向铺在地上，再用横向草绳，把纵向草绳每两根或三四根，编织成网状，横向绳索的间距 1 米左右，草绳上先铺一层柳枝或芦苇，再铺散草，草上铺土厚约 10 厘米，最好再放一些小石子，以增大重量，并在开始卷起的一端放入直径 15 厘米的草绳或麻绳作为龙绳，龙绳长度视埽下沉的深浅和固定位置的远近而

图下 3-9　卷埽施工　孙晓磊摄

定。然后以龙绳为中心由一端卷起，卷为一个庞大横卧的草土圆柱体，利用场地的斜坡推滚下水，随着埽的下沉，放松龙绳，以防埽捆悬空，水深时常用几个至十几个或几十个埽捆进占强堵达到截流之目的，实践中显示出奇迹般的作用。

宁夏河套平原引黄河水灌溉，与灌溉伴生的盐碱问题也由来已久。清乾隆《宁夏府志·田赋》记载耕地是"高者沙砾，下者斥卤，膏腴之壤，实不及半"。当时核实的地亩中，盐碱地占耕地面积的 44.5%。《朔方道志》记载：发生土壤盐渍化的原因是"地脉积寒，宿水停滞"，并总结出"……必得河水乃润，必得浊泥乃沃"的灌溉、放淤、洗盐的改良方法。归纳出"否则霖雨虽多，而潮碱易起"的水盐运动规律，也是科学的。

引黄灌区盐碱土的形成，因得黄河水之利与黄河泥沙之益，历来引进水量多，排水又不畅，故地下水位升高。矿化度高的地下水加上淤积冲积土壤母质的盐分，经过水分蒸发，就形成了盐碱地。黄河水的盐分（0.39%），因气候干旱，蒸发强烈，溶盐随水运行积累地表，也能形成大面积的盐碱土。过多引进灌溉水造成地下水位上升，是引起土壤次生盐渍化的主要因素。灌区地下水位的升降与灌溉用水时期完全一致，灌水即升，停水则降。

灌区千百年来，群众与盐碱作斗争，积累了丰富的经验，在生产中广泛应用，可概括为改土治碱十二字诀，即排、稻、淤、洗、灌、平、肥、翻、轮、松、种、换。

排，就是开沟排水。这是降低地下水位，改良盐碱土的主要措施。常言道"有灌无排，盐碱为害；有灌有排，粮食就来"。

稻，就是种稻洗盐。群众有"碱地生效，开沟种稻"的说法。种稻可以冲走土壤中的盐分，并借黄河浑水淤垫洼地，增加肥沃客土。

淤，就是放淤改良。利用黄河汛期含泥量高的浑水淤垫低洼盐碱地。群众叫"撇清澄浑"，效果甚好。

洗，就是冲洗盐碱。按季节可分伏泡、秋洗和冬灌。每次冲洗可减少土壤盐分水 1/3 以上，其中伏泡的冲洗效果最好。

灌，就是合理灌溉，灌溉适时适量，可提高产量，以避免因水多了淹，水少了旱而造成减产。

平，就是平田整地，划小田块，并在播前挖高填低，清除因灌水淤出的进水口高地，群众叫"扎田嘴子"。

肥，就是增施有机肥，增强土壤透水蓄肥能力，减轻盐碱危害。秸秆还田当肥，效果也较好。

翻，就是伏翻伏晒。夏禾收割后，及时灌水一次，并翻茬晒土，有脱盐效果，还能促使土壤风化，提高地力。

轮，就是轮作倒茬。一年稻一年旱的两段轮作制和一年稻两年旱的三段轮作制，以三段轮作效果最好，可充分利用黄河水的泥沙肥田，又冲洗了耕作土层中积累的盐分，更能消减杂草。

松，就是及时松土。冬灌后耙地保墒，减少冬春多风季节的蒸发，抑制反盐。

种，就是选种耐盐作物，针对土壤盐分的轻重不同，选种适宜品种，如盐分轻的种小麦、胡麻、蔬菜，盐分较重的种大麦、高粱、谷子，盐分重的种水稻、甜菜、苜蓿等。

换，就是铺沙换土，能改良土壤物理性质，增强地力。群众有"沙盖碱，刮金板，既除沙（丘），又除碱，沙堆、碱滩变良田"的说法。

这些措施各有其使用的环境与条件，如能相互配合，综合运用，效果更好。

宁夏河套平原山舒水缓，沃野千里，河面低于地面，无决口泛滥之患，有引水灌溉和通航之利，因而有"天下黄河富宁夏"、"黄河百害唯富一套"之谚语。

宁夏河套平原引黄灌区形成并经久不衰的主要原因有以下几点：

其一，从开疆扩土到戍边卫国都需要灌溉，发展农业。

宁夏河套平原在春秋战国时期还是"羌戎所居"的游牧地区，与秦国为邻，彼此间经常发生争城夺地之战。秦始皇统一六国后，北方的匈奴仍在边境为患，始皇三十二年（前215）派大将蒙恬率兵30万北击匈奴，略取河南地。第二年，又西北斥逐匈奴，自榆中并河以东，直到阴山的广大地区内设置了 34 县。其中，富平县就在青铜峡河东灌区，还有神泉、浑怀两个亭障。把内地罪人迁徙到这些初设之县居住，所谓"徙谪实之初县"（《史记·秦始皇本纪》），以后又迁徙内地居民 3 万户到北河榆中。

汉武帝时，为彻底消除匈奴的威胁，于元朔二年（前 127）派大将卫青、李息等"击胡之楼烦、白羊王于河南，得胡首虏数千、牛羊百余万，于是遂取河南地，筑朔方，复缮故秦时蒙恬所为塞，因河而为固"。武帝还采纳主父偃的建议，立朔方郡，"募民徙者十万口，从事屯垦，以省转输"（《史记·平津侯主父列传》）。元狩四年（前 119），"关东大水，民多饥乏，不能相救，乃徙贫民于关以西及充朔方以南新秦中七十余万口"（《史记·平准书》）。汉武帝又于元狩二年和四年，连续三次大规模地打击匈奴，使之远遁，而幕南无王庭。汉渡河自朔方以西至令居，往往通渠，置田官吏卒五六万人（《史记·匈奴列传》）。元鼎六年（前 111），"上郡、朔方、西河、河西、开田官斥塞卒六十万人戍田之"。武帝时形成以黄河流域为主的全国兴修水利的高潮。

西汉时宁夏平原由于人口增加，行政机构，除秦朝时设置的富平县外，又增置灵州、灵武、廉县、眗卷四县。封建王朝需要有巩固的边疆，以捍卫中央，戍边兵民也需要有安定的生活，以安居乐业。因此，都需要引黄河水灌溉，发展农业生产，就地解决戍边将士的粮食给养，还可从移民中就地补充兵力。移民吃粮有保障，生活安定，保家卫国自然义不容辞。

其二，自然条件优越，既有大片淤积平原，又有充足稳定的黄河水，是发展灌溉农业的理想地方。

黄河出黑山峡进入宁夏河套平原，地势开阔，水流平缓。河道比降由上而下为 1/1100—1/6000，河面低于地面 1—3 米，属于地下河，无决口之患，有灌溉之利。黄河宁夏段流量（据宁夏水文总站统计 1956—1979 年平均）中卫下河沿站 325 亿立方米，青铜峡站 320 亿立方米，石嘴山站 301 亿立方米。水量充沛，河水年变差较小，灌溉期间流量，一般都在 500 立方米／秒以上。引水条件优越，沙坡头、胜金关、青铜峡，山岩突出，河槽稳定，引水便利。人工引水用工少而成功多。

河套平原可灌面积近千万亩，土层深厚，质地均匀，介于沙土与粘土之间的灌淤土，是黄河冲积与贺兰山山洪交错淤积发育而成。沉积物厚，熟化程度较高，矿质营养丰富。气温较高，光热资源丰富，年日照时数达 3000 小时，无霜期（140—162 天）和生长期能满足多种作物生长需要。昼夜温差较大，一般为 12℃—15℃，更宜于果类生长。年降雨量 200 毫米左右，而蒸发量达 1200—1500 毫米，虽然有干旱少雨，土壤中盐碱较重的缺点，但有含泥沙适度（5%—7%）的黄河水灌溉，完全可以弥补。灌区土地正如古人所云："高者沙砾，下者斥卤，膏腴之壤，实不及"，"必得河水乃润，必得浊泥乃沃"。

贺兰山耸立于黄河西岸灌区边缘，海拔最高处 3500 余米，相对高度 2400 米，成为灌区的天然屏障，阻挡着腾格里沙漠东移和西伯利亚寒流与暴风的袭击，功绩显赫。

其三，历代劳动人民的辛勤开辟，使宁夏河套平原由塞外荒原变成"塞上江南鱼米乡"。

在以农为本的中国，治水常是治国安邦的大计。宁夏河套平原在水利灌溉方面，增开新渠，历代多有。征诸史志与遗迹，继汉代高渠之后，北魏开有艾山渠与薄骨律渠，唐代开有御史、尚书、特进等渠，宋时西夏在沿贺兰山麓边缘开有昊王渠，元代开有中卫蜘蛛渠，明代开有中宁柳青、通济和中卫羚羊三渠，并开创了以石建闸的先例，先将唐徕、汉延二渠正闸易木为石，其他各渠正闸陆续易木为石。清代开有大清、惠农、昌润和陶乐的利民、惠民等渠。

清末时已有由黄河开口引水的大小干渠 23 条，加上众多的支、斗、毛渠，构成一个较为完整的灌溉系统。灌溉面积 210 多万亩，成为国内有数的几个大型古老灌区之一。农业生产不靠天雨，全赖自流引灌，年种年收，被誉为"塞上江南鱼米乡"。

宁夏河套平原引黄灌区各族人民在长期的治水实践中，使工程设施不断完善，为适应无坝自流引水，人们创造了一套相应的引水、溢洪排沙与进水工程设施。各干渠首的工程设施虽不尽相同，但都是根据各自的自然条件采取相应的形式，各有其科学道理和适用范围，有异曲同工之妙。还修有分水、交叉与防洪等工程设施，可说是应有尽有、运用自如。

其四，人们在长期实践中，积累了许多治水、用水、管水的成功经验，制定出相应的制度。

宁夏引黄灌溉 2000 余年，除具有优越的自然条件外，还有一套行之有效的管理运行办法。

治渠管水，历代设有专管机构和专职人员。历任地方官都视渠务为要务。"民办、公助、官督"，修、管、用相结合。黄河水含泥沙较多，具有"且溉且粪"的作用。但每年灌溉之后，渠道需要清淤，因此每年春分节后立夏节前都要清淤渠道，修治闸坝，以保证当年灌溉。年年如此，称为岁修。

岁修工料由本渠受水户民按亩均摊。岁修用工一般是两亩田出一个工日，60 亩地为一份，出一人在渠上做工 30 天。岁修用料，主要是柴草，距渠道近的交纳物料，以折抵水费，距渠道远的交纳现金，以采购材料和支付管理经费，遂有"近征本色—实物"、"远征折色—现金"之说。物料与现金的征收比例，各渠情况不同，因此又有"六本四折"或"七本三折"之规定。农民说"渠是咱的吃饭碗"，因而乐于出工出料。

灌溉用水，实行封表轮灌制度，不得紊乱，违者严究。

古老的渠道，由于充分发挥了人的主动作用，克服工程简陋存在的不利因素，得能经久不衰，说明管理工作的重要性和必要性。

综上所述，宁夏河套平原优越的自然条件，使引黄灌区的形成成为可能，而当时历史发展的需要，使这种可能变为现实。密如蛛网的大小渠道的建成以及农业生产的发展则是"塞上江南"的体现。长期实践中形成的一套治渠用水办法又是宁夏引黄灌区经久不衰的保证。

第三节　黄河水运

刁雍造船与黄河水运　浑脱与皮筏　木帆船的特点及作用　坚韧不拔的黄河船夫

黄河在宁夏境内，河床稳定，水流既不像甘肃、青海那样湍急，河床也不像中、下游那样淤积严重，因而具有发展水运的良好条件。自北魏刁雍开创大规模长途水运以来，利用木帆船、皮筏的水上运输延续了1500多年。尤其是清光绪到1958年包兰铁路通车的80多年间，宁夏出入境物资的运输，以水运方式完成的高达七成。一代代坚韧不拔的船夫，书写了黄河文明的漕运乐章。而独具特色的皮筏制作工艺、木帆船结构，是他们创造的宝贵非物质文化遗产。

在北魏之前，宁夏境内只有渡运而无长途水运。北魏太平真君五年（444），刁雍调任薄骨律镇（治今吴忠市古城湾）镇将，修复了久已废弃的艾山渠，可"溉官私田四万顷"。其后两年，镇内粮食大丰收，"平地积谷"，多得无处存放。当时北魏与漠北少数民族柔然关系紧张，常以兵戎相见，军粮供应一般从山西、河南一带征调转运，但运距超过2000里。太平真君七年（446），魏太武帝拓跋焘诏令刁雍，调高平、安定、统万及本镇牛车5000辆，将本镇50万石军粮运至沃野镇（今内蒙古五原县西）以供军需。刁雍接旨后上奏表说：

> 奉诏……出车五千乘，运屯谷五十万斛（古容量单位，即一石，合今26.5公斤。50万斛合13.3万吨）付沃野镇，以供军粮。臣镇去沃野八百里，道多深沙，轻车来往，犹以为难。设令载谷，不过二十石，每涉深沙，必致滞陷。又谷在河西，转至沃野，越度大河，计车五千乘，运十万斛，百余日乃得一返，大废生民耕垦之业。车牛艰阻，难可全至。一岁不过两运，五十万斛乃经三年。臣前被诏，有可以便国利民者动静以闻。臣闻郑、白之渠，远引淮海之粟，泝流数千，周年乃得一至，犹称国有储粮、民用安乐。今求于牵屯山河水之次，造船二百艘，二船为一舫，一船[21]胜谷二千斛，一舫十人，计须千人。臣镇内之兵，率皆习水。一运二十万斛，方舟顺流，五日而至，自沃野牵上，十日还到，合六十日得一返。从三月至九月三返，运送六十万斛，计须人功，轻于车运十倍有余，不废牛力，又不废田。[22]

魏太武帝诏准："知欲造船运谷，一冬即成……甚善。非但一运，自可永以为式。今别下统万镇出兵以供运谷，卿镇可出百兵为船工，岂可专废千人？虽遣船匠，犹须卿指授，未可专任也。诸有益国利民如此者，续复以闻。"

本来，魏太武帝的诏书已明确抽 5000 辆牛车陆运，但刁雍改作水运，并对比了水运和陆运的优劣：陆运费人、费牛，牛车 5000 辆，至少要用万人、万牛，而水运只需千人，还省去万头耕牛；陆运需要 3 年时间，水运一年即完；陆运路多深沙，难可全致，水运基本保证全数到达；陆运加上人、牛都要消耗粮食，运一石，要耗一半，而水运最多消耗 2000 石；陆运要从安定郡、高平镇、统万镇征调牛车和耕牛、车夫，最近的 600 公里，最远的 800 公里，征调的车夫，背井离乡，没有半年完不成，而就地造船，趁冬季黄河封冻即可完成，只需数百船匠，少去很多麻烦。

刁雍造船之事，以后各朝代的史籍，如唐代的《元和郡县图志》、宋代的《太平寰宇记》、清代的《古今图书集成·漕运部》等，都当作佳话全文引用。按《宁夏交通史》考证，造船地点在中卫市宣和堡黄河边，每船载重达 26 吨多。

刁雍开创黄河上游大规模长途水运的先河，并"永以为式"，在宁夏长期延续，发挥了木帆船运量大、成本低的优势。80 多年后，高平农民起义军围攻灵州（原薄骨律镇改，治所在今吴忠市古城湾），灵州守将贾显度见无法抵抗，便令守军、官吏及富户登船，顺流而下抵达秀容，即今山西省的忻州西北，可见此时航道又延伸了 500 多公里。历经隋唐宋元明清，河套地区木帆船运输方兴未艾。

到唐代，河套地区的水运对军事、经济都具重要意义。唐初在灵州置重兵防御突厥，军粮都由北都（今山西太原市）购进，然后装船溯河而上运至灵州。唐武德七年（624），朝议备边之事，将作大匠于筠提出在灵武、五原的黄河上布设水师，防止突厥渡河南下。唐高祖李渊予以采纳，"召江南船工大发卒治战舰"[22]。开元九年（721），又在朔方节度使之下专设水陆转运使、六城水运使，管理黄河水运。

元朝忽必烈定都大都（今北京市）后，宁夏黄河水运又进入一个崭新时期。忽必烈不但派大科学家郭守敬探测黄河航道，还下诏建立黄河水驿。中统四年（1263）七月一日，这条黄河水驿开通。它南起应理州（今宁夏中卫市），东北止于东胜州（今内蒙古托克托县），全程 1700 余里。备驿船 66 艘，水手 240 人，建驿站 10 所。其中属西夏中兴府路的驿站 7 所，东胜州 3 所。各站起置馆舍，划拨"种养"土地数千亩，被褥器具一应俱全。每站拨给牛 10 头抵应差役，羊 100 只备过往官员、使节食用[24]。

　　这条黄河水驿开通前，从元大都到西域，使用北京—西安—兰州—武威的传统丝路，全程 5000 余里。而水驿开通后，形成新的"河套丝路"，到武威才 3290 里，少走 1700 里的路程。按元代驿制，一般日行程 70 里，要省去近一月时间。更何况，从西方来的行旅，到了应理州，就可坐在船上顺流而下，通过几天的水上行程，解除长途车马劳顿之乏。正因为如此，连意大利旅行家马可·波罗已到了居延，仍舍弃草原丝路，而改走武威、银川、包头、托克托一线。由于往来于欧亚的人较多，朝廷特别在今中卫市西面的营盘水野马泉驿设立海关，《经世大典》称其"为关会之地，置脱脱禾孙马站"。"脱脱禾孙"为蒙语，意译为海关。

　　清代宁夏黄河水运的发达，与两件大事有关。

　　一是康熙三十六年（1697）第三次亲征噶尔丹，大军所需粮食，都从宁夏装船，顺流运至白塔（今包头）交付，负责运输的大臣为左都御史于成龙。实际征调运输船只共 103 艘，每船装米 30 余吨，共约 4000 吨。又调集木帆船供"御驾"使用。出征大军上路后，康熙及其随行的王公大臣、侍卫，包括皇长子及宰相明珠等，于闰三月十五在横城登船北上，约期到白塔登岸给出征将士送行。供"御驾"使用的船只又有 101 艘，其中"楼船" 3 艘，为康熙及近臣专用，两条大船专载上驷院的御马。

　　二是英、德商人的皮毛购运活动。宁夏及毗邻地区畜牧业发达，皮毛多得销不出去。尤其是羊毛、驼毛，人们从不把它视作商品，而是当作废物抛弃。鸦片战争之后，帝国主义列强利用《南京条约》"五口通商"的规定，鼓励商人进入中国。此时英、德等国的纺织工业已很发达，工厂如雨后春笋，但苦于原料短缺，很多厂家开工不足。

　　光绪元年（1875），英、德商人开始在天津兴办贸易商行，国人称之为"洋行"。他们得知西北各省将羊毛视作废物后，即于光绪六年（1880）进入宁夏，选中石嘴山为基地，开办 10 家洋行。其中属英商的有高林、仁记、新泰兴、天长仁、平和、聚立、隆茂、明义 8 家,属德商的有瑞记、兴隆 2 家。10 家洋行的分支机构(称外庄)则遍布甘肃、青海、宁夏及各蒙旗。其主要任务是以极低的价格,大量收购各种皮革和绒毛。对于连灯油、食盐都无钱买的农牧民而言,能用扔掉的羊毛、驼绒去换几文小钱,又何乐而不为呢?而对英、德商人而言,随便打发几个铜钱就可收购一包重 50 公斤的羊毛,仅相当于其他地方收购价的 1/10,当然是赚大钱的好机会。所以,这种收购活动十分兴旺。

据《西北丛编》统计,10 家洋行每年约收购各种皮革 100 万张,绒毛 3000 万斤。各地收购集中后,距黄河远者,用骆驼直运石嘴山;青海、甘肃境内距黄河近者,先以骆驼或畜力车运到黄河岸边,然后分别从各地的码头装上皮筏,顺流运到石嘴山。阿拉善、鄂尔多斯草原上的皮毛,都以骆驼直接驮到石嘴山。宁夏各地则以木帆船装运,但都须在石嘴山的码头集中,然后整理、清洗、晾晒、打包。最后装上船筏,运至包头上岸,再以陆运方式运至天津转口。1909 年京张铁路通车后,陆运更加方便。

这种大规模的皮毛运输活动,刺激了宁夏的黄河水运业。皮筏最远的来自青海省贵德县,数量最多的是兰州、靖远筏户。最大的牛皮筏可载重 30 多吨,最小的羊皮筏只能装 600 公斤。从石嘴山驶往包头的木帆船,小的载 10 余吨,大的载 30 吨。宁夏黄河上舟楫如林、船帆如梭,一片繁忙景象。

浑脱又称皮囊、革囊,本是北方游牧民族上路时盛水或饮料的袋囊。西夏的军队每个士兵都装备浑脱,行军时盛水,遇大河则将它吹满气,作为泅渡的工具。后来又有人从排筏运输受到启发,将浑脱置于木排之下,既增加了浮力,又使安全系数大为提高,变成一种新的水上运输工具,人们称之为皮筏。因此,浑脱与皮筏本属两种水上运输工具:使用单个皮囊称浑脱,用木排将若干浑脱组并称皮筏㉘。

浑脱的使用历史:

按用皮不同分为羊浑脱和牛浑脱。从字面上解,浑脱就是全脱,完整地脱。盛唐时从波斯流传到中国的脱衣舞,表演时要把衣服脱光,所以叫浑脱舞，又名发（一作泼）寒胡戏。在此处，则指宰羊（牛）剥皮的方法：割断颈部，弄断骨节，将骨肉掏出，使皮张保持完整。用这种方法剥制的羊皮叫"浑脱羊皮"。

　　文字记载最早用浑脱为渡具的，是西夏的党项族。北宋太平兴国六年（981）五月，王延德出使高昌，在西夏黄河渡口，看到叫"茅女涡子"的党项部族"以羊皮为囊，吹气实之浮于水"。王延德十分新奇，写进了他的《使高昌行记》中㉘。宋曾公亮《武经总要·水战具》："浮囊者，以浑脱羊皮吹气令满，系其空，束于腋下，以人浮以渡。"这段文字之后，还绘一士兵左腋挟浑脱右手划水的《泅渡图》。后来，这种水上渡具传到中原被广为使用。宋神宗时苏辙曾在奏议中说："访闻河北道近岁为羊浑脱，动以千计……浑脱之用，必行军乏水，过渡无船，然后须之。"宁夏黄河沿岸的民众，至今仍把这种单个的羊皮囊叫"浑脱"。到了清代，军队已很少将浑脱作为渡具。

　　牛浑脱以生牛皮制作，使用时不吹气，而是填进绒毛、干草之类的轻泡物。因为牛皮容积太大，无法用嘴吹满气，所以宁夏土话称夸大其词为"吹牛皮"。牛浑脱在明代大量出现，尤其是居住在河套"套内"的蒙古部族，在战事紧张时，常以牛浑脱将整个部落西渡过黄河，再转入贺兰山以西的阿拉善草原。他们的渡河地点常选在今平罗县东北。使用浑脱之多，令人惊叹："今虏浑脱飞渡数万，经年住套，安为巢穴……"到清末，牛浑脱专门用来组并大型皮筏，其载重量可达数十吨。

　　浑脱的制作技术：

　　浑脱的制作技术是一种文化遗产，其方法因时代的不同略有变化。

　　明代牛浑脱的制作方法，叶子奇在《草木子·卷下·杂俎》中有记载："北人杀牛，自脊上开一孔，遂旋取去肉骨，外皮皆完整、柔软，用以盛乳酪，谓之浑脱。"近代制作牛皮浑脱的工艺简单，选料普通。通常是把牛宰杀后趁热卸其首，从脖颈处退剥牛皮，使其成袋状。牛皮剥成后要用水腐法脱毛，尔后灌盐水浸泡几日，涂上胡麻油，置一瓦罐中密封，使之柔软，再用细绳扎紧皮袋口，便可使用。

　　羊浑脱的制作工艺要复杂一些。据老筏户回忆，清代光绪年间的制作工艺是：取山羊皮为原料。宰羊，割去头颈，将骨肉、内脏由颈部掏出，不得损伤外皮。羊皮用水浸泡 3—4 天，至有异臭后取出晾晒 1 日，去毛洗净即成原皮。然后，灌食盐半斤及水少许浸泡，再灌胡麻油半斤，将皮的颈部、四肢用绳扎紧，继续在烈日下曝晒，使油浸透皮层，以防腐耐久。一般约晒 4—5 日，待皮呈红褐色即可。使用时用嘴将皮囊充满气。

制作浑脱的方法共分三步：

第一步，制皮。绵羊皮不结实，母山羊皮易成片剥落，羊羔皮太薄，都不能使用，要选用肥壮的山羯羊。宰羊放血后，从后腿交裆处开口，完整地将羊皮从后往前脱出。操作时应小心翼翼，不得损伤羊皮。皮剥好后要去毛。过去，必须在夏天进行，将毛皮泡在水中 3—4 天。现在一年四季都可以进行。方法是用一个较大的塑料袋将羊皮密封，夏季约需 24 小时，就可以顺利地将羊毛连毛根都拔掉，制成原皮。

第二步，熟皮。原皮经过沤泡，奇臭无比，如不采取措施，必然腐烂。要将皮放入盆中，倒入用 1 斤食盐配制的饱和盐水消毒杀菌，反复揉搓、浸泡，待入盐均匀后晾干。这时，原皮外表因水蒸发干而全是盐粒。去掉盐粒，再灌进约 1 斤胡麻油，使原皮各部均匀浸润，并挂起来晾晒，至表面均匀渗出油，变成红褐色为止。

第三步，打眼扎绳。已熟之皮有 4 处开口：颈部，2 个前腿，后交裆处。先将皮囊后交裆开口边缘均匀打孔，各孔间距约 8 厘米，孔径比筷子稍大。然后用一根与孔径相同，约 10 厘米长的圆木棍依次穿进小孔，再用细麻绳将穿在木棍上的羊皮扎紧，反复缠绕数十圈，以保证不漏气。再将颈部及两只前腿的皮各套进一根同样规格的圆木棍，用细麻绳将皮扎紧在木棍上。木棍外露 1/3，并用细绳拴牢，以防使用中脱落。至此，一只羊皮浑脱即告制成。

羊浑脱的使用寿命视保养情况而异，一般在 5—6 年。浑脱充气后最怕尖锐利器划伤。冬天不用时应挂起来，以免霉变、虫蛀。使用时应注意保养，频繁使用的羊浑脱每隔 4—5 天保养一次。方法是：解开一只前腿的细绳，拔出木棍，用嘴度进去几口饱和盐水，再度进约 100 克胡麻油。充进盐水是为了消灭致腐的细菌，充进胡麻油是为了保持皮的柔韧性，防止龟裂、渗漏。

皮筏的组并方法：

将若干浑脱组并于木排之上，以筏工执桨划行作渡具或长途载客、载货之用者，叫皮筏。它须有三个要素：木排框架；用细绳将若干浑脱绑在木排上；执桨划行。

以微型羊皮筏为例，记述其制作方法。

第一步制作木排。备长2米许，宽10厘米，厚5厘米的骨架纵木两根，均匀分布各凿24个直径4厘米多的小孔；将24根直径4—5厘米，长1.3米的柳木杆两端横向楔入纵木的小孔；再将同样粗，2米长的8根柳木杆均匀纵向排列，用细绳绑定在排架上，木排即告制成。

第二步绑浑脱。微型羊皮筏用浑脱14只，各自充满空气，按3排每排5、4、5的数字呈纵向排列，再用细绳绑在木排上。

至此，一只可载6人（不含筏工1人）的微型羊皮筏即告制成。这种羊皮筏的自重约40公斤。经航监部门检测，每只浑脱的容积平均0.07立方米，浮力为70公斤。14只浑脱的总浮力近1000公斤，乘载6人加自重不超过500公斤，储备浮力500公斤。

羊皮筏的载重大小，可依浑脱的数量任意组并。一般来说，大型羊皮筏用41排460只浑脱组并，可载15吨；中型用30排396只浑脱组并，可载10吨；小型用27排330只浑脱组拼，可载5吨；微型用14只浑脱组并，可载500公斤。其主要区别是捆绑浑脱木排的大小和木料的尺寸。皮筏载重量越大，浑脱数量越多，木排的面积越大，所用木料的尺寸越大。

牛皮筏的制作方法与羊皮筏基本相同，不同之处是木排大，木料尺寸亦大。组筏时浑脱皮不充气，将所运轻泡货物如羊毛、驼毛等填充囊中即可。无轻泡货则填入干草。以128张牛皮囊组成的皮筏，载货20吨。64张皮囊组并的载重10吨。最小的皮囊再减半，载重5吨。牛皮筏一般用于长途运输，将货物运至目的地后，可将组成皮筏的木排、牛皮囊连同货物一起出售，然后空人返回。

皮筏运输的历史：

皮筏的历史源远流长。《后汉书·邓训传》载，章和二年（88），护羌校尉邓训率兵在青海贵德一带击迷唐羌，"发湟中六千人，令长史任尚将之，缝革为船，置于筭上以渡河"。筭就是木排，只不过固定在上面的是缝制的皮囊，而不是浑脱。这是迄今为止所查到文字记载最早、最原始的皮筏。后来，人们用浑脱组并皮筏，用起来更加安全、耐久，而且载重量更大。

用浑脱制作的皮筏用作长途运输，出现在明代或更早。徐珂《清稗类钞·舟车类》记载："甘肃（清代宁夏府属甘肃省管辖）黄河中有牛皮船，其制法：杀牛断头及蹄，剖腹去其肉，以麻线缝之，一如原式，曝干待用。同时，取二牛皮或四牛皮，上束以长木数梃，更于木上横铺以板，则一船成矣（制船愈大，则牛皮之数递增）。浮于河，运输货物，桨舵不具。但凭一篙顺流下，随意所适……登陆则鬻其板，以车载牛皮而归……又有羊皮船，其制法与牛皮船相同，唯差小耳。"文中所述，显然是一种从事长途货运的皮筏。谢国桢先生将这条资料归入《明代社会经济史料选编》。

光绪年间，为了给外商运输皮毛，黄河上游皮筏运输进入高峰时期，宁夏的黄河航道上，从青海、甘肃装货的皮筏，每天成百上千结队而来。

皮筏运输的优越性：

皮筏能够长期使用而不被淘汰，是因为它有以下优点：

一是制作简单，运输成本低。制木排用杨树、柳树，随处可寻；牛羊皮过去在西北各地多而价廉，所以材料费用很低。加之顺流行驶，不耗油，用船夫也少，运输成本比木帆船还低，仅相当于驮运、车运的1/10。

二是吃水浅，对航道要求不高。羊皮筏满载吃水约20厘米，牛皮筏约50厘米。黄河的青海至宁夏中卫段，因航道险恶，任何船只都无法行驶，而皮筏则畅通无阻。

三是安全可靠。轮船为了增加安全系数，采取增加隔舱的办法，载客轮船严格规定隔舱不得少于3个，并各自密闭。一舱进水，另两舱的浮力仍能保证其不沉。而皮筏的每只浑脱相当于一个独立隔舱。微型皮筏14只浑脱，破损三五只仍无大碍。因此，乘坐皮筏有惊无险，安全系数比任何水运工具都高得多。

四是操纵轻便，速度比木帆船快。

五是借助水力顺流而驶，不耗能源。由此也引出它的一大缺陷：不能逆流行驶。清末民初大型皮筏往包头运货，抵达后，都将组并皮筏的牛皮、木料卖掉，等于又挣了一笔脚钱，运输效率达到100%。唯长途运输的羊皮浑脱，要雇骆驼驮回。渡运皮筏在一地摆渡，不成其为问题，且重量不大，不用时一人便可扛回家中。

在宁夏黄河航道，操纵皮筏的筏工，除了无上水拉纤之苦、相对较安全外，其他和船夫的处境一样。对他们而言，只需盯着主流行驶，注意规避大风即可。由于水的流速快，判断、指挥、操作都要眼疾手快。尤其是宁甘两省交界处的黑山峡，19公里峡谷，水流湍急，礁石密布，只有皮筏可以通过。一代代筏工历险礁蹈恶浪，形象地总结出10多个最险恶的地方，如最易出事的跌水叫“阎王砭”，满河都是光滑圆滚的明礁叫“一窝猪”，形似人形的礁石叫“洋人招手”……但长期积累的经验，可以保他们一一安全通过。进入宁夏，巨筏已过万重山，紧张气氛顿时缓解，舒心的“花儿”，高亢的黄河船夫曲，飘出河岸，在丘陵、平原中回荡……

图下3-10　行驶在宁夏段黄河中的大型皮筏　选自鲁人勇主编《宁夏交通史》，宁夏人民出版社1988年版

宁夏的木帆船使用了1500多年，延至清代以后，造船材料、船型都不同于其他地方。北魏太平真君七年（446）刁雍所造之船，以及唐初于筠在灵州所造战船，都是江南船工所造，按吨位及船型分析，应属唐代以前的江苏如皋木船，船身细长，在黄河中行驶，稳定性稍差，因此在使用时采取两船并为一舫。唐代以后，船民根据本地实际情况，摸索出一种新的船型，并逐步改善，到清代形成固定船型。其特点有四：

一是工艺粗犷，与塞上各民族的风格统一。其线型简单，舱面、船沿都不细刨，舵、桨都不打磨，舱面构造物少，极少装饰。

二是肥瘠系数（宽长比）大，船身短而宽，航行稳定，不易翻船。

三是用料要求不高，船体用当地最常见的柳木，因而造价很低。

四是吃水浅。鉴于河套地区黄河多为泥沙淤积河床，浅滩多而变化无常，最大的七站船满载吃水仅 1.1—1.2 米，高帮船仅 0.7 米。船型有七站船、五站船、高帮船三种。

七站船。又名七栈、七仓、七子船。船长 14—15 米，型深 1.8 米，舱面中宽 7 米左右。艏艉收拢至 3.5 米。底平，较船面为窄。外形似纵剖的半个西瓜，呈椭圆形，故又有"西瓜皮船"的俗称。因其船深有七块板之高（又说因船帮由七块板钉缀而成），故名"七站船"。全船分为前、中、后三舱，中舱较短，无甲板。舵与橹相似，用一根约与船长相等的柳木砍削而成。由于舵长，转向亦快，但在狭窄航道回转不便。下水可载 32 吨左右，上水减载 3/4。

七站船是宁夏长途货运的主力船，一般行驶于中卫（或横城）至包头的航道上。每船配老艄（驾长）1 人，亲自掌舵并指挥船工。船工 6 人，分配在左右舷各 3 人。其中站在最前面的技术熟练，称"头竿"；中间的次之，叫"二竿"；后面的叫"尾竿"。船上配 3 把桨，左右舷各 1 把，1 把备用。正常航道航行时用 3 人共搬一把桨。配 6 根篙竿，通过礁石航道或险滩时，每人一竿，撑船而行。有风帆一块，宽 5 米，长 10 余米，顺风航行时升挂在桅杆上，由老艄用 8 根细绳控制受风角度。有纤绳一根，长 50 多米，在上水时由船工上岸拉纤而行。下水平均日行 40 多公里，顺风可达 60 公里。从银川市东的横城至包头 662 公里，一般航行 15 天。上水拉纤，每小时只能行 2 公里左右，从包头逆水而上，每天行程几乎是

图下 3-11 宁夏黄河中行驶的木帆船 陈鸣岐摄

固定不变的，当时船工间有顺口溜："七天七棵树，八天马鸣土，九天烂马桩，十天上磴口……"返回横城要 30 天。

五站船。又名五栈、五仓、五子船。是灵武、永宁、贺兰、平罗县沿河船户依七栈船仿造而成，它的构造及外形与七站船相似，仅尺寸略小些。因船有五板之高，故名五站船。船长 12 米，宽 3 米，载重 20 吨。船速与高帮船相同，一般在吴忠以下的沙质航道上行驶。

高帮船。船长约 10 米，舱面中宽 4—5 米，型深 1 米左右。空船吃水 0.20 米，满载吃水 0.70 米。平底，中宽 4 米许，艏艉收拢至 1 米左右，且略向上翘。船体结构极为简单，既无隔舱又无甲板。舵与桨相似，俗称梢，约为船长之半，转向灵便。中立桅杆一根，或顺风挂帆，或逆水上驶作系缆拉纤之用。高帮船满载 15 吨，上水仅载 2—3 吨。顺水而下，枯水季节日行 50 公里，洪水期约 70 公里；逆水而上，需 4—5 人拉纤，一人掌舵，日行 20 余公里。如遇激流险滩，须合数船船工轮流拉纤过滩。高帮船以柳木为原料，船板厚约 2—3 厘米，船体较小，宜行驶于石质航道。中卫、中宁及吴忠一带常用之。

宁夏的黄河船夫，多数是吴忠、灵武、青铜峡、中卫等地的贫苦农民，而且以回族居多。他们世居黄河两岸，熟悉水性，有吃苦耐劳的精神、坚韧不拔的性格、团结互助的作风、听从指挥的习惯。他们常年与船为伴，要承受三种苦。

一是生活苦。自己打柴做饭，喝的是黄河水，吃的是"调和饭"（用大米或黄米与面条、大白菜、土豆掺和做成），从不见肉食。好在那时黄河里有的是鱼，过两天就可钓两条他们最喜吃的鲶鱼解馋。夜晚就躺在货物上风餐露宿，下雨时钻到帆布下面。最难受的是蚊子叮咬，因船都停靠在苇草丛生的岸边，蚊子多得出奇。

二是拉纤苦。每个航次，2/3 时间是上水，必须拉纤。日晒雨淋、风霜冰雪自不必说，河滩、淤地、岔河、荆棘，乃至悬崖峭壁，都要赤着脚淌过。顾了拉船就不能择路，稍不注意腿脚就划一道口子，也不可能去止血包扎。在淤泥中拉纤，常常腿部抽筋。入冬后拉纤，冰凌刺骨钻心痛，脚后跟皲裂，鲜血直流。因为常年接触水和冰凌，很多人患风湿性关节炎，终生治不愈。过激流险滩拉纤，要身子前倾，手脚并用，使尽全身力气。当时流行有顺口溜："脚蹬黄土手扒沙，为儿为女把船拉。"又有一种说法："挖煤的是埋了没死，拉船的是死了没埋。"

三是装卸苦。装货、卸货都由船夫干。一条船 30 多吨货物，每个船夫摊 5 吨多，或装或卸，要在一天内干完。如在中卫莫家楼装盐，每包盐 90 公斤，从盐仓背到河边，近的 100 多米，远的过 200 米，再踏上晃晃悠悠的跳板上船，要一鼓作气完成。一天下来，再硬朗的汉子也累得腰酸腿疼。

对船夫而言，苦和累都是家常便饭，算不了什么。真正考验他们的是各种险恶的水情和航道。下水重载航行在宽阔的水域，喊着号子搬着桨，如能遇上清风，挂起白帆，不但省去许多气力，船速也快了许多。但稍不注意，就会误入新淤积成的浅滩，造成搁浅。此时，所有船工都得跳入齐腰深的水中，连背带扛，想法让船脱浅。而最危险的是石嘴山到乌达（今内蒙古乌海市）的 30 多公里，河中礁石密布，水流湍急，航道险窄，还有 3 处跌水，分别叫头道坎、二道坎、三道坎。尤其是枯水节季，河底的一块块巨石半露半隐，形成无数暗礁，船夫们有"明礁易躲、暗礁难防"的俗语，稍有偏差，就会导致船毁人亡。

二道坎与三道坎间还有一处 90 度急弯的危险航道，名叫歪脖子沙，操舵稍不注意，船会径直撞向崖岸。所以，一般的的老艄绝不敢单独下三道坎。怎么办呢？他们从长期航行的经验中，摸索出一套办法：6 条船组成一个船队，编队航行；挑一位经验最丰富、技术最好的老艄跑头船，其余 5 条船跟着前船走。这样一来，凭头船老艄的经验，一般的滩险都可避过。快到歪脖子沙，船队全部靠岸，挑选精兵强将，逐一将船放过三道坎。

以最大的七站船为例，具体方法是：由头船的老艄掌舵指挥，本船的老艄协助搬舵；挑选 6 条船的"头竿"各 1 人，加上本船的船夫，人人手持篙竿分列两舷；老艄指挥大家将船顺激流驶入航道；当船将要撞上明礁时，船夫要在瞬间用篙竿全力撑住礁石，撑走一个又一个，使船不至碰触明礁。而躲避暗礁，全凭老艄对航道的熟悉程度、对水情和旋涡的观察判断，并据此操舵掌握方向。一条船安全驶过三道坎后，弯船上岸，原班人马再步行回去操纵第二条船……船过三道坎的紧张场面，令人惊心动魄。之所以能化险为夷，靠的是三条：经验老到的老艄指挥、驾驶得当；全体船夫的齐心协力；各船之间的团结互助。

【注释】

① 《嘉靖宁夏新志·文苑志·诗词》，宁夏人民出版社 1982 年版，第 365 页。

② 《嘉靖宁夏新志·景致》，第 170 页。

③ 《汉书·高惠高后文功臣表四》。封爵之誓曰："使黄河如带，泰山若厉，国以永存，爰及苗裔。"中华书局 1962 年版，第 527 页。

④ 《史记·秦始皇本纪》，中华书局 1982 年版，第 252 页。

⑤ 《史记·秦始皇本纪》，第 253 页。

⑥ 《史记·秦始皇本纪》，第 259 页。

⑦⑧ 《史记·平津侯主父列传》，第 2954 页。

⑨ 《史记·匈奴列传》，第 2888 页。

⑩ 《史记·匈奴列传》，第 2906 页。

⑪ 《史记·平准书》，第 1425 页。

⑫ 《史记·平准书》，第 1439 页。

⑬ 《史记·匈奴列传》，第 2911 页。

⑭ 《史记·平准书》，第 1424 页。

⑮ 《史记·河渠书》，第 1414 页。

⑯ 《后汉书·西羌传》，中华书局 1965 年版，第 2893 页。

⑰ 《魏书·刁雍传》，中华书局 1974 年版，第 867 页。

⑱ 《宋史·杨琼列传》，中华书局 1977 年版，第 9501 页。

⑲ 《明史·宁正列传》，中华书局 1974 年版，第 3905 页。

⑳ 《嘉靖宁夏新志·水利》，第 20 页。

㉑ 按后文"一运二十万斛"，此处"船"字有误，应为"舫"。

㉒ 此段征引及这次造船运粮的前后引文，均出自《魏书·刁雍传》，中华书局 1974 年版，第 868 页。

㉓《新唐书·突厥上》，中华书局 1975 年版，第 6032 页。

㉔《永乐大典·站赤》，转引自《经世大典》。

㉕ 学术界很多人都认为浑脱就是皮筏，也就是革船。著名历史地理学家顾颉刚先生在《史林杂识初编》一书引用了《水经注·叶榆水篇》的一段文字："不韦县……汉建武二十三年，王遣兵乘革船南下水，攻汉鹿萝民。"不韦县在今云南省保山县。革船是先用竹、木为骨架，再用皮革包覆。顾先生认为革船就是革囊，也就是浑脱。1999 年上海辞书出版社新版《辞海》2616 页也将"浑脱"解释为"渡水的皮筏"。事实上，浑脱、皮筏、革船是三种不同的水上运输工具。

㉖《宋史·外国六·高昌国》，中华书局 1977 年版，第 14110 页。

㉗ [明] 魏焕：《皇明九边考·宁夏镇》，嘉靖二十年刻本，第 13 页。

第四章

消失的文明
——西夏文化

　　西夏是以党项族为主体建立的封建割据政权。它一度称霸西陲，建都兴庆府（今宁夏银川市），与宋、辽、金抗衡，从 1038 年建国到 1227 年被蒙古灭亡，历传 10 代，长达 189 年，是我国悠久历史的有机组成部分。本章所以称西夏文化为"消失的文明"，是因为"二十四史"中西夏仅以"传"的形式附于宋、辽、金三史，而无西夏史，致使许多宝贵的文献资料未能流传下来，从而制约了我们对西夏历史和文化的了解和认识。

　　20 世纪初，黑城西夏考古的重大发现，对西夏历史和文化的研究具有重要意义。20 世纪 70 年代以来，在西夏故地的宁夏、甘肃、陕北、内蒙古广大地区，众多西夏文物、遗迹的发现，为研究西夏历史文化提供了重要的资料。通过西夏文献典籍、文物遗迹揭示的西夏文化内涵，透视西夏文化和唐宋文化、中原文化的关系，可更深入地理解中原文化在少数民族文明进步中所起的重要作用。

第一节　西夏考古发现

早期西夏文物的发现　20世纪以来的西夏考古发现

20世纪50年代以前，西夏文物的发现，都具有某种偶然性，但是，诸如西夏《凉州碑》、内蒙古黑城西夏文献的发现，却对后世的西夏研究产生了深远的影响。

作为金石古物的西夏文物，最早发现于丝路重镇凉州（今甘肃武威）。1804年，乾嘉派学者张澍发现的《凉州重修护国寺感通塔碑》（简称"凉州碑"或"西夏碑"），为汉、夏双体碑，内容丰富，尤其重要的是，它使无人可识的西夏文字重见天日。

1805年，金石学者刘青园云游到凉州，发现西夏钱币窖藏，获得西夏元德通宝、天盛元宝、乾祐元宝、天庆元宝、皇建元宝、光定元宝及不认识的所谓"梵字钱"；根据碑文西夏文字，认识了南宋洪遵《泉志》所载"梵字钱"就是西夏文钱币。依据刘的发现，清嘉庆初尚龄《吉金所见录》，第一次对西夏钱币作了系统著录，第一次有了"西夏梵字钱"的称呼，从而为西夏钱币的研究奠定了基础。此后，清代所出钱谱，都相沿著录西夏钱币。

与此同时，官居刑部的学者鹤龄，在今内蒙古呼和浩特市山顶古庙获得佛经一函，瓷青纸，金字，凡8册。经认真对勘，正确地判断此经为西夏文《佛说妙法莲华经》卷一至卷八。鹤龄是最早试图认识西夏文字的中国学者，难能可贵。

进入20世纪，西夏考古有了新的发展。1908年、1909年，俄国探险家科兹洛夫（П.К.Козлов）在我国内蒙古额济纳旗黑城进行盗掘，发现了大批西夏文献，并全部运到俄国，给我们留下了沉重的屈辱和遗憾。但是，这也是近代西夏考古的开端和重大发现，它在西夏研究中占有极其重要的地位。

在黑城一座被称为"图书馆"的古塔中，发现数千卷西夏文献，还有绘画、唐卡、版画和彩塑等，内容十分丰富，是研究西夏社会历史和文化面貌的宝库，改变了世界上没有西夏书籍的局面，被学术界誉为是继殷墟甲骨、居延汉简（流沙堕简）、敦煌遗书之后的又一重大考古发现。此后的 1914 年、1923 年、1927 年，英国人奥尔利·斯坦因（Aurel Stein）、美国人兰登·华尔纳（Langdon Warner）、瑞典人斯文·赫定（Sven Hedin）等，也先后到这里考察、盗掘，以斯坦因所获较多。

另一件值得一叙的事是：宁夏灵武西夏文佛经的发现。1917 年，灵武知县余鼎铭，在城内一座古庙厚实的墙体中发现西夏文佛经两大箱。这批佛经，部分流失，大部分被当时的北平图书馆（现国家图书馆）收藏，计有百余册，"皆属宋元旧椠，蔚然成为大观"。王静如教授认为，这是继黑城考古发现以后的文坛"盛事"，并于 1932 年，编辑出版了《国立北平图书馆馆刊·西夏文专号》以为纪念。著名学者周叔迦、罗福成、王静如等曾参与整理和研究。王静如《西夏研究》三辑，主要是这批佛经的研究成果，曾获法国科学院东方学儒莲奖，是 20 世纪 30 年代西夏学研究的最高成就。

除上述内蒙古黑城和宁夏灵武的重大发现外，1970 年代以来，在甘肃敦煌莫高窟，武威天梯山石窟、张易乡遗址、亥母洞遗址；宁夏贺兰宏佛塔、拜寺口双塔和拜寺沟方塔，青铜峡一〇八塔，银川山嘴沟石窟等处，相继都有西夏文献发现；内蒙古黑城及其附近地区也有新的发现。这些文献数量惊人，内容丰富，有西夏文的、汉文的，还有藏文的；有世俗的，但以佛经为主；有写本，但多为印本。有人统计，海内外所藏西夏文献的纸张"不下 20 多万面"[①]。这是多么可观的一笔财富！

特别是上世纪 90 年代以来，在我国西夏考古中，在俄藏西夏文献中，相继发现了西夏文佛经《吉祥遍至口和本续》、《维摩诘所说经》等世界现存最早的活字版印本。而敦煌发现的西夏文上图下文、以图释文《妙法莲华经观世音菩萨普门品》，是我国最早的连环画形式。在贺兰宏佛塔中，还发现了珍贵的西夏文雕版。西夏文献在国外俄、英、法、德、日、瑞典等国有关学术团体也有收藏。西夏学成为国际上的一门显学，是与西夏文献的发现与研究紧密联系在一起的。

西夏陵园、墓葬的考古调查和发掘，开始于 20 世纪 70 年代。其中最为重要的是银川西夏陵，被评为 20 世纪百项重大考古发现之一。本世纪初，在永宁县闽宁村发现的西夏早期贵族墓葬，也很重要。此外，甘肃武威、内蒙古准格尔旗也发现过西夏墓葬，虽说数量不多，但这些墓葬地分东西，各有特点，反映了地区文化的不同。

西夏割据近两个世纪，在其境内兴建了许多宫殿、衙署、寺塔、驿舍、店铺、民居等。然而，在 20 世纪 80 年代以前，学术界仅知银川承天寺、张掖卧佛寺等几处明清重建的西夏建筑，不知还有什么其他西夏建筑。20 世纪 80 年代以来，宁夏的考古工作者，先后发现贺兰山拜寺口双塔、贺兰潘昶宏佛塔、贺兰山拜寺沟方塔、同心韦州康济寺塔和青铜峡一〇八塔等为西夏古塔。对这些古塔的发现和研究，使我们认识到西夏建筑的主流是传统的木结构大屋顶建筑，其特点是"杂用唐宋"，兼而有之。

与此同时，西夏古城遗址、西夏窑址、西夏碑刻、西夏钱币和官印等西夏遗迹、西夏文物都有很多重要发现和新的研究成果。值得一提的是在已发现的西夏考古资料中，极难看到西夏早期的资料。有年代可考的不足 30 种，大多为仁宗年间刊本，其中最早的是西夏第三代皇帝惠宗天赐礼盛国庆五年（1073）刊印的《大般若波罗蜜多经》。但在宁夏方志中，却保留了惠宗以前的两篇碑文：一篇是《大夏国葬舍利碣铭》，一篇是《夏国皇太后新建承天寺瘗佛顶骨舍利碑铭》，十分难得。

《大夏国葬舍利碣铭》说的是元昊时期中外高僧献舍利，建佛塔收藏供养的事情，是西夏时期最早，也是元昊时期（1038—1048）唯一的碑刻资料。《碣铭》称："东土名流，西天达士，进舍利一百五十罗，并中指骨一节，献佛手一枝及顶骨一方"，将其装在"银椁、金棺、铁匣、石匮"之中，以保"邦家……坚固，胤嗣……延长"。

西夏开国皇帝元昊，是大庆三年（1038）十月十日，在兴庆府南郊"筑坛受册"正式称帝的。而立该碑则是比元昊称帝早两个月的八月十日。看来这不是巧合，而是为其称帝歌功颂德、做舆论准备的。碑文称元昊为"圣文英武崇仁至孝皇帝"，反映了强调本民族特点，提倡蕃性治国的西夏皇帝，却摆脱不了"文、武、仁、孝"的传统儒家思想对他的影响。碑文还说明西夏佛教与中原佛教和西域佛教有密切联系，是研究西夏建国前后政治经济、文化形态和宗教信仰等极为重要的文献资料。

　　20世纪90年代以来，随着俄藏、英藏和我国考古新发现的西夏文文书的研究、译释和出版，这些"天书"成为学者们均可利用的重要资料，从而为西夏研究开辟了新的天地。西夏的科学技术，在印刷技术、建筑艺术、天文历法、医药卫生、冶金铸造、纺织技术和制瓷工艺等方面都有重要贡献。西夏科学技术研究的展开，是充分利用相关出土文物，更是充分利用这些"天书"的必然结果。

　　任继愈先生说："历史实践证明，有了显微镜，才有了细胞学。有了望远镜，推进了天文学。敦煌发现了藏经洞，有了敦煌学；殷墟发现了甲骨文，丰富了中国的古文字学。"[②]20世纪以来，西夏考古一系列的重要发现，地下文物的不断出现，提供了丰富的实物资料，促进了西夏学的发展和繁荣，加深了人们对西夏文化面貌的了解和认识。

第二节　西夏文字

　　西夏文字的创制　蕃字师野利仁荣　西夏文字的广泛使用和"死亡"《凉州碑》的发现及西夏文字的重新认识

　　西夏文字是何人所创，《辽史》、《宋史》、宋曾巩《隆平集》和宋李焘《续资治通鉴长编》等都有记述，但说法不一。《辽史》认为是元昊之父德明创制，而《宋史》等其他史籍，则认为是元昊所创。

　　上世纪80年代以来，西夏学界开始关注这一问题，肯定了《宋史》等文献的说法，认为西夏文字为元昊创制，并已成为学界的共识。《宋史·夏国传》："元昊自制蕃书，命野利仁荣演绎之，成十二卷，字形体方整类八分，而画颇重复。"

　　另外，在其他文献中也发现了元昊创制西夏文字的例证。西夏建国前两个月所立《大夏国葬舍利碣铭》：元昊"钦崇佛道，撰述蕃文"；西夏文《妙法莲华经序》："风角城皇帝[③]，以本国语，兴起蕃礼，创造文字。"尤其是《续资治通鉴长编》卷一二三：1038年，元昊称帝建国给宋朝上表称："臣偶以狂斐，制小蕃文字，改大汉衣冠，……称王则不喜，朝帝则是从。……伏愿一垓之土地，建万乘之邦家"等语。如此重要的称帝建国的表章中，论及"制小蕃文字"，可见西夏文字对西夏建国是何等的重要。

西夏的主体民族党项族，是羌族的一支，本来是有文字的。他们原居于青藏高原，和藏族在血缘、语言、宗教、社会习俗等方面都有着密切联系，甚至有人认为党项族就是藏族的一支。元昊通"蕃（bō 波）汉文字"，其中的"蕃"字，就是藏文，也就是说，党项族使用的是藏文。那么，有什么必要另造一种文字呢？有人认为，党项人自认为自己是与藏族不同的另一个民族，为什么要用藏文呢！也有人认为，这与元昊个人的野心和建立独立政权的政治需要有关。

社会的发展与进步，是创造文字的前提。随着西夏的建国和社会经济的发展，作为主体民族的党项族，社会交往越来越频繁。对内，政令、军令的颁行，公私文书的往返，需要文字；对外，西夏与宋、辽抗衡，各国之间表奏文书往来，也需要文字。若无自己的文字，就会自显低人一等。无论从实际政务出发，还是民族感情考虑，特别是政治上搞独立的需要，都应有自己的文字。元昊创制文字，是西夏社会发展的需要，也是民族文化发展的必然结果。

西夏创制西夏文字时，正值元昊全面推行"蕃礼"，准备立国称帝之时，他统领军国大事，忙于军事征讨，不大可能亲自创制繁复的西夏文字，而西夏文字具体创制"演绎"的工作，只能由野利仁荣承担。

史载，野利仁荣（？—1042），学识渊博，官为谟宁令（即天大王）。西夏建国初期，多参与机要，创制典章制度。景宗大庆元年（1036），创制"演绎"蕃书（西夏文字），被定为法定文字，颁行境内，广泛应用，并以蕃字教授学生。他死后，元昊为之厚葬，赐"富平侯"。100多年后，重视儒学教育的仁宗仁孝，为表彰他的制字之功，于天盛十六年（1164）追赠他为"广惠王"。

野利仁荣是如何创制"演绎"西夏文字的？我们知道，汉字成为今天的形式，是在漫长的历史时期里，经历了原始符号、甲骨文、金文、大小篆、隶书、真书和草书等一系列的演变和发展而成的。而西夏文字则不然，是学贯蕃汉的大学者、西夏第一文士野利仁荣"演绎"而成的。

他是如何"演绎"的？宋沈括《梦溪笔谈》作了回答，说他"创造蕃书，独居一楼上，累年方成"，也就是"闭门造车"造出来的。

作为记录古代党项族语言的西夏文字，和汉字一样，也是表意文字，字形方正，笔画匀称，疏密有致，造型很美。但比之汉字，笔画相当繁复，大多在 10 画以上。唐宋八大家之一的曾巩的《隆平集》称：西夏文字"文类符篆"。西夏字约有 6000 个，是个个像"符篆"一样的字，要一个一个造出来，可真不易！

西夏文字是方块字，从外形上看，当然与藏文截然不同，但也绝不用一个哪怕是汉字的偏旁部首，以体现它的独特性、民族性。其实这点是做不到的，西夏文字的结构多仿汉字，用横、竖、点、拐、撇、捺等笔画组字，在字体形态、书写规则方面，均未摆脱汉字的影响，也是自上而下、自右而左书写。西夏文书法也有楷、篆、行、草诸体，楷书多用于雕版，篆书散见于金石，行、草常用于书写，并有许多出土文物为证。西夏学者骨勒茂才在其所编汉人学习蕃字、夏人学习汉字的双语对读《番汉合时掌中珠·序》中说，汉、夏两种文字，"论末则殊，考本则同"，是很有道理的。

西夏人对自己的民族文字非常喜爱，对创制文字的野利仁荣更是推崇备至。无名氏创作的西夏文《夫子巧式歌》，称其为"贤夫子"、"天上文星"，充分表达了这种心情：

> 羌、汉、弥三族同一母，语言不同地乃分。
>
> 西方高地弥人国，羌人国中用羌文。
>
> 东方低地汉国人，汉人国中用汉文。
>
> 自己语言自己爱，一切文字人人尊。
>
> 吾国野利贤夫子，天上文星出东方，引导文字照四方。[④]

西夏创制文字后，十分重视它的使用和推广。《宋史·夏国传》载，在西夏文字创制之始，元昊便"下令国中，悉用番书、胡礼"，"尊（西夏文）为国字，凡国中艺文诰牒，尽易蕃书"，"教国人记事用蕃书，而译《孝经》、《尔雅》、《四言杂字》为蕃语"。西夏文字作为法定文字，在公私文书中广为使用，渗透到社会生活的方方面面，成为西夏文化最重要的特色。

在西夏考古中，出土了大量西夏文辞书字典、法典类书、买卖文契、历史书籍、文学著作，以及所译儒家经典和译自汉文、藏文的佛经，还有碑刻、印章、牌符、钱币等，这些都说明西夏文字的应用范围之广。

西夏之后的元代，在党项族聚居的地区仍然部分地使用西夏文字，称为"河西字"。元成宗大德年间（1297—1307），先后在河北宣化和杭州印过西夏文大藏经，印数达 190 藏，合 68 万卷，施散于宁夏、（甘肃）永昌、沙州等党项人聚居的地方，流通供养。元末所刻北京居庸关云台六体刻经和敦煌莫高窟西宁王速来蛮六体记功碑，其中一体就是西夏文。

1962 年，在河北保定发现了刻有明弘治十五年（1502）的西夏文石刻经幢。说明在明代中叶，仍有少数党项遗民在宗教活动中，使用本民族古老的文字。西夏灭亡后，历经元、明两代，党项族逐渐融合到汉族和其他兄弟民族中，西夏文字也逐渐在社会生活中销声匿迹，至迟在明代中叶，便成为无人可识的死文字。

《凉州碑》，全称《凉州重修护国寺感通塔碑》。碑阳为西夏文，碑阴为汉文，每面约 1800 多字，内容略同，是西夏第四代皇帝崇宗修饰宝塔和庙宇的纪功碑。陈列于甘肃武威西夏博物馆，是内容最为丰富、最有研究价值的西夏石碑，也是迄今为止仅有的一通完整的西夏碑，早在 1961 年，便被公布为全国重点文物保护单位。《凉州碑》的重大价值之一，就是使人们重新认识了西夏文字。

发现《凉州碑》的张澍（1777—1848），字伯瀹，号介侯，武威人士。乾隆五十一年（1786）举人，嘉庆四年（1799）进士。《清史稿》有传，说他"博览经史，皆有纂著，游迹半天下"。他先后在贵州玉屏、四川屏山、江西永兴、湖南泸溪等地作过知县。但却留心关陇文献，辑乡邦遗籍数十种为《二酉堂集》，著有《五凉旧闻》、《姓氏五书》等。从嘉庆九年（1804）"引疾归家"后，曾在西安、兰州讲学，是乾嘉时期的著名考据学家和史地学家。

张澍发现《凉州碑》后，留下两篇文字：《书天佑民安碑后》、《偕同游至清应寺观西夏碑》，详细而生动地记述了 1804 年发现这方碑的过程，前者文字较为详细，录文如下：

　　　　此碑在吾武威北隅清应寺中。有碑亭，前后砖砌，封闭已久。
耆老亦不知为何碑，但言不可启，启则必有风雷之灾。余于嘉庆甲
子年，自贵州玉屏引疾归家，暇与友人游览。嘱和尚拆其封，不
可，强之，亦不可；乃言若有祸祟我辈当之，与住持无预，乃允。
遂呼庸人数辈，启其前甓（pì，砖）瓿（bù，小瓦）而碑见。高一丈
许，尘土积寸余，帚之。乍视，字皆可识，熟视，无一字可识。字
体方整，与今楷书无异。额篆书"天佑民安之碑"六字⑤。余曰，碑
后必有释文，仍令拆其后面，拂拭之，乃释文也。……此碑自余发
之，（夏字）乃始见天壤，金石家又增一种奇书矣！⑥

　　嘉庆九年（1804），被埋没了数百年的西夏字碑"始见天壤"。张澍
是第一个认识西夏文字（准确地说应是辨识）的人，并道出了西夏字与
汉字相似而又不同之处，成为西夏研究中的一段佳话。这对西夏文字和
历史的研究，无疑具有开创性的意义。

第三节　西夏典籍与印刷术

　　西夏文献的发现　出土重要典籍简介　稀世珍宝西夏文雕版　西夏
　　活字印本的发现和研究　新发现的西夏活字印刷文献

　　20 世纪以来，西夏典籍的大量发现，不仅为西夏文字、西夏社会历
史和物质文化的研究提供了重要资料，而且为西夏书籍的版本、印刷、
纸张和书法艺术研究提供了丰富的实物资料。

　　西夏政府设有"秘书监"，其职能和中原王朝的秘书监相类，主管国
家经籍之事，兼领著书修史；设有近似翰林院的"蕃汉大学院"，有学士
参与书籍编纂工作；设有"纸工院"、"刻字司"，分别委派数名"头监"，
统管西夏的造纸、印刷事业⑦。繁荣的宋朝印刷业，影响并促进了西夏印
刷业的发展。西夏在刊印各种典籍和大量佛经时，主要用西夏文和汉文
印刷。其中有雕版印刷，还有当时最先进的活字印刷。西夏刻书印刷事
业的发展与繁荣，在一定程度上反映了西夏社会经济和文化艺术的发展。

　　清末国力衰微，藩篱不固，列强入侵，西方探险家纷纷来到中国西部地区探险、考古，使包括西夏文献在内的大量珍贵文物流失海外，并被逐步披露、研究。新中国成立后，随着文物考古事业的发展，包括西夏文献在内的西夏文物，在西夏故地又有很多重要发现，进一步丰富了研究的实物资料。

　　在这些发现中，最为重要的是黑城西夏文献的发现。黑城，位于内蒙古自治区额济纳旗境内，是一座被黄沙掩埋大半的古城，蒙古语称为哈拉浩特。这里是西夏12监军司之一的"黑水镇燕军司"治所，因此又被称为黑水城。元代在这里建亦集乃路，进行了大规模扩建。明初，明军攻破该城，将人口迁走，遂使这里成为一座空城、死城。额济纳、亦集乃是同音异译，都是黑水的意思。当地人传说，这里埋藏着大量的金银财宝，吸引了不少人到这里挖宝。其中，最有名的是俄国人科兹洛夫。

　　科兹洛夫是俄国著名旅行家、皇家地理学会探险队长。1908、1909年，先后两次在黑城这块宝地上进行了盗宝式的发掘。1909年6月，他们选中西城外一座高约10米的古墓塔进行发掘。当掘开之后，人们都惊呆了：眼前是一个比金银珠宝还要珍贵的文化宝藏。科兹洛夫这样进行了描述：

　　　　这座著名佛塔中，搜集到的所有宝物：书籍、佛画、塑像及其他物品……正是这座赫赫有名的塔，占有我们全部的注意力和时间。它赠送给探险队一大批收藏品，整整一图书馆的书、纸卷、手稿，多至约300幅画在亚麻布、细丝料和纸上的佛像。……在浏览这种或那种刚从塔中取出的各种画像、各种书籍或个别小雕像，尤其是青铜的或镀金的小雕像时，引起了多少兴趣、多少特有的欢乐啊！⑧

　　在这座被称为"图书馆"的、"赫赫有名"的墓塔内，出土的图书计有24000卷，装了40驼运到俄国。据统计，在俄藏黑城文献中，90%左右为西夏文，汉文不足10%，还有少量其他民族的文字资料，总计"约有15万面之多"。经过俄国几代学者半个世纪（1909—1959）的整理，仅登录的西夏文文献目录就有8090件（号），其中已考定的近3000件，内有"世俗性的著作约60种，佛经约370种"⑨。汉文文献488件，其中有西夏刻本22种，还有宋、金、元刻本⑩。此外，还有版画300余幅，少量藏文、回鹘文、波斯文等文字的文献，以及6块西夏文雕版⑪。科兹洛夫的发现，轰动了世界学坛。此后，英人斯坦因等在这里也有掘获。

这批文献的内容，有辞书、字书、法典、兵书、类书、文学作品和夏译汉文典籍，以及图表历书、医书咒文等，而以佛经最多。这些文献，有写本，但以刊本为多，还有珍贵的活字印本。它是继殷墟甲骨、居延汉简、敦煌遗书之后的又一次重大考古发现。这项空前的、内涵极其丰富的考古发现，为西夏研究开辟了新纪元。

（一）西夏文典籍

出土的西夏文献种类繁多，内容丰富。其中，语言文字类最具特色。西夏为了发展本民族文化，规范和推广西夏文字的使用，效法中原王朝编纂出版了多种类型的字书、辞书、韵书和启蒙读物。主要有《文海宝韵》、《音同》、《音同文海宝韵合编》、《音同文海杂抄》、《五音切韵》、《义同》和《番汉合时掌中珠》等。这些辞书字典，为西夏语言文字和社会历史文化的研究，提供了极其珍贵的实物资料。

如《文海宝韵》，为西夏文字的形、音、义字典，是解析西夏文字构造，诠释西夏文字义，构拟西夏文字音的第一手资料。《音同》又译作《同音》，是以声母分类的西夏文同音字典，是研究西夏语言体系，构拟西夏文字音的重要资料。《番汉合时掌中珠》（简称《掌中珠》），是一本在西夏时期广为流传的番汉文字对照的词语汇集，也是汉人学习西夏文，西夏人学习汉文的启蒙读物。骨勒茂才在“序”中写道，番汉文字“论末则殊，考本则同”；通过学习，使“今时人者，番汉语言，可以具备”，以利互相沟通，可起到和番汉之众的作用。在黑城发现的众多西夏文文献中，这是唯一有汉字标音释义的辞书，被称为“是一把打开西夏学研究大门的钥匙”。它是中国最早的双语双解音义互注辞典，在中国辞书编辑、出版史上具有重要地位。

西夏也很重视法律文献的制定和应用。俄藏文献中的《天盛改旧新定律令》（简称《天盛律令》）、《贞观玉镜将》就是非常重要的两部西夏法典。《天盛律令》共20卷，约20余万字，是我国现存最早的少数民族政权编纂并实施了的法典。该书没有注释与案例，全部是律令条文，包括刑法、诉讼法、行政法、民法、军事法等，内容十分丰富，为西夏研究提供了大量鲜活的资料，对探讨中国法制史也具有重要意义。西夏深受汉文化影响，《天盛律令》是在《唐律》、《宋刑统》等唐宋法典的基础上，结合本民族的特点制定的更为完善、更为系统的法典[12]。

《贞观玉镜将》是崇宗贞观年制定的军事法典，"玉镜"有"明镜"之意，比喻政治清明，"将"意为"将兵法"，书名可理解为"贞观圣明的将兵法"。全书分为"政令"、"赏功"、"罚罪"和"进胜"四篇，涉及西夏的军事思想、统兵体制、赏罚办法等，是研究西夏兵制、军法的珍贵文献，也是我国用少数民族文字刊行的第一部军事法典，在我国军史研究、兵书研究中占有十分重要的地位[13]。

在西夏文文献中，还有部分官府文献和契约，如惠宗天赐礼盛国庆年间的《瓜州审判档案》，献宗乾定二年《黑水城守将告近禀帖》；民间契约，如仁宗天盛二十二年《卖地文契》，神宗光定十三年《谷物贷借契约》，桓宗天庆虎年《会款单》等。这些文献和契约，是研究西夏社会经济和民间习俗极为珍贵的资料。

《圣立义海》是以天、地、人三才为纲，以儒家伦理道德观为主导思想，结合天、地自然现象和夏国风土人情修撰的一部百科全书。全书5集15卷，约6万言。"圣立"有"钦定"之意。该书文体采用格言形式，多为四言，通俗易懂，富有韵味，内容丰富，对研究西夏天文地理、历史文化以及皇宫礼仪、社会等级、伦理道德等方面都具有重要的参考价值。

西夏重视历史资料的收集和编撰。史载，毅宗谅祚曾从宋朝获得"九经"；仁宗仁孝命焦景颜等编修《实录》；西夏晚期罗世昌编撰《西夏世次》20卷等，但都未能流传到后世。黑城文献中有"西夏史书"写本残卷，"始记三皇五帝，中夹有多（个）朝代的杂史，特别是最后有西夏太祖继迁、太宗德明（德歌皇帝）、景宗元昊（风角城皇帝）、毅宗谅祚（迫歌皇帝）的简明生平事迹，是西夏人记录的第一手材料，具有很大的可信度"，是重要的历史文献。因残卷文字"是草书，释读有一定困难"[14]。

西夏重视对中原文化的学习和借鉴，以丰富和发展自己的民族文化。对汉文儒家经典、史籍也多有翻译。在俄藏西夏文献中的儒家经典有：《论语》、《孟子》、《孝经》，兵法与史书《孙子兵法三注》、《六韬》、《黄石公三略》、《将苑》、《德事要文》（《贞观政要》节译本）以及在汉籍中已失传的类书《类林》等。这些典籍，不仅对认识西夏文化有重要意义，而且对校订、整理相应古籍也有重要价值。如《类林》属私家类书，唐代于立政编纂，全书收录 500 多条古人故事，将古书中古人的故事"重新编写后再转述出来"，编纂成书。汉文原本金代已经失传，直到 1900 年，在敦煌石室中发现写本残页，才为人所知。学者们对《类林》作了深入研究，对原本《类林》作了复原[15]。

　　在黑城文献中，数量最多的是西夏文佛经，约有 400 多种，数以千卷计。这些佛经文献，有的译自汉文大藏经，如《大方广佛华严经》、《大宝积经》、《大般若波罗蜜多经》等；有的译自藏文，如《种咒王阴大孔雀明王经》、《大密咒受持经》等；还有西夏自己编撰的经论，如《依金刚亥母以净瓶诵仪轨》、《中有身要论》等。佛经中的序、跋、题款、发愿文等，对了解西夏佛教的流传，译经、写经、印经、施经的情况，以及西夏佛教制度有重要的史料价值。而译自藏文的佛经，对研究 12、13 世纪藏传佛教，对研究西夏佛教和藏传佛教的关系都有重要意义。

　　（二）汉文典籍

　　西夏历史，在元修宋、辽、金三史的西夏纪传中均有记载，虽说篇幅有限，内容简略，却构建起了西夏历史的基本框架。尽管如此，19 世纪以来的西夏考古发现，使我们对西夏社会历史的了解和认识超过了任何时候。仅黑城出土的汉文文献计有 488 件，其中主要是佛教文献，如《金刚般若波罗蜜经》、《大方广佛华严经》、《妙法莲华经》等。世俗文献有历史著作、文学作品、医书、历书、占卜书等，但多残损严重，唯有一本汉文写本《杂字》较为完整。

　　《杂字》是我国古籍中的一种，或释字义，或注音，自古归入经学中的小学一类。西夏对编撰《杂字》也很感兴趣，但与中原《杂字》不同，不是解释字义和字音，而是把当时社会上常用词语分类编辑成书。汉文写本《杂字》就是以事物分类的词语集，现存 20 部，如第七部为"诸匠部"，西夏工匠种类繁多，诸如金匠、银匠、铁匠、石匠、木匠、泥匠，还有索匠、桶匠、花匠、甲匠、鞍匠、针匠、镞匠、笔匠、纸匠、结丝、漆油、伞盖、弓箭、捻塑、结瓦、砌垒、彩画、雕刻等等总计 36 种，几乎汉地有的工匠这里都有，表明西夏手工业还是很发达的。这本《杂字》除"诸匠部"外，还有姓氏、衣物、斛斗、果子、农田、身体、音乐、药物、器用、房舍、论语、禽兽、礼乐、颜色、官位、司分、地分、亲戚长幼等部，涉及民族姓氏、生活用品、生产活动、文化娱乐、政治活动等方面，内容极为丰富，真实而生动地反映了西夏社会生活的方方面面。

此外，还有多种西夏社会文书，如《乾祐二年领物账》、《天庆年间裴松寿典当残契》、《光定十三年注户状》、《收税、酒、绢等呈状》、《西北诸地马步军编册》等，对研究西夏社会状况具有特殊的学术价值。在黑城出土的西夏汉文文献中，还有部分从宋朝、金朝传入西夏的书籍，有佛经，有世俗文献。其中文学作品有《刘知远诸宫调》、《新雕文酒清话》等；而版画《义勇武安王关羽图》、平阳姬家雕刻的《四美图》，其构图之精美，线条之流畅，刊刻之精细等，皆堪称一流，为中国古代木刻版画的极品。

宋代是中国雕版印刷最为繁荣的时期，宋版书之精美也享誉中外。但作为印刷工具的宋代雕版实物，却如凤毛麟角，十分少见。据有关资料介绍，存世仅 3 件，一件在美国纽约市国立图书馆，是图文兼具的佛经雕版残件；两件在国家博物馆，一为唐代女像，一为三姑置蚕像。这 3 件雕版，皆为 1919 年河北巨鹿淹城遗址出土，是印刷史上的重大发现。

20 世纪，在西夏故地两次发现西夏文雕版，也是十分难得、极为珍贵的雕版实物。

（一）黑城雕版

1909 年，内蒙古额济纳旗黑城出土，现藏俄罗斯圣彼得堡冬宫（即艾尔米塔什）博物馆，计 6 件，属"西夏特藏"品。其中佛像雕版 2 件，为莲座上的站佛，似为汉文《金光明最圣王经》插图；文字雕版 4 件，其中蝴蝶装雕版 3 件，双面雕版 1 件。这些雕版，字文清晰，每面 5—6 行，每行 9—10 字。另外，还有"未刻完字的甚至完全没有刻而只是用颜料写上字的雕版"[⑯]。

（二）贺兰雕版

1990 年 7 月，在贺兰县西夏古塔宏佛塔天宫中发现西夏文字雕版残块 2000 余块，有的仅存半个字，全都火烧炭化变黑。多为双面版，也有单面版，按文字大小分为三类：大号字版 7 件，最大的一件作蝴蝶装，下部残损，是整个残块中仅有的一件尚能看到整体版面

图下 4-1　贺兰雕版　中国国家博物馆、宁夏回族自治区文化厅编《大夏寻踪》，中国社会科学出版社 2004 年版

的一块雕版；中号字的最多，约占 50% 以上，最大的两件皆为经折装；小号字者约占 40% 以上，多为双面版，残损特甚⑰。这些雕版残件是研究西夏和中世纪印刷的宝贵资料，同时说明宏佛塔寺为西夏雕版刻印场所。

我国古代印刷，主要是指隋唐之际出现的雕版印刷和宋元时期发明的活字印刷。然而令人遗憾的是：在我国浩如烟海的汉文古籍中，迄今未发现宋元时期的活字印本。可喜的是，在上世纪 90 年代以来的西夏考古中，在对过去出土的西夏文文献的整理和研究中，相继发现了西夏时期的活字印本。这些活字印本，与其他西夏文献相比，具有更为重要的文物、文献价值，是研究西夏版本、印刷的珍贵资料，也填补了我国早期版本研究的空白。

（一）贺兰木活字印本《吉祥遍至口和本续》

西夏文佛经《吉祥遍至口和本续》（简称《本续》），计 9 册，240 多页，约 10 万多字，是 1991 年在贺兰山拜寺沟方塔废墟中出土的。白麻纸精印，蝴蝶装，文字工整秀丽，版面疏朗明快，纸质平滑，墨色清新，是古代优秀印本之一。经牛达生先生潜心研究，认为这部经印于西夏仁宗时期，是木活字印本⑱。1996 年 11 月，经文化部科技司组织专家鉴定，确认：《本续》是"迄今为止世界上发现最早的木活字印本实物，它对研究中国印刷史（特别是活字印刷史）和古代活字印刷技艺具有重

大价值"。这一学术成果，受到中央有关部门的重视，2002 年，《本续》先后被国家文物局列入第一批禁止出国的文物名单，又被国家档案局列入第一批"中国档案文献遗产名录"；2008 年 3 月，经国务院批准，《本续》列入第一批"国家珍贵古籍名录"。

（二）武威泥活字印本《维摩诘所说经》

西夏文佛经《维摩诘所说经》下集四品，经折装，总 54 面，计 6400 多字。1987 年，发现于甘肃武威市西夏亥母洞遗址中。经孙寿岭先生潜心研究，认为此经为泥活字印本，引起学术界的关注。孙先生以坚韧不拔的精神，在煮饭炉上经过反复试验，烧制出 3000 多个泥活字，并印出《维经》仿本，用更为确凿的事实，进一步证明其为泥活字[19]。

（三）银川山嘴沟西夏活字印本

山嘴沟是贺兰山东坡的沟谷之一，位于银川西夏陵西侧。2005 年 5 月，宁夏考古部门进行调查，出土了数十种西夏文献，多为西夏文佛经，还有极为珍贵的活字印本。其中泥活字印本两种：《妙法莲华经集要义镜注》、《圆觉经之略疏第一上半》；木活字印本一种：是译自隋天竺三藏菩提灯翻译的《占察善恶业报经》卷下，只有 2 纸，经折装。据研究，泥活字《妙法莲华经集要义镜注》，在历代《大正藏》未见收录，已知在现存的西夏佛经中也没有发现，是新发现的一种西夏文佛经。尤其重要的是，该经是西夏人自己编撰的佛教文献，是"在《妙法莲华经玄赞》的基础上对《妙法莲华经》的诠释"[20]。

（四）俄藏西夏文献中的活字印本

上世纪 90 年代以来，在收藏丰富的俄藏黑城文献中，也发现了多种西夏文活字印本。其中有：泥活字印本《维摩诘所说经》，木活字印本《三代相照言文集》、《大乘百法明镜集》、《正行集》[21]等。《维摩诘所说经》与武威所出《维经》版幅相近，行款一致，应是同一种活字印本。

（五）敦煌新发现的活字印本

上世纪 90 年代以来，敦煌研究院在莫高窟北区洞窟的清理中，发现了若干西夏文文献。可喜的是，在这批西夏文残页中，又发现几种活字印本。可辨明经名者有《地藏菩萨本愿经》，经研究，此经为海内外孤本，为西夏文佛经增添了新的品种。还有《诸密咒要语》，其内容多为密教仪轨之类，系藏传佛教密宗经典残本。

附：西夏活字印本出土情况简表

序号	印本名称	卷册数	装帧	出土时间	出土地点	成果发表时间
1	吉祥遍至口和本续	9 册	木字蝶装	1991 年	宁夏贺兰	《中国印刷》1994 年 2 期
2	维摩诘所说经下卷	1 卷	泥字经折	1987 年	甘肃武威	《中国文物报》1994 年 3 月 27 日
3	维摩诘所说经（上、中、下）	3 卷	泥字经折	1909 年	内蒙古黑城	《北京图书馆馆刊》1997 年 1 期
4	大乘百法明镜集	1 卷	木字经折	1909 年	内蒙古黑城	同上
5	三代相照言文集	1 册	木字蝶装	1909 年	内蒙古黑城	同上
6	正行集	1 册	木字蝶装	1909 年	内蒙古黑城	同上
7	圣大乘守护大千国土经		木字	1909 年	内蒙古黑城	《西夏社会》2007 年
8	地藏菩萨本愿经	8 纸	经折	1990 年代	甘肃敦煌	《中国活字印刷术的发明和早期传播》2000 年
9	诸密咒要语	16 面	蝶装	1990 年代	甘肃敦煌	同上
10	圆觉注之略疏第一上半	14 纸	泥字蝶装	2005 年	宁夏银川	《山嘴沟西夏石窟》2007 年
11	妙法莲华经集要义镜注	68 纸	泥字蝶装	2005 年	宁夏银川	同上
12	占察善恶业报经	2 纸	木字经折	2005 年	宁夏银川	同上

关于活字印刷的文献，过去人们仅知《梦溪笔谈》毕昇泥活字印刷和《农书》王祯木活字印刷。20 世纪 80 年代以来，西夏学界不仅发现多种西夏文活字印本，而且在佛经题跋中，发现有关活字印刷的文献资料。

西夏文《大方广佛华严经》题记中有"雕碎字勾管为印者×××"、"选字出力者×××"。"雕碎字"即是雕刻活字，"选字"即是拣字、

图下 4-2　活字印刷工种名单　选自宁夏文物考古研究所编《山嘴沟西夏石窟（下）》，文物出版社 2007 年版

排字，"选字出力者"即是拣字、排字的工匠。

《三代相照言文集》发愿文中，有"活字新印者陈集金"，题款中记录了西夏政府中负责活字印刷的主管"都案头监"云智有，主管活字印刷的"工院大人"王忠敬等。

《胜慧到彼岸要语学禁现前解庄严论显颂》有光定丙子六年（1216）题款两行："御前疏润（即润文）印活字都大勾当出家功德司承旨尹智有，御前疏润印活字都大勾当工院正罔忠敬。"这些发现都证明，在西夏官府中有专职负责活字印刷的官员，是西夏和我国早期活字印刷极其珍贵的文献资料。

前述银川山嘴沟出土的《妙法莲华经集要义镜注》某卷有 7 行题款，记述了印刷这本经书的不同工种及操作人员名单。孙昌盛研究员译文如下：

> 印面校者　梁释迦喇嘛　鬼古韵　慧治
>
> 印字取者　毗慧照　梁慧勇　段慧照　庞于
>
> 慧盛　梁慧成　鬼名慧善　杨慧能
>
> 米勒慧盛　魏慧善　□慧明
>
> 甲狄慧□　贾罗讹慧宝　梁那征
>
> 作字兼丁者　梁慧宝　六□慧照
>
> 印本者　梁慧善㉒

一般活字印刷工艺，首先要造活字，然后才能印刷。印刷工序为：排版、校对、印刷、装订等。此中"作字兼丁者"，即造字者；"印字取者"，即排版者；"印面校者"者，即校对者；"印本者"者，即刷印者。这些记述，概况了活字印刷的主要工序，是西夏使用活字印刷书籍最直接的证据，是最新发现的活字印刷的重要文献之一。

第四节　建筑艺术

西夏皇家寺院银川承天寺　形式多样的西夏古塔　形制独特的西夏陵墓

　　西夏立国近两个世纪，在其境内兴建了许多宫殿、衙署、寺塔、驿舍、店铺、民居等。据载，西夏开国皇帝景宗李元昊，除在贺兰山建有规模很大的"离宫"外，在都城兴庆府营造的"元昊宫"，也是"逶迤数里，亭榭台池，并极其盛"[23]。除此以外，见之佛教文献的西夏寺庙，在宁夏、甘肃等地有戒坛寺、奉天寺、圣容寺、崇庆寺、阿育王寺等数十座。这些寺院，翻译、刊印佛教典籍，举办法会，弘扬佛法，对佛教的推广和传播，西夏文化的发展和繁荣都起了积极的作用。

　　然而，20 世纪 80 年代以前，学术界除知银川承天寺、张掖卧佛寺为清代重建的西夏建筑外，不知有其他西夏建筑。

　　80 年代以来，经过宁夏考古部门的工作，彻底改变了这种对西夏建筑毫无所知的状况：仅在贺兰县就发现了拜寺口双塔、潘昶宏佛塔、拜寺沟方塔为"西夏原建"；同心县韦州康济寺塔、青铜峡市一〇八塔等也是西夏古塔。同时，对西夏陵墓和西夏石窟的考古研究，也获得了不少西夏建筑艺术的知识。这些考古发现，不仅填补了我国古代建筑的一个重要缺环，而且对于研究西夏社会历史和物质文化也有重要意义。

　　承天寺坐落在银川老城西南隅。始建于西夏，2006 年公布为全国重点文物保护单位。这座佛教寺院坐西朝东，略呈长方形，东西 210 米，南北 115 米。寺内分前后两院，前院为五佛殿、承天寺塔，通过塔后两侧的砖雕垂花门进入后院，后院是韦陀殿和卧佛殿。这些主要建筑，依次排列在一条中轴线上，从现存建筑判断，都属晚清建筑。

　　承天寺是有明文记载的西夏皇家寺院。《夏国皇太后新建承天寺瘗佛顶骨舍利碑铭》云：西夏开国皇帝景宗元昊死后，"承天顾命，册制临轩"的皇太后没藏氏，为保佑年满周岁就"幼登宸极"的毅宗谅祚长治久安，于天祐垂圣元年（1050）役兵民数万，在兴庆府西偏"大崇精舍，中立浮屠"，起建承天寺。毅宗福圣承道三年（1055），"好佛"的没藏氏，将宋朝所赐《大藏经》，"贮经其中，赐额承天，延回鹘僧登座演经"，没藏氏怀抱小皇帝谅祚不时听讲。承天寺是西夏第一座皇家寺院，原也应是一座建筑宏伟的寺院。

承天寺塔是一座砖砌、八角、十一层的楼阁式塔，总高 64.5 米，是寺内最吸引人的建筑。塔内有梯，可登高远眺，欣赏古城风光，塞上景致。塔的外观，简洁朴素，檐口不是华丽的砖雕斗拱，而是挑出的棱角牙子；壁面没有繁缛的佛像雕饰，而是拱形空龛和可供远眺的门窗；顶部不是结构复杂的相轮宝盖，而是庄严朴实，别具一格的绿色琉璃桃形八角尖顶[24]。塔身的这种结构，给人一种古朴、简洁、挺拔、秀丽的感觉。

现在的承天寺塔是清嘉庆二十五年（1820）重建的。重建后的承天寺塔，大体上保留了西夏的结构和形制。清乾隆《银川小志·寺观》："万历三十年（1602）重修内浮图，高十一级。"

在我国南北各地，保存至今的历代古塔，据说还有数千座之多，是我国各类古建筑中数量最多的一种。与此相比，可以认定为西夏的古塔却寥寥数座，很不成比例。显然，搞清楚古塔的建筑特点，无疑对研究西夏建筑乃至我国古代建筑具有重要意义。

（一）贺兰县拜寺口双塔

拜寺口是贺兰山东坡的山口之一，东南距银川约 50 公里，山口北边的台地上，双塔东西并列，均为八角十三层密檐式砖塔。塔下及其周围有大面积西夏建筑遗址，说明这里原是一处有相当规模的寺庙建筑。双塔建于何时，史志中无一字提及；就连其原来的寺名、塔名，也淹没在历史的尘埃中，只好因地而名，称为拜寺口双塔。80 年代初，经牛达生教授考察，认为是"西夏原建"[25]。1986 年，文物部门对双塔进行了加固维修，使其焕然一新。1988 年被公布为全国重点文物保护单位。这是最早发现的西夏原建古塔，受到学界和媒体的关注，结束了没有现存西夏建筑的历史。

双塔建筑结构和建筑装饰的特点：都是正八边形，高十三级的密檐

式砖塔。东塔塔身残高约 35 米，呈
直线锥体，显得挺拔有力。塔身采
用影塑和彩绘相结合的构图方法，
在古塔装饰上甚属少见。西塔残高
约 36 米，比东塔较为粗壮高大，塔
壁的轮廓线更为协调秀美。西塔彩
绘影塑佛像和装饰图案，布满整个
塔身，将古塔装扮得绚丽多彩，美
丽壮观。造像中的护法金刚和供养
菩萨，则有浓郁的藏传佛教的色彩。

（二）贺兰县拜寺沟方塔

方塔史志不载，不知创建所
由，西夏名称早佚，因在拜寺沟
内，以沟名塔形俗称拜寺沟方塔。
1990 年冬，方塔被不法分子炸毁，
成为一片废墟。在现场调查时，发
现墨书西夏文和汉文题记的塔心
柱，方知方塔是十分少见的西夏古

图下 4-3　拜寺沟方塔　选自宁夏文物考
古研究所编《拜寺沟西夏方塔》，文物出
版社 2005 年版

塔，而且是唯一有明确纪年的、建于惠宗大安二年（1075）的西夏古塔，
也是现知西夏最早的古塔。

1991 年，宁夏考古部门对方塔废墟进行清理发掘，出土了一批批珍
贵的文物，其中最为重要的是数十种西夏文、汉文文献，这是建国后出
土西夏文献最多的一次。与此同时，也搞清了方塔的基本建筑结构。这
是一座颇具特色的只有影塑直棂窗而无门的古塔建筑㉖。

（三）贺兰县潘昶乡宏佛塔

宏佛塔俗称"王澄塔"，坐落在贺兰县东潘昶乡的一座寺庙遗址内。
史志未载，不知创建所由。1990 年、1991 年，宁夏文物部门逐层落架拆
除，并按原状重砌修复，使之面貌一新。在重修过程中，发现天宫内堆
满文物，其中雕版、唐卡、彩塑佛头等多是第一次面世的西夏文物，十
分珍贵。被国家文物局评为 1991 年全国十大考古发现之一。

图下 4-4　潘昶宏佛塔　牛达生摄

宏佛塔由下部的楼阁式塔和上部的覆钵式塔组成，塔刹仅存刹座和相轮两层，总高 28.34 米。塔上有用砖砌出仿木结构的阑额、普柏枋；普柏枋下为砖砌柱子，上承托砖雕斗拱，拱上施红、绿彩绘，为一斗三升交麻叶式；转角处为一垛，补间为二垛，斗拱上承叠涩塔檐。这种砖砌仿木结构，在西夏古塔中比较少见，为研究西夏木构建筑提供了重要实物资料。

（四）青铜峡市一〇八塔

一〇八塔位于青铜峡水库西岸向东的坡地上，因有一〇八座喇嘛塔而得名。这里两山对峙，河流湍急，地形险要。最早见于明朱栴《宁夏志》，称"峡口山，上有古塔一百八座"。明李贤《一统志》也说："峡口山，……两山相夹，黄河流经其中，一名青铜峡，上有古塔一百零八座。"此后方志，皆相沿记述。1987、1988 年，文物部门进行了彻底的清理维修，查明西夏原塔皆为土坯砌筑，其形制多有变化，基座有十字折角形和八角形两种；塔身有覆钵式、葫芦式、覆钟式、折腹式 4 种形式。因塔内出土砖雕佛像、西夏文佛经残页、小泥塔和绢本千佛图等，均为西夏时期文物，一〇八塔遂被定为西夏所建，并被公布为全国重点文物保护单位。

一〇八塔随山势凿石分阶而建，有阶梯式护坡平台 12 级，由上而下逐层加宽，平面布局呈等边三角形，是组合奇特的大型塔群。每级塔数，依次按 1、3、3、5、5、7、9、11、13、15、17、19 排列，精整有序，蔚为壮观。最上一层塔后，有晚期修建的小庙一座。两侧有台阶可以上下。

一〇八本为佛教烦恼之数。为驱除烦恼，求得吉祥，数珠要数一百八颗，暮鼓晨钟要敲一百八响，念佛要念一百八遍。等腰三角形排列的一〇八塔，在他处未见，全国仅此一处，是世界独一无二的古塔建筑群。之所以如此建筑，或许是地形所限，更可能是佛教思想和传统对称思维模式相结合，在佛塔建筑中的应用和体现。

（五）西夏寺塔建筑特点

我国古塔建筑的布局和结构，因时代的不同而有所变化。最早的古塔，受传统高层楼阁建筑的影响，多为方形木塔。到了唐代，虽已多为砖塔，仍以方形为主。但是在长期的建塔实践中，从抗震的角度出发，钝角和圆角比锐角抗震能力更强，于是出现了正六边形、正八边形的塔。宋、辽、金盛行的正是正八边形塔。这些不同特点，在古塔断代上具有重要意义。

上述诸塔，特别是拜寺沟方塔、拜寺口双塔，塔身直接建在塔基上，不设基座；砌砖不用白灰，而是黄泥作浆，显示了较多的唐代的特点。方塔还保留了盛行于唐代的直棂窗、方形结构等。而宏佛塔和青铜峡的一〇八塔，则是具有独创性的古塔建筑，在建筑史上具有重要地位，也显示了西夏人民的创造精神。

包括古塔在内的西夏建筑受中原文化影响，有其深刻的历史原因和社会原因。唐初到宋初的几个世纪中，从青藏高原东部地区迁徙到西北地区的党项族人民，长期与汉族相濡杂处，在生产方式和生活方式上多有变化；而党项李氏贵族，在唐、五代及宋初，都是世世为官，代代封爵的官宦家庭，更是深受中原文化影响。随着时代的变迁，建立西夏政权的党项贵族，政治上不能不接受宋朝的影响，"设官之制，多与宋同"，而在工艺技巧方面，因远离中原文化中心，则比较保守，因而保留了更多的唐代特点。

方塔建于西夏初期，是西夏最早的建筑，其所受唐代的影响更为浓烈。双塔的基本形制正八边形，则是宋、辽、金古塔建筑的普遍形式；而密檐式塔，也是当时盛行于北方的塔式。西夏古塔所体现出的西夏建筑的特点是："杂用唐宋"，兼而有之。

西夏陵园、墓葬是我国历代考古中最晚发现的墓葬，它的考古发掘和研究是在上世纪 70 年代开始的。据有关资料，在宁夏的西夏墓主要在银川平原，计有：银川新市区小墓、永宁闽宁村墓、贺兰拜寺口紫坨垯墓、平罗涝湾村墓等；在甘肃武威、内蒙古准格尔旗也发现过西夏墓。不言而喻，在这些西夏墓葬中，最为重要的当然是银川西夏陵，这里也是我国规模最大的一处西夏文化遗址。

（一）独树一帜的银川西夏陵

银川西夏陵位于银川西郊贺兰山东麓的洪积扇地带，陵区南起银（川）巴（音浩特）公路，北迄泉齐沟，东至西干渠，西依贺兰山，总面积约 50 平方公里。现有帝陵 9 座，陪葬墓 250 多座。据《宋史·夏国传》记载，西夏帝王中有 9 位建有陵，即：继迁裕陵；德明嘉陵；元昊泰陵；谅祚安陵；秉常献陵；乾顺显陵；仁孝寿陵；纯祐庄陵；安全康陵。以上记载，与实际吻合。陵区中部东侧和北部，各有建筑遗址一处，北部东侧还有砖瓦窑、石灰窑等。其规模与北京明十三陵和河南巩义市宋陵大体相当。

西夏陵俗称"昊王坟"，在明清方志多有记载。最早见于明庆靖王朱栴的《宣德宁夏志》："贺兰山之东，数冢巍然。相传为西夏僭窃时所谓嘉陵、裕陵者。其制度仿巩县宋陵而作。"所谓嘉陵、裕陵，即元昊父亲德明、祖父继迁之陵。

西夏陵的帝陵建筑结构和平面布局，大体一致，又富有变化。每座陵园大体坐北朝南，从南向北，依次由鹊台、碑亭、角台、月城、神城、门阙（门楼）、角阙（角楼）、献殿、陵台等组成，有的环神城还有外城。以平面布局而言，可分为三种不同的形式：单城式（没有外城）、双城开口式、双城封闭式。陵园面积大小有差，约在 10 万平方米左右。作为陵园的主体，月城和神城的平面布局呈倒"凸"字形结构。陵台位于神城北隅神道西侧，高大突兀，是陵园内最引人注目的建筑。陵台夯土筑成，平面八角形，有 5 级、7 级、9 级之分，每级出檐，逐级内收，转角处留有装角梁的洞口。

陵台遗址周边堆积着大量砖瓦构件、套兽以及木炭、朽木等，为推定陵台的建筑形制提供了依据。西夏陵陵台一反历代圆形、方形的做法，而做成塔形，这或许与西夏大力倡导佛教有关。塔式陵台实际上是一座瘗埋佛骨、让人顶礼膜拜的佛塔。这意味着西夏皇帝有视己为佛的

图下 4-5　西夏 1 号、2 号陵　陈思禹摄

观念，意味着他死后愿意被人当佛去供奉。

　　6 号陵是唯一经过正式发掘的西夏帝陵。其地宫由墓道、甬道、墓室组成。该地宫完全被破坏，地面上有一个很大的盗坑。经清理，墓道为阶梯式，台阶前横置木椽加固，木椽遗迹尚存。陪葬墓中也有用木椽加固台阶的做法，这应是西夏陵墓构筑的特点之一。与一般甬道门用砖封堵不同，这里甬道主要是用大小不等的圆柱封堵，再敷以木板和石板。最不可思议的是墓室，与一般高大宏伟的帝王墓室不同，这里的为土洞墓，体量很小。从残迹判断，墓门为木板门，墓室壁面用木板护墙。这也是西夏陵墓建筑的特点之一。

　　6 号陵因严重破坏，出土文物不多，摆放位置也已错乱，但却是第一次从西夏陵墓中出土的，其价值不言而喻。这些文物中，金银器有荔枝纹金带饰、嵌绿松石鎏金银饰、花瓣形镂空金饰、金扣边（器物口沿扣边）、金鞍饰（鞍桥包边）、兽面形鎏金银饰等；铜器有甲片、门钉泡、副肘板、铜铃等；还有竹雕、铁管、铁钉、料珠、陶瓷残片等。其中制作精美的荔枝纹金带饰、雕出庭院和人物的竹雕，都十分精美。

　　陵园地表散布着不少文物：石刻有力士碑座、雕龙栏柱、莲花纹柱础、经幢、石螭首、其中文臣头像和碑刻残片等；建筑材料，除大量一般砖瓦、滴水、瓦当外，还有不少脊饰，如套兽、龙头、鸱吻等，有灰陶的，有琉璃的。其中，文臣头像，深目高鼻，留八字胡，是党项人形象的宝贵资料；力士碑座，造型奇特，其中一件上刻汉夏文字，被定为

图下 4-6 西夏力士碑座 宁夏文物考古研究所提供

国宝级文物；而一件高 1.52 米的琉璃鸱吻，由于它在研究西夏和我国传统建筑上的重大价值，不仅被定为国宝级文物，还被国家博物馆收藏；内容丰富的碑刻残片，既有史料价值，又是西夏书法艺术珍品。

3 号陵是西夏陵区 9 座帝陵陵园中保存最完好的一座，也是建筑结构最为奇特的一座。与 6 号陵不同的是，陵园不是长方形，而是正方形；没有外城，而是单一的神城。在 3 号陵园中，除碑亭、献殿为方形外，其他建筑台基，如鹊台、角台、陵台都是圆形结构，特别是神城神门两侧的门阙台基和四角的角阙的台基，皆为相互连接的圆形墩台构成。这种结构十分奇特，在西夏陵园中是独一无二的，在中原地区的历代帝王陵园中也未见，这对我国古建筑研究具有重要意义。

2000、2001 年，为配合该陵土建遗址保护工程的实施，对陵园建筑遗址进行了大规模的清理发掘。除对陵园的建筑结构有了更全面的了解外，还出土了大量建筑材料，"占遗物总数的 99%"。东碑亭遗址出土的莲花纹方砖，有 5 种之多，造型十分精美。地面所出的建筑材料，主要是装饰构件，有套兽、鸱吻等，还有戗脊蹲兽迦陵频伽（又称美音鸟、妙声鸟）、摩羯鱼、吼狮（海狮）、形似鸽子的"顶瘿鸟"（即金翅鸟）。其中迦陵频伽是首次

图下 4-7 西夏迦陵频伽 选自宁夏文物考古研究所编《西夏三号陵——地面遗迹发掘报告》，科学出版社 2007 年版

出土。这几种蹲兽，未见之于唐宋陵墓及内地古建筑上，对研究西夏建筑、中国建筑具有重要价值。迦陵频伽可发出妙音，用以供养和愉悦佛尊；摩羯鱼、吼狮、金翅鸟都是佛经中力大无边的神物。而塔式陵台就是一座佛塔。塔式陵台和这些蹲兽，为西夏陵园建筑增添了浓重的佛教色彩。

西夏陵地域辽阔，沟壑纵横，陪葬墓多而分散。1989、1990 年，文物部门对西夏陵进行了全面系统的调查、测绘工作，终于搞清了陪葬墓的分布状况及结构。西夏陵的陪葬墓，有的为独墓，有的有墓园，有的一个墓园中还有两个墓、三个墓的情况，规模大小不等。墓园的基本结构是封土加方城。有的墓园像帝陵一样还有月城、外城、碑亭、门阙（门楼）、角阙（角楼）等。个别墓园还有鹊台、献殿，以及帝陵所无的影壁。有的墓园规模很大，当为重要皇亲贵胄之墓。封土有圆丘、圆墩、圆柱、圆锥等不同形式。墓冢大小和墓园布局、规模的不同，反映了西夏森严的等级制度。

据统计，在 103 座墓园中，绝大多数墓园在 1000—5000 平方米之间，占总数的 65.1%；5000 平方米以上的大墓园，集中在三区、四区，特别是 10000 平方米以上的 9 座大墓，有 8 座在三区，从一个侧面反映了三区和四区，亦即惠宗秉常、崇宗乾顺、仁宗仁孝时代（5、6、7 号陵），是西夏社会经济比较繁荣的时代。

为了解陪葬墓的形制和墓室结构，了解帝陵和陪葬墓的关系，在 20 世纪 70 年代中后期，在发掘 6 号陵的同时，又清理发掘了 4 座陪葬墓。

其中 M182（原编 108）号墓，是座独墓园，墓室由墓道、甬道和墓室组成。墓室中发现大量朽木和铁棺钉，说明其为棺葬。据对出土残碑的研究，该墓碑为"梁国正献王神道碑"，墓主嵬名（皇姓）安惠，地位很高，在崇宗乾顺时期，任"太师、尚书令、知枢密院事"等职，曾负责整修过西夏都城中兴府，为西夏研究增添了重要资料。出土丝织品经鉴定，有素罗、纹罗、工字绫、异向绫等，其中茂花闪色锦为我国考古中第一次出土，具有重要研究价值。

M177（原编 101）号墓，茔域面积 20900 平方米，是陪葬墓中的大墓之一，也是少数平面布局完整、有石像生遗迹的墓葬之一。墓穴由

图下 4-8　西夏鎏金铜牛　选自中国国家博物馆、宁夏回族自治区文化厅编《大夏寻踪》，中国社会科学出版社 2004 年版

墓道、甬道、墓室组成，为穹隆顶土洞墓。出土文物有棺板、棺钉，说明亦为棺葬。在甬道中出土的文物中，有鎏金铜牛一尊，重达 188 公斤，其工艺精湛，造型精美，体现了西夏高超的铸造技艺，被定为国宝级文物。

西夏陵"仿巩县宋陵而作"，是从大的布局方面而言。宋以前的陵墓，如汉、唐陵墓，分布十分分散。从宋代开始，则相对集中，将历代皇帝都葬在一个很大的公共墓地，分别建置陵园，开启了陵园建筑的新模式。西夏也是将诸帝葬在一个很大的公共墓地内。西夏陵在建筑结构和平面布局上，有很多与宋陵不同的地方。但在宏观上与中原帝王陵园并无太大不同，如果复原起来，也是传统的木结构大屋顶建筑，它雕梁画栋，红墙碧瓦，相当宏伟壮观。《旧唐书·党项传》载：党项人居住的是用牛羊毛织成的帐篷，即"居有栋宇，其屋织牦牛尾及羊毛覆之，每年一易"；死后要"焚尸，名为火葬"。但在西夏陵所看到的，却是木结构大屋顶建筑和有陵台、有封土的土葬，显然是受中原文化影响的结果。

（二）西夏早期墓葬——野利氏家族墓

在银川附近的诸墓中，最为重要的是永宁县闽宁村西夏墓。这里地处贺兰山洪积扇荒漠地带，在西夏陵南约 20 公里处。经考古发掘，在已知的 14 座墓葬中，发掘了 8 座，获得碑文残片 237 块。残碑两见"野利"名讳，一见"张陟撰"。"野利"是党项豪族，如元昊七妃中就有野利氏；而撰写碑文者，是元昊的重臣"右仆射兼中书侍郎平章事张陟"。这不起眼的两块残碑，为墓葬断代提供了确切依据，是现知唯一的西夏早期墓葬，也是本世纪初西夏考古的最新发现。与西夏陵不同，残碑中没有西夏文，说明这时西夏文字尚未广泛使用。在 8 座墓中，有 5 座为火葬墓，3 座为棺葬墓，表明西夏早期盛行火葬。墓中多有马、骆驼、绵羊等动物骨骼，有的为幼羊，说明当时党项人仍然保存着"衣皮毛，事畜牧"的传统习俗。

（三）武威西夏木板画墓

武威，又称凉州，自古以来就是河西重镇，西夏时称"西凉府"，是西夏三大府之一（另两府是兴州"兴庆府"、灵州"西平府"），在西夏行政建置中占有重要地位。公元 1038 年元昊"筑坛受册，即皇帝位"后，办的第一件事就是"自诣西凉府祠神"。

从 1977 年以后的 20 多年中，在这里先后 5 次发现西夏墓，且多为西夏后期墓葬遗址。其中，单人墓 5 座，双人墓 2 座，其位置大都在武威西郊，属西夏时期的一个大墓群。买地券中提到"城外西椁"、"西苑"等，为西夏时期凉州城的具体位置提供了重要资料。这些墓葬都是埋藏骨灰的土葬，特点是：

第一，葬具都是骨灰盒，式样较多，有塔状（木缘塔）、瓶状（灵骨瓶），但多为棺状。

第二，因为埋藏的是骨灰盒，所以墓室较小。皆为方形砖室墓，边长不超过 160 厘米。

第三，出土文物有铜器、瓷器，而以木器较具特色，如桌椅、供器、笔架、酒壶等。

第四，有的墓有明确记年，记在木缘塔和买地券上，最早为乾祐十六年（1185），最晚为天庆八年（1201），说明是西夏后期墓葬。

第五，出土多件精美的木板画，画面内容丰富，多为写实的生活、人物画，是不可多得的西夏文物精品，有重要研究价值。

这些墓葬多为汉人墓，有的还有官职。与银川的西夏墓不同，没有陪葬动物，从另一方面为研究西夏葬俗、服饰和社会习俗提供了重要的实物资料。

第五节　文学艺术

独具一格的文学作品　碑刻与书法艺术　显密兼具的石窟艺术　风
格多样的绘画　古朴纯真的雕塑　杂糅胡汉的音乐　舞蹈、戏曲和
杂技

现存的西夏文学作品分为两大类，一类是汉文表章，一类是西夏文
诗歌。汉文表章多产生于西夏前期（崇宗乾顺以前），西夏文诗歌现在所
见多为西夏后期（仁宗仁孝以后）的作品。

本文重点介绍党项人用西夏文写的诗歌、谚语、格言和唱"辩"等。
这些作品，无论形式上和内容上都显示出与汉文诗歌迥然不同的民族特
色，是全部西夏文学中的精华。聂鸿音教授说："在西夏地区广为流行的
格言是西夏诗歌的直接源头，单从形式上看，一首西夏诗歌实际上等于
是用若干首格言连续排列而成的，……我们甚至可以说格言是党项民族
一切文学形式的始祖。"㉗因此，西夏诗歌、谚语和民谣的内容，既有史
诗性质，又反映了本民族的社会历史与风俗民情，是研究西夏文化形态
的第一手资料。

（一）诗歌

现存的西夏文诗集有两部，一部为刻本《西夏诗集》，一部为写本
《宫廷诗集》。《西夏诗集》中的《月月乐诗》，以纯粹的党项民族风格，
概要地描述了 12 世纪本民族的风土人情，因而受到西夏学界的重视。像
迄今所见的其他西夏诗歌一样，《月月乐诗》的形式介于诗歌和散文之
间，除了偶尔出现的"对仗"句以外，每句的字数一般都不固定，而且
通篇不用韵。全诗除"引子"外分为十二章，依农历正月至腊月的顺序，
每章简要叙述一个月的物候和人事㉘。

《月月乐诗》一卷

月月乐问根源，月月乐说根源

正月里黑头赤面㉙岁始安乐国开宴。白高㉚暖厩羊产仔，日晒厩
内羔儿眠。月之三日人向往：牦牛白羊草场嫩叶始堪食，羊鸣铃响
牧归来。

　　二月里路畔草青鸟鹊飞，来往行人衣履薄。冬日寒冰春融化，种种入藏物已出。西丘明月鹤唳问流水，鹤唳水秀月偏西，鹤飞水大永不竭。

　　三月里布谷斑鸠树丛啼叫国安乐，国势强盛水流草生猎于郊。东方山上鹃啼催植树，鹃啼树茂日光明。谷菜丰盈国不饿，鹃啼树丛广无垠。

　　四月一日夏季来临草木稠。布施财宝国开宴，青鹃啼叫夏色浓。开垦山原人欲见腴田，草丛花开宛如铺彩缎。泽畔水草出水如剑高尺许，鹿皮缓绳系良驹。雨露和合泉侧出，圣地上青蛙戏。

　　五月里国中雨降种种花草竞吐芳，来往行人观不足。高坡红草弯弯不动如雉尾，蒲苇黑头戴帽冠。羊儿食草头杂错，大蛇缓行现草丛。男女妙手正午依法制乳酪。

　　六月里沼泽苍翠野菜多，虫飞蝶舞大雁鸣叫国安乐。铁匠需材东南走，苹场放软沙碛行。野兽出行引领小兽慧心待其戏，红锦蝴蝶鹰展翅，阳光灿烂遮布十丘似锦毡。

　　七月里百谷丰盈家畜肥大国开宴。风吹草稍黄又低，正午雨降鹌鹑鸣叫乐其寿。番儿马配白木鞍，牛皮璎珞尽皆同。诸部族人寿年丰驰路宽。

　　八月里山坡日暖稻谷熟，良田稻谷卧畦边。人人外出周边走，番汉部族铁屏障。杂用黑稻白稻来捕鸟，逐鹿割稻三番忙不休。

　　九月里田头割稻穗，山丘草场依法行。百草菜蔬果实采，形形色色九月食。五谷丰盈国安乐，黄白稻麦霜未结，慧人有意积钱财。

　　十月里诸物入库休闲国开宴，百姓娱乐国弋射。黑风乍起鹿又鸣，风吹草低羊马惊。鸟鹤交鸣绕树丛，西方自出东方去。黑白城堡均安定，国势强盛见其乐。

　　十一月里白高步入西方丛林冰始凝，寒冰难断路曲直。番儿侧目送往迎来同修好，马齿经寒黑鹿肥。

　　腊月里五九已过鱼初动，击打春牛孤鬼惊。新年将至黑头赤面国开宴。老少好似三节竹，岁首月末再相交，宅舍地头皆来同庆聚首乐悠悠。

（二）谚语

西夏谚语是西夏各民族世世代代生活经验和卓越智慧的积淀，有着丰富的内容和深厚的内涵，西夏文《新集锦成对谚语》[31]，就是西夏谚语的代表作。全书共收谚语 364 条，每条成对组合，即由两行诗文组成。最少的 6 字，如"勇连连，美姻连"；最多的 36 字，如"已高贵者豹皮安袋虎皮箙、府上摆设真华丽，已贫贱者牛皮口袋牛皮囊、路上所带白灰皮"；多数为 12 字和 14 字。《谚语》的内容十分丰富，是了解和认识党项民族文化、人文面貌，研究西夏语言文字和文学艺术的鲜活资料。

有些谚语风趣而富于哲理，如："多风、大山不动是山高，众水、大海不盈是海深"，"十羊中有肥，两家中有智"，"米中有石，烧煮百年不会成饭；心中有恶，修炼万艺不能得道"，"美色已显，服羊皮袭不会丑；勇名已定，坐于末位不会弱"等等。

有的谚语用生动的语言刻画大自然，如："大喉白鸟蹲地上，心欲吃蛙目一斜；云间垂鹫望其影，地上老虎喜相见。"斜目的大喉白鸟，正寻找机会扑食青蛙；看到大鹫影子的老虎，也与天上的大鹫戏耍起来。这是两幅多么生动的画面！

（三）唱"辩"

西夏俗文学"辩"，是西夏文学中从未见过的一种新的文学形式，是西夏研究的最新成果之一[32]。"辩"与敦煌文学中的"唱辩"一脉相承，也是佛教通俗的讲经形式。《贤智集》中的"唱辩"共有 9 篇，其形式多为五言、七言韵文，主旨是认为人生如浮泡，所谓"因缘和合无中起，恰如水珠光艳艳"，劝人要行为端正，勿作伤风败俗之事。其中《劝亲修善辩》是 9 篇之一，为四六骈文，非常适合说唱，是西夏说唱文学"辩"的样本。孙伯君教授将其做了准确、华美的汉译，现摘录数段，以体会这种合辙押韵、朗朗上口的说唱文体。

三更独坐，诸事细细审看；午夜无眠，枕上丝丝领悟。四季相逐，日月未曾稍止；八节转换，光阴无有暂停。春花簇簇，秋树落叶飘飘；孟夏葱葱，仲冬枯枝漠漠。贫富难量，犹如水面波浪；荣衰不定，恰似天宇辉光。

……神谋睿智，开拓国土家邦；单骑率军，庶民遍满天下。……风帝（元昊）即位，四海战战兢兢；番地独尊，八山巍巍荡荡。……先圣求德，万国赞歌正尽；理智无匹，超越古代今朝。……忽然辞世，龙威犹如云散；不觉寿夭，乃是虚无形相。天子大夫，威势甚乎烈焰；秉性勇猛，能使地裂山崩。……禄尽归真，力量不遗毫末；神销赴墓，肉身终成尘灰。

亡人平等，外表不分强弱；难逃一死，贫富均不可求。此刻英才，须臾已染霜发；此时富贵，顷刻便成骷髅。……要语要语，真正筹划于心；劝之劝之，实当细细思忖。

又诗

……劝君劝君当固穷，莫要逞强苦费功。

好勇斗气有何用，思来想去总成空。

……肥马轻裘何所爱，荣衰二种弹指同。

求之不得岂足虑，假若得到几日定？

《劝亲修善辩》"正文为四六骈文，文句两两对仗，内容阐发世事无常，人生苦短，主旨在于劝导人们安贫乐道、清心寡欲。所谓'劝君劝君当固穷，莫要逞强苦费功'，文中并举几位先祖生前创立了丰功伟绩，而最终也逃不脱死后成灰的宿命的例证来加以劝导。正文后附押韵七言诗，对前面的内容加以总结"。这首"辩"在形式上有对仗，有诗韵，在西夏文学中是十分少见的。

（四）通俗读物

在西夏文献中，有多种通俗读物，如《番汉合时掌中珠》、《三才杂字》等，最具文学趣味的是《新集碎金置掌文》。"碎金"、"置掌文"，大约是当时童蒙识字读本惯常采用的名称，如西夏文献中的"掌中珠"、敦煌汉文文献中的"随身宝"之类，意思大致相当于今天说的手册、通俗读物。

传统的汉文本《碎金》偏重于收录俗体字和冷僻字，编排方法也是分门别类。而西夏本虽题为《碎金》，但其编排原则却与汉文本迥异。《碎金》内容包罗万象，收录的都是生活中的常用字，内容十分丰富。《碎金》的编排方法可能是受了汉文《千字文》童蒙读物的影响，大致顺序与汉文《千字文》相仿，把这 1000 个不重复的字巧妙地编成了 200 联，全诗一气贯通，中间没有明显的章节。只不过前者四言而后者五言。

《碎金》所叙内容多为生活常识，简便易学，是一本充满生活气息，富有哲理的诗歌集。《碎金》序言言简意赅地指出了撰写的目的："欲遵循先祖礼俗，以教后人成功"，使人通过习读此书达到明文采、备才艺、解律则、少罪乱的境界，实际上是让学童一边识字，一边接受世事和品德的教育，这是中国传统的童蒙教育原则。

其中，有叙述自然现象、时节变化的。如"天地世界初，日月尔时现。明暗左右转，热冷上下合。诸物能成苗，季节依次列"几句，把世界的动因归结为"阴阳"的对立，颇有朴素唯物的认识，这与国内一些少数民族传说中对宇宙的认识有相似之处。

有介绍西夏境内主要民族的名称及其习性的。如第一句"弥药（党项）勇健行"，"勇健"是党项人的民族特点，以勇敢善战而自豪。第二句"契丹步履缓"，"步履缓"是说契丹人受中原文化影响，具有持重、稳健的特点。第三句"羌多敬佛僧"，这里的"羌"是指吐蕃，即藏族，藏族"敬佛僧"的特点一直保留至今。第四句"汉皆爱俗文"，赞扬了汉族悠久的文化传统和较高的文化水平，尤其强调了中原有举世瞩目的世俗文献。

《碎金》里最有意思的是，列出了 120 个汉姓，用隐含双关语义的字组成。如"金严陶萧甄，胡白邵封崔"，全联谐音"金银大小珍，琥珀少翡翠"。又如"息传范廉罗，司段溥徐娄"，全联谐音"西川繁绫罗，丝缎薄索缕"。又如"董隋贾逎卓，韩石方卜回"，全联谐音"冬岁家内窄，寒时放牧回"。其中谐音如"银""严"、"绫""廉"等字，都是宋代西北方言的同音字，对研究宋代西北方言也甚有价值。古人姓氏入诗，利用双关手法成义，这种游戏之作在唐代就有。汉人做这种诗有一个特点，即总是恪守汉字"本字"的形体，一般不使用同音异形字来造成"双关"。相比之下，西夏人创作的双关语只重字音，不拘字形，且通篇以汉人姓入诗，实在是中国文学史上前无古人的独出心裁之作[33]。

（五）西夏汉文诗

西夏境内居住着大量汉人，西夏政府中也不乏汉族官员，应该有一些汉文诗词留传下来，但是能见到的有关资料实在太少了。下面就所能见到的一点介绍如下。

张元（？—1044），原是宋代华州举子，因科考进士不第，投奔西夏，被元昊重用，制定结辽抗宋之策，成为国相，任中书令等职。张元投夏之前便有诗作，如七律《咏雪诗》："七星仗剑搅天池，倒卷银河落帝畿；战退玉龙三百万，断鳞残甲满天飞。"笔力雄健，想象奇特，搅动天池、倒卷银河、战退玉龙、断鳞残甲等，颇得抒发豪情之妙。还有两首张元早期的诗，《咏鹦鹉》诗："好著金笼收拾取，莫叫飞去别人家。"《白鹰》诗："有心待搦月中兔，更向白云头上飞。"也表现出不凡的气概。

另有张元进入夏州时作的一首七绝："太公年登八十余，文王一见便同车；如今若向江边钓，也被官中配看鱼。"将己比作姜太公，企盼得遇贤主。

1041年，张元随元昊与宋将夏竦、韩琦战于好水川（今宁夏隆德境内），在得胜后作《题界上寺壁诗》："夏竦何曾竦，韩琦未足奇。满川龙虎辇，犹自说兵机。"表现了在率兵打了胜仗之后的得意心情。

在西夏的汉文诗中，不得不提的是世纪之交，在贺兰山拜寺沟方塔出土的无名氏《诗集》残本，存诗75首，多不完整。以七言八韵为多，也有五言六韵的。其中一首有"侍亲孝行当时绝，骇目文章□□无"。为避仁宗仁孝名讳，诗中"孝"字缺末笔，知为仁宗时期（1140—1193）作品。在这些诗中有的以节日为题材，如《冬至》、《打春》、《上元》等，说明西夏的民俗与中原地区无大的差别。作为传统的古诗集，在西夏文献中是第一次发现，填补了西夏文献的空白。此选两首，以为欣赏：

《渔父》：处性嫌于逐百工，江边事钓任苍容。扁舟深入□芦簇，短棹轻摇绿苇丛。缓筛丝轮漂水面，忽牵锦鲤出波中。若斯淡淡仙□□，谁弃荣辱与我同！

《樵父》：劳苦樵人实可怜，蓬头垢面手胝胼。星存去即空携斧，月出归时重压肩。伐木岂避逾涧岭，负薪□□□山川。等来□□□□意，却没闲非到耳边。

上述诸篇，反映了渔夫、樵夫劳作的艰辛，也抒发了作者"却没闲非到耳边"的惬意，"谁弃荣辱与我同"的感叹。渔父、樵夫这一职业，在西夏时就已存在，并以捕鱼、伐木为生。

西夏时期的碑刻，最早见到的是 19 世纪初，在武威发现的著名的《凉州碑》。20 世纪 70 年代以来，又相继发现了银川西夏陵残碑、张掖"黑河建桥敕碑"、乌海参知政事残碑、永宁闽宁村西夏野利氏家族墓残碑等。在明代的宁夏方志中，还保留了与银川承天寺有关的两篇碑文：《大夏国葬舍利碣铭》和《夏国皇太后新建承天寺瘗佛顶骨舍利碑铭》。这些碑所用文字不尽相同，除汉文、西夏文外，还有汉夏合文、汉藏合文等，反映了西夏多民族的文化面貌，也是研究西夏书法的珍贵材料。碑刻内容涉及西夏社会生活的方方面面，是研究西夏历史文化十分重要的资料。

西夏帝陵陵园和陪葬墓墓园，多有碑亭。上世纪 70 年代以来，先后清理发掘 3、5、6、7 号帝陵碑亭遗址 8 座，陪葬墓碑亭遗址 2 座，共出土西夏文、汉文碑文残片 4600 多块。与碑文残片同时出土的还有石刻碑座，它与常见的螭首龟趺式不同，而是造型奇特的跪式力士石座。

出土的残碑，极为破碎，有的同一碑亭出土，从字体风格判断为一碑者，竟有千百块之多，每块百字以上者屈指可数，数十字者已属难得，绝大多数为一字、半字者，致使无一碑可以复原。虽然如此，有的残片有纹饰，有的文字为篆书，是研究西夏书法、雕刻艺术的珍贵资料；有的残片文字还为研究西夏陵园制度和西夏社会历史提供了重要的资料。残碑中最重要的有：

《宋史·夏国传》记有西夏诸帝陵号，而无诸陵排列次第及相关资料。西夏陵遗址每座陵的陵主，每座陪葬墓的墓主，成为考古研究中的一大难题。通过对残碑的考释研究，在 7 号陵残碑中发现了西夏文篆书寿陵志文，其译文为："大白上国，护城圣德，至懿皇帝，寿陵志文。"㉞这与《宋史·夏国传》中仁孝"谥曰圣德皇帝，庙号仁宗，陵号寿陵"的记载是一致的。7 号陵确定为仁孝的寿陵，对其他陵主陵位的确定，具有坐标意义。

发现了"灵芝歌"的碑文残片。《宋史·夏国传》有绍兴九年 (1139)"灵芝生于后堂高守忠家，乾顺作'灵芝歌'，俾中书相王仁宗和之"的记载。"灵芝歌"早已失传。但在 7 号陵残碑中却发现了"灵芝颂"，其中有"俟时効祉，择地腾芳"，"德施率土，赍及多方"等内容。

图下 4-9 西夏寿陵篆额 李范文《西夏陵墓出土残碑粹编》，文物出版社 1984 年版

西夏受唐宋书法家的影响，也发展了自己的书法艺术，出现了一批书法家，如《大夏国葬舍利碣铭》的书写者"羊□"，《凉州碑》西夏文书写者"浑嵬名遇"，汉文书写者"张政思"等，都是名重一时的书法家。

西夏文字和汉字一样，是典型的方块字，其书写方法如执笔、运笔、点画、结构和布局等，和汉字基本相同。西夏字笔画较为繁复，没有像汉字一、二、丁、了等笔画极少的字。西夏字结体严谨，笔画匀称，舒展潇洒，美观大方。其文字多斜笔，撇、捺丰富，特别是撇、捺的连接，似断似续，藕断丝连，体现出西夏字的特点和韵味。

西夏文字书法，见之于考古发现之石刻（碑刻、崖刻）、钱币、官印、牌符、铜镜、刀鞘等文物上，特别是大量的纸质写本和印本上。其字体丰富多彩，有楷书、行书、草书、篆书（没有明显的隶书），其中不少书法精品，显示了西夏书法的艺术魅力。

西夏文物、文书所见文字，以楷书最多。西夏字和汉字一样，楷书在字体中保持着正统的地位，是西夏字体的大宗。如武威《凉州碑》，宁夏木活字印本《吉祥遍至口和本续》等，都是楷书。

西夏文刻本《同音》，是西夏的常用字书，版本较多，但都以标准正书书写，写稿人精益求精，功力深厚，达到了相当高的水准。西夏文刻本《三才杂字》，是流行较广的启蒙读物，其字体平正凝重，沉稳流畅，可与《同音》媲美。甘肃定西收藏的西夏文泥金字《大方广佛华严经》，书法精美，至今色泽如新。银川山嘴沟石窟出土的禅宗文献残页和密教修法科文残页，方折劲巧，平稳端庄，结构严整，是书法上品。

在西夏陵考古中，出土西夏文残碑 3500 多块（另有汉文 1100 多块）。碑文书体不一，风格各异，有的端正大方，有的圆润深沉，有的气势豪迈，有的似瘦金，有的类院体。这些碑刻字体各具特色，但都是成熟练达的正书。且文字书写认真，雕刻精细，展示了很高的书法艺术和雕刻水平。

西夏文中也有篆书，但数量极少，仅见于金石，尚未发现纸本者。西夏文篆书有两类，一为小篆体，一为九叠篆。小篆仅见 3 件：其中前述"寿陵志文"16 字，字型方正典雅，结构严谨整齐，笔画匀称畅达，可见一斑。西夏文九叠篆，仅见于西夏官印，至今发现约 150 余枚。主要为"首领"二字印，还有四字印、六字印等。多方形抹角，阴文，虽为铸印，但大小不一，篆法多有变化。背文多线刻年款和持印首领名字。笔画多上下叠转，横向转折较少，笔画不交叉，同字繁简不一；交叉的数笔简为一笔或两笔，

图下 4-10　西夏官印　选自中国国家博物馆、宁夏回族自治区文化厅编《大夏寻踪》，中国社会科学出版社 2004 年版

多为 5—7 叠。

西夏文是借鉴汉字成法而创制，从一开始就继承了汉字的优秀书法传统，产生了不少优秀的西夏文书法作品。而在西夏文献和碑刻中，也有不少楷书的汉文作品。西夏汉文书法，更是直接继承了中原汉字书法，从而产生了不少精美的书法作品。

西夏陵出土汉文残碑 1100 多块，其文字风格各不相同，有的富丽端庄，有的银钩铁划，展现了不同的书法艺术，是西夏汉文书法的大展台。7 号陵（寿陵）出土崇宗乾顺所作《灵芝颂》残碑，文字结体严谨端庄，笔力遒劲峻拔，笔法均匀瘦硬，棱角外拓，深得柳体笔法之精髓，是西夏汉文书法的精品。108 号陪葬墓，是梁国正献王墓，其出土汉文残碑，结体严谨，用笔稳健，笔画长短合度，粗细折中，具有欧体特征，也为汉文书法佳作。

汉文篆书，仅见三处：西夏陵 108 号梁国正献王墓出土的白文篆书残碑 8 块，其中只有一个"国"字完整；文字较多的是武威《凉州重修护国寺感通塔碑铭》12 字篆额，但只能看到下半 6 字；银川滚钟口出土的铜钱篆书"光定元宝"。这些文字平正划一，圆润流畅，笔力遒劲，亦为难得的西夏汉文篆书佳作。

图下 4-11　西夏篆书光定元宝　牛达生摄

西夏石窟的调查研究是从 20 世纪 60 年代中期开始的。当时有关专家从莫高、榆林两窟中，初步酌定 80 多个"西夏时期开凿和妆銮过的洞窟"，从而改变了西夏石窟无从谈起的局面，使西夏石窟具有一定规模。70 年代以来，又在敦煌西千佛洞、安西东千佛洞以及武威天梯山、张掖马蹄寺、酒泉文殊山、玉门昌马、肃北五个庙等地的石窟中发现了西夏洞窟和壁画，在宁夏银川贺兰山山嘴沟和内蒙古鄂托克旗也发现了西夏石窟。其中，安西东千佛洞、银川山嘴沟石窟是西夏时期开凿的石窟。这些石窟的发现和研究，大大地丰富了西夏石窟的数量和内涵。但在诸石窟中，仍以莫高、榆林两窟的西夏洞窟数量最多，壁画规模最大，保存了最为完整的西夏石窟艺术系统。

90 年代以来，专家们对西夏石窟的界定进行了多次调整，最为重要的是在西夏洞窟中分出部分回鹘洞窟，从而使西夏洞窟的界定更为科学，更符合历史实际。到目前为止，可认定的西夏洞窟共有 77 个，西夏回鹘洞窟共有 23 个⑤。西夏石窟是具有浓郁的民族和地方特色的艺术遗产，它上承唐宋，下迄元代，延续近两个世纪，在我国石窟艺术中占有一定地位。

（一）西夏彩塑——莫高窟供养天女

莫高窟的西夏彩塑有佛、弟子、菩萨、力士等，并有释迦、多宝并坐说法像，据统计只有区区 35 身，且多残破，但有的仍然精美，保留了原有的风韵。263、265 两窟，原开凿于北魏，经西夏重修后，彩塑一佛二弟子二菩萨一铺。其中弟子身披袈裟，比例匀称，光头、圆面、细眼，面相稚嫩，形态自然；265 窟的菩萨，或头梳高髻，或头戴花冠，面形圆浑，细眼隆鼻，项戴璎珞，半袒露胸，身披络腋，长裙曳地，身姿婀娜，表情文静。

491 窟是西夏时期新开凿的洞窟之一。实际为一小龛，窟前有殿堂木构建筑。小龛有一佛二供养天女彩塑三身，天女南北相对，侍立于佛像两侧。两者形态相近，身高皆 80 多厘米，造型秀美：头梳垂髻，额宽腮小，相貌朴实，颇具虔诚自然之态；身穿交领大袖裙襦，红色云肩，束带及胸，下着薄裙，脚登红色卷头履。天女所穿服装称"袿衣"，是当时中原贵族妇女的礼服。据马世昌教授研究，以"贵族妇女的装束"塑像，在莫高窟还"没有相同的例子"。

（二）西夏艺术奇葩——榆林窟壁画

史载，1036 年西夏占领瓜州（今瓜州）、沙州（今敦煌）后，在瓜州设立西平监军司，使这里成为敦煌一带的统治中心。与敦煌石窟相比，西夏对榆林窟、东千佛洞给以更多的关注。榆林窟西夏壁画"有着极高的成就"，"代表了西夏艺术的最高水平"⑥。

榆林窟又称万佛峡，在甘肃瓜州境内。石窟分布于蜿蜒北流的踏实河两岸，东崖 32 窟，西崖 11 窟，总计 43 窟，其中西夏洞窟就有 12 个。这里红柳掩映，杂花蒙茸，有如仙境。元初，马可·波罗曾到过沙州，《马可·波罗游记》称，其"境内有许多寺庙，庙内供奉着各种各样的佛像。他们对这些偶像十分虔诚，时常祭之以牲畜"。开凿于西夏后期的 2、3、29 三窟，虽经元代、清代重修，但仍是最具有代表性、最为精美的西夏洞窟。西夏后期的佛教艺术，既接受中原显教艺术，也吸收来自印度的密教艺术。壁画的布局以大乘显宗为主，密教为辅；密教中以藏密为主，汉密为辅。这种把显密各宗各派融合在一起的特点，适应了当时河西地区各民族信仰和审美的需要。

　　限于篇幅，这里介绍榆林窟壁画的几个侧面。

　　勇猛丈夫水月观音。"水月观音"是菩萨的一种，为唐代画家周昉所创。榆林窟有宋、西夏、回鹘的四幅"水月观音"，其中第2窟西壁西夏的《水月观音图》最为优美，备受关注，许多学者给以细致描绘。段文杰先生写得更好："观音坐珞珈山，头带宝冠，长发飘扬，天衣长裙，璎珞严身，背靠奇石，修竹数干，座下绿波荡漾，红莲盛开，天空中朵朵彩云，托出一弯新月，与菩萨水晶般透明的光环，互相辉映，颇有月夜幽静清凉之感。"写出了白居易诗中"净绿水上，虚白光中，一睹其像，万缘皆空"的神秘境界[37]。水月观音是男性人物女性身，画像嘴上还有蝌蚪式的小胡子。《华严经》中赞扬他是"猛勇丈夫观自在"，但壁画中女性美的意态甚浓，使人感到他是一位温静娴雅的高贵妇人。

　　别具一格的《千手经变》。《千手经变》早在唐初就由印度传入中国，是一种宣扬观世音菩萨无上功德的密教图像。在敦煌诸石窟中，有盛唐至元代的《千手经变》56铺，其中不乏值得称道的佳作，但"若论规模之宏伟壮观，内容之繁复庞杂，历史文物价值之高，格式之最有创造精神"，未有能过榆林窟第3窟的《五十一面千手千眼观音变》的。曾在春节晚会上播出、广受大众欢迎的舞蹈"千手观音"，或许就是在它的启示下创作的。

图下4-12　千手千眼观音　选自敦煌研究院《中国石窟·安西榆林窟》，文物出版社1997年版

《五十一面千手千眼观音变》与其他《千手经变》相比，最大特点在于：千手中显现了众多的法物、法器，并在构图上采用左右对称的形式展现出来。这些法物、法器，虽然具有浓郁的宗教色彩，但实际上都是包括宗教用品在内的现实生活用品，以及现实生活中的事物。其中，

生产用具有：斧、锯、铲、耙、双尾船、曲尺、墨斗、斗斛等；

生活用具有：铁剪、提壶、铜镜、印盒、竹箧、药钵、玉环等；

兵器有：弓、箭、刀、矛、盾牌、宝剑、斧钺、铁钩、三叉戟、长柄戟等；

乐器有：箜篌、排箫、琵琶、笙、横笛、筝、铜钹、铜铎、拍板、阮咸、胡琴、方响、手鼓、鸡篓鼓、腰鼓、鼗鼓（即拨浪鼓）等；

动物有：鸡、鸭、狐、兔、大象、卧牛、耕牛、海龙、麒麟等；

植物有：芭蕉、葡萄、棉花、荷叶、瓜果、香花、杨柳枝、菩提树、各色莲花等；

佛教用品有：施无畏手、化佛、华盖、幡、拂尘、旌旗、大钟、金刚杵、金刚轮、七宝盆、髑髅杖、锡杖、海螺、珍珠、珊瑚、摩尼宝珠、如意宝珠、舍利盒、贝叶经、数珠、须弥座、袈裟等；

建筑有：佛塔、庙宇、宫殿、楼阁。

此外，更令人感兴趣的是：还有反映生产和娱乐的场面，如牛耕图、冶铁图、踏碓图、酿酒图、商旅图、百戏图等。其内容之丰富，可谓无所不包，展示了丰富多彩的西夏社会生活、物质文化状况，"在敦煌艺术中既是前无古人，又是后无来者的"伟大作品[38]。

现存最早的《唐僧取经图》。榆林窟中，还有现存最早的《唐僧取经图》。公元 7 世纪玄奘赴今印度地区，历尽千辛万苦，取回梵文真经 657 部。《唐僧取经图》的最早作品，大抵在唐代已经出现。绘于扬州寿宁寺的《唐僧取经图》，北宋欧阳修还见过，并称赞说："玄奘取经，一壁独存，尤为绝笔。"但此壁已毁，无法目睹。今所见者，却在榆林窟及其附近的东千佛洞出现，并有 6 幅之多。它们或绘在《普贤变》、《千手观音变》中，或绘在《水月观音图》中。画面有唐僧和猴行者悟空两人，还有驮经的白马，尚无猪八戒、沙和尚，显示了《取经图》的早期性。高僧玄奘光头，外套右袒袈裟，面向普贤合十敬礼。悟空牵着白马跟在

身后，马背莲花座上的一包佛
经闪闪放光。悟空额低嘴长，
已为猴相，他双手合十，也仰
面朝拜。唐僧师徒身穿短衫，
腿束行縢（裹腿），脚登麻
鞋，都是长途跋涉的打扮。

图下 4-13　唐僧取经图　选自敦煌研究院编《中国
石窟·安西榆林窟》，文物出版社 1997 年版

《唐僧取经图》大抵以宋
人《大唐三藏取经诗话》为
依据。《诗话》中有法师等 7
人，壁画中只画唐僧、猴行者
二人和驮经的白马，他们遥礼
观音和灵山中的寺院。画面构
图简单，说明它还处于初始阶
段。另外，这些画都是附属于
其他大幅经变画之中，还未出
现独立的和连续多幅的图画。

党项族画像——供养人。
供养人，即造窟主，或叫功德
主。他们是现实生活中的人，是自己或亡故祖先的形象。佛教传入中国
后，和我国故有的祖先崇奉、灵魂不灭、祈求长生不老的观念相结合，
于是就有了壁画艺术中的供养人。他们所追求的无非是祖先的冥福和自
己的幸福，并将这些寄托在佛教的"轮回"信仰里。供养人是现实生活
中的人，他的创造摆脱了佛像程式的桎梏，从而为匠师们的艺术创造留
下了更多的空间，让我们看到了更多西夏精彩的东西。

第一，整窟党项族画像：榆林窟第 29 窟中的供养人行列，是表现西
夏供养人的突出作品。他们微长而圆胖的脸形，高高的鼻子，修长的体
态，窄袖紧身的服饰，不但描绘了西夏民族的真实面貌，也反映了党项
族的风俗习惯和冠服制度。

窟室南壁有国师、男供养人等画像。国师盘腿坐胡床，面相丰圆，
头带金贴起云冠，内着半袖交领衫，外套袈裟，左手平置腹前，右手拈

花上举。床前供桌上列诸色供品。身后一仆张伞盖；坐前群僧合十供养；有一老僧托盆奉献，意态虔诚。身右有西夏文榜题，汉译为"真义国师西壁智海"。"国师"是西夏皇帝授予僧人的最高封号之一，其地位与政府官员中书、枢密相当。

第29窟西壁《普贤变》中，在白象前后有数名童子，造型生动，最为传神。面形丰圆，额头留有一撮短发，身穿圆领羽袖短衫，下露光腚，足穿短袜麻鞋，双手合十，跳跃行进中回首探视，富有动感。画匠以洗练的线条，简洁的色彩，展现了儿童的稚气和天真。

第二，声名卓著的回鹘王：莫高窟409窟，是西夏时期最有特点的回鹘洞窟。而其中的供养人回鹘王出行图，就是一个亮点。在该窟的东壁，过去被认为是西夏皇帝及皇妃等的供养像，其实是回鹘王及其眷属供养像。南侧的回鹘王供养像画面有10人，主像为回鹘王。他头戴花纹白毡高帽，身穿褐色圆领窄袖团龙袍，腰束革带，昂首前视，气宇不凡。主像前立一少年，穿戴与主像相同，似应为王子。主像后有侍从8人，他们身材短小，与身材高大的回鹘王形成明显对比。侍从们服饰整齐，皆头戴毡帽，穿绿色圆领窄袖长袍，束腰带，脚登长靴，显然是回鹘王的仪仗队。北侧的王妃供养像，画面有2人，王妃面形圆浑，双鬟抱面，耳垂大环，头带桃形大凤冠，身穿黄丹色晕染的大翻领窄袖长袍，手捧供养鲜花。这些画

图下4-14　回鹘王供养像　选自敦煌研究院编《中国石窟·敦煌莫高窟》，文物出版社1987年版

像的构图形式、人物造型、衣冠服饰色彩和艺术风格等,"与吐鲁番高昌回鹘时代的柏孜克里克石窟壁画中回鹘供养人造型风格几乎相同"③。敦煌石窟的回鹘王供养像,是回鹘在河西活动的重要遗迹。

　　从壁画人物服饰看中原文化对西夏的影响。西夏壁画中所反映的西夏服饰大体可分为两种:一种是中原汉装,如妇女的窄袖衫裙(这是宋朝妇女的常服)、团冠;而农夫、铁匠、商人等,则是头裹皂巾,穿襦裤、行縢、麻鞋。另一种是西夏装,李元昊"制小番文字,改大汉衣冠",在唐宋袍衫的基础上,加上党项民族服饰,构成了如《宋史·夏国传》所载:"文资则幞头、靴笏、紫衣、绯衣;武职则冠金贴起云镂冠、银贴间金镂冠、黑漆冠,衣紫旋襕,金涂银束带,垂蹀躞,佩解结锥、短刀、弓矢韣"的官服制度。29窟武官的服饰与记载大体相符。李元昊下过"秃发令",故西夏人多不蓄长发。贵族妇女头带小冠,两侧插步摇,着交领长袖衫,百褶裙、弓履。奴仆则服缺骻衫、行縢、麻鞋。

　　但是,由于物质生产和艺术的继承往往不受朝代更替的影响,从总体上说来,中原文化对西夏石窟的影响更为浓烈,"莫高窟的西夏洞窟,因为大都是利用前代旧窟加以修改,在洞窟形制上当然很少西夏时代特点。同时,壁画和塑像内容,也都承袭北宋格局"。连著名的西夏供养天女所穿的"褙衣",也是"当时中原贵族妇女的礼服,造像风格也如宋代"④。在壁画中,《唐僧取经图》虽属首次出现,但都是取材于《大唐三藏取经诗话》。壁画中的西夏建筑,前期的"和宋代的差不多,只是色彩倾向于青绿";后期的其构图、设色、用线,"与唐宋壁画所示有很大的不同,却与内地宋、金建筑(如正定县隆兴寺)颇为符合"④。这一情况,反映了西夏艺术家向现实学习和务实进取的精神。

　　西夏建国后,绘画艺术有了很大的发展,绘画作品达到很高的水平。除上述石窟壁画外,还有卷轴画(包括唐卡)、木板画和佛经版画,以及瓷器上的绘画等。

　　(一)卷轴画(包括唐卡)

　　现存西夏绘画作品,主要有两部分,一为俄藏黑城出土品(约有300

多幅），一为宁夏、甘肃等地出土品。这批绘画内容丰富，多是中古时期罕见的艺术珍品。在佛画中，有中原风格的作品，还有更多具有藏传佛教风格的密宗画。这些藏密画，浓彩重墨，色调深沉，展示了藏传佛教的绘画风格。

《阿弥陀佛来迎图》，是俄藏黑城佛画中的一幅。接引佛形象高大，面相慈祥，立于彩云缭绕中的两朵莲花上，右手前伸作接引姿态（与愿印）；施主为夫妇二人，他们形象矮小，与接引佛形成鲜明对比。一道佛光从天而降罩住施主，意味着施主将被带入佛国世界。又如《接引男正行者于阿弥陀佛净土的途中》，也属同类作品。这幅画在天空的彩云中，绘有高大的宫殿和各种自鸣乐器，象征净土的极乐世界。相关作品人物多面部颧骨微突，具有党项人的特点。而所穿袈裟甚是华丽，上有描绘龙凤的金饰，显然受了宋朝的影响，具有中原风格。

在俄藏绘画中，有大量具有藏传佛教风格的密宗画，如《金刚上座佛陀图》、《金刚佛座与五佛图》、《十一面八臂观音图》、《绿度母图》、《佛顶尊胜曼陀罗图》、《金刚亥母图》、《胜乐金刚图》、《不动明王图》、《大黑天图》、《空行母图》等等。这些绘画多色彩浓重，色调深沉，反映了藏传佛教风格。《绿度母图》是少有的缂丝画。绿度母是藏传佛教供奉的女性菩萨之一，可解除水火之难、牢狱之灾。绿度母舒坐于莲花座上，一手持莲花，一手作施愿印，姿势优美。宝座上方为五方如来，下方为二女神；上下两端加缝宽幅边饰，内绘空行母奏乐。整个画面，线条流畅，布局紧凑，人物装饰、树木花草，无不细致入微。画面色彩浓重，冷暖色调对比强烈，展示了藏传佛教绘画的特点。

俄藏绘画中的《西夏皇帝及随员图》。皇帝身材伟岸，面颊丰满，头戴金冠，身着圆领窄袖白袍，腰束团花革带，足登乌靴，气势不凡。其左为穿戴华丽的后妃，右为手持金瓜的武将，其后5位是体魄雄健的弓箭手、掠鹰者等近侍。据俄罗斯专家研究，此为元昊的肖像画。画像与文献所载元昊"衣白窄衫"符合，此说有一定道理。

上世纪90年代，宁夏文物部门先后对贺兰拜寺口双塔、潘昶宏佛塔和青铜峡一〇八塔进行了清理维修和考古发掘，出土了一批珍贵的西夏绘画作品。以宏佛塔出土的最为丰富，有《炽盛光佛图》、《千佛图》、《千

图下 4-15　西夏皇帝及随员图　台北历史博物馆编《西夏黑水城佛教艺术》，1996 年编印

手观音图》、《大日如来图》、《接引佛图》、《上乐金刚双身图》、《护法
力士图》、《八相塔图》、《上师图》等，还有道教的《玄武大帝图》，件
件精美，是难得的西夏艺术珍品。

（二）木板画

所谓木板画，是直接用颜料画在木板上的绘画。木板画在绘画艺术
品中比较少见。在俄藏中有两幅大型坛城《佛顶尊胜曼陀罗》画，而更
为精彩的是武威出土的木板画 31 件。在西夏绘画作品中，绝大多数为佛
画。而武威木板画，有重甲武士、男女侍从、驭马人、随侍、老仆、童
子等各色人物，还有鸡、狗、猪等家禽家畜，基本上是反映现实生活的
世俗画，十分难得。画面内容丰富，画法写实，是不可多得的西夏文物
精品，有重要的研究价值。

《蒿里老人》，头带黑漆高冠，身着右衽宽袖长衫，腰束带，手持竹
杖。画法精细写实，看不到丝毫神灵的色彩，是古代绘画难得的珍品。
《五男侍图》，侍者头披短发，身着圆领长袍，束腰带，五侍依次斜立，
分别作拱手佩剑、拱手背包袱、怀抱金盘、双手抱罐、拱手肩披长。《五

图下 4-16 蒿里老人像 选自西夏博物馆编《西夏艺术》，宁夏人民出版社 2003 年版

女侍图》，侍女前 4 人头梳高髻，秀发后披，身着交领缺胯衫，后一人长发披肩，身著圆领缺胯衫巾状。分别作手捧奁盒、双手托盘、手执拂尘、曲臂挎包、肩披长巾等状。

（三）木刻版画

所谓版画，是指木刻雕版印刷的绘画，与近代造型艺术之一的自画、自刻、自印的创作版画不同，是绘画与雕刻相结合的艺术。王伯敏教授的《中国版画史》，就是研究历代版画的专著。我国古代版画至迟在 7 世纪中叶就已出现，现藏英国的敦煌发现的咸通九年（868）《金刚般若波罗蜜经》扉画，是现存有确切年代的最古老的版画作品。

西夏版画多为佛画，内容十分丰富，按其处理方式的不同，可分为佛经扉画、插图本佛经、单张佛像和钤印佛像四种形式。西夏佛经如宋朝佛经一样，大都有经首扉画，如汉文《金刚般若波罗蜜经》、《转女身经》及西夏文《慈悲道场忏悔法》等，都有相关内容的扉画，其中的《梁皇宝忏图》，线条流畅，构图优美，人物造型生动，是一幅优秀的古代版画。

西夏文《现在贤劫千佛名经》扉画《译经图》，上绘僧俗人物 25 身，西夏文人名题款 12 条，知其为安全国师白智光主持的译经场面。《译经图》中白智光以国师之身份，居画面中心，控制全局；助译者番汉各 4 人，穿插分坐两侧，有的握笔，有的持卷，似有分工，形态各异；前方体形较大的两人，衣着富丽，形态安详，是皇帝惠宗秉常和皇太后梁氏。整个构图场面隆重，主题突出，刻工精细，刀法流畅，形象地展示了西夏译经盛况，内涵极为丰富，在扉画中十分少见。

插图本佛经，是指有连续插图的佛经，有的上图下文，有的左图右文，有的不规则插入，目的都是为了通俗地解释佛经。在宋代，插图还用在儒家经典、历史、科技实用等方面的图书上，称为"纂文互注"本，目的都是为了便于使用学习，加深对文字的理解。在西夏文献中，也发现了插图本佛经，即初步认定为崇宗乾顺时期的西夏文《观音经》。

《观音经》于 1959 年在敦煌发现，为经折装，共 26 页 51 面。内容是表现善财童子五十三参的五十三段文字，每段文字上面配一幅注释经文内容的图画，是我国连环画的最早模式。首页为大幅水月观音扉画，观音安坐在冉冉升起、由海浪承托的大月轮中，舒展自如；左上角善财童子捧宝飞来，左下角一文职官员手捧珠宝向观音礼拜。构图手法简练，突出主题人物，是难得的优秀版画。余页皆为上图下文，图文间横线相隔，经图比较狭小，约占版面的 1／4 强。全部经图由右向左展开，总计 54 幅；每幅画因内容的不同而长短不一，有的跨面跨页，其间用竖线隔开。除第一图是由卷云、栏柱、莲花组成的题图外，其余 53 图立意皆与经文相配。

据研究，全部画面涉及的神怪（包括动物）和世俗人物约 70 种。

神怪（包括动物）有：佛、菩萨、天王、夜叉、罗刹鬼、声闻、独觉、梵王、帝释、自在天、龙、干阔婆、阿修罗、紧那罗、人非人、金刚、毒龙、雷神、雨师、风火神、地狱恶畜、蛇蝎等。

世俗人物有：商人、强人、白痴、比丘、比丘尼、婆罗门、武士、妇女、童男、童女、刽子手、囚犯、将军、长者、小王、居士、宰官、优婆塞、优婆夷、恶人、怨贼、老人、病人等。

此外，还有云气、火焰、山水、船舶、监狱、枷锁、刀剑、戟杖、旗帜、伞盖、行李、珠宝、地毯、佛塔、床榻、莲花、莲花座、鼓形座、靠背椅、碗、树等。

如此丰富的内容，简直是一部西夏社会生活的画卷，有极高的欣赏和研究价值。由于画面很小，人物、道具、衬景都比较简单，但却做到了"简而不陋，巧不失真"；有些神怪如夜叉、罗刹等，表现手法也极富想象力。版画线条以阳刻为主，辅以阴刻，具有民间坊刻本粗放而质朴的特点。这是中国较早的插图本佛经之一，对研究早期版画具有重要价值②。

此外，还有单幅佛画、钤印佛像等。前者是与佛经脱离而单独存在的雕版佛画，桓宗天庆三年（1196），罗太后为仁宗三周年忌辰，在众多的散施物中，"八塔成道像"就有"七万七千二百七十六帧"。从这些庞大的数字上，可见当时刻印单幅佛画之一斑。后者是在小木板上刻好，用朱红钤印在纸上的佛像。这两种佛像，在贺兰拜寺沟西夏方塔中都有发现，前者如"顶吉尊胜佛母像"，后者如"释迦牟尼佛像"。

西夏雕塑种类繁多，有石雕、砖雕、竹木雕和泥塑等。这些雕塑艺术品，一部分为俄藏黑城出土文物；一部分为近年我国考古的新发现，分别为宁夏、甘肃、内蒙古等文博单位收藏。

现存石雕中，以银川西夏陵为多。其中，6号陵出土的就有力士碑座、石像生残件、雕龙栏柱、莲花纹柱础、汉文经幢、石螭首、石兽、石马等。这些石雕，既有圆雕，也有浮雕，形式多样，内容丰富。

西夏陵像历代帝陵一样，有神道，神道两侧立石像生。6号陵出土的人头、人身、人手等，应是石像生残件。其中人头较好，残高41厘米，头带巾帻，脸型方长，深目高鼻，颧骨较大，留八字胡，略带笑容，神态自若，是文官形象。这是西夏雕刻艺术的上乘之作，更是党项人形象的珍贵资料。

望柱，是石栏杆的组成部分，是6号陵出土的石雕精品之一。古代高大建筑的台基或桥面上，往往设有石栏杆，由望柱、栏板和地伏组成。因柱身雕有龙纹，又称"雕龙栏柱"。其中一件较为完整，残高123厘米，宽33厘米，仅柱头残损。由于柱头、柱身上下有榫眼，可与横栏和地伏相接。柱身呈圆角方形，背面平素无纹，正三面为二龙戏珠浮雕，二龙缠柱，云气缭绕，自然生动；柱头为一束腰莲花座，座上蹲狮仅存一足。望柱龙纹与中原龙纹毫无二致，反映了中原文化对西夏的影响，也反映了陵园建筑的宏伟。

螭首⑤，是西夏陵石雕的又一杰作，其上唇呈卷云状，口内衔珠，双目圆睁，雕镂精细，形象生动。

经幢，幢身呈八棱形，高34厘米，每面宽16厘米；上下各一柱状榫头，以便与顶盖、幢座相接。每面阴刻菩萨名，有"观世音菩萨摩诃萨"、"大势至菩萨摩诃萨"等。摩诃萨，意为大菩萨，是对菩萨的赞誉。幢，是显示佛祖统率众生制伏群魔的法器，其上多刻佛经和经咒，有的刻佛像或佛名。西夏陵经幢，是考古发现仅有的一件经幢，对研究西夏佛教有一定价值。

　　西夏陵的石雕中，最令人称奇的就是力士碑座。这种碑座，造型奇特，为中原地区历代帝陵所无，与我们习见的龟趺碑座完全不同。所以定其为碑座，因其出土于帝陵的碑亭中，并与碑文残片共出。在已清理的 4 座帝陵中，共出土 12 件，均为砂岩高浮雕的人物形象，约 60—70 厘米见方。其造型大同小异，人作跪姿，双臂、双腿粗壮，双手扶膝（有一件双手上撑），皆呈鼎立支撑的负重形象。其表现手法，轮廓粗犷，线条夸张，似人，却有獠牙，似兽，却是人面人身，这种造型，具有神秘、恐怖、威吓的力量，体现了难得的党项族的原始文化形态，大概是在西夏陵这个具体环境中的一种返祖现象。其中，6 号陵出土的一件，是唯一刻有铭文的碑座，顶面刻西夏文三行 15 字，汉译为"小虫旷负，志文支座，瞻行通雕写流行"；背面阴刻汉文"砌垒匠高世昌"。这件碑座弥足珍贵，是宁夏博物馆的三件国宝级文物之一。

　　由于佛教的发展，寺庙的兴盛，西夏的泥塑佛像也较为普遍。除石窟中所见外，在俄藏文物中也有一批泥塑。其中最引人注目的一尊双头佛像，高 62 厘米，佛身披袈裟，肩上有两佛头，佛面丰满慈祥，两头分向左右，目光下视，肩下有四臂，前两臂在胸前合十，后两臂下垂作抚慰状。虽为两头，但身形自然，可亲可近。在佛教造像艺术中，此为仅见，显示了西夏佛教艺术的不凡，和塑像作者对佛的虔诚。

　　1990 年，在宁夏贺兰县宏佛塔天宫中发现了一批精美的彩绘泥塑佛像，其中有佛头、佛像、罗汉、力士、佛手等，虽多为残件，但表现了西夏泥塑的高超技艺。其中一件，佛头高 30.5 厘米，宽 24.5 厘米，保存完好，表

图下 4-17　俄藏彩塑双头佛像　选自史金波《西夏社会》，上海人民出版社 2007 年版

图下4-18　西夏彩塑佛像　董宏征摄

情庄重慈祥，宁静洒脱，神情自然。佛顶高髻，发髻间嵌一椭圆形饰物，双耳下垂，面相方颐，双眉隆起呈半月状，眉间有白毫，眼珠乌黑，为黑色釉料所制，经火烤釉料流在眼下，鼻下墨绘云气纹八字胡，下颏绘日月云纹，别有趣味。另有罗汉一身，最为优美，高63.5厘米，宽38厘米。结跏趺坐，身着交领袈裟，外穿右袒大衣。面相方圆，双耳下垂，鼻高唇厚，双目下视，神情凝重。腹内原藏西夏文经卷，出土时已烧毁。衣褶自然洒脱，线条流畅，造型生动，是难得的西夏艺术精品。

　　党项族是古羌族的一支，和很多古老的民族一样，在其原始社会时期，笃信自然崇拜与巫术。《隋书·党项传》：其族"三年一聚会，杀牛羊以祭天"。这是非常隆重的祭祀活动，其原始音乐、舞蹈自然不可缺少。至唐宋时期，党项族的祭祀活动发生了重大变化，由自然崇拜过渡到鬼神信仰。《宋史·夏国传》：党项人"笃信机鬼，尚诅祝"。党项人还有送鬼的习俗，《辽史·西夏外记》："病者不用医药，召巫者送鬼，西夏语以巫为'厮'也。""厮"是宗教神职人员，在宗教活动中，他们不仅要念咒语，还要用音乐、舞蹈来沟通人与神鬼，以达到送鬼和治病的目的。另外，党项族是一个喜好歌舞音乐的民族。

　　西夏音乐，随着党项族的发展和社会经济文化的演变，大略经过四个阶段。

　　（一）古老的民族音乐

　　我国古代乐器有三类：打击乐器、管乐器和弦乐器。党项族三类乐器都有。《隋书·党项传》：党项人"有琵琶（弦乐）、横吹（管乐），击缶（打击乐）为节"。这是党项族最早使用的乐器，或许他们就是在这种乐器的伴奏下载歌载舞，进行祭祀活动的。《五代会要》卷二九：五代时，党项人仍然"醉者连袂歌其土风"。此即手拉手边跳边唱的集体舞。

（二）"杂用"唐宋的音乐

党项族从青藏高原内附唐朝后，在中原文化的影响下，音乐也得到发展。唐末，从唐僖宗因战功赐夏国公拓拔思恭"鼓吹全部"开始，西夏音乐进入一个重要的发展阶段。《西夏书事》卷一二："僖宗时，赐鼓吹全部，部有三驾：大驾用一千三百五十人，法驾七百八十人，小驾八百一十六人。俱以金钲（zhēng 征）、节鼓、掆（gāng 刚）鼓、大鼓、小鼓、铙鼓、羽葆鼓、中鸣、大横吹、小横吹、觱（bì 必）篥、桃皮笳、笛为器。"

据研究，所谓"鼓吹"，即军乐，是以各种鼓为主，配以横吹、笳、笛等乐器合奏的音乐。以清亮激越、清厉顿挫为特点，具有战斗精神。所谓"鼓吹全部"，是指金钲、节鼓等乐器。所谓大、法、小"三驾"，不是乐曲，也不是乐队，而是天子出行时三种不同规格的仪仗。这就是说，僖宗所赐的是车驾与鼓吹，是帝王出行所必须的，也是当时盛行的军乐。自此，西夏的乐器多样化起来。

西夏音乐深受唐乐影响，它的曲调，正如清吴广成《西夏书事》卷一二所说："历经五代入宋，年隔百余，而音节悠扬，声容清厉，犹有唐代遗风。"《旧五代史·党项传》：后唐明宗素喜党项人唱歌。党项人售马，"每至京师（洛阳），明宗为御殿见之，劳以酒食，既醉，连袂歌呼，道其土风以为乐"。李德明仿宋帝制，"大辇方舆，卤薄仪卫"。"每朝廷使至，则彻宫殿榜题，置于庑下。使辎（辎轩，使臣所乘之车）始出钱馆，已更赭袍（红袍，指帝王之衣），鸣鞭鞘鼓，吹导还宫，殊无畏避。"

这些记述，生动地反映了西夏音乐独特的民族风格和丰富的表现魅力。所谓"朝贺之仪，杂用唐宋，而乐之器与曲则唐也"，正是当时西夏音乐的真实写照，说明西夏在建国前就行中原礼制，有鼓吹乐队，曲调也袭唐风。

（三）革唐宋繁音，定民族礼乐

制礼作乐是中国的传统文化之一，西夏也不例外。元昊本来就爱好音乐，"常携《野战歌》"。这应是一首豪迈、激昂的战斗歌曲。他称帝前后，对西夏的政治、军事、经济、文化进行了一系列的改革，其中包括更定礼乐。元昊称帝后上表于宋，称："衣冠既就，文字既行，礼乐既张，器用既备"，可见"礼乐"对任何一个政权都是相当重要的。但礼乐不是一成不变的，而应为政治服务。《西夏书事》卷一二，元昊对野利仁荣说：

> 王者制礼作乐，道在宜民。蕃俗以忠实为先，以战斗为务，若唐宋之缛节繁音，吾无取焉。于是，于吉凶、嘉宾、宗祠、燕亨，裁礼之九拜为三拜，革乐之五音为一音。令于国中，有不遵者，族。

所谓"革乐之五音为一音"，学术界有不同的解读。其实，不是把宫、商、角、徵、羽五音去掉四音只留一音，也不是把汉族等其他民族的音乐去掉，只保留党项音乐，而是在吉仪、凶仪、嘉仪、宾仪、燕仪等重大国事活动中，将繁纷复杂的音乐，改革为简单易行的音乐。改革后的西夏音乐虽有别于唐宋音乐，但并未完全摒弃唐宋音乐。《西夏书事》卷十三：西夏每年正月初一的"正朔朝贺"仪式中所用的乐舞，还要"杂用唐宋典式"。

现实生活中，包括帝王在内，人们更喜爱的是"俗乐"。"俗乐"来自民间，包括各民族的歌舞百戏，种类繁多，热闹好看。宋王称《东都事略》卷一二七：天授礼法延祚七年（1044），元昊与辽兴宗耶律宗真战于境上，双方"各据一山，严兵以待"。而革"乐之五音"为"一音"的元昊，竟然"奉卮酒为寿，大合乐……"。大合乐是中原地区的大型乐舞，用以寿庆。"俗乐"的管理机构是"教坊"，始置于唐代，西夏也有"教坊"，它是专管"俗乐"的官办团体，负责音乐、歌唱、舞蹈、百戏的教习、排练、演出等事务。

长期镇守西北的范仲淹在《渔家傲》中写道："四面歌声连角起，……羌管悠悠霜满地，人不寐，将军白发征夫泪。"范仲淹在西夏音乐的感染下，为宋夏战争给人民带来的灾难而感叹。音乐也为劳动人民所用，元昊常年征战，人民苦不堪言，编唱了《十不如》歌谣，以发泄心中的不满，可惜歌词没有留传下来，无法知其内容了。

西夏统治者政治态度的变化，也影响到音乐。西夏常有蕃礼、汉礼之争。惠宗秉常是一个喜好汉族文化的皇帝，接受汉人李郎的建议，招引汉族地区的倡妇、乐人，到西夏进行演奏、表演。崇宗乾顺也好音乐诗歌，曾作《灵芝歌》并与诸大臣唱和，表达其"德施率土，赉及多方"的愿望。

西夏人对汉族歌曲也十分喜爱。北宋著名政治家沈括，曾任职于延安，对西夏人较为了解。他在《梦溪笔谈》中写道："天威卷地过黄河，万里羌人尽汉歌。"宋朝著名词作家柳永"善为歌词"，他的歌词也传到了西夏。宋叶梦得《石林避暑录话》卷三："余在丹徒，尝见一西夏归朝官员云：'凡有井水饮处，即能歌柳词。'"

（四）采中国乐书，制西夏"新律"

西夏后期，为适应新的形势，其礼乐亦有所变化。仁宗仁孝大力推行汉文化，进行了包括礼乐在内的一系列社会改革，西夏文化进入繁荣昌盛时期。仁孝任命乐官李元儒领导乐班，汇集汉族乐书，参照西夏制度，改定西夏乐制。"西夏音乐经元昊更张，久非唐代遗音。仁孝使乐官李元儒采中国乐书，参本国制度，历三年始成，赐名新律。进元儒等官"⑭。西夏政府设番汉乐人院，专事音乐研究。西夏将宫廷礼乐加以总结、提高和完善，成为制度。至此，西夏音乐吸纳汉族和其他民族音乐精华，形成具有党项族特色的西夏音乐。

西夏音乐并未因西夏灭亡而消失。相反，它对元朝音乐的发展起了很大的推动作用。蒙古太祖成吉思汗初年，在西夏进士高智耀的推荐下，"征用西夏旧乐"，称为河西乐。所谓"河西"，即指西夏故地。《元史·舆服志·舆服二》：至元十七年（1280）建昭和署，管领河西乐人。至正四年（1344），改昭和署为天乐署。天乐署由令二人管理，其乐器有琵琶二、筌篌二、火不思二、板二、筝二、胡琴二、笙二、头管二、龙笛一、响铁一。其乐工18人，徒2人。以上乐队和乐器的组成，可见西夏音乐的遗风。

（五）乐器和乐曲

西夏乐器有多少种，其形状如何？在出土文物中，仅见一件，即宁夏灵武窑牛头瓷埙。正面两孔，顶部中间一孔，吹之有声。素烧，宽8厘米，高7厘米，厚3.3厘米⑮。但是，在西夏文献中，在石窟壁画中，却留下了极为丰富的资料，内地有的，大多西夏也有。

《番汉合时掌中珠》所记乐器种类较多，有"三弦、六弦、琵琶、琴、筝、箜篌、管、笛、箫、笙、筚篥、七星、吹笛、击鼓、大鼓、丈鼓、拍板"等，人们在"诸天佑助，取乐饮酒"时，要由"乐人打诨"演奏。打诨，即诙谐取笑。另外，书中还有反映西夏佛教音乐和法器的记述："或做佛法，修盖寺庙，诸佛菩萨，天神地祇，璎珞数珠，幢幡花蔓，轩冕、罄钟、铙钹、铜鼓、净瓶、法鼓、海螺、金刚杵铃，供养烧香。"所有法事、建庙等活动，皆离不开音乐，犹如今天重大庆典，或者工矿、企业开张仪式等，有的也要乐队助兴。

西夏汉文写本《杂字》，把当时社会上常用词语分类编辑成书，当是了解和认识社会生活的启蒙读物。该书分为 20 部，其中有音乐、礼乐两部，可见礼乐在西夏社会生活中的重要地位。音乐部所记乐器有：龙笛、凤管、篡筝、琵琶、弦管、稽琴、筚篥、云箫、箜篌、七星、丈鼓、水盏、拍板、三弦、六弦、勒波、笛子等；还有不少与演奏有关的词汇，如声律、双韵、宫商、把色（乐器演奏者和舞蹈、杂剧、参军戏表演者）、散唱、合格、角徵、欣悦、和众、八佾等。《掌中珠》和《杂字》都是大众化的启蒙读物，所记乐器近 30 种，还有相关词汇，可见这些乐器相当普遍。

在西夏石窟中，也有表现乐器的壁画，据统计，在敦煌窟和榆林窟的石窟中，有乐器的壁画共有 19 幅。如敦煌 327 窟、400 窟等，多有伎乐天奏乐，以展示西方极乐世界的场面。计有：筝、琵琶、拍板、

图下 4-19　千手观音自鸣乐器　岳键绘制并提供

腰鼓、笙、排箫、铜钹、横笛、曲项琵琶、筚篥、笛、竖笛、凤首箜篌等。安西榆林窟第3窟《十一面千手观音变》壁画中，在千手中除众多法器外，竟有32只手持乐器，计有筝、拍板、笙、钹、方响、琵琶、钟、金刚铃、排箫、箜篌、胡琴、鼗鼓、阮、锣、扁鼓、腰鼓等16种。每件乐器系飘带，表示这是天府佛国的自鸣乐器[⑯]。安西东千佛洞第7窟，也有表现乐器的画面，计有胡琴、笙、琵琶、腰鼓、拍板、横笛、筝、花盆鼓等。

另外，在安西东千佛洞中，在俄藏黑城卷轴画中，也有自鸣乐器，无非是显示佛国净土的美好。综观文献所载、壁画、绘画所画的乐器，去掉重复的计有40多种，其中仅鼓就有9种。

从西夏汉文本《杂字》中，知西夏流行的舞蹈艺术种类有"柘枝"、"曲破"、"八佾"、"舞绾"和"联袂歌呼（舞）"等，前四种基本由中原传入后加以改进，后一种是本民族的"土风"，即民间歌舞。

"柘枝"，是一种幽雅而刚健的舞蹈，又称"莲花舞"。

"曲破"，是唐宋宫廷乐舞"大曲"中的一段。

"八佾（yì义）"，是古代天子专用的郊庙舞乐，其主要特征是庄严、肃穆，属宫廷雅乐。西夏受中原文化影响，在祭祀天地、宗庙等场合，也当运用此乐。

"舞绾"，是乐舞名称，亦是一种载歌载舞的艺术形式。

《五代会要·党项羌》记述党项土风称："醉者联袂歌功颂德其土风。"宋沈括《梦溪笔谈·乐律》，也有"联袂歌呼（舞）"的记载。这可能是手挽手，足踏着节拍，载歌载舞的民间歌舞，类似今羌族的锅庄舞。

在莫高窟、榆林窟洞窟中，绘有西夏伎乐

图下4-20　西夏彩绘木雕伎乐天　选自西夏博物馆编《西夏艺术》，宁夏人民出版社2003年版

图的壁画有 19 幅。这是非常珍稀的西夏乐舞资料⑦。莫高窟 164 窟北壁经变图中有两身舞伎，都是两手舞动长绸带于前身，身姿略呈 S 形，双脚轮流踏跳，挥洒自如，轻盈优美。榆林窟第 3 窟经变图中的两身菩萨舞伎，两手舞动长绸带于背后，左边舞者提右腿，右边舞者提左腿，两人相对而舞，旋转飞动，颇似胡旋舞。舞者旁边多绘有伎乐，手执不同乐器，进行伴奏。从壁画上还可看到西夏乐器组合和乐队排列，可以看到乐器抱持方法，弹奏指法等。莫高窟 400 窟《东方药师变》中，手持各种乐器的伎乐，边演奏边跳舞，气氛热烈。

除石窟壁画外，其他文物上也有西夏乐舞形象。《凉州碑》篆额左右两侧各有舞伎一人，左腿半蹲，右腿弯曲，身段丰腴、健美。贺兰宏佛塔出土"彩绘木雕伎乐天"，乐伎上身裸露，下着短裙，足踏莲花，长巾绕身，双腿腾挪，回首转身，与石窟舞伎有异曲同工之妙。

图下 4-21 千手观音图中百戏手
选自敦煌研究院编《中国石窟·安西榆林窟》，文物出版社 1997 年版

西夏人喜闻乐见的戏剧（戏曲），据汉文本《杂字》载，有傀儡戏（木偶戏）、影戏（皮影戏）、"杂剧"和一种有别于戏曲的"散唱"表演形式。《番汉合时掌中珠》中记载，西夏人在"诸天祐助，富贵具足，取乐饮酒"时，要由"乐人打诨"助兴。

西夏的民间艺术表演形式，还有"马背戏"、"百戏手"、"相仆"和说唱诸宫调等。

在西夏《天盛律令》卷五中记载有"马背戏"，顾名思义，可能是在马背上做立马、倒立等各种姿势的游艺活动，类似今天少数民族的马术表演。

榆林窟西夏壁画中的"百戏手"，菩萨手托一台，上分三枝，每枝又一台，三人在台上挥袖作惊险戏。这或许是仅有的一幅与西夏杂技有关的形象资料。

　　在西夏文献中，还有汉文本《刘知远诸宫调》唱本，系传入西夏的金刻本，说明西夏也传唱诸宫调。

　　发达而繁荣的宋代歌舞百戏与民间伎艺，得到西夏统治者的欣赏，进而促进了西夏艺术的发展。西夏毅宗谅祚时，曾派使臣到宋朝请伶官、工匠，"买乐人幞头四百枚，……及买绫为壁衣（装饰墙壁的帷幕）"⑧。其子惠宗秉常，也是一个喜好汉族文化的皇帝，接受汉人李郎的建议，引进汉人中的倡妇、乐人到西夏进行演奏、表演。"倡妇"是以表演歌舞为主的女演员，"乐人"是操弄乐器的演奏人员。

　　此外，西夏的"教坊"，也可能与宫廷有关，是负责"杂剧"演出的组织，供皇室人员欣赏。

　　从上述这些点滴资料中可以看出，由于受中原文化的影响，在西夏宫廷及城镇人口聚居的地方，都有各种歌舞、"影戏"、"杂剧"等演出，透视出西夏社会文化生活的丰富多彩。

【注释】

① 史金波：《西夏社会（下）》，上海人民出版社 2007 年版，第 524 页。

② 任继愈：《前言》，载《国家图书馆学刊·西夏研究专号》2002 年增刊，第 2 页。

③ 西夏皇帝除年号、尊号、谥号外，还有城号。"风角城皇帝"即是元昊。

④ 陈炳应：《西夏谚语——新集锦成对谚语》，山西人民出版社 1993 年版，第 82 页。

⑤ 碑额篆书并非"天佑民安之碑"六字，此乃张澍误书。

⑥ 张澍：《养素堂文集》卷一九，清道光十七年（1837）刊本，第 19、20 页。

⑦ 金波、聂鸿音、白滨译注：《天盛改旧新定律令》卷一〇，法律出版社 2000 年版，第 364 页。

⑧ 陈炳应：《西夏文物研究·附录：蒙古、安多和故城哈拉浩特》，宁夏人民出版社 1985 年版，第 500 页。

⑨（俄）戈尔芭切娃、克恰诺夫：《西夏文写本和刊本现已考定者书目》，中国社会科学院民族研究所编：《民族史译文集·三》，第 7 页，1978 年版（内部资料）。

⑩（俄）孟列夫著，王克孝译：《黑城出土汉文遗书叙录》，宁夏人民出版社 1994 年

版，第 3 页。

⑪ 王克孝：《西夏对我国书籍生产和印刷技术的突出贡献》，《民族研究》1996 年第 4 期。

⑫ 史金波、聂鸿音、白滨译注：《天盛改旧新定律令》，法律出版社 2000 年版。

⑬ 陈炳应：《贞观玉镜将研究》，宁夏人民出版社 1995 年版。

⑭ 史金波：《西夏出版史》，宁夏人民出版社 2004 年版，第 41 页。

⑮ 史金波、黄振华、聂鸿音：《类林研究》，宁夏人民出版社 1993 年版。

⑯ 王克孝：《西夏对我国书籍生产和印刷技术的突出贡献》，《民族研究》1996 年第 4 期。

⑰ 宁夏文物管理委员会办公室编：《中国古代建筑·西夏佛塔》，文物出版社 1995 年版。

⑱ 牛达生：《西夏活字印刷研究》，宁夏人民出版社 2004 年版；宁夏文物考古研究所：《拜寺沟西夏方塔》，文物出版社 2005 年版。

⑲ 庄电一：《让历史再现的人》，《人物》2001 年第 12 期；尹铁虎：《武威孙寿岭与西夏泥活字版〈维摩诘所说经〉》，《中国印刷》2002 年第 8 期。

⑳ 宁夏文物考古研究所：《山嘴沟西夏石窟》，文物出版社 2007 年版，第 297、299 页。

㉑ 本书原译为《德行集》，认为是世俗著作。孙伯君教授最新研究成果认为，此书是"据白云宗祖师清觉《正行集》的某个略注本译成，当归入佛教著作类"。见孙著《西夏文〈正行集〉考释》，《宁夏社会科学》2011 年第 1 期。

㉒ 宁夏文物考古研究所：《山嘴沟西夏石窟》，文物出版社 2007 年版，第 81、318、319 页。

㉓ 吴广成著，龚世俊等校：《西夏书事校证》卷一八，甘肃文化出版社 1995 年版，第 210 页。

㉔ 有学者认为，伊斯兰教好绿，绿色桃形塔顶，与广州伊斯兰教的圣怀寺塔顶相仿；而塔壁宝钱纹、卍字纹均采用绿色，似乎也是受了伊斯兰教影响的结果。

㉕ 牛达生：《宁夏贺兰山拜寺口西夏古塔》、《再论贺兰山拜寺口古塔为西夏原建》，分别载《考古与文物》1986 年第 1 期和 1987 年第 1 期。

㉖ 牛达生：《拜寺沟方塔原构推定及其建筑特点》，载《国家图书馆学刊·西夏研究专号》2002 年增刊。

㉗ 聂鸿音:《西夏文学史料说略》,《文史》1999 年第 4 辑。

㉘ 最早的汉文译文见于 1995 年出版的《圣立义海研究》一书,本世纪初,聂鸿音教授做了新的翻译,文见《关于西夏文〈月月乐诗〉》,载《固原师专学报》2002 年第 5 期。

㉙ 黑头、赤面,是党项族对先祖的称呼。又有学者认为"黑头"代表上等人,"赤面"代表普通百姓。

㉚ 白高,是西夏国名的省称,全称为"大白高国"、"白高大夏国"。"白高"与党项族的起源有关。

㉛ 陈炳应:《西夏谚语——新集锦成对谚语》,山西人民出版社 1993 年版。

㉜ 孙伯君:《西夏俗文学"辩"初探》,载《西夏研究》2010 年第 4 期。

㉝ 聂鸿音、史金波:《西夏文本〈碎金〉研究》,载《宁夏大学学报》1995 年第 2 期。

㉞ 李范文:《西夏陵墓出土残碑粹编》,文物出版社 1984 年版,第 3、4 页。

㉟ 刘玉权:《关于沙州回鹘洞窟的划分》,《1987 年敦煌石窟研究国际讨论会文集·石窟考古篇》,辽宁美术出版社 1990 年版,第 6 页。

㊱ 王惠民:《十年来敦煌石窟内容的考证与研究》,载《敦煌石窟内容总录》,文物出版社 1996 年版,第 270 页。

㊲ 敦煌研究编辑部:《段文杰敦煌艺术论文集·榆林窟党项蒙古时期的壁画艺术》,甘肃人民出版社 1994 年版,第 456 页。

㊳ 刘玉权:《西夏对敦煌艺术的特殊贡献》,载《国家图书馆学刊·西夏研究专号》2002 年增刊。

㊴㊵ 敦煌研究编辑部:《段文杰敦煌艺术论文集·晚期的莫高窟艺术》,甘肃人民出版社 1994 年版,第 244 页。

㊶ 萧默:《敦煌建筑研究》,文物出版社 1989 年版,第 243 页。

㊷ 刘玉权:《本所藏图解西夏文〈观音经〉版画初探》,载《敦煌研究》1985 年第 3 期。

㊸ 所谓"螭",是一种力大无比的神灵,具有驾驭云天的奇异本领。形象是无角、张口、卷尾。多见于碑碣、青铜器、印章等器物上。古代宫殿陛阶上也有螭首形象。

㊹ 吴广成撰,龚世俊等校证:《西夏书事校证》卷三十六,甘肃文化出版社 1995 年版,第 418 页。学界一般认为"鼎新"律不是乐律而是法律,即《天盛改旧新定律令》。但《宋史·夏国传》所称"增修律成"的"鼎新"律,系于绍兴十八年,

即仁孝仁庆五年（1148），早于天盛，故此"鼎新"律，当为乐律。

㊺ 中国社会科学院考古研究所：《宁夏灵武窑发掘报告》，中国大百科全书出版社1995年版，第77页。

㊻ 图为岳键先生所绘。

㊼ 孙星群：《西夏辽金音乐史稿》，中国青年出版社1998年版，第68页。

㊽ 锡章撰，罗矛昆点校：《西夏记》，宁夏人民出版社1988年版，第292页。

第五章

丝绸之路在宁夏

　　丝绸之路简称"丝路"，是古代以中国历代王朝都城为始发地，经中亚通往南亚、西亚及欧洲、北非的陆上贸易大通道，也是古代中国与亚欧大陆政治、经济、文化交流的国际大通道。

　　19 世纪 70 年代，德国地理学家李希霍芬（1837—1905）在他的《中国》一书中，第一次把中国和中亚南部、西部以及印度之间的以丝绸贸易为主的通道称为"丝绸之路"。此后，这一名称不胫而走，并派生出草原丝路、绿洲丝路、海上丝路及经济、文化交流的皮毛之路、茶马之路、陶瓷之路、玉石之路、珠宝之路、香料之路等称谓。因此，丝绸之路不仅是古代的中西交通通道，也是东方、西方之间经济、文化交流的代名词。本篇所指丝绸之路，仍为李希霍芬本意，即中国古代经过中亚通往西域各国的陆路交通线。

第一节　宁夏段丝路的走向与变迁

　　西汉至唐代的萧关道　　唐末至北宋的灵州道　　元代以后的六盘山道

　　目前，学术界通常将中国境内的丝绸之路划分为三段：即长安—凉州，为东段；凉州—玉门关（或阳关），为中段；玉门关（或阳关）—葱岭，为西段。而东段的长安—凉州，又分南北两道。南道沿渭河而西，翻越陇山，经甘肃的天水、临洮，在永靖炳灵寺附近过黄河，再沿庄浪河谷至武威（凉州）。长安—凉州南道所经各地，在今陕西、甘肃境内。

宁夏所处地理位置，正当丝绸之路东段的长安—凉州北道。其具体线路，又因历史时期及民族关系的不同而异。就主线而言，宁夏境内的丝绸之路有三种走向：汉代至唐中后期的长安—原州（高平）—凉州（以下简称萧关道）；唐末五代至北宋时期的长安—灵州—凉州（简称灵州道）；元代新辟翻越六盘山的长安—兰州（简称六盘山道）。这三条主线及若干辅道，覆盖了宁夏的大部。在 2000 多年的历史长河中，中外使节、胡商贩客、行旅僧众不绝于路，演绎了无数中西商业贸易、文化交流、友好交往的佳话，也形成了宁夏地域厚重的丝路文化。

萧关道（汉代至唐代后期）：长安—原州（今高平）—凉州。其走向是：从长安临皋（今西安市西北）至咸阳西北行，经醴泉、奉天（今陕西乾县东），到邠州治所新平县（今陕西彬县），沿泾水河谷而北，过泾州（今甘肃泾川）、平凉，在苋麻湾入宁夏。宁夏境内以丝路重镇固原为界，又分南、北两段：

固原南段：从苋麻湾沿颉河西南岸行 10 里至蒿店，其西侧为三关口，即《水经注》所记"弹筝峡"，唐代又名金佛峡。地势奇险，唯通一径。沿河谷行 20 里为瓦亭驿，西汉置萧关，唐朝在此设陇山关，为京畿北面的上关，具有今天海关的功能，"限中外，隔华夷"。过往行人，皆凭"过所"，并检查装重，记录年龄、相貌等在案备查。瓦亭折向北，经牛营、青石嘴、开城至固原共 80 里。牛营即东汉光武帝刘秀征隗嚣时，隗嚣手下大将牛邯驻军之处。青石嘴古名青石岭，由此向东另有大道可通关中。大抵和平时期，行旅走瓦亭、弹筝峡的山险之路，而行军打仗走青石岭、朝那县（西汉至南北朝县名，在今彭阳县古城镇）的平坦之路。开城在唐宋时叫开远，北距原州仅 30 里，也是原州的南大门。以上长安至原州共 850 里，其中宁夏境内 150 里。

固原北段：由固原城沿清水河向北 15 里出秦长城，至三营共 75

里。再西北行 20 里，至黄铎堡，其西有唐代所置石门关。从石门关向西，有古道经寺口子，翻越六盘山至海原或西吉等地。但作为通大车的驿道，不会走这种崎岖山路，而是由黄铎堡向北，沿苋麻河谷进入海原县的郑旗、贾塘，然后到今海原县城。北宋元符二年（1099）七月二十七日，曾开通镇戎军至西安州的驿道，第一个驿站名石门驿，在黄铎堡；第二个驿站名秋苇驿，在贾塘乡；第三个驿站名南牟驿，即今海原县西安州镇。驿道的选线，有很强的延续性。这段宋代驿道，即沿唐代丝绸之路遗迹而走。西安州西北的盐池村，当地百姓俗称干盐池，唐代称河池，产食盐。再西 20 里越崛吴山之处，即今宁、甘省界，从固原至此共 280 里。

出宁夏境后，丝路向西北至会宁津（著名古渡，在今甘肃靖远东北），渡黄河即乌兰县（今甘肃景泰县），再西至凉州（今甘肃武威）入河西走廊。

公元 755 年，安史之乱爆发。此后，唐朝在政治上逐渐腐败，经济上一落千丈，国力迅速衰退，对少数民族地区更是鞭长莫及，无力驾驭。而居住在青藏高原的吐蕃族却逐渐强盛起来，不断东进，夺州取县。宝应元年（762）占临洮、陇西、天水等州郡。至此，丝路东段的南线交通断绝。广德元年（763），吐蕃又占领陇右数十州，前锋部众南面沿渭河攻至陕西武功，北面从原州攻至邠州（今陕西彬县）、奉天（今陕西乾县），宁夏的南部、甘肃的平凉以西各地尽在吐蕃控制中。因此，传统的中西交通线长安至凉州南北两道都完全断绝交通，丝绸之路只得改弦更张，另觅出路。

此时的灵州虽然仍在唐王朝的控制之中，但河西走廊却在吐蕃的控制中，堵住了由灵州西去的出路。因此，其后的 80 年间，丝路交通基本断绝。各国派使节来往，只有绕道走回鹘道，即从长安向北经延州（今延安市）、夏州（今陕西靖边县红墩涧乡白城子），穿过鄂尔多斯高原，过黄河，经天德军（今内蒙古乌拉特前旗乌加河东岸），出狼山口，由杭爱山南麓，取汉代匈奴的"龙城道"向西，再沿阿尔泰山南麓至新疆各地。

回鹘道有两大缺陷：一是绕道太远。原来经原州、河西走廊传统丝路去安西，本是 5030 里（唐《元和郡县图志》记载数），而回鹘道要向杭爱山绕个大圈子，多走 2200 里；二是沿途环境极为恶劣，除长安至天德军一段较好走外，其余 4000 余里尽皆沙碛。尤其是杭爱山南麓，终年飞沙走石，一年有半年天寒地冻。作为承担中西交通使命的丝绸之路，临时改走回鹘道，是迫不得已的权宜之计，一旦时机成熟，其他捷径必定要取而代之。

这个时机终于来到了。大中元年（847），沙州民众起事驱逐吐蕃守将，起义首领张义潮随后又组织部下收复了整个河西走廊，然后于大中五年派人绕行天德军到长安，献图表示效忠于唐。大中三年（849），吐蕃内部分裂为两派，各拥赞普争夺王位，引起一场内战。战乱之后，其实力大大削弱，唐朝趁机派兵收复了灵州附近的州县。此时，灵州的外围已无吐蕃兵，虽留下大小不等的部落，但不相统属，已构不成威胁。这样一来，辟通丝绸之路新线的时机便成熟了，新的线路就是著名的灵州道。

大中十年（856）冬十月，特勒在安西自称回鹘可汗，并控制了碛西的许多绿洲和城镇。消息传到长安，唐宣宗为了与回鹘恢复友好关系，特意派出使团前往安西"抚慰"。使臣从长安刚走到灵州，就迎面遇到了回鹘派往长安的使节①。于是，唐使调转马头，偕同回鹘使节回到长安。事先未曾约定，双方使节在灵州不期而遇，这绝对不是巧合，说明灵州至西域的道路已经开通，而且被各国、各地区使节正式使用。前面说到大中五年（851）张义潮遣使入朝，仍然路出天德军，走的是回鹘道。不言而喻，灵州道的辟通，必在公元 852—855 年间。

灵州道（唐末至北宋）：长安—灵州—凉州。灵州道的走向是：从长安向北，经咸阳、乾县至邠州（今陕西彬县）一段为传统走法。出邠州后折向东北，沿马莲河谷至宁州（今甘肃省宁县）、庆州（今甘肃庆阳），西北行至环州（今环县），又西北沿环江行 190 里为甜水堡，其北即宁、甘省界。进入宁夏，第一个地名为萌城，距省界仅 3 公里。再西北行 33 公里为惠安堡，其西有 3 个盐湖，就是历史上著名的温泉盐池。盐湖的东北，就是唐、五代时的温池县城。县城在唐代是个十字路口，除有丝路南北穿过外，向东有大道通盐州，向西有大道通鸣沙县，向西南还有通萧关县、原州的驿道。惠安堡再北，经石沟驿行 40 公里至今吴忠市利通区，稍北即灵州古城。以上长安至灵州，唐代文献记录为 1250 里^②，其中宁夏段 230 里。

丝路从灵州向西，先过黄河，行 200 里至中宁县老石空堡，唐朝在此置丰安县，又有丰安军。其北侧有大佛寺石窟，始建于唐后期，即灵州道开通之后。这座石窟群连绵 1 公里许，宛然一个小敦煌，但绝大多数石窟仍被风沙掩埋着。从石窟再向西 75 里为今中卫市，唐后期置雄州，元代改应里州。又西 44 里沙坡头，五代时称沙岭，元代叫沙陀。再西 135 里营盘水，其西侧为今宁、甘省界。元代时这里有甘泉，是周围野马聚饮之处，故驿站取名"野马泉马站"，因系丝路上的海关，设脱脱禾孙（即蒙语海关）管理。再西约 400 里至武威，即唐、宋之凉州。以上灵州至凉州段全程 870 里，其中宁夏境内 460 里。

灵州道还有三条辅道，都从灵州分支：

一是参天可汗道。贞观二十年（646），唐太宗部署大军击败突厥薛延陀部，实现"平北荒"的凤愿，亲自到灵州接受回纥、敕勒十一姓的投降。第二年正月，为了方便漠北各民族进入中原，唐太宗又下令在回纥、突厥间"治大涂"，即修筑交通大道，取名"参天可汗道"。

参天可汗道由灵州向北直达贝加尔湖南面，沿途设立 68（一作 66）所过驿，预备驿马，供足酒肉，款待进入中原的各民族使节，各部每年贡纳貂皮为赋税^③。按日行 70 里计算，参天可汗道共 70 站行程，总长约 5000 里。其控制点有三个：灵州，在今吴忠市利通区古城湾；鹫鹕泉，在今内蒙古乌拉特中后旗西北，狼山西北 200 余公里；回鹘牙帐，在仙娥河口、贝加尔湖之南 300 多公里（仙娥河即色楞格河，也写作仙萼河，唐代称娑陵水，由今蒙古国北流入贝加尔湖）。

在宁夏境内，参天可汗道的走向，基本和今天的京藏高速公路相同，即由吴忠市北渡黄河，经永宁、银川、姚伏、平罗、黄渠桥、石嘴山，在麻黄沟出境，沿黄河西岸北上。此后，各民族的迁徙、友好往来都沿此路而行，成了名副其实的民族团结之路，而宁夏南北，也因此而成为民族融合的走廊。

二是夏绥驿路。从灵州向东行 300 里至盐州（今陕西定边县南），又

300 里到夏州（今陕西靖边县红墩界乡白城子），折向南至延州（今延安市），再东南至洛阳 1100 里。由于夏州至延州的中间一段属山区，大车无法通行，使用这条辅道的一般是行旅和僧人。故从夏州向东南 360 里至绥州（今陕西绥德）另辟驿道，然后折向东过黄河，经石州（今山西吕梁市）、太原至洛阳 1400 里，再东 420 里至汴梁。这条辅道全程可通大车，而且在唐、宋之际沿途设有驿站，是北宋与西夏之间交往的主要道路。

三是灵州居延路。由灵州北渡黄河经怀远县（今银川市），再西越贺兰山，然后向西北穿越今阿拉善左旗至居延（今内蒙古额济纳旗），折向南至甘州（今甘肃张掖市）进入河西走廊。这条辅道因穿越腾格沙漠，风沙多而少水泉，一般很少使用。西汉时，霍去病出北地，过居延，击匈奴于祁连山下，即使用这条路。五代时至北宋早期，因贺兰山下居住着石仁政、么罗王子、邈孥王子、越黜黄水州巡检使四个回鹘部落，于阗、甘州的回鹘使节来往中原时经常使用此路。

成吉思汗、蒙哥、忽必烈三位元代开国皇帝，都曾在六盘山区活动。成吉思汗率大军以六盘山区为基地，北征西讨，尽取西夏境土，最远一次经甘肃榆中、临洮直打到积石州（今青海贵德），然后返回。元宪宗蒙哥先在六盘山驻跸，召见全国郡守县令，随后又调集大军，留辎重于六盘山，南下攻取金的关中地区。忽必烈南征大理，其大军也在六盘山集中，然后取道临洮，过雪山，渡金沙江，入云南灭掉大理段氏政权，胜利班师，又回到六盘山休整、避暑。这些军事活动，形成新的越度六盘山的交通线路。所以，忽必烈在定都北京，建立元朝后，即下令设置翻越六盘山的驿道。

六盘山道（元代）：长安—兰州。具体走向是：由元大都南下先至奉元路（今陕西西安），再沿盛唐时期的长安—原州—凉州道进入宁夏，在泾源县大湾乡的瓦亭分道，折向西从六盘关翻越六盘山，经过宁夏隆德和甘肃的静宁、定西到榆中。今天从榆中到兰州，陇海铁路架桥梁，穿隧道，也就 50 多公里。但在古代，从榆中到兰州山高峡深，根本过不去，所以要在榆中折向南，经临洮、炳灵寺到兰州，然后进入河西走廊。

　　这条驿道的六盘山至临洮一段，就是成吉思汗攻青海、忽必烈征大理的进军路线。驿道在宁夏境内仅 150 余里，其走向与今天的 312 国道完全相同。沿线设有两个驿站：瓦亭驿，在今泾源县大湾乡瓦亭村，南至平凉在城驿 90 里，西度六盘山至德顺州驿 45 里；德顺州驿，在今隆德县城关，西至吴家湾驿 120 里。驿道辟通后，即成为丝绸之路的主线。

　　蒙元时期，这条驿道运输繁忙，每个驿站虽有百余匹驿马，仍然不敷使用。中统四年（1263），忽必烈又下令将沿渭河设置的南路驿站全部撤裁，将驿马调拨到瓦亭、德顺州、平凉等站。这些驿站的驿户也特别辛劳，"昼夜未尝少息，尝见铺马不敷"。过往官员"非法选马，箠言詈骂站户"是常事。加上州县官吏催逼，驿户"鬻产破家，卖及子女……"④

　　新辟的这段丝路，对此后 700 多年我国西北交通的影响深远。从明、清到 20 世纪 70 年代，它始终是中原通往甘、宁、青、新最重要的交通干线。明代的陕西至嘉峪关驿道，清代的北京至伊犁官道，1936 年通车的西兰公路，当代的 312 国道，其宁夏段都采用元代的六盘山道。

　　元代行经宁夏的丝路还有两条辅道：

　　一是灵州道。沿用唐末至北宋的灵州道线路，从长安经甘肃省的宁县、庆阳、环县北上灵州。灵州向西，线路略有改动：先西南行至鸣沙州（今中宁鸣沙镇），北渡黄河，沿黄河外侧经丰安县（今中宁石空镇西，唐代又置丰安军，宋降为镇）至应理州（今中卫），然后经沙陀（今沙坡头）到甘肃武威入河西走廊。

　　这条驿道在宁夏境内约 800 里，元代成书的《经世大典·站赤·天下站名》⑤记录有 5 个驿站：萌井驿，在今盐池县萌城，南至环州 250 里，北至灵州 350 里。灵州在城驿，蒙语叫"朵儿灭"驿，在今吴忠市利通区古城湾，西南至鸣沙州驿 120 里。鸣沙驿，在今中宁县鸣沙镇，渡黄河西至应理州在城驿 150 里。应理州在城驿，在今中卫市城关，西至野马泉驿 180 里。野马泉驿，在今中卫市营盘水，其地有野马常饮之泉，故名。此驿为关会之地，设脱脱禾孙（蒙语，相当于今之海关关长），以查验中外行旅及装重。野马泉驿再西即至甘肃境内的永昌府。

　　二是黄河水驿。蒙元灭西夏后，将西夏故地划入西夏中兴等路行省，治中兴府，即今银川市。由于元朝中央政权强大，我国西北部的吐蕃、党项、回鹘等少数民族建立的割据政权全部消失，传统的丝绸之路得以恢复。但是，元大都在北京，丝路交通的主线经西安、兰州，毕竟绕道太远，既多费时日，又不经济。于是，就开辟了经中兴府的黄河水驿。

据《经世大典》记载，中统四年（1263）四月，中书省派员奉忽必烈旨从应理州（今宁夏中卫）至东胜州（今内蒙古托克托县）设水驿10所。同年七月一日，黄河水驿开通，全程1700余里，共备驿船66艘，其中新造船30艘，整修旧船36艘，配水手240人。沿黄河建驿站10所，其中西夏中兴府路（治今银川市）境内7所，东胜州境3所⑥。各站起置馆舍，划拨"种养"土地，被褥、器具一应俱全。每站拨给牛10头应差役，羊100只备过往官员、使节食用。

这条黄河水驿开通后，大大缩短了元大都至西域各国的行程，与北京—西安—兰州—武威的传统丝路相较，少走近2000里。尤其从西域各国来元大都的官员、使节、僧人、商人，到了应理州（今宁夏中卫），就可坐在船上顺流而下，通过几天的水上行程，解除长途车马劳顿之乏。正因为如此，意大利旅行家马可·波罗已到了居延，仍舍弃草原丝路，而改走武威、银川、托克托、呼和浩特一线。由于往来于欧亚的人较多，朝廷特别在今中卫市西面的营盘水野马泉驿设立海关。

第二节　艰苦开拓的岁月

周穆王西巡与固原出土的西周车　秦驰道与秦始皇巡边　张骞出使通西域　汉武帝通回中道　汉简里的丝绸之路　刘秀拜通路将军班彪过高平著《北征赋》

丝绸之路的正式开通，始于西汉的张骞通西域。但是，此前的丝路活动早已开始。以考古出土丝绸实物看，中国的丝绸在公元前4世纪就已经传到印度和欧洲了，古代欧洲人称其为"塞里斯（Seres）"。从文字记载看，则可上溯到西周早期。

固原历史悠久，文化多元，自西周早期，这里已属中原王朝的势力范围。

周伐猃狁。西周灭商时，宁夏大部分地方都为游牧民族所控制。猃狁，也叫犬戎，是当时北方的游牧民族。周穆王（前 976—前 922 年在位）时，犬戎日渐强大，阻碍西周在西北地区的发展。周穆王要北征猃狁，大臣祭谋父等反对说："先王耀德不观兵"，主张实行怀柔政策。周穆王力排众议，大举出兵征伐猃狁，得"四白狼四白鹿"而归，即战胜并俘获四个以白狼为图腾、四个以白鹿为图腾的犬戎部落首领。《竹书纪年》在记载这次战争时说，周穆王"获其五王，遂迁戎于太原"，猃狁势力北退至今宁夏固原、甘肃平凉一带。

这次战争对于后世影响较大。一方面，猃狁族不愿迁徙，"荒服者不至"，进而与周王朝关系恶化，不断南下犯边。直到周宣王时，在固原（时称大原）境内仍进行着反击戎族（猃狁）的战争。《诗经·小雅·六月》里描写过壮阔的战争场面："出车彭彭，旗旟央央。薄伐猃狁，至于大原。"《汉书·匈奴传》载："宣王兴师，命将征伐猃狁，诗人美大其功。"说的就是对这次战争得胜后的赞美。周宣王战胜猃狁后曾"料民于大原"，以补充兵员。

另一方面，周穆王向西北征伐猃狁，为丝绸之路的开辟奠定了基础。

西晋太康二年（281），汲郡（今河南汲县西南）出土战国竹简，其中有《穆天子传》五篇，内容为周穆王游行四海，会西王母于瑶台的故事。对周穆王西游的路线，后人有不同考证。其中较早的一种说法是：周穆王从镐京出发，过山西、河北，环黄河北行到河套一带，穿越内蒙古、宁夏再到青海、新疆，在昆仑丘与西王母相见。当前史学界普遍认同的说法是：周穆王从镐京出发，沿泾水进入固原，再抵达甘肃武威，最后到达中亚的吉尔吉斯[⑦]。

周穆王，名满，昭王之子。据《穆天子传》记载，周穆王十三年（前964），由著名驭手造父驾着八匹神骏拉的大车，载着周穆王，大队人马随从，从镐京（今西安境内）出发西游，登昆仑之巅，过赤水之阳，会西王母于瑶台。之后，周穆王又翻越千山万水，万里迢迢回到镐京。周穆王的这次出巡，有学者认为到了中亚的一些地方，即现在的吉尔吉斯。西王母所在的"琼玉之山",即今南疆的和田。至于西王母,则是一位母系氏族的首领。

对《穆天子传》竹书的性质,旧史家看法迥异。《隋书·经籍志》、《旧唐书·经籍志》、《新唐书·艺文志》将其列入史部起居注类,显然是当作信史看待。清代学者则将它当作"伪托之书",属"小说家言"。如乾隆下令编修的《四库全书》,就将《穆天子传》归入小说类。而当代学者经大量研究后认为:《隋书》、新旧《唐书》对《穆天子传》的归类准确;此书虽有少数神话及夸张成分,但周穆王的行程、所经地名及山川、所见物产及部落,皆准确严谨,绝不可能是小说家的"伪托之书",而应是一部游记;书中对于西域各地和风土人情的记述,反映了当时人们对于西部的认识。书中还记述了沿途各部族给周穆王的"奉献",如玉石、良马、良犬、野马、豹皮等。周穆王的回赠,以丝绸为最多,还有黄金及西域不出产的生姜、肉桂。

显然,《穆天子传》是记录中原与西域文化交流、商业贸易的史籍,反映了周王朝与西部各民族频繁往来的悠久历史。因此,史学界普遍认为:周穆王西巡,是对丝路交通最早的文字记载。

周穆王对宁夏段丝路所起的作用有二:一是亲征犬戎,将六盘山地区纳入西周版图,打通了西去的道路;二是他西巡的线路,经过宁夏的南部山区,与汉、唐通西域的长安—凉州北道吻合⑧。

固原出土的西周车。《诗经》描述西周的固原有"出车彭彭"之句。周穆王西巡,是乘八骏之车。20世纪80年代初,在宁夏固原市原州区中河乡孙家庄发掘西周墓葬,以实物证明,在西周早期,宁夏已有交通大道与各地通连。这是一座周穆王、周宣王时期的奴隶主墓葬,从陪葬的车马坑中,发现一辆马车。车的木质骨架已朽,但形制、尺寸清晰可辨。马匹也仅剩骸骨,但却出土了一批车马的青铜构件和饰件,如车轴饰、銮铃、马镳、车辖、车軎、当卢等。摇动銮铃,还能发出清脆的铃声。按尺寸将马车复原后,其形制与北京琉璃河、河南安阳出土的西周车完全相同,与河南安阳出土的商代马车近似。这说明当时的固原地区,不但有大道与关中相通,而且使用同样的车辆。

此外,在墓葬中还出土有鼎、簋、戈、戟、陶器、玉器、穿孔贝壳等等230余件文物，说明西周文化已覆盖了六盘山区的广袤地域。

　　秦始皇统一六国后的第二年（前220），以咸阳为中心修建通往各地的交通干道，"东穷燕齐，南极吴楚，江湖之上，濒海之观毕至"，史称驰道。这些干道在修筑中，依照统一的技术标准，"道广五十步，三丈而树，厚筑其外，隐以金椎，树以青松"（《汉书·贾山传》）。宁夏所处的北地郡，也有驰道通连。

　　秦始皇为巩固统治，显示皇威，在修筑驰道的当年就开始巡视郡国，而首选之地正是北地郡和陇西郡。他由都城咸阳出发，北行至北地郡（治今甘肃宁县），折向西，经甘肃平凉进入宁夏南部，出鸡头山（今宁夏泾源境内六盘山脉山峰名），再达陇西（今甘肃临洮）。此路线为丝绸之路东段南道最早的走法。张骞出使西域，从长安西行，也经过甘肃的临洮。

　　秦始皇是历史上第一位到固原的皇帝。司马迁在《史记》里记载了秦始皇的这次出巡："始皇巡陇西、北地，出鸡头山，过回中。"（《史记·秦始皇本纪》）秦始皇西巡，应该是在驰道修通之后。所穿越的鸡头山，在东汉初年刘秀征隗嚣时，仍有"鸡头道"（今宁夏泾源县西峡）存在，是越度六盘山的主要通道。唐、宋时称安化峡，今俗称西峡或荷花沟。峡口东侧有唐代制胜关古遗址。

　　今泾源县城东侧的果家山麓，存有一处规模宏大的秦代建筑遗址，出土有大量秦、汉文物。其中的夔纹瓦当，只有陕西临潼秦始皇陵、兴平秦宫遗址发现过。因此，宁夏文物部门认为，这处遗址即秦始皇西巡陇西、北地所建回中宫（《中国文物地图集·宁夏分册·专题文物图说明》）。

　　丝绸之路正式开通的标志性事件是张骞通西域。

　　西汉的主要边患是匈奴。建元三年（前138），汉武帝刘彻派张骞出使西域，以联络大月氏夹击匈奴。大月氏原来居住在敦煌至祁连山一带。后来，匈奴对大月氏发动突然袭击，杀了他们的国王，还残忍地将其头盖骨镶上金边，做成一个饮具，匈奴单于常用它饮酒取乐，以彰显其强大、高傲。月氏丧失故土，多数民众向西逃亡，到今天的哈萨克斯坦阿姆河流域定居下来，后在中亚建立九姓国家，即隋唐之际的"昭武九姓"。因此，月氏与匈奴有亡国之恨。

汉武帝的意图，就是利用这个矛盾，共同击败匈奴。张骞挑了99名勇士，从长安出发，经天水、陇西（今甘肃临洮），行至河西走廊西部，不料因迷路遇上匈奴骑兵。经过一场殊死战斗，多数随从被杀，张骞和他的忠实助手甘父等数人被俘，被押解到匈奴一个叫军臣单于的王庭当奴隶，放牧一群牛羊。在苦熬10年的奴隶生涯中，张骞娶了一个匈奴女奴为妻，并生下一子，但他始终不忘所负使命，牧羊、睡觉都不离"汉节"（汉武帝所授代表使臣身份的竹竿，长7尺多，顶端挂3束牦牛毛）。

公元前128年，因争夺单于之位，匈奴发生内乱。张骞趁无人监视，侥幸逃脱，带着妻儿再次上路西行，去完成汉武帝交给的使命。他沿塔里木河走了几十天，在大宛国稍事休息，又经康居进入阿姆河流域，终于抵达月氏国的王城。张骞向月氏国王说明来意。国王虽对张骞很友善，但新的领地水草丰美，他颇有"乐不思蜀"的心境，既不愿返回故地，也不愿与匈奴对抗。张骞等了一年多"不得要领"，只好绕道葱岭，沿塔里木盆地南沿返回。途中再次被匈奴俘虏，服了一年多苦役。

公元前126年，张骞寻机和他的妻子、孩子及甘父逃回长安，在长乐宫将那只脱光了毛的汉节双手呈交到汉武帝手中。他这次出使西域，历时13载，历尽千辛万苦和各种不测凶险，随行百余人只剩甘父。汉武帝不但亲自接见，还详细询问了西域诸国情形，对异国的风俗民情、地理物产尤感新奇。联络大月氏夹击匈奴的初衷虽未实现，但张骞打通了中国去西域各国的交通路线。因此，后人称颂为"张骞凿空"（开拓）。汉武帝为褒奖其功，封张骞为博望侯。

元狩四年（前119），汉武帝派张骞带领300余人再次出使西域，意在联络乌孙共击匈奴，以断其右臂。乌孙原居河西走廊，协助匈奴将月氏西逐到阿姆河流域后，就迁到伊犁河、楚河流域，变成天山以北的强国。但张骞抵达后，乌孙已经分裂为三个国家，实现初衷已不可能。张骞临时应变，分派多名副使至大宛、康居、大月氏、大夏、安息、身毒诸国，遍及中亚，最远抵达印度巽加王朝的国都华氏城（今印度比哈尔邦巴特那城）。

张骞返回后，西域各国纷纷派使团回访汉朝，许多西域商队也来到长安贸易。出使的效果远远超出预期，不但打通了中西陆路交通，还融洽了西域各国与汉朝的关系，成为中西交往、文化交流、商贸往来的"凿空"（开拓）者。

张骞通西域时，经过宁夏的回中道尚未辟通，长安—凉州南北两道尚未形成。因此，他选用了秦始皇巡视陇西的线路，绕道甘肃临洮，抵达河西走廊。

汉武帝刘彻（前156—前87）是历史上有所作为的帝王之一。他在文景之治的基础上，将西汉社会、经济、文化推向高峰。由于宁夏所处的北地、安定两郡地处防御匈奴的前沿，又是移民开发的重点地区，还控扼通往河西走廊，远至西域的交通线，所以汉武帝对两郡十分重视。他执政期间，先后6次巡视两郡。更令人惊诧的是，他首次以帝王身份

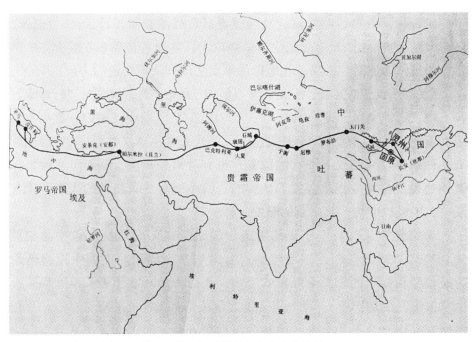

图下 5-1　丝绸之路宁夏段描图　薛正昌根据丝绸之路线路绘制

巡视郡国和最后一次出巡都选在这里。汉武帝下令修筑的回中道,对丝绸之路乃至以后 2000 多年的宁夏道路布局影响深远。

汉代早期,宁夏全境皆属北地郡。汉武帝执政后,派卫青、霍去病等北逐匈奴,宁夏所处的"河南地"出现和平环境,朝廷通过大规模移民和经济开发,使北地郡人口剧增,成为新富的"新秦中"。为适应新的形势,朝廷于元鼎三年(前 114)将北地郡的西南部析置安定郡,辖 21 县,郡治在高平县(今宁夏固原城),其中高平、乌氏、朝那、月(古音肉)支道等县,均在今固原境内。

元鼎五年(前 112)冬十月,汉武帝"始巡郡国",即到宁夏所处的安定、北地两郡。他登崆峒,北出萧关,驻跸安定郡,考察这一带的军事防务。之后,汉武帝控数万骑出高平(今固原)城,沿清水河谷通道向宁夏平原进发,大猎于"新秦中"。御驾进入北地郡,不但道路不好,而且沿路"千里无亭徼"。亭,古道附属设施,西汉十里设一亭,置亭长,掌治安、警卫,兼管停留旅客及民事;徼,军事要塞、据点。据《史记·平准书》记载,汉武帝盛怒之下,"诛北地太守以下","而天下郡国皆豫治道桥,缮故宫,及当驰道县,县治官储,设供具,而望以待幸"⑨。这次诛杀,对全国交通影响巨大。各地官员吸取北地太守的教训,纷纷修治道路、桥梁。北地郡为事发之地,治理交通的力度更大。

《汉书·武帝纪》载:元封四年(前 107)冬十月,汉武帝"行幸雍,祠五畤,通回中道,遂北出萧关……"应劭曰:"回中在安定,高平有险阻,萧关在其北。通,治至长安也。"历代史家注《汉书》,对这段文字有不同解释,对西汉回中宫的位置,也有甘肃泾川说、陕西汧水说、宁夏固原说。但有一点是各家都认同的:回中道是一条新辟的大道,南起长安,中经回中宫,北出萧关至安定郡。

考察此前从长安至宁夏的古道,要么从咸阳向北经甘肃宁县至固原,要么从咸阳向西经陕西陇县、甘肃华亭至固原。而回中道裁弯取直,沿泾河经陕西彬县及甘肃的泾川、平凉,然后北出萧关至固原,比原来的道路少走 100—150 公里。加之线路基本沿泾河的河谷布设,平坦易行,所以一直沿用至今。而从西汉后期开始,回中道又一直是丝绸之路东段的孔道。

回中道修通后，汉武帝多次沿着这条大道巡视安定郡（今固原）。司马迁每次都随汉武帝出巡。《史记·武帝纪》记载了汉武帝的行踪：

元封四年（前107）冬十月，"遂北出萧关，历独鹿、鸣泽"，走到今河北才返回。

太初元年（前104）八月，巡视安定郡。

太始四年（前93）十二月，再次到安定郡视察。

征和三年（前90）春正月，第五次到安定郡视察。这次出巡还演绎了一段故事。托名西汉东方朔著的《十洲记》，是一部颇有影响的伪书。书里写到一种还魂树，与枫树相似，而树叶的香味却在几百里内都能闻到，已死三个月的人，闻之就能复生。若叩其树，就能发出声音，大如牛吼，听见之人心就震颤。这年，汉武帝到安定郡后，月氏胡人献"香四两，大如雀卵，黑如桑葚。帝以香非中国所有，以付外库"。这则故事虽然出自伪书，但所托为丝绸之路的商贸活动，客观上记录了西域香料最晚在汉武帝时已传入中原。这个传说附会在汉武帝巡幸固原期间，也为地域文化增添了神话色彩。

后元元年（前88），69岁高龄的汉武帝再到安定郡，这也是他最后一次出巡。次年春二月，他就在京城五柞宫病逝了。

在两汉统治的400多年间，高平县是整个清水河流域始终存在的一个县级建制。清水河流域地理环境优越，高平川向北沿岸地形开阔平坦，宜于农牧业发展，也具备良好的交通条件。丝路经过，有200余里平坦道路。

汉武帝下令修通"回中道"，对宁夏尤其是西北地区交通道路建设和经济开发是一次历史性推动，为世人所瞩目。古乐府诗《铙歌十八曲》之一的《上之回》（《乐府诗集》卷十六），描述的就是汉武帝通回中道后的出巡盛事：

上之回，所中益，夏将至，行将北，以承甘泉宫，寒暑德。游石阙，望诸国；月支臣，匈奴服。令从百官疾驰驱，千秋万岁乐无极。

这首诗，前人有过很多研究，介入的视角不同，看法也不完全一样。它与汉武帝多次巡幸宁夏有关，反映的是当时大一统的时代精神和生产力发展、经济繁荣的时代背景，也是对汉武帝拓疆辟土、保境安民之功的赞美。

汉简，是两汉时代遗留下来的简牍。作为重要的第一手文献资料，汉简记录了当时的政治、经济、军事及社会状况，也记载了丝绸之路的走向和交通状况，是研究2000年前西北历史、地理、文化的重要资料。

20世纪30年代发现的居延汉简、悬泉汉简，记录有丝绸之路的走向及里程。将一部分残简整理，可录出丝路经过的34个地名，包括县、城、置（驿站的别称）和区间里程。将这些地名加以连贯，即可得知汉代丝路的走向：从长安出发，沿泾水河谷西北而行，经平凉、固原在甘肃靖远东北过黄河，抵达武威，再出河西走廊。"这是当时东段的主要线路，也是官员、使者和商旅的首选。只有当这条路线受阻时，人们才选择另一条路线"⑩。

其中从居延出土有三简，据考证是西汉宣帝、昭帝时，一位从长安去居延旅行者的行程记。第一简有"茂陵"等地名，是西汉丝绸之路的始发段；第二简文字辨认不清；第三简记载从今甘肃泾川到宁夏固原的程途："月氏至乌氏五十里，乌氏至泾阳五十里，泾阳至平林置六十里，平林置至高平八十里。"⑪按里程推算，月氏在今甘肃平凉南；泾阳在今宁甘省界附近；平林置（置，西汉驿站）在今泾源县大弯乡瓦亭村，即萧关所在地；高平，西汉安定郡治高平城，在今固原市原州区城关。

从汉简记载看，在和平时期，丝绸之路东段北道的高平城是必经之地。由此可知，早在西汉中期，固原已成为丝路重镇，是中西文化交流的一个节点，故当时的高平城，又有"第一城"之称。

建武元年（25）六月，刘秀在鄗南登基。当时，西部地区尚有几支割据势力：公孙述自立蜀王，"建都"于成都；隗嚣实力雄厚，据有天水及周边16县；北边的卢芳亦诈称汉武帝曾孙，被匈奴人拥立为"汉帝"。随着时局的变化，公孙述与隗嚣联手，公孙述立隗嚣为朔宁王，隗嚣称臣于公孙述，西北、西南割据之势已形成。隗嚣的军事防区，以六盘山为屏障，以高平城为西进东出的军事要隘，史书称其为"横遮陇道"。

建武八年（32）正月，刘秀派大将来歙率2000余人伐山开道，袭攻并夺取隗嚣心腹要地略阳城（今甘肃庄浪县南）。略阳城失守后，隗嚣惧怕尚有大兵西进，乃令其大将死守六盘山各个通道的要隘：王元死守陇坻，行巡防守番须口；王孟防守鸡头道；牛邯驻防六盘山东侧的瓦亭（今固原南约 40 公里），挡住北去高平城的通道；隗嚣自率大军堵截围剿已进入六盘山以西的来歙部。此时，成都公孙述亦遣兵到略阳助战。来歙与将士"固死坚守"。隗嚣集中兵力攻城，自春至夏"连月不下"，拖得士卒疲惫不堪。

这年的闰四月，光武帝刘秀准备率大军离开长安西征。

东汉的瓦亭，即西汉时的萧关，地处六盘山东麓，有铁瓦亭之称，是历史上西北地区的重要关隘。这里群峰环拱，深谷险阻，也是丝绸古道的咽喉，由关中西出或北上都必经此地，易守难攻，历来为兵家必争之地。

隗嚣为夺回略阳城，命大将牛邯驻守瓦亭，扼东面门户。投奔光武帝刘秀的原隗嚣大将王遵，是牛邯的老朋友，知牛邯也有东归的想法，遂修书于牛邯："……今车驾大众，已在道路，吴、耿骁将，云集四境，而孺卿（牛邯字）以奔离之卒，拒要厄，当军冲，视其情形何如哉？……今孺卿当成败之际，遇严兵之锋，可为怖慄。宜断之心胸，参之有识。"（《后汉书·隗嚣公孙述列传》）

牛邯得到王遵书信后，思前想后十余日，还是决定归顺光武帝。特殊时期不没其功，光武帝遂拜牛邯为太中大夫。

牛邯和他防守的瓦亭军事要塞归降刘秀，战略意义重大：其一，严重影响了隗嚣部众的军心。牛邯之后，隗嚣大将中有 13 人，管辖的诸县中有 16 县、10 余万人都归顺于刘秀（《后汉书·隗嚣公孙述列传》）；其二，牛邯归附，他原驻防的要塞瓦亭，便成了汉军攻取六盘山以西其他地方的畅通要道；其三，牛邯归附，为汉军进兵高平扫平了道路。

固原城，在西汉叫高平城，《后汉书·郡国志》记作"高平有第一城"，其余传、纪作"高平第一"，显然是指城池既大且坚固，易守难攻。

刘秀要越过陇山征讨隗嚣，必须先取"高平第一城"。否则，不但会腹背受敌，与窦融大军在高平城会师的计划也会落空。此时，隗嚣派大将高峻领兵万余，已攻占高平第一城。此城失守，丝路交通断绝，通往

图下 5-2　固原古城一角
薛正昌摄

河西走廊的驿道也随之中断交通。《后汉书》、《资治通鉴》记载高平城失陷的后果，使用了"陇道断"、"河西道断"、"西遮陇道"等语⑫。

刘秀大军到达瓦亭后，又遇到同一个问题：高平第一城未下，河西道不通，如何与窦融的援军会师？如用强攻，旬月难下，岂不贻误战机？司马光说的"西遮陇道"，是说由关中往西北或者塞外，高平城的军事地理位置非常重要。据《后汉书·马援列传》记载，刘秀遂"召援计事，援具言谋画"。马援谋划的就是"离嚣支党"。光武帝刘秀对此十分赞成，立即调拨 5000 人马命其统率前往高平，往来游说隗嚣在安定高平城的大将高峻、任禹等。马援长期生活在高平，并在隗嚣那里任过绥德将军，与隗嚣部下的文臣武将关系熟悉，他做策反工作最为合适。高峻审度形势，终于献城投降。

高平第一城既下，"由是河西道开"，丝绸之路畅通。凉州牧窦融率领河西五郡兵及羌、小月氏兵数万抵达高平，还有 5000 辆辎重车，载着刘秀大军急需的军粮。能一次通过数万兵马、5000 辆辎重车，说明连接高平、凉州的这段丝路，在西汉末年已成通衢。

高峻献城，使战事向胜利迈出了第一步。刘秀甚为欣喜，当即派中郎将来歙承制拜高峻为通路将军，封关内侯，后隶属于大司马吴汉，共同与隗嚣作战。但不久，吴汉等军因粮运不济撤退后，高峻乘机率兵，再次攻入高平城，再回到隗嚣麾下。无奈，光武帝再遣建威大将军耿弇等进攻高平城，"一岁不拔"（《资治通鉴》卷四十二）。可见高平城的坚固和险峻。

　　高平会师之后，刘秀实力骤增，"遂共进军，数道上陇"（《资治通鉴》卷四十二），以迅雷不及掩耳之势攻取天水隗嚣。八月，光武帝自上邽车驾东还洛阳。

　　光武帝的这次亲征，马援是最重要的谋臣。出征前，朝臣寇恂等反对皇帝亲征，诸将也多以为"王师之重，不宜远入险阻"。唯马援以为"隗嚣将帅有土崩之势，兵进有必破之状"。决战前夕，因六盘山地形复杂，刘秀难以布阵指挥，马援又"聚米为山谷，指画形势"，分析进兵线路和利弊。马援的"聚米为山谷"，相当于以后军事上常用的沙盘。刘秀看毕，豁然开朗，高兴地说："虏在吾目中矣！"（《后汉书·马援传》）意谓敌人已在我的视野中了。北宋赵珣《聚米图经》的书名、今"聚米为山"的成语，盖缘于此。

　　在前赴后继的丝路过客中，有许多人在宁夏留下历史的记忆。东汉时的史学家、文学家班彪，便在固原写成千古名篇《北征赋》。

　　西汉末年，农民起义席卷全国，王莽篡立的"新莽"政权土崩瓦解，各地豪强并起，割据势力攻城略地，互相厮杀。公元23年，年仅20岁的班彪离开长安，去凉州避乱，走的就是长安经高平至河西走廊的丝绸之路，有感而发，写下了著名的《北征赋》。全篇从离开长安写起，写了战国义渠戎王所居旧城，写了西汉的安定郡，写了今宁夏彭阳县境内的秦长城，最后一段写的是在高平城（今宁夏固原城）的所见所闻：

　　　　跻高平而周览，望山谷之嵯峨。
　　　　野萧条以茫荡，回千里而无家。
　　　　风猋发以漂远兮，谷水灌以扬波。
　　　　飞云雾之杳杳，涉积雪之皑皑。
　　　　雁邕邕以群翔兮，昆鸡鸣以哜哜……

登上高平城向四周看，六盘山脉山势嵯峨。因为战乱，千里萧条，无人居住。只闻萧萧疾风声、淙淙流水声、哜哜鸟鸣声；只见山间云雾飘渺、山顶白雪皑皑、长天大雁群翔。六盘山地区秋末初冬的景象，跃然纸上。

　　班彪这次远行避乱，首先从长安经高平到达天水。但是，与刘秀离心离德、割据于天水的豪强隗嚣却冷眼相待。志不同不与为谋，班彪只好向东北返回高平，然后到达凉州。但是，对离开高平后的行程，包括到天水、凉州的见闻，却只字未提。因此，从全篇地名顺序看，这篇赋显然是在高平城完成的。

当时河西走廊共5郡，包括武威、张掖、酒泉、敦煌、安西，都属凉州牧窦融的势力范围。班彪到达凉州，已是公元25年，闻讯刘秀已荡平关东豪强称帝，便劝说窦融归顺刘秀。窦融审时度势，立即派信使至洛阳向刘秀称臣，并献西凉宝马。刘秀随即诏封窦融为凉州牧领五郡大将军事。班彪此行，为刘秀的统一事业立下大功。

班彪有两个儿子，都是东汉名臣。长子班固是著名史学家，耗平生心血著成《汉书》。次子班超，则是保证丝路畅通的另一位先贤。西汉末至东汉前期，匈奴占领伊吾（今新疆哈密）、鄯善、车师，丝路交通断绝百余年。永平十六年（73），东汉朝廷派窦固率兵出天山，又派班超为司马，率36名勇士出使西域。班超到达罗布泊东南的鄯善后，其国王起初待之以礼，但受匈奴使节胁迫后，态度大变。班超见形势危急，率领36名勇士趁夜火攻匈奴使节大营，将100多骑兵全歼，然后说服鄯善王归顺了东汉朝廷。

此后30年，班超一直在西域的疏勒、莎车、龟兹、焉耆等国活动，驱走了匈奴势力，"得远夷之和"，维系了各国与汉朝的友好关系，使丝路南、北两道保持畅通。公元102年初，班超年过七旬，"头发无黑，两手不便，耳目不聪明，扶杖乃能行"，遂上疏请求回归故里。八月回到洛阳，九月便与世长辞。班超一生奉献于西域，在中西陆路交通史上，是仅次于张骞的功臣。

第三节　繁荣昌盛的萧关道

萧关话古道　波斯狮子传奇　萧关道上的异国奇葩　民族融合的大通道　须弥山石窟

从汉武帝辟通回中道，到唐广德元年（763）吐蕃攻占原州，萧关道使用了 870 年。其中的汉代、北魏、唐代，是丝路交通的繁荣昌盛时期，也是萧关道丝路文化沉积最为丰厚的时代。

萧关，最早缘起与"塞"有关。古代的"塞"，也是一种防御性的屏障，只是修筑形式不同而已，如榆谿塞、鸡鹿塞等。

萧关，是秦、汉时的著名关隘，是关中四塞的北面屏障。从这个意义上说，萧关得名要早于"关中"，因为"关中"是指四关之中的地域空间而言，即历史上的"东函谷，南武关，西散关，北萧关"。四大名关，奠定了"四塞之固"的关中地理框架。没有萧关，何以有"关中"之谓。

中国古代先后出现三个叫萧关的地名，而且都在宁夏六盘山东麓一线。

一是汉萧关，《史记》、《汉书》中多有提及。如：汉文帝十四年（前166），匈奴老上单于率 14 万骑入朝那萧关，杀北地都尉孙卬，使骑兵入烧回中宫；元封四年（前 107）冬十月，汉武帝通回中道，遂北出萧关。应劭在《汉书·武帝纪》萧关下注："回中在安定，高平有险阻，萧关在其北，通治于长安也。"这里的"险阻"，是指位于泾源县六盘山镇之东的三关口，古代称弹筝峡、都卢峡或金佛峡，又有"萧关锁钥"之谓。而汉萧关又在安定郡朝那县（治今宁夏彭阳县古城镇）。因此，《宁夏历史地理考》将它考订在泾源县大湾乡瓦亭村。

二为唐代的萧关县。据《元和郡县图志》记载，唐中宗神龙三年（707），在原州北境置萧关县（《旧唐书·地理志》记作神龙元年），故址在今海原县李旺镇东。

三为宋代的萧关城。元丰四年（1081）十一月九日，由泾原路转运判官张大宁奏筑，作为为前线宋军储存粮草的场所，今海原县高崖乡有遗址，当地民众俗称草场。《宋史·夏国传》说，西夏境土"南极萧关"即此。

汉武帝元封四年（前 107），修通长安至高平的"回中道"，然后数次"北出萧关"，形成宁夏丝路的第一种线路。因为要经过西汉的萧关和唐朝的萧关县，所以，唐代以后的文人骚客都称之为"萧关道"。对萧关道的认识，不应是指萧关一个点，而应是一个带，从现在的三关口向

图下 5-3　三关口（宁夏固原东南瓦亭峡谷）　薛正昌摄

北，经瓦亭、青石嘴至固原城，再北至海原县李旺镇。线路都在高峻雄伟的六盘山东侧，南段沿泾河谷而走，崎岖险狭；北段沿清水河冲积平原而行，平坦径直。

萧关道南通关中、中原，西入河西走廊、天山南北，北达河套、蒙古高原，西南经兰州接唐蕃古道，是四通八达的古道。东汉以后，作为要塞的萧关已不复存在，但萧关和萧关道却大量出现于隋、唐、宋、元、明的史籍中，成为一种文化现象。各种正史、游记、类书、志书、文学作品，在涉及六盘山地区时，常将所处时空喻作萧关道。

描写萧关道最多的，则是唐诗。如王昌龄的《塞下曲》，描写的是"八月萧关道"上往返沙场的"幽并客"；岑参的《胡笳歌送颜真卿使河陇》，也写的是"八月萧关道"景象；贾岛的《送李骑曹》，写的是出萧关、上"碛路"之所见；卢伦《送都尉归边》，叹的是一老将"今来部曲尽，白首过萧关"；王维亲自走过萧关道，在"萧关逢侯骑"，问清了去燕然都护府的道路，然后北上，还在《使至塞上》诗中，写出了"大漠孤烟直，长河落日圆"的千古名句……如加上其他朝代，仅是吟诵萧关道的古诗词，即有百余首之多。

丝绸之路的萧关道，已沉淀为一种地域文化，既有历史，也有古迹，还有诗赋、行记和民间传说。

公元317—420年，中国北方进入十六国的战乱时期。割据政权不断更迭，统治集团忙于巩固地盘、攻城略地，无暇顾及中西交通，丝绸之路的文化交流也处于低潮。

公元420年，鲜卑族首领拓跋嗣建立北魏政权，并逐步统一黄河流域，中国历史进入南北朝时期。南北朝的高平镇（今宁夏固原），是中西交通线上的一个大站。西域各国向北魏朝廷的盛大朝贡活动，早在太延元年（435）就已开始。当时北魏都城在平城（今山西大同市）。由平城去西域，从君子津（古渡名，在今山西省西北部清水河西北）渡黄河，经府谷、榆林、无定河上游，沿鄂尔多斯南缘至宁夏的盐池县，再经惠安堡、豫旺到固原。从固原去河西走廊，则沿用了汉代老路。

太延二年（436）八月，北魏派出6个使团前往西域。西域16国则全部派使团回访北魏。这些外交活动，全部路经宁夏。公元493年北魏迁都洛阳后，雪球愈滚愈大。北魏每年派出的使团多达数十批，中亚、南亚、西亚的国家也加入到访问北魏的行列，尤其是各国商人、僧侣的往来，更是络绎不绝。北魏成书的《洛阳伽蓝记》描述当时丝绸之路的盛况："自葱岭以西，至于大秦（古罗马帝国），百国千城，莫不款附；胡商贩客，日奔塞下。"这种盛况，还可从一头波斯狮子的故事中得到印证。

公元525年，高平镇（军镇，在今宁夏固原市）发生了一场由匈奴族、敕勒族发动的农民起义，大家共推敕勒族人胡琛为领袖，号称高平王。短短两三年间，南至关中的岐州（今陕西省岐山县）、邠州（今陕西省彬县），北至灵州（今宁夏吴忠市），20多个州郡都被起义军攻克。528年，沃野镇的另一支起义军领袖破六韩拔陵，暗派刺客将胡琛杀害。匈奴族农民万俟丑奴（？—530）接过义旗，继续与官军浴血奋战。

当时，起义军已控制陇东和天水一带，前锋进至长安以东的武功。北魏建义元年（528）秋七月，万俟丑奴在高平镇自称天子，置百官。正巧，波斯国王派使团向北魏皇帝贡狮子，沿丝绸之路长途跋涉抵达高平。有此吉兆，万俟丑奴遂截留狮子，定年号为"神兽"，把狮子的到来与农民起义政权的诞生联系起来。《资治通鉴》卷一五二，记载了波斯狮子在固原的这段经历。胡三省特意作注："波斯国都宿利城……距代郡二万四千二百二十八里。"照此推算，这头狮子抵达固原，已走过 2.2 万余里。沿途有无数高山峻岭、戈壁沙漠，狮子又必须关在木笼中，还要喂食。送狮使团人数必定不少，而且费尽周折，历尽千辛万苦。此事说明，北魏时的高平镇，仍是丝绸之路东段北道必经的一个重镇。

中国古代自然环境虽佳，但无狮子生存。狮子最早进入中国，大约是在东汉。魏晋以前，在史书里没有发现关于狮子的整段文字记载。关于万俟丑奴在高平（今固原）截留狮子之事，当时的《洛阳伽蓝记》更是大书特书，留下一大段文字记载。波斯狮子在高平被精心饲养约两年时间。

530 年夏，高平起义失败，万俟丑奴被官军俘虏，与狮子一道槛送洛阳，万俟丑奴被腰斩于都市，狮子则被豢养在华林园的"狮子坊"中。年轻的北魏孝庄帝很好奇，要检验一下狮子是否真的是百兽之王，便令附近郡县捕获二虎一豹，放入坊内与狮子同处，自己亲自前往观看。只见"虎、豹见狮子，悉皆瞑目，不敢仰视"。华林园还养有一头熊，性情温顺，孝庄帝也让牵来一试，只见它"闻狮子气，惊怖跳踉，拽锁而走，帝大笑"。孝庄皇帝看完这场狮虎斗不久，就被北魏权臣高欢杀害。魏简文帝广陵王即位后，立即下诏："禽兽囚之则违其性，宜放还山林"，命送回波斯。护送的使者"以波斯路途遥远不可及"，在途中杀死狮子返回。简文帝大怒，令诛使者，经大臣劝谏才罢。

波斯狮子，作为中西文化交流的一个历史事件，使我们看到了北魏时期丝绸之路已经非常繁忙，不但有商队、使者、僧侣，还有凝聚着另一层友好关系的物的体现——狮子；同时，更有利于研究北朝时期丝绸之路的走向。从地域文化的角度看，再现了北魏时固原在中西文化融合过程中的地位。

沿着萧关故道考察，如果在春天，会看到绿茵茵的苜蓿遍布山川，菜地的大蒜刚刚抽苔，菠菜正好食用；如果是盛夏，胡（蚕）豆、白豌豆、黄瓜已经收获，遍布田原的胡麻才绽放紫蓝色小花；如果是深秋，果园的葡萄已硕果累累，菜地的胡萝卜、洋葱也喜获丰收。还有大蒜、芝麻、核桃……这些植物，西汉以前中国并不出产，都是经丝绸之路从异国传入的。

宁夏人食用植物油，普遍选用胡麻油。宁夏人还广种苜蓿作饲草、广植葡萄当水果吃、酿葡萄酒作饮料。这三种植物，都是张骞出使西域时，从中亚将种子带回。李时珍《本草纲目·谷部》写道："胡麻：（又名）巨胜、方茎、油麻、脂麻。时珍曰，古者中国止（只）有大麻……汉使张骞始自大宛得油麻种来，故名胡麻，以别中国大麻也。"司马迁在《史记·大宛传》中描述："汉使取苜蓿、蒲桃实来，于是天子始种苜蓿、蒲桃，离宫旁极望。"李时珍在《本草纲目·果部》中考证："葡萄，《汉书》作蒲桃，可以造酒……《汉书》言张骞使西域还，始得此种。而《神龙本草》已有葡萄，则汉前陇西旧有，但未入关耳。"

番红花是一种活血化瘀的药用植物，元代时宁夏南北广为种植，所占地亩甚至超过粮田，以至朝廷不得不下令限种。李时珍考证原产于"回回地面及天方国"，即阿拉伯各国和埃及。张华《博物志》则说由张骞从西域将种子带回，是由中亚间接引进，因为张骞没有到过中东地区。

除了以上植物，西域各国的大批工艺品、珍宝玉器也通过萧关道，源源不断进入中原。而固原就是这些多元文化的融会和过渡地带，所以也留下不少异国奇葩。20世纪80年代以来，固原地区相继发掘了一批北魏至隋、唐时期的墓葬，出土的历史文物足以证明这个结论。其中最为集中的是李贤墓和田弘墓。

1983年，宁夏文物考古研究所在固原城南郊发掘北周大将军李贤墓，出土金、银、铜、铁、陶、玉等各种质地的随葬品700多件。其中，仅彩绘陶俑就有200多件，依类型可分为披甲胄镇墓武士俑、出行仪仗俑、侍仆俑、动物模型等。墓道、过洞、天井、墓室的四壁，都绘有彩绘壁画，主要是武士画像、侍从画像及伎乐女工画像。武士形体魁伟，头戴高冠，身穿铠甲，手持兵刃，显得八面威风。侍女、女工多姿多态，或执团扇，或拿拂尘，显得恭良谦让。伎乐婀娜多姿，或轻歌曼舞，或抚琴弹筝，或手拍腰鼓，其中不乏西域乐器。这些壁画，反映了死者生前的奢侈生活，也填补了北周壁画研究的空白，十分珍贵。

更为珍贵的是，墓中还出土了若干从丝路传进的波斯文物，其中包括：

　　鎏金银壶一件，高 37.6 厘米，细长颈，鸭嘴流，上腹细长，下腹圆鼓。腹部一周有押打突起的 3 组 6 人男女裸体图像，构成一个完整故事，描述征战中获胜归来的勇士，正博得一位美女的爱慕。壶把两端有两个羊头。上部雕铸一深目高鼻的武士头像，具有明显的古罗马人特征。据著名考古专家夏鼐鉴定：这件稀世珍品，是典型的波斯萨珊王朝工艺品，但表现的人物又具罗马特色。因此，它很可能出自波斯帝国俘虏来的古罗马工匠之手，是世界上现存波斯萨珊王朝工艺品中的上乘之作。

　　玻璃碗一件，呈碧玉色，口径 9.5 厘米，薄得玲珑剔透，外壁有两排突起的圆圈图案，上 6 下 8 错位排列。从一个圆圈可以透视到 3 个以上的圆圈，成功地运用了凸凹面镜的透光原理。中国此时尚无玻璃器皿生产。它产自伊朗北部吉兰地区的古窑，过去考古工作者只发现过残片。如此完好的 5 世纪产玻璃碗，在国内尚属首次发现。

　　波斯萨珊王朝的银币：分 A、B 两式，其中一枚是萨珊王朝卑路斯时代（447—483）新铸而（墓主下葬时）尚未流通的 B 式银币。它应属外交使团带来的贡品。波斯萨珊王朝的银币，在固原地区的其他古墓葬中，亦多有出土。

　　青金石戒指一枚，重 10 克。所镶青金石上雕一人像，双手上举，各垂一穗，似在翩翩起舞。中国不产青金石。它的原产地在伊朗和阿富汗的接壤地带。

　　这座古墓的墓主李贤，《北史》、《周书》都为其单独立传，而且内容颇多。李贤一家，祖居原州，世代为官。李贤从青年时代就追随创建北周政权的宇文泰，在六盘山地区至关中往来征战。成年后官位显赫，北魏、西魏时先后任高平令、都督、大都督、原州刺史，晋爵河西郡公。北周武帝宇文邕尚在襁褓中就被送到李贤家，共抚养了 6 年。因此，宇文氏建立北周政权后，对李贤更加宠信，先后授刺史、总管府总管，拜上大将军，迁骠骑大将军、开府仪同三司。李贤死于 447 年，死后赠使持节、柱国大将军。

　　墓中随葬的这些珍贵文物，有的出自古罗马工匠之手，有的产地在伊朗，有的出于阿富汗。它们随着这些古国的使节或商队，翻越千山万水来到中国，如何落到李贤手中？最大的可能，是李贤在原州长期任职时所得。

1996 年，中日原州联合考古队在固原市原州区南郊王涝坝村发掘北周上柱国大将军田弘墓。此墓虽经盗劫，但仍出土了一批反映丝路交通的文物，如用和田玉制做的玉钗、玉环、玉璜，域外传入的水晶玻璃器，数

图下 5-4 罗马金币（北周田弘墓出土） 固原博物馆提供

百枚玻璃珠、玻璃残片等。最具价值的，是在后室棺中发现的 5 枚东罗马金币。

据考古专家鉴定，其中最早的 1 枚属拜占庭帝国列奥一世（457—474）在位时铸造，4 枚为东罗马皇帝查丁一世和查丁尼执政时所铸。这些金币的出土，给萧关道远通南欧出具了铁证，东罗马金币等珍贵文物，再现了东西文化交流在固原的璀璨历史。

此外，在固原市原州区南郊乡发掘隋唐时期"昭武九姓"史氏家族墓群，随葬品中普遍有罗马金币、波斯鎏金银壶等。

在历史长河中，中华各民族通过不断交往、迁徙，才融合成具有共同文化的大家庭。而独具地域优势的萧关道，在这个融合进程中，一直发挥着重要作用。

秦汉时期，北方游牧民族最强大的是匈奴族。秦末汉初，匈奴族经常南下掳掠，动辄数万至十多万骑，萧关道是其主要通道。汉武帝派卫青、霍去病击败匈奴后，在安定郡三水县设属国，安置降附的匈奴族。从此，匈奴的左谷蠡王部在宁夏中部定居下来。

所谓"属国"，颜师古在《汉书注》中有解释："存其国号而属汉朝，故曰属国。"这是一种特殊的民族自治管理形式，即划定一个区域，安置匈奴族的一个部落，保留其文化、习俗、生产和生活方式，部落的各级头领也由左谷蠡王自行任命，但在政治上必须臣服汉朝，朝廷则派都

尉进行管理。驻牧于三水县的匈奴族，在两汉时期基本稳定，并与周边的汉族友好相处。

1985年，在同心王团镇倒墩村发现西汉墓群，文物部门共发掘32座墓葬，其形制均为土坑竖穴墓；墓室头端有浅龛，内置一陶罐或漆盒；陪葬以牛头、羊头、陶罐。从葬俗看，都属匈奴墓，全部保留了匈奴的丧葬文化。这种土坑竖穴式匈奴墓葬群，在萧关道所经的固原、海原县亦多有发现。1983年，在同心丁塘镇李家套子村发掘6座匈奴墓，既有土坑竖穴墓，也有砖砌墓穴。这说明经过200多年，有的匈奴族头领在丧葬中已融进汉族的丧葬文化。

这些匈奴墓葬，还出土有各种陶罐、金耳环、贝饰、漆器、铜带扣、铁剑等文物。其中最能反映匈奴民族文化的，是一批铜质牌饰，均为透雕工艺，图案细致而复杂，反映的内容多为羊、牛、马、狼等动物。其中一块双羊透雕牌和另一块牛车载羊羔牌最为生动。这些图案，反映的都是匈奴游牧文化。

魏晋时期的北方，是民族大融合的时期，萧关道沿途成了少数民族往来和驻牧的地方。其中最多的是鲜卑族，如鲜卑部乞伏祐邻率户5000，沿萧关古道进入六盘山区；鲜卑鹿结部7万余落，又屯驻于萧关道所经的高平川（今清水河流域）。

北魏政权建立后，大批鲜卑族人在萧关道沿线定居下来，形成一新的地域文化。其特点是草原文化与中原文化交而未融、汇而未合。1981年于固原县城郊雷祖庙北魏墓出土的描金彩绘漆棺画，即表现出这种特色。画中的狩猎图、漆棺的各种装饰图，都是原汁原味的鲜卑族文化。而另一幅《二十四孝子》连环画，反映的主题是汉族儒家的"孝悌"思想，而其中的人物却着鲜卑服饰。由于油漆工艺精良、绘画艺术高超，色彩历1500年不退，又使用我国古代罕见的连环画表现形式，固原北魏漆棺画已被定为国宝级文物。

唐代是中国历史上最为开放的时期之一，其标志就是中西民族文化的大融合。当时，活动于阿姆河与锡尔河流域的粟特人，以善于经商而闻名。自北朝以来，他们就通过丝绸之路往来西亚和中国之间，其中一部分在丝路沿线定居下，成为中华民族大家庭的一员。1982至1987年间，考古工作者先后在固原市原州区南郊乡发掘隋唐时期墓葬9座，其中6座为史姓家族墓，即"昭武九姓"中的史国人。这是丝绸之路文化在固原的见证。

"昭武九姓"原属月氏人，居住在祁连山北的昭武城，西汉时被匈奴击败，残部西迁至中亚锡尔河、阿姆河流域，汉代以康国相称。这里的原住民为粟特人，月氏人亦融入其中，故史籍亦称其为"粟特人"。隋唐以后，西迁来的月氏人在中亚建立"昭武九姓"国家。对其国名，史书记载不一，通常指康国、安国、曹国、石国、米国、何国、火寻、戊国、史国。徙居固原的史姓家族都属史国人，地当今乌兹别克斯坦南部沙赫里·沙勃兹。经商逐利是粟特人的传统，《旧唐书·西域传》记载，粟特人"善商贾，争分铢之利"。史姓家族的祖先，是穿越古代欧亚内陆及周边国家的国际商人，同时又是中西文化的传播者。

史姓家族墓葬很集中，依次为史索岩墓、史铁棒墓、史诃耽墓、史道洛墓、史射勿墓、史道德墓。研究表明：这6座墓葬分别属于两个家族。他们之间或为子孙关系，或者为叔侄关系。

这两个家族的祖先早在北魏时已迁居固原，北周时已步入仕途，所以不是以粟特商团东迁而形成聚落的方式落籍固原。其实，就粟特人善于经商，且沿丝绸之路东进的势头看，即使进入仕途的粟特人，也是不会放弃经商的。史诃耽从隋开皇年间就入仕中原王朝，供职京师长安，在中书省任翻译。其妻康氏死后，再娶汉族张氏女为妻。6座史姓墓葬规格之高，墓志铭文之详，随葬物品之珍，足以证明墓主生前的显贵身份。

史姓家族墓出土了不少珍贵的壁画，艺术价值极高。同时，还有不少珍贵的器物，有引人注目的罗马金币、萨珊银币、陶俑、瓷器、金覆面、玻璃器、鎏金铜制装饰、蓝宝石印章等中西文化遗物。其中对研究中西文化交流最有价值的是金币和陶俑。陶俑分为武士俑和镇墓兽两大类；镇墓兽造型又分为人面与兽面，造型奇特，颇具异国情调，周身施有精美的色彩，覆有金箔和银箔，显得非常华丽。金币多为波斯古国货币。史姓家族的墓葬及出土文物，同样显示了中西文化在丝路重镇固原的驻足与交流⑬。

须弥山石窟,是点缀在萧关道上的璀璨明珠,为全国十大石窟之一。出固原古城,沿清水河北行55公里,即抵达须弥山。这里是六盘山的余脉,有着黄土高原上独特的景观——丹霞地貌。石窟造像开凿在须弥山东麓,地当丝绸之路必经之地石门关西侧。石窟始创于北魏孝文帝太和年间(477—499),北周和唐代大规模开凿。作为丝绸之路沿线的古文化景观,其造像艺术成就可与山西云冈、河南龙门石窟媲美。

须弥山石窟的开凿,有其深刻的历史背景:一是途经固原的丝绸之路的畅通以及中西文化的融汇;二是源于北魏时期统治阶层的信仰及其崇佛政治环境;三是北周政权奠基人宇文泰对原州(今固原)的着意经营;四是唐代原州政治、军事、经济、文化的繁荣和发展。

须弥,是佛教典籍中的专用术语,通常认为是宝山的意思。佛教经典中所说的须弥山高大无比,是神仙居住的地方。历史上把石门关之侧的山称为须弥山,自然增加了须弥山的神秘性和浓郁的佛教色彩。须弥山之得名,应在须弥山大佛开凿之后。到唐代末年,须弥山之称谓已约定俗成。明代《万历固原州志》在记《重修圆光寺大佛楼记》碑文里,即正式称"须弥山"。

唐代在须弥山建有规模宏大的景云寺。唐朝睿宗皇帝有个年号叫景云(710—711)。因此,该寺极有可能建于景云年间。唐广德元年(763)后,吐蕃占据六盘山地区,毁原州城,丝路交通改走灵州道,须弥山的佛事冷落,景云寺亦被废弃。

宋代须弥山曾有过短暂的繁荣,时间为宋徽宗统治的二十多年间。此后,宋夏关系紧张,战火百余年不息,须弥山东南侧的平夏城(今三营镇黄铎堡村),先被西夏占领,后经一场大战,又被北宋收复建怀德军。为此,西夏民间作《灵芝歌》曰:"唱歌作乐,田地都被汉家占却。"战乱不休,须弥山的佛事自然萧条下来。

明代正统八年(1443),景云寺僧绰吉汪速在须弥山另建佛殿廊庑,之后上奏英宗皇帝,乞望敕赐匾额。英宗允应,遂题"圆光寺"匾。因此,明代须弥山佛事再度兴盛,但主要是修建寺院,而不是开凿石窟。寺院恢复后,来须弥山的信众增多,香火不断;天然的丹霞地貌,赭红色的崖壁上,点缀着一片片苍松;松林之间,分布着蜂窝般的洞窟;洞窟之中，又是用各种佛教造像构成的艺术天堂。所以，须弥山又发展成为一处风景名胜。明清时期的文化人，在游览须弥山石窟、景致之后，也留下许多诗文，载入地方志书中，如《登临须弥山阁》、《须弥松涛》等。

清代初年，西北用兵，须弥山殿阁得不到修缮和管理，直到康熙年间，才有过一次较大规模的修复。

须弥山石窟，是我国开凿最早的石窟之一，北周和唐代都在这里进行过大规模的凿窟造像活动，至今保存有石窟 132 个，其中 70 个洞窟存有雕凿的佛像，保存较完整的洞窟 20 多个。这些石窟分布在山势迂回的八座山峰的崖面上，自南而北依次是大佛楼、子孙宫、圆光寺、相国寺、桃花洞、松树洼、三个窑、黑石沟。远远望去，石窟层层叠架，状如蜂房。

须弥山最著名的造像，是第 5 窟的唐代弥勒佛坐像，高 20.6 米，仪态端庄而安详，系武则天执政时期开凿。佛像占整座山头的上半部分，光一只耳朵就有两人高，一只眼睛足有一人长。这尊高耸的大佛造像虽是砂崖雕凿，但造型和雕凿的刀法却给人以泥塑一样的温柔。大佛造型比山西云冈第 19 窟大坐佛还高 7 米多，也比河南龙门奉先寺卢舍那大佛略高，是全国大型石窟造像之一。

图下 5-5 须弥山石窟大佛造像（唐代） 须弥山石窟文管所提供

第四节　承前启后的灵州道

传播友谊的使节与《行记》　传经播道的僧众及佛寺　灵州道上的商贸活动　民族团结丝路畅通　西夏控制的通辽直路与国信驿道

灵州道从唐大中年间使用至西夏末年，是中原朝廷势力衰弱阶段的中西交通线。这一时期，从长安至凉州南北两道的传统线路，即沿渭河经临洮、沿泾河经原州西去的道路，都因民族关系恶化而受阻。五代时期，岐国李茂贞盘踞陕西凤翔，更是彻底阻断了长安至秦州的交通线。中原朝廷与中亚、南亚及新疆境内的少数民族政权交往，都要取道灵州。因此，灵州道也就成为丝绸之路的主线。它在宁夏丝路交通史中，有着承前启后的作用。日本学者前田正名认为，这一时期的灵州，已成为重要的国际贸易都市，"由于民族战争和政治形势的变化，从灵州经回鹘境而入西域的路线便起着沟通东西的作用"①。

大中十年（856）十月，特勒在安西自称回鹘可汗，并控制了碛西的许多绿洲和城镇。消息传到长安，唐宣宗为了与回鹘恢复友好关系，特意派出使团前往安西"抚慰"。使臣从长安刚走到灵州，就迎面遇到了回鹘派往长安的使节。于是，唐使不再前进，而是调转马头，偕同回鹘使节回到长安。一个月后，唐宣宗又派卫尉少卿王瑞章率使团前往安西，册封其王庞特勒为可汗。可汗的名号，竟然长达16个字。位于吐鲁番盆地的高昌国，王城在交河城，也与中原朝廷关系密切。

唐末五代战乱不休，中原朝廷虽频繁更迭，但也都经常派使团前往西域。此时和中原朝廷交往的国家和地区，比汉、唐要少得多，但居住在天山南北的回鹘诸国却一直往来不断。五代时驻灵州的朔方节度使还有一项使命，就是掌握这些使团的活动并及时报告朝廷。如《册府元龟》卷九八〇《外臣部》就有这样的记载："同光三年（925）七月丁巳，灵武奏：恩赐回鹘王敕书，已送达甘州。"各国、各民族使团进入中原，来时除贡品外，还另外携带大量商品沿途贸易，返回时也是满驮满载。所以，他们实际上也是一个商队。

　　中原王朝派往西域的使团，一般都指定专人撰写《行记》，其中绝大多数已经佚失。从存留的《行记》内容看，有着丰富的文化内涵，不但记录了当时的交通及行程，还有地理环境、城镇、物产、古迹、民族关系、民俗民风……都是作者亲自经历，所以既真实又珍贵。记录灵州道的《行记》，有《高居诲使于阗行记》、《和田文书》、《钢和泰藏卷》、王延德《西州使行程记》、《继业行程记》等。

　　欧阳修主修的《新五代史·于阗》卷七四四，记录了后晋派使团出使于阗的全过程。于阗位于今新疆南部的和田地区，是丝绸之路通往南亚、阿拉伯各国的必经之地。公元 9 世纪初，回鹘西迁，其中一支迁至于阗以西的新复州，并逐步控制了南疆各地。五代时，这里建立了一个以回鹘族为主体民族的政权。因回鹘世代与唐朝李氏政权联姻，所以其国王取名李圣天。公元 938 年，李圣天派出庞大使团出使定都开封的后晋。使团规格很高，正使为检校太尉马继荣，副使为黄门将军、国子少监张再通，殿前承旨、通事舍人吴顺规任监使。使团带着红盐、郁金香（香料）、玉石、白氎等名贵土特产，沿天山南道、河西走廊、灵州道到达洛阳，将"贡品"呈送给后晋皇帝石敬瑭。

　　于阗李氏政权当时是西域大国。石敬瑭见有大国来贡，高兴不已，立即决定派使团前往于阗回报友好之意，并"册封"李圣天为"大宝于阗国王"。使团以供奉官张匡邺任鸿胪卿、彰武节度判官高居诲充任判官。后晋天福三年（938）冬十二月，使团从开封出发，返回开封已是天福七年。高居诲于沿途边走边记，录下程途及所见所闻，后世称《高居诲使于阗行记》。

　　这个使团经长安走到灵州，北渡黄河后折向西，"行三十里始涉沙入党项界"。此后一段路程，沿途地名都带"沙"字，如"细腰沙、神点沙、三公沙"等。这段文字，记录了五代时宁夏因气候干旱引起土壤沙化、沙漠扩大的真实情况。如从环县的甜水堡向北，唐代尚且水草丰美，而到五代就形成了"七百里旱海"，地跨今盐池、同心、灵武三县。又如灵州渡河才 30 里，即今青铜峡峡口的河西，就已被沙漠侵蚀。在唐代，从这里沿黄河外侧经广武、枣园、渠口、石空，一直到中卫市，各种文献都无沙漠的记载；而从高居诲的《行记》看，这 150 公里绿洲都已变成沙漠。

这份宝贵的文献证实：宁夏受全球大气候影响，在唐末五代进入干旱期，腾格里沙漠也向东扩展。高居诲一行过河的地方在今叶盛与小坝之间，西行30里，就有沙漠出现，而且越向西沙漠面积越广。零星沙漠之间的绿洲，居住的都是党项族。而到了三公沙，则是月氏族都督的牙帐，使团在此过了一夜。再西行400余里为黑堡沙，即今甘肃民勤县黑山头一带，沙漠面积更广。然后登沙岭，就到了党项族的牙帐，其首领叫"捻崖天子"。再西行过白亭河，又两日即达凉州。凉州到甘州（今甘肃张掖市）500里，属河西走廊，有传统的交通大道，行走顺畅。

高居诲在《行记》中还记录了马、驼过戈壁的办法。戈壁的形成，是因长年不断的大风，把沙、土都刮走，地表只剩下大小不等的石块和砾石。马匹和骆驼行走其间，蹄掌极易受损，加之没有水草，所以万分艰辛。进入戈壁之前，首先要制作"马蹄木涩"：找来木板，锯成马蹄形，凿4个小孔；马蹄也在相应位置凿4孔；使用时用细绳将二者连缀拴紧。它实际是一个木质马掌，用来保护马蹄不被砾石硌坏。1匹马4只木涩过不了大戈壁，还要有若干备用。至于骆驼蹄，则各包一块牦牛皮，用细绳扎紧予以保护，备用的牦牛皮块当然更多。使团从沙州出阳关进入浩瀚无垠的"大沙海"，尽管他们离开沙州时带了很多水，但人喝马饮，才到仲云界，尚未走出罗布泊，水就已经用光。一行人渴得口干舌燥，心如火焚。最后想出个办法：选湿沙地刨个坑，人脱光衣服躺进，再把湿沙堆在胸部"疗渴"。

他们行抵于阗，共历时2年，平均日行不到20里，共计行程9700余里。李圣天接受册封后，又回赠使团很多礼品，其中仅和田玉达1000斤，还有玉印、降魔杖等工艺品。高居诲在《行记》中说，和田玉名扬天下。于阗国有3条河产玉石，而颜色各异，分别叫白玉河、绿玉河、乌玉河。其中以白玉河的羊脂玉为最佳。夏秋两季河水大，无法采玉。待秋后水落而石出，先由国王及王室成员采捞玉石，随后是其他官员。待他们捞足尽兴后，才轮到民众去碰碰运气。玉石也是于阗最重要的出口商品，每年都有很多玉石沿着丝路进入中原。

　　五代到北宋初年，居住在贺兰山麓的回鹘部落，也经常使用灵州西域道，来往于灵州、于阗之间。今收藏在法国巴黎博物馆的《和田文书》，共 7 件书信。其中第 6 件、第 7 件是朔方王子（居住在贺兰山麓的回鹘王子）写给他母亲及于阗王的家信。信中说：他自己正和于阗的两个僧侣为伴前往朔方（灵州）。从第 4 件书信看，他是作为于阗的使节前往灵州与党项族统治集团联系的，但走到甘州遇到大麻烦，200 匹丝绸被抢劫一空，充作交通工具的马、驼悉数倒毙。敦煌莫高窟第 45 窟有一幅壁画《胡商遇盗图》。朔方王子的遭遇，与画中"胡商"一样。

　　沙俄人钢和泰收藏的敦煌失散文书《钢和泰藏卷》，则是一个外交使团使用灵州西域道的《行程记》，共记录了从和田到灵州的 51 个城名。这个使团共 10 余人，由多个民族组成，能够确定的有汉族、藏族各 2 人，回鹘、碾伯族各 1 人。

　　北宋太平兴国六年（981）五月，宋太宗赵炅派供奉官王延德出使高昌（今新疆吐鲁番），走的是经过绥州、夏州的辅道和回鹘道。王延德将沿途见闻，写成《西州使行程记》。《宋史·外国八》（中华书局点校本）中的"高昌国"，共 59 行文字，其中 51 行直接引用王延德的原文。王延德此行的时间，正值西夏兴起。西夏的主体民族是党项族。王延德记录了两个党项部落与丝路交通的关系。

　　一个部落叫"都啰啰族"，凡有"汉使过者，遣以财货，谓之打当"。这种"打当"，在《新五代史》、《宋史》中有多处记载，相当于行旅的食宿费，不值几何，说明这个部落对丝路上的过客已习以为常。

　　另一个部落叫茅女喝子族，居地濒临黄河渡口。他们使用两种过渡方法：一种是"以羊皮为囊，吹气实之浮于水"。这就是宁夏平原 1000 多年来一直在使用的羊皮"浑脱"。若干浑脱组并，就成为羊皮筏；第二种方法是"以骆驼牵木筏而渡"。河套地区的黄河，水面宽在 1000 米左右，光是绳索入水后的阻力就大得出奇。党项人到底用什么妙招牵渡，王延德未记。询问一些老渡工，皆不得要领。

　　北宋乾德二年（964）、四年，宋太祖赵匡胤派高僧王继业、行勤，分两批率僧众赴印度取经，他们也都写了行程记。前者叫《继业行程记》，后者叫《西天路竟》。不过，他们都从灵州写起，对灵州道一笔带过，重点是写凉州到印度的行程。

那些传经播道、有意无意肩负中西文化交流的僧道、教士，也是灵州道上常见的过客。据《宋史·天竺传》载，北宋雍熙年间（984—987），婆罗门（古印度国名）佛教高僧永世和一个叫阿里烟的"波斯外道"，一同抵达开封府。宋太宗赵炅在御殿接见，问及程途，永世回答说："行经六月至大食国，又两月至西州（今新疆吐鲁番），又三月至夏州（今陕西靖边县北）……"显然，他们走的是灵州至夏州的辅道。

《宋史·回鹘传》对这件事也有记载：永世、阿里烟到西州后，再未找向导，而是跟随回鹘入贡使团抵达开封。此行中的"波斯外道"，可能是伊斯兰教的传教士。两种宗教的代表，一道越过千山万水抵达中国，也不失为一段佳话。

至于中国佛教徒从灵州道去印度取经的，则不胜枚举，有时一行就有数百人之多。其中影响最大、人数最多的，是北宋初年王继业和行勤率领的两支取经队伍。

赵匡胤建立北宋政权后，为使天下归心，弘扬人心向善的社会风尚，多次派僧众赴印度取经。乾德二年（964），赵匡胤诏令高僧王继业率沙门 300 人赴天竺求取舍利和贝多叶书。王继业是耀州（今陕西耀县）人，在东京天寿院为僧，法名"继业三藏"。

舍利是梵文 Sarira 的译音，意译为"身骨"或"佛骨"，指死者火化之后的残余骨烬，通常称释迦牟尼的遗骨为佛骨或舍利。相传释迦牟尼火化后，有 8 个国家的国王分取到舍利，各自建塔供养。此后，供奉舍利便在佛门风行。贝多叶书就是写在树叶上的经书。古印度尚未学会造纸，就以一种叫贝多的常绿树叶代替纸。这种树高六七丈，树叶与芭蕉叶一般宽大。印度人把它晒干、切成比竹简约宽一倍的长条，当作纸张使用。

王继业一行因为人多，而且是奉诏而行，在国内各州县还有地方官照顾，人身安全、花费都不成问题。尽管如此，仍然用了 13 个年头，回到开封已是开宝九年（976），赵匡胤刚刚"驾崩"归天。他们共取回《涅槃经》42 卷，今人称"四十二章经"。王继业在每卷之后，分别记录沿途行程。这就是范成大在《吴船录》中转录的《西域行程记》：从灵州西行，经凉州、甘州、肃州、瓜州、沙州等州，过伊吾、高昌、焉耆、于阗、疏勒等国，又南至中印度……渡恒河……最后抵达印度最南端临海的那兰陀寺。

王继业出发的第三年，即公元 966 年，赵匡胤又派 157 名僧众去印度求取佛经。为首的高僧法号行勤。他们前后分两批出发。这个错误的决定，使他们险遭无妄之灾。第二批 60 余人和 200 多名回鹘商人结伴从灵州出发，刚走到凉州，就被当地的吐蕃部落劫持。行勤及所率僧众，带着宋朝赐给大食、天竺等国皇帝的珍贵礼品，回鹘商人则在中原采购了大量商品，自然成了劫掠的对象。这些部落抢劫的目的主要是钱财，至于行人，则将其中的青壮劳力卖到其他部落当奴隶，换回牛羊。

这批僧人正在为前途担忧，谁知有佛祖保佑，他们竟然毫发无损地被释放了。原来，此时西凉府的最高行政长官叫折逋葛支，原是吐蕃上层人士，在族中颇有威望。他刚被宋朝任用，为取得朝廷信任，便说服部族头领将这批僧人和回鹘商人一并释放，发还钱物，还派兵护送 500 里至甘州，然后派信使将经过情形上奏朝廷。赵匡胤闻报，特下诏予以"褒答"⑮。

行勤还肩负着北宋朝廷交给的外交使命，走过许多国家。《宋史·外国六》中的大食国、天竺国都曾记载他的外交活动。他路过大食国（古阿拉伯帝国），向国王呈上"国书"及礼品，转告宋朝皇帝友好交往的意愿，还介绍了中国的国情。大食国王十分高兴，立即派出使团前往中国，北宋也派使团回访。从此之后，两国交往不断。

1020 年，西夏主李德明不准大食国继续使用灵州西域道。此后，宋与阿拉伯帝国交往，曾一度使用经过临洮、青海的"青唐路"。南宋偏安临安之后，青唐路也被西夏控制了，宋朝不得不开辟海上丝路。大食国就是海上丝路开辟后，与宋朝交往最多的国家。据《宋史·大食国》记载，通过使团传到中国的大食商品，如白砂糖、蔷薇水、千年枣、红驼毛、蕃锦……足有上百种之多，都是中国罕见之物。宋朝则回赠丝绸、瓷器、袍带、器械等。因此，对搭建中国与阿拉伯帝国的友谊之桥，传播世界文明，行勤功不可没。

对行勤这支取经队伍的行走线路，《宋史·外国传》中有几处零星记载，互不关联。但是，在敦煌石窟流失海外的文物中，却能找到珍贵的原始记录。英国伦敦大不列颠博物馆有一件藏品叫《西天路竟》，系中文写本，全文 19 行，约 400 字，书写纸张规格为 30×42 厘米，系斯坦因从敦煌石窟取走。"西天"指印度；"路竟"即路境，指中国赴印度的行程。写本第一句便是"东京至灵州四千里地，灵州西行二十日至甘州"。随后过酒泉，出玉门关，过焉耆、龟兹、于阗、割禄、布鲁沙、大食……最后抵达天竺国西南临海的佛教胜地宝陀落山。《西天路竟》用的纸张，显然是行勤等僧人出发时所备。

丝路的主线，一般都开凿有佛教的石窟，灵州道也不例外。宁夏中宁县老石空堡，唐朝在此设丰安县，又置丰安军，是灵州道的必经之地。其北侧有大佛寺石窟，始凿于唐末，即灵州道开通之后。这座石窟群连绵 1 公里许，宛然一个小敦煌，但绝大多数石窟至今仍被风沙掩埋着。当代有几窟重见天光，窟中的壁画、飞天，或随墙皮脱落，或已黯然失色。唯出土的 200 多尊造型生动、表情丰富的泥塑佛像尚且完好。

图下 5-6　非洲黑人造像（宁夏中宁石空寺石窟出土）　薛正昌摄

经考古部门鉴定，石窟的壁画、铺地砖，皆为唐代之物。佛像的塑造时间少数为元代，多数为明代。其中的佛祖释迦牟尼、南海观世音，都拘泥于传统形象，并不生动。而对其他佛像，雕塑家则放开手脚，大展才华。有两尊印度僧人像，都是皮肤黝黑，体态微胖，高鼻圆眼；一个正襟危坐，双目正视，似在聆听高僧讲经；一个悠闲自得，双目侧视，似在观赏武僧习武。他们的服饰，显然都具异国情调。那些汉僧，有的慈祥敦厚，有的托腮闭目养神，有的食指挠痒略显调皮，有的满脸苦涩好像历尽人世沧桑。他们都是丝路经过这里的见证者。

从石空石窟再向西 75 里为中卫市，唐后期置雄州，元代改应里州。中卫市老城内有座叫高庙的古建筑群，由保安寺、南天门、高庙三部分组成。楼台亭宇，建筑宏伟，错落有致。其中的建筑艺术、砖雕，更是引人入胜。高庙始建于明代，现存建筑融合佛道两教风格。它曾毁于火灾，其前身为保安寺，只是佛教一家的活动场所。"保安寺"一名，源于北宋初年。按《太平寰宇记》的记述，北宋初年将灵州所辖各县降为镇，中卫这个地方，当时叫保安镇。因此，高庙中的佛寺，也许源于北宋初年或更早。

灵州道自开通以来，就是一条朝贡之路、贸易之路、文化之路。除丝绸之外，中国运销到西方的还有铁器、漆器、茶、瓷器等，西方输入的商品有农作物、金银器、珍宝、香料、玉器、玻璃器等。还有新疆、青海、河西走廊少数民族地区输入的玉石、马匹、土产。

朝贡贸易是过去学术界常用的提法。中国历代封建王朝把外国使团来访并带来礼物叫"朝贡"，把中国使团送给外国的礼品叫"赏赐"或"回赠"。实际上，这属外交活动中的"礼尚往来"。所有的外交使团，还要另外携带大量商品，在沿途或目的地出售，然后又大量采购异国奇珍运回。因此，这种商品交换活动，应属国家之间的贸易。其特点，一是由外交使团兼任之，二是商品价值高而珍奇。唐末五代至宋代，中原朝廷国力不强，与亚欧各国的直接交往几乎断绝。北宋有所恢复，但交往多的只有大食和天竺国。

与天竺国的外交活动，在唐乾元末年（760）即已中断。五代时期，只有后周广顺三年（953），西印度僧人萨

图下 5-7 藏传佛教造像（宁夏中宁石空寺石窟出土）薛正昌摄

满多等十六族"来贡名马"⑯。北宋与天竺的外交活动，一般由朝廷派出的取经高僧兼任。乾德三年（965），沧州僧圆道取经回到开封，带回一枚舍利及盛放它的水晶器，还有经书40夹。

搭建北宋与天竺友谊桥梁者，当首推前面已介绍过的僧人行勤。他代表宋帝向古印度诸国的国王表达友好之意，当然也带着贵重的礼物。《宋史·天竺》只提到一件"金刚吉祥无畏坐释袈圣像袈裟"。有的国王派僧人回赠舍利，有的国王"诏谕其国令人引导之"。此后，天竺僧人携梵文经书来献者不绝于路，甚至有东印度王子携重礼入宋"朝贡"。至道元年（995）后，西夏政权奠基人李继迁率部由夏州东进，灵州道沿线成为一片战火。北宋与天竺的交往基本断绝。

宋代史籍中的大食国，即阿拉伯帝国。北宋、南宋与大食国的交往最多，其功劳也应首推僧人行勤。《宋史·外国六·大食国》载："乾德四年，僧行勤游西域，因赐其王书以招怀之。开宝元年，遣使来朝贡。四年，又贡方物……"此后，大食国王几乎年年派使团"贡方物"，包括花锦、拣香、白龙脑、白砂糖、蔷薇水、琉璃器、眼药、腽内脐、龙盐等数十种，都属中国稀罕之物⑰。

国际关系都是礼尚往来，北宋朝廷肯定有大量回赠，但史籍记载极少，只有一次记载有丝绸、袭衣、器币。至道元年（995）后，灵州道交通中断，大食国"舶主"从海路携带大量商品从广州登岸。此后，宋朝与大食的交往全部改走"海上丝路"。

中原朝廷与欧亚各国的直接交往不多，但在新疆的回鹘政权却架起了沟通的桥梁。五代时，以高昌为中心，有西州回鹘；以甘州为中心，有甘州回鹘；于阗、龟兹两国，也属回鹘政权。北宋时，又增加了黄头回鹘。回鹘人继承隋唐之际中亚粟特人的专长，在中国和欧亚各国间充当商品的"二传手"，从事转手贸易，或充当各国商队的向导、翻译。加之贺兰山麓居住有四个回鹘部落，所以这些商队大都走灵州道。

回鹘商队启程时，带上新疆的和田玉、皮毛制品、土特产，运到中原各地贸易；返回时，再买上丝绸、瓷器、茶叶及西域各国罕见的商品，运到中亚、南亚、西亚乃至红海、地中海沿岸销售；再从这些国家买上特产，如香料、药材、工艺品、珍珠玛瑙、硇砂、羚羊角、波斯锦、大硼砂、象牙、乳香，运到中原交易。

由于灵州道的辟通，朔方雄镇又成为西北的国际商贸重镇。西域各国商人进入中原，首先在灵州出售他们的商品，返回时，又在灵州进行最后的集中采购。各国的使节进入中国，也都携带大量商品沿途出售，返回也是满载而归。后晋、后汉因进入中原的回鹘商人实在太多，以致成患，朝廷曾禁止他们到民间私下交易，只许在固定的市场贸易。后周解除禁令，采取"听其私下交易，官中不得禁诘"的放任政策，导致玉石及其制品价格暴跌，"十损七八"。

河西走廊、新疆的回鹘政权统治者，也一直和中原朝廷交往。北宋乾德年间（963—968），段思恭任灵州知州，有回鹘使臣入贡抵达灵州城，在市场出售硇砂。硇砂是一种矿物，可入药，中医用作消积软坚，主治目翳胬肉、鼻痔、面痣、疔疮等症。段思恭派部下购买，与回鹘使因价格发生争执、斗殴。段不问情由，把回鹘使囚禁起来。回鹘王得知，来信质问。段自知理屈，不作答复。此后，回鹘数年未派使节入贡。本是一桩小买卖，却导致两国交恶。这件事被写入《宋史》，说明"数年不朝"是极不正常的例外之事。

灵州道上批量最大的交易商品是马匹。新疆、河西走廊各地畜牧业发达，盛产良马。新疆的大宛马、乌兹别克斯坦的汗血马、青海的河曲马，都是享有盛誉的良马。五代的梁、唐、晋、汉、周及北宋朝廷，还有各地的割据政权，为了壮大骑兵队伍，都竭尽全力采购西域马。后唐明宗在位时（926—933），只要是西北进来的马匹，不分优劣，一概买下，而且价格优厚。见有利可图，许多回鹘、党项族人都转业当马商。他们赶着马匹到中原的京城，朝廷盛情款待，不但高价买下马匹，还支付往来的食宿费。凡有马匹多的马商到达，唐明宗都要在御殿接见，然后"劳以酒食"，给予重赏。重赏之下，马匹沿灵州西域道如洪水般涌进，"蕃部羊马不绝于路"。

为了支付马价，朝廷每年耗银数百万两，致使国库空虚。一些大臣上奏，请朝廷禁止马匹交易。但闸门一旦打开，洪水很难堵住，朝廷只好再下道命令：一律在灵州交易并结算马价，不得进入内地。然而，灵州道上仍是马群源源不断。此时，冯晖在灵州担任朔方节度使，是朝廷竭力笼络的一支割据势力。他为了扩充军队及转手牟利，也不断购买马匹，每年可得良马 5000 匹。

这种大规模的马匹交易一直延续到北宋初期。北宋朝廷数次派人取道灵州至河西走廊一带买马，每次都达数千匹。其中一次派殿值丁惟清到凉州购马，当地时逢丰年，雨水丰沛，草多马肥，尽管已买足 5000 匹，吐蕃民众仍不让丁惟清上路返回。

唐末五代至北宋初年，灵州西域道作为丝路主线，行旅安全却经常得不到保障。主要原因是朝廷对沿线的少数民族聚居区治理不力，百姓贫困，民族关系紧张。而灵州南至环州、西至凉州，沿线都是党项、回鹘、吐蕃部落，行旅走过，如遇归顺朝廷的"熟户"，可以食宿、打尖，虽然要按惯例掏钱付"打当"，但数目合理，也就相当于饭钱和宿费。如果遇上不相统属、专与官府作对的部族或"生户"，命运就难测了。

其中最险恶的一段是灵州以南 200 里的青冈峡。这里"山高皇帝远"，都是谁也管不了的"生户"，一度恶化到"商旅行必以兵"护送（《新五代史·冯晖传》）。否则，轻者钱财被抢，重者有性命之虞。后唐清泰二年（935）七月，因回鹘使团入贡，要求派兵保护，朝廷竟然大动干戈，命令邠、泾、鄜、耀四州分两路往灵州接应。一路从今甘肃庆阳北上，一路从今陕北向东。这个使团返回，又派重兵从关中护送到灵州。后唐明宗时，沿路"生户"增多，每当外国使团路过，"辄邀击之，执其使臣，卖之它族以易牛马"（《新五代史·四夷附录第三》），令人闻之胆寒。后晋朝廷派武将康福带兵赴灵州任节度使，"生户"竟胆大到群起而攻之。康福指挥部下反击，缴获玉璞、珍宝无数。后来专门派药彦稠率兵清剿，又缴获大量珍宝玉器，其中还有回鹘使团准备献给秦王重荣的"金装胡录"（武将装箭的镀金箭室）。这类工艺品在民间少有，当然都是从使团或商队中抢劫而来。

五代十国，中原朝廷战乱不休，常常无暇顾及灵州道的行旅安全问题，但只要稍有喘息，就不会对此坐视不管。采取的主要对策有三：

第一，派得力武臣经营灵州。后梁、后唐先后以韩逊、韩澄父子任灵武节度使，加官检校太尉、同平章事、中书令。后晋以康福继之，在任 3 年，"西戎皆款附"，"每岁大稔"，粮食多得仓库装不了，马匹多得厩中圈不下。有人忌其治理之功上谮言，皇帝轻信将康福调离，由张希崇接任。张死在任上，又调义成军节度使冯晖继任。冯晖颇具才能，又有谋略，"广屯田以省转饷，治仓库、亭馆千余区……"他组织士兵屯垦，不再从内地转运军粮，又在丝绸之路沿线修建上千座亭馆，解决行旅的食宿、休息问题。境内得到"大治"，中西交通也就畅通无阻。冯晖深得民心，逐步成为朔方军镇的割据势力。北宋初的朔方节度使冯继业，也是其后裔。

第二，派兵镇压。后唐长兴三年（932）二月，灵州道的方渠县青冈峡，发生党项族杀掠回鹘入贡使事件。唐明宗闻讯动怒，当即诏令静难军节度使药彦稠、灵武节度使康福率兵镇压，还特许"所获与士卒分之"。皇帝竟然命令军队去民间抢劫，以鼓舞"士气"。药彦稠率部在方渠（今甘肃环县）一带大肆杀戮，"尽诛其族"，然后肆意搜刮财货。因为是皇帝诏许，这种杀人越货行为也就合法化了。

第三，安抚少数民族上层人士。冯晖担任灵武节度使后，首先对少数民族的上层人士进行收买、分化，"推行恩信"，使"部族怀惠"。党项族最大的一支部落，首领叫拓跋彦超，在各部中威望最高，不管说什么，"诸族向背皆从"。冯晖亲自把拓跋彦超接到灵州城，住进专门建造的豪华府第，衣食住行，供给丰厚。加上境内治理有方，民众生活安定，各部族都停止抢掠，冯晖也"恩信大著"。张希崇任灵武节度使期间，采取"招辑夷落"的政策，导致"回鹘、瓜、沙皆遣使入贡"。对少数民族的团结、安抚、让步，既改善了民族关系，也保证了丝绸之路的畅通。从历史的进程看，这才是几种对策中的上上策。

西夏政权建立之后，其境土东至晋、陕间的黄河，西尽玉门，南极萧关，北控大漠。到中后期，又控制了今青海省全境。因此，丝绸之路国内部分的东段、中段，全部在西夏掌控之中。西域各国商队要从陆路进入中原，必经西夏，而西夏要按 1/10 的比例抽取过境税，从中取得巨大利益。宋、辽、金、回鹘等政权互相交往，也必须经西夏同意。而西夏与上述政权往来，则以灵州道为骨架，另辟若干辅道。

其中一条为通辽直路。辽的主体民族契丹为游牧民族，当取得幽、燕、蓟十六州农耕区后，尤其是辽朝建立后，契丹社会发生了巨大变化，在境内出现了城市，皇都上京临潢府（今辽宁巴林左旗南）应运而生。西夏在应对宋朝的过程中，采取联辽攻宋的策略。在这个背景下，由西夏都城兴庆府（今宁夏银川）直达辽国上京的通辽驿道不但得以开通，而且军事与文化意义十分重要。曾巩在他的《隆平集》卷二十里就有记载，说西夏人从都城兴庆府过黄河向东北方向，"十有二驿而达契丹之境"。《辽史·地理志五》在河清军（今内蒙古鄂尔多斯市东北）下有注文："西夏归辽，开直路以趋上京。"清代人张鉴《西夏纪事本末》所附《西夏地形图》（题注出自范仲淹的《范文正公集》），标出十二驿站的名称和位置，宛如一条直线。

这条直路，开辟于西夏向辽国称"臣"之后，即 1022 年李德明筑兴州城之后，可从西夏都城兴庆府（治兴州，今银川市兴庆区）直达辽都上京临潢府。当时辽国设上京、中京、西京、南京、东京五道，土地面积广大。以上京为中枢，各京之间道路通达，沿途均设有馆驿。西夏与辽的交往，从辽将公主嫁给李继迁即已开始。西夏不但经常给辽送去很多"贡奉"物资，而且每年还有 8 个节日必须送贺礼。所以，通辽直路也是商贸之路。从《辽史·属国表》看，波斯、大食、于阗、高昌、回鹘、吐蕃都经常遣使向辽入贡。这些使臣也都假道夏国走通辽直路。有一次，吐蕃使节欲假道入辽，西夏主李德明不允，竟引发一场大战。辽主亲率兵 50 万佯言出猎，进攻西夏的河套地区北部。西夏全国动员应战，才得以击退辽兵。

另一条叫国信驿道，也是宋夏时期从灵州道分支的一条重要辅道。它从西夏都城兴庆府向东，经盐州、夏州、延州直达宋都汴梁。

西夏与北宋时战时和，但相互交往从未间断。北宋每年都要给西夏王室大量"岁赐"物资，包括银两、茶叶、丝绸、工艺品及各种奢侈品。1044 年后形成定制，每年赏赐银 2 万两、绢 2 万匹、茶叶 3 万斤……除银两外，物资总价值达 25.5 万缗（1000 文钱为 1 缗）。西夏每年向宋朝的贡献商品，以马匹、骆驼等家畜居多。双方的使臣，也经常来往于汴梁、兴庆府之间。为了适应这些交往，两地之间特开辟了一条"国信驿道"，沿途设有驿站，其中西夏境内有九驿。

第五节　继往开来的六盘山道

三关口石刻与碑铭　古人笔下的六盘鸟道

　　丝绸之路的六盘山道，经历了元、明、清三朝，延至民国年间，它又从驿道演变为大车道，进而拓宽成为公路。1981 年国家规划公路网，它又成为全国最长的国道——312 国道（上海至霍尔果斯口岸）中的咽喉。而这条国道，又是新欧亚大陆桥的组成部分。乘汽车从上海出发，向西横穿神州大地，从霍尔果斯进入哈萨克斯坦，再经俄罗斯、白俄罗斯、波兰、德国，可直达荷兰鹿特丹港。从元代丝路改经六盘山，到新欧亚大陆桥的贯通，是一个继往开来的历程。在这个历史进程中，无数文人骚客、名人志士走过六盘山道，或赋诗作对，或勒石志碑，或在《西行记》中留下浓重的笔墨，组成丰富多彩的六盘山地域文化。

　　三关口，古名弹筝峡，在今泾源县六盘山镇蒿店之西 300 米。弹筝峡一名首见于郦道元的《水经注》："泾水经都卢山，山路之内，常有如弹筝之声，行者闻之，歌舞而去。又云弦歌之山。峡口水流，风吹滴崖，响如弹筝之韵，因名之。"这里山势雄峻，泾水的东源颉河夺路而出，形成只有 30 多米宽的峡口。因地当交通要冲，古时控萧关、六盘关、制胜关之口，故俗称三关口。

　　三关口是宁夏摩崖石刻最集中的地方。古丝路从颉河南岸蜿蜒而过。而北面的高山，好像用巨斧劈成一道垂直的绝壁，不沾尘土，不生草木，是题刻留字的绝好地方。北面峭壁之上，现在仍存有四款摩崖石刻，即"山容水韵"、"山水清音"、"峭壁奔流"、"泾汭分流"。据清末宣统年间（1909—1911）成书的《固原州志》记载，这里还有"控扼陇东"、"山明水秀"等摩崖石刻。还有一款"萧关锁钥"的大字石刻，道光末年（1850）成书的《度陇记》说"书于北壁"，是作者董醇现场所见。而宣统《固原州志》成书时，就"仅存锁钥二字"，萧关二字只是"土人云早年见之"。萧关是关中北面雄关，而弹筝峡又是萧关锁钥，其险要程度可想而知！董醇的评价是："一夫任之，万夫莫开。"

三关口又是宁夏留存碑铭最多的地方。直至今日，当地仍有经岁月磨洗掉字迹的"无字碑"遗弃在路边，仅剩碑座的图案依稀可辨，当地百姓说它是金佛峡碑。金佛峡是唐代称谓，此说亦似乎有理。而收藏进博物馆的碑铭，都与左宗棠进军西北、修筑三关口车道有关。

一是魏光焘所写《三关口峡道碑》。清同治十年（1871），左宗棠率清军离开甘肃平凉前往镇压河州回民起义时，留魏光焘以庆、泾、平、固观察使身份驻军平凉，以确保清军粮道畅通。清光绪元年（1875）春，魏光焘重修三关口车道。这段道路所经，都是山高壁峭的险隘之地，"峭壁夹流，蛟龙出没之薮，豺狼丛伏之区也。春冬则冰凌滑折，夏秋则雨潦汹涌。而地当冲要，往来如织，马蹄车轮，辄事倾陷，是以行者苦之"⑱。虽道路险阻，人马却络绎不绝。魏光焘决定修筑三关口车道，"凿石辟山，阨者坦修，陂者凸平"，险而高的地方铲修，低而沟谷的地方垫平。"余捐廉厔具，督勇鸠工"，基本是用募捐的钱来购买劈山修路的工具；人力主要是军队。修筑的道路以三关口为中点，向东西延伸30里，使丝路面貌焕然一新。工程竣工后，魏光焘亲撰碑文，勒石立碑于三关口，名为《三关口峡道碑》。

二是吴大澂所写《三关口修路碑记》。吴大澂（1835—1902），江苏省吴县（今江苏苏州）人，字清卿，号恒轩，是清末金石学家、文学家、大收藏家，清同治七年（1868）进士，出为陕甘学政，曾办理北洋军务，官至广东巡抚、湖南巡抚。中日甲午战争后，吴因兵败被革职。吴氏精于古文字学、金石学。喜搜集钟鼎、玺印、陶器、货布等文物，书法亦佳。光绪元年（1875），清政府任命左宗棠为钦差大臣督办新疆军务，率大军平定有俄、英支持的阿古柏叛乱。为了保证大军的粮草、军械运输，左宗棠令部下将西安经六盘山至安西的道路重新整修，其中三关口一段是重点。

工程竣工后，吴大澂采风路过，看到这段奇险的道路被修拓得很好，方便了官府和民间的往来，遂勒石记其事："行人蒙福，去就安稳。督学使者吴县吴大澂，采风过此，美公仁惠，勒石记事，以示来者。"

当时将碑立在三关口崖壁下道路旁。碑文刻在 4 块高 127 厘米，宽 76 厘米，厚 10 厘米的青石上，用隶书撰写，布局十分精美。清代后期的书界，帖学日趋衰微，碑学大兴，学书者莫不究心于秦汉及南北朝碑版，尤其是篆刻艺术，高潮迭起，大师辈出，流派纷呈。吴大澂的《三关口修路碑记》，是清代后期篆刻艺术碑中的佳品。中锋行笔，雄健有力，字体方圆多变，融篆隶楷于一体；结构匀称，凝练遒劲，刚柔相济，雄阔深厚，别具一格。

第三座碑是《增修三关口车路记》。两年后的 1877 年，魏光焘再率僚属前往三关口，"周历上下，相度奇险"，考察修筑三关口道路的情况，看到吴大澂赞美他的碑文，说"余惭甚"。于是，魏光焘决定再度"增修"（拓宽）三关口的大车道，竣工后又撰文为《记》，勒石立碑于道旁。其文曰："于关口导流，巡北傍南，辟峡垠，展砌为路，剔祛沙砾，掏浚及底。甃石胶灰，层垒坚筑，除成康庄。……缭以护垣，根深三尺余，面容两辙裕如也。"⑲

此外，在清末，这里还立有《三关口峡道碑跋》、《重修三关口关帝庙记》等碑石，皆存留于世。

三关口能成为宁夏的摩崖石刻、碑铭"博物馆"，与这里的古道密不可分。颉河南岸山脚下，一径蜿蜒，盘旋而过，一遇山洪，道路即毁。毁了修，修了毁，年复一年，永无止境。对这段道路的险和难，也多有文字记述。道光二十五年（1845），清廷户部主事董醇从北京出发到兰州公干，往返都经过这段山路，返京后写成《度陇记》。书中描述三关口的道路状况说："望前途几疑无路，至此两壁如门，仅可容轨。急流奔突而来，插木堰土以通行人，转似与水争道

图下 5-8　清代吴大澂《三关口修路碑记》
固原博物馆提供

者……奔流东注，驿马西驰，并道分趋，纵横无定。或履草桥蹈垒石以跨之，或陟峻坂摩崖坡以避之。备诸艰险，不寒而栗。"

这段文字，真实记述了当时的道路修建工程：插木堰土，是说用木桩在河岸边稳定路基；履草桥蹈垒石，说明有很多简易小桥涵；仅可容轨，说明是一条很窄的车道；而道路时而上陟坡拐急弯，时而上摩崖临深渊，当然会令人胆战心惊。从三关口东至宁甘省界，西到瓦亭（汉萧关）40 余里行程，完全是在与水争道，"春冬则冰凌滑折，夏秋则雨潦汹涌，马蹄车轮，时辄倾陷"。

广义的六盘山是关中以西的山脉，古称陇山，自北而南跨越宁夏、甘肃、陕西三省区，南北绵延 240 公里。其中宁夏境内 110 公里。主峰古名美高山，今音讹作"米缸山"，在隆德与泾原间，海拔 2942 米。其北侧为第二高峰，即狭义的六盘山，海拔 2928 米，丝绸之路即从此处逾越。山顶在唐代置六盘关，置兵戍守。上山之路，曲折险峻，盘旋有六，故名。宋代置六盘关寨。元代以后设驿亭，为行旅歇息之所。驿亭有几幅著名楹联和匾额，如：匾额"六盘古塞"，为陶模书；楹联"陇干最险无双地，天下难行第一山"，为杨昌浚书。还有楹联"峰高华岳三千丈，险据秦关二百重"、"绝岩排空扼秦陇，东衔锁钥镇兰岷"，以及匾额"陇干锁钥"，皆不知为何人所题。这些墨迹，反映了六盘山道的雄、奇、险、要和难，是经过提炼的文化沉积。

丝路自东而西翻越六盘山的越岭线从和尚铺开始，上山 20 里，下山 15 里。由于山陟坡大，道路崎岖曲折，加之海拔高，气候变幻无常，所以古人又将这段路称作"六盘鸟道"，形象地概括了山路的崎岖险阻，难以逾越。六盘鸟道，又是清代固原八景之一。宣统《固原州志》卷一绘有一幅《六盘鸟道》，从画中可以看出，上山之路有两条：一为骑路，窄而陟，只能走行人、马驴；一为车路，路宽而弯多，来回盘旋，可行牛车、马车。而 1935 年建成的西兰公路，8 公里上山之路，竟有 16 个回头弯，坡度仍超过 10%。货车到山脚下，要雇几头耕牛拉上山。当时的报刊上，曾刊出一张旅客拉汽车爬山的照片，人称"上山人拉车，下山车拉人"。

六盘山路因海拔高程变化，气候变化亦大。冬季冰雪漫路，经行人车马踏碾，光滑如镜。夏季山下舒适，山上微凉。春秋两季，有时山下艳阳高照，半山云雾缭绕，再上风雪交加。山雨欲来之际，山上去腾雾蔚；即便是晴天，山巅亦雾霭萦绕。行人翻越六盘山时，如在云里雾里行走，但闻车轮声、甩鞭声从云雾中传出来。登山时，后人只见前面人的鞋底，前面人回首时只见后面人的头顶。此为"鸟道识奇"。

清代同治年间（1862—1874）左宗棠进军新疆时，整饬拓宽路面，加修车道数十里，六盘山古道已成为关中西去西北的主要通道，六盘山鸟道逐渐变成了可以翻越的通道。左宗棠在十多年间，派兵沿路"夹道种树，连绵数千里"。数年之后，柳树成荫，绿如帏幄，不但保护了道路，还可让行旅歇息蔽荫，人们誉之为"左公柳"。有人作诗颂曰："大将筹边去未还，湘湖子弟满天山。新栽杨柳三千里，引得春风度玉关。"

后来历经战乱，沿途兵民伐柳为薪，到民国年间，"左公柳"已是茕茕孑立，所剩无几。更有好心人在残留树干上张贴榜示："昆仑之墟，积雪皑皑。杯酒阳关，马嘶人泣。谁引春风，千里一碧？勿剪勿伐，左侯所植。"朱绍良任甘肃省政府主席时，曾命令各县将尚存的"左公柳"编号入册，严加保护。如有砍伐，所在地保甲长、县长一并治罪。命令虽严，但只管了几年。到民国末年，"左公柳"基本砍伐殆尽，只在个别地方有幸存者。在隆德县城南边的道路边，有 5 棵古柳遗存，树干虽满目疮痍，但枝叶却生机盎然，当地文物部门鉴定即"左公柳"，已挂牌作为文物予以保护。

对六盘山道的险和奇，古人在行记和诗文中留下大量记录，成为六盘山文化、丝路文化的重要组成部分。

陈诚（1365—1457），明代的外交家和旅行家，一生有过五次出使西域的经历。他的《竹山文集》里收录了出使西域过程中写的诗。《过六盘山》是其中一首，萦回曲折的六盘山给他留下了非常深刻的印象：

行尽平川过六盘，乱峰高下势巉岏。

雪消云散天初霁，沙暖泥融地未干。

路险难嗔官马瘦，风高偏觉客裘寒。

太行蜀道应同语，华岳匡庐好共看。

与其他文人不同的是，陈诚用诗的形式描写了六盘山的高耸挺拔、路险风寒的感受，既写了翻越六盘山与太行蜀道一样的艰辛，同时也赞美了六盘山与华山、庐山一样雄奇翠绿的景色。

清代翻越六盘山西去的人群中，有开发西北考察历史文化的学者，有蒙冤充军伊犁的仁人志士。学者矢志于学，冤者发愤于著书立说。因此，记述六盘山道的著述，大都出自这两类人笔下。

《伊犁日记》、《天山客话》，是清代著名学者洪亮吉被发配新疆伊犁时的沿途记述。1799 年 8 月，洪亮吉从京师出发。10 月 25 日进入宁夏固原境内，夜住瓦亭驿站客馆。26 日翻越六盘山。"行十五里至乐蟠山，山甚险峻，上行二十里过山顶，复车行十五里，宿隆德县城客邸"⑳。这里将六盘山写为"乐蟠山"，说明 200 年前的六盘山也叫乐蟠山。

祁韵士（1751—1815），清代西北史地学的奠基人之一，乾隆四十二年（1777）中进士，任翰林院编修。嘉庆十年（1805），祁因被诬陷，判充军伊犁。按其所著《万里行程记》推算，他在农历四月初到达六盘山东麓的瓦亭。此时已近夏季，而六盘山仍是雨雪交加。下面这段记录，真实地反映了行走在这条古道上的艰辛。

> 余晨兴到此，微雨初零，土人以泥滑，阻余莫前，仆者恃其勇不听，遂登。路曲折，陡坡如壁。盘登而上，愈上愈高。始犹土石相错，虽泞尚可行。至山半——俗呼猫儿坪，有帝君庙，甚巍焕。新凿之路，皆土复石上，遇雨泞甚。已而，雨愈大，泥愈深，胶粘阻辙，色紫黑。雨忽变为雪，济之以风，烈甚。仆马阻峻坂下，屡起屡仆，寸步不能前。余乃舍车而骑，鼓勇直上。雪花大如掌，风乃益狂，翻扑人面如织。身在风雪车中，若腾云雾而起，目迷口噤，马亦股栗。望山巅有旧驿亭，驰往避。及下马人，亭杇，被撼欲倒，岌岌不可留。乃复乘马，陡下千丈坡，踏冰雪凿凿有声，迤逦至杨家店。

细腻的文字，把翻越六盘山时的过程及其艰辛写得非常详尽。雨天的六盘山，山上因气候变化，雨水生成的是绝景——"雪花大如掌"。山上的驿亭，同样说明六盘山上清代设置驿站的情况。山上的寺庙，揭示的是自古以来人们对六盘山的宗教敬畏。

方希孟（1838—1913），曾两度西游乌鲁木齐，他于光绪三十二年（1906）西行考察铁路建设计划，写成《西征续录》。他离开陕西西安后，沿西安至兰州的驿道抵达瓦亭驿。他笔下的六盘山："仰视一线羊肠，车摩崖侧而行，下临百丈深渊，心为之栗。及登，反觉宽平，狭处皆甃，短垣弯环如阑限，马倾侧不虞失坠。盖壬寅年（1902）所修筑也。余车先登至巅，后车重累，每并两车骡马，拽一车上，再返拽之。自午至暮，两姬及仆妇重车始集。山顶建有绰楔，陶勤肃公榜曰'陇干锁钥'，联曰：'峰高华岳三千丈，险据秦关百二重。'时夕阳西坠，凭崖四望，雪雾迷濛。余昔过此，亦有句云：'左揾玉关云，右把秦陇月。大风走中原，万里同一色。'皆壮语真景也。下山路极垣直，约十里许至杨家店。"㉑

方希孟笔下的六盘山，比祁韵士笔下六盘山更险峻，"车摩崖侧而行，下临百丈深渊"。上山时的艰辛程度描写得活灵活现，"每并两车骡马，拽一车上，再返拽之"，留下了当年马车翻山时的记录，同时也留下了六盘山的文化积淀。

道光二十二年（1842），力主禁止鸦片烟输入的湖广总督林则徐，因鸦片战争失败成为清廷的替罪羊，被革职发配新疆的伊犁。他沿途写日记，后整理成《荷戈纪程》。翻越六盘山的季节、气候不同，遇到的情景也不一样。林则徐于农历七月二十日从瓦亭驿启程翻越六盘山，正值伏暑，天气也好。他日高三丈动身，才走 10 里平路，到达六盘山脚的和尚铺，"西风忽来，山气侵人，寒如冬令，因就旅店，沽酒吃面"，"稍暖复行。山峻路曲，盘旋而上，五里始至山半，曰庙儿坪，关帝庙香火甚盛，敬诣行香。又旋行而上，其沙土皆紫色，一木不生，但有细草。五里至山巅，俯视下方田庐，则混茫一气矣。顶上有兵房数椽，问其兵数，人三，成众而已……下山，十里杨家店"㉒。

六盘山脚有旅店和饭馆，可以"沽酒吃面"；山腰有关帝庙，香火正盛，林则徐还到庙里焚香祭拜，祈求平安；山顶有住守兵士的房舍和当差的士兵。林则徐在六盘山的这些经历，同样从不同侧面记载了六盘山道的人文地理。

《湟中行记》的作者阔普武通（蒙古族），于光绪二十四年（1898）

年以副都统衔出任西宁办事大臣。他上任途经六盘山，也将见闻写入《行记》："二月二十一日，过络盘山（俗名六盘）。蜗篆蚁旋，高出云表，俯视来路，悉被云遮。上下共三十里。关帝庙稍憩。地势既高，山坡尤陡。"

光绪二十九年（1903），阔普武通由西宁离任返回，对翻越六盘山的古道写得更细。"过六盘山，自西而东尚不甚陡峻。至山顶有公馆一所，题额'六盘古塞'，为陶模书。又一联云：'陇干最险无双地，天下难行第一山。'为杨昌浚书。自绝顶俯瞰众山，深不见涧底，左旋右转，窄处只容一舆。因忆宋时遏金兵于此，诚为天险。至山腰谒关帝庙，圣像白面，奕奕有神，浩然之气，足与此山争高。拈香毕，至东厢道士斋吃茶。一盏山泉，甘洌沁人心脾，惟天风摩荡，重裘尚寒，不敢久坐。固原防营屯一寺内，上下山有兵护送……下山二十里至瓦亭"[23]。

阔普武通在六盘山上不但焚香，还与关帝庙中道士吃茶。陶模、杨昌浚都做过陕甘总督，是清政府在西北的封疆大吏，他们留在六盘山上的题字，同样看重的是六盘山文化及其多重影响。

光绪五年（1879），准备接任陕甘总督的杨昌浚，应时在甘肃肃州（酒泉）的左宗棠之邀前往甘肃。当他看到西兰公路沿线的柳树时，非常感慨，即景赋诗《左公柳》道："大将筹边去未还，湖湘子弟满天山。新栽杨柳三千里，引得春风度玉关。"给后人留下了深刻的印象。想到此，六盘山上的题词"陇干最险无双地，天下难行第一山"，想必是杨昌浚西去翻越六盘山时题写的。

《莎车行纪》的作者倭仁（蒙古族），于道光二十四年（1844）以副都统衔出任叶尔羌（即莎车）帮办大臣。他也将途经六盘山的观感写入书中。"过六盘山（即古之络盘），纡回鸟道，高入云端。山腰谒关帝庙，额曰：'大丈夫浩然之气'，足以振我委靡"[24]。倭仁笔下的文字更有特点，一是直名"鸟道"，二是借六盘山岿然之气以振作自己。

曾任二品道台的西北地理学家冯焌光，所著《西行日记》，是他光绪三年（1877）三月赴新疆的沿途笔记。"六盘山路，即《汉志》北地郡略畔道也。……山径险峻，盘旋而上，辄峭壁对峙，疑至绝境，峰回路折，途径顿辟。中途马嘶人咈，行行且止。五里至半山，始得平旷地，曰庙儿坪，有茅店数椽，少憩，作面饭食之。又旋行而上……五里至山巅，俯视下界，隐约莫辨"[25]。除描写六盘山的奇险雄峙外，亦可见当时的庙儿坪是山上的热闹处，店铺与餐馆设备齐全，东来西往的行人都要在这里歇脚吃饭，供应的就是当地的面食。

还有许多名士，也在他们的著述中描写六盘山道。如戊戌变法"六君子"之一的谭嗣同，写有《六盘转饷谣》诗。其中最详细者，当数董醇的《度陇记》，他往返都对宁夏境内 160 里程途逐点逐段给予大量描述，从回顾历史到所见所闻，从山河形胜到风土人情，无所不包。令读者十分感慨的，是他返回在瓦亭驿度过除夕之夜的情景，说明清朝的"朝官"差事也不好干：大年三十仍在荒山野岭奔波。

以上是古人翻越六盘山时的多元视角，他们从不同的侧面记录和描述了六盘山道路的峭拔奇险，翻越时的艰辛，包括六盘山上的人文景观与自然景观的变化。

【注释】

①《资治通鉴》卷二四九，中华书局 1956 年点校本，第 8061 页。

②[唐]李吉甫：《元和郡县图志》卷四，中华书局 1993 年点校本，第 93 页。

③《新唐书·回鹘上》，中华书局 1975 年点校本，第 6113 页。

④⑥《永乐大典·站赤》，转引自《经世大典》，中华书局 1959 年影印本。

⑤《永乐大典·站赤》，转引自《经世大典》，中华书局 1959 年影印本。

⑦岑仲勉：《穆天子西征地理概测》，载《中山大学学报》1957 年第 2 期。

⑧宇信：《西周史话》，中国国际广播出版社 2007 年版，第 66 页。

⑨《史记·平准书》，中华书局 1959 年点校本，第 1438 页。

⑩张德芳：《西北汉简一百年》，载《光明日报》2010 年 6 月 17 日。

⑪何双全：《两汉时期西北邮政蠡测》，《西北史地》1990 年第 2 期。

⑫《资治通鉴》卷四二，中华书局 1956 年点校本，第 1348、1356 页。

⑬荣新江：《中古中国与外来文明》，三联书店 2001 年版，第 134 页、第 91 页。

⑭[日]前田正名著，陈俊谋译：《河西历史地理研究》，中国藏学出版社 1993 年版，

第 406 页。

⑮《宋史·吐蕃传》，中华书局 1977 年点校本，第 14153 页。

⑯《宋史·外国六》，中华书局 1977 年点校本，第 14103 页。

⑰《宋史·外国六》，中华书局 1977 年点校本，第 14120 页。

⑱《宣统固原州志·艺文志》，陕西人民出版社 1992 年点校本，第 405 页。

⑲ 宁夏固原博物馆编：《固原历代碑刻选编》，宁夏人民出版社 2010 年版，第 208
页。

⑳ 杨建新主编：《古西行记》，宁夏人民出版社 1996 年版，第 355 页。

㉑ 方希孟：《西征续录》，甘肃人民出版社 2002 年版，第 104 页。

㉒ 杨建新主编：《古西行记》，宁夏人民出版社 1996 年版，第 437—438 页。

㉓ 杨建新主编：《古西行记》，宁夏人民出版社 1996 年版，第 554 页。

㉔ 杨建新主编：《古西行记》，宁夏人民出版社 1996 年版，第 471 页。

㉕ 杨建新主编：《古西行记》，宁夏人民出版社 1996 年版，第 512 页。

第六章

宁夏岩画

　　宁夏岩画主要分布在贺兰山与卫宁北山，这里是北方狩猎和游牧部落最早活动的地域之一。从远古时代起，这里曾出现过荤粥、鬼方、猃狁、戎、狄等氏族或部落①。春秋、战国以来，这里又相继居住过东胡、匈奴、乌桓、鲜卑、突厥、吐蕃、契丹、党项、女真、蒙古等民族，这些民族都将自己的身影和理想镌刻在石壁上，集体无意识地参与了岩画的创作。

　　在北自石嘴山，南至中卫的众多山口中，已有数以千计的岩画被发现，题材广泛，大小不一，反映了先古民族的图腾崇拜，具有浓郁的草原风格。这些艺术珍品是历史凝聚积淀下来的"艺术化石"，不仅可以补历史记载的不足，而且向我们直接提供了大量直观的形象资料，是一份珍贵的艺术与历史文化遗产，堪称是民族文化的瑰宝。

第一节　宁夏岩画的发现及内容和特色

宁夏岩画的发现和分布　宁夏岩画的内容与题材　宁夏岩画的构成
及特色

宁夏贺兰山岩画在公元 5 世纪北魏地理学家郦道元的《水经注》中
就有记载。《水经注·河水》载："河水又东北历石崖山西，去北地五百
里。山石之上，自然有文，尽若虎马之状，粲然成著，类似图焉，故亦
谓之画石山也。"②

据调查，在宁夏与黄河交汇的贺兰山北段，有大量"尽若虎马之状"
的古代岩画，河之东北的"红崖子山"，恰与《水经注》"石崖山"位置相
近。似可认定，《水经注》中的"石崖山"或"画石山"当为贺兰山北段"尽
若虎马之状，粲然成著"的山体，抑或指今宁夏境内的"红崖子山"。

1983 年，是贺兰山岩画发现史上的重要一年。这年 6 月，在贺兰县
委宣传部工作的李祥石对贺兰山贺兰口岩画开始进行调查和记录工作，
贺兰山岩画首次被外界所知。在这一年的宁夏文物普查中，贺兰山东麓
所在的 10 个市县的文物工作者又在 10 多个山口普查发现有岩画分布，
记录、公布了大量岩画资料，引起了国内考古学界、艺术史学界、民族
宗教史学界的轰动。

1988 年，大麦地岩画也被发现。从此，宁夏岩画作为宁夏历史文化
遗产越来越广泛地受到了外界的关注，并逐渐名满全国，享誉天下。

贺兰山南北长约 250 公里，是宁夏和内蒙古的界山。在宁夏境内的
贺兰山东麓约有 40 个山口，大山口有 37 个，其中 29 个山口内外发现有
岩画。自北向南分布在石嘴山市境内的石嘴山区麦如井、黑石峁、韭菜
沟，惠农县翻石沟、大树林沟、小树林沟、红果子沟，平罗县归德沟、
白芨沟；银川市境内的贺兰县大西峰沟、小西峰沟、白虎沟、插旗口、
小贺兰口、贺兰口、苏峪口、回回沟、大韭菜口、拜寺口，银川市西夏
区水吉口、滚钟口，永宁县红旗沟、柳渠口；吴忠市境内的青铜峡市广
武口、口子门沟、四眼井、芦沟湖；中卫市境内的中宁县石马湾、黄羊
湾等，共 29 个岩画点。

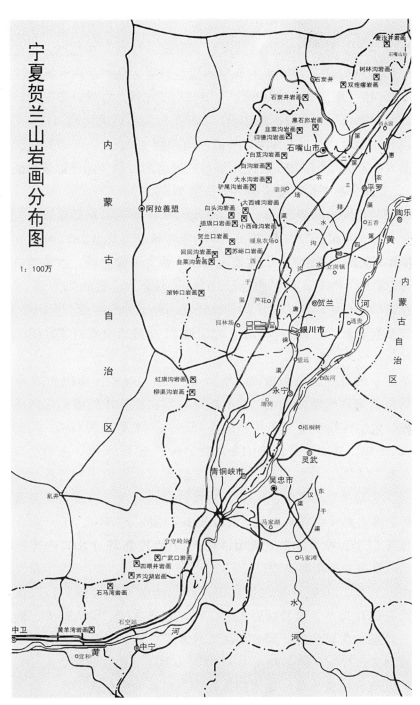

图下 6-1 宁夏贺兰山岩画分布图 方伟摄

　　贺兰口岩画作为贺兰山岩画的代表，其分布面积大体上与作为国家级文物保护单位的贺兰口岩画的保护面积是一致的，其岩画分布面积为11.06平方公里。在11.06平方公里的贺兰口岩画保护区内，共发现、记录有2326组（图录记为2306组）、5681幅岩画。岩画分布在沟口外南面东山坡（A区）、沟口内南山坡（B区）、沟口内北山坡（C区）、沟口外以北东山坡（D区）、沟口外洪冲沟两侧（E区）、沟口外洪积扇荒漠草原（F区）六个区域。已记录编号的岩画约占贺兰山已记录岩画总数的1/3。岩画分布平均密度为每平方公里513幅。

　　在贺兰口沟内的B区和C区，面积约0.79平方公里的崖壁上、沟谷旁，分布有516组、2101幅岩画，平均密度每平方公里2862幅。其中有8处岩画密集的"圣像壁"，共发现有584幅人面像岩画，占贺兰口人面像岩画总数的83%，占贺兰山已记录的人面像岩画总数的72%。

　　在这个山口中，南山壁上的岩画比北山壁上的岩画少。南山壁14个地点分布有岩画187组、762幅，北山壁21个地点分布有329组、1339幅岩画。

　　贺兰口沟口外的洪积扇荒漠草原（F区），保护区面积9.27平方公里。这里为第四纪地质构造，巨石成阵，因洪积形成的漂石层呈扇形分布，越接近山体粒度越大。共分布着1594块刻有岩画的石头，岩画单体图像2538幅，其中数量最多的是动物岩画，有1155幅，占贺兰口动物岩画总数的65%。这些岩画多磨刻在出露地表的石脊上和可移动的大小独石上。岩画所利用的石头一般磨圆度较好，石面上有黑色或灰黄色、赭红色岩漆。呈现出西密东疏、大分散小集中的分布特点。

　　贺兰口岩画按其分布的自然环境和地貌形态划分，可分为山地岩画、山前草原岩画两种类型。

　　山地岩画，主要分布在贺兰山东麓山沟内外的岩壁上，以贺兰山中北段各山口为多。有岩画分布的山口，山高谷深，沟口豁大，地势开阔，一般都有山泉涌出，形成溪流，故水草丰茂，谷内有森林分布。岩画多磨刻在山口南北两侧及入山1160米沟谷南北山崖石壁之上，且画面宏大，以组合图像为多，单体图像较少。岩画内容为人面像、狩猎、放牧、争战、祭祀等，其间多有工具、武器、车辆、文字题记及符号图案出现。岩画集中地段，一般自谷底而上，在高度约 10 米的岩崖上图像居多，最高不超过 20 米，其上则少有发现。

山前草原岩画，主要分布在贺兰山前洪积扇的荒漠草原上。这里有大面积出露地表的裸岩和有黑色岩漆的漂石。岩画均制作于浅洪沟之间的滩脊岩石上，多呈带状分布，并呈现出"大分散、小集中"的特点。比如在贺兰山贺兰口山前洪积扇荒漠草原上，就分布有大小岩画石 1594 块。这些岩画石分布在积石滩中，只要发现一块，周围即有多个散乱分布。由于块石面积较小，有的仅有 20—30 厘米，所以岩画画面也不大。这里的岩画以单体图像居多，但在出露地表的大块裸岩上，也往往会有多个图像出现。岩画绝大多数为动物形象，间或发现人面像和符号。

贺兰山岩画在 20 世纪 80 年代开始被陆续发现，先后经过自治区文物考古部门及沿贺兰山东麓各市、县文管部门两次大规模的系统调查、记录，在 90 年代出版了李祥石、朱存世编著的《贺兰山与北山岩画》和许成、卫忠编著的《贺兰山岩画》两部图录。据笔者统计，《贺兰山与北山岩画》中记录的贺兰山岩画总数为 1015 组、3580 幅，《贺兰山岩画》中记录的贺兰山岩画总数为 990 组、3263 幅。

2001 年 5 月，正在筹备成立的银川市贺兰山岩画管理处，开始在贺兰山贺兰口沟口内外 11.06 平方公里的岩画保护区内，进行了三次为期两年的不间断的反复调查，调查记录工作于 2003 年 5 月底结束。目前已记录并输入微机的贺兰山贺兰口岩画总计为 2306 组，单体图形 5679 幅。

同时，在银川市贺兰山滚钟口、水吉口、拜寺口、大韭菜沟及苏峪口至贺兰口段、贺兰口至插旗口段山体及山前洪积扇荒漠草原上又发现了大量岩画。除去《贺兰山与北山岩画》、《贺兰山岩画》两本著作中重复记录的岩画，目前已调查记录的贺兰山岩画总数为 5098 组，单体图形 19752 幅。平均每组岩画为 3.87 幅单体图形。

其实，贺兰山岩画比目前已调查、记录的数量还要多。在贺兰山东麓诸山口及山前洪积扇荒漠草原上，经常会发现以前没有见到过的、没有被记录过的岩画。因此，也肯定还会有没有调查记录到的大量岩画存在。据初步估计，贺兰山岩画的数量当有 1 万多组，单体图形可能超过 3.5 万幅。

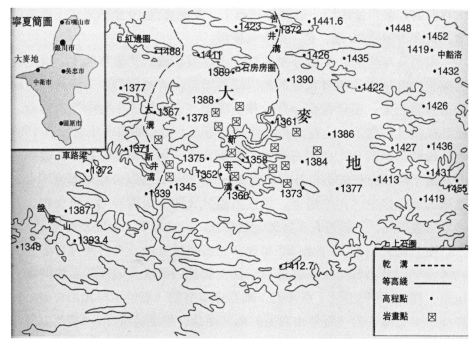

图下 6-2　大麦地岩画分布图　方伟摄

大麦地岩画的分布及数量：

大麦地是宁夏卫宁北山深处的一片荒漠，了无人烟，大麦地岩画就分布在这片稀疏生长着酸枣和骆驼蓬的荒漠之中。卫宁北山与贺兰山相对成犄角，黄河由此转折而伴贺兰山北行。大麦地所在的卫宁北山，东西约 50 公里，南北宽 25—30 公里，海拔 1400—1600 米，最高峰土窑 1687 米。这里四面群山环绕，中间山岗遍布、沟壑纵横，人迹罕至。大麦地岩画是沙漠丘陵岩画，一般分布在沟口内外山体上和沟口外洪积扇荒漠草原上。大麦地面积约 15 平方公里，岩画分布遗存就有 3172 多组，展现个体形象达 8453 多个，平均每平方公里遗存图像达到 200 多组，超出了世界公认的判定岩画"主要分布区"限定标准的 20 倍，堪称世界之最。大麦地岩画分布如上图。

宁夏岩画内涵丰富，题材多样，跨度宏阔，手法新颖，造型生动，意境深邃，达到了很高的艺术水平。其主题包括了早期先民社会生活的方方面面，以及人们心中的想象、意念、信仰等，也有一些古朴怪诞、离奇斑斓的神话题材。

宁夏岩画内容非常丰富，表现出了独特的艺术成就，具有突出的象征性形式风格，充满奇妙的视觉动态魅力，并巧妙地显示出图案装饰化的倾向，在艺术风格上体现出东方特有的一种写实形式。它几乎包括了世界各国岩画的所有内容，主要有狩猎畜牧、战争舞蹈、飞禽走兽、日月星辰、天地神灵、手足蹄印、男根女阴、图案符号等等，大致可归为动物岩画、人面像岩画、人物岩画、生活图像岩画、符号与图案岩画五大类，是狩猎与游牧文化的真实写照。

动物岩画：

动物是世界性的岩画题材，在世界几乎所有的岩画点上，都有动物形象。但动物的种类、构图

图下 6-3　马匹与羊图　方伟摄

形式又因地区的不同、文化传统的不同而表现出很大的差异性。在贺兰山动物岩画中，家养动物有羊、牛、马、驴、驼、狗等，最大量的还是各种羊的图形，有岩羊、北山羊、羚羊等；表现野生动物的图像有虎、豹、狼、鹿、野猪、鸵鸟、蛇等。还有一些"动物"形象，在现实生活中是找不到原型的。这些"动物"，可能是原始人类想象中的怪兽形象。大麦地岩画中刻画最多的是羊，

图下 6-4　人面图　方伟摄

但是除了北山羊、盘羊、大角羊等物种不同以外，写实风格和装饰风格的不同表现，更产生了常常超越现代人想象的众多样式的画面。

人面像岩画：

为世界所注目的宁夏人面像岩画，是指原始人类对心目中的神灵鬼怪、图腾动物以及各种崇拜对象赋予人面形象而制作的岩画。宁夏人面像岩画按构图特点和表现形式分类，可归纳为自然崇拜类人面像、生殖崇拜类人面像、图腾崇拜类人面像、神灵崇拜类人面像、祖先崇拜类人面像、巫术面具类人面像六大类。

贺兰山岩画以太阳神人面像著称，可分为三种类型：周围有射线的太阳神人面像，眼睛一般都比较圆，周围射线短而密集，明显是太阳形象，不过加了人类自己的影子；人面像依旧，只是仅仅用头顶上的头发，发射出光芒，来表示太阳神，这些头发是朝外散发出去的，是一种射线；人面用简单的装饰，外围不是射线，而是改由三角形，或很小的半圆围绕在人面像的周围。大麦地岩画的太阳神相对较简洁单纯，人面像则在胸颔部增加了装饰物件。

人物岩画：

贺兰山贺兰口人物岩画，从人物体形、动作及其所要表现的主题进行考察，可分为蛙形人体、"透视"人体、狩猎人体、放牧人体、祭祀人体、舞蹈人体、争战人体、交媾人体八种类型。这些人物岩画，有的是独立成画的，比如蛙形人体、

图下6-5　单体人物图　方伟摄　　　　图下6-6　狩猎人物图　方伟摄

"透视"人体、祭祀人体、单
人舞蹈、交媾人体等，往往表
现为单体图形。而有些人物岩
画，则总是与表现主题内容的
其他岩画图形相结合，共同组
成一个画面。比如狩猎人物、
放牧人物、争战人物等，都与
表现狩猎、放牧主题的动物，
与表现争战主题的其他人物相
组合，共同构成一个画面。

图下 6-7　放牧图　方伟摄

生活图像岩画：

贺兰山贺兰口岩画中的生活图
像，表现了史前人类在岩画时代的多
侧面的物质生活和精神生活场景，有
狩猎图、放牧图、祭祀图、争战图、
舞蹈图、交媾图等，反映了早期人类
社会的劳动样式、经济社会活动、精
神追求和美学倾向。

符号与图案岩画：

在宁夏岩画中，有相当一批岩画属
于符号岩画。在贺兰山贺兰口岩画中，

图下 6-8　手印图　方伟摄

图下 6-9　太阳图　方伟摄

符号岩画甚至多达 40% 以上，
在已经调查记录的 5681 幅岩画
单体图案中，属于符号岩画的
有 2768 幅。符号数量占岩画总
数的 48.6%。大麦地岩画中符号
岩画的比例也很高，从某种意
义上讲，宁夏岩画是一个庞大
的符号系统。

这些符号图案大体上可分为六大类：

一是人体、生殖符号，如手印、脚印、男根、女阴及表示男女交合的符号等。

二是自然天体符号，如太阳、月亮、星辰、云纹、水纹等。

三是器物符号或图案，如斧、刀、祭器、车辆等。需要指出的是，有的器物符号或图案，总是被赋予一些特定的文化涵义，比如刀、斧象征男根等等。

四是文字符号，一些符号，已经具备了文字的特征，是象形文字没有定型之前的图画文字，是象形文字的先声。

五是计数符号，犹如半坡先民在陶器上创造出的原始刻符，抽象地表示数量，但还没有演进为文字的符号。

六是图腾族徽符号，是远古氏族部落的识别标志，蕴含着很深厚的文化内涵。

除上述几大类外，还有表现田亩、建筑物等的岩画图案。

从整体来看，宁夏岩画可以分为两部分，即贺兰山岩画和卫宁北山岩画。

贺兰山岩画又可分为三大块。北部岩画，以石嘴山市为中心的银北岩画，包括双疙瘩岩画、麦汝井岩画、黑石峁岩画、

图下 6-10　祈祷图　方伟摄

图下 6-11　北山羊图　方伟摄

驴尾巴沟岩画、白沟岩画、归德沟岩画、白芨沟岩画、大水沟岩画、石炭井岩画、大西峰沟岩画、小西峰沟岩画。这一块几乎占了贺兰山岩画的一半。

贺兰山北部岩画有特色的是双疙瘩岩画，2006 年发现，约有 200 幅。有人物祈祷形象，造型生动。动物多以大角羊、北山羊为主，形态各异，还有人骑的形象。此处岩画最大的特点是植物很多，呈枝状分布，而且有穗状植物，这是贺兰山岩画中少有的形象，表现了当时人们关注植物生长的愿望。

动物、植物都与人类结下了不解之缘，由于人类对于食物的追求和唯实精神，于是动物、植物就成了人类与大自然之间的根本联系。植物可供羊只等其他食草动物食用，植物的种子（穗）也是人类采集的对象，可成为美味佳肴。有如此多的植物，生机蓬勃，从侧面反映了远古时代贺兰山一带自然生态很好，环境优美，林丰草茂，是一方动物的乐园，也是人们生活的美好家园。双疙瘩岩画制作于 3 块巨石之上，呈立体式分布，岩画的数量和密度都是罕见的。这批岩画是以当地原产的原生铁矿石敲凿制作的，可以清晰地看到敲凿后留下的痕迹。

贺兰山北部的黑石峁岩画、归德沟岩画数量都不少，比较有名的是公山羊和群鹿图，造型生动活泼，优美。黑石峁以动物北山羊为主，人物形象逼真。归德沟岩画以人面像构图新颖而有名，千奇百怪，千变万化，是贺兰口人面像之外的又一荟萃之地。尤其是 10 多个人面像罗列于一道 20 米长的山石之上，显示出雄伟的气魄，既表现了当时人们的审

图下 6-12　游牧风情图　方伟摄

图下 6-13　人骑图　方伟摄

美情趣，也表现了原始宗教中的自然崇拜。

贺兰山北部的白芨沟岩画以 9 米巨制的游牧风情图而闻名遐迩，以放牧或迁徙为主题进行大跨度的展开，气势宏伟而壮阔。这里岩画制作精细，以马匹为主，表现了先民们牧马或迁徙时的活动情景。白芨沟的洞窟彩色岩画也是独树一帜的。山洞是自然形成的，坐北朝南，长约 30 米，进深约 30 米，可容纳上百人。在洞窟的石壁上绘制了上百个彩色岩画，用红色赭石粉末描绘或喷制而成，使贺兰山岩画的内涵更加丰富多彩和动人心弦。

这批岩画尤以空心手印最古老，表示人们对洞窟的占有。另外有狩猎、人骑、符号等，尤以人骑岩画为佳，描绘了人们骑马赛跑的情景，扬鞭飞驰，动感强烈。

驴尾沟岩画是新发现的岩画，有 100 余幅，均为研磨制作，内容有人物、人面、狩猎、动物，尤以重圈岩画为多，给人一种神秘的感觉。人物造型奇异古怪，表现了不同于其他贺兰山岩画的风格。

总之，贺兰山北部岩画是一方岩画的圣地，许多山口、山坡多多少少都有岩画分布。

以银川市为中心的贺兰山中段岩画，这里山高水足，动物繁多，植物茂盛。从岩画质量和数量看都明显占有优势，贺兰山岩画的最精彩、最丰富、最动人的精华部分大多在银川地区，尤以贺兰口岩画最为突出。

贺兰口，俗称"豁了口"，海拔 1448 米，这里峰峦叠翠，林木葱茏。在贺兰口约 6 平方公里的范围内有岩画约 5000 个形象，成为贺兰山岩画的荟萃之地。1996 年 12 月被国务院公布为国家级文物保护单位。贺兰口岩石为灰绿色细粒长石石英岩，其中有绿泥石等成分，硬度约为 5 度，为岩画的制作和保存提供了极为有利的条件。

贺兰口岩画尤以西夏岩画和西夏题记而闻名于世。西夏是我国中世纪在西北地区建立的一个少数民族割据政权。西夏政权的主体民族是我国古代羌族中的分支党项族。党项族原居住在黄河河曲一带，过着游牧生活，到了公元 6 世纪逐渐兴盛起来，并开始大批内附和内迁，到了唐宋已逐渐形成了独霸一方的封建割据，终于在 1038 年建立了西夏王国。西夏人在贺兰山岩石上也制作了大量的岩画。

在贺兰口北侧岩画中，有一幅岩画十分耐人寻味，也历来受到人们的重视。在一个人面像旁有一行西夏题记，题记可译为"德法能昌盛"或译为"德法盛苗牙善"，都是佛家语，说明西夏人崇信佛教。此外，这里还有西夏"佛"字、"五"字岩画和"文字神文字"。党项族是一个能歌善舞的民族，尤为喜爱音乐，"有琵琶、横吹，击缶为节"③。

因此，党项人中有许多是吹笛的能手。王之涣《出塞》中"羌笛何须怨杨柳，春风不度玉门关"，是人人皆知的千古绝唱。在众多的贺兰山西夏岩画中，有个别人面像岩画在人的嘴前刻着一道横线，其中也有横吹羌笛的可能。西夏岩画以自己独特的风格，丰富的内涵，优美的图画而彪炳于古代岩画之林。

贺兰山南部岩画以青铜峡市为主要地区，有四眼井岩画、芦沟湖岩画、广武口岩画和中宁黄羊湾岩画、石马湾岩画。每个岩画点都有自己特点的岩画。芦沟湖岩画以大开幅而闻名，一块巨石上有上百个形象，表现了游牧先民广阔而绚丽的生活画卷。四眼井岩画则是以水禽优美的雄姿而引人注目。广武口岩画则以狩猎、游牧生活场景描绘而异彩纷呈。

中宁岩画以黄羊湾和石马湾而闻名。黄羊湾地处黄河之滨，岩画有多种动物、人物、人面、符号等，内容丰富，题材多样，是贺兰山南部的重要岩画地点。石马湾岩画位于贺兰山的最南端的山中，岩画比较集中，画面较大，以狩猎图最为珍贵。另外，还有两方西夏文题记。

贺兰山岩画是一处我国北方游牧民族的文化宝库和艺术画廊，这是一份巨大的精神财富和艺术财富。岩画是历史文化的载体，是历史凝聚积淀下来的文化结晶，岩画不仅可以弥补历史文献的不足，正史流传的讹误，也使我们更直观地了解历史、文化、艺术、宗教。

贺兰山岩画以造型优美，古拙多姿，内容丰富，夸张变形而著名。

由于时代的久远和艺术手法的奇特，所以使人觉得亲近奇妙而又难以理解。岩画具有永恒的审美价值，它散发着浓郁的时代气息和生活芬芳，反映了古代游牧部落的愿望和追求，是游牧先民审美观的反映，凝结了他们的智慧，建造了不朽的艺术丰碑。

尽管众多的岩画有许多相似性，这种现象主要是受到人们的生活方式、自然环境、经济活动、宗教信仰的相似的制约，加之物质生活范围的单纯与狭窄，限制了人们的视野，造成了岩画的单一性。但是，另一方面，岩画又具有多样的个性，雷同的岩画很少，各有各的特点，各有各的风格。岩画在描绘生活时多以自然主义的面貌出现，它质朴、自然，这种创造性的形式就使岩画在很大程度上摆脱了死板的模式，而显示出生动的气韵。岩画中成千的羊只、上百的人面像，或大或小，或动或静，或站或走，总是各有各的特点，从而表现出生命的力度、运动的形态、变化的多端以及灵活性、节奏性。

卫宁北山的岩画主要是大麦地岩画，与国内目前发现的北方岩画，比如阴山岩画和贺兰山岩画，有很多相通之处，体现了人类早期活动的一般规律。由于地域相近的关系，在此流动的氏族、部落也大致相似。然而由于地质条件、岩石形态、部族流迁、民风向背等多种可能的原因，大麦地岩画同样表现出了卓然不群的特色。

大麦地面积约 15 平方公里，岩画分布遗存就有 3000 多组，展现个体形象达 8000 多个，平均每平方公里遗存图像达到 200 多组，超出了世界公认的判定岩画"主要分布区"限定标准的 20 倍。在十几道如同浪起潮涌的山梁崖壁上，连绵不绝地陈列了大大小小精彩纷呈的岩画作品，一般都延续百米以上到近千米长。在密集地段，几乎每块石头上都有岩画，而许多岩画都有叠压打破关系。在其岩画区分布的数量之众多、规模之宏大、内容之丰富、分布之密集，实为罕见。

与贺兰山岩画相比，大麦地岩画更多群体性的场面，有先民放养几十只山羊的画面，有数人驭马引狗对众多野羊的围猎，甚至有并列七八只老虎的动物生存斗争的场面等，都表现得波澜壮阔，洋洋大观。最大的一幅岩画宽达 9 米，高约 1.2 米，绵延连续地刻画了 100 多只动物、符号等形象。有些石壁由两三块巨石累积而成，石面又十分整齐，于是成了描绘盛大的寺塔祭拜场面、各种猛兽或野羊自由穿梭的场面的最好载体。比较贺兰山的以个体形象为主的岩画，大麦地的大场面显然更具有震撼力。

大麦地岩画的内容主要有狩猎畜牧、战争舞蹈、牛羊虎狼、日月星辰、天地神灵、手足蹄印、男根女阴、图案符号、寺塔祭拜等等，是狩猎与游牧文化的真实写照。刻画最多的是羊，但是除了北山羊、盘羊、大角羊等物种不同以外，写实风格和装饰风格的不同表现，更产生了常常超越现代人想象的众多样式的画面。比如说，在装饰风格的岩画中，我们经常可以看到斯基泰艺术或者鄂尔多斯青铜器上表现的风格。

大麦地岩画生气勃勃，无论是人还是动物，主要曲线都充满着韧性和张力，具有一种希望、力量和昂扬的精神，一敲一凿之间昭示了与自然搏击或者和谐生存的深刻启示，以及永恒的艺术魅力。画面的安排，是根据石壁的特点随类赋形，或者为骑射围猎的宏大场面，或者为舐犊情深的山野小品；或者是仰对苍穹的神秘符号，或者是已经永远消逝了的地球过客。

从制作方法和工具来看，先是使用石器磨制或者打制，后来用青铜器和铁器凿刻，在自然平整的岩石层面与节理面上，制成瑰丽壮观的岩画群落。在绘画语言上，不仅有通常的打制或磨制的阴刻线条，还有在所有岩画遗迹中罕见的减地而留取石皮的阳刻图像；不仅有线条勾画，还有整体块面的刻画。有些古老的画面叠压在更古老的画面上，形成一种打破关系，由此可以考察不同时期创作的沿袭和变化。

在大麦地数百个岩画的符号中，发现了似文似图的文字雏形，并由单个符号或文字组成了复合图像。这种具有文字性质的符号，具有象形、表意的功能，同时具有相对稳定性，与象形文字的形体非常接近。

第二节　宁夏岩画的历史地位、断代及新看点

宁夏岩画的功能和历史地位　宁夏岩画的断代　宁夏岩画的新看点

古人制作岩画的动机、目的及岩画的功能，是岩画研究的一个重

要课题。岩画作为人类早期历史上的一种共同的文化现象，积淀着很多现代人难以理解、更难以说明的精神之谜。由于众多学者长期不懈的努力和大量有价值的探索，使岩画从发生学的研究到其制作目的的探讨以及社会功能的区分成为可能，并且已经有了很多言之成理的说明。概言之，有以下几个方面：

第一，是实施巫术的产物；

第二，是顶礼膜拜的对象，以供祭祀的圣地；

第三，是重要仪式的遗留；

第四，提供了氏族的图腾神话和祖先的圣像；

第五，是重大历史事件的记录；

第六，是对守护神的或梦境的幻觉所作的描绘；

第七，将神话传说用图画方式的描绘。

此外，岩画的功能还有氏族符号、祈祷、狩猎魔术、占星术、成人仪式和生殖仪式、幻影以及对神人传达信息、指示标记、表达姿态语言、对图腾的描绘、原始记事符号等等。盖山林先生认为："世界各地区岩画，各有自己的目的和作用。只能根据岩画内容本身提供的线索，进行具体的分析，才能得到可靠的结论。"[④]

第一，宁夏岩画是一种独特的艺术成就，一种创造性的天才杰作。

宁夏岩画具有很高的艺术欣赏价值，一方面我们可以把一幅岩画看作一幅独立的艺术作品，其独特的面貌呈现出无穷的艺术魅力；另一方面单独的个体又组成了宁夏岩画整体的风格，在千万组岩画中这些个体形象表现出惊人的相似，宁夏岩画运用岩画的独特艺术手段和象征形式，突出表现了丰富的艺术创造性。

宁夏岩画充分运用岩画这一早期人类的艺术形式所独有的艺术手段，表现了丰富的艺术创造性，具有很高的艺术欣赏价值。宁夏岩画的每一幅图画都是一幅完整的艺术作品，呈现出各自独特的艺术魅力，另一方面，雕刻在宁夏不同区域的成千上万幅的岩画又表现出内在的联系，具有艺术上的相似性，从而组成了宁夏岩画整体的风格，创造出规模庞大的古代艺术长廊。

和北方岩画一样，人与自然的关系是宁夏岩画的主要内容，生息在这一地区的各种动物和先民的狩猎活动成为宁夏岩画的主角。同时也能够看到表现祭祀、自然现象和人面像的图画，展现出广阔的生活画面。宁夏岩画所表现的人物活动，往往和当时的现实生活密切相连，特别是各种组合图示中，人物活动多为画面中的主体，许多画面都具有一定的叙事功能，给人以强烈的真实感。宁夏岩画对人物特征的刻画相当细腻、逼真，强化了所刻画对象的固有特征，体现出北方岩画所具有的写实风格，充满了原始艺术的象征性特点。

宁夏岩画反映了当时人们积极的进取精神和健康的审美心态。宁夏岩画的整体艺术风格是属于写实主义的，岩画的内容从总体上讲是对当时的自然环境和人们生存状况的真实写照。那些不知名的众多创作者对宁夏的一草一木流露出了深厚的情感，对日常生活中的一举一动倾注了极大的关心，正是由于他们对生活的细致观察和对现实的充分体验，宁夏岩画表现出强烈的理性精神。在欣赏宁夏岩画时，我们可以感觉到图画中所表现的客观情况，寄托着创作者的情感世界，创作者是用岩画这种艺术形式充分表达了他们的主观世界。可以说宁夏岩画是当时人们现实生活、主观情感和自然环境的客观再现。

宁夏岩画的表现技法比较独特，大体上可归纳为凿磨雕刻，制作工具根据年代的不同和地质结构不同可分为石制工具、金属工具，制作过程中多用点凿、线刻、铲地、平磨等方法，也有部分画面是线刻以后撒上色粉。和南方岩画相比，宁夏岩画多以线代面，线面结合，不同于南方岩画的平涂剪影。这种主要运用凿磨而成的造型艺术，富有立体感，具有较强的表现力。

第二，宁夏岩画能在一定时期内或世界某一文化区域，对建筑艺术、纪念物艺术、城镇规划或景观设计方面的发展产生影响，能为一种已消失的文明或文化传统提供一种独特的至少是特殊的联系。

宁夏岩画就像一条绚丽多彩的纽带联系着中国古代各个历史时期许多少数民族的生活，连接着不同历史时期的文化。宁夏岩画像所有的岩画一样，代表了地域性和多民族性的共同语言，成为中国古代文化的重要部分，再现了中国古代的社会风貌，是留在岩石上的用符号表达出来的历史记录。

　　宁夏岩画具有多样性、通俗性、内涵丰富的特点，能够充分发挥和施展个人智慧和创造性。也可以说岩画是教科书，它以原始绘画的形式向人们讲述了神话、宗教、生活等方面的内容。它又是一个解释系统，表达了人们对客观世界的看法，同时又是人们内心世界的外在形象化的表现。经考证，著名的贺兰口人面像岩画旁凿刻的几个西夏文"佛"字，马家湾岩画反映狩猎场面的岩画旁边书刻的一个西夏字为"福"字，反映了宁夏岩画对中国边疆少数民族的思想、信仰和文学艺术产生过深刻的影响。

　　岩画艺术的出现和发展是人类文明史的里程碑之一。宁夏岩画和相邻的阴山岩画的分布，大致与中国著名的长城平行，这并不是历史的偶然巧合。中国历史上长城被称之为北方草原文明与中原文明交流的文化汇聚线，如果我们把视野投向更为广阔的欧亚大陆，从东向西沿着古代草原大通道，会看到绵延不断的岩画分布区，除了宁夏岩画和阴山岩画，还有新疆阿尔泰山岩画、蒙古人民共和国的岩画、中亚地区的岩画等，都表现出许多相同的特点，为我们认识草原文化和农业文化的交流以及世界文化的交流提供了丰富的资料，展现出世界史前文明的发展脉络，对认识人类早期社会提供了独特的见证，不愧为全人类的共同遗产。

　　发现和研究表明，在世界岩画群落中，人面像岩画的分布仅限于环太平洋国家和地区。但在这些国家和地区的人面像岩画分布点上，很少发现像贺兰口岩画群落中有 8 处集中分布 708 幅人面像岩画的"圣像壁"。这些由生殖崇拜符号、图腾崇拜符号、自然崇拜符号构成的人面像，是史前人类崇拜文化的集中反映。与世界崇拜类人面像岩画相比，贺兰口人面像岩画区域性的民族文化特征更为突出，是世界人面像岩画中的独特代表。1991 年、2000 年，联合国教科文组织国际岩画委员会在亚洲召开的两次年会，都选择在银川举行。中外岩画专家一致认为，宁夏岩画在世界岩画宝库中占有重要地位。

　　岩画的断代一直以来都是个难题。岩画断代一般沿用考古学中的对比方法，有从岩画中寻找已经绝灭的动物形象来判断相对年代的；还有通过岩漆的变化、岩画的风格、岩画的叠压关系等多种途径相结合的；

新近则采用丽石黄衣测年方法。丽石黄衣测年方法，20 世纪 50 年代奥地利学者率先用于冰川沉积物测年，后来运用到地震、地质、气候、考古、岩画等专业研究领域。这些年来，国内外专家先后运用分析岩画载体物质结构、判断岩石颜色、岩石外部环境变化以及周边出土文物等 10 多种方法为贺兰山岩画断代。学术界普遍认为，贺兰山岩画产生于距今 3000 年到 10000 年之间，但是得出的结论差异很大，断代结果最大相差 7000 年。用丽石黄衣测得贺兰山与北山岩画早期为距今 13000—10000 年，中期为距今 10000—4000 年，晚期为距今 4000—1000 年，最早的岩画在旧石器时代到新石器时代⑤。

岩画的内容和风格也是断代的重要依据。国际岩画学界根据人类社会发展的历史以及人类认识世界的一般进程，把岩画大致划分为几个类别和相应的时期⑥：

古代狩猎期：不使用弓箭的狩猎人艺术，约公元前 10000—公元前 6000 年。

进化狩猎期：使用弓箭的狩猎人艺术，有描述性的场面，约公元前 8000—公元前 4000 年。

混合经济期：具有多种经济包括农耕活动，其代表是神话场面和图解的符号群，约公元前 6000 年左右。

人面像，约公元前 5500—公元前 3500 年，个别的时期可能更晚。

畜牧养殖期：创作者的主要目标集中在家养动物上。约公元前 3500—公元前 2000 年。

按照上述分期标准来分析，大麦地岩画相当于由进化狩猎期到畜牧养殖期，即从公元前 8000 年—公元前 4000 年到公元 1600 年之间，大体符合运用理化方式确定的年代。

宁夏岩画的研究，对于我们了解认识人类远祖的创世学说、神话传说、宇宙观念、社会生活等方面，具有无比重要的意义。

宁夏岩画首次揭示了对于文化史极为重要的新材料，比如许多已经灭绝的动物种群，首次发现的穗状和羽叶状的植物，发现较以往多出成倍的人面像，首次见于北方的红色彩绘岩画空心手印，等等。

相比其他地区的岩画，宁夏岩画有许多方面值得特别关注，主要有以下新看点：

人面像：在贺兰山岩画中有无数诡异的人面像表现了宇宙人神的对话。在为世界岩画学界所注目的人面像类型中，有自然崇拜类人面像、生殖崇拜类人面像、首领崇拜类人面像、神灵崇拜类人面像、图腾崇拜类人面像、写实表现类人面像、巫术面具类人面像等。对于"人面像"，有着许多不同的解释。作为原始先民，除了关心人类自身生产、繁衍，还不会关心自身的面容。因此，人面像只能是"神面像"，是泛自然崇拜的包括宇宙、星宿、地祇、山林等等自然神的人格化体现。贺兰口著名的"太阳神"是人面像最集中繁复的表现，究竟是不是人面，是不是太阳神，至今还无法得到确切的结论。

图下 6-14　集体舞蹈图　方伟摄

集体舞蹈：当距今 5000 年前，马家窑文化的先民围绕陶盆的一泓清泉牵手舞蹈的时候，贺兰山岩画中也留下了先民挽臂踏歌的场景。贺兰口共有两组集体舞蹈，在岩石上残留比较浅薄，受到风化比较严重。图中人物已经穿上了袍服，有的裙摆宽大。这种服饰可能是使用兽皮制作，这在寒冷的北方是必需的；同时，为了在宗教仪礼中扩张威仪，渲染神秘，需要用服饰来营造效果。沟通神灵的需求，甚至会超过日常的物质生活需求，调用氏族的财力来满足奢靡的排场。因此，原始绘画可以表现赤裸裸的人体，也可以有华服巧饰的妆扮。在人群上部横亘的水波，无疑是一场围绕水的宗教典礼，和马家窑文化的陶盆表现了同样的场景。而两者的差异，更是意味深长。

植物：人类早期开始关注的是动物，而不是植物，当狩猎、游牧发展到一定阶段，才会对植物，也就是农耕发生兴趣。在贺兰山，首次发现了岩画中的植物形象，主要是对生的羽状复叶和谷穗。按照贺兰山地质变迁的历史，这里沧海桑田，经历了多次变化。北部煤矿标志着这里曾经是大片森林，生长着茂密的远古植物。这种植物至今在贺兰山深处还有很多。但是，原始美术肯定是出于功利目的而不是后人附会的美感目的，所描绘的事物对于现实生活定是有实际意义的。作为先民的注意点，在岩画中出现穗状植物，展示了人类已经进入了农耕的时代。当时的食物结构已经从动物进入了谷物。谷物和果实的采集不同，一定是通过耕作才能成规模地取得。植物的出现表示了社会生产力的一大进步。这对于北方岩画的社会分期具有重大价值。

马镫：在贺兰山石马湾一群大角羊中，射猎骑手脚下竟然蹬着圆环形的马镫。《中国科技史》的作者、英国著名历史学家李约瑟曾经说过，在中国古代"四大发明"之外，最重要的发明也许就是马镫了。春秋时期，军人还不能骑在光溜的马背上作战，而必须乘坐马车冲锋（当时世界上其他军队也都

图下 6-15　马镫图　方伟摄

是如此），直到战国赵武灵王"胡服窄袖"才开始有单个骑兵直接骑在马背作战，但还不能证明是否已经有了马镫。此后，草原民族能够在欧亚大陆纵横驰骋，商旅能够在有效防御中横贯"丝绸之路"，都离不开马镫的发明。李约瑟把马镫对欧洲历史的神奇作用用一句话揭示出来："就像火药在最后阶段帮助摧毁了欧洲封建制度一样，中国的马镫在最初阶段帮助了欧洲封建制度的建立。"可惜，至今发现的最早马镫实物，在中国是 3 世纪，在欧洲则是 6 世纪。马镫是中国发明已成定论，但是发明权归属南方还是北方尚且众说纷纭。然而，在贺兰山石马湾岩画中，鲜明地绘制了骑手脚下圆弧形的、供脚踩踏和牵引方向的马镫雏形。贺兰山岩画中表现的大量单个骑手的画面中，在保持平衡、高速驰骋时，终于用绳套做出了第一个马镫。

　　具有文字表意功能的图形符号：某一图形由于经常使用，就逐步抽象为符号；某些符号的组合，具有经常、固定的关系，也就具备了文字的性质。从大麦地岩画到贺兰山岩画，许多固定搭配的符号表现了可以诠释的固定意义。在甲骨文字以前的历史悄然无踪的时候，在少量彩陶符号难以认定含义的时候，岩画符号和甲骨文字的类比研究，就有了非同凡响的意义。

　　除此以外，比如远古时期贺兰山动物种群和生态关系，比如为数不少的空心手印，比如在北方绝无仅有的彩绘岩画，等等，都具有重要的人文价值和深刻的科学含义，值得深入探讨。

第三节　宁夏岩画——草原文明的多彩画卷

北方游牧民族经济活动的折射　游牧民族文化生态的表现　北方游牧民族宗教理想的天国

　　一般来讲，岩画以各种不同的刻画方式，并由许多不同的图像，相互组合、表现在岩面上。也因此对岩画的分类，会依据题材的不同及刻画方法的不同，而产生好几个分类标准。

　　例如，仅由图像划分，就可分为：人面像群类，有自然崇拜类人面像、生殖崇拜类人面像、首领崇拜类人面像、神灵崇拜类人面像、图腾崇拜类人面像、写实表现类人面像、巫术面具类人面像等；人体像，有

图下 6-16　人面图群　方伟摄

蛙形人体、"透视人体"、狩猎人体、放牧人体、祭祀人体、舞蹈人体、争战人体、交媾人体等；生活图像，有狩猎图、放牧图、祭祀图、争战图、舞蹈图、交媾图等；符号与图案类，有手印、脚印、男根、女阴、男女交合等人体及生殖符号，有太阳、星辰、云纹、水纹等自然天体符号，有图画文字符号、器物符号、图腾族徽符号，有表现田亩、建筑、车辆、植物等图案符号。

通过对贺兰山岩画与阴山岩画的比较研究发现，两者上万幅的岩画在题材上尽管各有所长，但都是对自己游牧文化生活的展示。比如岩画的题材表现有狩猎骑射、放羊牧马、各种野生动物和家畜、日月星辰、天地神祇、穹庐毡帐、车辆畜圈、原始数码、图形符号、手印脚印蹄印以及各种民族文字等内容。

同时，我国北方草原古代的经济生活也在岩画中反映出来，比如有些题材是对早期主要狩猎经济的表现，描绘了单人猎、双人猎、集体围猎等，主要的武器是弓和箭，还有棍棒、绳索和砍刀；后期家养的牲畜增加了，岩刻中出现畜圈以及放牧和转移草场的画面。而原始宗教信仰的内容也是必不可少的，且与古代北方游牧民族的特点息息相关。

宁夏从自然环境、社会状况和人们心理活动三个方面为我们认识北方古代民族提供了宝贵的第一手资料。

由于北方游牧民族频繁流动，致使经济文化积累散失多，实物保存少，所以很多古代北方游牧民族没有留下本民族典型的文献资料。因此，岩画就成为当时北方游牧民族经济文化的写照和最好的"史书"。

依据宁夏岩画的内容，我们可以看到古代北方游牧民族经济活动的基本情况：

（1）古代北方游牧民族的生产力水平非常低下，狩猎和游牧是他们的主要活动，许多岩画都证明了这个特点。

（2）有些岩画上出现了刀剑、弓箭等武器，甚至出现了交通工具，由于金属工具和运输工具的出现，生产力水平提高，北方游牧民的生活有了改善，猎取的野兽已够食用，所以岩画上出现了驯养家畜的内容，再后来有了成群的牛羊图，这说明放牧已成为他们生活的一部分。

（3）由于家畜的驯养成功，牧群的扩大，食物的剩余，再加上他们是群居生活，所以他们有了文化娱乐生活，岩画内容中便有了简单的舞蹈。

（4）由于生产力水平的进一步提高，生活进一步改善，从岩画上可以看出他们开始定居，于是出现了社会分工，男子狩猎，女子采集野果和圈养牲畜。

（5）由于定居为他们创造了种植的条件，所以岩画上出现了种植内容。

（6）狩猎—游牧—种植，社会财富不断增加，于是出现了贫富分化的萌芽。

但是北方游牧民族劳动力少，流动性大，社会经济结构原始而简单，相对于中原农耕民族经济发展水平而言还十分落后。受自然地理环境限制，长期处于原始社会经济形态，演进缓慢，社会生活中图腾崇拜盛行。

宁夏是北方游牧部落和游牧民族最早活动的地域之一，也是历代游牧民族活动的历史舞台，羌、鲜卑、突厥、吐蕃、党项、蒙古等游牧民族相继在这里生活，并留下了岩画这一重要的文化遗存，射猎图和动物图是各类岩画题材中最多的，几乎遍及各个岩画分布点。岩画中的人物逼真，情趣盎然。猎人或徒步或骑马，行猎有单人也有双人，还有头戴面具巧妙伪装诱惑猎物的，集体围猎场面让人如临其境，所围动物惊恐万状，到处乱窜，猎人有的围追，有的堵截，有的驱赶，猎物有的倒地毙命，有的落入陷阱，有的掉下悬崖，观此场面，犹闻困兽咆哮哀鸣，猎人喊声震天。放牧图中牧人有骑马的，有在前引牧的，有在后驱赶的，还有携带武器护卫的。

在银川西北的贺兰口以及阴山狼山的区域，岩画分布在山脉的沟谷两岸，岩画有马、驴、牛、羊、鹿、虎、豹、狼和飞禽等动物图及狩猎活动图。例如在贺兰口一处20多米的山崖上，刻有三只类似狼形的动物，其中两只小的正在嬉戏玩耍，生动逼真，画面高27厘米，宽47厘米，这些都是当时人们狩猎、生活的真实写照。

岩画对早期的畜牧业也有比较多的表现，形象地讲述了北方民族从狩猎到游牧的发展过程，后来，大量饲养动物促进了畜牧业的形成。例如贺兰山岩画中较大的一幅似为一帧《归牧图》，画面中间是一群羊，上下有五只牧犬，右边似为一座帐篷图案，旁立一人，头戴尖帽，两臂平伸，双腿叉开作拉羊状，后边是一骑者赶羊如圈。刻画形象逼真，让我们仿佛回到了那遥远的年代。

贺兰山和卫宁北山地处北方游牧民族迁徙的十字路口。在我国北方有一条内陆草原地带，大体上是以大兴安岭以西，阿尔泰山、祁连山以北由东向西延伸一直经过西亚到达俄罗斯南部的草原，最后到达南欧黑海沿岸，历史上历次大规模的民族迁徙，主要是通过这条草原之路。贺兰山和卫宁北山位于这条民族迁徙之路的中段，游牧民族通过此地可向西部、东部、北部和南部流动，向西进入天山和阿尔泰山之间的草原，向东到达呼伦贝尔草原，向北穿越内蒙古草原，向南渡过黄河就可以到达中原内地。宁夏岩画作为史前文化的主要形式，生动地反映出古代民族文化交流的丰富内容。

贺兰山岩画、大麦地岩画、阴山岩画、阿尔泰山岩画、塔吉克斯坦的戈尔诺—巴达赫尚岩画、蒙古的乌兰哈达岩画在基本内容和构图方面具有很大的一致性，而且在数量上和文化价值上具有代表

图下 6-17　群羊图　方伟摄

性，其中最突出的是表现羊的岩画。

羊是岩画中经常出现的动物，在贺兰山、大麦地岩画、阴山岩画和中亚、北亚及其他地方的岩画中，表现各种动物的图案从数量上说山羊居多，而且从山羊头部的不同形状，可以区别出岩羊、盘羊、北山羊、羚羊、黄羊等等。在狩猎、放牧、野兽侵害、械斗等复合构图中都可

图下 6-18　手持长弓的武士图　方伟摄

以看到山羊，且表现手法有许多一致的地方。一般都是采用单线构图，画面简洁，突出山羊的主要形体特征。由于山羊是古代游牧部落牧羊的最重要的家畜，它在岩画中自然占有重要地位，表现了古代牧人和山羊的密切关系。从这里看出，研究宁夏岩画，不仅可以看到中国北方游牧时代的画卷，而且可以看到欧亚范围内的游牧时代的生活图。

宁夏岩画保存了游牧民族与农耕民族相互交流的痕迹。比如，中国古代的中原文化往往通过北方民族沿草原之路向西、向北传递。古代青铜器（主要包括刀、剑、装饰物）有可能是北方游牧民族在迁徙中从南方传播到北方的，贺兰山岩画和阴山岩画中所凿刻的武士手持的弓大多是长弓。这种长弓源于北方游牧民族的弓，而北方游牧民族的弓又是受中原汉式长弓的影响。

宁夏岩画与阴山岩画的分布大体上与长城处于同一平行线上，这不是偶然的巧合，而是反映出北方游牧与中原农耕民族之间的历史联系。长城在历史上是农业经济与游牧经济的分界线，也是农业文明与草原文明的交流线。长城是凝固的，而岩画长廊是跃动的，它比长城的内容更丰富，比长城的影响更深远。两种文化相交汇，必然要发生摩擦。古人有了摩擦，往往用武力来解决问题，所以战争就不可避免。

岩画学者盖山林先生指出，岩画在地理分布上是有规律可循的，岩画的聚集地，无疑是古代居民崇拜的地方，是氏族部落祭祀鬼神或举行盛大祭奠仪式的场所，这里往往是向已故的部落首领和祖先奉献牺牲的圣地。

古代游牧民族大都有自然崇拜和各种巫术活动，他们认为巫能通神。因此在宁夏岩画中，比拟巫术和模仿巫术是岩画创作的主要内容之一。贺兰口岩画中"太阳神"，就是巫术内容的代表作。这幅"太阳神"岩画凿刻在悬崖峭壁上，制作十分精美，脸面向四周辐射光芒，这可能是神灵崇拜的标志。而在大麦地岩画中，也存在许多以太阳神灵像为题材的创作，其造型与许多地区和民族的太阳神像有着共同的特征。而比如"巫"的形象，在贺兰山岩画和大麦地岩画中比比皆是，且均有共同性。许多今天难以理解的人面图形，看似"外星人"，正是表现了天人之际的沟通者"巫"的形象。

贺兰山岩画和大麦地岩画类人面图像往往也包含有对自然、祖先的崇拜，具有原始宗教的特征。这些类人面像表现得比较特殊，往往面目可憎，装饰古怪，可能是一种崇拜的意思。祈祷是最普遍的习俗，祭祀是生活中的重大事件，并出现杀人作为牺牲的画面。对于动物的崇拜，或许是岩画中出现大量动物图形的缘由，是含有巫术的意义的。日月星云的图像，揭示了对天体的崇拜；而各种不同的天神则是通过许许多多的人面像、半人半兽像表现出来，所有这些都具体地反映了当时的原始宗教信仰。

在贺兰山岩画与大麦地岩画中，随处可见夸张表现人或动物性器官的图像，很容易让人想象到远古时期的父系社会对阳性崇拜的社会现象。而两性的交媾甚至人、畜的交媾的画面也在岩画中大量出现，表现的是人类早期生殖巫术的作用。

在古代，人类相信生殖力是通过巫术的魔力获得的，无论是性交还是生育，都必须经由巫术的力量来获得，否则你将无法孕育后代。当以自然崇拜为主要表现的原始宗教成为过去以后，巫术仪轨当中的行为方式就成为了人类舞蹈最初的形式，被保留并发展了下来。舞蹈甚至全部艺术的"巫术说"，既概括了艺术起源的主要的动机，也在冥冥中延续到现代社会，在我们民族传统节日中依然能发现它们的影子。

贺兰山岩画和大麦地岩画给我们留下了无尽的宝藏、无尽的疑问和无尽的探索。调查、整理这些岩画，保存和公布这些资料，只是必要的第一步。即使已经完成了所有的调查，还是很难重构远古时期人类生活的全部，甚至一小部分，势必要在微观的具体图像和宏观的整个欧亚大陆人类生活轨迹两个方面深入和展开。因此，宁夏岩画具有无可替代的价值。

【注释】

① 陈兆复先生认为这些氏族或者部落是早期北方岩画的作者。见陈兆复：《古代岩画》，文物出版社 2002 年版，第 207 页。

②《水经注》卷三，时代文艺出版社 2001 年版，第 18 页。

③《北史·党项传》，中华书局 1974 年版，第 3192 页。

④ 盖山林：《世界岩画的文化阐释》，北京图书出版社 2001 年版，第 460 页。

⑤ 李祥石、朱存世：《贺兰山与北山岩画》，宁夏人民出版社 1993 年版，第 324 页。

⑥ 束锡红、郑彦卿、吴琼：《贺兰山岩画与世界遗产》，宁夏人民出版社 2003 年版。

主要参考文献

1. 《北史》，[唐] 李延寿著，中华书局 1974 年版。

2. 《本草纲目》，[明] 李时珍著，华文出版社 2009 年版。

3. 《大唐六典》，[唐] 张九龄等著，中华书局 1985 年据南宋刻本影印。

4. 《东京梦华录》，[宋] 孟元老（著）、邓之诚（注），中华书局 1982 年版。

5. 《敦煌变文校注》，张涌泉、黄征著，中华书局 1997 年版。

6. 《藩献记》，转引自徐庄《明代宁夏庆藩刻书考略》，载《宁夏史志研究》1996 年第 1 期。

7. 《抚新记程》，袁大化，甘肃人民出版社 2002 年版。

8. 《古西行记》，杨建新主编，宁夏人民出版社 1996 年版。

9. 《固原历代碑刻选编》，宁夏固原博物馆编，宁夏人民出版社 2010 年版。

10. 《观堂集林·鬼方昆夷严允考》，王国维著，中华书局 1959 年版。

11. 《汉书》，班固著，中华书局 1962 年版。

12. 《合校水经注》，[北魏] 郦道元著，[清] 王先谦校，光绪十八年思贤讲社刻本。

13. 《黑鞑事略》，徐霆，嘉靖二十一年（1542）抄宋刻本。

14. 《弘治宁夏新志》，天津古籍出版社 1988 年 6 月（影印本）。

15. 《后汉书》，范晔著，中华书局 1965 年版。

16. 《皇明九边考》，魏焕，嘉靖二十年刻本。

17. 《嘉靖固原州志》，嘉靖十一年刻本。

18. 《嘉靖宁夏新志》，宁夏人民出版社 1985 年版。

19. 《嘉靖、万历固原州志》，宁夏人民出版社 1985 年版。

20. 《嘉庆灵州志迹》，宁夏人民出版社 1996 年版。

21. 《晋书》，中华书局 1974 年版。

22. 《经世大典》，中华书局 1959 年影印本。

23. 《旧唐书》，刘昫等著，中华书局 1975 年版。

24. 《类编长安志》，[元] 骆天骧撰、黄永年点校，中华书局 1990 年版。

25. 《列子》，上海古籍出版社 1986 年缩印浙江书局《二十二子》集刻本。

26. 《陇右金石录》，张维著，兰州古籍书店影印 1990 年版。

27. 《洛阳伽蓝记》，[北魏] 杨衒之著，科学出版社 1958 年版。

28. 《马可波罗游记》，[意大利] 马可波罗著、陈开俊等译，福建科学技术出版社 1981 年版。

29. 《梦溪笔谈》，[宋] 沈括著，中华书局 2009 年版。

30. 《明实录宁夏资料辑录》，杨新才、吴忠礼，宁夏人民出版社 1988 年版。

31. 《明史》，中华书局 1974 年版。

32. 《鸣沙石室轶书》，罗振玉著，东方学会，民国十七年（1928）影印本，附影印件《水部式》。

33. 《墨子》，上海古籍出版社 1986 年缩印浙江书局集刻本。

34. 《宁夏历代方志萃编》（影印本），吴忠礼主编，天津古籍出版社 1988 年版。

35. 《宁夏历代诗词集》，宁夏人民出版社 2011 年版。

36. 《宁夏历代艺文集》，宁夏人民出版社 2011 年版。

37. 《乾隆宁夏府志》，宁夏人民出版社 1992 年版。

38. 《青阳先生文集，[元] 余阙著，国家图书馆出版社。

39. 《清圣祖实录》，台湾华文书局 1968 年影印本。

40. 《全唐诗》，[清]彭定求等编，中华书局 1985 年版。

41. 《全唐文》，[清]董浩等编，中华书局 1983 年影印本。

42. 《诗经译注》，程俊英，上海古籍出版社 1985 年版。

43. 《史记》，中华书局 1959 年版。

44. 《水经注》，中华书局 2007 年版。

45. 《水经注校》，[北魏]郦道元著，王国维校，上海人民出版社 1984 年版。

46. 《宋史》，中华书局 1977 年版。

47. 《太平寰宇记》，[宋]乐史著，光绪八年金陵书局刻本。

48. 《唐会要》，[宋]王溥著，商务印书馆民国二十四年版。

49. 《天盛改旧新定律令》，史金波、白滨、聂鸿音译，法律出版社 2000 年版。

50. 《万历朔方新志》，天津古籍出版社 1988 年版（影印本）。

51. 《魏书》，中华书局 1974 年点校本。

52. 《四库全书》，台湾商务印书馆 1986 年版。

53. 《武经总要》，[宋]曾公亮，钦定四库全书本。

54. 《西夏记》，戴锡章撰、罗矛昆点校，宁夏人民出版社 1988 年版。

55. 《西夏书事》，[清]吴广成（著）、龚世俊（校），甘肃文化出版社 1995 年版。

56. 《西征续录》，方希孟，甘肃人民出版社 2002 年版。

57. 《新唐书》，欧阳修、宋祁等著，中华书局 1975 年版。

58. 《续资治通鉴长编》，[南宋]李焘著，中华书局 1979 年版。

59. 《宣德宁夏志》，天津古籍出版社 1988 年 6 月（影印本）。

60. 《宣统固原州志》，[清]王学伊编修，陕西人民出版社 1992 年版。

61. 《养素堂文集》，[清]张澍，道光十七年（1837）刊本。

62. 《庾子山集》，庾信著，中华书局 1980 年版。

63. 《元和郡县图志》，[唐]李吉甫著，中华书局 1983 年点校本。

64. 《元史》，宋濂等，中华书局 1976 年版。

65. 《中国西北文献丛书》，兰州古籍书店影印 1990 年版。

66. 《周书》，令狐德棻等，中华书局 1971 年版。

67. 《竹书纪年》，时代文艺出版社 2008 年版。

68. 《资治通鉴》，[北宋]司马光著，中华书局 1996 年版。

69. 《〈山海经〉中"昆仑"地理位置新探》，金宇飞，宁夏大学报 2007 年第 6 期。

70. 《拜寺沟方塔原构推定及其建筑特点》，牛达生，载《国家图书馆学刊·西夏研究专号》2002 年增刊。

71. 《拜寺沟西夏方塔》，宁夏文物考古研究所，文物出版社 2005 年版。

72. 《北疆通史》，赵云田主编，中州古籍出版社 2003 年。

73. 《北魏平城时代的鄂尔多斯南缘路》，前田正明，日本《东洋史研究》第 31 卷第 2 号，1972 年 9 月刊，胡戟译。

74. 《北周田弘墓》，原州联合考古队编著，文物出版社 2009 年版。

75. 《本所藏图解西夏文〈观音经〉版画初探》，刘玉权，载《敦煌研究》1985 年第 3 期。

76. 《从汉简材料看汉晋时期丝绸之路全程的走向和路线》，张德芳，《中日学者中国古代史论坛文集》，中国社会科学出版社 2010 年版。

77. 《当代回族服饰》，杨文林著，宁夏人民出版社 2014 年版。

78. 《当代回族建筑》，孙嫱著，宁夏人民出版社 2014 年版。

79. 《当代回族教育》，马惠萍著，宁夏人民出版社 2013 年版。

80. 《当代回族礼俗文化》，禹虹著，宁夏人民出版社 2013 年版。

81. 《当代回族美术》，杨新林著，宁夏人民出版社 2014 年版。

82. 《当代回族生计》，安翔著，宁夏人民出版社 2013 年版。

83. 《当代回族体育》，何粉霞著，宁夏人民出版社 2013 年版。

84. 《当代回族音乐》，马冬雅著，宁夏人民出版社 2013 年版。

85. 《当代回族饮食》，李德宽著，宁夏人民出版社 2014 年版。

86. 《段文杰敦煌艺术论文集》，敦煌研究编辑部编，甘肃人民出版社 1994 年版。

87. 《敦煌建筑研究》，萧默著，文物出版社 1989 年版。

88. 《敦煌石窟中西夏供养人服饰研究》，谢静，载《敦煌研究》2007 年第 3 期。

89. 《敦煌文书中所见晚唐五代宋初的灵州道》，赵贞，《中国历史地理论丛》2001 年第 4 期。

90. 《多元融通的回族文化》，马平著，宁夏人民出版社 2008 年版。

91. 《古代欧亚的内陆交通》，张广达，第十六届国际历史科学大会中国学者论文集》，中华书局 1985 年版。

92. 《古代岩画》，陈兆复著，文物出版社 2002 年版。

93. 《古族新考》，余太山著，中华书局 2000 年版。

94. 《固原北魏墓漆棺画》，宁夏固原博物馆，宁夏人民出版社 1988 年版。

95. 《固原历史地理与文化》，薛正昌著，甘肃文化出版社 1998 年版。

96. 《固原南郊隋唐墓地》，罗丰，文物出版社 1996 年版。

97. 《固原青铜文化初论》，罗丰，载《考古》1990 年第 8 期。

98. 《固原铜镜》，韩彬主编，宁夏人民出版社 2008 年 9 月版。

99. 《关于沙州回鹘洞窟的划分》，刘玉权，载《1987 年敦煌石窟研究国际讨论会文集·石窟考古篇》，辽宁美术出版社 1990 年版。

100. 《关于西夏佛与儒的几个问题》，史金波，载《江汉论坛》2010 年第 10 期。

101. 《关于西夏文〈月月乐诗〉》，聂鸿音译，载《固原师专学报》2002 年第 5 期。

102. 《何父哲墓志考释》，卢兆荫，载《考古》1986 年第 6 期。

103. 《河陇史地考述》，陈守忠著，兰州大学出版社 1993 年版。

104. 《河西佛教史》，杜斗诚著，中国社会科学出版社 2009 年版。

105. 《贺兰山岩画与世界遗产》，束锡红、郑彦卿、吴琼，宁夏人民出版社 2003 年 11 月版。

106. 《贺兰山与北山岩画》，李祥石、朱存世，宁夏人民出版社 1993 年 6 月版。

107. 《黑城出土汉文遗书叙录》，（俄）孟列夫著，王克孝译，宁夏人民出版社 1994 年版。

108. 《胡汉之间》，罗丰，文物出版社 2004 年版。

109. 《回回民族问题》，民族问题研究会编，民族出版社 1980 年 1 月版。

110. 《回族》，马启成著，民族出版社 1993 年版。

111. 《回族历史文化教程》，王锋著，中国社会科学出版社 2012 年版。

112. 《回族民俗学》，王正伟著，宁夏人民出版社 2008 年版。

113. 《回族清真美食文化》，洪梅香，刘伟著，宁夏人民出版社 2010 年版。

114. 《回族文学与回族文化》，杨继国，余振贵校，宁夏人民出版社 1990 年版。

115. 《回族语言文化》，杨占武著，宁夏人民出版社 2010 年版。

116. 《简牍学研究》第二辑，西北师范大学人文学院历史系、甘肃省文物考古研究所编，甘肃人民出版社 2009 年。

117. 《旧石器时代论集——纪念水洞沟遗址发现八十周年》，钟侃、高星主编，文物出版社 2006 年版。

118. 《类林研究》，史金波、黄振华、聂鸿音，宁夏人民出版社 1993 年版。

119. 《历史时期宁夏人口迁移的地理基础》，汪一鸣，载《红寺堡历史文化研究文集》，宁夏人民出版社 2009 年版。

120. 《两汉时期的文物与考古》，钟侃著，载《宁夏文物述略》，宁夏人民出版社 1980 年版。

121. 《两汉时期西北邮政蠡测》，何双全，《西北史地》1990 年第 2 期。

122. 《六胡州古城址的发现及其环境意义》，王乃昂、何彤慧等，载《中国历史地理论丛》2006 年第 3 期。

123. 《略论西夏的儒学》，李蔚著，载《兰州大学学报》1992 年第 3 期。

124. 《民国朔方道志》，民国十五年线装铅印本。

125. 《论儒学与佛教在西夏文化中的地位》，李华瑞著，载《西夏学》2006 年第 1 辑。

126. 《论西夏文化》，杨建新著，载《西北史地》1999 年第 2 期。

127. 《论中国与阿尔泰部落的古代关系》，鲁金科，《考古学报》1957 年第 2 期。

128. 《民国固原县志》，叶超纂，宁夏人民出版社 1992 年。

129. 《明代宁夏庆藩刻书考略》，徐庄，载《宁夏史志研究》1996 年第 1 期。

130. 《穆天子西征地理概测》，岑仲勉，《中山大学学报》1957 年 2 期。

131. 《宁夏百科全书》，宁夏百科全书编辑委员会编，人民出版社 1998 年版。

132. 《宁夏鸽子山盆地考古报告》，中美联合考察队，载《旧石器时代论集——纪念水洞沟遗址发现八十周年》，文物出版社 2006 年 1 月版。

133. 《宁夏固原北周李贤夫妇墓发掘简报》，宁夏博物馆等，《文物》1985 第 1 期。

134. 《宁夏固原北周李贤墓札记》，宿白，《宁夏文物》1985 第 3 期。

135. 《宁夏固原发现汉初铜鼎》，韩孔乐、武殿卿，载《文物》1982 年第 12 期。

136. 《宁夏固原开城元代安西王府建筑遗址调查报告》，宁夏固原县文物管理所，中国历史博物馆刊 2000 第 1 期。

137. 《宁夏固原西周墓清理简报》，载《考古》1983 年 11 期。

138. 《宁夏贺兰山拜寺口西夏古塔》，牛达生，载《考古与文物》1986 年第 1 期。

139. 《宁夏回族》，丁国勇著，宁夏人民出版社 1993 年版。

140. 《宁夏回族历史与文化》，刘伟著，宁夏人民出版社 2004 年版。

141. 《宁夏回族文化图史》，束锡红著，宁夏人民出版社 2008 年版。

142. 《宁夏回族文化艺术博览》，杨玉经著，人民出版社 2008 年版。

143. 《宁夏交通史》，宁夏人民出版社 1988 年 8 月版。

144. 《宁夏考古发现与研究》，钟侃，载《宁夏文物》试刊号，1986 年。

145. 《宁夏历代农业统计叙录》，杨兴才、王治业、傅宁玉，中国统计出版社 1992 年 12 月版。

146. 《宁夏历史地理考》，鲁人勇等著，宁夏人民出版社 1993 年版。

147. 《宁夏历史人物研究文集》，胡迅雷著，宁夏人民出版社 1993 年版。

148. 《宁夏历史图经》，吴忠礼主编，宁夏人民出版社 2009 年 1 月版。

149. 《宁夏历史文化地理》，薛正昌，宁夏人民出版社 2007 年版。

150. 《宁夏历史文物》，许成等著，宁夏人民出版社 2006 年版。

151. 《宁夏灵武窑发掘报告》，马文宽著，中国大百科全书出版社 1995

年版。

152. 《宁夏农牧业发展与环境变迁研究》，张维慎著，文物出版社 2012 年版。

153. 《宁夏人地关系演化研究》，汪一鸣著，宁夏人民出版社 2005 年版。

154. 《宁夏通史》，陈育宁主编，宁夏人民出版社 1993 年版。

155. 《宁夏通志·民族宗教卷》，宁夏通志编纂委员会编，方志出版社 2010 年版。

156. 《宁夏文物述略》，钟侃著，载《宁夏文物》试刊号（第 1 期），1980 年版。

157. 《宁夏盐池唐墓发掘简报》，宁夏博物馆，载《文物》1988 年第 9 期。

158. 《平凉古地名初探》，李春茂，兰州大学出版社 1996 年版。

159. 《让历史再现的人》，庄电一，《人物》2001 年第 12 期。

160. 《山嘴沟西夏石窟》，宁夏文物考古研究所编，文物出版社 2007 年版。

161. 《盛世回乡——中国回族精品文物》，宁夏博物馆著，文物出版社 2012 年出版。

162. 《狮子的故事》，刘元声，《戏剧》杂志 2001 年第 1 期。

163. 《十年来敦煌石窟内容的考证与研究》，王惠民著，载《敦煌石窟内容总录》，文物出版社 1996 年版。

164. 《石窟札记》，贺世哲，《敦煌研究》1999 年第 4 期。

165. 《世界岩画的文化阐释》，盖山林著，北京图书出版社 2001 年版。

166. 《试论伊斯兰教在西夏的流传》，陈广恩，载《回族研究》2005 年第 1 期。

167. 《丝绸之路——中国—波斯文化交流史》，[法]阿里·玛扎海里著、耿昇译，中华书局 1993 年版。

168. 《丝路宁夏段揽胜》，鲁人勇著，台湾复汉出版社 1993 年版。

169. 《武威孙寿岭与西夏泥活字版〈维摩诘所说经〉》，尹铁虎，载《中国印刷》2002 年第 8 期。

170. 《西北汉简一百年》，张德芳，光明日报 2010 年 6 月 17 日。

171. 《西北漫游记》，侯鸿鉴，甘肃人民出版社 2003 年版。

172. 《西北通史》，谷苞主编，兰州大学出版社 2005 年版。

173. 《西北行》，林鹏侠著，宁夏人民出版社 2000 年。

174. 《西夏出版史》，史金波著，宁夏人民出版社 2004 年版。

175. 《西夏道教》，韩小忙著，甘肃文化出版社 1998 年版。

176. 《西夏对敦煌艺术的特殊贡献》，刘玉权，载《国家图书馆学刊·西夏研究专号》2002 年增刊。

177. 《西夏对我国书籍生产和印刷技术的突出贡献》，王克孝，《民族研究》1996 年第 4 期。

178. 《西夏番学不译九经考》，李吉和、聂鸿音，载《民族研究》2002 年第 2 期。

179. 《西夏佛教史略》，史金波著，宁夏人民出版社 1988 年。

180. 《西夏国的吐蕃人与吐蕃文化》，[俄国] 克恰诺夫著，载《宁夏社科通讯》1985 年第 8 期。

181. 《西夏活字印刷研究》，牛达生著，宁夏人民出版社 2004 年版。

182. 《西夏辽金音乐史稿》，孙星群著，中国青年出版社 1998 年版。

183. 《西夏陵墓出土残碑粹编》，李范文著，文物出版社 1984 年版。

184. 《西夏流传过景教吗》，陈广恩，载《世界宗教文化》2007 年第 3 期。

185. 《西夏社会》，史金波著，上海人民出版社，2007 年。

186. 《西夏史稿》，吴天墀著，广西师大出版社。2008 年。

187. 《西夏俗文学"辩"初探》，孙伯君著，载《西夏研究》2010 年第 4 期。

188. 《西夏文（新修太学歌）考释》，聂鸿音，载《宁夏社会科学》1990 年第 3 期。

189. 《西夏文〈正行集〉考释》，孙伯君著，载《宁夏社会科学》2011 年第 1 期。

190. 《西夏文本〈碎金〉研究》，聂鸿音、史金波著，载《宁夏大学学报》1995 年第 2 期。

191. 《西夏文化》，史金波著，吉林教育出版社 1986 年版。

192. 《西夏文化若干问题刍议》，李蔚，《甘肃社会科学》1999 年第 1 期。

193. 《西夏文物研究》，陈炳应著，宁夏人民出版社 1985 年版。

194. 《西夏文写本和刊本现已考定者书目》，（俄）戈尔芭切娃、克恰诺夫编，中国社会科学院民族研究所编《民族史译文集·三》，1978年（内部资料）。

195. 《西夏文学史料说略》，聂鸿音，载《文史》1999年第4辑。

196. 《西夏文资料对研究西夏史的重要意义》，李范文，《西北民族研究》1992年第1期。

197. 《西夏谚语——新集锦成对谚语》，陈炳应著，山西人民出版社1993年版。

198. 《西夏遗迹》，牛达生著，文物出版社2007年版。

199. 《西夏译〈诗〉考》，聂鸿音，载《文学遗产》2003年第4期。

200. 《西行见闻记》，刘文海，甘肃人民出版社2003年版。

201. 《西游小记》，张恨水，甘肃人民出版社2003年版。

202. 《西周史话》，王宇信，中国国际广播出版社2007年版。

203. 《西北随轺记》，高良佐，甘肃人民出版社2003年版。

204. 《新出魏晋南北朝墓志疏证·大利稽氏冒顿墓志》，罗新、叶炜，中华书局2005年版。

205. 《新秦中考》，史念海，《中国历史地理论丛》1987年第1期。

206. 《新时期中国少数民族文学作品选集（回族卷）》，中国作家协会著，作家出版社2014年版。

207. 《伊斯兰教》，金宜久著，宗教文化出版社1997年版。

208. 《伊斯兰文化新论》，马明良著，宁夏人民出版社2006年版。

209. 《伊斯兰与中国文化》，杨怀中、余振贵主编，宁夏人民出版社1995年1月版。

210. 《宇文泰与原州》，薛正昌，《固原师专学报》1997年第2期。

211. 《再论贺兰山拜寺口古塔为西夏原建》，牛达生，载《考古与文物》1987年第1期。

212. 《贞观玉镜将研究》，陈炳应著，宁夏人民出版社1995年版。

213. 《直道和甘泉宫遗址质疑》，史念海，《中国历史地理论丛》1988年第3期。

214. 《至善至美的回族文化》，丁克家著，宁夏人民出版社2008年版。

215. 《中古中国与外来文明》，荣新江，生活·读书·新知三联书店 2001 年版。

216. 《中国大百科全书·元史》站赤条，中国大百科全书出版社 1985 年版。

217. 《中国的西北角》，范长江，天津大公报馆 1937 年版。

218. 《中国古代建筑·西夏佛塔》，宁夏文物管理委员会办公室编，文物出版社 1995 年版。

219. 《中国回族》，丁克家著，宁夏人民出版社 2012 年版。

220. 《中国回族》，胡振华著，宁夏人民出版社 1993 年版。

221. 《中国回族·宁夏回族》，胡振华主编，宁夏人民出版社 1993 年 3 月版。

222. 《中国回族茶文化》，金晓军，王国强著，黄河传媒集团阳光出版社 2012 年版。

223. 《中国回族概览》，房全忠著，宁夏人民出版社 2008 年版。

224. 《中国回族民俗集萃》，洪梅香著，朝华出版社 2012 年版。

225. 《中国回族伊斯兰宗教制度概论》，勉为霖著，宁夏人民出版社 1997 年版。

226. 《中国近五千年气候变迁的初步研究》，竺可桢，载《考古学报》1972 年第 1 期。

227. 《中国境内的丝绸之路》，徐苹芳，《文明》2007 年第 1 期。

228. 《中国穆斯林的礼仪礼俗文化》，杨启成著，宁夏人民出版社 1999 年版。

229. 《中国穆斯林民居文化》，马平，赖存理著，宁夏人民出版社 1995 年版。

230. 《中国山水文化大观》，段宝林、江溶主编，北京大学出版社 1995 年版。

231. 《中国丝路交通史》，交通部主编，人民交通出版社 1997 年版。

232. 《中国文物地图集·宁夏分册》，文物出版社 2010 年 11 月版。

233. 《中国伊斯兰教派门宦溯源》，马通，宁夏人民出版社 1986 年 12 月版。

234. 《中华文明史》，宋德金、张希清总纂，河北教育出版社 1994 年版。

235. 《中西交通史料汇编》，张星烺编，中华书局 1977 年版。

236. 《中印文化关系史论丛》，季羡林，人民出版社 1957 年版。

237. 《走进中国回族》，马玉祥著，中国大百科全书出版社 2012 年版。

索 引

说　明：

一、本索引是主题词索引。原则上，作为索引条目的主题词是本卷的研究对象、重点展开论述或详细介绍的内容，分为以下几类：1.人名。包括本省籍文化名人，非本省籍但曾居于本省、对本省文化产生重要影响者；2.地名。只录本省内对文化产生过重大影响的地名。文中人物籍贯的古今地名均不收录；3.篇名。包括有重要影响的著作、诗文、书画等；4.文化遗产名（包括非物质文化遗产）或遗迹名；5.其他专有名词，包括器物名、学派名以及具有地域文化特色的文化现象等。

二、索引条目按第一个字的汉语拼音（同音字按声调）顺序排列，同声同调按笔画顺序排列；第一个字相同，按第二个字音序排列。以下据此类推。

三、条目后的阿拉伯数字表示该条目所在的页码。

四、总绪论、绪论、注释、参考文献、图注、后记、跋不做索引。

后　记

巍巍贺兰山，滔滔黄河水，悠悠六盘山。在中华文明发展史上，宁夏地域行政区划几经变革迁沿，文化形态千姿万种，众多民族大出大进，生活区域广布错杂，匈奴、鲜卑、突厥、党项、蒙古、回鹘（回纥）、回回、满、汉等游牧与农耕民族，都曾在此生息或建立政权，他们都有过辉煌贡献，创造了熠熠闪光的以塞上江南黄河文化为主流文化的移民文化、丝路文化、回族文化、西夏文化、边塞军旅文化等。

在中央文史研究馆统一部署下，《中国地域文化通览·宁夏卷》的编撰工作始于 2008 年 9 月。全书分上、下两卷，共 11 章，以宁夏近年来历史文化研究的最新成果、考古发现研究的最新成果、非物质文化遗产传承的历史沿袭最新成果，凸显影响文化历史发展的重要事件，展示宁夏地域上的重要历史遗存及文化历史传承，弘扬中华民族文化多元性发展的历史内涵。旨在提炼宁夏各个历史时期的文化发展脉络、文化特色嬗变、文化积淀传承的轨迹，揭示宁夏文化发源和文化发展繁荣的历史，全方位描绘宁夏历史文化景象。

《宁夏卷》的编撰自始至终得到自治区党委、政府的大力关心和支持，自治区政府副主席屈冬玉和副秘书长王政（现任自治区国土资源厅厅长）、李文华，多次过问和督促编写工作，并拨付专款，明确提出"请专家，搞调研，学经验，抓重点"的工作原则。编撰工作的进程与有关情况概要如下：

第一，详解中央馆编撰意图，制定编写程序。在编撰初期，我们组织编撰人员认真学习领会中央文史研究馆下发的相关文件，落实编写宗旨和体例规范要求，精心策划制定了详实可行的编写大纲。在中央馆编委会的大力指导下，分工负责《宁夏卷》的副主编、敦煌研究院院长樊锦诗先生，审读组成员、中华书局编审柴剑虹先生，中央文史馆文史业务司陈思娣司长等亲自莅临宁夏，召开专门会议，与宁夏本土专家条分缕析《宁夏卷》的篇章，提出很多改进意见和中肯的建议，为宁夏卷的早日编竣，起了巨大推动作用。

第二，馆内同心协力，馆外密切合作。为了更好地完成编撰工作，我们成立了组委会和编委会，分工责任，各司其职。馆内作为中心工作来抓，大家同心同德，同心协力，对《宁夏卷》的学术性、可读性和现实性的编写要求进行了充分的讨论和统一认识，对于章、节、目逐一修改，字斟句酌，引经据典，避免硬伤；对篇幅数量，上下卷的照应，民族史方面的文字表达等诸多方面反复研究和修改，以符合编写的总体要求。

第三，学习先进经验，创写宁夏特色。《宁夏卷》的编写过程中，编委会成员参加了中央文史馆召开的第七、第九、第十一次编撰工作会议，及在甘肃兰州召开的"《中国地域文化通览》陕、甘、宁卷编撰工作会议"，明确了"怎么写"，"写什么"的共识，学习了安徽、广西、上海、内蒙古、陕西、甘肃等馆的编写经验。还专程到敦煌请教指导专家樊锦诗院长，对《宁夏卷》所涉及的诸多西北民族问题、西夏历史问题等进行研讨，以求写出宁夏特色、宁夏亮点、宁夏风采。

第四，编撰队伍专家水平高，组队整齐缜密。我们聘请了在宁夏具有代表性和权威性的专家进行撰稿，从而保证了编撰工作高水平和高质量地完成。

撰写分工如下：

绪　论：吴忠礼（馆员，宁夏社会科学院研究员）
　　　　杨生瑞（宁夏回族自治区民族事务委员会副巡视员）
　　　　马　平（宁夏社会科学院研究员）
　　　　马金宝（宁夏社会科学院副研究员）

胡迅雷（宁夏文史研究馆副馆长）

上　编：第一章　贺吉德（馆员，宁夏银川市岩画管理处研究员）

　　　　　　　　吴忠礼

　　　　第二章　陈永中（馆员，宁夏《灵武县志》副主编）

　　　　第三章　鲁人勇（馆员，《宁夏交通史》主编）

　　　　第四章　杜建录（宁夏大学西夏研究所教授）

　　　　　　　　杨　浣（宁夏大学西夏研究所副教授）

　　　　第五章　吴忠礼

下　编：第一章　孙振玉（宁夏大学回族研究所教授）

　　　　第二章　杨森翔（馆员，《吴忠日报》原总编辑）

　　　　第三章　卢德明（《宁夏水利志》副主编）

　　　　　　　　鲁人勇

　　　　第四章　牛达生（馆员，宁夏考古研究所研究员）

　　　　第五章　薛正昌（宁夏社会科学院研究员）

　　　　第六章　贺吉德

　　　　　　　　束锡红（北方民族大学教授）

后　记：韩　东（宁夏文史研究馆研究室主任）

《宁夏卷》在撰写过程中得到了宁夏社科院、自治区民委、宁夏博物馆等部门的大力支持，我们在此表示衷心的感谢。

编　者

2012 年 10 月

跋

　　《中国地域文化通览》34 卷系国家重点文化工程。经过六年的努力，终于出版发行。我谨代表《通览》组委会和编委会，向参与《通览》撰稿的 500 多位专家，参加讨论和审稿的各位专家，以及以各种方式给予本书关心、支持和帮助的领导及朋友们，向精心编校出版本书的中华书局，表示衷心的感谢和崇高的敬意！

　　在这部约 1700 万字的巨著公开发行之际，我有三点想法愿向读者请教：

　　《通览》是我国第一部按照行政区划梳理地域文化，学术性、现实性和可读性兼备的大型丛书。在大量可信资料的基础上，《通览》各分卷纵向阐述本地文化发展的历史脉络，横向展示各地独具魅力的文化特色和亮点，可视为系统、准确地了解我国地域文化底蕴的读物。2008 年 7 月，在确定《通览》作为国家重点文化工程时，国务委员兼国务院秘书长马凯明确指出：“希望精心准备，通力合作，成为立意高远、内容殷实、史论结合、特色鲜明的传世精品。”本着这一指导方针，中央文史研究馆和各省、自治区、直辖市文史研究馆、文化机构或文化组织，均高度重视、精心组织实施，并在当地政府的指导下，聚集各领域的专家学者，协力攻关。这是《通览》编写工作得以顺利推进的重要原因。香港卷、澳门卷、台湾卷亦在各方社会贤达和学界名家的参与和支持下完成。

　　《通览》编撰历时六年，先后召开规模不同的各种论证会、研讨会、审读会上千次。袁行霈馆长亲任主编，国务院参事室原副主任陈鹤良和 12 位中央文史研究馆馆员任副主编，主编统揽全局，副主编分工联系各分卷，从草拟章节目录到审定修改书稿的各个阶段，他们均亲自参与，非常认真负责，严守学术规范。全书普遍进行了"两上两下"的审改，有些分卷达三四次之多。各卷提交定稿后，编委会还进行了集体审读，各卷根据提出的意见做了最终的修订。贡献最大的还是各位撰稿人与各卷主编，他们研精覃思，字斟句酌，不惮其烦，精益求精，这是本书水平的保证。中华书局指定柴剑虹编审提前参加审稿讨论，收到书稿后又安排了三审三校。中华书局的一位编审感慨地说："像《通览》这样集体编撰的大部头著作，能有如此严肃认真的态度，近年来确实不多见。"

建议各地运用电视、广播、网络、报刊等，对本书加以必要的推介、宣传、加工和再创作。可根据《通览》的内容，改编为中小学的乡土教材，以加强对青少年了解家乡、热爱家乡的教育。可用人民群众喜闻乐见的多种形式，让中华优秀传统文化滋润民众的心田。地域文化所蕴含的优秀传统文化基本元素，更普遍更有效地融入社会道德文化建设，必将有助于提升全体国民的道德素质和文化修养。

当前，地域文化研究如何深入？一是可对近百年来地域文化的发展脉络做出梳理，也就是撰写《通览》的续编。我们鼓励有条件的地方政府，率先独立负责地启动《通览》续编的工作。若能为《通览》补上1911 年后的百年之缺，无疑是件大好事。二是拓展地域文化的科学研究，进一步探讨中国地域文化发展变化的规律，努力建设扎根于民间、富有时代特征、紧密服务于经济社会发展的地域新文化。文化大发展大繁荣，不能割断历史，不能超越历史，而只能在继承优良传统的基础上有所创造、有所创新。三是要探讨中华地域文化同世界文明的关系。今日之中国已同世界各国一道进入了经济全球化和信息化快速发展的新时期，只有放眼世界，博采众长，才能建设好我国的新文化。

总之，我们希望各地重视这部书，充分利用它，并进行地域文化的更深入研究。

《通览》生动展现了中华地域文化的多样性，揭示了中华文明多元一体的大格局。正确认识和处理统一性和多样性的关系，非常重要。这不仅是发展地域文化的要求，也是中国现代化建设的基本要求。一个国家、一个民族，尊重和倡导多样性，才能源源不断地激发全社会的创新活力，否则势必导致单一、呆板、停滞和退化。历史和现实表明，尊重和倡导多样性，对今天的国人来说，实在是太重要、太紧迫了。无庸置疑，社会主义为经济、文化、社会发展的多样性，开辟了前所未有的巨大空间。一方水土养一方人，一方水土孕育一方文化。当地域文化所蕴含的中华民族固有的道德、智慧和审美，渗透到人们的思想、行为、情感和性格中去，渗透到经济活动、城乡建设、社会管理等领域中去，那么我们的经济建设、政治建设、文化建设、社会建设、生态文明建设必将呈现出更加生机勃勃的繁荣景象。我们期待着，无论是历史名城还是新兴城市，都拥有自己的独特风格和文化内涵，如城市建筑再也不要从南到北都是"火柴盒"式的高楼林立。我们还期待着，在文化和艺术领域能涌现出越来越多植根于乡土的传世佳作，使中华文明的百花园更加绚丽多姿。当神州大地现代化建设万紫千红、异彩纷呈的时候，也就是中华民族真正强大和受人尊敬的时候。

综观数千年，中华文化不仅源远流长，博大精深，而且峰峦迭出，代有高峰。弘扬中华文化是 21 世纪的中华儿女共同肩负的神圣使命。我们愿为此贡献绵薄之力。

陈进玉

2012 年 11 月 21 日